HISTOIRE
DES JUSTICES

DES

ANCIENNES ÉGLISES ET COMMUNAUTÉS MONASTIQUES

DE PARIS

SUIVIE DES REGISTRES INÉDITS DE
SAINT-MAUR-DES-FOSSÉS, SAINTE-GENEVIÈVE, SAINT-GERMAIN-DES-PRÉS,
ET DU REGISTRE DE SAINT-MARTIN-DES-CHAMPS

PAR

L. TANON

CONSEILLER A LA COUR DE CASSATION

PARIS
L. LAROSE ET FORCEL
Libraires-Éditeurs
22, RUE SOUFFLOT, 22

1883

HISTOIRE
DES JUSTICES

DES

ANCIENNES ÉGLISES ET COMMUNAUTÉS MONASTIQUES

DE PARIS

Châteauroux. — Typ. et stéréotyp. A MAJESTÉ

HISTOIRE
DES JUSTICES

DES

ANCIENNES ÉGLISES ET COMMUNAUTÉS MONASTIQUES

DE PARIS

SUIVIE DES REGISTRES INÉDITS DE
SAINT-MAUR-DES-FOSSÉS, SAINTE-GENEVIÈVE, SAINT-GERMAIN-DES-PRÉS,
ET DU REGISTRE DE SAINT-MARTIN-DES-CHAMPS

PAR

L. TANON

CONSEILLER A LA COUR DE CASSATION

PARIS
L. LAROSE ET FORCEL
Libraires-Éditeurs
22, RUE SOUFFLOT, 22

1883

CHAPITRE PREMIER

ORIGINES DES JUSTICES SEIGNEURIALES DE PARIS

I. Dotations des églises et communautés monastiques. Division de la propriété féodale à Paris. — Accroissements successifs de la ville; bourgs des grandes seigneuries.—Du droit de juridiction dans les justices seigneuriales. Chroniques de Saint-Denis; parallèle entre les plaids royaux et seigneuriaux dans la prévôté de Paris. — II. Période de fondation, du VIe au XIIe siècles.—Immunités et hautes justices. — III. Registres ou mémoriaux criminels de Saint-Maur-des-Fossés, Sainte-Geneviève, Saint-Germain-des-Prés, et Saint-Martin-des-Champs.

Les justices seigneuriales ont étendu, sur toute la France, le vaste réseau de leurs juridictions rivales; la ville de Paris elle-même n'en a point été exempte. De nombreuses églises et communautés monastiques, fondées dans le cours de la première et de la seconde race et au commencement de la troisième, ont reçu, à titre de dotations, dans l'intérieur de la ville ou dans sa banlieue la plus proche, des maisons, des places à bâtir, des terres en culture ou en friche, avec le privilège d'une complète autonomie, et elles y ont institué des juridictions privées qui ont subsisté pendant plusieurs siècles, à côté de la justice du roi.

I

Disséminées sur tout le territoire de la ville, ces terres en occupaient, à vrai dire, la plus grande partie, sur la rive gauche de la Seine, la rive droite, et au cœur même de la Cité (1).

(1) Nous fixerons, avec le plus d'exactitude possible, la situation et les limites de ces seigneuries dans les notices que nous consacrons à chacune

Le domaine du roi était encore considérable, parce qu'il comprenait tout ce qui n'était pas approprié aux églises, et la plupart des voies publiques qui séparaient leurs domaines; mais il était très morcelé, et il n'égalait pas en étendue, tout compte fait, l'ensemble des seigneuries particulières. On a peine à se figurer aujourd'hui cette extrême division de la propriété féodale. Il faut suivre, avec les titres, sur les anciens plans, cet enchevêtrement de seigneuries, dont les territoires, tantôt compacts, tantôt épars, divisaient si capricieusement le sol de la ville, comprenant, ici un groupe de rues, une rue, une portion de rue, là un groupe de maisons, une maison, ou même une portion de maison. On ne peut s'en rendre bien

d'elles. En voici l'énumération, avec quelques indications sommaires qui feront connaître l'assiette principale de leurs territoires. — CITÉ. *Le chapitre de Notre-Dame* et *l'Évêque*, à la pointe orientale de la Cité. *L'abbaye de Saint-Magloire* et *le prieuré de Saint-Éloi*, entre les rues de la Lanterne et de la Juiverie et celle de la Barillerie, en face du palais du roi. *Le prieuré de Saint-Denis-de-la-Chartre*, près du pont Notre-Dame, entre la rue du Haut-Moulin et la Seine. — RIVE GAUCHE. *L'abbaye de Saint-Germain-des-Prés*, dont l'emplacement est marqué par l'église de ce nom, occupait toute la portion orientale de la rive gauche, à partir de la rue Hautefeuille. *Les abbayes de Sainte-Geneviève* et *de Saint-Victor* et *l'église de Saint-Marcel*, dont les seigneuries contiguës occupaient la partie occidentale de cette rive, à partir de la montagne Sainte-Geneviève. *L'église de Saint-Benoît*, entre les rues Saint-Jacques et de la Sorbonne. *La Commanderie de Saint-Jean-de-Latran*, entre les rues Saint-Jacques et Saint-Jean-de-Beauvais. — RIVE DROITE. *L'Évêque* tenait une partie de cette rive, à l'ouest, avec ses deux bourgs de Saint-Germain-l'Auxerrois et ses terres de la Grange-Batelière, de la Ville-l'Evêque, du faubourg Saint-Honoré et du Roule. *L'abbaye de Saint-Magloire*, entre les rues Saint-Denis et Saint-Martin. *Le prieuré de Saint-Martin*, entre les rues Saint-Martin et du Temple. *Le Temple*, entre les rues du Temple et Vieille-du-Temple. *Le prieuré de Saint-Éloi*, entre la rue Saint-Antoine et la Seine. *L'église de Saint-Merri*, entre les rues Neuve-Saint-Merri et de la Verrerie. *L'abbaye de Montmartre*, sur la butte de ce nom. *Le prieuré de Saint-Lazare*, entre les rues des Poissonniers et du faubourg Saint-Denis. Enfin *l'abbaye de Tiron*, dans le Perche, à cause de sa seigneurie de Paris (l'hôtel seigneurial était situé dans la rue de ce nom, entre les rues Saint-Antoine et du Roi de Sicile) ; *et l'abbaye de Saint-Denis*, à cause de sa seigneurie de la Chapelle. Nous ne mentionnons ici que les seigneuries investies de la haute justice ; mais il y en avait d'autres encore, investies des droits de moyenne et surtout de basse justice, et de simples censives ; ce sont les nombreux fiefs dont on trouve souvent l'énumération, en annexe, dans les Coutumes de Paris.

compte qu'en consultant les plans partiels conservés aux Archives nationales (2).

Jaillot, dans la préface de son Histoire topographique de Paris, s'excuse de ne pas avoir délimité ces seigneuries dans ses plans ; il a reculé devant la difficulté de la tâche. Il aurait voulu, pour mettre fin aux différends que cet état de choses engendrait, qu'on bornât exactement toutes les censives, lors de la division de la ville en vingt quartiers en 1702, ou même qu'on limitât, par certaines rues, les plus importantes, et qu'on y réunît les petites enclaves en indemnisant, par voie d'échange ou de toute autre manière, les seigneurs dépossédés (3).

Les grandes seigneuries étaient toutes entre les mains de l'évêque et des communautés ecclésiastiques. Des laïques avaient possédé, depuis l'établissement du régime féodal, quelques seigneuries investies des droits de justice dans la ville ou sa banlieue et dans le voisinage même de la cité ; on en verra des exemples dans le cours de cette étude. Mais ces terres, qui n'avaient pas d'ailleurs une grande étendue, furent réunies de bonne heure, par voie de donation, d'échange ou par tout autre mode d'acquisition, soit aux seigneuries plus vastes possédées par les ecclésiastiques, soit au domaine du roi.

Les hautes justices qui étaient entre les mains du clergé régulier ou séculier, subsistèrent seules. Mais il importe de remarquer qu'elles ne différaient nullement de celles qui appartenaient ailleurs aux seigneurs laïques et qu'elles n'avaient

---

(2) Cette collection contient une description de la Cité qu'on consultera avec le plus grand intérêt. Cette description est faite sur le plan connu, et détaillé maison par maison, qui a été dressé par l'abbé Delagrive en 1754. Les maisons ont été divisées par groupes, et numérotées à l'aide de mentions manuscrites ; et une légende très complète, indique, avec la seigneurie du Chapitre de Notre-Dame pour lequel ce travail avait été entrepris, les divers seigneurs desquels relèvent toutes les maisons qui ne sont pas comprises dans cette seigneurie. C'est là un état très curieux de toutes les censives de la Cité. Ce plan est intitulé : « Domaine et seigneurie du chapitre de Notre-Dame » ; les emplacements qui appartiennent, en propriété, au chapitre, sont marqués en rouge ; ceux sur lesquels il n'a que les droits seigneuriaux sont marqués en vert (Arch. nat., 2º cl., nº 62).

(3) Jaillot, *Recherches sur Paris*, préface.

rien de commun avec les justices ecclésiastiques proprement dites, ou officialités. C'est en tant que seigneurs temporels, et à raison de leur domaine féodal, que l'évêque, les ordres monastiques ou les églises de Paris en avaient l'exercice. Alors même qu'un seigneur ecclésiastique réunissait, comme l'évêque, en sa personne, la juridiction spirituelle à raison de sa dignité, et une juridiction temporelle à raison de son domaine, aucune confusion ne s'établissait entre elles. Ni leur composition, ni leur compétence, ni leur procédure, ni les peines qu'elles appliquaient, n'étaient semblables, et elles revendiquaient leurs justiciables, l'une vis-à-vis de l'autre, comme des juridictions entièrement étrangères (4).

Les terres d'église ont joué un rôle considérable dans la formation du vieux Paris. Le nombre de leurs habitants s'accroissait rapidement; les seigneurs ne manquaient pas de faire aux nouveaux venus tous les avantages propres à les attirer et à les retenir. Chaque hôte nouveau recevait un terrain à bâtir, une échoppe à tenir, une portion de terrain à faire valoir moyennant un cens déterminé; c'était un nouvel habitant, un nouveau censitaire, un justiciable de plus. Peu à peu, la terre se défrichait, puis elle se bâtissait; une maison s'ajoutait à une autre, une rue se formait, un groupe se dessinait, un petit bourg s'élevait. Il n'est pas douteux que les abbayes et les autres communautés religieuses n'aient été des agents de la plus grande importance dans l'agrandissement de la Ville. Ce sont les bourgs formés autour de leurs églises ou de leurs cloîtres qui, envahissant progressivement les cultures, ont formé autour de la Cité, en se reliant entre eux et avec ceux de la terre du roi, cette nouvelle ville dont Philippe-Auguste et Charles V furent obligés de reculer successivement l'enceinte (5). Renfermées dans les murs, les terres d'église ne

(4) Ces revendications s'exerçaient entre l'official et les officiers laïques d'un même seigneur, non seulement dans la justice de l'évêque de Paris, mais encore dans celles du chapitre de Notre-Dame et de l'abbaye de Saint-Germain-des-Prés qui, étant affranchies de la juridiction épiscopale, avaient leurs officialités particulières.

(5) « D'après les idées et les institutions du moyen âge, dit très-bien Berty, dans son avant-propos de la *Topographie historique du vieux Paris*, la mise en valeur des terrains en censive était le mode de peuplement le plus naturel; le bail à cens, en appelant des familles sur les terres accen-

perdirent pas leur autonomie ; et leurs habitants continuèrent à recevoir des juges seigneuriaux l'entière distribution de la justice civile et criminelle.

Les Chroniques de Saint-Denis contiennent un curieux passage qui s'applique sans doute à ces seigneuries pour une bonne part ; c'est un parallèle entre les terres du roi et celles des seigneurs, entre les plaids royaux et les plaids seigneuriaux, au commencement du règne de saint Louis, dans la prévôté de Paris. Elles rapportent que, la prévôté étant alors vendue à prix d'argent, les prévôts en exercice soutenaient, en toutes sortes de mauvais cas, leurs parents, leurs enfants, et tous les hommes assez riches pour payer leur impunité ; de telle sorte que le menu peuple, n'obtenant pas justice, abandonnait la terre du roi pour s'établir sur celles des seigneurs, et que les plaids du prévôt étaient presque déserts : « Par les grans rapines qui estoient fetes en la prévosté, le » menu peuple n'osoit demourer en la terre le roy ; ainçois » demouroit ès autres seignorez, si que la terre le roy estoit » si vague que quant le prévost tenoit ses plez, il i venoit si » poi de gent que le prevost estoit sans oïr personne nulle qui se » vosist présenter devant lui. » C'est alors que saint Louis décida que la charge de prévôt ne serait plus vendue et résolut de la confier, avec de bons gages, à un homme qui fît « bonne et roide justice. » On lui désigna Étienne Boileau. Le nouveau prévôt justifia ce choix au delà de toute mesure. Il fit pendre, rapporte la Chronique, son propre filleul, parce qu'on lui dit

sées, contribuait puissamment à l'accroissement de la ville et des faubourgs, en même temps qu'il assurait la prospérité de l'établissement possesseur du sol. Saint-Germain-des-Prés, Sainte-Geneviève, Saint-Antoine, Saint-Martin-des-Champs ont rayonné ainsi dans la campagne jusqu'aux portes de Paris ; et les bourgs formés ainsi à l'ombre des cloîtres ont constitué, en se soudant les uns aux autres, une seconde ville que la destruction des vieilles enceintes a incorporée à la première. » On consultera, avec intérêt, dans le tome I du *Traité de la police* de Delamarre, les cartes que cet auteur a dressées pour figurer les agrandissements successifs de la ville. Ce ne sont, il est vrai, que des cartes de convention, mais elles donnent néanmoins une idée générale assez exacte de la situation respective des bourgs et des clos que les histoires de Paris mentionnent le plus fréquemment, bourgs de Saint Germain-des-Prés, de Sainte-Geneviève, de Saint-Marcel, bourgs Saint-Germain-l'Auxerrois, bourg-l'Abbé, bourg Saint-Éloi, etc.

qu'il ne pouvait s'empêcher de voler, et son *compère*, parce qu'il *renia* un dépôt. Enfin, il exerça, de telle sorte, sa terrible justice, que les malfaiteurs de toute espèce évacuèrent la ville, et que « nul n'i demoura qui tantost ne feust penduz ou destruit ». Le peuple reprit alors confiance et revint à la terre du roi. « Et pour le bon droit que le prévost fesoit, le peuple lessoit les autres seignorez pour demourer en la terre le roy (6). »

Les documents historiques mentionnent plus d'une fois nos justices ; mais ces institutions ne peuvent être reconstituées qu'avec les actes inédits de nos archives publiques. C'est dans le champ, si remué cependant de l'histoire de Paris, une des rares parcelles encore inexplorées. Les historiens de Paris nous fournissent, il est vrai, quelques renseignements intéressants sur plusieurs d'entre elles ; mais ils ne s'en occupent que d'une manière incidente et ils n'en donnent même pas la nomenclature exacte. Parmi les jurisconsultes, quelques-uns seulement nous en révèlent l'existence, en citant, par occasion, quelques-unes d'entre elles dans la discussion générale des questions relatives aux droits seigneuriaux. Bacquet est celui de tous qui a fait le plus grand usage des décisions qui les concernent (7). Mais il ne faut pas chercher dans les écrits des jurisconsultes des siècles derniers, une étude impartiale des justices seigneuriales. La plupart d'entre eux ne songeaient qu'à les combattre, en sorte qu'ils étaient bien plus disposés à les travestir qu'à en reconnaître les véritables origines (8).

II

Les justices de Paris procédèrent généralement d'anciennes immunités. Les titres de fondation antérieurs au XIIIᵉ siècle contiennent, la plupart, sous une assez grande variété de for-

(6) *Chroniques de Saint-Denis*, Recueil des historiens de France, t. XXI, p. 118.

(7) Bacquet, *Traité des droits de justice*.

(8) Parmi les jurisconsultes qui ont le plus systématiquement méconnu les origines des justices seigneuriales, il faut citer, en première ligne, Loyseau, dans son pamphlet des *Justices de village*, et même dans son traité des *Seigneuries*.

mules, les principales clauses usitées dans la concession de ces domaines privilégiés (9). Les titres postérieurs mentionnent plus particulièrement les droits qui constituaient alors la haute justice; mais ils sont presque toujours rattachés, expressément ou tacitement, à des chartes antérieures d'immunité, comme contenant la consécration de droits anciens dont la possession est continuée et qui auraient seulement changé de nom. On observera cette intéressante transition dans un grand nombre des actes que nous rapporterons par la suite.

Le premier des titres de fondation de l'abbaye de Saint-Magloire, qui est de l'année 980, reproduit, sauf quelques variantes sans importance, le texte même de la formule classique d'immunité, contenue dans le recueil de Marculphe (10). Il interdit à toute personne étrangère de pénétrer dans les terres de l'abbaye, soit pour y tenir des plaids, « ad causas audiendas », soit pour y imposer les peines pécuniaires usitées pour la réparation des crimes, ou des contributions quelconques, « aut freda aut tributa exigenda », soit pour y choisir les fidéjusseurs qu'il était dans l'usage de donner pour garantir la représentation des accusés en justice, « vel fidejussores tol-
» lendos », soit enfin pour exercer aucune contrainte contre les habitants, tant libres que serfs, de ces terres, « aut homi-
» nes ejusdem ecclesie, tam ingenuos quam servos, super ter-
» ram ipsorum dominantes injuste distringendos. » La seconde charte, donnée à l'abbaye par le roi Louis le Jeune en 1159 (11), contient une formule nouvelle qui se rapporte manifestement aux droits qui constituaient la haute justice, bien qu'elle ne fasse que confirmer la charte précédente, dont elle reproduit même, en partie, la formule. « Ita ut ab
» hinc nullus, in his, viariam, sanguinem (12), furtum, bannum,
» justitiam, aliquam consuetudinem et redhibitionem habeat

---

(9) V. de Rozière, *Recueil général des formules usitées dans l'empire des Francs, du VIe au Xe siècle*, form. XVI et suiv.

(10) Félibien, *Histoire de Paris, Pièces justificatives*, t. I, p. 39. Rec. des historiens de France, t. IX. p. 664.

(11) Du Breul, *Histoire de Paris*, p. 95. — Cette charte est citée expressément dans un arrêt du Parlement, de 1269, qui confirme les droits de justice de cette abbaye.

(12) *Sanguis* désigne souvent, comme le fait remarquer M. Guérard dans le Cartulaire de Saint-Père (p. 111), la haute justice en général.

» vel exquirat, nec audeat aliquis homines, tam ingenuos
» quam servos, super terram ecclesie habitantes capere aut
» fidejussores tollere » (13).

On remarquera dans tous ces titres, et jusque dans les plus récents, une confusion à peu près complète entre les redevances de toute nature et les droits de justice proprement dits. Tous ces droits sont énumérés ensemble, sous des dénominations diverses, et sans aucun ordre, comme s'ils avaient tous la même valeur. C'est qu'en effet, les droits de justice n'étaient alors considérés que comme des droits utiles, susceptibles d'appropriation au même titre que tous les autres, et la transmission de la juridiction sur les habitants d'une terre ne paraissait pas être de plus de conséquence que la cession de telle ou telle redevance fiscale importante. Nous voyons, dans le registre de Saint-Maur-des-Fossés, l'abbaye de ce nom invoquer, comme le fondement de sa haute justice, la clause générale de sa charte d'immunité par laquelle il lui était fait attribution, dans ses terres, de tout ce que le domaine royal y pouvait prétendre, « quicquid fiscus exigere aut
» sperare poterat» (14). On confondait entièrement les droits de propriété et ceux que nous considérons aujourd'hui comme se rattachant à la souveraineté ; et cette confusion, qui fut l'un des caractères distinctifs du régime féodal, commença à se réaliser dans l'immunité (15). C'est là ce qui explique, et

---

(13) Nous choisissons cet exemple, entre un grand nombre d'autres, parce que la transition y est bien marquée, la seconde charte empruntant encore à la première une partie de sa formule.

(14) Il s'agit de la connaissance d'un cas de fausse monnaie qui était contestée par le prévôt de Paris et qui fut abandonnée à l'abbaye après une enquête, et la production de ses titres, « visis cartis ecclesie de duobus regibus, in quibus continebatur quod quicquid fiscus sperare aut exigere poterat de rebus ecclesie, totum dicte ecclesie dabant et concedebant ».

(15) « La propriété, d'après le principe germanique ou féodal, dit M. Guérard, dans le *Cartulaire de Notre-Dame* (préface, p. 138), emportait avec soi l'autorité ; les propriétaires étaient en même temps des magistrats... Le pouvoir, la justice, les redevances étaient aussi bien des institutions patrimoniales que des institutions civiles... Il est d'ailleurs douteux que, dans la barbarie du moyen âge, le gouvernement du peuple eût trouvé plus de garantie que dans les intérêts, et que la magistrature eût pu s'allier mieux qu'avec la propriété. L'imperfection du système

l'appropriation des droits de justice et les transactions de toute sorte dont ces droits sont l'objet dans un nombre infini de titres. Ils pouvaient être cédés, échangés, morcelés, comme la propriété elle-même.

La période de formation des territoires d'immunités de Paris, commence, au VI⁰ siècle, avec la fondation des abbayes de Sainte-Geneviève et de Saint-Germain des Prés, et s'arrête à la fin du XII⁰. Toutes ces fondations furent inspirées par la dévotion des donateurs à l'Église, et l'espoir de gagner les grâces spirituelles dont elle disposait à leurs yeux. La crainte des peines éternelles, le rachat des péchés, le salut de l'âme du donateur, la conservation de précieuses reliques, l'érection d'une sépulture, tels sont les pieux mobiles qui remplissent les préambules de la plupart des chartes de fondation. La prise de possession, par l'Église, de la propriété territoriale, avec les principaux attributs de la souveraineté, par le moyen de donations pieuses, fut d'ailleurs générale dans tout le cours de cette période, et tous les cartulaires sont remplis de libéralités semblables faites par les rois, les princes et les plus puissants seigneurs (16).

Les églises, si richement dotées, eurent à traverser des temps difficiles et durent soutenir de longues luttes pour conserver leurs privilèges et leurs biens. Celles de Paris n'échappèrent pas à ces dangers. Toutes celles qui n'étaient pas renfermées dans la Cité furent, à diverses reprises, ravagées, pillées et brûlées par les Normands. Elles eurent aussi, sans doute, des ennemis intérieurs; et, au déclin de la seconde race, et dans les temps troublés qui précédèrent l'avènement définitif du régime féodal, plusieurs d'entre elles, ou tout au moins les plus petites et les plus faibles, durent être plus d'une fois envahies et dépouillées (17); mais elles surent attendre l'occasion de rentrer dans la possession de leurs biens.

politique répondait à la grossièreté, et sans doute aussi aux besoins des temps. »

(16) V. Giraud, *Essai sur l'histoire du droit français au moyen âge*, t. II, p. 382 et s.

(17) Un grand nombre d'églises et d'abbayes furent usurpées par des laïques sous la seconde race. V. Brussel, *Usage des fiefs*, p. 568 et 837.

Les premiers Capétiens favorisèrent ces restitutions et ajoutèrent encore des fondations nouvelles à celles de leurs prédécesseurs. Hugues-Capet fonda et dota Saint-Magloire ; Henri Iᵉʳ, Saint-Martin-des-Champs ; Louis le Gros, Saint-Victor. Mais, à partir de Philippe-Auguste, la période de fondation de ces grandes seigneuries est close.

Elles étaient déjà trop étendues pour ne pas alarmer les officiers royaux dont l'action se trouvait ainsi restreinte à un assez étroit domaine. L'importance des droits de justice commençait d'ailleurs à être mieux comprise. Aussi voyons-nous, dès ce moment, un mouvement inverse de celui qui avait amené les fondations précédentes. Non seulement le roi ne créa plus de seigneuries nouvelles, mais il s'efforça de réduire le territoire, ou l'étendue des droits de celles qui existaient. Philippe-Auguste profita de la construction de la nouvelle enceinte, qui enfermait dans la ville une partie des seigneuries de la rive droite, pour obtenir de leurs possesseurs de larges concessions. L'évêque de Paris dut abandonner ses droits sur l'emplacement où s'éleva la Tour du Louvre, et sur la portion des Champeaux où les Halles furent établies ; il céda également, par voie d'échange, son fief du Monceau Saint-Gervais ; il consentit enfin, par l'accord de 1222, qui ratifia ces cessions, à laisser au roi le meurtre et le rapt dans toute l'étendue de sa vaste seigneurie. L'église de Saint-Merri perdit toute sa haute justice, sauf dans l'intérieur de son cloître, par un accord de 1273. Le Temple abandonna également la sienne, par un accord de 1273, sur toute la partie de sa seigneurie comprise dans les murs de la ville. Les seigneuries de la rive gauche restèrent à peu près intactes ; mais l'abbaye de Saint-Germain-des-Prés dut faire elle-même confirmer ses droits, par un accord de 1272.

Nous n'avons pas de documents spéciaux, pour le temps où les seigneuries de Paris constituaient des immunités proprement dites. Nous ne pouvons que nous référer, à cet égard, aux renseignements que l'histoire du droit nous fournit sur le régime des immunités en général (18). Mais nous avons

---

(18) V. Pardessus, *Loi salique*, IXᵉ dissertation, et *Diplômes*, prolégomènes, t. I, p. 281 et s. ; Faustin-Hélie, Histoire de la procédure criminelle, p. 131 et 136 (t. 1 du *Traité sur l'instruction criminelle*) ; Labou-

une source abondante d'informations dans plusieurs Registres, ou mémoriaux de justice, des XIII° et XIV° siècles, des abbayes de Saint-Germain-des-Prés et de Sainte-Geneviève et du prieuré de Saint-Martin-des-Champs (19). Nous les publions, à peu près en entier, avec un registre semblable d'une autre abbaye, voisine de Paris, celle de Saint-Maur-des-Fossés (20). Ces documents sont, il est vrai, peu étendus ; mais ils sont précieux par leur date ; car ils sont antérieurs aux plus anciens registres connus du Châtelet de Paris et nous font remonter à une époque contemporaine des premiers registres du Parlement. Ils rapportent, sous la forme de courtes notices, un nombre considérable de faits et nous font pénétrer dans la pratique journalière des justices seigneuriales à l'époque de leur plein développement. Ils nous fournissent des renseignements intéressants sur la pénalité, la compétence, l'organisation des cours seigneuriales, la procédure, le duel, l'usage de la question. Nous leur ferons d'assez fréquents emprunts, dans les chapitres qui suivent, pour qu'il convienne de fixer la date de chacun d'eux et d'en donner une description sommaire.

Le Cartulaire de Saint-Maur, qui contient les cas de justice de cette abbaye, est désigné sous le nom de *Livre Noir* (21). Il a été connu de l'abbé Lebeuf, et de Du Cange, qui lui ont fait quelques emprunts (22). C'est un beau manuscrit in-quarto, sur parchemin, du XIII° siècle. Il se divise en deux parties. La première reproduit des chartes et des bulles ponti-

---

laye, *Histoire du droit de propriété foncière*, p. 325 ; et la nouvelle et importante étude publiée très récemment, par M. Aug. Prost, dans la *Revue historique de droit* (1882).

(19) Tous ces registres sont conservés aux Archives nationales, à l'exception de celui de Sainte-Geneviève qui est resté à la bibliothèque de Sainte-Geneviève.

(20) Nous avons déjà publié le *Registre criminel de Saint-Martin-des-Champs*, avec des notes et une introduction (L. Willem, 1877). Les trois autres sont inédits. M. Viollet avait donné une description détaillée des registres de Saint-Maur-des-Fossés et de Saint-Germain-des-Prés, ainsi que de celui de Saint-Martin-des-Champs, dans la *Bibliothèque de l'école des Chartes* (1873, p. 317, Registres judiciaires de quelques établissements religieux du Parisis au XIII° et au XIV° siècles).

(21) Archives nationales, LL 112.

(22) V. Du Cange, *Glossaire*, v° *Lexivia*.

ficales intéressant l'abbaye. La seconde contient, avec l'énumération des possessions, cens, rentes, et redevances de toute nature, qui appartenaient à ce monastère, la relation des principaux cas de justice, *casus justiciabiles*. Toutes les terres de l'abbaye, à commencer par la ville des Fossés, *villa Fossatensis*, y sont énumérées méthodiquement, et leurs cas de justice sont classés sous une rubrique séparée (23).

Ces cas ne portent généralement pas de date. Ils sont reproduits d'après les souvenirs de témoins oculaires; et comme on a dû faire appel aux souvenirs les plus anciens, on comprend que les dates n'aient été qu'exceptionnellement précisées. Mais le préambule nous fournit, à cet égard, des indications suffisantes: il y est dit que l'abbé Pierre a fait dresser ce mémorial, en 1273, et qu'il y a fait inscrire les cas de justice de son église, depuis soixante ans passés, et au delà, tels qu'ils ont été établis par une enquête faite dans toutes les villes qui en dépendent, « omnes casus justicia- » biles à quibus dicta ecclesia usa est, à lx annis et citra; » prout invenitur per diligentem inquestam per omnes villas » factam. » Ce document nous fournit donc des actes dont quelques-uns remontent au moins à l'année 1213, et dont la plupart doivent être antérieurs à 1273. Les actes datés, qui sont, à quelques exceptions près, postérieurs à cette dernière année, ont été ajoutés ou intercalés. Nous y relevons diverses dates disséminées, et séparées souvent par de longs intervalles, qui s'étendent jusqu'à 1299, et une date isolée de 1305. La plupart des notices sont rédigées en latin.

Le registre de Sainte-Geneviève est conservé dans la collection des manuscrits de la bibliothèque Sainte-Geneviève (24). Il a été connu, comme le précédent, de l'abbé Lebeuf qui le cite, sous le titre de *Liber justitiæ Sanctæ Genovefæ*; de Sauval, qui en rapporte deux cas; et des continuateurs du glos-

---

(23) Voici les principales divisions : *Prepositura fossatensis* (le bourg des Fossés); *Cristolium* (Créteil); *Domus supra Secanam* (Maisons-Alfort); *Mesliacum* (Mesly); *Boissiacum* (Boissy-Saint-Léger); *Champigniacum* (Champigny); *Oratorium* (Ozouer-La Ferrière); *Corbolium* (Corbeil); *Nogentum suprà Marnam* (Nogent-sur-Marne); *Nulliacum* (Neuilly-sur-Marne); *Torciacum* (Torcy); et *Monteriacum* (Montry).

(24) F° H 23.

saire de Du Cange qui lui donnent le titre de *Consuetudines Sanctæ Genovefæ* (25). Les *cas* de justice de Paris, du faubourg Saint-Médard et des seigneuries hors Paris y sont inscrits sous des rubriques distinctes (26). La plupart des affaires sont de la seconde moitié du XIIIe siècle ; trois seulement remontent à 1246, 1238, et 1204 à 1205. Les plus récentes ne descendent guère au delà de 1300 à 1305. L'ordre des dates n'est nulle part observé. On a dû se servir, pour la rédaction, soit de relations orales, soit de pièces anciennes qu'on transcrivait dans l'ordre où on les retrouvait. Quelques affaires sont transcrites en latin. La date précise de la rédaction du Registre n'est marquée nulle part, et nous n'avons relevé aucune mention qui puisse la fixer avec certitude ; la comparaison des notices nous porterait à croire cependant qu'elle remonte aux années 1302 à 1303.

De nombreux documents de diverse nature ont été transcrits sur des folios qui avaient été laissés en blanc dans tout le corps du registre. Ce sont, indépendamment des cas de justice proprement dits, des arrêts du parlement, des ordonnances royales, des ordonnances et règlements de l'abbé ou de ses officiers (27).

Le registre de Saint-Germain-des-Prés est un petit in-octavo, sur parchemin, de soixante-dix-sept feuillets (28). Les cas de justice commencent au f° 7, et finissent au 47°. Des copies de titres remplissent les folios 1 à 7 ; les derniers, 49 et

---

(25) V. Sauval qui rapporte deux condamnations capitales prononcées contre des femmes (*Histoire et recherches des antiquités de la ville de Paris*, t. II, p. 594) ; *Glossaire* de Du Cange, *Supplément*, v° Becca.

(26) *Rungi, Conten, Fontenay, Vanves, Auteul, Galie-Soisi et Trianon, Nanteurre, Germain-sus-Ecole, Aunay de lez Chastenay, Espineul, Borres, Buran, et Vemars.*

(27) Ordonnances royales, de 1289 sur les monnaies, de 1289 et 1290 sur la pêche, et de 1480 sur le *vilain serment.* Arrêts de 1366 sur la boucherie, et de 1476 sur la visitation du pain, « s'il est bon, loyal, marchand et de poids compétent ». Coutumes et droits du voyer de Sainte-Geneviève. Ordonnances et règlements de l'abbé concernant la boucherie et les corps de métiers, « huchers, demourans en la terre Madame Sainte-Geneviève », tanneurs, etc. Les ordonnances royales, ainsi que les règlements et ordonnances de l'abbé étaient lus dans l'auditoire de la justice en audience publique.

(28) Archives nationales, LL 1077.

suivants, contiennent les comptes de recettes de la pitancerie, de 1476 à 1477.

Le registre de justice est lui-même divisé en plusieurs articles qui correspondent à Paris, au bourg Saint-Germain, et aux principales seigneuries de l'abbaye hors de Paris (29). Le nom de chaque seigneurie est inscrit, en tête de l'article correspondant, en lettres majuscules rouges et bleues. Sous chacun des articles sont transcrits, d'une écriture uniforme et régulière, les premiers cas de justice ; ils commencent généralement vers l'année 1272. A partir des années 1280 à 1286, prennent place des additions de différentes mains qui sont parfois elles-mêmes sous une rubrique spéciale. Ce registre a dû être commencé peu de temps après l'accord conclu avec le roi, en 1272, pour fixer les limites du territoire des religieux dans l'intérieur de Paris. C'est là d'ailleurs ce qu'indique suffisamment le sous-titre du premier article, « Les cas qui son avenu à Paris, puis la pes faite ». Quelques affaires, dont la plus ancienne remonte à l'année 1230, sont antérieures à cette date; mais elles sont en très petit nombre. Les notices se suivent assez régulièrement jusqu'à la fin du XIII° siècle, et pendant les premières années du siècle suivant. A partir de 1308, on ne trouve guère que des notices isolées ajoutées après coup, dont la plus récente se place à une date indéterminé postérieure à l'année 1400.

Le registre de Saint-Martin est conservé aux Archives nationales, dans la collection des documents précieux qui composent le *Musée* (30). Il est signalé par M. Cocheris, dans ses excellentes *Notes et Additions* sur l'*Histoire de Paris* de l'abbé Lebeuf, qui donnent l'inventaire le plus complet des richesses manuscrites que nous ont transmises les anciennes églises ou communautés monastiques. C'est un grand in-quarto, sur papier, composé de soixante-quatre feuillets. Les folios 1 et 50 à 64 contiennent des additions étrangères à la justice du prieuré. Ce registre embrasse une période de vingt-cinq ans, du 22 mars 1332, au 4 juillet 1357. Mais il y a de nombreu-

---

(29) *Issi, Thies et Choisi, Meudon Flori, Villejuive, Paroi, et Le Breil Saint-Germain-sus-Montreul, Seresnes* et *Chateillon.*

(30) Archives nationales, *Musée*, n° 356.

ces lacunes. Les années 1344, 1347, 1348, 1354 et 1356 manquent complètement; d'autres, telles que les années 1334, 1335, 1349 à 1353, 1355 et 1357, ne sont représentées que par quelques mentions isolées. Le registre fut d'abord tenu, jour par jour, comme on le voit par les premiers feuillets, qui contiennent l'indication de tous les jours de la semaine, en y comprenant même ceux auxquels ne se rapportait aucun exploit de justice. Mais on se départit bientôt de cette régularité. Les années furent plus ou moins bien remplies selon le zèle et l'exactitude du copiste. On verra qu'un grand nombre d'entre elles sont complètes, que tous les mois y figurent, et que les affaires se suivent, sans interruption. C'est dans les quatorze dernières années qu'on remarque le plus d'interversions et de lacunes; cette période n'est, en réalité, qu'indiquée par quelques rares mentions.

Le folio 2 est consacré à la justice de Noisy ; ses notices ne sont pas datées. Elles peuvent, cependant, être considérées comme les plus anciennes. Le clerc qui les a recueillies n'a eu évidemment pour but que de fixer, dans une énumération sommaire, les cas de justice les plus notables dont on eût gardé le souvenir dans cette importante possession du prieuré (31).

(31) Tous ces registres ont été rédigés dans le but unique de fournir aux religieux la preuve de l'exercice de leurs droits dans les contestations si fréquentes qui s'élevaient entre leurs officiers et les officiers du roi. Ils sont remplis des conflits que soulèvent contre eux les officiers du Châtelet et des restitutions qui leur sont faites par le prévôt de Paris, soit spontanément, soit par les ordres du Parlement.

CHAPITRE II

DE LA PRATIQUE DU DUEL JUDICIAIRE DANS LES COMMUNAUTÉS ECCLÉ-
SIASTIQUES ET LES COURS SEIGNEURIALES DE PARIS.

I. Privilège accordé aux serfs des seigneurs ecclésiastiques de témoigner et combattre en justice. Champ clos dans la cour de l'hôtel épiscopal et dans celle de la maison de l'archidiacre. — II. Tempérament
apporté à la pratique du duel : les *Coups-le-roi*. — III. Le duel à
Saint-Germain-des-Prés et à Sainte-Geneviève.

Les églises et les communautés monastiques durent se con-
former, pour le gouvernement et la défense de leurs temporа-
lités, aux usages reçus dans les juridictions laïques. Elles ac-
ceptèrent donc le duel, à l'époque où il constituait, avec la
preuve testimoniale, le moyen le plus usité pour faire valoir
des droits en justice. Le *Recueil des Historiens de France* en
contient plusieurs exemples. La propriété d'une église, celle
de Saint-Médard, se décida, en 961, dans un duel par champions
qui dura depuis la deuxième heure du jour jusqu'au coucher
du soleil, et fut attribuée, par ce moyen, au monastère de
Beaulieu (1). Un autre duel eut lieu par champions, en 1082,
dans la cour de Saint-Pierre-de-Bourgueil, entre le monastère
de Saint-Aubin d'Angers, et un seigneur laïque, pour la propriété de la terre de Cré près de Perrai-aux-Nonnains, et se
termina encore à l'avantage des moines, par suite du désistement que leur adversaire donna au milieu du combat. Parmi
les témoins ou gardes du camp, figuraient, du côté de l'abbaye, l'abbé de Bourgueil, avec ses moines et ses bourgeois,
et l'archidiacre Marbod, devenu ensuite évêque de Rennes (2).

(1) *Rec. des historiens de France*, t. VIII, p. 67.
(2) T. XIV, p. 118. V. encore, t. VI, p. 429 (an. 1056), une autre

En 1240, un duel s'engagea dans la cour temporelle de l'abbé de Jumièges, entre deux prétendants à une prévôté. La partie du champion vaincu dut payer quarante et un sous tournois à l'abbé, et seize sous tournois au vainqueur, pour chaque blessure qu'avait reçue le vaincu (3). Les protestations d'Agobard, évêque de Lyon (4), et du pape Nicolas Ier contre un usage contraire aux lois de l'église n'avaient servi de rien : « ils parlaient à des sourds » suivant l'expression de dom Bouquet, « verum ii surdis cecinerunt » (5).

I

Plusieurs églises et communautés obtinrent, de la faveur royale, un privilège précieux qui consistait dans le droit accordé à leurs serfs de témoigner et de combattre, « testificandi » et bellandi ». Elles avaient ainsi, sous la main, des témoins dévoués, et des champions redoutables et souvent heureux. L'église de Notre-Dame (6), l'abbaye de Saint-Germain-des Prés, le prieuré de Saint-Martin, jouissaient de ce privilège, ainsi que l'évêque de Paris. Si quelque homme libre, lit-on dans une charte, d'environ 1110, veut convaincre les serfs

---

contestation concernant le même monastère. « Paratus (Theodoricus abbas S. Albini Andegavensis contra Haimericum Toarcensium vicecomitem) aut calidi ferri judicio, secundum legem monacorum, per suum hominem probare, aut scuto et baculo, secundum legem secularium, defendere ». — Même volume, p. 484 : autre débat entre un seigneur et l'abbaye de Fleury pour la propriété d'un serf ; le serf, qui combat lui-même pour les religieux contre le champion du seigneur, sort vainqueur du duel : « Hæc victoria facta est Floriacensibus non modica exsultatio, hostibus vero maxima confusio. — V. aussi, t. VI, p. 313, un débat entre le même monastère et celui de Saint-Denis (an. 834) ; on décide, après une longue discussion, que des champions, choisis de part et d'autre, se battront, *scutis et baculis*, pour trancher la controverse.

(3) T. XXIII, p. 399.
(4) V. t. XI, p. 357.
(5) T. X, p. 231, *en note*.
(6) Lettres de Louis le Gros, de 1108, accordant aux serfs du chapitre, dans toute cause, le droit d'être témoins et de se battre en duel aussi bien contre les hommes libres que contre les serfs. (Cartulaire de Notre-Dame, t. 1, p. 246). Le pape Pascal II confirma ces lettres en 1114, en passant toutefois le duel sous silence (t. II, p. 394).

de l'évêque de parjure ou de faux témoignage, il devra en faire la preuve par le duel, faute de quoi il sera tenu d'acquiescer pleinement à leur témoignage, sans aucune autre contradiction (7).

Les seigneurs ecclésiastiques de Paris durent admettre l'usage du combat judiciaire, non seulement en présentant des champions pour la défense de leurs droits devant les cours étrangères, mais encore en recevant les gages de bataille dans leurs propres cours, pour le règlement des litiges qui y étaient portés. Un écrivain de la fin du XII° siècle, Pierre le Chantre, nous apprend que l'évêque et l'église de Paris faisaient combattre leurs hôtes dans la cour de l'hôtel épiscopal ou dans celle de la maison de l'archidiacre. Il ajoute que le pape Eugène III répondit aux églises qui le consultaient sur cette pratique, qu'elles pouvaient suivre leur coutume : « Quædam ecclesiæ habent monomachias et judicant » monomachiam debere fieri quandoque inter rusticos suos; » et faciunt eos pugnare in curia ecclesiæ, in atrio episcopi » vel archidiaconi, sicut fit Parisius. De quo consultus, Papa » Eugenius respondit: Utimini consuetudine vestra (8). »

L'évêque de Paris tenait encore régulièrement le duel dans sa cour, au XIII° siècle ; nous en avons le témoignage le plus authentique dans l'accord qu'il conclut avec le roi, en 1222, pour le règlement de ses droits de justice dans le bourg de Saint-Germain-l'Auxerrois. Cet accord, qui attribue au roi la connaissance du meurtre et du rapt dans la terre de l'évêque, porte que la preuve du fait, lorsqu'il ne sera ni flagrant ni reconnu, devra être faite par le duel, devant la cour de ce prélat, si quelqu'un se présente pour convaincre, par ce moyen, le meurtrier ou le ravisseur: « Quod si raptores » vel multrarii capti non fuerint ad presens forisfactum, et

---

(7) « Bellandi quidem licentia hac ratione illis conceditur quod, si aliquis liber homo eos de perjurio aut de falso testimonio appellare et comprobare voluerit, probationem illam aut duello perficiat, aut supra sanctas reliquias eorum juramentum recipiens, sine alia contradictione, illorum testimonio plane acquiescat (Cart. de Notre-Dame, t. I, p. 252). — V. encore, le diplôme de Robert, de 1108, pour l'abbaye de Saint-Denis, « Damus Deo et Sancto Dyonisio.... legem duelli, quod vulgo dicitur campus » Rec. des Histor. de France, t. XI, p. 591.

(8) Histoire de Paris de l'abbé Lebeuf, t. I p. 11.

» aliquis per duellum velit eos super multro vel raptu convin-
» cere, duellum erit in curia episcopi (9). »

Le Cartulaire de Notre-Dame nous fournit un assez grand nombre de documents relatifs à l'usage du duel, soit dans les terres de l'évêque, soit dans celles du chapitre. Un acte de 1139 atteste non seulement cet usage, mais encore celui des épreuves, par l'eau ou le fer chaud, dans la terre de Viry Noureuil, qui appartenait aux chanoines, pour partie. L'acte règle les droits du chapitre, dans les affaires de ce genre, et lui attribue la moitié des jugements par l'eau et le fer, aussi bien que des duels, « in duellis et in judiciis, tam in aqua, quam in ferro (10). » Nous voyons, dans un autre acte qui confirme ce partage, que les duels de cette terre devaient avoir lieu dans la ville de Chauny et que la garde du camp devait être faite, en commun, par le prévôt de cette ville et les gens de Notre-Dame (11). Dans un acte passé entre le chapitre et les habitants de sa terre de Villaroche, en 1203, il est dit que les plaids de cette terre y seront tenus jusqu'au duel, lequel devra être consommé à Paris (12). Un acte de 1112 constate qu'un seigneur, accusé de nombreuses vexations contre les hommes du chapitre, à Sucy-en-Brie, dut accepter le combat que lui offrait l'un

(9) *Cartul. de Notre-Dame,* t. I, p 122-125 ; *Gallia christiana* t. VII, *Instrum.* col. 93.

(10) Cet acte intervient à la suite d'un débat entre l'avoué de cette terre pour la comtesse de Saint-Quentin, et le chapitre, devant l'évêque de Noyon. Le chapitre se plaignait de ce que l'avoué, après avoir reçu des gages pour un duel et pour une épreuve par l'eau, avait terminé ces deux affaires sans le concours de son juge. « Conquerebatur enim quod predictus Rogerus cujusdam duelli ad potestatem Viriaci pertinentis, obsides et alios cujusdam judicii in aqua, injuste receperat, receptorum concordiam et finem, sine homine beate Marie, fecerat, et factum totum retinurat. » *Cartul. de Notre-Dame,* t. 2, p. 324.

(11) *Cartul. de Notre-Dame,* t. I, p. 233 : « Minister Beate Marie debet tenere placita usque ad duellum.... ; minister vero Beate Marie et scabini Viriaci debent custodire duellum cum preposito meo (le prévôt de la comtesse de Saint-Quentin) et custodibus meis. Medietas emendationum duelli mea est, et alia Beate Marie, ita quod minister meus non potest facere finem duelli sine ministro beate Marie. »

(12) « Quod si inter prefatos homines orta fuerit contencio, tenebimus ibi placitum usque ad duellum quod Parisius, pro voluntate nostra, peragendum ducemus. » *Cartul. de Notre-Dame* t. II, p. 259.

de ces hommes. Un accord avec le chapitre mit fin à cette contestation, mais il n'intervint qu'après que les parties eurent été mises en présence, dans le champ clos de la demeure épiscopale (13). Enfin, on voit dans un règlement de 1199, fait par l'évêque pour sa terre de Marnes, ancien bois occupé par quelques hôtes qui l'avaient défriché, que des plaids étaient tenus dans cette terre, jusqu'aux gages de bataille, et que lorsqu'on en venait aux gages, l'affaire était portée à Saint Cloud, devant l'évêque lui-même ou son préposé (14).

II

On sait que saint Louis supprima les gages de bataille dans ses domaines, par une ordonnance que l'on place à l'année 1260, mais on sait aussi que cette loi vint échouer contre les préjugés de l'époque, et que le duel ne fut véritablement aboli, ainsi que le remarque M. Beugnot, ni dans les terres des seigneurs, ni même dans celles du roi. Philipe le Bel le rétablit d'ailleurs, par son ordonnance de 1306, pour les crimes capitaux autres que le vol, lorsqu'ils avaient été commis assez secrètement pour ne pouvoir être établis par témoins, et cette exception même du vol fut abolie par une ordonnance de Louis X, du 15 mai 1315 (15).

(13) « In aula domini Gualonis, Parisiensis episcopi, justitiam tenente Ansello dapifero regis. » *Cartul. de Notre-Dame*, t. 1, p 378.

(14) « Tota justitia hominum tenebitur in terra usque ad vadium duelli ; et postquam ventum fuerit ad vadium duelli, veniet ad curiam episcopi apud sanctum Clodoaldum, coram episcopo vel mandato suo. » *Cartul. de Notre-Dame*, t. I, p. 78.

(15) Ordonnances des Rois de France, t. I, p. 435. — V. Brussel, *Usage des fiefs*, p. 986 et s.— Le duel, avec ces restrictions, resta dans la pratique pendant longtemps encore. Nous en avons relevé plusieurs exemples dans les registres inédits du Parlement ; on y rappelle avec soin les conditions prescrites par les ordonnances, qui étaient d'ailleurs conformes à la dernière coutume. — Arrêt du 14 mai 1356 : « ...Quod usu et consuetudine notoria regni nostri et precipue baillivie Silvanectensis, necnon ordinaciones regias super hoc editas, ad hoc quod aliquis ad gaglum duelli in dicto regno nostro proponendum admitteretur, plura requirebantur : primo videlicet, quod casus, occasione cujus fit prosecutio, foret criminalis et capitalis ; secundo, quod, in rei veritate, dictus casus accidisset et, tertio , quod persona ad dictum gagium provocata, esset de hujusmodi casu

Il semble que la prohibition de Saint Louis eût dû rencontrer une faveur particulière dans les cours temporelles des seigneurs ecclésiastiques ; elle n'y fut cependant nullement observée. Un arrêt des Olim, de 1267, nous apprend que le roi, qui avait la moitié des profits judiciaires dans les terres du monastère de Saint-Père, n'y voulait plus faire tenir les duels, mais que le prieur les faisait tenir pour son propre compte. Le bailli de Bourges, qui engagea, à ce sujet, un débat avec le monastère, ne contestait pas d'ailleurs le droit du prieur ; il demandait seulement, au nom du roi, à partager les profits (16).

En 1269, des gages de bataille furent reçus, à Paris même, dans la cour du chapitre de Notre-Dame ; et si le combat ne fut pas mené à fin, il fut du moins engagé. Ce cas qui nous donne, par sa date et par le lieu où il se produit, un exemple bien remarquable de la persistance du combat judiciaire, nous révèle en même temps, une particularité peu connue.

Si le duel était aisément accordé, il était prévenu, dans un grand nombre de cas, au moment même où il allait s'engager, par l'accommodement des parties, le refus ou le désistement de l'une d'elles. M. Guérard en fait justement la remarque, dans le Cartulaire de Saint-Père (17). Mais il omet une autre circonstance qui rendait le duel à outrance plus rare encore. Le combat était souvent engagé pour être arrêté, avant son issue

---

notorie et graviter diffamata ; quarto, quod dictus casus, per testes aut aliter quam per dictum duellum, ullomodo sciri vel probari non valeret ; et quinto, quod casus hujusmodi personam provocatam seu ejus proprium interesse concerneret et tangeret ; quibusque conditionibus aut altera ipsarum deficientibus, gagium intervenire non poterat. — Archives nationales. X^{2a6}, f° 309, r°. — V. deux autres arrêts semblables, du 14 mai 1356 et du 11 décembre 1375, sur des appels des baillis du Vermandois et d'Amiens, X^{2a10}, f° 189, et f° 5, v°. — V. encore un arrêt du 26 mai 1357 sur un appel du bailli d'Amiens. Dans cette affaire, les hommes de la Cour du comte de Ponthieu avaient rejeté le duel ; mais cette décision fut réformée, sur l'appel, par le bailli, dont le Parlement confirma la sentence : « Ipsa curia nostra gagium duelli supradictum, inter predictos Egidium et Johannem, occasione premissorum, per idem arrestum adjudicavit, et illud Ambianis, coram dicto baillivo aut ejus locum tenente, fieri ordinavit. » X^{2a6}, f° 354, v°.

(16) Beugnot, *Olim*, t. 1, p. 667.
(17) *Prolégomènes*, p. 80.

finale, après que les premiers coups donnés avaient disposé les parties à un arrangement que l'espoir d'une prompte victoire leur aurait sans doute fait rejeter au commencement de la lutte. Ce moyen mitigé de vider une querelle par les armes était désigné sous la dénomination des « coups-le-roi », ou « ictus regis ».

Cette particularité ne nous est révélée que par quelques documents judiciaires et quelques chartes de ville ; et elle a passé assez inaperçue pour que M. Beugnot ne l'ait pas reconnue dans un arrêt des *Olim* qui s'y rapportait manifestement. Ce mode particulier du combat judiciaire devait cependant être assez fréquent. Les coutumes empreintes d'un certain degré de barbarie ne vivent, dans les temps mêmes qui paraissent les plus capables de les supporter, qu'à l'aide de corrections et de tempéraments ingénieux apportés par la pratique. Ce furent précisément les *coups-le-roi* qui furent donnés dans la cour du chapitre, en 1269. Un hôte des chanoines, Guillot dit Blèze, poursuivit, devant leur cour, un individu, du nom de Richard, qu'il accusait de lui avoir fait des blessures. Des gages de bataille furent échangés, et les coups furent donnés dans une maison du cloître, en présence du chambrier laïque, juge du camp pour le chapitre. « Et » tradita fuerunt coram dicto camerario vadia duelli. Et » tandem ictus capituli, qui vulgariter dicuntur les *cous-lou-* » *roi*, dati fuerunt coram dicto Symone, camerario, tenente » justiciam pro capitulo, et fuerunt dati in claustro, in domo » thesaurarii Pontissarani, que alias dicitur domus domini » Richardi cardinalis, et de hoc eciam capitulum habuit jura » sua (18) ».

M. Beugnot a méconnu un cas semblable, en transcrivant, dans les *Olim*, un arrêt de 1259. Il est dit en substance, dans cet arrêt, que les chanoines de Soissons firent donner dans leur cour, les *coups-du-roi*, « fecerunt dari ictus regis in curia sua », et qu'ils en eurent une amende de cinquante francs qu'ils durent restituer. M. Beugnot fait exprimer, par ce document, à l'aide d'une interpolation, que les chanoines firent donner des coups à un homme du roi, « fecerunt dari ictus [ho-

---

(18) *Cartul. de Notre-Dame*, t. III, p. 433.

mini] regis (19) ». Cette interpolation constitue un véritable contre-sens. Du Cange rapporte précisément ce passage dans son Glossaire, sans aucune addition, pour fournir un exemple du vocable, ictus regis (20). Le sens de l'arrêt est d'ailleurs parfaitement clair. Les chanoines avaient fait donner les *coups-le-roi* dans leur cour, et ils avaient perçu l'amende qui leur était dûe par suite de la cessation du combat. Mais ils furent condamnés à restituer cette amende, parce que leurs droits de justice étaient alors litigieux, et qu'ils n'étaient pas autorisés à tenir un duel dans leur cour avant le règlement du litige, non plus qu'à y faire aucun autre exploit de justice.

Cet usage de la conclusion du combat judiciaire par l'accord des parties, après un premier engagement, constitua un progrès notable dans la pratique du duel. Nous le voyons déjà mentionné dans un acte de 1256, constatant l'engagement d'un champion qui loue ses services à la commune de Beauvais. Un charte confirmative des privilèges de la ville de Joinville, de 1354, règle l'amende due par les combattants en pareil cas. On y voit que lorsqu'un habitant de la ville se sera engagé à soutenir un duel, il pourra se soustraire au péril de la bataille par un accommodement avec sa partie adverse, moyennant une amende qui sera, de soixante sous s'il n'était pas encore armé, de cent sous s'il était armé, et dans les lices, et de dix livres, si les premiers coups, que l'on nomme les *coups-le-roy* avaient été portés (21).

Une disposition semblable existe dans une charte de 1320 : l'amende à payer au seigneur, lorsque la paix est faite après les gages de bataille, est de quinze sous avant le combat, et de soixante sous, lorsque les combattants en sont venus aux mains, et que les *coups* ont été donnés. « De champ
» formé, se on en fait paiz, quinze sols d'amende au seigneur;
» se on est armez, et couz en *est feruz*, et paiz en est
» faite, soissante soulz d'amende au seigneur; se li champs

---

(19) Beugnot, *Olim*, t. I, p. 465.
(20) *Glossaire de Du Cange*, v° Ictus Regis.
(21) « Et ou cas que li premier coup en seraient donnei, que l'en dit les coups-le-roy, encore s'en pueent départir et oster de peril, parmi dix livres d'amende » (art. 18). *Ordonnances des rois de France*, t. IV, p. 297.

» est outrez, cil qui sera vaincuz sera en la volunté du sei-
» gneur, de corps et d'avoir. »

III

L'abbaye de Saint-Germain-des-Prés avait, comme l'église de Paris, ses champions pour soutenir ses droits en justice et recevait également le duel dans sa propre cour.

Vers l'an 1027, l'abbé de Saint-Germain-des-Prés porta une plainte au roi, sur ce que le vicaire d'un certain Garin commettait de nombreuses usurpations et exactions dans quelques-unes des terres de l'abbaye. Garin se présenta devant le roi pour repousser cette plainte; mais il ne put soutenir ses prétentions à cause de la contradiction des serfs de l'abbaye qui étaient prêts à appuyer leur témoignage par le duel, « propter rationabilem contradictionem servorum S. Vincen-
» tii et S. Germani qui legali conflictu erant resistere pa-
» rati (22). »

Une autre contestation qui s'éleva, un siècle plus tard, entre les religieux et un seigneur du nom d'Étienne de Macy, qui s'était saisi d'un de leurs hommes de corps, amena un véritable duel qui se vida, cette fois, sur le terrain. Étienne vint à l'audience du roi avec un champion, les religieux amenèrent un autre champion pour l'abbé. Les parties n'ayant pu s'accommoder, le combat dut être engagé, et se termina à l'avantage de l'abbaye. « Les champions, dit D. Bouillart, se se battirent courageusement pendant longtemps; celui de Saint-Germain arracha l'œil à son adversaire et se jeta sur lui avec tant de vigueur, qu'il l'obligea de se déclarer vaincu, ce qui décida l'affaire en faveur de l'abbaye » (23).

Le mémorial de justice de l'abbaye que nous publions contient un exemple d'un duel qui eut lieu dans la cour temporelle de l'abbaye, à la fin du XIIIe siècle. Cette affaire est inscrite, avec la rubrique, placée en marge, « De rat et traïson (24) ». Un certain Baudoin porta plainte au prévôt de

---

(22) *Rec. des Historiens de France*, t. X, p. 612 (extrait de Dom Bouillart, p. 23).

(23) Dom Bouillart, *Histoire de Saint-Germain-des-Prés*, p. 89.

Paris, en 1280, de ce que Rendoul le Platrier avait abusé, de force, de sa femme, « que il, comme faus traitor, avait à force « geu avecques sa fame ». L'abbaye se fit rendre la connaissance du cas, et fit tenir, à Saint-Germain-des-Prés, une assise où les gages furent donnés. Le combat eut lieu, le lundi après la Chandeleur, dans l'enclos du monastère, entre le célier et l'hôtel, en présence de plus de quatre mille assistants, tant clercs que laïques, accourus de Paris, de Saint-Germain et autres lieux. Il ne fut suspendu que par l'accommodement des parties, après que les premiers coups eurent été donnés par les deux champions qu'elles avaient choisis. « Et par-devant le consel monsegnor l'abé, furent donné les » gajes à Saint-Germain-des-Prez. Et le lundi après la Chan- » delor, fut la pes faite. Et furent rendu les cous, à celi jor » entre le celier et l'otel ; et les rendi, por Baudoin, Guillot » la Gaerie, et por Rendoul, Robin Lescot. Là furent presenz » plus de IIII mille genz, clercs, lais, de Paris, de Saint-Ger- » main et moult autres genz. » Il est impossible de méconnaître, dans ce texte, le récit d'un véritable duel dans lequel on s'arrêta aux premiers coups, ou aux *coups-le-roi*. On ne s'expliquerait pas d'ailleurs, en dehors même des termes si décisifs de la notice, la présence de plus de quatre mille personnes à tout autre exploit de justice. L'expression même de, *rendre les coups*, que nous y relevons, est précisément celle qui sert à caractériser cette sorte de combats dans l'acte de 1256, cité plus haut, relatif à un champion de la ville de Beauvais. Il est stipulé dans cet acte, que le champion aura cent livres tournois, pour son salaire, dans les duels à outrance, et cinquante livres seulement, lorsqu'il n'aura fait, *comme on dit vulgairement, que rendre les coups*. « Ego Gaufridus, » dictus Blondel, Pugil, Notum facio omnibus presentes teras » inspecturis quod..... Insuper, si pro eisdem armatus fuero » contra aliquem seu aliquos, *et me ictus reddere, secundum*

---

(24) V. Le *Livres de Jostice et de plet*, p. 291. *Comment l'on doit appeler, home de rat* : — Marie dit issi devant le juge : Je me plains de G... qui vint à moi en une meson ou je esloie, et just à force à moi charnelment, et fist tel force que son poers venqui le mien, à tel jor... Et droiz dit qu'il est loisanz de prendre la prove à la fame et dire que c'est voirs, ou d'escondire par gage de bataille ». V. aussi, p. 297, *Comment l'on apéle home traison purement*.

» *quod vulgariter dicitur*, contingeret, mihi tenentur in L lib.
» Turon.; et si bellum perficere me contingerit, pro eisdem,
» ratione cujuscunque causæ, mihi tenentur in centum lib.
» Turon..... (25). »

Cette affaire eut une suite qui nous fournit encore un détail caractéristique. Robin Lescot, l'un des champions, qui avait sans doute eu l'avantage sur son adversaire, fut frappé, à l'issue du combat, par un certain Thomasin des Hales qui avait à son service, en qualité de sergent, le second champion. La notice qui relate cette voie de fait et l'arrestation de Thomasin des Hales, qui en fut la conséquence, rappelle les circonstances de l'affaire qui y donna lieu et ajoute que l'on avait fait, au moment où les coups furent donnés, un *cri* enjoignant aux assistants de ne pas bouger, sous peine de la hart, « et aus cous doner, avoit esté crié que nus ne se meust » sus la hart ». On sait, en effet, qu'il était d'usage de faire une proclamation semblable au moment où le duel allait s'engager (26).

Dans une autre notice du même Registre, de 1273, Jean de Cœuilly *appelle, de larcin et de trahison*, Robert de Villejuif devant l'assise de Saint-Germain. Le plaid en fut tenu par l'abbé en personne assisté de son conseil, mais la paix fut faite entre les parties. « L'an Nostre-Seigneur mil IIᶜ lxxiii,
» le jeudi devant Penthecoste, apela, Jehans de Cueilli, en l'as-
» sise Saint-Germain, Robert de Vilejuive, de larrecin et
» traïson, pour vin que celui Jehan disait que celui Robert
» en avoit porté de la vigne à celui Jehan senz son seu. Et
» en fut le plé entemmé devant monseigneur l'abé, et puis,
» pes faite. » Les termes de cet appel en justice paraissent bien se rapporter à une nouvelle provocation au combat judiciaire qui ne fut pas, cette fois, suivie d'effet, par suite de l'accommodement des parties (27).

(25) V. Du Cange, vº *Campiones*.
(26) V. Beaumanoir, ch. lx. — Ordonnance de 1306, *La première des cinq deffenses:* « Que nul ne parle, ne signe, ne tousse, ne crache, ne crie, ne fasse aucun semblan‚t quel qu'il soit, sur peine de perdre corps et avoir ». — V. aussi Du Cange, vº *Duellum*.
(27) V. Le *Livre de jostice et de plet*, p. 297, *Comment l'on apèle de larrecin et de traïson*, « et totes les fois que aucuns qui garde la chose et la sotret, et anprès la cèle, c'est larrecin et traïson ».

Il n'est pas douteux que le duel ne fût pratiqué de la même manière dans les autres cours seigneuriales de Paris. Nous voyons dans le Registre de Sainte-Geneviève, qu'un certain Pierre Pillon, arrêté en 1266, dans une taverne de la rue de la Montagne-Sainte-Geneviève, par les sergents du roi, pour lemeurtre d'Amaury de Maumont, fut rendu à l'abbaye, pour être jugé, après avoir subi une longue détention dans les prisons royales, qu'il fut appelé dans la cour des religieux, par la demoiselle Pétronille, parente de la victime, et que la paix fut faite entre les parties sous le bouclier, *sub scuto*, par le conseil de bonnes gens : « Et appellatus fuit in curia nostra, » super facto hujusmodi, per domicellam Petronillam, cogna- » tam dicti defuncti. Et, de consilio bonorum, *facta fuit pax* » *inter dictas partes, sub scuto*. » Nous n'hésitons pas à voir ici un nouveau cas de duel terminé par l'accord des parties, alors que les combattants étaient déjà sous les armes. C'est là ce qui nous paraît résulter des termes caractéristiques qui terminent cette notice. On sait que les champions étaient armés d'un bouclier, « cum *scuto* et fuste contendere, campionum fuit » ; le mot de *scutum* s'employait aussi pour exprimer le duel même : « Scutum, pro duello, seu » duelli judicio, maxime campionum (28). »

On sait que plusieurs cours seigneuriales conservèrent pendant longtemps, dans leurs auditoires, des images qui étaient, en même temps qu'une marque de leur haute justice, un signe visible de l'ancien usage du duel : c'étaient des tableaux représentant des combats par champions. Le Grand Coutumier nous apprend que l'église de Saint-Merry en avait un semblable dans sa salle de justice. « Les chanoines de » Saint-Marry ont, en leur auditoire, deux champions com- » batans, pour signifiance qu'ils ont haulte justice en leur » cloistre (29). »

(28) *Glossaire de Du Cange*, v° *Scutum :* « Et dum per pugnam ipsam causam, sicut antiqua fuerat consuetudo, quærere disponebant, gravis causa nobis esse comparuit ut, *sub uno scuto, per unam pugnam,* omnem suam substantiam homo amittat ».
(29) *Grand Coutumier* (Laboulaye et Dareste), p. 642. — *Institutes coutumières* de Loisel (L. II, t. 2, règle 47) : « Pilori, échelle, carquant et peintures de champions combattans en l'auditoire sont marques de haute justice.

CHAPITRE III

DES PEINES

I. Peine du feu. — Peine de l'enfouissement appliquée aux femmes. — Transaction de 1303 entre Sainte-Geneviève et Saint-Victor relativement aux exécutions criminelles.— Peine de la fausse monnaie. — Faux monnayeurs bouillis à Saint-Maur.— Potence et traînée sur la claie. — II. Mutilation des yeux. Mutilation de l'oreille. — Bannissement. — Échelle et pilori. — Description d'une échelle. — Fustigation.— Prison. —III. Comparaison entre nos registres.-- Particularités du Registre de Saint-Maur. — Pèlerinages expiatoires.

Les Coutumiers nous font connaître les pénalités anciennes ; mais, quelle que soit leur importance, ils ne suffisent pas, pour fixer, avec précision, l'état de la pratique à une époque et dans un lieu déterminés. M. Beugnot assure que la répression était, au moyen âge, beaucoup moins rigoureuse que ces documents ne le feraient croire ; et il va même jusqu'à affirmer qu'elle l'était moins qu'à notre époque. « Pour qu'une » loi pénale fût appliquée, dit-il, il fallait que beaucoup de » circonstances étrangères au crime qui avait été commis se » rencontrassent ; et si, sans s'arrêter aux textes des Codes, » on interroge l'histoire sur l'application des lois pénales, on » trouvera qu'en définitive, la répression des délits était alors » beaucoup plus douce que de nos jours (1). »

Tous les documents judiciaires démentent cette assertion, et les Registres que nous publions, loin de contredire les Coutumiers, nous font connaître une pratique qui est en harmonie parfaite avec leurs dispositions les plus rigoureuses.

(1) Beugnot, *Assises de la Cour des bourgeois*, t. II, p. 198, *note;* et Beaumanoir, t. I, p. 413, *note.*

I

La peine du feu et celle de l'enfouissement sont appliquées systématiquement aux femmes punies de mort (2).

Deux femmes sont condamnées au feu par les juges de Saint-Germain, en 1291, pour avoir donné la mort à leurs enfants nouveau-nés : « L'an nostre Seigneur m cc quatre-« vingt-onze, le samedi emprès la Saint-Remy, fu une mes-» chine jousticié et arse à Meudon, pour ce que elle avoit » porté noier, en un roteur à chanvre, 1 enfant tout vif que » elle avoit enfanté (3). » Cette exécution exemplaire fut faite solennellement à Meudon, en présence de tout le village, convoqué « à ban crié » par les juges de l'abbaye. La même peine fut infligée par les juges de Saint-Martin, en 1333, à une femme, *Jacqueline la cyriere*, chandelière, qui avait livré de force à un lombard une fille de dix ans (4).

La peine du feu, à la différence de l'enfouissement, était d'ailleurs commune aux hommes et aux femmes. On sait qu'elle était appliquée habituellement, au moins en récidive, aux crimes contre nature (5). Nous en avons un premier cas dans le Registre de Saint-Germain. « L'an m ccc et sis, le di-» manche devant la Chandeleur, fu ars Jehannot Chicot, de » Vermenton, pour cas de bouguerrie ; et fu jugié par le conseil de l'église (6). » Jean Le Coq nous en donne, dans ses *Ques-*

(2) C'est là, en ce qui concerne les femmes, un état de la pratique que les Coutumiers ne nous révèlent même pas.

(3) Voici le second cas : « L'an nostre Seigneur mil cc quatre-vingt et onze, fu arse une fame à Meudon qui avoit enfanté en une vigne, pour ce qu'ele l'avoit naié en 1 fosse ».

(4) *Le Registre de Saint-Martin* donne, avec la dénonciation, le récit du fait, et, à la suite, un résumé du rapport des matrones jurées, *Mabille la Ventrière* et *Emmeline-Diex-la-Voie*, qui ont été chargées de visiter l'enfant. La condamnation et l'exécution ne sont indiquées que par cette courte mention : « *Arsse*. Justiciée par le conseig et par le procès qui est devers monsr de Saint-Martin ». Le mot, *ars*, *arse*, désigne toujours, dans nos registres, la peine du feu ; le mot, *brûlé brûlée*, indique seulement celle de la marque au fer chaud ; on peut vérifier cette double signification dans le *Registre criminel du Châtelet de Paris*.

(5) V. Charondas sur Bouteiller, *Somme rurale*, p. 870.

(6) V. plusieurs condamnations semblables dans le *Registre criminel du Châtelet*, t. I, p. 112 et 230, et t. II, p. 274.

tions un second exemple qui fournit avec celui-ci un rapprochement étrange. Il s'agit d'une condamnation prononcée, par le bailli de l'évêque de Paris, contre un certain Jean Hardi, dont tout le crime était d'avoir entretenu des relations avec une juive. « Petrus, alias Johannes Hardi, fuit combustus per » baillivum domini episcopi Parisiensis, eo quod habuerat rem » cum Judæa. » Jean Le Coq ne rapporte pas autrement les circonstances de l'affaire, mais il énonce ce motif atroce de la rigueur de la peine, « quia rem habere cum Judæa, a chris- » tano, est rem habere cum cane, juris interpretatione (7). »

L'enfouissement disparut, d'assez bonne heure, de notre pratique criminelle et y laissa assez peu de traces pour que Sauval, en en mentionnant deux cas, qu'il avait probablement empruntés au registre même de Sainte-Geneviève, ait exprimé des doutes sur sa réalité (8). Cette peine était cependant très commune à Paris, au XIIIe et au XIVe siècles. Le premier cas mentionné par Sauval est rapporté dans notre registre en ces termes : « L'an de grâce MCCIIII^{xx} et xv ou environ, fu » prise, a Auteul, une fame qui avait non Marie de Romain- » ville, pour souppeçon de larrecin, et d'illeucques fu mené à » Sainte-Geneviève à Paris en prison et tenue lonc tens ; et » puis fu remené à Auteul, et enfouie sollempnement desouz » les fourches d'Auteul. » Le second cas s'applique à une femme de Créteil qui avait commis un vol important chez un habitant de Rungis (9).

Les condamnations de cette nature sont au nombre de sept à Sainte-Geneviève. Deux ont été prononcées dans la seule année 1271, deux autres dans l'année 1302 ; la plus ancienne remonte à 1265. Toutes s'appliquent à des femmes coupables de vol ; l'une avait volé un hanap, une pinte, et d'autres objets, à Paris et en divers autres lieux ; une autre avait pénétré, pendant la nuit, avec effraction, dans une maison de Saint-

---

(7) Jean Le Coq, *Questions* (n° 387).
(8) Sauval, *Histoire et recherches des antiquités de la ville de Paris*, t. II, p. 594.
(9) « L'an de grâce MCCC et II, le mardi après la Saint-Jehan, fu enfouie Amelot de Cristueil, laquelle avoit esté prise à Rungi, pour ce que ele avoit emblé chiez Eude-Li-Tout, une cote, 1 pelicon, ij caintures, ij aniaus, 1 fremail, ij crespines et une aumosnere de soie... »

Germain-sur-École, et y avait soustrait des draps et une toile au métier.

Mais tous les vols qui entraînaient cette redoutable répression n'étaient pas aussi qualifiés. Une femme qui avait déjà, il est vrai, subi une condamnation, et avait l'oreille coupée, fut enfouie à Épinay pour avoir seulement volé des poules dans une étable. « Fu prise nuitantre en une estable ou elle » avoit emblé gelines, et avoit l'oreille coupée...., et fu en- » foïe à Eppineul ». Deux femmes furent enfouies à Saint-Maur pour avoir volé des souliers et des linges ou effets. « Quædam mulier, que furata fuerat sotulares et pannos » lineos penes Theobaldum Auctionarium, capta fuit et in- » carcerata, que, inventa signata, infodita fuit sub furchis » nostris (10). » Enfin la même peine fut appliquée, par les juges de Saint-Martin, à une femme qui avait commis plusieurs larcins à Noisy.

Le registre de Saint-Germain ne fait pas une mention expresse de ce mode d'exécution de la peine capitale, mais les femmes qui sont indiquées, à diverses reprises, dans ce registre aussi bien que dans les autres, comme ayant été exécutées, sans indication du genre de mort qui leur a été infligé, doivent être considérées comme ayant subi l'enfouissement. Cette peine remplaçait, pour les femmes, la potence qu'on ne leur appliquait pas encore (11). La peine du feu était prononcée contre elles pour les grands crimes; celle de l'enfouissement, pour les autres crimes punis de mort et notamment pour les vols de quelque gravité. Cette distinction barbare entre les hommes et les femmes, quant à l'exécution de la peine capitale, se retrouve exactement dans le *Registre criminel du Châtelet;* elle y est même reproduite jusque dans les formules qui accompagnaient les sentences de bannissement (12). Les hommes sont bannis sous la peine

(10) « Item quedam mulier furata fuit quandam lexiviam sive buee, que capta fuit super rippa Materne, inter pontem et salceiam de Polengis, et adducta fuit apud Fossata, et infodita sub furchis ».

(11) On n'appliquait pas la potence aux femmes, sans doute pour éviter l'exposition publique des corps. On sait que l'exposition du cadavre au gibet permanent de la seigneurie était considérée comme le complément obligé de la peine de la potence.

(12). V. le *Registre criminel du Châtelet de Paris* (1389-1392). Cet comminatoire *d'être pendus,* les femmes, sous peine d'être enfouies. *Jehan de Varlus* et *Ameline*, sa femme, sont condamnés, comme recéleurs, à être tournés au pilori des Halles, et bannis, « ledit de Varlus sur peine d'estre pendu et Ameline » d'estre enfouie vive (13). » De même, à Sainte-Geneviève, des femmes de mauvaise vie sont bannies sous peine *de la bêche,* image brutale du supplice : « L'an de grâce MCCIII^{xx} » et trois, Marote la Flamenge, Mehalot de Gisors, Tiecot » de Troies, Hanison de Dinant, Alison Lenglesche, furent ba- » nies de la terre, sur la besche, pour ce que elles estoient » foles de leur cors (14). »

Les condamnées étaient enfouies vives. On voudrait pouvoir en douter ; mais l'un des cas rapportés par le *Registre criminel* du Châtelet ne laisse aucune incertitude à cet égard. On sait qu'il était alors d'usage de provoquer des condamnés,

---

important document, signalé par M. Beugnot, qui n'avait pu cependant le retrouver (*Olim,* t. III, p. 1512-1513), a été publié, pour la première fois, par la Société des bibliophiles français (Lahure, 1861, 2 vol.). Sont condamnées au feu, *Marguerite de Bruges,* meurtrière (t. I, p. 268) ; *Margot de la Barre et Marion L'Estallée,* sorcières (t. I, p. 363), *Alis la Pichoise,* empoisonneuse de fontaines (t. I, p. 480) ; *Belon, femme Drion* complice du meurtre de son mari, (t. 2, p. 60) ; *Agnès,* incendiaire, (t. II, p. 64) ; *Macette et Jehenne de Brigue,* sorcières et « ensorcelleresses de gens » (t. II, p. 337.) — Sont enfouies (*enfouyes toutes vives*), *Marguerite La Pinele, Marion du Pont* et *Marion de la Court,* larronnesses (t. I, p. 327 et II, p. 436).

(13) *Reg. crim. du Châtelet,* t. I, p. 157. — Nous n'avons pas d'exemples dans nos registres, ni dans celui du Châtelet, d'hommes condamnés à l'enfouissement. Nous apprenons cependant, par Bouteiller, que cette peine leur était appliquée dans certains lieux : « Qui ocit autre par chaude colle, selon la coustume local, puis que ce serait de telle heure que de jour, il chet en peine criminelle et capitale, telle que d'estre pendu tant que mort soit et estranglé, et selon aucuns lieux, en roues, et selon aucuns lieux, enfouy tous vif. Et si c'estoit de nuit, doit estre trainé et pendu tant que mort soit et estranglé. » On voit encore, par cette citation, que l'enfouissement était, dans l'échelle des peines, l'équivalent de la potence, et d'un degré moindre que la potence aggravée par la trainée sur la claie.

(14) Les continuateurs de Du Cange, qui rapportent ce passage, au mot *Becca* (*Glossaire, Supplément*), empruntent une formule analogue à un autre manuscrit : « *Maroie la Turkoise* fu banie, à trois clokes, à toujours *seur le pic et seur la pele.* » — V. encore, dans le *Glossaire* et le *Supplément,* les mots *Fossa, Infoditus, Infodire,* et *Humari.*

sur le lieu du supplice, une dernière confession de leurs crimes. *Marion* de la Court, femme de mœurs dissolues, qui avait été condamnée à l'enfouissement, comme *larronesse*, pour un nombre considérable de vols, fait une confession semblable, et on constate, avant de rapporter ses aveux, qu'elle était *devant la fosse ordonnée pour l'enterrer* et au moment où on *l'y voulait mettre* (15).

La peine du feu resta, à Paris comme ailleurs, dans la pratique criminelle (16) ; celle de l'enfouissement disparut lorsqu'on se décida à appliquer la potence aux femmes. La Chronique de Charles VII, de Jean Chartier, enregistre comme une nouveauté, l'exécution d'une femme qui fut pendue à Paris en 1449 (17).

On sait que les faux monnayeurs étaient bouillis dans une chaudière (18). Nous en avons un exemple notable à Saint-

(15) *Reg. crim. du Châtelet*, t. II, p. 437.

(16) On peut lire encore, dans les *Lois criminelles* de Muyart de Vouglans, (p. 56), la description détaillée de ce supplice. Bûcher, composé de bûches et paille alternativement ; un poteau au milieu ; le patient est attaché au pied du poteau. Les exécuteurs se servaient habituellement, pour construire le bûcher, d'un croc de batelier à deux pointes avec lequel ils frappaient le patient au cœur, dès que le feu avait été mis de toutes parts. Un *retentum*, inscrit au bas de l'arrêt, ordonnait parfois que le condamné serait étranglé secrètement par l'exécuteur.

(17) *Chronique de Charles VII* (édit. de Vallet de Viriville), t. II, p. 67 : « Et est assavoir que grant multitude de peuple y affluet de toutes parts, et, par spécial, femmes et filles, pour la grande nouveauté que c'estoit de voir pendre une femme ; car onques cela ne fut veu dedans ce royaume de France. Fut ladite femme pendue toute deschevelée en une longue robe, ceinte d'une corde, les deux jambes ensemble, au-dessous des genoulx... ». — Michelet qui cite ce passage (*Origines du droit français cherchées dans les symboles et formules du droit universel*) en concluait « que l'exécution publique d'une femme était chose rare » (p. 375). On voit par ce qui précède que ce n'était pas l'exécution capitale d'une femme qui faisait la rareté du cas, mais le mode d'exécution. — La Chronique elle-même est d'ailleurs ici trop affirmative, lorsqu'elle dit qu'aucune femme n'avait encore subi en France la peine de la potence ; nous avons relevé, dans un arrêt du Parlement du 19 juillet 1398, la mention d'une femme pendue à Montpellier à cette époque (*Arch. nat.*, X 2 a 12).

(18) Beaumanoir, ch. XXX : « Li faus monier doivent estre bouli, puis pendu » ; Bouteiller, *Somme rurale*, ch. XXXIX ; Masuer, *Pratique*, « Ille autem qui falsam monetam fabricavit debet in oleo et aqua suffocari seu buliri ». — V. une condamnation semblable dans le *Reg. crim. du Châtelet, Jehan de Joye, forgeur de faulse monnoye*, t. I, p. 489.

Maur. L'exécution fut faite au bourg des Fossés, au milieu d'un grand concours de peuple, en vertu de la sentence prononcée contre le coupable, dans une assise solennelle de l'abbaye. « Homine de Massilia recognoscente, coram dominis, Guidone » de Campis, etc. », (suit l'énumération des membres composant l'assise) « se fecisse falsam monetam et plura latro- » cinia, bullitus fuit, per judicium predictorum, et suspensus». Une femme de Saint-Martin fut arrêtée à Paris, pour le même crime, par la justice royale. Les officiers du prieuré la revendiquèrent, mais leur prétention ne fut reconnue qu'après qu'elle eut été exécutée par les gens du roi. Ils ne s'en firent pas moins rétablir dans leur droit, par la tradition symbolique d'une *figure* qui fut *bouillie*, sous les fourches patibulaires de Noisy.

Les meurtriers étaient invariablement traînés sur la claie, et pendus (19). « L'an Nostre Seigneur mil cc quatre vinz et un, fut pris, un home, à Val Girart, emblant 1 drap. Et pour ce qu'il cognut qu'il avait murtri 1 home, il fu penduz à Saint-Germain-des-Prez et trayné (20). »

Une transaction de 1303 entre l'abbaye de Sainte-Geneviève et celle de Saint-Victor fait revivre, dans une de ses clauses, toute cette ancienne pratique. Les religieux de Sainte-Geneviève faisaient encore, à cette époque, quelques-unes de leurs exécutions, aux portes de la ville, sur les voies qui entouraient l'enclos de Saint-Victor et jusque sur celle qui conduisait à la porte principale de cette abbaye. Les religieux de Saint-Victor, dont cet usage blessait les convenances ou lésait les droits, obtinrent, de leurs puissants voisins, l'engagement de renoncer à procéder, sur deux de ces voies,

---

(19) Beaumanoir, ch. XXX ; Bouteiller, l. II. ch, xl, § de fairemurdre. — Le *meurtre* désignait alors l'homicide qualifié qui reçut, par la suite, le nom d'*assassinat*. « Meurtre, si est d'home et de feme, quand on les tue en leur lict, ou en aucune manière, pour que ce ne soit en meslée (*Établissements de Saint Louis* ch. 25). *Le Grand Coutumier* en donne la définition la plus exacte: « L'en dit meurtre, quant le fait est advenu scientement, et apensément, ou par aguet » (p. 637).

(20) V. dans le Registre de Saint-Germain plusieurs autres condamnations semblables : — 1276, berger de la grange du Breuil, traîné et pendu pour avoir tué le curé d'Épinay ; — 1291, *ribaut*, arrêté au pressoir de Meudon, convaincu de cinq meurtres, sur son aveu ; 1306, voleur arrêté

aux exécutions qu'ils avaient accoutumé d'y faire, et qui consistaient, d'après les termes mêmes de l'acte, à brûler les femmes, à les enfouir vives, à mutiler les hommes et les femmes et à traîner les hommes sur la claie. « Et nos abbas » et conventus, promittimus, bona fide, quod, in predicta via- » ria, execuciones que sequuntur non faciemus, per nos vel » alios, in futurum, videlicet, mulieres adurere seu vivas in- » fodere, homines et mulieres trainare, nisi contingeret in » ipsa viaria delictum perpetrari propter quod aliquis esset » trainandus (21). »

La traînée du meurtrier sur la claie était considérée comme une aggravation de peine nécessaire que le juge se croyait, en conscience, obligé d'ordonnner dans tous les cas. Nous en avons un singulier exemple dans une notice de Saint-Martin. Michelet de Terreblay, arrêté par les gens du prieuré pour le vol d'une charrue, fut condamné à être pendu, et conduit aux fourches de Noisy pour l'exécution de la sentence. Il fit sa confession, selon l'usage, sur le lieu patibulaire, et pensant avoir épuisé les rigueurs de la justice, il fit l'aveu spontané d'un meurtre. On jugea là-dessus que la peine qu'on allait exécuter devenait trop légère. Jugé comme meurtrier, il aurait été traîné avant d'être pendu : on le ramena donc des fourches et on le traîna pour l'y reconduire (22). De telles aggravations de peines n'étaient pas rares, si étranges qu'elles puissent nous paraître, et nous en voyons, dans le *Registre du Châtelet,* une plus cruelle encore, amenée dans des circonstances semblables, par la seule confession du coupable. *Robin le Febvre,* condamné à être pendu et conduit à *son dernier tourment,* avoue avoir commis, à diverses reprises, le crime de bestialité. On dresse aussitôt un bûcher, et on le fait périr par le feu. « Oyes lesquelles derrenières confes-

en flagrant délit à Issy, qui avait tué un marchand de poules entre Issy et Vaugirard. — De même, à St-Martin, trois meurtriers sont traînés et pendus. *Pierre Vineron* est traîné à Noisy, « dès la croix Madame Isabeal, parmi le haut chemin et parmi les champs, jusques aux fourches ».

(21) Cette transaction est rapportée, en entier, dans le Registre de Sainte-Geneviève.

(22) « Il confessa, aux fourches, que il avoit tué un home ; il fust remenés des fourches, et fu trahinez, amenés aux fourches, et pendus par **les gens** Saint-Martin. »

» sions,....... fu icelli Robin mys et lié à l'atache, avec les
» bourrées, et le feu illec print pour ardoir icelli Robin,
» lequel estant en cet estat, continua en toutes les confes-
» sions ci-dessus escriptes, par lui faites, et pour ce, fu jus-
» ticié et ars et illec fini ses jours .... (23) »

Le viol était puni de la même manière que le meurtre (24) :
« L'an de grâce MCCIII^{xx} et VII ou environ, fu penduz et
» traînez, Jehanot de Crespières, pour une vielle que il avoit
» efforciée dehors la porte de Bourdelles. Et requenut que,
» quand il en ot fait son plaisir......, embla ses poules et son
» sourcot.... » La même peine fut subie, à Saint-Martin, par
un *tailleur de robes* de la rue du Grenier-Saint-Lazare, qui
avait abusé de ses deux apprenties âgées de douze ans.

Le suicide était considéré comme un véritable crime par
notre ancienne jurisprudence, et entièrement assimilé au
meurtre (25). Le cadavre de l'homme qui s'était volontairement donné la mort était traîné et pendu, celui de la femme
était enfoui par la main de justice.

En 1288, le prévôt de Paris obligea les religieux de Sainte-
Geneviève, par une mainmise sur leur justice, à traîner le

---

(23) *Reg. crim. du Châtelet*, t. I, p. 562 ; V. une autre affaire semblable, t. 1, p. 225-231. — Toutes les peines que nous relevons dans nos Registres sont d'ailleurs bien celles qui étaient appliquées par les juges du Châtelet. La répression des grands crimes de droit commun était à peu près invariable. La justice royale disposait toutefois de peines exceptionnelles pour les crimes contre la personne du roi ou contre son autorité, écartèlement, noyades, etc ; on peut en voir de curieux exemples dans une collection de pièces, manuscrites et imprimées, des Archives nationales (Ad 1 b 3). — Nous avons relevé, dans le *Livre vert*, 2me vieil du Châtelet (Copie de la préfecture de police) des lettres royales qui commuent la peine du gibet en celle d'*être jeté en la rivière de Seine*. On trouve encore de curieuses mentions dans les *Comptes* de la prévôté de Paris de Sauval (*Appendice*).

(24) Beaumanoir, ch. XXX : « Quiconque est pris en cas de crime, si comme de murdre... ou de feme efforcier, il doit estre trainés et pendus. » —Bouteiller, tit. XXXIX, *De rapt et punition d'iceluy*.

(25) Bouteiller, l. 1, ch. XXXIX, *De ceux qui se désespèrent*. — L'exé-cution du cadavre des suicidés est encore consacrée par l'art. 1er du titre XXX de l'ordonnance criminelle de 1670. — Un Hollandais, nommé Beck, s'était suicidé, le 10 janvier 1658, après avoir commis trois tentatives de meurtre. Le corps fut gardé, pendant plus de quinze jours, au Châtelet, avant d'être rendu à l'ambassadeur de Hollande qui le réclamait. « Nous

cadavre d'un suicidé qui n avait été que pendu. « Et fu ledit Robert pendu sans traîner. Et pour ce, ledit prevost prist notre joustice en la main le Roi, pour ce que nous l'aveismes pendu sanz traîner. Toutes voies, après ce, osta ledit prevost sa main, et nous rendi nostre joustice, et nous quemanda que nous ledit murtrier trainissions ou la figure de lui.... Et fu ledit meurtrier traîné de la porte de Bordelles desqu'à fourches. »

Le suicide était néanmoins excusé, et affranchi de toute peine, lorsqu'il paraissait qu'il avait été commis sous l'empire de la folie. Un pelletier, de Saint-Martin, qui avait été trouvé pendu dans une maison de la rue Quincampoix, fut rendu aux *amis*, pour le faire enterrer, parce qu'il résulta d'une information faite par le maire, qu'il était depuis longtemps *tout fol,* et *hors du sens* (26).

La potence simple était appliquée à l'homicide simple et au vol. La répression du vol était variable et arbitraire, mais il était très fréquemment puni de mort (27). La récidive la plus légère suffisait parfois pour motiver cette peine, comme le vol d'une chaîne de fer à Saint-Maur, ou un vol de poules dans la boucherie de Saint-Germain. Un homme est arrêté et pendu à Sainte-Geneviève pour soupçon de larcin et *mauvais renom ;* de même à Saint-Germain, un homme qui avait volé des pots, parce qu'il était *mal* renommé (28).

apprîmes, *que le corps avait été salé*, et qu'on le gardait.., pour le traîner par la ville et l'attacher au gibet. » (Journal d'un voyage à Paris en 1657, 1658, publié par Faugère. 1862).

(26) On rend de même le corps d'un valet pâtissier qui s'était suicidé, parcequ'il était *fantasieux et hors du sens. —* Bacquet (*Traité des droits de justice,* ch. VII, n° 18) cite une autre sentence du bailli de Saint-Martin du 21 juillet 1594, déchargeant une pauvre femme qui s'était pendue par *nécessité, indigence et pauvreté.*

(27) Nous en avons de nombreux exemples : Vol dans la maison de Monseigneur Thomas de Savoie ; — dans l'hôtel de la reine Marie ; — vol de 57 mailles blanches ; — de fermoirs d'or ; — d'une robe avec une bourse ; — vol de blé et de farine, avec effraction, dans un moulin ; — vol d'un cheval ; — d'une brebis ; — vol d'une housse ; — d'un surcot ; — d'une robe , — d'une cotte. — Des coupeurs de bourse sont exécutés solennellement à Saint-Germain, en présence de toute la ville qui assiste *au pendre.*

(28) On faisait aussi le procès des animaux qui avaient causé mort

II

Après la peine capitale, la peine corporelle la plus grave était celle de la mutilation. Le Registre de Saint-Maur nous fournit, à une date indéterminée, un exemple unique d'une mutilation que l'on voudrait voir, avec Beugnot, reléguée dans les Coutumiers, à titre comminatoire : c'est celle des yeux. Elle est appliquée à un voleur : « Guillelmus, » dictus li Biausiers, furatus fuerat quasdam bidentes et eas » excorriavet; et, per justiciam nostram judicatus, et oculosa » habuit extractos. » Ce cas, qui est rapporté dans une enquête de 1273, remonte vraisemblablement au commencement du XIIIe siècle (29).

La mutilation ordinaire était celle de l'oreille. C'était souvent la peine d'un premier vol. Elle était d'ailleurs appliquée indistinctement aux hommes et aux femmes. Un homme la subit à Saint-Maur, pour avoir volé seulement une poule. « Quidam homo furatus fuit quandam gallinam in granchia

d'homme. Ils étaient traînés et pendus, ou brûlés solennellement, sur le lieu patibulaire de la justice. Nos Registres en contiennent plusieurs cas. Celui de Saint-Martin rapporte même une exécution d'un cheval en effigie. *La figure d'un cheval*, livrée par le maître, à défaut de l'animal qui avait disparu, est traînée et pendue aux fourches patibulaires de Noisy. Les juges de Sainte-Geneviève et de Saint-Martin font brûler un pourceau et une truie qui avaient dévoré des enfants. De même, ceux de Saint-Maur font justice d'un porc : « De verre qui occidit, in terra dicte ecclesie, apud Torci, porcherium de Buciaco, et ductus apud Torci, in domo dicte ecclesie, et fuit *trainez*, per terram dicte ecclesie, apud Torciacum, postmodum positus in quadriga, et ductus apud Fossatum justiciari ».

(29) Les *Établissements de saint Louis* punissaient le vol, de la mutilation des yeux, de l'oreille, du pied, ou de la potence, selon les cas : « Cil perd les iex, qui emble riens en moustier. Et qui emble soc de charrue, et qui emble autres choses, robes et deniers ou autres mesmes choses il doit perdre l'oreille du premier meffet; et de l'autre larrecin, il perd le pied ; et au tiers, il est pendable : car l'on ne vient pas du gros au petit, mes du petit au grand ; » (l. I c, 29). — Beaumanoir ne distingue pas : « Qui emble autrui coze, il doit estre pendus » (tit. XXX, n° 10). — Mais la répression du vol dépendait de circonstances si variables qu'elle ne pouvait pas être assujétie à une règle fixe. Bouteillier est celui qui représente le mieux la pratique suivie dans nos Registres ; il punit le vol de la mutilation de l'oreille ou de la potence selon la valeur des objets volés ou l'état de récidive (L. I, t. XXV, *De Larrecin*).

» Petri Vincentii, qui adductus fuit apud Fossatum, ibique
» justiciatus per aurem. » Cette mutilation vouait à peu près
infailliblement le condamné à la peine capitale, à la première
récidive (30).

La mutilation de l'oreille était habituellement subie devant
l'échelle de justice de la seigneurie. Le prévôt de l'évêque de
Paris la faisait exécuter à la *Croix du Tiroir*, ou du *Trahoir*,
dans la rue Saint-Honoré, à la hauteur de la rue de l'Arbre-
Sec. « Item ledit prévost dudit évesque a cognoissance de
pendre et ardoir hors la banlieue de Paris, bannir et faire
coupper oreilles, à Paris, à la Croix du Tirouer (31). » Cette
peine était d'une application générale, comme on le voit
par les nombreuses coutumes qui la mentionnent. C'était une
marque qui désignait de telle sorte le condamné à la répro-
bation publique que tout moyen régulier de vivre lui était
enlevé. C'est ce caractère odieux qui devait la faire disparaître; Imbert nous apprend qu'elle n'était plus pratiquée
de son temps, et qu'on lui avait substitué la marque à la
fleur de lys parce qu'on avait reconnu que les condamnés
mutilés ne trouvaient plus à être employés nulle part, et
étaient contraints à se retirer dans les bois et à se mettre
à voler (32). Nous la retrouvons cependant encore dans un
bail des défauts et amendes de la prévôté de Saint-Magloire
de 1564, qui impose au preneur la charge de « payer et frayer
.... à ses despens, l'exécuteur de haulte justice qui coup-
» pera oreilles, fustigera par les carrefours, metera à l'es-
» chelle aulcuns malfaiteurs....... suivant la sentence du
» maire de la justice dudit Saint-Magloire, tant en ceste dicte
» ville de Paris, faulsbourgs d'icelle, que ès villages de Cha-
» ronne et Issy » (33).

La marque au fer chaud n'occupe qu'une place secondaire
dans nos Registres. Elle est infligée, à Saint-Germain, à des

---

(30) « L'an Nostre Seigneur mil CCLXIII, fu pris un larron à Tyes
qui avoit emblé une couverture à chevaus, et fu amenez à Saint Germain
des Prez, et o l'orile copée ; et ne demoura guières, pour larrecin qu'il
fist à Antoigni, qu'il fu penduz à Antoigni ».

(31) *Cartul. de Notre-Dame*, t. III, p. 274.

(32) *Pratique*, l. III, ch. XXI, p. 694.

(33) Archives nationales, L. 610.

femmes de mauvaise vie qu'on brûle avant de les bannir de la terre de l'abbaye (34) ; elle n'est appliquée qu'une fois au vol à Saint-Maur.

C'est le bannissement qui sert le plus souvent de répression aux vols les plus légers, à défaut de la mutilation de l'oreille (35).

Le bannissement était une peine essentiellement arbitraire qu'on appliquait, soit à titre principal, soit à titre accessoire, aux délits les plus divers. Le Registre de Sainte-Geneviève mentionne toute une série d'hommes et de femmes de mauvaise vie, dont les religieux purgent ainsi leur terre. Ce sont des femmes arrêtées dans la ville, ou « défoulant les blés aux champs », des proxénètes, *houliers, houlières* et autres gens de cette espèce. En 1283, *Marote la Flamenge*, et quatre autres femmes, sont bannies *sur la besche*, « pour ce que elles estoient » foles de leur cors ». En 1300, Marguerite Lenglesche est également bannie « sur poine d'estre brullée....., pour b..... » que elle recetoit en son ostel ». La même année, *Perrenele la lavendière*, que l'on avait surnommée *la demoisele*, subit la même peine pour un fait analogue. En 1300, *Phelippot de Marseilles* est banni, « pour ce que l'on le soupçonnoit d'estre » houlier et d'embler les miches dont il soustenoit deux » fames ».

Ce qui marque le mieux le caractère arbitraire de cette peine, c'est l'application qu'on en faisait parfois aux accusés de délits graves, qui échappaient à la peine normale de leur crime, parce que la preuve n'était pas suffisamment faite, mais qu'on bannissait néanmoins à cause des soupçons qui subsistaient contre eux, ou de leur mauvaise renommée. Une femme de Choisy, qui avait été arrêtée par les gens de de Saint-Martin dans la rue du Chevet Saint-André, sous la

---

(34) « Celle année (1272), Emeline de Hollande et autres vielles maq... furent prinses en nostre terre, et brulées en la voie devant Saint-Andri.»

(35) Vols de foin ; de chaume ; de raisin ; vol de viande commis à la boucherie de Saint-Germain, par un *pauvre home* qui fut retenu longtemps en prison, et finalement trouvé *de bonne affaire*, par l'enquête qu'on fit de sa vie. — Le bannissement est cependant appliqué parfois à des vols d'une certaine importance, surtout à Saint-Martin ; vols de deux draps, une robe et une chemise; vol d'un gobelet d'argent *par pauvreté;* vol de deux cuillères d'argent, etc.

prévention d'un vol important, et qui aurait certainement été condamnée à la peine capitale, si elle avait pu être convaincue, est néanmoins bannie, « por ce que ce forfet ne pot bien
» estre prové ».

Les hauts justiciers prononçaient le bannissement pour toute l'étendue ou pour une partie seulement de leurs terres (36). C'est ainsi qu'un homme qui est arrêté pour avoir volé une pelle à Saint-Martin, est banni seulement de la seigneurie du prieuré à Paris. La durée du bannissement était d'ailleurs variable : il était tantôt définitif et tantôt *à rappel*, c'est-à-dire pour un temps indéterminé, à la volonté du seigneur. Un mendiant, porteur d'une besace qu'il avait volée pendant qu'il *demandait du pain pour Dieu*, est banni de la terre de Saint-Martin jusqu'à l'époque où il plaira au prieur de le rappeler. Un pelletier de Saint-Martin, qui s'était emparé, dans une taverne, d'une bourse tombée à terre contenant quarante sous parisis, est banni sous cette même réserve, qui se réalise, peu de temps après, par la grâce que lui accorde le prieur. Une femme est bannie, pour le vol d'un chaperon, jusqu'à Pâques.

Le bannissement était souvent appliqué cumulativement avec la mutilation, la marque, l'exposition publique ou la fustigation.

L'exposition publique se faisait par le pilori, l'échelle et le carcan. Il n'y avait que deux piloris à Paris, le pilori royal des Halles et celui de Saint-Germain-des-Prés. C'était un privilège spécial de l'abbaye, comme nous l'apprend le Grand Coutumier. « Aucuns tiennent que, en bonne ville où le roi a
» pillori, nul autre hault justicier ne pourroit en icelle ville
» faire dresser pillori, mais eschelle, si. Et ce est pour oster
» la comparaison, et à trouver la différence entre ung souve-
» rain et le subject. Et cela fut tenu par opinion pour ceulx de
» Saint-Germain-des-Prés, qui de leur eschelle feirent pillori,
» mais c'est tout dehors la ville de Paris et devant leur porte
» et loing du pillori du roy (37). »

---

(36) Ils ne pouvaient l'étendre au delà des limites de leur seigneurie. V. Beaumanoir, ch. lxi n. 22 ; Charondas sur Bouteiller, l. II. tit 1, *note d*.
(37) *Grand Coutumier*, p 638.

Il s'agit là du pilori à demeure dressé dans le bourg de Saint-Germain dont il sera parlé plus loin. Il est mentionné à plusieurs reprises, dans le Registre de l'abbaye. On y expose une femme de mauvaise vie, un *couturier* de Meudon qui avait *juré le vilain serment*. En 1272, c'est dans l'intérieur même de la ville, au bout de la rue d'Hirondelle, qu'on expose des malfaiteurs à un pilori portatif dressé pour la circonstance.

Les principaux justiciers de Paris, autres que l'abbé de Saint-Germain, avaient une échelle en guise de pilori. Nous indiquerons ailleurs la place de plusieurs d'entre elles ; celle qui subsista la dernière est celle du Temple (38) ; elle était située dans la rue des Vieilles-Haudriettes. Si communes qu'elles aient été, les échelles de Paris ne sont décrites exactement nulle part. Mais l'abbé Lebeuf nous en donne une idée suffisante, d'après celle de l'abbaye de Chelles, qui existait encore de son temps. Elle était détachée de tout édifice, et très élevée, et les échelons étaient en forme d'escaliers. Dans le haut, se trouvait une plate forme, au-dessus de laquelle étaient dressées deux planches, maintenues, sans doute, dans les rainures de deux montants en bois. Ces deux planches, disposées verticalement entre les montants, et mobiles à la façon d'une trappe, étaient échancrées dans le milieu et sur les côtés. On plaçait la tête et les mains du condamné dans les échancrures de la planche inférieure, et on rabattait la planche supérieure, dans les ouvertures. Certaines échelles avaient un double système de planches, pour exposer à la fois, la tête, les mains et les pieds du condamné.

Cette peine était habituellement appliquée à ceux qui avaient juré *le vilain serment*. L'ordonnance du 22 février 1347, relative aux blasphémateurs, voulait qu'ils fussent pour la première fois, mis au pilori, et pour les fois suivantes, marqués aux lèvres d'un fer chaud, jusqu'à mettre les dents à nu, *si que les dents appèrent*. Elle permettait d'ailleurs, aux assistants, de jeter au patient de la boue et des ordures « Et lui » pourra l'an jetter boues ou autres ordures, sans pierres ou » choses qui le blessent, et après ce, demourra ung mois en-

---

(38) Guy Coquille mentionne cette échelle, ainsi que celle de Saint-Martin, dans son commentaire de la *Coutume du Nivernois* (t. 1, art. 15).

» tier au pain et à l'eau, sans aultre chose. » L'exposition des condamnés dans le pilori se faisait, à peu près, de la même manière que sur la plate forme de l'échelle ; elle était seulement plus complète dans le pilori, en ce que le patient, qui avait la tête et les mains pris dans une roue, tournait avec cette roue, de façon à être présenté de face, à toutes les parties de l'assistance (39).

La peine de l'échelle n'est mentionnée qu'une fois, en 1301, dans la période de temps normale qu'embrasse le Registre de Sainte-Geneviève. Elle est appliquée à une proxénète qui *jurait vilainement*. Une addition, de beaucoup postérieure, nous fournit un second exemple d'une condamnation semblable, prononcée contre un *valet boucher*. Trois individus subissent la même peine à Saint-Martin : les deux premiers pour le même fait, le troisième pour avoir fait fabriquer une fausse quittance revêtue du sceau de l'official.

La fustigation, qui devait être bientôt la peine corporelle la plus usitée, n'est mentionnée que deux fois dans le registre de Saint-Martin. Elle est appliquée, la première fois, à un enfant de neuf ans qui s'était rendu coupable de vol, et que son âge préserva d'une peine plus grave ; il est dit qu'elle lui fut donnée au *lieu de punition et considéré comme son petit âge* ; elle est prononcée dans le second cas, contre un homme qui avait battu un écuyer du Roi de Navarre. On la faisait subir habituellement au condamné, à diverses reprises, dans les lieux les plus fréquentés de la seigneurie, sur les places publiques et les principaux carrefours.

L'emprisonnement pur et simple était rarement appliqué à titre de peine. La *longue prison* à laquelle pouvaient être assujettis les individus accusés de faits graves, avait souvent le caractère mixte d'une détention préventive, prolongée pendant un temps indéterminé, à titre de conviction et d'épreuve, avant la libération définitive, lorsque les juges ne parvenaient pas à administrer la preuve du fait. Nous ne voyons appliquer l'emprisonnement, dans nos registres, à titre de peine principale, qu'à quelques délinquants, auteurs de légères infrac-

---

(39) *Ordon. des rois de France*, t. II, p. 282; cette ordonnance est reproduite dans le *Grand Coutumier* (l. I, ch. 10. *Du vilain serment*).

tions à l'égard desquels elle tient parfois lieu de l'amende qu'ils n'auraient pu acquitter. C'est ainsi qu'un individu poursuivi devant les juges de Saint-Martin, pour quelques coups, est *délivré par prison, par pauvreté*. D'autres délinquants, arrêtés dans une rixe, se libèrent de la même même manière. Enfin on délivre encore, par *painnes de prison*, deux filles qui avaient été surprises volant du raisin dans les vignes du prieur (40).

L'amende était habituellement appliquée aux délits de coups et blessures. Elle est très souvent mentionnée dans le Registre de Saint-Martin, qui rapporte avec soin les rixes qui s'élevaient si fréquemment entre les justiciables du prieuré. Ces affaires étaient jugées, sur le rapport du *mire juré* ou de la *matrone jurée*. Le *mire* examinait la victime, afin de constater si elle était en *péril de mort ou de mehaing*, c'est-à-dire de perdre la vie ou de subir quelque mutilation de membre. La *matrone* intervenait lorsque les violences avaient été commises contre des femmes enceintes pour rechercher si les résultats de la grossesse pouvaient être compromis. Lorsque la victime succombait ou subissait quelque mutilation, le coupable était puni de mort ou de toute autre peine arbitraire; c'est ainsi que *Jacquet Legalais* fut exécuté, pour avoir fait à *Guillot Leveiller* une blessure mortelle. Dans les autres cas, l'affaire se terminait généralement par une simple condamnation à l'amende.

III

Si nous cherchons, au point où nous sommes parvenus, à établir une comparaison entre nos Registres, nous constatons une parfaite conformité entre eux, quant à la répression des grands crimes; ces crimes sont toujours punis des mêmes peines, et avec les aggravations prescrites par les Coutumiers. Les délits moindres, et en particulier le vol, sont, au contraire, frappés d'une répression variable qui peut s'élever des pénalités les plus légères à la peine capitale. Le registre de

---

(40) Dans le *Reg. crim. du Châtelet*, Marion du Val est condamnée, pour de petits larcins, à être traînée au pilori et en outre, à être tenue prisonnière, au pain et à l'eau, pendant un mois (t. 1, p. 200).

Saint-Martin, qui est le plus récent, accuse, sous ce rapport, un certain adoucissement de la pénalité ; l'échelle des peines reste la même, mais il y a plus de mesure dans leur application aux vols et aux moindres délits (41).

Le registre de Saint-Maur est manifestement celui qui porte les traces de la pratique la plus rigoureuse et la plus ancienne. Nous y voyons figurer, à côté de la pénalité ordinaire, le pèlerinage pieux ou le voyage en Terre-Sainte. Le premier cas, qui est rapporté dans une enquête de 1275 sur les droits de justice de l'abbaye, remonte sans doute au commencement du X.IIe siècle. Il s'agit d'un homme auquel on imputait le meurtre de sa femme, et qui fut condamné au pèlerinage de la Terre-Sainte par suite d'un accord entre ses amis et ceux de la victime, « qui missus fuit, per abbatem, » in perpetuum, in transmarinis partibus, de assensu ami- » corum dicte femine et dicti Jehannoti ».

Le second cas est de l'année 1278. Il fut jugé dans une grande assise de l'abbaye. Un triple homicide avait été commis dans une mêlée, entre Créteil et Mesly. Le maire de Mesly et trois autres individus en furent soupçonnés. Leur participation directe au crime ne put pas être prouvée par l'enquête à laquelle il fut procédé ; mais comme il fut établi qu'ils avaient assisté à la mêlée, et qu'il n'avaient rien fait pour empêcher le crime de se commettre, l'assise condamna le maire à faire le voyage d'outre-mer, et les autres à accomplir un pèlerinage à Saint-Jacques de Compostelle : « En l'an de grâce MCCLXVIII, le jour de lundi ouquel » fu la décollation saint Jehan Baptiste, en plaine assise, » fu esgardé et jugié, par le consoill mon seigneur l'abbé » Pierre...., que par ce que l'on ne trovoit pas, par l'enqueste

---

(41) Voici la récapitulation des peines appliquées au vol : — *Saint-Maur :* 5 punis de mort ; 1 de la perte des yeux ; 8 de la mutilation de l'oreille ; 1 de la marque au fer chaud ; 2 du bannissement ; (total, 17). — *Sainte-Geneviève :* 11 punis de mort ; 4 de la mutilation de l'oreille ; 7 du bannissement ; 1 de la prison ; 1 absous ; (total 24). — *Saint-Germain :* 14 punis de mort ; 1 de la mutilation de l'oreille ; 6 du bannissement ; (total 21). — *Saint Martin :* 10 punis de mort ; 1 de la mutilation de l'oreille ; 9 du bannissement ; 1 de la fustigation ; 1 de la prison ; 6 absous ; (total 29). Parmi les condamnés au bannissement figurent quelques contumax qui auraient été sans doute punis de mort s'ils avaient pu être retrouvés.

» fete dou fet de III hommes qui furent ocis entre Cristoill et
» Melli, que Simon li maçons, Maci de la Granche, et Johan de
» Boissi qui estoient detenuz en prison, dès la Chandeleur jus-
» qu'au jour d'ui, por la soupeçon dou dit fet, eussent mort de-
» servie, ne qu'ils fussent corpable dou fet; mes, par ce qu'il
» virent la mellée et n'en firent plus, l'en esgarda et juja
» qu'il iront à Saint-Jasque, et mouront dedenz les oitièves
» de la Saint-Remi, et au revenir, il aporteront letres scel-
» lées en tesmoignage qu'il auront fet le voiage qui lor est
» enjoint. » Le maire fut condamné au pèlerinage plus loin-
tain de la Terre-Sainte, à cause de sa qualité, « por ce qu'il
» estoit meires et joustice, et oï le cri et vit la mellée com-
» mancier et n'en fist plus ».

Le registre de Saint-Maur présente encore une intéressante
particularité relativement aux criminels en fuite : on confis-
quait leurs biens mobiliers et on détruisait les autres, comme
pour effacer le souvenir du coupable; leur maison était abattue, leurs arbres coupés, leurs vignes arrachées. « Johannes
» carnifex occidit quendam qui vocabatur Dardi, qui Johannes
» fugit, cujus mobilia habuimus, et domum suam fecimus
» dirui propter dictum factum. »

CHAPITRE IV

DE LA PROCÉDURE

I. Accusation. — Action d'office du juge ; dénonciation ; action et intervention des parties. — Plèges, mise en liberté sous caution. — Procédure de contumace. — II. Procédure ordinaire : enquête et aprise. — III. Procédure extraordinaire. — Question. — Son emploi dans les justices seigneuriales de Paris dès la fin du XIIIe siècle. — La question au Châtelet de Paris.

Les renseignements que nos registres nous fournissent sur la procédure sont très incomplets. L'arrestation est le seul acte de la poursuite qui soit toujours exactement rapporté. Elle est motivée le plus souvent par le flagrant délit, soit que le délinquant soit surpris au milieu de l'action, *en présent méfait*, ou qu'il soit poursuivi par la clameur publique, *à cri et haro, à chaude chasse, à chasse et à fuite*(1). En dehors de ces cas, la cause de l'arrestation est habituellement exprimée par une formule qui comprend tous les autres modes de poursuite ; il est dit que le délinquant est arrêté *pour le soupçon* du fait mis à sa charge (2).

Lorsque le délinquant était arrêté en flagrant délit, ou lorsque le fait était notoire, à la connaissance d'un grand nombre de témoins connus et prêts à en déposer, la preuve était facile, et l'affaire pouvait être jugée sommairement, sur l'aveu

---

(1) « Avint que i fame fu assaillie de nuit, et la vostrent iii vallez prendre à force, et *fu crié haro* à Sainte-Geneviève ». (Reg. de Sainte-Geneviève, an. 1301).

(2) « Detentus propter homicidium quod fecerat, sicut dicebatur » ; — « captus propter suspicionem murtri » ; — « pour le soupçon » du meurtre ou du vol, etc. ; — « qui avoit esté à un murtre fere, si comme l'en disct » ; — « cui imponebatur murtrum fecisse. » (Reg. de Saint-Maur et de Sainte-Geneviève, *passim*.)

du prisonnier ou les dépositions des témoins attestant la flagrance du délit ou la notoriété du fait. Dans les autres cas, il fallait faire son procès à l'accusé. Les indications que nous avons à cet égard, quelque insuffisantes qu'elles soient, méritent de fixer notre attention, car elles se rapportent à une période de transition très intéressante pour l'étude de la procédure inquisitoriale (3). Nous avons retrouvé, dans nos registres, les derniers vestiges du duel judiciaire mitigé par l'ingénieux tempérament des *coups-le-Roi* ; nous y reconnaissons encore les diverses formes de la procédure publique et contradictoire ; mais nous y voyons aussi apparaître, avec la question, l'instrument redoutable du procès extraordinaire.

I

L'accusation qui subsista pendant longtemps encore, sous le nom d'accusation *par partie formée*, paraît être devenue déjà assez rare. Nous en avons cependant quelques exemples. Vers 1274, un ancien prévôt des Fossés est accusé de rapt devant l'abbé de Saint-Maur, « Thomas Carnifex, quondam » prepositus Fossatensis, accusatus fuit de rato, coram abbate » dicti loci. » En 1272, un juif est accusé d'un vol devant les juges de Saint-Germain, « fu accusez 1 juif qui avoit emblé » autrui vin ». En 1332, à Saint-Martin, un individu qui en accuse un autre de vol et de meurtre, est amené devant les juges de Saint-Martin, en état d'arrestation en même temps que l'accusé, « amené par lesdictes gens dudit prevost, ledit » Jehannin, fuilz dudit Sallemon, accusant du prisonnier ». De même, en 1338, on arrête, à Saint-Martin, une femme qui accusait un individu d'avoir fabriqué une fausse quittance à la Cour de l'Official. Ce ne sont pas, sans doute, les seuls cas dans lesquels une accusation formelle ait été portée ; et il est à supposer que cette procédure a été suivie encore dans quelques-unes des nombreuses affaires dont nos registres nous font connaître seulement le résultat. Mais ce mode de pour-

---

(3) On consultera, sur ce sujet, avec le plus grand profit, une publication nouvelle, de M. Esmein : *Histoire de la procédure criminelle en France, et spécialement de la procédure inquisitoire depuis le XIIIe siècle jusqu'à nos jours* (Larose et Forcel, 1882).

suite devait être néanmoins peu usité. L'accusation n exposait plus, sans doute, l'accusateur téméraire à la peine du talion (qui ne fut peut-être d'ailleurs jamais rigoureusement appliquée), mais elle le soumettait néanmoins à une peine, et elle l'astreignait, dans tous les cas, à l'obligation de subir la détention préventive, pendant le procès, comme l'accusé(4). On comprend dès lors que cette voie périlleuse ait été délaissée dès que le juge consentit à substituer son action à celle de la partie (5).

Dans la plupart des affaires rapportées dans nos registres, l'arrestation est évidemment opérée sur la rumeur publique, sur les indices recueillis par le juge ou sur la dénonciation de la partie (6). Une notice de Saint-Maur, de 1274, qui relate l'arrestation des auteurs d'un homicide, marque très clairement cette action d'office du juge : « Et nullo homine sequente, nulloque contra ipsos clamante, satisque post cognito facto et scito, a pluribus de villa capti fuerunt. » Toutefois, si l'action directe des intéressés n'est plus nécessaire pour engager les poursuites, ils n'en jouent pas moins un rôle important dans la procédure. Le juge provoque souvent leur intervention, en retenant le délinquant pendant un certain délai après lequel il est mis en liberté si personne ne se présente pour le convaincre. *Guiot le meunier*, soupçonné d'avoir commis un viol à Saint-Maur en 1268, est mis en liberté, après avoir été détenu pendant plus de quarante jours, « por ce que nul ne se

---

(4) « La justice doit tenir les corps de eus deus en ygal prison, si que li uns ne soit plus à malèse que li autres ». — *Établissements de Saint-Louis*, l. I, ch. 104.

(5). L'accusation subsista d'ailleurs assez longtemps pour qu'Imbert rapporte qu'on recevait encore exceptionnellement les *parties formées*, de son temps, à Paris et à Lyon. — *Pratique judiciaire*, t. III, ch. 1.

(6) La dénonciation est très fréquemment mentionnée dans le registre de Saint-Martin. Le registre de Saint-Maur marque, dès 1270, plusieurs dénonciations faites devant le prévôt de Paris, « quodam homine deferente querimoniam » ; — « conquerendo denunciavit preposito Parisiensi» (1285).— Nous rencontrons aussi le mot dans Beaumanoir qui admettait la dénonciation, au lieu des gages de bataille, lorsque le méfait était notoire (ch. XI, p. 2 et ch. XXX, n. 12). Bouteiller énumère quatre modes de poursuite, « par dénonciation, par présent meffait, par accusation de partie formée, et par publique renommée dont enqueste et information précédente est faicte » (L. I, t. 36).

trest avant ne démonstra qui rien li demandast ni le volsist porsivre » (7). En 1296, dans une affaire de meurtre, jugée à Sainte-Geneviève, on interpelle le neveu, le cousin et le clerc de la victime, avant de procéder à la délivrance du prisonnier, « et leur fu demandé, en jugement, se il vouloient riens demander audit Guillaume et à sa fame ; et il respondirent que non, et requéroient que il feussent délivrez » (8). On appelle les parties, leurs parents, leurs amis, tous ceux en un mot qui ont intérêt à la punition du crime. En 1299, la femme d'un meurtrier arrêtée à Sainte-Geneviève après la fuite de celui-ci est délivrée, « par droit fesant, apelez premièrement les amis du mort, à savoir mon se il li en vouloient riens demander ».

La mise en liberté de l'accusé était souvent subordonnée à la production de *plèges*, ou cautions, qui garantissaient sa représentation en justice, mais elle était, sous cette forme, assez largement pratiquée (9). Dans l'affaire de Saint-Maur, de 1268, que nous venons de rappeler, la libération du prisonnier n'est accordée que sur la présentation de dix cautions qui prennent, *corps pour corps*, l'engagement de le ramener s'il était de

---

(7) V. Beaumanoir, ch. XXX, p. 90 : « Or véons de ceaus qui sont pris et emprisonné pour cas de crime contre lesquiex nus ne se fet partie.... L'en doit crier par trois quinzaines en prevosté, et, après trois assises, dont chascune contiegne quarante jours au moins, nous tenons tel houme en prison et pour le soupeçon de tel cas..., et quant tout cil cri sont fet, et nus ne vient avant qui droitement se voille fere partie, et se li juges de s'office ne pot trouver le fet notoire, li emprisonnés doit estre délivrés par jugement, ne l'en pot nus puis la délivrance acuser. » Cette procédure était très usitée ; seulement les délais variaient selon les lieux.

(8) Cette notice rend compte exceptionnellement des débats qui ont précédé le jugement de l'affaire : « L'an de grâce mil cc^{mx} et vi, le lundi devant l'Ascension, Guillaume Calot et sa fame s'espurgièrent par-devant nous, de la mort Jehan Riboudet que l'en disoit qui avoit dormi en leur meson, par Agnesot Leglesche, Marguerite la religieuse, Guillaume le Gastongniac, qui jurèrent par-devant nous qu'ils le virent issir hors de la meson puis leure que il i estoit entrez ; et Drouet, couratier de vins, jura que il le vit, à leure de crieurs, à la Crois Hémon, et il avoit esté chez ledit Guillaume, à leure de prime. Et furent ces témoins ois en la présence de Guillaume Thebaut neveu dudit Jehan Riboudet, Guillot Alere son cousin et Estevenin Bergeret, son clerc... »

(9) V. Beaumanoir, ch. XXXIV, *Des plégeries* ; Pierre de Fontaines, ch. VIII, *Se aucuns est replegiez d'estre à droit por meffet* ; Bouteiller, L. I, tit. 101, *De autre manière de pleigerie*.

nouveau appelé en justice (10). La première notice de Sainte-Geneviève rapporte l'intervention du même nombre de cautions pour la délivrance d'un individu accusé de meurtre : « Anno domini m° cc° septuagesimo primo, die sabbati, in festo sancti Arnulphi, recredivimus Johannem de Sancto Martino in hunc modum quod, in qualibet assisia, coram nobis se presentabit, recepturus et facturus quod jus dictaret super facto quod ei imponebatur de murtro facto, in terra nostra, de nutrice Guillermi Scoti, carnificis, interfecta. Usque ad annum. Hungerus tabernarius, Bertrandus le lorrain, Stephanus de Moureto, Radulphus Nigno, Conradus carnifex, Renaudus carnifex, Petrus Huberti, Johannes Rufus, Guillelmus Herbelin, sunt plegii quilibet, cors pour cors et avoir pour avoir. » Dans une affaire de moindre importance, à Saint-Martin, en 1334, quatre cautions se constituent « pléges et principaux rendeurs, corps pour corps, avoir pour avoir, tous ensemble et chacun d'eux pour soi et pour le tout » (11).

Malgré la rigueur de la formule de leur engagement les plèges ne répondaient pas habituellement, *sur leur corps*, de la représentation du prisonnier. Ils n'encouraient, selon Beaumanoir, aucune peine corporelle ; ils étaient soumis seulement à une peine pécuniaire arbitraire qui pouvait aller jusqu'à la perte de tout leur bien (12).

La durée de l'engagement était parfois limitée à l'avance ;

(10) « Et cel jour meismes, vindrent par-devant Guillaume notre prevost, Adam Bedier, Guillaume le meunier des Bordes, Adam dou Jardin, Johan de Ferrières, Jacque le Sourt, Perrenelle la Dolée, Martin de Marne, Guillaume le munier de Ferroles, Julian de la Bordinière et Jehan Josse de Chanevières, et se firent et establirent plege por ledit Guiot, par la foi de lor cors, de ramener le à jour, cors pour cors, se nus venoit avant qui rien li volsist demander. »

(11) Dans une petite affaire de coups, à Saint-Martin, le délinquant obtient sa mise en liberté provisoire moyennant une caution en nature, consistant en deux enclumes d'une valeur de vingt sous parisis.

(12) « Pleges ne pot perdre son corps, por plegerie qu'il face, tout soit ce qu'il ait replegié, cors pour cors, aucun qui est tenus por vilain cas de crieme, à revenir au jor por atendre droit, et cil qui est replegié s'en fuit : se tix cas avient, li pleges est en la merci du seigneur de quanques il a, et a perdu tout le sien » (Beaumanoir, ch. XLIII, n. 24). Les Établissements de Saint Louis fixent à cent sous et un denier l'amende encourue par la caution (l. I, ch. 104) ; aussi recommandent-ils de ne pas

mais elle était le plus souvent indéterminée. Nous voyons, à Sainte-Geneviève, des *plèges* poursuivis après sept ans écoulés. Ils avaient cautionné, en 1291, trois accusés de vol, et c'est seulement en 1298, qu'après avoir été sans doute mis en demeure de représenter les accusés, ils furent obligés de *reconnaître leur plévine en jugement* et de s'en mettre *en la merci de l'église*. Ils furent condamnés à payer une somme de deux cents livres; mais ils reçurent, à titre d'indemnité, les biens des accusés.

Nous ne trouvons, dans nos Registres, aucune mention de cautions assujetties à l'emprisonnement; mais un des cartulaires du chapitre de Notre-Dame nous en fournit un exemple remarquable (13). Nous y voyons un *plège* détenu, et une double *plègerie*. Le *plège*, détenu pour la non-représentation de l'accusé qu'il avait cautionné, sollicite, à son tour, sa mise en liberté; et elle ne lui est accordée que sur l'engagement pris par de nouvelles cautions, dans les mêmes termes, d'assurer sa propre représentation dans un délai fixe qui lui est imparti pour rechercher et ramener l'accusé: « Anno domini cc° octogesimo quinto, die sabbati post festum beati Dyonisii, Adam Bridon de Orentis detentus in prisione Capituli Parisiensis, Parisius, occasione Evrardi Boucheron pro quo se constituerat plegium, corpus pro corpore, quod non exiret prisionem capituli de Roseto, [promisit] quod procurabit, pro posse suo, tactis sacrosanctis evangeliis, quod dictum Evrardum adducet Parisius, ad prisionem capituli, infra instans festum Omnium Sanctorum; et de hoc, Gilo Groignart, Jacobus Regis de Bertout, Stephanus Alutarius de Brueil, Gilo major de Ormellis se fecerunt plegios apud Rosetum, et

---

prendre de *plèges* « de gent qui s'entre-appellent de si grand meffet, comme de murtre ou de traïson ». — Nous voyons cependant, par nos registres, qu'on met en liberté provisoire, même des accusés de meurtre ; mais c'est sans doute lorsqu'il n'y avait pas d'accusateur constitué contre eux et que les indices recueillis étaient trop légers pour motiver une mise en jugement.

(13) Archives nationales LL. 178 (Musée, n° 275). Cette intéressante notice n'est pas reproduite par M. Guérard dans son Cartulaire de Notre-Dame qui a d'ailleurs négligé une partie des cas figurant sous la rubrique, *Memoria casuum et justicie in terra ecclesie pariensis*; elle a été signalée par M. Violet (*Bibliothèque de l'école des Chartes*, 1873, p. 317).

Petrus Banteline, Wulipicius de Vervila, Petrus de Bertout se fecerunt plegios, tactis sacrosanctis evangeliis, in capitulo, quod nisi dictus Adam se reponat in prisionem capituli infra instans festum Omnium Sanctorum, quod ipsi extunc se ponent, Parisius, in prisionem Capituli, in statu in quo erat dictus Adam. »

Une procédure spéciale de contumace était suivie à l'égard des accusés en fuite. On les appelait en justice, par *quatre quatorzaines*, après lesquelles on prononçait contre eux une sentence de bannissement qui entraînait la confiscation de leurs biens. Trois meurtriers en fuite sont *appelés*, à Sainte-Geneviève en 1390, *par trois quatorzaines ensuivant et, à la quarte, bannis sur la hart*. De même, à Saint-Germain, en 1306, un autre meurtrier est banni, après avoir été *appelé par trois quatorzaines et la quarte d'abundant*; ses biens *meubles et non meubles* sont saisis, et la sentence de bannissement est publiée par un sergent de l'abbaye, à Issy et dans le bourg Saint-Germain. Plusieurs notices indiquent exactement les jours correspondants aux quatre appels successifs du contumax. Le Grand Coutumier donne les formules mêmes de cette procédure, comme celle qui était suivie au Châtelet de Paris. La sentence de bannissement était publiée solennellement dans toute l'étendue de la seigneurie. Défense était faite à tous les habitants de recéler le banni, de lui venir en aide en aucune manière, et même de lui donner à boire ou à manger ; tous étaient, au contraire, tenus, s'il était rencontré hors d'un lieu saint, de se saisir de sa personne, *à assemblée, à cri et à son de cloches*, et de l'amener devant la justice pour y subir la peine réservée au fait dont il s'était rendu coupable (14).

(14) « Et par ceste manière doivent estre faicts les aultres trois crys par les aultres troys quatorzaines, et mettre ce mot en la dernière, pour la quarte quatorzaine d'abondant, etc... — Après lequel bannissement ainsi prononcé, nous fimes crier solennellement en et par toute la terre, en défendant à tous généralement qu'ils ne tiennent compagnie aulx dessus dits bannys soit en boire et en manger, en appert ou en secret, et que doresnavant ne les recellent, recepvent, hébergent, mussent, aydent, ne confortent en aulcune manière, sur peine de forfaire corps et biens envers mondict seigneur. Mais quiconque les trouvera hors lieu sainct, si s'efforce de les prendre, à assemblée, à cri, à son de cloches, et par toutes

II

La procédure contradictoire ordinaire, en dehors des délits flagrants ou notoires, se poursuivait habituellement par la voie de l'enquête. Un faux monnayeur est délivré, par cette voie, à Sainte-Geneviève, en 1266, « facta inquestione, ipsum de- » liberavimus ». En 1289, un Anglais accusé d'avoir tué un homme sur la place Maubert, est déchargé du meurtre, mais banni pour d'autres méfaits que l'enquête établit à sa charge, « mez pour autres meffez où il avoit esté trouvé coupable par » l'enqueste desus dite, il fu banis de la terre (15). » De même, un individu prévenu de vol est banni, après enquête, à Saint-Maur, « factaque inquesta, super dictum Robinum, missus » fuit in exilium sine ulla revocatione ». A Saint-Germain, en 1275, un clerc bigame (16) est déchargé d'un homicide parce que l'enquête a établi qu'il était en état de légitime défense et banni jusqu'au rappel de l'abbé : « Et pour ce » que li clers le feri seur soi deffendant, si come il fu » trouvé par loial enqueste, il fu délivré dou conseil de l'a- » baie ». A Saint-Martin, en 1332, un prévenu de vol est « absouls par le conseil et par enqueste » ; de même, en 1343, un autre prévenu de vol est renvoyé des poursuites, « absoulz par anqueste, et pour ce que ledit Guillaume (la victime du vol) dit que il ne lui demandoit riens ». Une notice de 1341 mentionne, avec l'enquête, l'information faite d'office par le juge et le rapport de chirurgiens jurés ; il s'agit d'une femme prévenue de blessures suivies de mort : « Absouse par le conseil, parmi l'enqueste, information et rapport de jurez fait sur le cas dessus dit, par le maire, et aussi que Jehan de

les voyes et manières que l'en pourra, et soyent amenés en justice se prins pevent estre, pour illec recevoir punition dudict cas » (*Appendice*, p. 802-806).

(15) Cette notice constate, en outre, que l'accusé a été retenu, en prison, pendant plus d'un an et demi, sans que personne se soit présenté contre lui, « ne ne s'aparut homme ne fame qui rien li voulist demander, par an demi et plus que fu en prison ».

(16) Il s'agit ici, non pas d'un bigame proprement dit, mais d'un clerc qui a épousé une veuve ou qui a lui-même contracté un second mariage, circonstance qui lui faisait perdre son privilège de cléricature et le rendait justiciable de la juridiction laïque.

de Chielle, frère dudit Jehannin (la victime), dit que il n'entendoit riens à demander à ladite Marguot pour cause de la mort de son frère, si comme il apert par le procès fait sur ce. »

L'enquête, selon son caractère primitif, devait, pour être pleinement probante, être acceptée par l'accusé (17). Elle entraînait, dans ce cas, la condamnation ou l'absolution de ce dernier, selon son résultat. Dans le cas contraire, elle n'était qu'un moyen d'information personnelle pour le juge, et elle ne pouvait, en principe, être mise en jugement que si elle rendait le fait véritablement notoire (18). Elle prenait, dans ce cas, le nom d'*aprise*; « Le différence qui est entre aprise et enqueste est tele que enqueste porte fin de querele, et aprise n'en porte point; car aprise ne sert fors de tant sans plus que li juges est plus sages de la besoigne que il a aprise (19). » Il faut voir, dans Beaumanoir, par des exemples la distinction un peu subtile, mais néanmoins très importante, qu'il en fait entre ces deux procédures. L'adhésion de l'accusé à l'enquête était évidemment considérée comme une sorte d'aveu anticipé de ses résultats, et le juge se contentait, dans l'enquête, de preuves beaucoup plus légères que dans l'aprise; des contradictions, de simples présomptions, qui n'auraient pas été probantes dans l'aprise, suffisaient souvent pour motiver une condamnation par l'enquête.

(17) L'offre de l'enquête est nettement formulée dans un cas de Saint-Germain de 1286 : « Pour lequel soupçon (d'avoir commis *plusieurs forfaits et larcins*), l'an li demanda se il atendroit l'anqueste de Yssi, et il dist que ouil. Et l'anqueste feite de bonnes gens, et veue par nostre conseil lay, nostre conseil le banni de toute nostre terre. » Une autre notice de Sainte-Geneviève, de 1300, constate que le prévenu s'est *couché en l'enqueste*.

(18) « Se chelui qui est pris pour soupechon de vilain cas ne veut atendre l'enqueste dou fet, adonques apartient aprise, che est à dire que li juges de son office doit aprenre et encherchier dou fet che qu'il en puet savoir, et se il treuve par l'aprise le fet notoire par grant planté de gent, il pouroit bien mettre l'aprise en jugement, et pouroient li hommes veoir le fes si cler par l'aprise que li pris seroit jugiés : mes à che que il fust condempnés à mort par l'aprise, il convient bien que li fes fust seus clers par plus de trois témoins ou de quatre, si que li jugement ne soit pas fet tant seulement par l'aprise, *mes pour fet notoire*. » Beaumanoir, ch. lx.

(19) Beaumanoir, ch. xl. — « Enten que nus n'est dampnez par enqueste, se il ne s'i met » *Livres de jostice et de plet*, p. 319.

Beaumanoir cite un exemple de chacune de ces procédures. Voici le premier cas. Un individu accusé d'un meurtre commis publiquement refuse l'enquête qui lui est offerte ; le juge informe alors d'office et procède à une aprise ; il en résulte qu'un grand nombre de témoins ont vu l'accusé courant sus à la victime, un couteau à la main, puis sortant de la foule qui s'était assemblée autour d'eux, avec son couteau ensanglanté ; cette aprise détermina la condamnation de l'accusé parce que, bien que les témoins n'eussent pas vu le coupable porter directement le coup, elle établit, par les présomptions les plus claires, la notoriété du fait (20). Il s'agit encore d'un meurtre dans le second cas. On interroge l'accusé ; on lui demande où il était, et en quelle compagnie, au moment où le crime a été commis ; il répond qu'il était sur la route de Clermont, avec des bouchers qui allaient à leur marchandise ; on lui demande alors s'il veut accepter l'enquête sur ce fait, *de telle manière qu'il sera condamné s'il est convaincu de mensonge, et absous si le fait est reconnu véritable ;* l'enquête qu'il accepta prouva la fausseté de ses allégations ; et il fut condamné, sur cette seule procédure, malgré les hésitations de quelques uns de ses juges (21).

Beaumanoir remarque, dans l'une et l'autre affaire, que la condamnation a été fondée sur de simples présomptions ; mais ces présomptions résultent, dans le premier cas, de témoignages si nombreux et d'une telle nature qu'ils établissent l'évidence du fait, tandis que ce ne sont, dans le second cas, que des présomptions pures et simples qui font seulement présumer la culpabilité d'une manière indirecte, par la réfutation

---

(20) « Pierre proposa contre Jehan, par voie de dénonciation fete au juge, que ledit Jehan, à la veue et le seue de bones gens, li avoit ochis un sien parent, et estoit li fes si notoire qu'il se prouvoit de soi mesme si comme il disoit, parquoi il requéroit qu'il en fist comme bon juge...... Demandé li fu (à Jehan), du juge, se il attendroit l'enqueste ou non du fet ; respondi que non ; ne pourquant le juge en fist une aprise de son office (suit le résumé des témoignages).... Et en cheste aprise, ne puet en voir fet notoire fors par présontion, car nus ne vit le coup donner, ne pourquant lidis Jehan fu condempnés du fet et justiciés par cheste présontion » (ch. XXXIX).

(21) « Et li fu demandé se il atendroit l'enqueste du fet, en telle manière que se il estoit trouvé en menchonge de che que il disoit, que il fust atains dou fet et se il estoit trouvés véritable, il s'en fust delivres, il respondi oï. » (Ch. XL.)

d'un alibi et qui auraient été insuffisantes pour motiver la condamnation si elles avaient été recueillies dans une simple aprise (22).

On voit, par là, que l'adhésion à l'enquête n'était pas sans danger pour l'accusé. Le juge choisissait son terrain ; il pouvait tendre un piège à l'accusé et lui offrir l'enquête sur des faits dont la preuve lui était à peu près acquise et qui devaient entraîner, presque à coup sûr, la condamnation. Lorsque cette procédure trompait les prévisions du juge et que ses résultats étaient entièrement négatifs, elle affranchissait définitivement l'accusé de la peine normale réservée au crime qui lui était imputé (23).

Cet effet justificatif de l'enquête inspira aux juges de Saint-Martin, dans une accusation de meurtre, une supercherie singulière. Un homme du village d'Annet fut arrêté, avec ses fils, à Noisy, à la suite d'un meurtre commis sur la personne d'un sergent qui gardait les foins du prieuré. Amenés prisonniers à Paris, ils furent admis à *se mettre en enquête ;* mais cette enquête n'eut pas le résultat qu'on en attendait, et elle ne fournit pas de charges suffisantes contre les accusés. Les juges feignirent alors de les condamner et les envoyèrent aux fourches patibulaires de Noisy où on fit le simulacre de les pendre. On avait espéré leur arracher ainsi des aveux qu'ils ne firent pas. Ils n'eurent cependant pas encore le bénéfice entier de l'immunité que paraissait devoir leur assurer cette dernière épreuve ; et ils furent bannis de toute la terre du prieuré (24).

(22) Ces distinctions ingénieuses, qui trouvent une expression théorique intéressante sous la plume de Beaumanoir, n'étaient certainement pas toujours rigoureusement observées ; et les praticiens de son temps devaient, plus d'une fois, confondre l'enquête et l'aprise dans leurs résultats. Elles n'en sont pas moins très curieuses à étudier au point de vue des origines de la procédure inquisitoriale ; on voit par là avec quelles précautions l'action d'office du juge s'introduisit dans la procédure accusatoire et publique.

(23) Il semble même qu'elle ne l'affranchissait entièrement que de la peine capitale. L'accusé pouvait toujours être banni ; il était encore parfois assujetti à une détention d'une durée indéterminée, à raison de la gravité des soupçons qui pesaient sur lui.

(24) La pratique criminelle consacra un simulacre légal imaginé dans le même but ; c'est *la présentation de la question* aux accusés auxquels

Cet expédient bizarre montre bien toute l'ardeur que les juges apportaient à la recherche de l'aveu. C'est qu'en effet, l'aveu était resté, pour eux, la seule preuve qui fût pleinement décisive, après la suppression du duel et des épreuves judiciaires. La disparition de ces institutions barbares, poursuivie par la royauté avec une si sage persévérance, avait néanmoins laissé, dans la procédure, une lacune que la preuve testimoniale, trop nouvelle, et sans doute aussi trop incertaine encore, était impuissante à combler. L'introduction de l'enquête dans la pratique rencontra de grandes résistances; et c'est vraisemblablement pour ce motif qu'elle n'était pas considérée, à l'origine, comme un moyen légitime de preuve, sans l'adhésion de l'accusé. Le juge était donc conduit à poursuivre, par tous les moyens en son pouvoir, la confession du coupable; et cette recherche systématique donna naissance à une procédure nouvelle qui fut caractérisée par la voie extraordinaire de la question.

III

On ignore l'époque précise à laquelle la question fit son apparition dans notre procédure criminelle. Bien que Beaumanoir et les Etablissements de Saint-Louis ne la mentionnent pas, nous savons, par une ordonnance de 1254, qu'elle était en usage, au moins dans le Languedoc, vers le milieu du XIIIe siècle. Deux ordonnances de 1314 et 1315 nous montrent qu'elle était appliquée, à cette époque, en Champagne et en Normandie; mais nous allons rencontrer ici même des preuves certaines de son usage à Paris, antérieurement à cette époque (25).

---

on ne devait pas la donner (Ordonnance criminelle de 1670, tit. XIX, art. 5).

(25) L'ordonnance de 1254 interdit d'y soumettre les personnes honnêtes et de bonne renommée, sur la déposition d'un seul témoin : « Personas autem honestas et bone fame, etiamsi sint pauperes, ad dictum testis unici, subdi tormentis seu questionibus inhibemus, ne, hoc metu, vel confiteri factum, vel suam vexationem redimere compellantur. » (Ordon. des rois de France, t. I, p. 72.) — V. encore les *Statuts et coutumes de Bragerac* (Bordot de Richebourg, t. IV, p. 1015) : » Item, si captus fuerit dictus burgensis pro crimine capitali -publico vel manifesto, et sit talis condi-

Nous en avons un exemple formel à Saint-Germain-des Prés, au commencement du XIV⁰ siècle, en 1304 ; et nous rencontrons, dès avant cette époque, quelques mentions qui peuvent en faire présumer l'usage (26). Une notice du registre de Sainte-Geneviève, de l'année 1300, constate qu'un voleur a reconnu les larcins qui lui étaient imputés, *devant tous et sans contrainte*. En 1291, à Saint-Germain, un meurtrier confesse son crime, *devant bonnes genz, sanz coaction*. Une autre mention semblable nous fait remonter encore plusieurs années. Les juges de Wissant, en transmettant à ceux de Sainte-Geneviève les résultats d'un procès fait à un meurtrier, en 1276, rapportent qu'il a fait l'aveu du meurtre, spontanément et sans contrainte, « spontaneus, *non coactus*, recognoverat quod dictum factum perpetraverat ». Le registre de Saint-Martin explique clairement le sens de cette formule en l'employant à son tour, à propos d'un enfant, dont il est dit qu'il fit sa confession, *sans contrainte ou espoventement de gehine*.

Le cas de 1304 démontre d'ailleurs que la question devait être déjà d'un fréquent usage, car elle est appliquée à un fait assez vulgaire. Il s'agit d'un vol commis au Pré-aux-Clercs, par deux malfaiteurs, sur un homme ivre pendant son sommeil. Les deux voleurs avaient pris la fuite en jetant à leur victime de la poudre aux yeux, afin de n'être pas reconnus ; mais ils furent découverts, grâce à un chaperon que l'un d'eux avait laissé tomber dans sa fuite. Ils furent mis à la question, firent des aveux et furent pendus au gibet de l'abbaye. « L'an » mil ccciii, le jour de la bénédicion du Lendit, au vespre » donnez, se coucha et endormi audit pré, Hamonnet d'Ortay

---

tionis quod ipsum oporteat questionare....., bajulus debet cum questionare in præsentia consulum et prenominatorum habitatorum. » — V. pour les ordonnances de 1314 et 1315, *Ordon. des rois France*, t. I, p. 552 et 579.

(26) Plusieurs auteurs ont pensé, d'après une interprétation inexacte d'un passage de Bouteiller, que les juges seigneuriaux n'avaient pas le droit de donner la question. Bouteiller dit seulement qu'elle n'était pas en usage, d'après certaines coutumes, *selon aulcunes coustumes*, dans les justices jugeant *à semonce d'hommes* ; mais il indique bien que ce n'était là qu'une exception, lorsqu'il engage le juge qui a le pouvoir d'ordonner la question, à ne rien faire sans le conseil des juges, des conseillers ou des hommes (L. II, tit. 34, *De la géhenne*).

» qui estoit las et bien abuvré. Là vindrent Bertelot le Tuillié
» et Maciot dit le Geolier, et despolirent ledit Hamonnet et le
» lessierent en chemise et lui ostèrent son argent et tout ce
» qu'il avoit et ly gettèrent de la pouldre es yeux, qu'il ne les
» congneust ; et s'enfuyrent. Et demoura en la place le chap-
» peron d'un des maufaiteurs...... Item, assez tost après,
» par les enseignes dudit chapperon qui avoit esté audit Ber-
» thelot, fu pris ledit Berthelot pour suppeçon et ledit Maciot
» pour le larcin dessus dit fait audit pré. Et furent mis à
» question, et congneurent qu'il avoit fait ledit larcin audit
» pré. Et pour ce cas, furent pendu au gibet de Saint-Germain-
» des-Prez. »

Le registre de Sainte-Geneviève nous fournit un second cas, qui est de beaucoup postérieur à celui-là, mais qui nous donne des renseignements plus complets sur la procédure au cours de laquelle la question fut administrée.

Guillaume de Morainville et Jeanne, sa femme, hôtes de l'abbaye à Nanterre, avaient été au service de Michel de Bourgmale, ancien prieur de cette ville. La rumeur publique les accusa d'avoir commis des vols importants au préjudice de leur maître. Le maire des religieux ouvrit une information à la suite de laquelle il les fit conduire en prison. On procéda à la saisie et à l'inventaire de leurs biens qui amenèrent la découverte de plusieurs objets ayant appartenu au prieur. La femme, interrogée à diverses reprises, confessa en présence de personnes dignes de foi et de son mari lui-même, qu'elle avait, soit seule, soit avec l'assistance de ce dernier, commis les vols qui lui étaient reprochés. Le mari, au contraire, refusa de reconnaître sa culpabilité, et comme il persistait énergiquement dans ses dénégations, il fut mis à la question. Les accusés interjetèrent appel de cette procédure devant le Parlement. Ils exposèrent qu'ils étaient placés sous la sauvegarde royale, qu'ils avaient été arrêtés sans droit, jetés et retenus en prison, pendant vingt-six semaines, sans information préalable, et dépouillés, sans inventaire, de leurs biens. Ils ajoutèrent que le maire, son conseiller, et d'autres officiers de justice de l'abbaye, sans leur ouvrir la voie de l'enquête, avaient soumis Guillaume à une si cruelle torture qu'il en était devenu impotent. « Premissis que non contenti, prefati

» Johannes de Stratis et Johannes Fiqueti, et alii eorum com-
» plices plerique, posuerunt prefatum Guillelmum in variis
» questionibus et tormentis adeo gravibus quod idem Guil-
» lelmus, ob hoc, fuerat inhabilis et impotens de corpore
» suo et in tali statu quod nunquam se juvaret de membris
» suis, sicut ante faciebat. »

Ils concluaient, en conséquence, à ce que les religieux fussent condamnés à la perte de leur justice, à Nanterre, pendant la vie de l'abbé et du prieur alors en fonctions, à une amende de 10,000 livres, garantie par la saisie de leur temporel et à 200 livres de dommages et intérêts ; ils demandaient, en outre, à être, dans tous les cas, affranchis personnellement de la juridiction de l'abbaye. Les religieux répondirent par le récit des faits relevés à la charge des accusés, et présentèrent relativement à l'emploi de la question une défense qu'il importe de reproduire. Ils déclarèrent qu'ils n'avaient pas appliqué sérieusement Guillaume de Morainville à la question, mais ils revendiquèrent en même temps le droit que la *coutume de la vicomté de Paris* leur donnait de l'y soumettre. En fait, ils soutenaient que, loin de lui avoir fait endurer les tourments dont il se plaignait, ils l'avaient seulement lié à la question, et qu'ils s'étaient empressés de le délier, dès que la crainte de voir pousser plus loin contre lui l'emploi de ce moyen de conviction, l'avait engagé à réclamer l'enquête, qu'il avait jusqu'alors obstinément refusée. « Licet, premissis
» consideratis et attentis, licitum esset, de consuetudine vice-
» comitatus Parisiensis, prefatum Guillemum, maritum, sub-
» jicere questionibus vel tormentis, nunquam tamen fuerat
» idem Guillelmus graviter, seu usque ad aliquam corporis
» et membrorum lesionem, questionatus, sed duntaxat inter-
» dum ligatus, recusans semper se subjicere uxoris sue rela-
» tioni, vel inqueste, nisi demum confactus fuit sibi timor
» seu apparencia questionandi eumdem qui, postquam inques-
» tam requisivierit, statim solutus fuerat vinculis questio-
» num (27). » Le Parlement donna gain de cause aux officiers

(27) Nous avons relevé, dans un registre du Parlement (Arch. nationales X^{2a}6, f° 185, v^o), dans un arrêt du 9 août 1354, une défense semblable d'un bailli de la comtesse de Flandre : « Licet per aliquos nobiles, burgenses ville predicte, fuisset dicto baillivo consultum ut, de predictis,

de l'abbaye et ordonna de réintégrer les accusés dans les prisons des religieux pour que la justice suivît son cours à leur égard.

On remarquera, dans cette affaire, le soin que prennent les juges, tout en affirmant leur droit, de justifier l'usage qu'ils en ont fait. C'est qu'en effet l'application de la question fut soumise, à l'origine, à des conditions qui durent être d'abord assez exactement observées. On ne passa pas, sans doute, sans transition, du non-usage de ce moyen de preuve, à l'application arbitraire et constante que nous observons à la fin du XIV° siècle. On ne devait appliquer la question, en principe, que sur des indices graves, après une information préalable, et lorsque le prisonnier refusait l'enquête qui lui était offerte (28). Il semblait, en effet, que l'emploi de cette voie extraordinaire devînt alors plus légitime, puisque l'accusé se dérobait aux moyens réguliers de preuve ; mais la pratique s'affranchit bientôt de ces entraves. Bouteiller nous rappelle encore que le prisonnier qui *s'est mis en enquête* est exonéré de la question ; mais il refuse implicitement le bénéfice de cette procédure aux accusés des crimes les plus graves, car il enseigne plus loin, à propos de la purge, que ces crimes doivent être poursuivis exclusivement par la voie extraordinaire. « Si peux et dois sçavoir qu'ils sont plusieurs cas qui ne sont à recevoir en purge, si comme meurdres, arsin de maison, enforceurs de femmes, desrobeurs de gens en chemin que les clercs appellent *depredatores populorum*, trahitre, hérèse, bougre, tels ne sont à recevoir à loy de purge...., car puisque

---

(les accusés) *per questiones, veritas ab ipso Stephano sciretur, tamen, eo quod prefatus Stephanus* (l'un d'eux) *inqueste prime se sponte submiserat, eumdem questionari non fecerat*, sed ad inquestam eundem receperat... »

(28) V. Bouteiller (l. I. t. 4, *Quelle chose a à faire le juge contre l'accusement d'un criminel*) : « Et peux encores sçavoir, puisque le prisonnier s'est mis en enqueste, jamais ne doit estre mis en question de fait, car on luy feroit grief et tort ». — V. encore les *Statuts et Cout. de Bragerac* de 1322 (*loc. cit.*) « Item, si burgensis sit accusatus de capitali crimine non manifesto, esto quod informatio apprehendat ipsum aut vehemens suspitio, dum tamen dictum crimen non sit notorium vel manifestum, et velit se supponere inqueste, de dicto crimine, in isto casu, non erit quæstionandus ».

l'homme est mis à purge, jamais on ne le peut mettre qu'en procès ordinaire, et *les cas dessusdits doivent estre mis en procès extraordinaire* (29). » Le Grand Coutumier ne s'arrête même plus à cette distinction, et il proclame le pouvoir arbitraire du juge de choisir, dans chaque cas, la voie qui lui paraît la plus convenable. « Tessier, greffier de Parlement, » tient, par l'opinion de messeigneurs de Parlement, que se » ung homme est accusé d'aucuns cas criminels, le juge » peut eslire laquelle voie qu'il lui plaist, ou l'ordinaire, ou » l'extraordinaire (30). » L'usage de la question se généralisa, en effet, très rapidement. Dès la fin du XIV⁰ siècle, elle est appliquée dans la plupart des affaires criminelles de quelque gravité. Le registre du Châtelet nous la montre déjà dans son plein développement. Elle y est donnée à la plupart des accusés. On n'y soumet pas seulement le prisonnier qui refuse de reconnaître le crime qui lui est imputé, on l'applique encore à celui-là même qui a fait des aveux, pour obtenir la confession des autres crimes qu'il pourrait avoir commis (31). On la renouvelle parfois jusqu'à quatre et cinq fois (32). La mau-

(29) Bouteiller, l. I, tit. 34, *De quels cas on ne doit point estre receu à soy purger*. — Il est facile de voir, en lisant tout ce chapitre, que si Bouteiller rend encore hommage aux règles qui restreignaient primitivement l'application de la question, ces restrictions sont devenues très précaires, qu'elles cèdent toujours devant la gravité du fait et qu'elles ne lient véritablement plus le juge. C'est ainsi, qu'après avoir enseigné que le prisonnier qui est l'objet d'une *accusation par partie formée*, doit être jugé par la voie ordinaire et ne peut être soumis à la question, il ajoute : « Et par ce, si le juge perçevoit le cas ainsi meurdrier, et le prisonnier fust si subtil que rien ne voulsist cognoistre par depposition de parolles, et le fait fust plus évident que non, si c'est juge qui ait pouvoir de questionner, faire le peut, pour ataindre le mal. »

(30) *Grand Coutumier*, p. 659.

(31) Symon de Verrue, écuyer, accusé de vol, est mis à la question, après des aveux qui paraissent cependant assez complets, « pour plus à plain savoir la vérité de la vie, estat et gouvernement dudit prisonnier, tant sur ce que dis est, comme des autres cas, crymes et larrecins par lui faiz, se aucuns faiz en avoit » (T. I, p. 5).

(32) La question est donnée quatre fois à *Thévenin de Brainne*, les 7, 9 et 19 juin et 6 octobre (t. II, p. 137 et s.; il n'avoua rien et fut seulement banni. — *Andrieu Bourdin*, accusé de plusieurs vols, est soumis, malgré ses aveux successifs, cinq fois à la question, le 23 décembre deux fois, le 24, le 26, et le 4 janvier (t. II, p. 404). Une femme,

vaise renommée de l'accusé, les moindres variations dans les nombreux interrogatoires qu'on lui fait subir, ses contradictions les plus légères suffisent pour l'exposer à cette redoutable épreuve (33). Entièrement abandonnée désormais au pouvoir discrétionnaire du juge, elle est, dans la plupart des cas, une des phases nécessaires du procès, et elle constitue souvent, à vrai dire, à elle seule, toute la procédure.

qui tombait du haut mal, est déliée de la question ; mais elle y est soumise de nouveau le lendemain (t. I, p. 261). — La question généralement appliquée était celle de l'eau qui se donnait successivement sur le petit et le grand tréteau, selon le degré de résistance du prisonnier ; le registre mentionne cependant exceptionnellement celles de la *pelote* et de la *courtepointe* (t. I, p. 208 et 212 et t. II, p. 54 et 103). On les cumulait parfois : « Et pour ce, oudit jour, fu icellui prisonnier mis sur le petit et le grand tresteau, et ne voult aucune autre chose cognoistre ou confesser que dessus avoit dit. Si, fu osté hors d'icelle, mené choffer en la cuisine en la manière accoustumée, et, asses tost après, ramené sur lesdis quarreaux, et mis de rechief à la question de la pelote » (t. I, p. 208).

33. Voici, en abrégé, quelques-unes des formules les plus fréquemment employées pour justifier la décision qui ordonne la question : « Veues lesquelles accusations, et dénégacions de vérité faites par icellui prisonnier, attendu son estat et manière de responce » (t. I, p. 121) ; — « l'estat et maintieng de sa personne et manière respondue » (p. 144) ; — « la manière des responces, constance et estat dudit prisonnier » (p. 166) ; — « considéré l'estat de la personne dudit prisonnier qu'il est homme de male renommée » (p. 174) ; — « Veu l'estat de sa personne qui est femme de péchié et de petite renommée » (p. 196) ; — « Veu l'estat et personne dudit prisonnier qui est homme oiseux et vacabond, la confession cy escripte par lui faite qui se contraire à soy mesmes » t. II, p. 113) ; — « les variacions et dénégations par lui faites » (p. 157) ; — « Attendu l'estat et personne dudit prisonnier qui, par sa petite contenance, varie et double moult à dire de ce la vérité » (p. 467). — Le *Grand Coutumier* (p. 662) rapporte une affaire dans laquelle un écuyer fut mis deux fois à la question, au Châtelet, bien que le cas ne fût pas *criminel et capital*, à cause de sa mauvaise renommée.

CHAPITRE V

DE L'APPEL

I. Généralités sur l'appel. — II. Absence d'appels de sentences pénales dans les *Olim* et les premiers registres criminels du Parlement. — Non-réception de l'appel, en matière criminelle, dans le procès extraordinaire. Question de Jean Lecoq ; arrêt du 7 avril 1395. — III. Ordonnance de 1286. Non-réception de l'appel dans les cas d'aveu et de flagrant délit. — Rapprochement de cette règle avec la précédente. — VI. Réception générale de l'appel en matière civile. — Appels des justices de Paris à la justice royale. — Droit de ressort.

L'histoire des origines de l'appel, dans notre ancienne jurisprudence, présente bien des obscurités et des lacunes. On connaît les généralités empruntées aux premiers monuments de notre droit touchant les appels de *faux jugement* et de *défaute de droit*. Mais la *défaute de droit* n'était pas un véritable appel ; c'était une plainte en déni de justice portée par un justiciable contre son seigneur. L'appel de *faux jugement* se rapprochait davantage de cette voie de recours ; et, bien qu'il constituât surtout une prise à partie du juge, et qu'il se vidât d'abord par le duel, il conduisit naturellement, par suite de l'interdiction totale ou partielle des gages de bataille, à la revision régulière, à la réformation même du jugement.

I

Pierre de Fontaines cite, comme une nouveauté, la réformation de deux jugements sans gages de bataille. Les hommes du roi, à Saint-Quentin, jugèrent une contestation entre deux dames, dont l'une appela à la cour du roi. Après de longs débats, le roi demanda que l'affaire lui fût rapportée. Pierre de Fontaines, qui assista à ce *record*, fut d'avis que les jugegements avaient été mal rendus ; on demanda aux hommes et à la dame qui les avait ajournés s'ils voulaient que l'affaire fût jugée à nouveau ; ils y consentirent, et les deux jugements furent reconnus *faux,* en sorte que l'appelante fut remise en possession de tout ce qu'elle avait perdu (1).

Cet appel est le premier de ce genre qu'ait connu Pierre de Fontaines, et encore est-il à remarquer qu'il ne fut vidé de de cette manière, que du consentement des parties. Mais Beaumanoir nous révèle un fait plus général : il enseigne, comme Pierre de Fontaines, que dans les lieux où les affaires sont jugées par les hommes de la seigneurie, les appels se vident par le duel ; mais il ajoute qu'il en est autrement dans les pays où les jugements sont rendus par les baillis ; les appels n'y donnent plus lieu à des gages de bataille ; on porte seulement à la cour du seigneur suzerain les éléments du plaid, sur l'examen desquels le jugement est maintenu ou réformé : « car si l'en apele des jugemens des bailliex en la
» cour ou il le jugent, ils ne font mie leur jugement bon par
» gaiges de bataille, ainçois sont porté li erremens dou plet
» surcoi li jugemens fu fais, en la cour dou seigneur souve-
» rain au bailli qui fist le jugement, illeques est tenu pour
» bon ou pour mauves (2). »

Les Établissements de saint Louis contiennent une disposition, plus générale encore, reproduite de l'ordonnance de 1260 qui abolit le duel dans les domaines du roi. On y lit que les jugements, de quelque cour qu'ils émanent, ne devaient plus être faussés dans la cour du roi par le duel, mais que les demandes, les réponses ou défenses et les autres erremens du plaid devaient être rapportés devant la cour qui maintenait ou réformait le jugement, sur ces erremens. « Se aucun
» veut fausser jugement en païs là où faussement de juge-

(1) Le *Conseil de Pierre de Fontaines,* p. 302 : « Je meismes menai la querelle par devant le roi que tu or me demandes, à savoir mon se jugement puet estre rapelez par usage de cort laie, fors que par bataille ? Et certes je vi que li home le roi à Saint-Quentin firent jugement.... (suit le fait). — L'en juga qu'ils avoient fet ii faus jugement, por quoi la dame recovra quanqu'ele i avoit perdu ; et l'amendèrent au roi. Et ce fu li premiers dont je oïsse onques parler qui fu rapelez en Vermendois sanz bataille. »

(2) Beaumanoir, ch. 1, p. 13.

» ment afiert, il n'i aura point de bataille, mais li cleins, li res-
» pons et li autre errement du plet seront rapportés en nostre
» court, et selon les errements du plet l'en fera tenir ou dé-
» piecer le jugement (3). »

D'autres passages établissaient, de la même manière, la substitution de l'amendement du jugement par l'examen de la procédure, à l'appel de faux jugement, dans la cour du roi. « Nus gentishons ne puet demander amendement de juge-
» ment que l'en li face, ains convient que il le fausse tout
» oultre ou qu'il le tienne pour bon, se ce n'est en la cort le
» roy, car illec puent toute gent demander amandement de
» jugement par droit (4). »

On aperçoit clairement, dans ces dispositions, une tendance marquée à une transition entre la voie de recours primitive de l'appel de faux jugement, c'est-à-dire de la prise à partie du juge, et l'appel proprement dit qui s'attaquait directement au jugement pour en obtenir la réformation. Les Établissements de saint Louis, aussi bien que le Conseil de Pierre de Fontaines, démontrent que cette transition, qui est concomitante avec le déclin du combat judiciaire par suite de son interdiction dans les domaines du roi, commence à s'opérer sous l'influence de l'étude des lois romaines dont ces ouvrages contiennent de nombreuses citations. C'est sous l'influence de ces mêmes lois, souvent mal comprises, mais néanmoins ingénieusement adaptées à des institutions nouvelles, que la substitution de l'appel ordinaire aux voies primitives de recours finit par s'opérer définitivement, en sorte qu'il ne resta bientôt plus de ces dernières que des formules conservées encore par la pratique, mais détournées désormais de leur véritable signification.

L'appel était régulièrement organisé au XIV° siècle. Les *Olim* nous en fournissent les témoignages les plus nombreux et les plus authentiques ; nous y voyons cette voie de recours pratiquée habituellement, non seulement devant le Parlement, mais aussi dans les juridictions royales inférieures, et dans les

---

(3) L. I, ch. 6, *De fausser jugement.* — V. l'ordonnance de 1260, (Ord. des rois de France, t. I, p. 91).

(4) *Établissements de saint Louis*, L. I, ch. 78.

justices seigneuriales. On y relève de nombreux appels se poursuivant, de degré en degré, de la justice seigneuriale subalterne à la justice supérieure, de celle-ci à la justice royale ordinaire, et enfin au Parlement. Pour ne citer qu'un exemple emprunté aux justices temporelles des seigneurs ecclésiastiques de Paris, on appelle du prévôt de l'évêque à son bailli, et de celui-ci au Parlement, ou encore, du prévôt de l'abbaye de Saint-Germain-des-Prés au prévôt de Paris et au Parlement.

Les considérations qui précèdent s'appliquent, dans leur généralité, aux matières civiles et criminelles ; mais une question importante se pose relativement à ces dernières. L'appel des sentences criminelles proprement dites entraînant la mort ou quelque peine corporelle, fut-il reçu de la même manière et en même temps que celui des sentences civiles de toute nature ?

On sait, par Beaumanoir, que, sous l'empire de la vieille procédure d'appel de faux jugement, les jugements qui condamnaient un criminel à mort ne pouvaient être faussés (5) ; et on sait aussi, par les ordonnances royales du XVe siècle, que, dans le développement définitif de la procédure nouvelle, l'appel finit par être ouvert contre toutes les sentences criminelles sans exception (6). Mais il y a une lacune dans la période intermédiaire.

II

Cette lacune qu'il est aisé de constater dans toute la collection des *Olim* et dans les premiers registres criminels du

---

(5) Beaumanoir, ch. LXI : « Chil qui est pris pour cas de crieme, que l'en cuide soupechonneux, et mis en jugement à savoir mon se il a mort deservie dou cas pour quoi on le tient, se il est condampnés par jugement, il ne puet de tel jugement rapeler, car il est peu ou nus que se il estoient jugié à mort que il ne queissent l'apel pour leur vie sauver et alongier, ou pour venir à pes dou meffet, et se il estoit ainsint, mout de vilains fes seroient mauvesement vengié. »

(6) Ordonnances d'avril 1453, de juillet 1493, de mars 1498 et du 20 novembre 1541. — L'ordonnance de 20 novembre 1541 prescrivit de porter directement au Parlement les appels de « toutes sentences et jugements de tortures ou autres afflictions de corps, comme de mort civile ou naturelle, fustigation, mutilation de membres, bannissement perpétuel ou à temps, condamnations à œuvres ou services publics, amende honorable à justice ».

Parlement conservés aux Archives Nationales, constitue-t-elle une simple omission, ou bien n'est-elle que la constatation de la non-réception totale ou partielle de l'appel en matière criminelle? C'est là une question qu'il est difficile de résoudre avec les seules indications que nous fournissent les auteurs qui ont écrit sur nos anciennes institutions judiciaires. Brussel est celui de tous qui énonce la proposition la plus formelle et la plus claire, dans son *Usage des fiefs;* il déclare que les seigneurs hauts justiciers *jugeaient à mort sans appel*. Mais il se réfère à deux décisions des Grands Jours de Champagne qui ne sont pas très concluantes par elles-mêmes et qui d'ailleurs ne nous conduisent pas au delà du XIII° siècle; elles sont des années 1286 et 1287 (7). La plupart des auteurs modernes se sont renfermés sur ce sujet dans des généralités assez vagues, et ils paraissent admettre, sans discussion, que l'appel fut reçu, d'une manière générale, en toute matière, à partir d'une époque qu'ils ne fixent pas avec précision, mais qui remonterait au commencement du XIV° siècle. Cette proposition n'est point exacte en ce qui concerne l'appel en matière criminelle dont le développement dut être soumis à des règles toutes particulières.

On a parfois conclu, de ce que les *Olim* ne contiennent pas d'appels de sentences pénales, qu'il devait avoir été tenu des registres criminels qui n'avaient pas trouvé place dans cette collection, et qui n'étaient pas parvenus jusqu'à nous. Mais cette hypothèse n'est rien moins que vraisemblable. Les premiers registres criminels conservés aux Archives Nationales présentent la même lacune. Les affaires criminelles ne sont d'ailleurs nullement exclues des *Olim;* elles y occupent, au contraire, la plus large place; et cette collection est précisément remplie des contestations relatives aux droits des sei-

---

(7) Brussel, *Usage des fiefs*, p. 821 : « Quant à ce qui est du droit de juger sans appel, non seulement les seigneurs régaliens en jouirent, mais encore tout autre seigneur qui avait la haute justice dans sa terre y jugeait également à mort sans appel. » — M. Bouthors remarque aussi que la commune d'Amiens jugeait sans appel tous les crimes dont elle avait la connaissance, homicide, infanticide, incendie, fausse monnaie, crime contre nature et vol, etc. — L'appel était inconnu dans les cours d'Orient (Beugnot, *Assises*, t. I, p. 537).

gneurs justiciers en cette matière; elle relate même une condamnation à mort prononcée directement par le Parlement à la fin de la session de 1291 (8).

Il n'y a pas lieu de s'arrêter davantage à une autre explication qui a été donnée de cette lacune. Elle consiste à attribuer l'absence totale d'appels au pur arbitraire des seigneurs qui les auraient paralysés, en refusant invariablement de les reconnaître et en faisant procéder à l'exécution sommaire des condamnés. Il n'est pas douteux que les seigneurs n'aient dû résister à l'introduction de l'appel à la justice royale, et qu'ils ne l'aient retardée par tous les moyens en leur pouvoir (9). Mais, au XIVe siècle, et dans le cours même du XIIIe, cette voie de recours était entièrement organisée et reconnue en matière civile. Les officiers royaux étaient assez forts pour la faire respecter; et on ne comprendrait pas, si elle avait été dès lors admise au criminel avec la même étendue, qu'ils eussent été aussi complètement impuissants pour en assurer l'exercice. D'ailleurs, cette résistance, que l'on comprendrait de la part des seigneurs éloignés du centre d'action du pouvoir royal, ne s'expliquerait pas de la part de ceux qui, comme les seigneurs ecclésiastiques de Paris, étaient placés sous le contrôle immédiat des officiers du roi.

Or, nos registres des justices de Paris ne contiennent aucune trace d'appel, quelque grand que soit le nombre des sentences de mort ou autres qu'ils rapportent. Ce silence est d'autant plus significatif que ces documents ne sont pas des registres de justice proprement dits, dans lesquels les sentences des premiers juges doivent seules prendre place. Ce

---

(8) V. *Actes du Parlement de Paris*, t. 1, p. 222 (notice de M. Grün). — M. Minier, dans son *Histoire du droit français* (p. 275), suppose que les rédacteurs des *Olim* ont volontairement omis de transcrire les arrêts criminels : « Ils ont cru, dit-il, pouvoir les négliger sans que la science du droit en souffrît : c'est une lacune regrettable pour l'histoire. »

(9) Nous avons relevé, dans les registres du Parlement, à une époque où l'appel criminel était déjà entièrement organisé par les ordonnances royales, un arrêt, du 7 septembre 1492, qui constate une exécution faite par les ordres d'un seigneur haut justicier malgré l'appel du condamné. Le seigneur donna à l'exécuteur, qui hésitait à passer outre, des lettres de garantie devant notaire, en lui disant : « Pendez-le, il n'a de quoi payer les frais de justice. » (Arch. nationales, X^{2a} 56.)

sont plutôt, comme nous l'avons dit, des mémoriaux dans lesquels on inscrit, avec la sentence, l'exécution et les circonstances les plus importantes de l'affaire. On y relate notamment, avec soin, les débats auxquels les divers cas de justice ont pu donner lieu préalablement devant le Parlement et les autres juges royaux. Il n'est donc pas permis de supposer qu'on ait constamment omis un fait aussi important que l'appel, s'il avait été régulièrement exercé, non plus que les modifications qu'il aurait nécessairement fait subir aux sentences primitives.

Une dissertation de Jean Lecoq nous donne une explication plus plausible de ce fait, en nous faisant connaître une règle très intéressante de la pratique de son temps. Cette dissertation, ou question, est relative à une grave affaire criminelle qui fut successivement portée au Châtelet et au Parlement, et qui fut terminée par un arrêt du 7 avril 1393 (10). Elle a été mentionnée dans un remarquable opuscule anonyme de 1754, intitulé, *Lettres historiques sur les fonctions essentielles du Parlement*, que l'on sait être de Lepaige (11); mais elle n'a été citée, à notre connaissance, malgré son importance, par aucun autre auteur. Nous y apprenons que l'appel n'était pas reçu, en matière criminelle, dans le *procès extraordinaire*. Voici quel est, en substance, le débat à la suite duquel Jean Lecoq est amené à formuler ce principe.

Plusieurs juifs avaient déterminé, par des dons d'argent, un des leurs, nouveau converti, à retourner au judaïsme dans le but de lui faire abandonner une contestation qu'il avait engagée contre eux en justice. Le prévôt de Paris leur fit faire leur procès par la voie extraordinaire. Il obtint d'eux des aveux et les condamna, par l'avis de son conseil, à la peine du feu. Cette sentence parut, malgré la rigueur du temps, d'une sévérité excessive. Le prévôt en eut lui-même le sentiment; car il demanda au parlement, avant de la prononcer, s'il devrait déférer à l'appel, dans le cas où les condamnés se pourvoiraient contre elle. Le parlement fut d'avis qu'il

---

(10) *Questiones* Johannis Galli, n° 328. (Œuvres de Dumoulin, t. III, p. 1056.)

(11) *Lettres historiques sur les fonctions essentielles du Parlement* (sans nom d'auteur.) — Amsterdam, 1754), t. II, p. 319, *note*.

sursît, en ce cas, à l'exécution de la sentence ; et les condamnés ayant effectivement interjeté appel, il jugea l'affaire à nouveau et substitua à la peine capitale, prononcée par les premiers juges, la fustigation et l'amende. Mais cet arrêt fut rendu avec des réserves caractéristiques. Le prévôt de Paris avait demandé ce qu'il devrait faire en cas d'appel, parce que, dit Jean Lecoq, il n'était pas d'usage de déférer à l'appel d'une sentence donnée dans le procès extraordinaire, « non est con- » suetum quod deferatur appellationi factæ a sententia lata » in processu extraordinario ; » et le procureur du roi au parlement conclut, non pas, à proprement parler, à la réformation de la première sentence ; il demanda à la cour, de ne pas dire qu'il avait *été bien appelé et mal jugé*, mais de statuer à nouveau, en annulant l'appel, avec la sentence, afin que l'arrêt ne fournît pas un prétexte pour appeler des cas semblables à l'avenir, « ne daretur occasio appellandi a sententiis » datis in processibus extraordinariis, si prononciaretur bene » appellatum et male sententiatum. »

Le texte même de cet arrêt ne figure pas dans les registres du parlement ; nous l'y avons du moins recherché sans succès. Mais Jean Lecoq nous apprend qu'il prit une part importante aux débats qui le préparèrent, en sorte qu'on ne saurait douter de la fidélité de ses souvenirs. Nous avons d'ailleurs retrouvé, à défaut de l'arrêt, les plaidoieries sur le fond, ainsi que deux incidents (12). L'avocat des juifs expose, dans une longue discussion, le fait et les moyens de défense de chacun des accusés (13). Il rappelle qu'ils ont tous été mis à la question, par le prévôt de Paris, à diverses reprises, et menacés de voir renouveler cette épreuve autant de fois qu'il serait nécessaire pour obtenir la confession de leur crime. Il soutient qu'il n'y avait pas lieu à l'application de la question, et que les faits n'étaient pas de nature à entraî-

---

(12) Arch. nationales, X^{2a} 12, f° 246 v°, et s.

(13) L'avocat croit devoir commencer, dans une cause pareille, par la profession de son orthodoxie : « Dit Milly, en protestant que il n'entent à dire ne à soutenir erreur aucune touchans le fait des juifs, ne autre à l'encontre de la loy chrétienne, et se il dit aucune chose en ceste matière où il chiée correccion, il se soubmet à l'interprétation et entendement de la court en ceste matière..... (Suit la discussion). »

ner une peine aussi rigoureuse que la peine capitale. Il ne reproduit pas, il est vrai, les considérations par lesquelles Lecoq explique la réception exceptionnelle de l'appel dans cette affaire. Mais le résumé des conclusions du procureur du roi qui suit cette plaidoierie, est en parfait accord, par les réserves qu'il contient, avec la signification donnée à l'arrêt par cet ancien jurisconsulte. L'officier du roi se réfère évidemment au débat signalé par Lecoq ; il déclare qu'il ne s'oppose pas à la réformation de la sentence, mais il ajoute qu'il n'en veut pas dire davantage, de crainte d'ouvrir aux condamnés, dans l'avenir, une voie de recours qui ne serait pas convenable. « Le procureur du roy dit qu'il lui semble qu'il ne doit
» aucune chose dire ou proposer en ceste matière, oultre le
» contenu au procès sur ce fait, lequel il a veu au long, et se
» rapporte à la court en ce qui touche le roy en ceste ma-
» tière. Et lui samble qu'il n'en doit autre chose dire, *car ce*
» *serait ouvrir une voye qui n'est pas bien convenable*. Et se
» la court veult mettre l'appellation au néant et reffourmer
» la sentence, il lui samble que ce serait bon. Et s'en rapporte
» à la court (14). »

Il résulte de là qu'en principe, l'appel des sentences pénales n'était pas reçu, du moins à Paris, à la fin du XIVe siècle, dans les affaires poursuivies selon les formes du procès extraordinaire, c'est-à-dire par la voie de la question (15). Le registre

(14) Les condamnés furent fustigés publiquement aux halles, en vertu de l'arrêt du parlement qui avait infirmé la sentence de mort. Cette fustigation devait être renouvelée encore deux fois ; mais la première avait été si cruelle qu'ils se pourvurent de nouveau devant le Parlement pour qu'il convertît les deux autres en une peine pécuniaire, « attendu que la première bateure du samedi a esté trop excessive et trop cruelle ». La cour accueillit leur demande, en les condamnant au paiement d'une amende de quinze mille livres, « et samble à la cour qu'il soit assez satisfait à l'arrêt, considéré l'énormité de ladite première bateure » (X^{2a} 12 f° 248, r°.) — Nous avons retrouvé, dans un registre du conseil, un autre incident relatif à cette affaire. L'évêque de Paris avait revendiqué la connaissance de cette affaire, « car ce touchoit la foy chrétienne » : mais le parlement rejeta sa prétention (X^{1a} 1477).

(15) On peut considérer, comme consacrant le même principe, cette courte mention du *Grand Coutumier*, la seule qu'il contienne sur ce sujet : « Se aucun en cas civil appelle, le juge doibt defferer à son appellation, mais en cas criminel, en païs coustumier, non. »

du Châtelet, qui se rapporte précisément à la même époque, confirme cette règle ; car il ne contient aucun appel de cette espèce ; mais il nous montre, en même temps, qu'on pouvait appeler du jugement qui ordonnait la question. Ce registre mentionne, en effet, plusieurs appels semblables, auxquels le prévôt défère invariablement, en suspendant l'exécution de son jugement. Dès que le condamné a formulé verbalement son recours, ce magistrat fait informer le Parlement qui envoie un ou plusieurs délégués au Châtelet, pour entendre les motifs de l'appelant : les délégués font ensuite leur rapport à la cour qui en délibère, et reviennent faire connaître sa décision (16). Ce registre ne contient qu'un seul appel d'une sentence pénale ; mais bien qu'il s'agisse d'une affaire d'une extrême gravité, et d'une condamnation au feu, le procès avait été poursuivi par la voie ordinaire, sans aucun emploi de la question (17).

(16) V. *Reg. crim. du Châtelet* : t. 1, p. 334, *Margot de la Barre* ; — t. II, p. 143, *Thévenin de Brainne* ; p. 415, *Hervy Petit* ; p. 428, *Marion de la Court* ; p. 481, *Jehan de Frainville* : « Veu l'appointement duquel cy-dessus est faitte mention, ycellui mons. le prevost commanda que contre ledit Frainville feust procédé par voye de question, comme autrefois avoit ordené, et qu'il feust despouillié tout nu ; lequel prisonnier dit que dudit commandement ou ordenance il appeloit en parlement. Oy lequel appel, ledit mons. le prevost dist et ordena qu'il feust remis en la prison de laquelle il avoit esté attaint, et que autrement, quant de présent, ne feust contre lui procédé. — Duquel jour IIIe jour d'avril, fu dit et rapporté audit mons. le prevost, presens..... par honorable homme et sage Guillaume Porel, conseiller du roy nostre sire en parlement, que, par mesdiz seigneurs de parlement, oy le rapport à eulz fait des causes pour lesquels ycellui de Frainville prisonnier avoit appelé dudit mons. le prevost et oy le procès cy-dessus escript, à eulz rapporté de bouche par cellui ou ceulz qui avoient oy ledit prisonnier sur sondit appel, mesdiz seigneurs de parlement ont dit et ordené que, par ledit monseigneur le prevost, soit procédé à l'encontre dudit de Frainville, prisonnier, ainsi comme il lui semblera à faire de raison, nonobstant ladite appellacion par lui faite. » — Nous avons noté, dans plusieurs registres du parlement, d'autres appels de jugements ordonnant la question. *Arch. nationales*, X^{2a} 6, folio 187 r° (9 juin 1354), X^{2a} 10, f° 22 v° (3 juillet 1376) ; f° 10 r° (25 juin 1380) ; X^{2a} 12, fol. 385 et 393.

(17) Le prévôt de Paris sursoit à l'exécution sur l'appel ; et le Parlement décide, « à grant et meure délibéracion », que le procès sera examiné, à nouveau, au Châtelet, avec le concours d'un ou plusieurs de ses membres, et qu'il sera poursuivi, au besoin, par la voie extraordinaire,

III

Une ordonnance de 1286, rendue pour l'Aquitaine et reproduite dans les *Olim*, formule, relativement aux appels criminels, une règle dont l'expression diffère de celle de Lecoq, mais qui aboutit néanmoins à peu près au même résultat. Elle dispose que le juge est autorisé à ne pas déférer à ces appels, lorsque le condamné a fait l'aveu de son crime, ou lorsqu'il est arrêté en flagrant délit. « Il a été ordonné, y est-il dit, que les ap-
» pels seraient reçus dans les causes criminelles, tant des
» sentences de condamnation que d'acquittement. Toutefois,
» lorsque le coupable aura été condamné sur la confession
» de son crime ou lorsqu'il aura été arrêté en flagrant délit,
» la sentence de condamnation pourra être mise à exécution,
» et le juge dont il sera appelé devra être excusé, lorsqu'il
» prouvera l'un ou l'autre de ces cas. Il devra au contraire,
» dans les autres cas, surseoir à l'exécution (18). »

à cause de l'obscurité des aveux de la condamnée, « veues les confessions par elle faites qui sont moult obscures » ; il s'agissait d'une accusation de sorcellerie (*Reg. crim. du Châtelet*, t. II, p. 299). — On voit d'ailleurs que ce n'est point encore là la procédure de l'appel proprement dit, c'est-à-dire la revision de la sentence et du procès par le juge du degré supérieur, puisque l'affaire est renvoyée au même tribunal complété par l'adjonction de membres de la juridiction supérieure. — Deux autres affaires nous montrent d'ailleurs qu'il y avait, entre le Parlement et le Châtelet, des rapports peu compatibles avec l'organisation régulière et définitive de l'appel. *Pierre Fournet* « chevaucheur de l'escuierie du roi » est jugé au Châtelet, par le prévôt de Paris et ses assistans, avec le concours d'un président et de cinq conseillers du Parlement (t. 1, p. 516). Dans la seconde affaire concernant *Etienne Josson* qui avait contrefait les sceaux d'un notaire du roi, le procès est fait par les juges du Châtelet ; mais ils se divisent, dans la délibération sur la peine à appliquer ; les uns opinent pour le pilori et la potence, les autres pour le pilori et le bannissement. Le prévôt, en présence de ce partage, va prendre l'avis du Parlement et lui *réciter* le procès. La cour se prononce pour le pilori et la potence, ajoutant que, « se par aucune aventure, icellui prisonnier appelloit dudit jugement, que par lui ne feust aucunemen defferé à l'exécucion d'icelui jugement » (t. II, p. 493). — On ne trouve, dans le *Registre du Châtelet*, aucun appel d'une justice de Paris, bien que la plupart ressortissent, au premier degré, à ce tribunal.

(18) *Olim*, t. II, p. 38 : « Ordinatum fuit quod reciperentur appellationes in causis criminalibus, tam super condempnacione quam super absolucione ; set, ubi confessus fuerit de crimine et condempnatus, vel ubi erit

Cette règle est manifestement inspirée par les dispositions du droit romain relatives à l'irrecevabilité de l'appel dans les cas où le coupable faisait l'aveu de son crime. Ces dispositions avaient appelé l'attention des jurisconsultes de cette époque. La loi 2 du Code, livre VII, titre LXV, *Quorum appellationes non recipiuntur*, est traduite dans le Conseil de Pierre de Fontaines en ces termes : « Homicide, envenimeur, cour- » trier, larron, ravisseur, disfamez, et cil qui ont fait » violences apertes, qui sont convaincu par argument, » c'est par apertes semblance, par tesmoigns, et par » lor propres voiz ont coneu lor mesfez, ne puent fauser, » *si come lois escrite dit :* mes bien dit que se li hons n'est » conoissans de son mesfet, ou s'il l'a coneu et ce a esté par » covent, s'en li fait jugement, apeler en puet (19) » Le célèbre Guillaume Duranti, que l'on surnomma *le père de la pratique*, résumait dans le même sens, dans son *Speculum juris*, les lois restrictives du droit d'appel : « Secundo, homicida, » veneficus, adulter et qui manifestam violentiam committit, » insignis latro, vel incitator seditionis, vel dux factionis, » raptor virginis, si sit argumentis superatus, testibus con- » fessus et convictus, non auditur appellans : sed statim est » sentencia exequenda. » Il ajoutait que cette règle ne se restreignait pas aux faits ainsi spécifiés et qu'elle devait être appliquée, d'après Azon, à tous les crimes sans distinction ; Enfin il prohibait également l'appel d'une manière générale, dans le cas de crimes notoires. « Decimo, in delictis notoriis, » si per appellationem velit quis in eis perseverare, nam ap- » pellatio non debet esse presidium iniquitatis (20). »

Jean Faber énonçait les mêmes propositions, dans son *Bréviaire du Code :* « Quidam dicant quod duo sunt necessaria, » quod sit confessus et convictus, nisi in casibus quibus suf- » ficit convictum....... Et quod hic dicitur in specialibus,

captus in ipso maleficio, poterit sentencia condempnacionis mandari execucioni ; et in causa appellacionis excusabitur judex a quo erit appellatum, si probet aliquem casuum predictorum ; in aliis autem casibus oportebit supersederi execucioni ».

(19) *Conseil de Pierre de Fontaine*, ch. XXII, n° 28.
(20) *Speculum juris*, l. II, t. III, *De appellationibus* (t. 1, fos 184 n° 2, et 185 n° 13, édit. de Lyon de 1561).

» intelligunt in ceteris criminibus, et etiam in pecuniariis
» causis....... Confessus in jure potest appellare, et valet
» ejus appellatio, *non tamen recipitur*, nisi proponat aliquam
» causam quare debeat recipi, quia forte confessionem fac-
» tam dicat per tormenta vel errorem (21). »

Ce sont évidemment ces mêmes lois que l'ordonnance de 1286 transformait, en négligeant les distinctions et les restrictions qu'elles contiennent, en cette règle générale de pratique que le juge était dispensé de déférer à l'appel dans les cas d'aveu et de flagrant délit.

Cette restriction du droit d'appel, en cas d'aveu, et par une assimilation naturelle, dans le cas de délits notoires, diffère peu, au fond, de l'irrecevabilité de cette même voie de recours dans le procès extraordinaire formulée par Lecoq. Le procès extraordinaire aboutissait en effet, nécessairement à l'absolution de l'accusé ou à sa conviction par l'aveu. Il était caractérisé essentiellement par la poursuite de la confession du coupable au moyen de la question.

Si l'accusé ne confessait pas spontanément son crime avec toutes les circonstances que le juge avait intérêt à connaître, il était mis à la question autant de fois que celui-ci le jugeait nécessaire, et s'il persistait, malgré tout, dans ses dénégations, il ne pouvait plus être condamné. L'aveu arraché au criminel au milieu des tourments, ne pouvait, il est vrai, lui être valablement opposé ; mais on le lui faisait renouveler aussitôt après l'avoir délié de la question, et on arrivait par ce subterfuge, à considérer cette déclaration nouvelle, comme équivalant à une confession libre (22). On

---

(21) *Breviarium*, 1. VII, ch. *Quorum appellaciones non recipiuntur.*

(22) J. Faber, *Breviarium*, l. IX, ch. *De quæstionibus:* « Sed an confessio facta in tormentis faciat plenam fidem ?.... Dic quod oportet perseverare extra præsentiam tormentorum, alias præsumitur in tormentis confiteri. » — Le *Registre du Châtelet* constate en termes caractéristiques, cette fiction barbare de la liberté de l'aveu. Le prisonnier, après avoir été *chauffé* et réconforté à la *cuisine* du Châtelet, est ramené à l'audience où on recueille sa confession, en remarquant bien qu'il la fait ainsi, *sans aucune force ou contrainte, de sa pleine volonté, de sa pure et franche volonté.* « Et ce fait, fu fait despouillier, et de rechief lié et attaché à ladite question, et mis sur le petit tresteau. Et avant ce que l'en lui donnast à boire eau ou que l'en en jettast aucune sur lui, requist à grande instance

voit donc que, si l'on considère le caractère particulier du procès extraordinaire et l'assimilation qu'on y fait de l'aveu arraché par la question avec l'aveu volontaire, la règle posée par Lecoq à l'occasion de l'arrêt de 1395, se ramène, à peu de choses près, à celle que nous trouvons formulée dans l'ordonnance de 1286.

IV

Nous n'avons pas de documents certains pour préciser l'époque à laquelle l'appel fut reçu définitivement en matière pénale. On connaît bien la date des premières ordonnances qui le généralisèrent ; mais ces ordonnances ne firent sans doute que consacrer une pratique établie progressivement par la jurisprudence des juges royaux et des Parlements. Le cas cité par Lecoq est déjà, sinon une dérogation formelle à l'interdiction de l'appel dans le procès criminel proprement dit, du moins un expédient à l'aide duquel cette interdiction put être éludée. Si un changement de formule dans l'arrêt put légitimer, cette fois, la révision de la sentence du prévôt de Paris, le même procédé put être employé pour atteindre le même but, dans d'autres affaires moins notables et conduire ainsi à la généralisation de l'appel. Ce n'est que par une étude attentive et complète des registres de justice à partir du XVᵉ siècle, et notamment de la grande collection du Parlement, que l'on pourrait assigner une date exacte au

que d'ilec l'en le voulsist mettre hors, et qu'il diroit vérité de toutes les choses dessus dites. Lequel prisonnier fu mis hors d'icelle question, menez chauffer en la cuisine, et d'illec de rechief admenez en jugement sur les quareaux, pardevant ledit mons. le prevost et les autres conseillers presens dessus dis. En la présence desquels icellui prisonnier, sur ce juré aus sains Evangilles de Dieu, et par la part qu'il attent avoir en Paradis *cogneut et confessa, de sa pure, franche et libéral voulenté*, sans aucune autre contrainte de question, et prinst sur l'arme de lui, que vérité est que... (suivent les aveux). » (T. 1, p. 165.) Si d'ailleurs le condamné, après s'être fait délier de la question, en faisant ou en promettant des aveux, s'avisait ensuite de se rétracter, on l'y soumettait de nouveau. C'est ainsi que *Jean Hays*, qui désavoue à l'audience la confession qu'il venait de faire sur le petit tréteau est condamné incontinent à être questionné de rechef, *bien et fort* (T. II, p. 85).

changement que les dernières ordonnances confirmèrent (23).

Si les sentences pénales rendues par les juges seigneuriaux n'étaient pas, à l'origine, sujettes à l'appel, les décisions qu'ils rendaient en matière civile étaient, au contraire, soumises à cette voie de recours. Les *Olim* nous en fournissent les plus nombreux exemples.

L'appel des justices seigneuriales de Paris à la justice royale comportait, en principe, deux degrés. On appelait de ces justices au prévôt de Paris, et de celui-ci au Parlement. L'appel préalable au prévôt était commandé par les règles de la hiérarchie féodale qui déterminaient les divers degrés de juridiction. Le Châtelet de Paris représentait, en effet, pour les justices seigneuriales de la prévôté, la cour véritable du roi, considéré comme seigneur suzerain, devant laquelle l'appel devait être porté au premier degré. Une exception fut néanmoins introduite en faveur de quelques-unes des plus importantes justices de Paris, telles que celles de l'évêque, du chapitre de Notre-Dame, des abbayes de Sainte-Geneviève et Saint-Germain-des-Prés, qui furent admises à ressortir nuement au Parlement. Mais l'appel préalable au prévôt dut être la règle pour toutes, à l'origine. Il paraît résulter d'un arrêt de 1299, que l'évêque de Paris ne jouissait point encore alors de ce privilège. On y voit, en effet, le Parlement évoquer un appel qui avait été interjeté, de la cour temporelle de ce prélat, devant le prévôt de Paris ; mais il est dit que cette évocation a lieu, pour cette fois seulement, par faveur spéciale et à la demande de l'évêque (24).

(23) Nous lisons encore, dans un registre de plaidoiries du parlement, à la date du 2 août 1403 : « Quant une personne est condempné pour un crime énorme (c'est le procureur du roi qui parle) et qui est contre la chose publique, il doit estre exécuté ; et, supposé qu'il y ait appel, il n'y doit pas le juge defférer » (Arch. nationales X²a 14, fol. 270). — La *Pratique* de Masuer rappelle aussi la règle posée par l'ordonnance de 1286 : « En matière criminelle, quand il est question de cas qui mérite la mort, mutilation de membre et exil, celui qui a été déféré et convaincu par sa confession n'est recevable appelant, parce qu'en ce cas on ne donne pas de sentence, mais le juge, par le conseil de l'assistance, procède à l'exécution » (édition de Fontanon, p. 717).

(24) *Olim*, t. II, p. 431 : « Ad requisicionem parisiensis episcopi, curia concessit, hac vice, de gratia speciali, quod ipsa audiret causam appel-

L'appel à la justice royale n'était pas le seul degré de juridiction que les justiciables eussent à subir. Un grand nombre de seigneurs avaient le droit de ressort, qui consistait dans la faculté d'instituer, dans leurs propres justices, un second degré de juridiction. Ce droit ne formait pas une dépendance nécessaire de la haute justice et il n'appartenait légitimement, qu'à ceux qui en avaient, à défaut de titre, une possession immémoriale. « Il ne souffist pas de dire, lit-on dans le Grand Cou-
» tumier, *j'ai toute justice, par ce, j'ai ressort*, car la consé-
» quence n'est pas vraie, mais l'on doit regarder en leurs an-
» ciens adveus, s'ils avouent tenir à justice, et quelle. Item,
» leur demander leur tiltre de ressort (25). » Les principaux hauts justiciers de Paris étaient en possession incontestée de ce droit, et la plupart des autres le revendiquaient avec plus ou moins de fondement (26).

lacionis interposita ab audiencia curie secularis dicti episcopi ad prepositum parisiensem. »

(25) *Grand Coutumier*, p. 641.

(26) Les seigneurs ayant ce second degré de juridiction qui ne ressortaient pas directement au Parlement et dont les appels étaient déférés préalablement au prévôt de Paris, offraient donc à leurs justiciables quatre degrés de juges. Mais ce nombre pouvait encore être augmenté. Nous voyons, dans les *Olim*, les justices de Saint-Benoît et de Saint-Merry relever, en appel, du chapitre de Notre-Dame. En 1322, une affaire civile, jugée en première instance, par le maire et, en appel, par le bailli de l'église de Saint-Benoît, est encore déférée successivement à la cour du chapitre e au Parlement. Ce droit de ressort exceptionnel du chapitre de Notre-Dame avait été, sans doute, tiré de la dépendance dans laquelle se trouvaient vis-à-vis de lui les chapitres de Saint-Benoît et de Saint-Merry, qu'il instituait et qui lui prêtaient serment de fidélité. Mais ces abus, qui subsistèrent ailleurs (V. Imbert, *Pratique judiciaire*, l. II, ch. III, n°s 1 à 11 et notamment l'exemple cité au n° 7) paraissent avoir disparu de bonne heure à Paris où il n'y eut bientôt plus que deux degrés dans chaque justice seigneuriale.

CHAPITRE VI

COURS SEIGNEURIALES ET OFFICIERS DE JUSTICE

I. Assises de Saint-Maur-des-Fossés au XIIIe siècle. — Équipement des hommes de Saint-Maur et de Saint-Germain-des-Prés pour la garde de leurs bourgs. — Assises de Saint-Germain, de Saint-Geneviève et de Saint-Martin-des-Champs. — Assises de l'évêque. — II. Officiers de justice. — Baillis, maires et prévôts. Procureurs fiscaux. Sergents. Tabellions. Voyers. — Nomination. Réception. Révocation.

Les principaux seigneurs justiciers tenaient dans leurs terres, des assises périodiques, auxquelles étaient déférées directement les affaires les plus importantes, et qui constituaient, en même temps, une juridiction générale d'appel pour les décisions de leurs juges inférieurs (1). Ces assises étaient diversement composées, selon les circonstances et les lieux, des hommes du seigneur, de ses officiers, et de praticiens, conseillers ordinaires de sa justice. Les assises de Saint-Maur étaient, au XIIIe siècle, formées, pour la plus grande partie, de chevaliers et écuyers qui étaient, sans doute, les vassaux de l'abbaye. Les deux plus importantes qui soient mentionnées dans le registre de cette abbaye, ne comptent pas moins de vingt-trois membres ; la troisième, qui est appelée à statuer sur une affaire moindre, en comprend encore douze. Quelques membres figurent dans les trois, ce sont deux chevaliers et le prévôt des Fossés ; huit membres figurent, à la fois, dans les deux premières ; six, dans la première et la troisième. Les deux premières se rapportent aux deux affaires de 1273 et de 1278, dont il a été déjà parlé.

(1) « En assise, dit Bouteiller, doivent estre, tous procès décidés, si faire se peut bonnement, tous cryme cogneu et puny, tout bannissement accompli....... Et est entendu assise aussi, comme purge de tous faits adve-

Le jugement de la première affaire fut précédé d'un curieux débat entre l'abbaye et le lieutenant du prévôt de Paris. Le lieutenant du prévôt, qui remplaçait ce dernier alors absent, prétendant que la connaissance du crime de fausse monnaie n'appartenait qu'au roi, avait demandé aux religieux de lui rendre leurs prisonniers. L'abbé, se fondant sur les chartes royales, qui lui conféraient, dans sa terre, la plénitude de la justice haute et basse, résista à cette prétention. Le lieutenant du prévôt fit alors arrêter et conduire au Châtelet, à titre de contrainte, cinquante hôtes de l'abbaye, tant du bourg des Fossés que du village de Maisons (2) ; et comme cette mesure violente ne triompha pas de la résistance de l'abbé, il fit enlever, par ses gens, des prisons de l'abbaye, les quatre malfaiteurs qui étaient la cause du conflit. Le prévôt de Paris, instruit de ces faits à son retour par la plainte de l'abbé, commença par faire délivrer les malheureux hôtes, victimes innocentes de cette querelle. Il examina ensuite les chartes produites par l'abbé, fit procéder à une enquête sur la haute justice du monastère, et restitua enfin les prisonniers. Le registre nous a conservé les noms des vingt-trois membres de l'assise qui connurent de l'affaire ; c'étaient huit chevaliers, *milites*, dix écuyers, *armigeri*, quatre bourgeois, et le prévôt du bourg des Fossés.

L'assise de 1278, composée du même nombre de membres, comprenait seize chevaliers, deux écuyers, trois bourgeois de Paris, le prévôt du bourg des Fossés et un maire (3). La troi-

---

nus au pays » (L. I, ch. III, p. 9).— « Causes d'appel ne sont plediées que d'assise en assise.... » (*Décisions* de Jean Desmares, no 318). — Selon Loyseau (*Traité des Seigneuries*, ch. VII), les cas réservés habituellement aux assises étaient, en dehors des causes d'appel, les grands crimes tels que le meurtre, le rapt, l'incendie et autres semblables, ainsi que les causes des personnes qui étaient *en la garde* du seigneur, ou celles dans lesquelles il était intéressé.

(2) « Matheus dictus de Moriers, vices gerens prepositi in Castelleto, dum absens erat, mandavit abbati Petro ut dictos homines et feminas (les accusés) redderet......... Nolenteque eo dictos homines propter hoc reddere, dictus Matheus fecit citari de hospitibus dicte ecclesie, tam de Fossatis quam de Domibus, usque quinquaginta, eosdem propter hoc retinuit in Castelleto. »

(3) « C'est à savoir, mi sire Pierre Bouque, Gui de Chans, Pierre de Sailleville, Johan de Coccigni, Gille de Buon, Guillaume de la Granche,

sième assise, composée de douze membres, comprenait quatre chevaliers, un écuyer, trois bourgeois, le prévôt des Fossés et deux maires. La condamnation qu'elle prononça fut exécutée sans délai. Les juges se transportèrent sur la place publique, aussitôt après la sentence ; et le coupable y reçut, à l'instant même et en leur présence, la marque du fer chaud, à laquelle il avait été condamné. « Et post hoc, dictus Colinus ductus » fuit in pleno foro, et ibi combustus, videntibus istis et com- » pluribus aliis existentibus in foro. » (4)

Ces assises solennelles étaient tenues publiquement. Les grandes affaires criminelles attiraient une foule considérable, qui assistait souvent, en même temps, comme dans la précédente, aux débats, à la sentence et à l'exécution. Dans la première assise, de 1275, l'exécution eut lieu ainsi, dans la journée même où la sentence fut prononcée, en présence d'une grande multitude accourue de Paris et des bourgs et villages voisins de l'abbaye. « Et anno et die predictis, fuit » hoc per justiciam completum, videntibus fere omnibus » hominibus, feminis, juvenibus de villa Fossatense et pluri- » bus aliis hominibus, de Parisiis, de Conflento, de ponte » Charentonis, de Charentone, de Domibus, de Cristolio, de » Bonolio, de Valentone, de Limolio, de Boissiaco, de Sus- » siaco, de Cauda, de Caneberia, de Champeigniaco, de Villa- » ribus, de Briaco, de Noisiaco Magno, de Nuilliaco, de No- » gento, de Fonteneto, et de Varennis, villis predicte abbatie » Fossatensi adjacentibus. » Dans l'assise de 1278, c'est la présence des assistants à l'audience même, qui est expressément mentionnée « Et totes ces choses » (la promesse d'accomplir le voyage de Terre Sainte, et d'en rapporter des lettres re-

Évrard de Chevri, Thomas de Chevri, G. de Lungni, Pierre Rigaut, Johan de Chevri, Guillaume de Poureillaus, Estienne Granche, Gui de Chesnoi, Guillaume Tristan, Guillaume de Penill, *chevaliers*, Geffroi de Saint-Laurent, Lorent le Saunier et Johan Augier, *borjois de Paris*, Johan de Monci et Simon de Bri, *escuiers*, Renaut, meire d'Everi et Guillaume, prevost des Fossés. »

(4) « Collinus, dictus de Poulli, furatus fuit 1 pannum lineum apud Corbolium et invadiavit eum pro tribus denariis, et propter hoc adductus fuit apud Fossatum et justiciatus in plena assisia ad comburendum, et bannitus fuit per judicium assisie a tota terra nostra Sancti Petri Fossatensis, sor la hart. Ad hoc fuerunt domini G. de Campis, Rogerus de Attili,

vêtues du sceau du patriarche de Saint-Jean-de-Jérusalem) « jura li diz meires, en plaine assize, present les diz chevaliers » et grant multitude d'autres genz ».

L'abbé de Saint-Maur exigeait de ses hommes, avec leur assistance pour la composition de sa cour de justice, les autres services féodaux, et notamment le service des armes. Une ordonnance de l'abbé Pierre, de 1274, prescrivit aux habitants des Fossés de s'armer, chacun selon ses ressources, pour être prêts à défendre la ville contre les entreprises des ennemis ou des malfaiteurs, *malignantium seu delinquentium*. Elle divise les habitants en trois catégories : ceux qui possédaient des biens d'une valeur de quarante livres et au-dessus ; ceux qui avaient de trente à quarante livres, et ceux qui avaient moins de trente livres. Les premiers devaient se munir de cuirasses ou de cottes de mailles, avec casques de fer, épées et couteaux ; ils étaient au nombre de douze. Les seconds, au nombre de quarante-trois, pouvaient se contenter du vêtement de dessous de la cotte de mailles, le *gambeson;* les autres étaient suffisamment armés avec des arcs, des flèches et des couteaux. Cette ordonnance fut fidèlement exécutée, et l'abbé présida, en compagnie de plusieurs dignitaires du monastère, à une revue, *ostensio*, de cette petite troupe. On y fit une proclamation enjoignant à chacun des hommes qui la composaient de sortir à la première *clameur*, soit de jour, soit de nuit, revêtus de leurs armes, pour défendre le bourg ou se porter au secours de tous ceux qui réclameraient leur assistance (5).

Les hôtes de la seigneurie de Saint-Germain-des-Prés, à Issy, devaient s'équiper de même à leurs frais. En 1295, le

---

Johannes de Chevriaco, Adam d'Espies, *milites*, Evrardus de Chevri, *armiger*, Johannes conversus, *burgensis* parisiensis, Johannes de Banno prepositus Fossatensis, Laurencius de Nuilli, Odo Troillon, Girardus, major de Varenna, Petrus de Furchiis, major de Oratorio, Reginaldus de Everiaco. Et post hoc, dictus Colinus ductus fuit in pleno foro, et ibi combustus, videntibus istis..... et compluribus aliis existentibus in foro ».

(5) « Et proclamatum fuit ibidem, ex parte dicti abbatis, ut quilibet, de armatura sua, quam ibi ostendit, vel meliori, ex tunc teneret se munitum. Et quocienscunque, tam de die quam de nocte, clamor levaretur provi, vel insulto, vel alia aliqua necessitate ville seu alicujus, omnes surgerent et juvarent illum sive illos qui indigerent, armis suis predictis præmuniti. »

prévôt de Saint-Germain fit publier un ban dans ce village, pour inviter tous les habitants à se pourvoir d'armures suffisantes à pied et à cheval, chacun selon son état, dans la huitaine suivante (6). Les hôtes directs de l'abbaye se présentèrent seuls, au jour fixé, « appareillés d'armeures, » dans le manoir de l'église ; ceux des fiefs et arrière-fiefs, qui s'étaient abstenus de se rendre à cette convocation, furent condamnés à l'amende.

Les Registres de Saint-Germain et de Sainte-Geneviève mentionnent fréquemment les assises de ces abbayes ; mais ils ne nous en font pas connaître la composition. Elles devaient se tenir habituellement à Paris, car nous voyons un assez grand nombre d'accusés, notamment des terres de Sainte-Geneviève, qui sont amenés à l'abbaye pour être jugés, et reconduits, pour l'exécution, dans le lieu où le délit avait été commis.

Ces assises étaient souvent, à l'origine, présidées par le seigneur en personne. C'est ainsi qu'en 1273, Jean de Cœuilly *appela de larcin et de trahison*, Robert de Villejuif en présence de l'abbé de Saint-Germain. En 1293, un débat important s'éleva entre le prévôt de l'abbaye et les hommes de Thyais qui avaient refusé un service commandé pour la garde du village contre « le péril du feu ». Cette affaire, continuée pendant deux dimanches consécutifs, fut jugée par l'assise présidée encore par l'abbé, « en l'assise Saint-Germain-des-
» Prés de Paris, présenz monseigneur l'abbé de Saint-Germain et son conseil (7) ».

La composition des assises dut se modifier assez rapidement ; et les praticiens y furent substitués, sans doute, de bonne heure, aux hommes de la seigneurie ; le nombre de leurs membres dut, en même temps, être réduit (8). Nous

---

(6) « Fist crier Jehan d'Argynon, lors prevost de Saint-Germain-des-Prez à Yssi, le ban à monseigneur l'abbé, au couvent et au prevost, que touz leurs hostes d'Yssi, sus quant qu'il se pouvoient meffere envers eux, fussent appareillez de armeures souffisamment, et a pié et à cheval, chascun soulont son estat, dedans les huitièves après ensivanz. »

(7) On rencontre souvent cette expression : « En pleines assises, par devant le conseil » ; « per consilium ecclesie. »

(8) Les cours seigneuriales pouvaient présenter encore, dans leur diversité, une différence plus fondamentale, selon la coutume des lieux. Les

voyons, vers le milieu du XIVᵉ siècle, une assise de Saint-Martin-des-Champs composée de trois membres seulement ; il est vrai qu'elle ne statue que sur une mise en liberté (9). Les assises du prieuré devaient être tenues, au moins quatre fois l'an. Le chambrier, chargé de les convoquer, signifiait le jour de leur réunion au prieur, une quinzaine au moins d'avance, afin qu'il pût les tenir lui-même ou désigner un délégué pour les tenir à sa place (10). Le registre du prieuré mentionne cette assise, à plusieurs reprises ; il atteste encore la publicité de ses audiences, ainsi que de celles du maire, et de certains actes de l'instruction. Il semble que, sauf les enquêtes, les informations et la question, tous les autres actes de la procédure et des débats se passaient encore publiquement. Le registre indique à la suite d'un très grand nombre d'exploits de justice les noms mêmes d'une partie des assistants (11). L'évêque de Paris faisait tenir ses assises,

affaires étaient jugées, dans certains lieux, par les hommes de la seigneurie et, dans les autres, par des juges : « Il y a aucuns liex là u on fet les jugements par le bailli et autres liu là u li home qui sont home de fief font les jugemens. » (Beaumanoir, ch. I, n. 13). — De même, Bouteiller parle du seigneur qui juge lui-même ou par son bailli « qui juge de luy, sans conjure » et des « hommes de fief ou d'eschevins, ou d'hommes cottiers qui jugent à conjure du seigneur » (L. 1, t. III, p. 13). Le seigneur et ses juges, lorsqu'ils jugeaient eux-mêmes, s'entouraient d'un conseil de gens *sages* et expérimentés : « il doit apeler à son conseil des plus sages et fere le jugement par lor conseil ». (Beaum. *loc. cit.*)

(9) « Délivré (Jehannot Longueville) en l'assize qui fu le dimenche après la Saint-Nicolas en may (22 mars 1332), par le conseilg d'icelle assize, c'est assavoir, mestre Guillaume Jouan, mestre H. de Vailly, mestre Hugues de Fabrefort, en tant et pour tant comme à office touche. » — Il n'était pas d'ailleurs indispensable que tous les juges assistassent à toutes les audiences ; Beaumanoir admet qu'il suffit qu'il y en ait *deux ou plus sans soupçon*, pourvu qu'ils puissent « recorder aux autres hommes le plaidoié quand il convient que li home soient ensemble pour jugier » (ch. I, n. 31).

(10) « Item tenetur dictus camerarius, quatuor in anno, et pluries, si necesse sit, vel nobis placuerit, omnes nostros consiliarios in Sancto Martino, pro tenendis assisiis, congregare :....teneturque diem dictarum assisiarum, per XV dies ante, nobis.... significare, ut dictas assisias tenere valeamus, vel ad tenendum easdem, nomine nostro, alium specialiter deputare » (*Archives Nationales*, Registre Bertrand, LL. 1355).

(11) Les actes les plus fréquemment rapportés sont les dénonciations qui sont faites ou réitérées publiquement, *en jugement*, ainsi que les

de mois en mois, par son bailli, dans les principaux bourgs de ses seigneuries. Les comptes de l'évêché, de 1407 à 1409, nous donnent le chiffre des dépenses occasionnées par une assise de Saint-Cloud : il fut dépensé par le bailli, ses conseillers, *consiliarios,* le procureur fiscal et quelques autres, six livres, dix-huit sous et quatre deniers, pour le pain, le vin, les vivres, et le reste, « tam pro pane et vino quam cibariis et » aliis necessariis (12) ».

Le bailli était le juge supérieur, et du second degré, des seigneuries investies du droit de ressort ; au-dessous de lui se plaçaient divers officiers de justice, tels que maires, prévôts, procureurs fiscaux, voyers, tabellions et sergents. Le juge ordinaire de première instance prenait le titre de maire ou prévôt. Il tenait, à jour fixe, les plaids de la seigneurie. Il connaissait, en général, de toutes les affaires civiles et criminelles qui n'étaient pas réservées à l'assise (13).

Dans les seigneuries qui, n'ayant pas le ressort, ne tenaient pas d'assises proprement dites, le maire ou le prévôt devaient juger tous les procès civils et criminels. Mais ils ne jugeaient pas seuls, et ils se faisaient assister, au moins dans les cas graves, comme le bailli présidant l'assise, de conseillers choisis aussi par le seigneur ou son délégué. Un document du XIVᵉ siècle relatif aux droits temporels de l'évêché, nous ap-

rapports des *mires jurés* ou des matrones. — L'énumération des assistants est habituellement suivie de la mention caractéristique « et plusieurs autres ». Ayrauld (Ordre et formalité et instruction judiciaire, L. III, art. 3, n. 71) relève le sens de cette expression qu'il a rencontrée aussi dans de vieux procès : « Les procès que nous avons dit de feu maistre Jehan Belin, lieutenant général de ce siège, portent ordinairement que sept ou huit qu'il nomme, oultre luy et son greffier, estoient présents à l'instruction, et si il adjoute « et plusieurs autres », pour monstrer qu'il y entroit qui vouloit ».

(12) « Pro expensis factis per baillivum domini, consiliarios, procuratorem et plures alios, pro tenendo assisias in villa Sancti Clodoaldi ; et fuit expensum, tam pro pane et vino quam cibariis et aliis necessariis, in toto, VI l., XVIII s., III, d. » (Arch. nationales, LL. 11).

(13) Le *Grand.Coutumier* ne reconnaît le droit d'instituer des baillis qu'aux hauts justiciers qui ont un second degré de juridiction et il proteste contre les seigneurs qui conféraient souvent ce titre à l'un de leurs officiers sans avoir le droit de ressort : « Se il se nomme baillis, pour ce n'a-t-il pas ressort, ne ce n'est qu'ung nom trouvé contre raison....,

prend que le prévôt de cette temporalité devait prendre conseil de bourgeois de l'évêque pour rendre ses jugements. « Et » doivent être faiz telz jugement par le conseil des bourgeois » dudit évesque, à ce présent et appelé son procureur (14) ».

Les baillis, maires ou prévôts, avaient souvent un lieutenant qui les suppléait.

Le procureur du seigneur, ou procureur fiscal, chargé, comme l'indique son nom, des intérêts du seigneur, finit par prendre, dans toutes les procédures, un rôle semblable à celui du procureur du roi dans les juridictions royales. Ce rôle est déjà nettement indiqué dans le passage relatif aux droits de l'évêque que nous venons de rappeler.

Les sergents arrêtaient les délinquants, et les amenaient devant le juge; ils recevaient les dénonciations et faisaient toute la police de la seigneurie. Ils donnaient les ajournements, et procédaient aux saisies, et, en général, à tous les actes d'exécution ; tout, en un mot, s'exécutait par leurs mains.

Le tabellion recevait tous les actes et contrats passés sous le sceau de la seigneurie. C'était là son office propre; mais il servait aussi souvent de greffier. Le droit de tabellionnage proprement dit n'appartenait pas d'ailleurs à tous les seigneurs hauts justiciers ; il fallait qu'ils en fussent en possession par titre, ou usage ancien (15).

Le voyer avait la garde de la voirie. Il avait la police spéciale de la voie publique, et ordonnait la démolition ou la réfection des maisons qui menaçaient ruine. Il percevait les

---

ne il ne peult pas pour ce tenir assise, car il n'est que juge premier pour ordinaire en première juridiction et première court, qui ne doit congnoistre que des causes pures ordinaires comme maire, ne tous deux ou plus, se plus sont, ils doibvent avoir que ung seul lieu, ung seul siège, ung prétoire, ung tabellion, un papier » (p. 642).

(14) Cartul. de Notre Dame, t. III, p. 272-276 : « Droiz, franchises et libertés appartenant à l'éveschié de Paris tant en la ville de Paris comme dehors. » — Dans les cas d'urgence, Beaumanoir reconnaît aux juges du seigneur le droit de juger les affaires mêmes réservées à l'assise sans attendre la convocation de celle-ci : « Il n'est pas mestier, quant aucuns cas avient dont le justice doit estre hastée, qu'il (le bailli) attende ses assizes, mais prengne trois des jugeurs ou quatre, ou plus s'il l'i plest, liquel soient sans souppeçon, et face fere le jugement sans délai. » (ch. 1, n. 35).

(15) Bacquet, *Traité des droits de justice*, ch. XXV.

taxes auxquelles donnait lieu la concession des enseignes, auvents et autres saillies.

Les divers offices des justices de Paris furent presque toujours tenus exclusivement par des laïques. Nous constatons cependant, dans divers documents, quelques exceptions à cette règle, et nous y voyons de véritables fonctions de judicature confiées à des religieux; mais les ordonnances royales prohibèrent cet usage. Une ordonnance de 1287 prescrivit à tous les justiciers du royaume, de n'instituer dans leurs terres, que des officiers laïques, baillis, prévôts ou sergents, en excluant rigoureusement de ces fonctions tous les clercs. « Ordinatum fuit, per consilium domini regis, quod duces, comites, barones, archiepiscopi et episcopi, abbates, capitula, collegia, milites et generaliter omnes in regno Francie temporalem jurisdictionem habentes, ad excercendam dictam jurisdictionem, ballivum, prepositum et servientes laïcos et nullatenus clericos instituant (16). » Il ne faut pas confondre d'ailleurs, avec des officiers de justice, les bénéficiers des communautés ecclésiastiques chargés de l'administration de la temporalité, qui recevaient le titre de prévôts ou de chambriers. Ces dignitaires n'avaient, en général, aucune juridiction propre. Ils étaient souvent, il est vrai, mêlés de très près à l'administration de la justice dont ils surveillaient, et assuraient l'exercice, mais ils ne remplissaient, d'ordinaire, par eux-mêmes, aucune fonction de judicature, et ils n'avaient que la gestion des intérêts temporels de la communauté.

Les officiers seigneuriaux étaient les délégués du seigneur, et rendaient la justice en son nom. M. Championnière, dans l'intéressante étude des droits seigneuriaux qui forme le fond de son traité sur la *Propriété des eaux courantes*, assure qu'à partir de l'époque à laquelle les seigneurs cessèrent de juger en personne, leurs officiers ne furent plus que des délégataires du pouvoir royal. « Dès le XIV° siècle, le seigneur jus-
» ticier, dit-il, avait cessé d'être un juge, et de posséder
» l'autorité justicière. Les vilains, justiciables des juridictions
» privées, recevaient leurs jugements du pouvoir royal, le
» seigneur n'était qu'un délégataire de ce pouvoir, et pour

(16) *Ordon. des rois de France*, t. I, p. 316. — Ces prescriptions n'étaient pas toujours observées. Dumoulin cite encore (arresta Parlamenti

» parler plus exactement, le véritable délégataire était l'offi-
» cier du seigneur (17). » Mais cette assertion n'est point
exacte, et les juges seigneuriaux ne cessèrent nullement, au
XIVᵉ siècle, d'être les délégataires du seigneur. Lorsque le
roi administrait la temporalité de l'évêque de Paris, par
exemple, dans le cas de vacance du siège épiscopal, il y instituait des officiers nouveaux pour rendre la justice en son
nom ; et lorsque, la vacance prenant fin, le nouvel évêque
reprenait possession de cette temporalité, ces officiers cessaient aussitôt leurs fonctions. L'évêque en instituait d'autres, ou rendait leurs offices aux anciens, et les procès
commencés au nom du roi, qui n'étaient pas encore ter-
minés, devaient être repris au nom de leur seigneur par les
nouveaux officiers. C'est ce que nous voyons dans des lettres
de rémission, du 3 octobre 1422, accordées, sous le règne de
Charles VI, à un certain Philippot Gilles, qui s'était rendu
coupable de blasphème. Gilles fut arrêté et conduit dans les
prisons du For-l'Évêque, pendant la vacance du siège épiscopal, par le bailli commis par le roi, « par le commandement
» et ordonnance du commis lors de par nous au gouverne-
» ment du bailliage dudit éveschié, (à la requête) de nostre
» procureur en l'auditoire du Four-l'Evesque, le temporel de
» l'éveschié de Paris estant en nostre main comme régale. »
La vacance ayant été remplie, l'exercice des officiers royaux
prend fin et le procès est repris avec ceux de l'évêque. « De-
» puis laquelle chose ainsi faicte, (il a été) pourveu oudit eves-
» chié, de nostre amé et féal conseiller le patriarche de Cons-
» tantinople, et lui (a été) ou à ses vicaires, et députez pour
» lui, le temporel dudit eveschié, par nous ou nos officiers,
» baillé et délivré, et le procureur commis de par lui audit
» auditoire (a repris le procès qu'avait commencé) nostre dit
» procureur, par nous, audit auditoire, à l'encontre d'icellui
» suppliant (18) ».

Paris. nᵒ 126) un arrêt du parlement du 14 décembre 1518 qui ordonne
aux religieux de l'abbaye de Saint-Lucien de Beauvais, dans la justice
desquels « l'un d'iceux souloit exercer », d'instituer pour bailli, un *homme
laïc* ».

(17) *Propriété des eaux courantes*, p. 441.
(18) A. Longnon, *Paris pendant la domination anglaise*, p. 57.

Les officiers des justices seigneuriales tenaient donc bien leurs pouvoirs de l'autorité de leurs seigneurs. Ils recevaient d'eux leurs lettres de provision et prêtaient serment devant eux ou leurs délégués. Ils étaient reçus d'ordinaire publiquement dans l'auditoire de la justice. Le bailli était reçu par le seigneur ; le maire, et le prévôt, par le seigneur ou le bailli ; les officiers subalternes étaient généralement reçus par celui dont ils relevaient. Tous étaient arbitrairement nommés par le seigneur, à gages ou en titre d'office. L'ordonnance d'Orléans de 1560 imposa, il est vrai, dans son article 55, une condition préalable à leur admission ; elle exigea qu'ils fussent, avant d'être reçus, examinés par les officiers royaux, après une information sommaire de bonne vie et mœurs ; mais cette prescription fut si mal observée, qu'elle dut être renouvelée par l'édit de mars 1693, « nonobstant tous édits » *et autres choses à ce contraires* ». Loyseau constate lui-même que les juges seigneuriaux se contentaient souvent de leurs lettres de provision et se bornaient à se faire recevoir par leurs seigneurs (19). Ceux-ci conservaient d'ailleurs le droit de les révoquer à leur gré, à moins qu'ils ne les eussent institués à titre onéreux ; ils avaient même, sous ce rapport, un pouvoir plus absolu que le roi qui ne pouvait destituer ses officiers sans cause légitime. Cette faculté, qui leur fut expressément conférée par l'art. 27 de l'ordonnance de Roussillon, leur est encore reconnue par Bacquet, comme elle l'avait été par Dumoulin, Choppin et d'autres jurisconsultes.

Les principaux officiers des justices seigneuriales de Paris étaient choisis habituellement parmi des praticiens distingués, la plupart avocats, ou procureurs au Parlement ou au Châtelet.

(19) Traité des offices, L. V, ch. I.

CHAPITRE VII

COMPÉTENCE

I. Haute, moyenne et basse justice. — Cas royaux : rapt, meurtre, fausse monnaie. — Aubaine ; bâtardise ; déshérence. — Épaves. — II. Compétence du juge du domicile. Flagrant délit. — III. Nobles. — IV. Privilège de cléricature. — Officialités. Peine de la prison perpétuelle. Supercheries des malfaiteurs pour usurper le privilège de cléricature. — V. Compétence civile. — Exercice de la juridiction civile par les seigneurs haut justiciers de Paris. — Registre civil de la fin du XIVe siècle, de la seigneurie de Villeneuve-Saint-Georges, dépendante de Saint-Germain-des-Prés. Procédure écrite et plaidoieries. Preuves par l'aveu ; par le serment ; par témoins ; par lettres. Recours à l'assise. Contrats.

Nous avons vu plus haut que les titres de confirmation des seigneurs de Paris substituèrent, à partir du XIIIe siècle, aux formules d'immunité, la reconnaissance formelle des droits de haute justice. Les titres du XIIIe et du XIVe siècles énoncent la haute et basse justice ; les titres postérieurs, la haute, moyenne et basse justice. On sait que le degré intermédiaire qui constitua la moyenne justice n'apparaît dans les chartes que dans le cours du XIVe siècle, bien que la division qu'il exprime existât, sans aucun doute, antérieurement à cette époque.

La haute justice emportait la plénitude de la juridiction civile et criminelle ; elle comprenait la moyenne et la basse, et le haut justicier les exerçait toutes les trois ensemble sur son territoire, à moins que d'autres seigneurs ne fussent déjà en possession de celles-ci, par titres ou usage ancien (1). Les

---

(1) « Qui a la haute justice, dit la Coutume de Nivernais (ch. 1, art. 16), il est fondé de la moyenne et basse, et qui a la moyenne, il est fondé de

décisions de Jean Desmares donnent, bien que dans une énumération un peu confuse, l'indication la plus complète de l'ensemble des droits qui dépendaient de la haute justice. « Cas de haute justice et desquels la cognoissance appartient tant seulement as haux justiciers, sont, rapt, traîner, pendre, ardoir, enfouir..., et tous autres par lesquels mort naturelle s'ensuit. — Item, couper oreille ou autre membre, bannir, prendre espaves, lever morts trouvés, en aubenage succéder. — Item, cognoistre de fausses mesures et denrées, de petit pain, despécier mesures ou ardoir ou autres fausses denrées ; des voieries, des ormes et autres arbres qui sont ès chemins, et abonnements des chemins ; des quarrefors et places communes ; de ports d'armes ; et oster les débats d'aguet apensé ; et faire batre pour denier ; mettre à question et tormens ; fustiguier ou battre de verges pour délit publiquement ; oster le péril hors ; avoir baillif, avoir scel authentique pour sceller lettres et instrumens ; avoir forches à un ou deux ou trois ou quatre pilliers, eschelle ou pillori ; faire desdire devant le pueple ; mettre en especial garde et protection ; donner asseurement ; d'avoir la cognaissance de avoir appelé famme mariée putain, ou homme larron ou murtrier et semblables ou plus grans injures ; faire vendre héritages par cri solennel et mettre décret, par espécial quand chouses et biens immeubles de meneurs se vendent, avoir ressort (2). »

La compétence des hauts justiciers, si étendue qu'elle fût, fut de bonne heure limitée par les cas royaux dont la connaissance était réservée aux officiers du roi. Ces cas mal définis,

---

la basse ; excepté en chacun desdits cas, s'il n'y a titre, ou chose équipollent à titre, au contraire ». — Conf. Cout. de Poitou et de la Marche (art. 16 et suiv.).

(2) *Décision* 295. — L'assemblée des trois États de la prévôté de Paris délibéra sur ce sujet, lors de la rédaction de la nouvelle coutume ; mais l'accord ne fut pas assez complet pour que les articles qu'elle arrêta à ce sujet fussent incorporés dans le texte de la Coutume. Aux termes de ces articles, le haut justicier connaissait de tous les crimes entraînant la peine de mort, une mutilation de membtre ou tout autre peine corporelle. Le moyen et le bas justicier ne connaissaient que des délits dont l'amende ne dépassait pas soixante et dix sous parisis (V. Bacquet, *Traité des droits justice*, ch. 11). — Mais le moyen justicier avait, d'après certaines coutumes, une compétence beaucoup plus étendue ; car il pouvait connaître

auxquels les légistes s'efforcèrent de donner la plus grande extension possible, étaient, d'une manière générale, ceux qui contenaient quelque offense au roi ou quelque atteinte à ses droits. La charte confirmative donnée par Philippe III, en 1272, à l'abbaye de Saint-Germain des-Prés, les réserve formellement avec le droit de ressort : « Inhibemus etiam ne servien-
» tes nostri de Castelleto faciant evocationes seu citationes in
» terra Sancti Germani infra metas predictas, nisi ratione
» ressorti, vel casuum ad honorem nostrum pertinentium, vel
» aliquorum aliorum casuum nobis et successoribus nostris...
» retentorum, vel alterius alicujus casus qui ad nos vel suc-
» cessores nostros, ratione debiti nostri, vel alicujus forisfacti
» nobis vel servientibus nostris illati, vel aliquo alio modo,
» jure communi, possit pertinere (3). »

Les cas royaux dérivaient, en principe, de l'idée que le seigneur suzerain ne pouvait pas recevoir la justice de la main de ses sujets et plaider devant leur cour. C'est ce principe qui, appliqué au seigneur suzerain par excellence, leur donna naissance. Il fut étendu, par la suite, dans l'intérêt de la prépondérance du pouvoir royal, au delà de ses applications naturelles. Mais il n'était, à l'origine, qu'une conséquence de la hiérarchie féodale, et il produisait des rapports analogues entre les autres seigneurs suzerains et leurs sujets hauts justiciers. On le voit, en effet, servant de guide à Beaumanoir dans l'énumération des cas qu'il réserve au comte de Clermont, à l'encontre des seigneurs hauts justiciers ses sujets (4).

---

du vol et même de l'homicide punis de mort (V. Cout. de Blois, ch. III, art. 21 ; d'Anjou, t. II, art. 39 ; du Maine, t. III, art. 44). Avant la création de la moyenne justice, le bas justicier connaissait lui-même du vol en plusieurs lieux. V. Beaumanoir, ch. LVIII, n° 2 : « Tout soit ce que lerres, por lor larrecin, perdent la vie, nepourquant larrecins, n'est pas cas de haute justice.... Et li connaissance du larrecin, et de toz autres meffes es quix il n'a nul péril de perdre vie, demeurent à celi à qui la basse justice appartient. »

(3) Dubreul, *Antiquités* de Paris, p. 247.

(4) « Li septime cas de quoi li home ne r'ont pas lor court, si est se li quens demande à aucun ce qui li est deu, ou ce qui est deu à ses forestiers ou à ses prevos, por le reson de sa terre, ou plegerie por li, ou s'amende, ou se prison brisiée, *ou aucun meffet fet à li ou a se gent* ou aucune enfrainture fete en se terre, ou en aucun autre cas dont li quens

La délibération des trois États de la prévôté de Paris ne définit pas les cas royaux. Elle énumère seulement, à titre d'exemple, les crimes de lèse-majesté, de fausse monnaie, d'assemblées illicites et port d'armes, et d'assassinats. Bacquet ajoute qu'il faut y joindre le rapt et l'incendie, qui étaient, en effet, réservés au roi, avec l'assassinat, dans un assez grand nombre de Coutumes (5). Mais nous avons vu que les principaux seigneurs justiciers de Paris connaissaient du meurtre et du rapt, aussi bien que des autres crimes de droit commun. Ces deux cas étaient, il est vrai, réservés au roi dans la terre de l'évêque; mais c'était en vertu d'une stipulation expresse contenue dans un accord de 1222 (6). Un arrêt du Parlement de 1269 reconnut formellement en faveur de l'abbé de Saint-Magloire, le droit de justice sur les meurtriers (7).

La connaissance du crime même de fausse monnaie qui, par sa nature, rentrait le mieux dans les cas réservés au roi (8), appartenait à certains hauts justiciers. Nous avons vu, plus haut, que l'abbaye de Saint-Maur et le prieuré de Saint-Martin étaient en possession de ce droit. Il en était de même

pot avoir cause contre li; car de nul cas qui le touque, il n'est tenus à aler en le cort de son souget. » Beaumanoir, ch. X, n. 8.

(5) *Traité des droits de justice*, l. VII, n°. 1. — V. aussi Jousse, sur l'art. XI de l'ordonnance criminelle de 1670.

(6) Cartul. de Notre-Dame, t. I, p. 122.

(7) Il est dit, dans un arrêt du parlement de mars 1222 ou 1224 (Boutaric, *Actes du parlement*), rendu entre les gens du roi et le prieur de Gagny, que le roi a toujours eu le rapt et le meurtre dans le comté de Paris, in comitatu parisiensi, excepté dans la ville de Saint-Denis, dans les bourgs des Fossés et de Saint-Germain-des-Prés et dans la châtellenie de Montmorency. Mais c'était, sans doute, plutôt une prétention des officiers du roi qu'un droit reconnu. Nos registres démontrent, dans tous les cas, qu'il faut ajouter aux seigneuries énumérées dans l'arrêt, celles de Sainte-Geneviève et de Saint-Martin-des-Champs, avec celle de Saint-Magloire.

(8) V. Bouteiller, l. II, t. 1, p. 650 et le *Grand Coutumier*, l. I, t. III, *des Droits royaulx*. — Bouteiller distingue (l. I, t. XXXIX, p. 281) entre les fabricants de fausse monnaie et ceux qui la mettent en circulation. Il ne fait un cas réservé que de la fabrication de la monnaie royale; il assimile l'émission au vol, et en laisse la connaissance aux hauts justiciers; il donne enfin, aux seigneurs qui ont le droit de battre monnaie, la connaissance du crime de fabrication de leur monnaie.

de l'abbaye de Sainte-Geneviève. Ses juges réclament du prévôt de Paris et en obtiennent, à deux reprises, la connaissance de ce crime. En 1266, le prévôt Étienne Boileau leur rendait un faux monnayeur qui avait été arrêté dans le clos de Garlande « Anno domini m° cc° lx° sexto, fuit captus in » Garlandia, in terra nostra..., per servientes prepositi Pari- » siensis, Johannes dictus de Paris, qui dicebatur esse falsa- » rius false monete, et requisivimus justiciam de ipso. Et Ste- » phanus Boilieaue, cognito quod fuisset captus in terra nostra, » ipsum nobis reddidit, justitia exigente... » En 1302, les sergents de la douzaine ressaisissent les religieux de deux femmes qui avaient été arrêtées, *pour soupçon de fausse monnaie*. Ils remettent, entre leurs mains, l'une d'elles en personne, et leur délivrent un gant à la place de l'autre qui avait été déjà justiciée (9).

Les droits d'aubaine, de bâtardise, de déshérence, d'épave et de confiscation, étaient régulièrement exercés par les seigneurs de Paris. Bacquet considère ces droits comme appartenant légitimement au roi, et comme n'ayant été attribués aux seigneurs que par une sorte d'usurpation (10). Guénoys émet la même opinion, et explique les dispositions des coutumes relativement aux aubaines et aux bâtards, par la négligence ou la connivence des officiers du roi, qui auraient favorisé ou toléré les usurpations des seigneurs (11). Mais on sait que les juges royaux ne pouvaient pas être taxés de faiblesse pour les juges seigneuriaux, et que, loin de tolérer leurs entreprises, ils ne cessaient d'empiéter sur leurs attributions. Les dispositions favorables aux seigneurs étaient donc bien

---

(9) Un inventaire des titres de Saint-Martin (*Arch. nationales*, S. 1437) mentionne encore une condamnation prononcée, par le maire, contre un faux monnayeur; et l'auteur de cette mention ajoute que les juges du prieuré connaissaient, en général, des crimes de lèze-majesté. Cette prétention se fondait vraisemblablement sur une clause de la charte de fondation de Saint-Martin de 1137, d'après laquelle le roi soumettait, par avance, les cas qui l'intéressaient à la juridiction des religieux : « Et si nos, vel homines nostri, querelam adversus eos habuerimus, in curiam Beati Martini ibimus, et justiciam per manum prioris et monachorum inde suscipiemus (*Gallia christiana*, t. VII, instrumenta, col. 59).

(10) Traité des droits de justice, ch. XIII, XXI, XXII et XXIII.

(11) Guénoys, *Conférence des coutumes*, t. I, p. 43 et 47, *notes*.

plutôt le témoignage d'un droit ancien, que des nouveautés usurpées ; et les divers droits dont il est question ici semblent pouvoir être rapportés tous ensemble, sans en excepter le droit d'aubaine, à cette idée générale que les biens devenus vacants, soit fortuitement, soit par une cause juridique, tombaient naturellement dans le domaine des seigneurs hauts justiciers (12).

II

La compétence des hauts justiciers, quant aux personnes soumises à leur juridiction, est très nettement déterminée dans nos registres ; c'est celle du juge du domicile, pour les délits non flagrants ; et pour les flagrants délits, celle du juge du lieu (13). Les seigneurs revendiquent invariablement la connaissance des délits non flagrants imputés à leurs hôtes, dans quelque lieu qu'ils aient été commis, et ils retiennent, en même temps, la connaissance de tous les flagrants délits constatés dans leurs terres, alors même qu'ils sont commis par des hôtes du roi ou de quelque autre seigneur justicier. C'est là la règle que nous voyons constamment appliquée dans les conflits qui s'élevaient entre les officiers des seigneurs et

---

(12) M. Guérard remarque (*Cartul. de Saint-Père*, p. 137) qu'on désigna d'abord par l'expression d'*épave*, *espava*, les animaux errants, puis qu'on l'étendit aux biens sans maître, et enfin aux personnes dont on ignorait le lieu d'origine.

(13) V. *Établissements de saint Louis*, ch. II, n. 2 : Le justicier qui arrête, pour quelque méfait, un homme qui *du roi s'avoe* peut le retenir en prouvant le flagrant délit ; mais si le délit n'est pas flagrant, il doit en rendre la connaissance au roi ou, en termes plus généraux, au seigneur que le délinquant aura avoué, « et se li présent n'est prouvés, il demoerrait en la cort qu'il aura avoë, pour justicier par la coustume de Baronnie ». — V. aussi Beaumanoir, ch. XXX, n. 85 ; Le *Livre des droiz* (Beautemps-Beaupré), n° 695, « home qui n'est pas justiciable à aucun justicier ne respondra point pour délits fais par li, s'il n'estoit prins en présent meffait ». — Les ordonnances royales finirent par consacrer la compétence du juge du lieu du délit ; mais elle ne fut établie définitivement que par l'édit de Moulins de 1566. Les *Institutes* coutumières de Loisel (l. I, t. I, règle 26) rappellent la règle ancienne, en constatant la nouvelle compétence consacrée par cet édit : « L'aveu emportait l'homme ; et estoit justiciable de corps et de châtel où il couchait et levait, mais, par l'ordonnance du roi Charles IX, les délits sont punis où ils sont commis. »

les gens du roi. Le Parlement, qui maintenait avec fermeté les droits des seigneurs, impose aux officiers du Châtelet de fréquentes restitutions, mais son intervention ne s'exerçait pas toujours utilement, et il arrivait que les accusés étaient *justiciés* avaient la solution du conflit. On restituait alors des *figures*, sortes de mannequins dont les juges seigneuriaux faisaient encore un simulacre de justice. En 1303, Pierre le Jumeau, *Pierre li Jumiaus*, prévôt de Paris, restitue aux juges de Sainte-Geneviève deux *figures* d'homme, *l'une au nom de Jehan Ansel, et l'autre au nom de Gaudin Fayel*. En 1273, le prévôt de Montlhéry fait apporter aux religieux, dans une charrette, à la place d'un larron qu'il avait fait pendre, un chaperon et une chemise remplie de paille : « Et après l'en-
» queste faite, il en furent resaisi, à Contens, d'un vout, c'est à
» savoir d'une chemise et d'un chaperon plein de fuerre en
» une charette. »

En 1282, les officiers de l'abbaye, ressaisis de même d'une cotte, par le prévôt de Paris, à la place d'un larron qui avait été tué, dans la poursuite qu'on en faisait sur le territoire de Vanves, traînent cette cotte et la pendent aux fourches de ce village. Ces restitutions, comme les exécutions qui en étaient la suite, se faisaient avec la plus grande publicité possible. Nous voyons, en 1300, le chambrier de l'abbaye qui, pour mieux fixer le souvenir d'un pareil acte, jette devant le moulin de Rungis où il avait eu lieu, des pièces de monnaie et un boisseau de noix. « Et a cele journée, ledit chamberier (frère Guillaume de Vaucresson), pour resouvenance, gieta en la place, devant le dit molin, 11 solz en poitevines et un boissel de noix. » De même, à Saint-Germain, en 1302, le prévôt fait, dans un cas semblable, jeter des nèfles à l'assistance, « et fist geter ledit prévost des nefles en remembrance de
» ce ». En 1295, le prévôt de cette abbaye convoque pour assister à la restitution symbolique d'un cas de justice, non seulement tous les habitants d'Issy, sujets de l'abbaye, mais encore ceux de leurs enfants qui avaient dépassé l'âge de huit ans (14).

(14) Le prévôt de Saint-Germain convoqua, en 1306, tous les habitants des arrière-fiefs de l'abbaye à Issy, pour assister à un cas de justice : « Et vindrent au cri, au ban, et à la justice fere (il s'agit de l'exécution d'un

La garde du prisonnier était, en principe, remise aux gens du roi dans tous les conflits de juridiction pendant la durée du litige. Nous en voyons le motif dans une affaire du registre de Saint-Germain, de 1308, relative à un flagrant délit, dans laquelle le prévôt de Paris réclame, comme à l'ordinaire, la remise de l'accusé, parce que le roi *ne plaidait pas dessaisi*. Il est vrai que cette prétention fut, cette fois, repoussée ; mais cette décision fut motivée par l'offre que fit le prévôt de l'abbaye de faire, sans délai, la preuve du flagrant délit qui motivait sa compétence.

Le renvoi du délinquant devant son juge naturel devait être demandé, *in limine litis*, avant toutes défenses au fond. Nous voyons, dans une notice de 1300, cette règle appliquée à l'encontre des officiers mêmes du roi. Un hôte du roi, Gilet de Véély, avait blessé mortellement un certain Jean de Chartres, près de la boucherie de Saint-Médard. Traduit devant les juges de l'abbaye, il défendit à l'accusation et se soumit à l'enquête qui lui fut proposée. Le prévôt de Paris le fit reprendre par ses gens et amener au Châtelet parce qu'il n'était pas l'hôte des religieux, et qu'il n'avait point été d'ailleurs arrêté en flagrant délit : « Le prevost disoit que il estoit » hostes le Roy et qu'il n'avoit esté pris en nul present meffet, » par quoi la cognoissance n'apartenoit pas à nous. » Mais les religieux en obtinrent la restitution, par ce motif qu'il avait défendu au fond, « pour ce qu'il avoit respondu du dit fet » sans nulle contrainte et s'en estoit couchez en l'enqueste. »

III

Les nobles n'échappaient pas à la juridiction des principaux seigneurs justiciers (15). Le prévôt de Melun contesta

---

meurtrier), tous ceuz des rère-fiez, et li subjet et li seigneur, du commandement frère Nicolas. »

(15) Le grand Coutumier attribue, en principe, au roi la connaissance des délits commis par les nobles ; mais il reconnaît qu'il y a de nombreuses exceptions. « Et pour ce, dict l'en communément qu'ils sont subjects au roy tant seulement (c'est encore la formule de Loisel, l. 7, t. I, règle 18) et sans aucun moyen ; et tient l'en que au roy seul appartient la cognoissance des nobles en cas de délict ; mais d'usaige et coustume, plusieurs seigneurs en ont la cognoissance » (p. 210).

vainement à l'abbaye de Saint-Maur, en 1272, la connaissance d'un homicide imputé à un *homme de fief;* le Parlement reconnut que l'abbaye avait la justice de tous les hommes demeurant sur sa terre, quelle que fût leur qualité, « ab omnibus hominibus, feodalibus et non feodalibus ». L'abbaye de Saint-Germain-des-Prés avait les mêmes droits. En 1280, des vachers de Meudon et du Val-de-Fleury furent battus et incarcérés par un chevalier, nommé Pierre d'Aunay, qui les avait trouvés, gardant leurs vaches dans un bois dont il disputait la possession au village de Meudon. Le prévôt de l'abbaye reçut la plainte des vachers et ajourna le chevalier, qui refusa de répondre à cause de sa qualité, « quar nobles homme » estoit, et li rois avait la cognoisanze des gentiz hommes, » si comme il diset ». Mais le prévôt de Paris, saisi du débat reconnut que l'abbaye avait la justice de tous ses hôtes. Jugé publiquement à Saint-Germain, un dimanche après la grand'messe, en présence de plus de cent personnes, le chevalier dut payer des dommages-intérêts aux plaignants et une amende à l'abbé, « et l'amenda le chevalier..., et amanda au vachier la villenie que il lor avoit faite ». Un autre gentilhomme de Meudon, arrêté par les gens du Châtelet pour avoir abusé, de force, d'un *meschine* de sa seigneurie, se réclama, de sa qualité de justiciable des religieux. Il refusa de répondre du fait devant le prévôt de Paris, et fut rendu aux juges de l'abbaye. En 1285, une restitution semblable fut faite de la personne d'un écuyer qui avait été arrêté dans le bourg Saint-Germain, à la requête de l'abbé d'Aurillac.

A plus forte raison, les religieux exerçaient-ils leurs droits de justice dans toutes les maisons situées sur leurs terres, quelle que fût la qualité de leurs propriétaires. En 1276, on pendit, à Saint-Germain, un larron qui avait volé le *surcot* d'un chevalier dans la maison du comte de Champagne. En 1385, les sergents de l'abbaye arrêtèrent et conduisirent devant le prévôt de Saint-Germain, qui les condamna à l'amende, deux compagnons qui se battaient dans l'hôtel de Nesles, qui appartenait alors au duc de Berri, oncle du roi. En 1313, le roi de Navarre, qui avait un hôtel dit *la maison de Navarre*, faisant le coin de la rue de la Foire, contesta à l'abbaye le droit d'y faire aucun exploit de justice, à la suite d'une saisie que le prévôt de Saint-Germain y avait fait pratiquer, pour une contravention du concierge de l'hôtel à un ban royal ; mais le Parlement repoussa cette prétention et fit rendre, à l'abbé Pierre en personne, les objets saisis. En 1301, sire Aignan, Jehan de Bailluel, écuyer, et le valet de ce dernier, sont arrêtés, *à cri et haro,* par les sergents de l'abbaye, pour avoir blessé mortellement la femme d'un carrier, dans la rue de l'Ourcines. Le prévôt de Paris, Guillaume Tybout, les fit reprendre par ses gens, non pas à cause de leur qualité, mais parce qu'ils ne demeuraient pas sur la terre des religieux et qu'ainsi ils n'étaient pas, de droit, leurs justiciables. Ceux-ci en obtinrent cependant la restitution, parce que l'information à laquelle il fut procédé, démontra que les coupables avaient été arrêtés en flagrant délit. En 1304, les juges de l'abbaye furent également ressaisis d'une *damoiselle,* veuve d'un habitant de Vémars, dans la maison de laquelle trois personnes et deux enfants avaient reçu la mort. En 1246, un chevalier, *quidam miles,* arrêté dans une maison de la rue de la Montagne-Sainte-Geneviève, porteur de lettres séditieuses contre le roi et les *barons de France,* est rendu aux religieux après avoir été détenu, pendant un certain temps, dans les prisons du roi. Un autre chevalier, arrêté la même année sous l'inculpation de meurtre, leur est également délivré par les officiers royaux.

La connaissance des nobles n'appartenait cependant pas à tous les justiciers. Nous voyons, par le registre du Châtelet, que l'abbaye de Saint-Magloire ne l'avait pas. C'est ce qui résulte du cas d'un écuyer, Simon de Verrue, hôte de cette abbaye, arrêté pour le vol d'un livre d'heures. Conduit devant le maire de Saint-Magloire, Denis de Baume, avocat au Châtelet, il se déclara gentilhomme et *de noble lignée.* Le maire le renvoya dès lors devant le Châtelet, afin qu'il prouvât sa noblesse, se réservant seulement de le reprendre dans le cas où il ne ferait pas cette preuve (16).

Il y avait une classe de personnes que les officiers royaux et seigneuriaux se disputèrent pendant longtemps ; c'était celle des juifs dont la misérable condition était soumise à toutes les

---

(16) *Reg. crim. du Châtelet,* t. I, p. 1.

variations d'une législation arbitraire et oppressive. On attacha toujours le plus grand prix à leur possession, à cause des tailles considérables et des exactions de toute sorte qu'on faisait peser sur eux (17). Un juif, arrêté pour vol dans la foire Saint-Germain, en 1272, fut revendiqué par le prévôt de Paris comme *serf du roi*. Mais les juges de l'abbaye retinrent la connaissance du cas, parce que le délinquant avait été arrêté en flagrant délit (18). Le prévôt de Montlhéry reconnut, la même année, les droits de l'abbaye sur un autre juif qui avait été cité devant les gens de la seigneurie du Breuil pour un vol de vin, et la notice qui consacre ce cas rappelle encore le précédent. « Renaud Barbo, bailli de Montleheri commenda,
» pour ce que li abbes avoit toute joustise au Breuil, qu'il li
» apartenait bien joustise de juif ; que par le commandement
» des mestres, il li avoit rendu 1 juif qui avoit esté pris à Saint-
» Germain-des-Prez pour soupeçon de larrecin, por ce que
» l'abbes a toute joustise à Saint-Germain, et lors lessa, le prevost de Monleheri, monseigneur l'abé en pes de la response
» dou juif. »

IV

Les clercs étaient soustraits entièrement, en matière criminelle, à la juridiction des seigneurs aussi bien qu'à celle du roi et ne relevaient que des officialités (19). L'évêque était leur juge. L'abbaye de Saint-Germain-des-Prés avait cependant, sous ce rapport, une situation privilégiée. Elle demeura exempte de la juridiction épiscopale, jusqu'au XVIIe siècle. Nous en avons un intéressant témoignage dans un acte de 1384. On y voit que l'évêque de Paris, Pierre d'Orgemont, fils

(17) Brussel, *Usage des fiefs*, p. 386.
(18) Le prévôt de l'abbaye fait d'ailleurs remarquer que le juif n'était pas un véritable serf, parce qu'il pouvait disposer de ses biens et se marier sans la permission du roi, « pour ce que le juif se pooit marier sanz le congé du roi et donner ses biens à mort et à vie, qu'il n'estoit pas de condicion à serf ».
(19) V. Beaumanoir, ch. XI, *Des cours d'église*, p. 46 et s.; Bouteiller, l. II, t. VII, *Des privilèges aux clercs*. Les officiers des justices laïques qui mettent un clerc en état d'arrestation ne sont, dit Beaumanoir, que comme des *sergents de la sainte église*, et doivent le restituer.

du chancelier de ce nom, s'étant présenté à l'abbaye avec son official, pour en faire la visite, en trouva les portes fermées, bien qu'il eût annoncé, par avance, son arrivée. Le prévôt des religieux sortit seul au-devant du prélat, pour lui interdire formellement l'entrée du monastère. « Lors issy frère Guil-
» laume Lévesque, maistre en théologie et prevost de céans,
» qui lui demanda s'il vouloit aucune chose ; lequel respondi
» que il vouloit entrer et parler à mon seigneur l'abbé ; et
» ledit prevost lui dist que il estoit empesché, et que il ne
» povoit entrer à présent, et pour cause. »

L'abbaye avait une officialité pour l'exercice de sa juridiction spirituelle. Nous devons à cette circonstance la relation de deux affaires graves concernant des crimes commis par des clercs. On sait que la peine temporelle la plus forte dont les officialités disposaient était la prison perpétuelle, mais elle ne valait souvent guère mieux que la mort, si nous en jugeons par ces deux cas (20). La mort des condamnés suivit de près la sentence; et leurs corps furent exposés publiquement à la porte de l'abbaye pour apprendre à tous que justice avait été faite. L'un d'eux avait tué, en 1304, dans un accès de jalousie, un clerc nommé maître Guillaume de Falaise, qu'il avait rencontré, en compagnie d'une femme, sous les murs de l'abbaye, au-devant de la petite chapelle de Saint-Martin-des-Orges. « Et porce que il estoit clerc, il fu mis en chartre, et y mourut,
» et puis fu trait hors, et mis devant la porte de l'église pour
» monstrer au peuple, et puis fu enterré aux champs par la
» gent de l'Église. Et fu faite, ladite occision, pour cause de la
» jalousie d'une femme que ledit maistre Guillaume avait en
» sa compagnie. » La seconde affaire est rapportée à peu près dans les mêmes termes; il s'agit d'un autre meurtre, commis dans le même lieu, en 1286.

La juridiction ecclésiastique était néanmoins très recherchée. Il arrivait souvent que des malfaiteurs se faisaient tonsurer,

(20) L'official pouvait dégrader le clerc et le livrer ensuite au juge séculier ; mais cette déchéance était abandonnée au pouvoir arbitraire du juge d'église. Les crimes commis par les clercs ne reçurent une répression égale et sûre que lorsque la justice royale put les attirer à elle, par l'institution des cas privilégiés, et de l'instruction conjointe que consacra notamment l'ordonnance de Melun de 1580.

les uns par les autres, ou par quelque barbier complaisant, pour réclamer, lorsqu'ils viendraient à être arrêtés, le privilège de cléricature (21). Un de ces faux clercs, faisant l'aveu de cette usurpation devant le prévôt de Paris, en donne franchement les motifs. Il s'était fait tonsurer, à sa sortie de prison à Provins, où il avait été détenu pour quelque rixe, sur le conseil d'un de ses codétenus, qui avait employé lui-même cette supercherie, et qui était parvenu ainsi à se faire renvoyer devant l'official. Son compagnon lui avait fait valoir tous les avantages du privilège qu'il s'assurait, en lui affirmant que les officialités ne condamnaient personne à mort, et et qu'on finissait toujours par sortir de leurs prisons, soit par l'effet d'une longue détention, soit par la grâce de l'avènement d'un nouvel archevêque ou de quelque grand seigneur (22). Le prévôt de Paris avait beaucoup de peine à déjouer ces fraudes; mais il avait fini par employer, pour en obtenir l'aveu, le moyen décisif de la question qu'il n'hésitait pas à appliquer à ces prétendus clercs, après les avoir mis en demeure de produire leurs lettres de tonsure (23).

Le nombre des vrais clercs était d'ailleurs considérable. Comme il y en avait de plusieurs ordres et que le mariage

(21) V. Beaumanoir, ch. XI : « Aucune fois avient-il que aucunes personnes laies sont prises en abit de clerc, si comme larron ou meurdrier ou autre malvese gens, si se font fere corones les uns as autres, ou à un barbier, auquel ils font entendans qu'il sont clerc. » (nº 45).

(22) *Registre criminel du Châtelet*, t. I, p. 59. — Ces malfaiteurs s'initiaient aux détails du cérémonial de l'église, afin de répondre aux objections qui leur seraient faites par le juge laïque. C'est ainsi que l'un d'eux assure qu'on lui a fait apprendre les sept psaumes et réciter sa patenôtre, *tellement quellement*. Un autre se souvient qu'il a dit *le ver Dominus pars* que le clerc récitait au moment de son ordination. Tous nomment, au hasard, l'évêque d'une ville quelconque comme les ayant reçus; mais leur ignorance découvrait, le plus souvent, leur supercherie; car ils ne savaient, la plupart, ni lire ni écrire, ni, comme le dit le Registre, connaître un *a* d'un *b*.

(23) « Veue.... les accusacions d'yceulx Jehan le Brun et Raoulet de Laon qui dient et afferment en leur conscience qu'il n'est point clerc, et que autreffois il luy ont oy dire.... et que ycellui Cousin estoit et est le maistre de ceulx qui font et donnent les couronnes aus autres leurs compaignons, yceulx présens conseillers délibérèrent et furent d'oppinion.... afin de savoir la vérité d'icelle tonsure par la bouche dudit Cousin, qu'il feust mis à question. » *Reg. crim. du Châtelet, loc. cit.*

leur était permis dans les ordres inférieurs, on en rencontrait partout, dans toutes les situations, et dans tous les emplois de la vie civile et religieuse. Les prélats accordaient libéralement la tonsure, parce qu'elle leur faisait de nouveaux justiciables, et même ils en abusaient souvent, comme nous le voyons, par des arrêts des Olim de 1261.

L'abbé de Saint-Maur-des-Fossés, qui avait le droit de donner la tonsure à ses hôtes, ne permettait pas qu'ils se la fissent conférer par d'autres, sans sa permission. Deux de ses justiciables, qui avaient fait tonsurer leurs fils par les évêques de Melun et de Senlis, sans son autorisation, furent condamnés à l'amende, et les nouveaux tonsurés furent rasés, sur l'heure, par deux barbiers appelés à cet effet. « Emendaverunt » dicto abbati quod procuraverant dictas tonsuras filiis suis » sine licentia ejus ; et fecit, idem abbas, capita filiorum eo- » rumdem, per Colonum dictum Cauquet et Robertum Borge- » ret, barbitonsores, presentibus predictis, radi totaliter, et » inhibuit eis ne tonsuram clericalem de cetero præsumant » portare, nisi licentia habita et obtenta ab eodem. »

V

En matière civile, les seigneurs hauts justiciers connaissaient de toutes les actions personnelles entre leurs *hôtes*, de celles dans lesquelles ceux-ci étaient seulement défendeurs, et de toutes les actions réelles qui avaient pour objet des immeubles relevant d'eux. Le juge compétent était donc celui du domicile du défendeur, en matière personnelle, et en matière réelle (24), celui de la situation de l'héritage litigieux.

Les documents judiciaires que nous avons recueillis se rapportent, pour la plupart, à l'administration de la justice criminelle. Les seigneurs justiciers avaient cependant aussi l'administration de la justice civile ; mais ils étaient moins intéressés à la conservation des documents qui en consta-

---

(24) Beaumanoir, ch. VI, n° 33 : « Les demandes qui sont personix, tans solement, doivent estre demandées par-devant le segnor desoz quix li défendeur sont couquant et levant, et les demandes qui sont réeles doivent estre demandées par devant les segneurs des quix li héritage sont tenu. »

taient l'exercice, les amendes et les confiscations qui résultaient des sentences pénales étant, avec les aubaines, les déshérences et les épaves, leurs sources principales de profits.

Les *Olim* mentionnent cependant de nombreux appels de sentences civiles des justices de Paris. Ils nous montrent les cours temporelles des seigneurs ecclésiastiques, statuant, entre leurs justiciables, sur toutes les questions d'intérêt civil, questions de propriété, contrats, droits successoraux, conventions matrimoniales et autres. Il convient seulement de remarquer, en ce qui concerne les contrats, qu'une exception à la compétence des juges seigneuriaux s'introduisit, de bonne heure, en faveur du prévôt de Paris. Le sceau du Châtelet fut considéré comme attributif de juridiction, et les contestations relatives à tous les contrats passés sous ce sceau relevèrent exclusivement de ce tribunal (25).

Nous n'avons retrouvé, pour l'administration de la justice civile à Paris par les juges seigneuriaux, aucun document original, semblable aux registres que nous publions; mais il existe, aux Archives nationales, un registre civil de la fin du XIVe siècle d'une petite seigneurie dépendant de l'abbaye de Saint-Germain-des-Prés, celle de Villeneuve-Saint-Georges. Ce curieux manuscrit, qui est d'une bonne écriture et parfaitement tenu, a été signalé, pour la première fois, croyons-nous, par M. Viollet. Il porte pour titre : « C'est le papier des esplez de la prevosté de Villeneuve-Saint-George. » (26) Il contient une série de notices très intéressantes relatives aux procès de toute nature qui s'engagent entre les parties, à la procédure, à la preuve ; il mentionne généralement les sentences rendues, et rapporte le texte même de quelques-unes

---

(25) Ordon. de mars 1356, art. 18 : « Ordonnons que des scellez du Chastellet, aucuns juges ou justiciers n'ayent la Cour ou cognoissance, fors que le prévôt de Paris tant seulement, se il plaît ou créancier ; et deffendons à tous juges quelconques que il ne s'en entremettent » (*Ordonnances des rois de France*, t. III, p. 121). — « Item peut-on décliner tout juge au royaume, par lettres scellées sous scel de Chastellet de Paris, fors le prevost de Paris : car nuls autres juges ne doit avoir la cognoissance » (Bouteiller, l. I, tit. 17, p. 75).

(26) *Arch. nationales*, LL 1088.

d'entre elles (27). Les remises successives de causes nous montrent que les longues écritures et les incidents de procédure ne manquaient pas. On échange des écritures, et on plaide *sur le débat d'un ajournement*, et sur les *dilatoires* aussi bien que sur le fond (28).

Le 30 mai 1372, une affaire relative à une demande *en cas de saisine et de novelleté* est remise, dans l'état, pour procéder sur les « *escriptures*, raisons et repplications baillées et mises » en court desdites parties ». Mais le procureur du demandeur est condamné à payer à la défenderesse deux flacons de bon vin parce qu'il avait essayé de la tromper en lui montrant,

---

(27) En voici quelques extraits : Louage d'ouvrage : « Par sa confession, fu condamné, H... en la somme de XII s. parisis rendre et payer à B... pour laborage de terres et ès despens.... lesquielx XII s. il paya en jugement audit Pierre » ; — « Condamné est J... B... envers B... de lui payer son sallaire depuis le jour des Cendres jusques à vendredi passé, au prix de. IX s. qu'il avoit allouée jusques à la Saint Jehan, par sa confession, sauf audit J... B... à le suivre de achever son service, se il en veult faire poursuite contre ledit B.... » — Douaire : « J... et sa fame promettent à F... femme de T... XX s. de rente à la Saint-Martin, chascun an, pour cause de son doayre de feu O... durant sa vie jadis son mari. » — Servitude : « Ce jour, por insuffisience d'adjournement, fu A... licencié de court contre B... qui fesoit demande contre ledit A... que, en une meson que ycelui A... avoit en ladicte Villeneuve tenant audit B... falloit amendement as gotières et que ledit A... ostast son cau.... » — Débat sur une maison que le demandeur disait avoir donnée à croix de cens ; désistement après production de témoins : « Nous pour ce, veue la demande dudit R... la liticontestacion, et après, le delessement fait par ledit R... nous avons absous et absoullons de la demande dudit R... ledit J... et avons condampné ledit R... ès despens d'icelui J... à nous le taux réservé par nostre sentence, et à droit..... »

(28) « A de mardi prochain en XV jours. J.... demandeur contre A.... deffendeur, à aller avant sur les faiz et raisons baillez par escript d'une partie et d'autre sur le débat d'un ajournement. » — « A XVe, à R... et G... demandeurs, pour tant comme à chascun d'eulx touche, contre R... deffendeur à bailler par escript les faiz et raisons au jour d'uy plaidoyez d'une partie et d'autre, après ce que ledit R... a au jour d'huy esté débouté de ses dilatoires. » — « A XV jours, à G... en cas de saisie et de novelleté contre J... deffendeur dudit cas, en l'estat d'uy après adjournement fait et rapporté souffisamment comme sanz préjudice de l'acort des parties et à aler avant. » — « A XVe de J... demandeur contre O... procureur de R... deffendeur, à venir ledit procureur péremptoirement defendre, tant sur la demande de V frans d'or et III s. parisis comme sur le proffit d'un deffaut. »

au lieu du dernier *mémorial* de la cause, qui en indiquait le véritable état, le mémorial du jour précédent. « Et avons con-
» dampné ledit Colin envers la dicte Perrette en 2 flascons de
» vin bon et souffisant, pour ce que il ne lui a monstré le mémo-
» rial precédent de celui de ceste journée qui est le vray estat
» de la cause et dont il a esté requis, et avons ordené que elle
» ne sera tenue de procéder jusques ad ce que des ıı flascons
» de vin elle soit payée...... »

La preuve se fait par la confession des parties, par le serment, par témoins, et par la preuve littérale, par *lettres*.

Une question de salaire est vidée par le serment du défendeur auquel le demandeur s'est rapporté, « ou quel serment
» ledit Poulain se mist et rapporta pour toutes pruves » ; c'est la formule habituelle, dans les divers cas assez nombreux où le serment est déféré par l'une des parties (29).

Lorsque le demandeur n'obtient pas du défendeur un aveu et qu'il n'entend pas se rapporter à son serment, c'est la preuve testimoniale qui est habituellement administrée. « Dep-
» posicion. C'est la depposicion des tesmoings produiz et ame-
» nez de par Gautier de Laistre, demandeur, contre Sedilon
» la Cordiere deffenderesse sur la demande du dit Gautier, de
» unes aumocres et d'une table que le dit Gautier dit et pro-
» pose que pour le tamps que feu Jehan Cordier, jadis mary
» de ladite Sedilon, vivoit, ycelui Cordier achetta dudit Gau-
» tier lesdites aumocres et la table, le pris de trois francs
» d'or. » Les dépositions suivent sous la formule suivante :
« Colin, charpentier, produit et amené d'une partie et d'au-
» tre, juré et diligemment examiné sur les faiz et raisons
» contenus en la demande du dit Gautier et aussi sur l'excep-
» tion par ladite Sédilon proposée, dit et depposa par son
» serment...... » Enfin la sentence est rendue : « Dit est que,
» veu la demande de Gautier de Laistre faite contre Sedilon
» la Cordière, les deffenses et les excepcions proposées par
» ladite Sedilon au contraire, la depposicion des tesmoings

(29) En voici un autre exemple : « A de mardi prochain en VIII jours, à P... demandeur contre G... deffendeur, à oïr droit sur la depposicion du serment de la feme dudit G... auquel serment ledit P... se est mis pour toutes preuves, après sa demande de XIII s., laquelle fame a depposé que ledit P.. l'eust quitée pour VIII s. et qu'elle ne lui doit riens. »

» produiz et amenez d'une part et d'autre, non contrediz, ledit
» Gautier a moins souffisamment prouvé que ladite Sedilon,
» et avons absout ladite Sedilon de la demande dudit Gautier
» et l'avons condamné aux despens de partie, à nous le taux
» réservé. »

Dans une contestation entre un habitant du village et le procureur de l'abbaye relativement à la propriété de certains saules que l'habitant avait émondés, on s'en rapporte, *pour toutes preuves,* aux *serment et déposition* de quatre personnes qui visitent préalablement les lieux ; c'est une sorte d'expertise (30).

La preuve *par lettres,* est plus rarement mentionnée. Elle ne paraît être d'ailleurs que subsidiaire et il semble qu'elle demeure subordonnée, dans tous les cas, à la preuve testimoniale (31). Cette prédominance de la preuve testimoniale sur la preuve littérale est attestée par une notice, bien caractéristique, du 25 novembre 1371. Il résulte de cette notice que le registre même de justice de la seigneurie ne faisait pas une preuve complète des faits, et des condamnations mêmes qu'il relatait, et que les parties étaient admises, lorsqu'elles y avaient intérêt, à en combattre les énonciations par le témoignage des personnes qui avaient assisté au jugement. *Jean de Lorme* avait été condamné à une amende pour avoir enlevé un prisonnier des mains d'un valet de l'abbaye. Le jour fixé pour le paiement de cette amende, le juge lui demande s'il n'a à élever contre le tabellion aucun grief de nature à infirmer la foi due au registre des exploits de la cour. *Jean de Lorme* ne propose aucun fait précis, mais il fait observer que

---

(30) La présence du procureur fiscal est mentionnée en ces termes : « Oyc la demande ou resqueste aujourd'hui et autreffois faite en jugement par le procureur de M. de Saint-Germain à cause de nostre prevosté de Villeneuve... » — Cet officier de justice est partie dans toutes les affaires qui intéressent l'abbaye : « Au jour, se sont comparus, en jugement, par devant nous, le procureur de l'église d'une part, et J. F... qui avoit jour aujour d'uy contre le dit procureur (il s'agit cette fois du recouvrement d'une amende). »

(31) Les deux modes de preuve sont parfois administrés en même temps : C... procureur de H... demandeur en cas de saisine et de nouvelleté contre P... deffenderesse, « à publier tant de témoings et lettres que les parties vouldront produire et examiner dedans ledit jour.. »

les *clercs* ou greffiers enregistraient parfois des amendes plus fortes que celles qui avaient été prononcées pour être agréables au seigneur. « Ce jour (25 novembre 1371) fu demandé de nous
» à Jehan de Lorme se il voulloit aucune chose dire ou propo-
» ser contre le tabellion, par quoy le registre des esplez de la
» court ne doye estre creu, pour ce que il avoit jour à veoir
» tauxer une amende.... Lequel Jehan de Lorme ne dist ne
» proposa riens contre le tabellion, fors tant que les clers
» enregistroient aucune foiz les amendes gregneurs que en
» ne les faisoit, pour faire au gré du seigneur, et que il se
» rapportait à ceulx qui avoient esté à l'amende ployer. Et
» encore lui fu demandé s'il voulloit autre chose dire, et il
» respondy que n'en diroit autre chose. Si, lui fu l'amende
» tauxée à 1111 lb Parisis dont il demande l'amendement de
» Monseigneur l'abbé à la prochine assise. »

La preuve testimoniale était donc la règle. M. Guérard, dans son introduction au Cartulaire de Notre-Dame, a très bien fait ressortir l'importance de cette preuve et les nécessités qui l'imposaient, en déterminant, avec exactitude, les conditions ordinaires des débats qui s'engageaient devant la justice dans les temps qui précèdent la reconnaissance définitive et la réglementation de la preuve littérale. Le débat portait-il sur une question de droit? la fonction du juge se bornait à rechercher, dans le témoignage de ses assesseurs ou d'autres praticiens, quels étaient, sur le point en litige, la loi ou l'usage de la terre. Portait-il, au contraire, sur une question de fait? une enquête pouvait seule le résoudre, dans la plupart des cas, en dehors de l'aveu ou de l'accord ultérieurs des parties. Si le droit litigieux s'était transmis par contrat, par héritage ou autrement, sans laisser de preuve écrite, il était nécessairement établi par l'enquête, et même, à l'origine, par le duel ou les épreuves judiciaires. Si des actes étaient produits et si la cause se renfermait ainsi dans une discussion de titres, ces actes n'étaient reconnus qu'autant qu'ils étaient empreints de tels caractères d'authenticité qu'ils ne pussent être contestés. En dehors de ce cas assez rare, ils ne valaient qu'autant qu'ils étaient appuyés de la preuve testimoniale, c'est-à-dire du témoignage des personnes, souvent mentionnées dans ces titres, qui avaient assisté à l'acte. Enfin, à défaut de titres valables et de témoins présents et vivants, la preuve de la longue possession était exigée et des enquêtes avaient encore lieu.

Les sentences civiles du juge de Villeneuve-Saint-Georges pouvaient être déférées à l'assise de l'abbaye. Elles devaient même nécessairement subir ce second degré de juridiction avant d'être portées, en appel, devant la justice royale ; c'était, en effet, une règle générale que les appels devaient être poursuivis, de degré en degré, sans en omettre aucun. Le recours à l'assise est mentionné dans l'une des affaires que nous venons de rappeler, et il est provoqué, à la fois, par la partie qui a succombé et par le procureur fiscal. « Tauxée est » l'amende à nous ployée, par Odin Cordier, pour raison des » émondeures des saulx de notre pré de Vaulx, à XXs. parisis » dont il a demandé l'amendement de monseigneur l'abbé à » sa prochaine assize, et le procareur de notre court aus- » sy.. (32). »

Les parties qui comparaissent devant les juges de Villeneuve agissent, tantôt en leur nom propre, tantôt pour autrui comme dans le cas de tutelle ou curatelle (33). Une femme se présente comme exécutrice testamentaire de son mari. « Oye » la requeste à nous faite par Denise veufve de Jehan Fauchart, » en son nom et comme exécuteresse du testament ou ordon- » nance de derrenière voullenté de feu Jehan Fauchard... »

On voit, par ces quelques exemples, avec quelle mise en œuvre de tout l'appareil judiciaire, la justice civile était administrée dans une aussi petite seigneurie.

Notre registre contient enfin, en dehors des notices concernant les affaires litigieuses, des mentions relatives à divers contrats. Les parties contractantes avaient là un moyen précieux de fixer leurs engagements, et d'en faciliter ou d'en assurer la

---

(32) Un autre appel est mentionné en ces termes : « Lequel J... par C... de Villeneuve tout advoué d'icelui J.., comme son conseiller et advocat, a demandé l'amendement de la prochaine assise de Saint-Germain des-Prés. »

(33) A VIII jours, à J... demandeur contre R... défendeur « tant en son nom et comme curateur donné de nous à Jehanneton sa seur, à oïr droit ou l'appointement de la court, sur les faiz et raisons au jour d'uy plaidoyez... » A dimanche, B... tuteur de P... fille de O. C... à cause de sa femme et D... « demandeurs ès noms que dessus ».

preuve. Nous y voyons figurer les contrats les plus divers, bail, vente, prêt et autres (34). « Jehan Petit, charpentier, et
» Belon sa feme, pridrent ce jour, de Jaquet Charron et de
» Denise sa feme, une meson aveques ses appartenances séant
» à Villeneuve, tenant d'une part à Pierre le cordonnier et,
» d'autre part, à Jehan le mercier, pour vint sous de rente
» parisis à II termes, Pasques et Saint-Remy, et gagèrent VI
» lb parisis à y mettre d'amendement dedans trois ans... »
Un contrat d'apprentissage intervient entre les mêmes parties.
« Jehan Petit et Belon sa feme pridrent ce jour lesdiz enfans
» (Jehan et Jehanneton) jusques à IX ans, à les nourrir bien
» et deuement, et querir, vestir, chausier, linge, lenge et tou-
» tes leurs necessitez, apprendre la fille à cousture et le fils à
» charpentier par cy que P. de Préaulx, J. Moton, et Jehan
» Charron leur bailleront, dedans Noel prochain, chescun une
» mine de blé, et dedans la Saint-Martin d'hyver prochain
» venant, chescun 1 franc d'or.

(34) J... et A... sa femme « gagent à T..., chascun pour le tout, LXVI s. pour arrérages de XX s. de rente, de compte fait et à vollonté. » — Ce jour, J... « gaja P... 11 frans pour loage d'ostel » — Ce jour, G... « gaja pour la vente d'un cheval à payer pour la mis aoust... » — Le mercredi XXX⁰ jour de décembre, « G... gaja à J... XXIII sols parisis de pur pret », — A proposé en jugement « Ch... contre J... qui faisoit contre lui demande d'un gajement de nostre court en quoi Ch..., père dudit, s'était oblijé. »

CHAPITRE VIII

DÉCADENCE ET SUPPRESSION DES JUSTICES DE PARIS

I. Entreprises du prévôt de Paris — Prévention à charge de renvoi. Cas royaux. — Voirie. Justice de la rue et justice des maisons. — Redevances fiscales. Saillies, enseignes, auvents. — Police générale de la ville ; son attribution définitive aux gens du Châtelet. — Entretien des enfants trouvés. Contribution des seigneurs hauts justiciers. — Service du guet; nouvelle contribution pécuniaire. — Suppression des hautes justices de Paris. Édit de 1674. — II. Transition aux chapitres suivants. Notices et plans.

Nous avons considéré jusqu'ici les justices de Paris dans leurs origines, et principalement dans la période du XIIe au XIVe siècles, pendant laquelle elles avaient le plein exercice de leurs droits. Elles subsistèrent jusqu'à la fin du XIVe siècle et ne furent supprimées qu'en 1674. Il ne faudrait pas croire qu'elles fussent, à cette époque, dans une situation beaucoup plus précaire que les autres justices seigneuriales ; mais leur existence dans la capitale du royaume, au centre même du pouvoir royal, les destinait à disparaître les premières. Elles avaient eu à subir, comme toutes les autres, l'action continue des officiers royaux, leurs empiètements incessants, et fini par éprouver, de ce fait, de graves préjudices. C'était moins le principe de leurs droits que leur exercice régulier qui était mis en jeu ; mais la vigilance même, à laquelle les seigneurs étaient condamnés pour les défendre, leur créait une situation, de jour en jour, plus difficile et plus onéreuse.

I

Le prévôt de Paris attirait à lui leurs justiciables. Il n'était pas parvenu à se faire attribuer à Paris, comme en d'autres lieux, la prévention pure et simple, mais il y exerçait la prévention à charge de renvoi (1). Cette sorte de prévention ne désarmait pas, il est vrai, les seigneurs comme la première ; elle leur laissait, en principe, l'exercice entier de leur juridiction, puisqu'elle leur permettait d'y ramener, par une simple revendication, les justiciables qui en avaient été distraits. Mais elle n'en était pas moins une atteinte sérieuse à leurs droits, puisqu'elle légitimait tous les actes d'immixtion dans leurs justices, et qu'elle les obligeait à soulever, chaque fois, un conflit pour repousser cette ingérence. Ces entreprises n'étaient pas nouvelles, et nos registres des XIIIe et XIVe siècles sont déjà remplis des conflits journaliers de juridiction auxquels elles donnaient lieu. Il faut reconnaître d'ailleurs qu'elles étaient favorisées singulièrement par la multiplicité et la confusion des territoires des justices privées, et par la difficulté de reconnaître exactement leurs limites respectives à travers les transformations incessantes de la ville.

Le Parlement ne refusait pas son appui aux seigneurs, mais cet appui n'était pas suffisamment efficace, car les arrêts se bornaient à faire cesser l'abus, dans chaque cas particulier, sans prendre aucune mesure générale pour en prévenir le retour. Les gens du Châtelet étaient bien condamnés à rendre au seigneur la connaissance du cas en litige, avec une certaine solennité, ou à opérer, lorsqu'on se trouvait en présence d'un fait accompli, une restitution symbolique. Mais ce n'était là que le strict redressement du tort fait au seigneur, dans l'espèce particulière ; ce n'était pas une réparation capable de réprimer, pour l'avenir, des usurpations nouvelles.

Les principaux seigneurs de Paris, riches, puissants et animés de l'esprit de conservation et de suite qui caractérise les corps ecclésiastiques, résistèrent jusqu'à la fin. Mais on

---

(1) On sait que la prévention consistait dans le droit, pour les juges royaux, de prévenir l'action des juges seigneuriaux pour la répression des délits que ceux-ci avaient négligé de poursuivre, et de retenir, par suite de cette priorité, la connaissance de ces délits. La prévention, à charge de renvoi, réservait aux seigneurs le droit de revendiquer la connaissance de l'affaire.

ne peut pas affirmer que les moindres seigneurs aient toujours apporté une aussi grande vigilance dans la défense de leurs droits. Il suffisait qu'une justice fût, par négligence ou par suite de circonstances quelconques, mal administrée ou mal défendue, pour que les gens du Châtelet s'empressassent d'y étendre leur juridiction.

L'exercice du droit de prévention ne fut pas la seule arme employée par les officiers royaux pour combattre, en tous lieux, les juridictions seigneuriales. La revendication des cas royaux les servit non moins efficacement. Nous avons vu que Bacquet comprenait le meurtre et le rapt parmi les cas royaux reconnus dans la prévôté de Paris, bien que les principaux seigneurs de Paris aient eu la connaissance de tous les crimes de droit commun. Il n'est pas douteux qu'il n'y ait eu là, dans les derniers temps, une source nouvelle de conflits, et il est à présumer que quelques-uns au moins des moindres seigneurs ont dû être dépouillés, de bonne heure, de la connaissance de ces cas.

A ces deux causes de décadence de la justice seigneuriale vinrent s'ajouter la revendication, par le roi, du droit de voirie qui ne fut conservé qu'à quelques seigneuries, et l'attribution qui fut faite aux gens du Châtelet de l'exercice de la police générale dans toute l'étendue de la ville.

Le droit de voirie fut, pendant longtemps, l'un des sujets de contestation les plus graves entre les seigneurs justiciers de Paris et les officiers du roi. La voirie, *viaria*, a été employée en divers sens par les chartes et les coutumiers ; mais tous nos documents la prennent dans le sens de la police de la voie publique, et c'est sous ce point de vue que nous la considérons ici (2). Beaumanoir l'envisage déjà sous ce rapport et l'appelle très exactement, *la justice des chemins*. Tous les seigneurs hauts justiciers avaient, de son temps, en Beauvoisis, la voirie sur leurs terres. La justice des chemins limitrophes entre deux seigneuries appartenait, pour moitié, à chacun des

---

(2) Elle désigne, dans la *Coutume d'Anjou*, la moyenne justice. Les Établissements de saint Louis, désignent encore, sous cette expression, la basse justice, qui comprenait alors la moyenne et la basse (l. 1, nos 38 et 41). — V. Laurière sur Loisel, *Institutes coutumières*, l. II, tit. II règle 45, et Ducange, *Glossaire*, vis *Viaria* et *Advocatia*.

deux seigneurs riverains, en sorte que les délits qui y étaient commis étaient justiciables de l'un ou de l'autre, selon qu'ils avaient eu lieu sur l'une ou l'autre moitié. Ce partage de juridiction était si exactement observé que si l'on ne pouvait déterminer sûrement de quel côté de la voie le fait s'était passé, la justice du cas appartenait aux deux riverains qui le jugeaient en commun (3).

A Paris, la plupart des seigneurs justiciers revendiquaient la voirie, et il résulte des titres les plus anciens, qu'elle appartenait, en effet, aux principaux d'entre eux. Ils ne l'avaient pas toutefois sur toute l'étendue de leur seigneurie. La règle était qu'ils ne l'exerçaient que dans les rues dont ils avaient les deux côtés, et qu'elle appartenait, dans toutes les autres, au roi. Cette restriction, qui avait pour résultat de soustraire à la voirie des seigneurs un très grand nombre de rues, ne suffit pas cependant au voyer général du roi, qui ne cessa de prétendre à l'exercice de ses droits sur tout le territoire de la ville.

La voirie comprenait, avec la police de la voie publique et les redevances fiscales qui y étaient attachées, la connaissance même de tous les délits qui y avaient été commis. Le seigneur qui ne jouissait pas de ce droit n'avait que la justice des maisons, qui était ainsi indépendante de celle de la rue. Le seigneur voyer disposait seul de la voie publique. Il ordonnait la démolition ou la réfection des maisons qui menaçaient ruine; il délivrait, à prix d'argent, les autorisations nécessaires pour établir les saillies, telles que les enseignes et auvents, ainsi que pour pratiquer des ouvrages quelconques sur la voie publique.

L'attention des officiers du roi se porta, de bonne heure, sur la possession d'un droit aussi important. Ils virent là un moyen précieux de faire une brèche dans le domaine des seigneurs. Les délits commis sur la voie publique étaient nombreux, et les redevances fiscales de la rue constituaient une source considérable de profits. La règle d'après laquelle la

---

(3) « Et se mellée est fete, ou aucun cas de justice avient si en milieu du quemin c'on ne pot pas bien jugier, de certain, de quele part il fu plus près, li meffes doit estre jugiés communément par les deus seigneurs qui marcissent au quemin ».

voirie appartenait au roi dans toutes les rues où les seigneurs n'avaient qu'un côté, était fondée sur le principe qu'on ne venait pas en partage avec le roi, et selon une expression d'un titre du XVe siècle relatif à cet objet, sur ce que, « nul ne part au roi (4) ». Ce principe n'était cependant rien moins qu'absolu, car on pouvait citer de nombreux exemples de justices indivises entre les seigneurs et le roi. L'attribution faite au roi, sur ce fondement, n'en prévalut pas moins définitivement. Les principaux seigneurs de Paris conservèrent seuls, et non sans peine, la voirie dans les rues qui étaient enclavées dans leurs terres. Les petits seigneurs, qui la revendiquaient cependant dans toutes leurs déclarations de temporel, en furent sans doute complètement dépouillés ; et les quelques actes isolés d'exercice de ce droit que nous rencontrons, ne doivent pas nous faire conclure à une possession paisible et assurée. Si l'on considère d'ailleurs le nombre des seigneuries de Paris et le morcellement des terres qui les composaient, on voit que, si étendues qu'elles fussent dans leur ensemble, leurs points de contact avec le domaine du roi étaient assez nombreux pour que la voirie royale embrassât définitivement la plupart des grandes voies publiques de la ville. Le roi s'était d'ailleurs réservé ce droit dans certaines rues mêmes qui étaient entièrement enclavées ; c'est ainsi qu'il l'avait retenu, par l'accord de 1222, dans la terre de l'évêque, sur la plus grande partie de la rue Saint-Honoré (5).

Les officiers du roi s'introduisirent encore dans les terres des justiciers, par le moyen de la revendication de la police générale de la ville. Les seigneurs avaient bien un droit de

(4) V. dans Félibien (*Histoire de Paris*, t. II, p. 307) un extrait d'un ancien titre des registres du trésor : « L'évêque a voirie à Paris, là où les maisons sont siennes, de part et d'autre ; *car nul ne part au roi*. » — Ce document refuse la voirie à Saint-Germain-des-Prés ; mais nous savons, par un arrêt du Parlement, du 24 mars 1611, que cette abbaye était en possession de ce droit.

(5) *Cart. N.-D.*, t. I, p. 122. — En 1664, l'avocat général Talon revendiquait, pour le roi, comme dépendant de la police générale, toutes les autorisations relatives aux ouvertures ou clôtures de rues, aux balcons et aux diverses saillies ; et cette théorie paraît avoir été alors admise par un arrêt provisionnel du 18 janvier 1661 (Arch. nationales, L 436).

police propre. Ils rendaient, ou faisaient rendre, par leurs baillis, des bans réglementant les tavernes, les jeux, les métiers, la vente des denrées et tous les objets se rattachant à l'administration générale de leur terre. Mais le roi faisait, de son côté, des règlements applicables à toute la ville, à l'effet de prescrire certaines mesures de sécurité, de salubrité, d'administration publique ou toutes autres touchant à la police générale. Ces règlements obligeaient naturellement tous les habitants ; et si les officiers royaux laissaient les seigneurs poursuivre l'exécution de leurs bans, pourvu qu'ils ne fussent pas contraires à ceux du roi, ils revendiquèrent le droit de faire exécuter les bans royaux, et de poursuivre, en tous lieux, les infractions qui y seraient commises. Les seigneurs s'efforcèrent de repousser cette dangereuse immixtion. Nous voyons dans le registre de Saint-Germain-des-Prés, les officiers de cette abbaye connaître des infractions à un ban du roi relatif à l'interdiction de nourrir des porcs dans la ville, et même aux ordonnances sur la monnaie, par le motif que l'abbaye avait l'exécution générale de ces bans, « Sic que » il apeirt que Saint-Germain ait en sa terre de Paris le » exequcion de ban le roi (6). » Mais les officiers du Châtelet ne cessèrent de poursuivre leurs revendications sur ce point, et la jurisprudence, dans son dernier état, les mit, après de longs débats, en possession de l'exercice de la police générale dans toute l'étendue de la ville.

Mais ce n'était pas assez d'entraver l'exercice de la juridiction des seigneurs par la prévention et les cas royaux et de leur enlever les droits lucratifs de police et de voirie ; il fallait encore leur rendre cette juridiction moins profitable ou plus onéreuse par l'augmentation de leurs charges. Les hauts justiciers étaient astreints, en vertu même de leur titre, à contribuer à deux services assez onéreux, l'entretien des en-

---

(6) « En cel an (1280) furent pris porceaux en la rue à Poitevines qui estoit Climens de Issi, dont le prevost (de l'abbaye) l'amenda, por ce que l'en les nouriset contre le ban le roi, sic que il apeirt que Saint-Germain ait en sa terre de Paris le exequcion de ban le roi. » — « En l'an de grâce M CC L XXX et IX, le jor de la S. Lucas, furent semons nos hostes de Paris an la hale de Biauvez por la monoie receue contre le ban le roi. Et nos fu rendue l'exéqucion. »

fants trouvés et le guet. Ils s'acquittaient, à l'origine, de ces deux services en nature ; mais ils furent bientôt astreints à y pourvoir par des contributions pécuniaires, qui s'élevèrent naturellement, avec le temps, à des chiffres assez considérables et qui grevèrent ainsi leurs justices d'une lourde charge.

L'entretien des enfants abandonnés incombait, en principe, aux hauts justiciers sur le territoire desquels ils étaient trouvés ; il semble qu'on considérât cette charge comme étant pour eux la compensation naturelle des droits de déshérence et d'épave. Le registre de Sainte-Geneviève nous en fournit un exemple bien ancien. En 1294, un enfant qui avait été trouvé sur la terre de Sainte-Geneviève, dans les champs, fut porté au Châtelet, mais le prévôt de Paris s'enquit de la seigneurie dans laquelle il avait été recueilli, et il contraignit le chambrier de l'abbaye à prendre l'enfant et à pourvoir à ses besoins. « Ledit chamberier prist l'enfant et le fist nourrir des biens de l'église (7). »

Cet état de choses dura jusqu'à ce que l'on sentît la nécessité d'affecter un asile spécial à ces enfants. La première maison qui reçut cette destination paraît y avoir été consacrée par la libéralité de l'évêque de Paris et du chapitre de Notre-Dame. C'était une maison située au bas du Port-l'Évêque, qu'on désigna sous le nom caractéristique de, *La Couche*. Ce premier asile, devenu insuffisant, fut remplacé, en 1352, par l'hôpital de la Trinité qui ne fut pas, d'ailleurs, définitivement affecté à ce service, car les enfants trouvés

---

(7) « L'an de grâce MCCIIII^{xx} et XIIII, environ la S. Jehan, fu trové un enfant entre Chartreuse et les vignes des Bruieres, ou terroir que l'en dit du Gort, et fut trové par II hommes et I fame de Chastiaufort qui le portèrent en Chastelet, et furent retenus en prison, pour la soupeçon de l'enfant. Il requirent leur délivrance. Après tout ce, le prevost, seue la vérité de l'enfant, quemanda à II de ses serjanz et as II hommes et la fame qui l'enfant avoient trové que l'enfant feust reporté là où il fut trové, et que les serjanz enquisissent en qui signorie ce povoit estre. Aprise fete de la terre et de la seignorie, par gens trespassanz le chemin, par vignerons et par laboureurs de terre, ils trovèrent que la terre et la seignorie estoit de Sainte-Geneviève. Frère Guillaume de Vaucresson, leures chamberier de Sainte-Geneviève, fu mandé, et li quemanda l'en, de par le prevost de Paris, que il preist l'enfant et qu'il le feist nourrir. Ledit chamberier prist l'enfant et le fist nourrir des biens de l'église ».

furent encore transportés successivement dans deux maisons du port Saint-Landry, au château de Bicêtre, au faubourg Saint-Denis, et enfin à l'hôpital des Enfants trouvés du faubourg Saint-Antoine, avec une annexe en face de l'Hôtel-Dieu.

Dès que la première maison destinée à recevoir ces enfants fut créée, on les y amena de toutes parts, et l'on dut songer aussitôt à transformer en une contribution pécuniaire la charge qui incombait aux hauts justiciers de ce chef. Ces seigneurs résistèrent et prétendirent rejeter sur l'église de Paris, représentée par l'évêque et le chapitre de Notre-Dame, cette dépense entière, en la présentant comme ayant un caractère purement hospitalier. Mais leurs prétentions furent repoussées, et ils furent condamnés, par un arrêt du Parlement de 1552, à payer, tous ensemble, une somme de 960 livres (8). Le roi payait d'ailleurs, à lui seul, une somme supérieure, et l'avocat général Denis Talon faisait remarquer, en 1667, que la contribution du roi eût pu être moins élevée parce qu'il avait une haute justice moins importante, *une moindre justice*, que l'ensemble des hauts justiciers de la ville.

La contribution des seigneurs fut bientôt d'ailleurs augmentée dans des proportions considérables. Un arrêt du conseil, du 18 août 1670, la porta à la somme de 15,900 livres, ainsi répartie : 3,000 livres, pour toutes les justices dépendant de l'archevêché de Paris (Saint-Magloire et Saint-Eloi compris) ; 2,000 livres, pour l'église de Paris ; 3,000 livres, pour l'abbaye de Saint-Germain-des-Prés ; 1,200 livres, pour l'abbaye de Sainte-Geneviève ; 1,500 livres, pour le grand prieuré de France (le Temple et Saint-Jean-de-Latran) ; 2,500 livres, pour le prieuré de Saint-Martin-des-Champs ; 600 livres, pour le prieuré de Saint-Denis-de-la-Chartre ;

---

(8) M. Championnière (De la propriété des eaux courantes, p. 514) considère comme une nouveauté, l'obligation qui fut imposée alors aux hauts justiciers de contribuer à l'entretien des enfants trouvés. Il est bien vrai que les églises et les communautés monastiques y pourvoyaient en plusieurs lieux ; mais le cas de 1294, que nous avons rapporté, démontre que la prétention des hauts justiciers de Paris de se soustraire à cette charge n'était pas fondée.

100 livres, pour l'abbaye de Tiron ; 50 livres, pour l'abbaye de Montmartre ; 100 livres, pour le chapitre de Saint-Marcel ; 150 livres, pour le chapitre de Saint-Merry ; 100 livres, pour le chapitre de Saint-Benoît ; et enfin 100 livres, pour l'abbaye de Saint-Denis (9).

La contribution des seigneurs au guet de la ville fut également réglée en argent, et deux arrêts, des 30 mai et 6 juin 1561, la fixèrent à une somme totale de 1,200 livres (10).

Les justices de Paris, entravées dans leur exercice par l'ingérence des officiers du Châtelet, privées pour la plupart du droit de voirie, étaient donc encore grevées, à l'époque de leur suppression, de lourdes charges qui devaient disposer la plupart des seigneurs à consentir plus aisément à leur suppression. Les principaux d'entre eux protestèrent cependant contre le tort qui leur était fait, et quelques-uns obtinrent des indemnités assez importantes.

La suppression avait été tentée, une première fois, sous François Ier, en 1539 ; mais ce projet n'avait pas abouti (11). C'est Louis XIV qui la réalisa, par son édit de 1674. L'édit invoque, pour justifier cette mesure, les inconvénients que présentent les justices subalternes pour les justiciables, à cause de leur multiplicité, les conflits que font naître l'incertitude de leurs limites et la prévention des officiers royaux, la longueur des procédures et la multiplicité des degrés de juridiction. Il y est déclaré, en outre, que le roi se propose de donner aux seigneurs ecclésiastiques, pour les indemniser, des biens dont la jouissance leur sera plus utile, et réparera avantageusement la perte de ces *marques d'honneur*, devenues onéreuses à plusieurs d'entre eux aussi bien par les sommes qu'ils sont obligés de payer, pour la nourriture des enfants trouvés que par les frais de toutes sortes auxquels les astreint l'exercice de leur juridiction. Leurs officiers de justice seront également indemnisés de ce qu'ils peuvent raisonnablement prétendre.

(9) V. Félibien, *Histoire de Paris*, t. II, p. 517, et Sauval, t. II, p. 590.
(10) Ces arrêts figurent dans la Collection de la Bibliothèque des avocats, t. 34, fos 118 et 123.
(11) Cet édit ne fut pas enregistré et ne reçut dès lors aucune exécution.

Les religieux de Saint-Germain-des-Prés se signalèrent, entre tous, par leurs protestations. Pellisson, qui était alors leur économe, rédigea un mémoire pour établir le préjudice que cette suppression leur faisait éprouver (12). Ils furent assez largement indemnisés, et ils obtinrent, en outre, de conserver la haute justice dans l'intérieur de leur cloître.

II

Nous allons aborder maintenant l'étude séparée de nos justices, en consacrant une notice spéciale à chacune d'elles. Nous avons retrouvé, dans les archives, si incomplètes qu'elles soient, de toutes les églises ou communautés monastiques qui en étaient investies, des témoignages plus ou moins nombreux de l'exercice de leurs droits. Nous avons utilisé avec un grand profit, dans nos recherches, les inventaires des Archives que M. Cocheris a ajoutés à son excellente édition de l'*Histoire de Paris* de l'abbé Lebeuf, et nous avons consulté tous les cartons qui nous ont paru de nature à contenir quelques documents relatifs à la temporalité de chaque communauté. Nous avons consulté également les registres de justice les plus anciens qui nous ont été signalés. Ils sont en assez petit nombre. Les longues séries qui figurent dans les Inventaires des Archives se rapportent, pour la plus grande partie, à des registres de date récente ; il en est même un assez grand nombre qui sont postérieurs à l'édit de suppression de 1674.

Nous avons rédigé nos notices sur un plan assez uniforme qui nous était imposé. L'historique abrégé de chaque communauté, les titres de fondation de sa temporalité, son territoire, les actes de l'exercice de sa juridiction, tels en sont les éléments principaux. On trouvera donc, dans ces notices, bien des points de ressemblance et quelques redites ; nous nous sommes cependant efforcés de reproduire les détails les plus originaux dans chacune d'elles. M. Guérard a consacré à la justice du chapitre de Notre-Dame et à celle de l'évêque une

---

(12) D. Bouillard. *Histoire de Saint-Germain-des-Prés*, p. 267.

partie de sa remarquable *Introduction au Cartulaire de Notre Dame*. Nous ne pouvons qu'y renvoyer pour les points qu'il a traités ; mais il n'a mis en œuvre que les documents que lui fournissait le Cartulaire même ; nous avons utilisé quelques documents postérieurs.

Nous nous sommes efforcés de décrire le territoire de chaque seigneurie, et autant que possible, celui de sa justice. C'est là un travail assez aride, et dont les détails ne peuvent intéresser que ceux qui sont familiarisés avec l'histoire topographique de Paris. Nous n'avons pas la prétention d'y apporter une exactitude absolue. Nous avons dû nous servir principalement de déclarations de temporel et des plans spéciaux conservés aux Archives. Ces plans qui sont, presque tous, d'une date très récente, figurent généralement tout le territoire de la seigneurie, c'est-à-dire, sa censive ; or, on sait qu'il n'y avait aucune corrélation nécessaire entre la censive et la justice d'un seigneur. Les déclarations de temporel les distinguent habituellement l'une de l'autre, mais elles ne doivent être acceptées qu'avec de grandes réserves. Elles comprennent trop souvent, dans le territoire de la justice, des parties de la seigneurie foncière qui lui étaient étrangères, et dans lesquelles les droits prétendus par le seigneur étaient litigieux ou même lui étaient entièrement déniés. Nous les avons contrôlés avec le plus de soin possible, et nous croyons avoir déterminé, au moins d'une manière générale, l'assiette du territoire de chaque justicier et ses principales limites. Il y aura sans doute souvent, dans ces limites, des enclaves plus ou moins importantes qui devraient en être distraites. Il faudrait pour les déterminer, dans chaque cas, avec une exactitude parfaite, reconstituer chaque rue, maison par maison, comme l'avait entrepris Berty, dans ses savantes restitutions du vieux Paris.

Nous publions, à la suite de cette Étude, le texte même des registres de justice des abbayes de Saint-Maur-des-Fossés, de Sainte-Geneviève, de Saint-Germain-des-Prés et du prieuré de Saint-Martin-des-Champs, que nous avons analysés plus haut, ainsi qu'un extrait d'un Cartulaire de Saint-Denis, relatif à une petite justice de faubourg, celle de la Chapelle. Cette reproduction est à peu près complète : elle n'est cependant pas intégrale. Ces registres contiennent des documents étrangers à la justice, en plus ou moins grand nombre. Nous les avons négligés, et nous n'avons reproduit que les cas de justice proprement dits, ainsi que les documents qui s'y rattachent directement.

CHAPITRE IX

LE CHAPITRE DE NOTRE-DAME

I. Le chapitre et l'église de Notre-Dame. — II. Seigneurie du Chapitre. Cité. Rive gauche. Le Pont-au-Change. L'île Notre-Dame. — III. Le cloître. Conflits avec les officiers du roi. Excommunication du prévôt de Paris. Soumission faite par Louis VII au Chapitre. L'avocat du roi Pierre de Cugnières. — IV. Bailli du Chapitre. Registre de justice du XVe siècle, *le Pappier de la Barre*. — V. Justice de l'Hôtel-Dieu. Fustigation dans les salles de malades. — VI. Seigneuries du Chapitre hors Paris. Émeute des habitants d'Orly et de Châtenay.

Le chapitre de Notre-Dame était la première des communautés séculières de la ville de Paris. Il était doté, dès le XIIIe ou le XIVe siècle, de huit dignités et de cinquante-deux canonicats ; à sa tête était le doyen, chef élu de la communauté (1). Les chanoines étaient nommés par l'évêque, à l'exception de deux d'entre eux dont les canonicats avaient été créés par l'archidiacre Étienne de Garlande et qui étaient à la nomination du chapitre.

On attribue l'origine des communautés de chanoines à l'institution que fit saint Augustin d'un certain nombre de clercs dont il composa son conseil et auxquels il imposa, pour les mieux désintéresser, l'obligation de la vie commune. Des communautés semblables s'établirent ensuite, non seulement dans les églises cathédrales, dont elles partagèrent les biens

---

(1) Les huit dignitaires étaient, le doyen, le chantre, les trois archidiacres, le sous-chantre, le chancelier et le pénitencier. On comptait, après les dignitaires, dix prêtres, quinze diacres et douze sous-diacres ; les titres des autres membres ne sont pas mentionnés dans le *Cartulaire*. Le chantre était le second dignitaire du chapitre. Aux titres d'archidiacres correspondaient les trois archidiaconés de Paris, de Josas et de Brie (V. Guérard, préface du *Cartulaire de Notre-Dame*).

avec les évêques, mais encore dans un grand nombre d'église simples. L'autorité ecclésiastique fit, à diverses reprises, des règlements pour les astreindre à l'habitation et la vie commune dans les cloîtres ; mais ces prescriptions furent mal observées. Les chanoines qui y restèrent assujettis furent institués à nouveau, sous le titre de chanoines réguliers, par les conciles de Rome de 1059 et 1063 ; tels étaient les chanoines de Saint-Victor à Paris. Les autres, en plus grand nombre, formèrent, comme les chapitres de Notre-Dame, de Saint-Marcel et autres, de simples communautés séculières affranchies de la vie claustrale et de la règle. La plupart des églises collégiales appartenaient à cette dernière catégorie ; mais elles étaient, presque partout, à l'origine, des communautés régulières, comme l'attestaient les cloîtres dont elles étaient entourées.

I

L'église cathédrale, à laquelle le chapitre de Notre-Dame était attaché, a toujours été vraisemblablement située dans la Cité. Divers historiens ont, il est vrai, assigné ce rang à d'autres églises, telles que Saint-Germain-des-Prés, Saint-Marcel et Saint-Étienne-du-Mont. Mais on reconnaît généralement aujourd'hui que la primauté appartint tour à tour à deux églises voisines situées, l'une et l'autre, dans la Cité dont l'une était dédiée à Saint Étienne, et l'autre à la Vierge. Cette dernière, qui avait été ruinée par les Normands en 857, fut réparée, en 907, par l'évêque Anscherius et, plus tard, par l'archidiacre Étienne de Garlande. L'une et l'autre furent démolies pour faire place à celle que nous voyons aujourd'hui. C'est l'évêque Maurice de Sully qui entreprit, vers 1163, la construction de la cathédrale actuelle. Cette construction fut continuée après sa mort, survenue en 1196, par son successeur, Eudes de Sully, et les évêques qui suivirent ; et elle ne fut entièrement achevée qu'à la fin du XIIIe siècle[2].

On croit que le pape Alexandre III, alors réfugié en France, posa lui-même la première pierre de cet édifice. Ce pape

---

[2] V. *Cart. N.-D.*, préface, p. 167.

donna aux chanoines une marque particulière de sa faveur en faisant élever ses neveux dans le cloître dont les écoles rivalisaient alors avec celles de Sainte-Geneviève et de Saint-Victor. Louis le Gros attacha au Chapitre deux de ses propres fils, Henri qui fut chanoine et Philippe qui fut archidiacre. L'Église avait pris, dans le sein de cette communauté privilégiée, avec un nombre considérable d'évêques, six papes et trente-neuf cardinaux. Le chapitre de Notre-Dame occupait donc un rang considérable dans l'état ecclésiastique de la ville de Paris. Il avait, sous sa dépendance, les quatre églises de Saint-Merri, du Saint-Sépulcre, de Saint-Benoît et de Saint Étienne-des-Grés, qu'on appelait vulgairement, *ses quatre filles*. Enfin, il jouissait d'une précieuse prérogative ; il avait une juridiction spirituelle indépendante l'autorité épiscopale.

Les communautés de chanoines instituées dans les églises cathédrales n'avaient pas de patrimoine propre à l'origine ; elles vivaient sur les biens de l'église qui étaient dans les mains de l'évêque. Le premier acte connu qui fit une division de ces biens à Paris, entre les chanoines et l'évêque, remonte à l'année 829. Dans un concile réuni dans l'église de Saint-Étienne, l'évêque Inchad assigna au chapitre plusieurs terres importantes situées hors de Paris (3). L un de ses successeurs, Elisiard, lui en affecta de nouvelles, et ces concessions furent confirmées par un diplôme des rois Louis V et Lothaire (4). Mais le chapitre possédait déjà, comme on le voit par ce diplôme, quelques biens en propre qu'il tenait de la libéralité des rois et des fidèles ; et on peut présumer qu'il avait, dès cette époque, la propriété d'une partie de sa terre à Paris, et tout au moins de son cloître et des maisons voisines.

Tous ces biens passèrent naturellement entre les mains des chanoines, avec tous les droits que l'Église, représentée par l'évêque, y avait déjà. Les chartes postérieures confirmèrent ou étendirent ces droits. Un diplôme de Charles le Simple, du 17 juin 911, consacra l'immunité du cloître et des maisons mêmes du chapitre situées hors de l'enceinte claus-

---

(3) *Cart. N.-D.* t. I, p. 321.
(4) *Loc. cit.* t. I, p. 273, (*circa* 982).

trale (5). Un diplôme, donné vers l'an 982, confère le même privilège aux nombreuses possessions du chapitre dont il fait l'énumération (6).

II

Un document de la fin du XIV⁰ siècle nous fait connaître le territoire entier de la justice du chapitre à Paris (7). La principale partie s'étendait dans la Cité, dont elle embrassait, à partir de la place du Parvis, toute la pointe orientale, à l'exception du palais épiscopal (8). Elle comprenait l'Hôtel-Dieu et ses dépendances, la place du Parvis (9), une partie de la rue Saint-Pierre-aux-Bœufs (10), la plus grande partie du cul-de-sac Sainte-Marine (11), plusieurs maisons dans les rues Glatigny, des Marmousets et du Colon (12), le cloître tout

(5) « Concedimus eisdem fratribus sancte Marie, ut predictum claus-
» trum illorum..., absque alicujus senioris vel ullius hominis impulsione,
» simul cum domibus suis infra et extra existentibus, indesinenter libere
» ac quiete possideant ». *Cart. N.-D.*, t. I, p. 242.

(6) « Eo namque ordine precipimus, ut nullus unquam ex judiciaria potestate accinctus, vel quocunque modo, nullisque ingeniis, in predictis villis, aliquam judicandi potestatem inibi exerceat. » — *Cart. N.-D.* t. I, p. 273.

(7) « Ce sont les rues et lieux à Paris esquieulx messeigneurs les doyen et chapitre de Nostre-Dame de Paris ont toute haulte justice, moyenne et basse. » *Cart. N.-D.*, t. III, p. 360.

(8) La rue aux Bateaux, vicus ad batellos, devenue ensuite la rue l'Evêque, qui allait de la place du Parvis au Pont-aux-Doubles et qui séparait le palais épiscopal de l'Hôtel-Dieu, était elle-même dans la justice du chapitre. En 1267, les biens de Renaud Chochet, décédé sans héritiers, in terra capituli ad batellos, furent recueillis par les chanoines, par droit de bâtardise. — *Cart. N.-D.*, t. III, p. 433.

(9) On traitera plus loin, en détail, de l'Hôtel-Dieu. On lit, relativement au Parvis, dans un accord, du 10 août 1272, entre le chapitre et l'évêque : « In paraviso.... justitiam candelarum parisiensis episcopus, pleno jure, habebit.... In aliis vero omnibus, in dicto paraviso, capitulum parisiense justitiam seu juridictionem habebit, altam et bassam. » *Cart. N.-D.* t. III, p. 247.

(10) Comprise dans le parcours de la rue d'Arcole actuelle.

(11) Le cul-de-sac de Sainte-Marine aboutissait à la rue Saint-Pierre-aux-Bœufs.

(12) Ces trois rues n'existent plus. Les deux premières ont disparu dans

entier, le port Saint-Landry (13), et l'espace vague qui formait l'extrémité de la pointe derrière Notre-Dame.

Le cloître, qui occupait la plus grande partie de cet emplacement, était limité, à l'est, par la Seine, au sud, par l'extrémité du palais épiscopal et l'église de Notre-Dame, à l'ouest, par une ligne parallèle à la rue d'Arcole actuelle et par la rue de la Colombe, au nord, par la rue d'Enfer (14) et le groupe de maisons qui entouraient le port Saint-Landry. Il était traversé par les rues des Chanoines, des Chantres et du Chapitre ; il était fermé par trois portes, sur la place du Parvis, à l'entrée de la rue de la Colombe, et près du Pont-Rouge. Dans son enceinte, s'élevaient les églises de Saint-Denis-du-Pas (15), de Saint-Jean-le-Rond (16) et de Saint-Agnan (17).

Le cloître renfermait, au commencement du XIV° siècle, trente-sept maisons canoniales. L'habitation de cet enclos privilégié, qui recevait aussi des laïques, était néanmoins interdite aux femmes ; un statut capitulaire, du 23 août 1334, enjoint aux clercs et autres habitants du cloître d'expulser, dans les huit jours, celles qui y demeuraient (18). Un autre statut, du 12 novembre 1328, interdit d'y ouvrir des tavernes (19). Un statut d'Eudes, légat du Saint-Siège, défend d'y élever des animaux nuisibles ou destinés seulement à l'amusement, tels que les ours, les cerfs, les corbeaux et les singes (20).

---

la construction d'un nouvel Hôtel-Dieu. La troisième, dite aussi *du Coulon et aux Coulons*, était une petite ruelle qui aboutissait à la rue Neuve-Notre-Dame. V. Jaillot, *Quartier de la Cité*, p. 92.

(13) Le port Saint-Landry était situé sur le quai aux Fleurs actuel, au-dessus de la rue de la Colombe.

(14) Comprise dans le parcours de la rue des Ursins actuelle.

(15) Cette petite église, que quelques auteurs ont considérée, à tort, comme la première église cathédrale, était néanmoins fort ancienne. Elle était située au chevet de Notre-Dame.

(16) Cette église, qui était située au nord de Notre Dame, et presque dans l'alignement de sa façade, a été démolie en 1748. Elle avait servi de baptistère à l'église de Notre-Dame.

(17) Cette chapelle, qui était située dans la rue Chanoinesse, témoignait de l'exhaussement considérable du sol de la Cité ; son pavé était beaucoup plus bas que celui de la rue.

(18) *Cart. N.-D.* t. III, p. 445.

(19) *Cart. N.-D.* t. III, p. 421.

(20) *Cart. N.-D.* t. II, p. 406.

A l'extrémité du cloître, à la pointe de la Cité, se trouvait un espace vague qui paraît avoir été formé principalement par les graviers et décombres provenant de la reconstruction de l'église de Notre-Dame. Cet espace, qui finit par être transformé en jardins, s'appelait *le terrain ;* on lui donnait aussi, en 1258, le nom de *la Motte aux Papelerds, Mota Papelardorum.* C'est là que Charlotte de Savoie, seconde femme de Louis XI, débarqua, en 1407, pour être complimentée par l'évêque et le parlement.

Sur la rive gauche de la Seine, la justice du chapitre comprenait trois groupes principaux. Le premier était circonscrit par les rues Saint-Jacques, Saint-Yves (21), Galande et des Anglais, et traversé par la rue du Plâtre. Le deuxième, moins considérable, comprenait un certain nombre de maisons entre la rue Saint-Séverin et la ruelle Saillenbien (22). Le troisième groupe, situé près de la porte Saint-Victor, était circonscrit par les rues des Murs, de Versailles, Traversine et Saint-Victor (23).

Le premier de ces groupes avait été détaché, au XIIe siècle, d'une terre, plantée de vignes, dite *de Garlande,* qui confinait au clos Bruneau, et qui appartenait à Étienne de Garlande, archidiacre de l'église de Paris et à son frère Guillaume, sénéchal du Palais sous Louis le Gros. Étienne de Garlande donna au chapitre la partie de cette terre qui lui appartenait, pour la fondation de deux canonicats, et le roi compléta cette donation, en y faisant l'abandon de sa justice aux chanoines, par un acte de 1134 (24).

(21) Ce nom désigne la partie de la rue des Noyers qui aboutissait à la rue Saint-Jacques. La rue des Noyers est comprise aujourd'hui dans le parcours du boulevard Saint-Germain.

(22) Rue des Prêtres-Saint-Séverin.

(23) Ces rues ont disparu aujourd'hui, par suite du percement des rues Monge, des Écoles et du Cardinal-Lemoine.

(24) *Privilegium terre Stephani Garlandensis.* « Notum fieri volumus.., quod terram Stephani Garlandensis, in qua vinee ejus habebantur, quando cas extirpari fecimus, cum vicaria et omni justitia et omnibus consuetudinibus ejusdem terre ad nos pertinentibus, exceptis X et octo denariis de censu, Beate Marie et duobus canonicis in domo predicti Stephani constitutis, in perpetuo jure habendam concedimus, quod in ea nihil omnino nobis aut heredibus nostris, excepto predicto censu, retinemus. » — *Cart. N.-D.* t. 1, p. 268. — V. aussi (t. III, p. 376) une restitution faite

Le chapitre avait encore quelques possessions sur la rive droite. C'est ainsi qu'il avait la seigneurie d'un petit groupe de maisons situé dans les rues des Arcis (25), Jean-Pain-Mollet (26), de l'Écorcherie (27), et Saint-Bon (28). Une sentence du prévôt de Paris, de 1273, reconnaît, au profit des chanoines, dans leur *terre de Paris-lez-Saint-Bon* et sur les hôtes qui l'habitent, « le brûlier, la justice de l'oreille coper et du » sanc » ; mais il réserve au roi toute « la justice pardessus », ainsi que le guet et la taille (29).

Le document auquel nous empruntons cette description nomme encore, sur la rive droite, les rues aux Ménétriers (30), Saint-Martin, Marivaux (31), de la Mortellerie (32), Jean Jehancien (33), la Barre-du-Bec (34) et le ponceau Saint-Denis (35).

---

par le prévôt de Paris aux chanoines en reconnaissance de leurs droits (an. 1273).

(25) C'était le nom de la rue Saint-Martin, entre les rues de la Verrerie et Saint-Jacques-la-Boucherie. — Le chapitre contestait au roi, en 1272, le guet et la taille sur ses hôtes demeurant *dans sa terre, en la rue des Arsiz*, qui comprenait plusieurs maisons. Le prévôt de Paris, après enquête, consacra le droit du roi. — *Cart. N.-D.* t. III, p. 437.

(26) Comprise dans le parcours de la rue de Rivoli.

(27) Comprise dans le parcours de l'avenue Victoria.

(28) Rue Saint-Bon actuelle.

(29) *Cart. N.-D.* t. III, p. 382 et 437. — « Le chapitre desusdit a, an ladite terre et ès hostes de cele terre, le brulier, la jostise de l'oreille coper et du sanc, et la jostise pardesouz et le cep pour lesdites jostices que nous avons laissié audit chapitre. Et li rois i a tote l'autre jostice pardesus, et le gueit et la taille. » (*Loc. cit.* p. 382).

(30) Rue des Ménétriers. Les maisons du chapitre devaient être sur le côté nord de cette rue ; le côté méridional relevait du prieuré de Saint-Martin-des-Champs.

(31) Il y avait deux rues de ce nom, la grande et la petite rue Marivaux qui sont comprises aujourd'hui dans les rues Nicolas Flamel et Pernelle.

(32) Rue de l'Hôtel-de-Ville actuelle.

(33) Ancienne rue des Coquilles. Elle s'étendait de la rue de la Verrerie à celle de la Tisseranderie. Elle a disparu, par suite de la prolongation de la rue du Temple au-dessous de la rue de la Verrerie.

(34) Cette rue faisait suite à la précédente en remontant vers la rue du Temple. Elle est comprise aujourd'hui dans le parcours de la rue du Temple, entre les rues de la Verrerie et Sainte-Croix de la Bretonnerie.

(35) Petit pont, sous lequel passait l'égout dans la rue Saint-Denis. Il donnait son nom à une rue, aujourd'hui disparue, qui allait de la rue Saint-Denis à la rue des Égouts.

Mais le chapitre n'avait, dans ces rues, que de très petits groupes de maisons, ou même des maisons isolées.

La seigneurie du chapitre était donc très morcelée ; elle contenait même des maisons partagées entre deux justices. Nous voyons, dans le *Cartulaire de Notre-Dame*, qu'une femme, nommée Gile, habitait une maison dont le devant était situé dans la terre du roi, et le derrière dans celle du chapitre. La vente qu'elle y fit d'un tonneau de vin occasionna, entre les gens de Notre-Dame et les officiers du roi, un conflit qui se termina à l'avantage des premiers, parce qu'il fut reconnu que le tonneau avait été vendu sur le derrière de la maison (36).

Le chapitre avait encore la seigneurie des maisons qui couvraient la partie occidentale du Pont-au-Change (37). Nous voyons, par un document du règne de Philippe-Auguste, que la propriété du Grand-Pont avait alors passé, tout au moins en partie, de l'évêque aux chanoines. Un de leurs officiers, qui prenait le titre prévôt de ce pont, avait, d'après cet acte, toute justice sur les meuniers et leurs gens, ainsi que sur tous ceux qui y étaient établis (38). Jaillot pense que l'emplacement de ce pont différait sensiblement de celui qui fut occupé, dans la suite, par le Pont-au-Change, et que les droits que le chapitre y avait furent transportés, après sa destruction, sur le Pont-aux-Meuniers, et ensuite sur ce dernier (39). Mais la dissertation à laquelle il se livre sur la situation véritable de ce pont est assez confuse ; et l'opinion qui assigne à celui-ci

---

(36) *Cart. N.-D.* t. II, p. 205.

(37) *De ponte majori.* « Post explctionem vero ejusdem pontis.... dignum judicavimus.... ipsum pontem, Enee, predicti episcopi, successorumque suorum potestati subjicere, quatinus, tam ipse quam successores ejus, ipsum pontem, una cum via que per terram Sancti Germani ad eumdem pontem vadit, Deo propicio, ordinent, absque alicujus comitis ordinatione, et in eadem immunitate permaneat, sicut antea fuit, et in preceptis antecessorum nostrorum et nostro de rua Sancti Germani continetur. » — *Cart. N.-D.* t. I, p. 243.

(38) « Preterea idem prepositus (Magni Pontis) habet omnimodam justitiam in omnes molendinarios qui tenent molendinos Magni Pontis, et in servientes eorum, et etiam in omnes mansionarios super Magnum Pontem. » — *Cart. N.-D.* t. I, p. 460.

(39) Jaillot, *Quartier de la cité*, p. 160.

l'emplacement même du Pont-au-Change, nous paraît encore la plus vraisemblable.

Comme le Grand-Pont, l'île Notre-Dame avait appartenu, à l'origine, à l'évêque (40). Cette île, qui était la plus rapprochée de la cathédrale, vers l'Orient, a formé, par sa réunion avec l'île voisine, l'île Saint-Louis actuelle. Au XIIIe siècle, la seigneurie en était déjà divisée entre l'évêque et le chapitre. Un acte du 5 novembre 1335 règle, entre eux, le partage de la juridiction (41).

Le chapitre avait enfin quelques autres possessions dans les faubourgs, et notamment, une terre au faubourg Saint-Laurent qui confinait à la seigneurie de Saint-Martin-des-Champs (42), et une autre au faubourg de la Conférence, sur le territoire de Chaillot, qui portait le nom de fief de Torval (43).

III

Les premiers documents que nous possédons relativement à la justice du chapitre nous reportent à l'époque du duel judiciaire. Nous avons résumé, plus haut, toutes les pièces qui se rapportent à cet intéressant sujet. On a vu que les duels avaient lieu dans l'enceinte du cloître, dans l'hôtel de l'archidiacre, en présence du chambrier laïque du chapitre.

Les meurtres et les excès de tout genre, très fréquents dans la terre du Chapitre, vers le milieu du XIIe siècle, y étaient encore assez mal réprimés. Un acte capitulaire de cette époque atteste que l'impunité qui les couvrait trop

---

(40) « Reddimus insulam quamdam eidem civitati, in orientali plaga, contiguam, atque viciniorem Ecclesie sancti Dei genitricis et semper virginis Marie ; que.... antea usibus habebatur et dominio comitis ipsius civitatis et regionis..... Ut memorata insula, sine cujuspiam comitis inquietatione aut sollicitatione, dominio episcopi..., perpetua lege, subjaceat. — *Cart. N.-D.* t. 1, p. 245.

(41) *Cart. N.-D.* t. III, p. 267.

(42) Bacquet mentionne un arrêt, du 11 mai 1574, relatif à la justice de cette terre qui fut, à cette époque, contestée par le procureur du roi. — Ch. 5, n° 3.

(43) On peut voir un plan de cette terre aux Archives nationales.— Seine, 3e cl., n° 33.

souvent provoquait de fréquentes représailles. Il dispose, pour y mettre fin, qu'à l'avenir toute personne qui aura commis un homicide sera privée de tous les biens qu'elle possède sur la terre de l'Église jusqu'à ce qu'elle se soit soumise au jugement du chapitre ; et il ajoute que si un des chanoines qui n'avait pas pris part à cette délibération refusait d'y acquiescer ses confrères cesseraient toute communication avec lui, au chapitre et au chœur (44).

En dehors de ces graves attentats contres les personnes, la tranquillité du cloître était fréquemment troublée par de nombreux perturbateurs qui s'y prenaient de querelle et venaient y *faire carillon* (45). Il était parfois aussi le théâtre de violents conflits entre les gens du chapitre et les officiers du roi. En 1318, les chanoines portèrent une plainte au parlement contre le prévôt de Paris et les gens du Châtelet. Le prévôt avait emprisonné plusieurs de leurs hôtes et leur avait fait racheter leur liberté par le paiement de fortes sommes ; les sergents du Châtelet avaient blessé un gardien du cloître ; d'autres s'étaient présentés en armes devant les portes du cloître, qu'ils avaient essayé de briser et avaient tenté d'enlever les clés des prisons. Le prévôt de Paris se défendait en alléguant que ces excès avaient été occasionnés par les gens mêmes de l'Église qui avaient jeté plusieurs sergents royaux dans de viles prisons, et repoussé ceux qui venaient les réclamer, en fermant impétueusement sur eux les portes du cloître et les abreuvant d'injures. Le parlement reconnut néanmoins, dans les sergents du Châtelet, les véritables agresseurs, prononça la destitution de plusieurs d'entre eux et les fit conduire dans les prisons du chapitre (46).

En 1275, un serviteur d'un sergent à masse du roi frappa, dans le cloître, un cavalier de son bâton et le poursuivit si vivement qu'il l'obligea à se réfugier, à cheval, dans l'intérieur de l'église. Monté lui-même sur le cheval de son maître, l'agresseur prit, à son tour, la fuite et ne put être arrêté. Mais le

---

(44) De constitutione contra eos qui hominem occidunt in terra Beate Marie (Circa 1155). — *Cart. N.-D.* t. I, p. 219.

(45) Le carton Z² 3111 des Archives nationales contient la mention de plusieurs sentences du XIIIe siècle relatives à des faits de ce genre.

(46) Beugnot, *Olim*, t. IV, p. 1267.

parlement le fit rechercher et livrer au chapitre qui le retint dans ses prisons au delà de soixante jours, faute de pouvoir payer une amende de cent livres à laquelle il avait été condamné. Il fut mis ensuite en liberté sous caution, après s'être soumis à être promené, en chemise, dans l'église, au jour prochain de l'Ascension et à aller en Terre Sainte, si le roi entreprenait une nouvelle croisade (47).

Si les gens du chapitre étaient souvent en conflit avec les officiers du roi, ils ne pouvaient manquer de l'être aussi avec leurs voisins immédiats, les officiers de l'évêque. En 1273, deux sergents de l'évêque ayant surpris, dans une maison voisine du cloître, un homme qui se baignait en compagnie de la maîtresse du logis, exigèrent des coupables, à titre de composition, la remise d'un vase d'argent. Le chapitre protesta contre cet exploit de justice exercé à l'encontre d'un de ses justiciables et obtint, en reconnaissance de son droit, la tradition d'une moufle, à la place du vase qui avait déjà été rendu par l'official (48).

Le prévôt de Paris, lorsqu'il violait les privilèges des chanoines, n'échappait ni aux réprimandes du parlement, ni aux censures de l'église ; au XIIIe siècle, le chapitre faisait volontiers appel aux armes spirituelles pour combattre ses entreprises. Le prévôt Étienne Boileau fut excommunié, en 1269, par l'official, pour avoir arrêté un homme, dans l'île Notre-Dame sur la terre du chapitre ; et cette sentence ne fut levée qu'à la prière roi (49). En 1270, un sergent du Châtelet fut frappé de la même peine, pour avoir seulement saisi sept mesures de vin dans la maison d'un marchand située à la porte du cloître dite des Marmouzets (50).

(47) *Cart. N.-D.* t. III, p. 382.
(48) *Cart. N.-D.* t. III, p. 379.
(49) « Cum Stephanus Bibens Aquam, prepositus parisiensis, esset et fuisset excommunicationis sentencia, auctoritate officialis parisiensis, ad instanciam decani et capituli parisiensis, innodatus, pro eo quod quendam hominem. Droconem Normannum nomine, in insula Beate Marie Parisensis, in terra et justicia decani et capituli predictorum, ceperat, seu capi fecerat ; demum, predicta sentencia, ad preces et instanciam domini regis Francie, fuit..... relaxata. » — *Cart. N.-D.* t. III, p. 433.
(50) Arch. nat. Z² 3111.

Le chapitre avait reçu, en 1103 et 1219, des papes Pascal et Honorius, le droit de rendre, en son propre nom, des sentences d'excommunication (51). Il était, auparavant, obligé de recourir à l'autorité épiscopale lorsqu'il voulait user de ce moyen, si efficace, dans ces temps primitifs, pour la conservation même des droits temporels. Vers l'an 1056, un chevalier nommé Hugues viola un engagement qu'il avait contracté envers les chanoines. Il fut frappé d'une double sentence d'excommunication par l'archevêque de Sens et, surabondamment, par le chapitre autorisé de l'archevêque. Il ne céda pas cependant ; et, comme il mourut excommunié, on laissa son corps, pendant trois mois, privé de sépulture ; sa femme et ses enfants n'obtinrent la permission de le faire inhumer qu'après s'être soumis à des réparations pécuniaires importantes parmi lesquelles figure une somme de neuf livres que les chanoines avaient eux-mêmes payée à l'archevêque pour obtenir l'excommunication (52).

Le roi lui-même n'attentait pas impunément aux droits temporels du chapitre ; et il lui fit, un jour, si l'on en croit un fragment d'un auteur contemporain, les plus humbles soumissions. Ayant été, dans un voyage à Paris, surpris par la nuit, à Créteil, il y soupa et y coucha avec sa suite, aux dépens des habitants qui étaient les hôtes du chapitre. Les chanoines irrités fermèrent, dès le lendemain, les portes de l'église à l'heure à laquelle le roi avait l'habitude de se présenter pour assister aux offices. Louis VII, étant venu à l'heure accoutumée, s'étonna d'abord de cette suspension inusitée du service ; puis, quand il en eut appris le motif, il gémit, au dire du chroniqueur, soupira et versa des larmes, disant qu'il ne l'avait pas fait à dessein, que la nuit l'avait surpris en chemin, qu'il était trop tard pour qu'il pût continuer sa route et que les habitants de Créteil s'étaient empressés, d'eux-mêmes, de

---

(51) *Cart. N.-D.* t. I, p. 224 et 228.
(52) « Diabolico instinctu ejus corde indurato, cum minime resipisceret, morte preventus, exitu miserabili, anathematizatus, vitam finivit. Cujus corpus insepultum atque in concavo trunco repositum, cum per tres menses avibus et feris esset expositum, conjux ejusque parentes, miseratione moti.., per omnia satisfaciendo quicquid foris fecerat sese emendaturos promiserunt. » — *Cart. N.-D.* t. I, p. 332.

fournir à ses dépenses. Il demanda enfin que l'on fît venir l'évêque, le doyen et les chanoines, offrant de s'en remettre à leur décision, et demeura, en attendant, en oraisons, devant les portes fermées (53). Les chanoines firent enfin ouvrir les portes. Le roi promit de les indemniser, prit l'évêque pour caution et leur fit remettre, par ce prélat, deux chandeliers d'argent pour garantir l'exécution de sa promesse.

En 1329, un avocat du roi, Pierre de Cugnières, encourut encore leur animadversion pour avoir défendu contre Pierre Bertrand, avocat du clergé, le principe de la séparation des juridictions laïque et ecclésiastique, dans la conférence solennelle tenue à Vincennes, en présence du roi Philippe de Valois. Ce jurisconsulte leur devint si odieux pour avoir ainsi, à leur gré, méconnu les droits du clergé qu'ils donnèrent son nom à une petite et ridicule figure qui était placée dans un coin de l'église, sous le jubé, et faisait partie d'une représentation de l'enfer, et sous le nez de laquelle on venait éteindre les cierges de l'autel voisin. « Aucun, dit Dubreul, qui paraît encore fort animé contre le téméraire avocat du roi, n'est réputé avoir vu cette église s'il n'a vu cette grimace (54). »

IV

Le juge civil et criminel de la justice de Notre-Dame, à Paris, prenait le titre de chambrier laïque et bailli de la barre du chapitre ; il demeurait dans le cloître. Il avait un lieutenant qui le suppléait et procédait le plus souvent aux informations. C'était généralement un homme versé dans la pratique du droit, avocat ou procureur au parlement.

Ses sentences étaient portées directement, en appel, au

---

(53) « Expavit ille rex christianissimus ad hæc verba, suspiravit, ingemuit, lacrymatus est... Non feci hoc studiose, inquit, nox iter meum impedivit...; me non cogente, terra illa in expensis me honoravit ; pro certo non contradixi ; pœnitet me... Rex ille quasi agnus mansuetissimus ante januas ecclesiæ clausas in oratione remansit. » — *Rec. des Historiens de France*, t. III, p. 90.

(54) Dubreul, p. 21.

parlement. Une ordonnance du 13 juin 1392 qui ne fait qu'étendre aux acquisitions nouvelles des chanoines un privilège déjà ancien, porte que toutes les terres de l'église de Notre-Dame ressortiront nûment au Parlement.

Les prisons du chapitre étaient situées dans le cloître, comme on le voit par un acte du 22 mai 1285, qui constate la mort d'un prisonnier accusé de meurtre, *in claustro parisiensi*. Elles furent ensuite transportées dans la rue Saint-Pierre-au-Bœufs et le cul-de-sac Sainte-Marine. Elles étaient rétablies dans le cloître au XVIIIe siècle ; on lit dans la notice manuscrite d'un plan de la seigneurie de Notre-Dame, de cette époque, la mention suivante : « Dans le cul-de-sac de » Sainte-Marine, la maison du sieur Brigeon démembrée » des anciennes prisons du chapitre (55). »

Une échelle de justice était dressée près du Port-Saint-Landri ; elle paraît avoir été détruite en 1410 (56).

Les archives du chapitre nous fournissent quelques renseignements intéressants, en dehors des cartulaires publiés par M. Guérard.

Nous y trouvons un petit registre criminel, du commencement du XVe siècle, sous le titre : « C'est le pappier de la Barre, commençant le dix-septième jour de mai 1404 et finissant le vingt-neuvième jour de mai 1406, touchant les emprisonnements faits ès prisons de la Barre (57). » Il présente, dans la forme, d'assez grandes ressemblances avec le registre de Saint-Martin-des-Champs. Il donne, comme celui-ci, le récit sommaire des faits qui ont amené les arrestations et mentionne assez habituellement quelques-uns des actes de la procédure, tels que les élargissements, les engagements des plèges, les restitutions de clercs à l'official du chapitre ou de l'évêque ; mais il ne fait pas connaître les peines qui ont été prononcées. Nous y voyons le chapitre exercer librement sa juridiction dans toutes les parties de son territoire, et notamment, dans les rues Saint-Pierre-aux-Bœufs, Galande, des Anglais, du Noyer, des Murs, de Versailles, Traversine et des

---

(55) *Arch. nat.* Plans, Seine, 2e cl. no 62.
(56) Sauval, t. II, p. 590.
(57) *Arch. nat.* Z² 3118.

Ménétriers, au port Saint-Landry, à l'Hôtel-Dieu, sur le Pont-aux-Meuniers et dans l'île Notre-Dame (58).

Nous relevons, dans des pièces isolées, la mention de nombreuses condamnations prononcées par les juges du chapitre à Paris. La plus rigoureuse est une sentence de 1541, confirmée par le parlement, par laquelle le bailli de la Barre condamna un individu, originaire de Milan, à périr par le feu, pour s'être rendu coupable d'un crime contre nature. Le condamné fut brûlé vif, sur un bûcher dressé devant l'une des portes de l'église, du côté de Saint-Jean-le-Rond (59).

Une autre notice mentionne une condamnation semblable prononcée contre un luthérien qui avait mis l'épée à la main, le dimanche 7 septembre 1550, au milieu de l'église Notre-Dame et qui en avait frappé l'image de la Vierge. Ce condamné périt par le feu, après avoir subi l'amputation de la langue (60). Il avait été conduit d'abord dans les prisons du chapitre et examiné par le bailli ; mais il paraît avoir été jugé directe-

(58) V. *passim* : F^{os} 8, plègerie ; 17, coups et blessures, *sans mort ni méhaing* ; 19, prisonnier pour coups, à la requête du procureur de l'église ; 23 et 24, prisonniers amenés par les maires de La Villette-Saint-Ladre et de Fontenay ; 29, visite des mesures, rue Saint-Jacques, par les sergents du chapitre : 30 *bis*, restitution de prisonniers à l'official du chapitre : 31, plainte, pour viol, par une fille qui se rétracte ensuite, reconnaissant qu'elle n'a fait arrêter les prisonniers que « pour ce que après ce que ilz avoient eu sa compaignie charnelle, ils ne l'avoient pas bien paiée ne satisfaitte ; — 41 et 54, prisonniers amenés par les sergents du chapitre de Châtenay et de Créteil ; 61, défaut, à la requête du procureur de l'Église ; 79, coups et blessures, « rapporté le périlg de mort et de méhaing » ; 109, vol ; la mention de la condamnation figure exceptionnellement en marge, « batu de verges, lyé de cordes, à la barre du chapitre de Paris » ; une condamnation semblable rapportée au f° 125 *bis* est accompagnée de la mention, « pris l'oppinion des plus saiges » ; 131, vol de 40 écus ; 135, on vise pour un prisonnier, « les cas contenus en son registre », mention plusieurs fois répétée ; 142, élargissement de prisonniers « à la caucion de qui les a promis ramener et pour eulx fournir droit. »

(59) « Alexander Cursius, vitio sodomiæ convictus, Mediolanense urbe oriundus, nuper, sententia Barræ Capituli parisiensis et arresto curiæ Parlamenti confirmata, comburi judicatus fuit, in paravisio, ante alteram magnarum portarum ecclesiæ, e regione Sancti Joannis Rotundi, igne vivus positus, et ab eo consumptus. » — *Arch. nat.* Z² 3111.

(60) « Post linguæ abscisionem, igne fuit consumptus. » — *Arch. nat.* Z₂ 3111.

ment par le parlement. Si l'on se reporte, en effet, aux registres du Parlement, on constate qu'il s'agit là de Jean Thuret, condamné au feu le 11 décembre 1530 ; mais on ne voit pas qu'il y ait eu un appel de la barre du chapitre. L'arrêt nous apprend que le condamné dut être placé sur le bûcher, de façon à être étranglé après avoir été légèrement atteint par le feu (61).

En 1584, le bailli du chapitre condamna à la potence une sœur blanche de l'Hôtel-Dieu. Nous avons le texte complet de cette sentence qui fut rendue par Bertrand de Martineau, *bailli et chambrier lay* de l'église de Paris. L'accusée avait tué, pendant la nuit, de propos délibéré, une religieuse professe de l'Hôtel-Dieu et frappé une autre sœur de plusieurs coups de couteau. Le procès fait sur ce double crime, à la requête du procureur fiscal, fut jugé par le bailli assisté de son conseil. La sentence allait être exécutée le jour même, et le bailli se présentait, vers trois heures de l'après-midi, dans les prisons, pour faire conduire la condamnée au supplice, lorsqu'un procureur au Châtelet vint interjeter appel pour elle comme étant *insensée et aliénée d'esperit* (62).

(61) *Arch. nat. Registres criminels du Parlement*, X$_{2a}$ 109.

(62) Le carton des *Arch. nat.* L. 533 contient l'original, sur parchemin, de cette sentence : « A tous ceux qui ces présentes lettres verront, Bertrand de Martineau, avocat en la Cour de Parlement, bailly et chambrier lay de l'Église de Paris pour messeigneurs les vénérables doyens, chanoines et chappitre de ladicte église, sçavoir faisons que, — Veu le procès criminel et extraordinairement fait, à la requeste du procureur fiscal, ou substitut par nous commis, à l'encontre de Anthoinette Petit, sœur blanche de l'Hostel-Dieu de Paris, natifve de Mouy, près Beaumont, prisonnière es prisons de céans, et accusée d'avoir tué et homicidé, de guet à pend et de nuit, sœur Jehanne Le Noir, religieuse professe audict Hostel-Dieu, et s'estre mise en estat de tuer et homicider, aussy de guet à pend et de nuit, au mesme instant, sœur Marie Duchemin, sœur blanche dudict Hostel-Dieu, et pour cet effect lui avoir donné plusieurs coups de cousteau ; — Les conclusions dudit substitut commis ; — Et oye de rechef ladicte Petit, par sa bouche, en la présence du conseil, pour le jugement dudit procès ; — Nous, par l'advis dudit conseil, avons déclaré et déclarons ladite sœur Anthoinette Petit suffisamment attainte et convaincue des cas plus à plain mentionnés audict procès, pour réparation desquels l'avons condamnée et condamnons à estre pendue et estranglée tant que mort s'en ensuyve, par l'exéquuteur de la haulte justice, en une potence qui, pour cet effect, sera mise et plantée dedans le parvis de ladicte

Cette affaire est rapportée aussi, en quelques lignes, par C. de l'Estoile, dans son Journal d'Henri III. Il nous apprend encore que la coupable avait tenté de se suicider, après le crime, en se précipitant, d'une haute fenêtre de l'Hôtel-Dieu, dans la Seine, d'où on avait pu la retirer saine et sauve. Il ajoute que le parlement confirma la sentence du bailli et envoya pendre la condamnée à Montfaucon, *avec l'homicide couteau* (63).

église, au lieu le plus commode que faire se pourra ; à laquelle potence sera attaché le cousteau dont ledit homicide et exceds ont été commis, pour y demeurer son corps, l'espace de vingt-quatre heures, et ce faict estre pendu au gibet de Paris. Et sont ses biens déclarés acquis et confisqués à qui il appartiendra, sur iceulx préalablement prise la somme de vingt escus d'amende envers lesdits sieurs du chappitre. — Prononcé par nous, bailly et chambrier lay susdict, à ladicte Anthoinette Petit, pour ce faire attaincte desdites prisons, et menée en l'auditoire dudit chapitre, en la présence de maistre Nicolas Robin, substitut du procureur fiscal et grand nombre de personnes assistant à l'entour dudit auditoire. — Laquelle, après quelques remontrances et interpellations par nous à elle faictes que son procès lui avoit esté faict et la sentence donnée à la rigueur de justice, et que sy elle appeloit à la Cour de Parlement, ladicte Cour, qui est souveraine et pardessus les juges subalternes, lui pourroit faire quelque grâce et miséricorde, la sommant et interpellant, par nous, par plusieurs et diverses fois, d'appeler de ladicte sentence, ce qu'elle n'a voulu faire et a déclaré qu'elle ne vouloit point appeler parce qu'elle avoit bien gaigné la mort. — Le jeudi vingt-septième jour de septembre, l'an mil cinq-cent-quatre-vingt-quatre. »

(63) C. de l'Estoile, *Journal de Henri III,* collection Petitot, t. XLV, p. 282. — Voici quelques autres sentences des juges du chapitre que nous empruntons au carton Z² 3111 des *Arch. nat. :* 29 janvier 1334, sentence qui condamne Jean Mercier à la mutilation de l'oreille, à la fustigation et au bannissement hors du ressort du chapitre, pour vol. — 26 avril 1537, copie d'un arrêt du Parlement, confirmatif d'une sentence du bailli du chapitre condamnant Gabrielle Princesse à la fustigation et au carcan, pour avoir *supposé* un enfant qu'elle avait pris à l'Hôtel-Dieu, « et iceluy donné à son amoureux comme étant procédé de son faict ; » la sentence ordonne qu'elle sera battue, à deux carrefours du cloître et à ceux des rues du Bon-Puits et Galande et qu'elle sera mise au carcan de l'église le dimanche suivant, pendant la grand'messe. — 30 septembre 1547, arrêt du Parlement confirmant une sentence de bannissement. — 10 juin 1551, vol dans l'église ; fustigation et galères. — 21 septembre 1553, sentence du bailli du chapitre qui autorise l'inhumation d'une suicidée, en prescrivant toutefois d'y procéder pendant la nuit, *pour éviter le scandale et les rumeurs particulières.* — 13 décembre 1560, fustigation et galères pendant cinq ans, pour vol ; la fustigation sera donnée sur la place du Parvis, devant l'église et aux *autres lieux accoutumés de la justice de*

V

L'Hôtel-Dieu était placé sous la juridiction du chapitre; celui-ci en avait partagé d'abord la seigneurie avec l'évêque ; mais l'évêque Raynaud céda les droits qu'il y avait aux chanoines (64). Le chapitre y exerça seul, depuis lors, la juridiction spirituelle et temporelle ; et l'évêque n'y conserva que les droits de protection et de garde qui lui appartenaient sur tous les établissements de ce genre.

Plusieurs historiens attribuent la fondation de l'Hôtel-Dieu à saint Landry, évêque de Paris, qui vivait au VIIe siècle ; mais cette opinion ne repose sur aucun monument historique. On peut seulement présumer que l'église de Paris et ses évêques contribuèrent largement, par leurs libéralités, à la fondation de cet hospice et à ses premiers accroissements. Un statut capitulaire, de 1168, stipula que tout chanoine, en mourant ou en renonçant à sa prébende, laisserait à l'hôpital un lit de la valeur de vingt sous, composé de draps, d'un matelas et d'un oreiller (65). Vers 1199, un particulier du nom d'Adam, clerc du roi, légua à cet hospice deux maisons à la condition que leur produit serait employé, tous les ans, à servir aux malades, le jour anniversaire de sa mort, tous les aliments qu'ils demanderaient (66).

Une charte de l'évêque Inchad mentionne, pour la première fois, l'Hôtel-Dieu, sous le nom de Saint-Christophe, qui était le titre d'une petite chapelle affectée à son service (67). Au commencement du XIIIe siècle, les bâtiments affectés à cet hospice étaient de deux sortes, *la Maison-Dieu* proprement dite, et un

---

messieurs. — 1630, arrêt du Parlement confirmant une sentence du *chambrier lay* qui condamne un voleur de troncs à la potence, « ad supplicium patibuli ».

(64) « Quod, in dicta domo Dei Parisiensi, capitulum omnimodam jurisdictionem, tam temporalem quam spiritualem, habeat pleno jure. » — Accord entre le chapitre et l'évêque, du 10 août 1272. *Cart. N.-D.* t. III, p. 247.

(65) *Cart. N.-D.* t. III, p. 438.

(66) *Cart. N.-D.* t. II, p. 519.

(67) « Hospitale pauperum quod est apud memoriam beati Christofori ». — *Cart. N-D.* t. I, p. 323.

bâtiment, que l'on appelait *les Granges*, qui contenait également des malades. Saint Louis l'augmenta considérablement, lui assigna des rentes importantes et lui conféra divers privilèges. Son aïeul, Philippe-Auguste, avait fait à cet hôpital une libéralité qui atteste la simplicité de l'intérieur des habitations royales de son temps; il lui donna toute la paille qui se trouverait dans sa maison de Paris, et dans sa propre chambre, chaque fois qu'il quitterait cette ville (68). L'Hôtel-Dieu reçut, depuis saint Louis, des agrandissement successifs et continus qui formèrent cette masse irrégulière de bâtiments qui s'étendaient entre le Petit-Pont et le Pont-aux-Doubles.

L'Hôtel-Dieu était gouverné par des chanoines de Notre-Dame nommés par le chapitre (69). Il était servi par des frères et des sœurs qui portèrent les noms de sœurs blanches, noires ou grises. Ces frères et sœurs ne constituaient pas un ordre religieux proprement dit; mais ils formaient cependant une communauté astreinte aux principales règles monastiques. Ils devaient observer la chasteté, étaient soumis à la désappropriation en commun et avaient un costume réglementaire (70). A la tête de cette communauté se trouvaient quatre prêtres, dont l'un prenait le titre de maître de l'Hôtel-Dieu et quatre clercs ; les uns et les autres étaient à la nomination du chapitre. En 1257, un maître nommé Philippe, révoqué par les chanoines à cause de sa mauvaise conduite, alla à Rome et obtint de la cour pontificale, avec des lettres qui le remettaient en possession de son office, une sentence d'excommunication contre les frère de l'Hôtel-Dieu et plusieurs membres du chapitre. Il se fit ensuite fabriquer un sceau avec son titre de maître de l'hôpital et s'en servit pour commettre de nombreux abus; mais le chapitre finit par obtenir du pape la rétractation de la sentence et des lettres qui lui avaient été surprises et fit emprisonner ce serviteur infidèle (71).

L'administration de l'Hôtel-Dieu subit, dans le cours des temps, de nombreuses transformations. La plus impor-

(68) « Omne stramen de camera et domo nostra Parisiensi. » — Mars 1208, Félibien, *Histoire de Paris*, pièces justificatives, t. I, p. 249.
(69) *Cart*. *N.-D*. t. III, p. 416.
(70) *Cart*. *N.-D*. t. III, p. 412.
(71) *Cart*. *N.-D*. t. II, p. 390.

tante fut consacrée par un arrêt du parlement, du 28 février 1340, qui y introduisit l'observance régulière de l'abbaye de Saint-Victor, avec la forme des habits et la pratique religieuse qui était en usage dans cette abbaye (72).

La justice temporelle du chapitre s'exerçait sur les frères, les sœurs de l'Hôtel-Dieu, les serviteurs de tout ordre, ainsi que sur les malades ; les prêtres et les clercs qui y étaient attachés relevaient de son officialité. Le Cartulaire de Notre-Dame contient un acte de 1346 qui relate la restitution faite au chapitre, par les officiers de l'évêque, d'un prêtre desservant de l'Hôtel-Dieu qui s'était rendu coupable de simonie et de vol (73).

Pour les temps les plus rapprochés de nous, nous avons, dans un carton des Archives nationales, une série de pièces très intéressantes sur l'exercice de la justice temporelle dans l'intérieur de l'hospice. C'est un curieux tableau des mœurs judiciaires de l'époque.

Les faits qui nécessitaient le plus fréquemment l'intervention des officiers du chapitre étaient les menus larcins commis par les malades, et parfois par les serviteurs. On les punissait, selon les cas, de l'amende honorable, du carcan ou de la fustigation. Mais ce qu'on imaginerait malaisément, c'est que, pour donner à ces peines tout leur effet exemplaire, on les faisait subir, non seulement dans l'intérieur de l'hospice, mais encore dans les salles mêmes des malades, lorsque le délit y avait été commis.

En 1558, Perrette Ruault fut fustigée, en exécution d'une sentence du bailli de Notre-Dame, confirmée par un arrêt du parlement, dans une salle de malades où elle avait soustrait une écuelle d'étain. En 1568, une autre femme, soupçonnée d'avortement, fut condamnée à faire amende honorable et à recevoir la fustigation dans la salle même où elle avait été traitée. En 1575, un des portiers de l'hospice, nommé Alleaume, fit amende honorable dans la salle Saint-Thomas. Il y avait également, à l'Hôtel-Dieu, un carcan pour l'exposition des condamnés (74).

(72) V. Jaillot, *Quartier de la Cité*, p. 109.
(73) *Cart. N.-D.* t. III, p. 426.
(74) Voici encore quelques sentences empruntées au même carton :

Ces exécutions, en un pareil lieu, n'étonnaient, sans doute, ni les condamnés, ni les malades. Il en est une cependant qui fut l'occasion d'une sorte de mutinerie. Le 29 janvier 1559, le greffier du chapitre, le geôlier et un sergent se présentèrent à l'Hôtel-Dieu pour faire procéder à l'exécution d'une sentence du bailli qui avait condamné *Denise Haren* à la fustigation, pour vol. Les sœurs prirent parti pour celle-ci, nous ignorons pour quelle cause. Au moment où l'exécuteur de la haute justice la déshabillait pour procéder à la fustigation, elles accoururent tumultueusement aux fenêtres, pour s'y opposer. On les menaça des gouverneurs, du bailli et des chanoines. Mais, loin de les intimider, ces menaces ne firent que les exalter davantage ; et elles traitèrent chanoines, bailli et gouverneurs, de *méchants, brigands, voleurs, luthériens*, et autres injures, dit le procès-verbal de l'exécution, *grandement scandaleuses et dangereuses eu égard au temps*. On dut fermer la galerie aux fenêtres de laquelle elles étaient placées ; et la fustigation fut enfin donnée au milieu de tout ce tumulte (75).

L'Hôtel-Dieu avait quelques terres en propre. Louis VI, lui fit don, en 1157, d'un fonds de terre situé à la place Baudoyer ou Baudet (76) ; et deux arrêts du parlement, de 1261 et 1270, rendus contre le prévôt de Paris, lui reconnurent le droit de justice sur les hôtes qui habitaient ce fonds (77).

1568, sentence du bailli, confirmée par le parlement, qui condamne à la potence une fille convaincue d'infanticide ; l'exécution eut lieu aux fourches patibulaires de la seigneurie que le chapitre avait alors à Mons-sur-Orge. — 1572, condamnation d'une femme « qui se dict malade en l'hostel Dieu » pour vol de pain, à la fustigation dans la salle des malades, puis au carcan pendant deux heures. — 1576, autre sentence de fustigation prononcée contre une femme pour coups et blessures ; la condamnée doit être fustigée, « tant à la salle neufve qu'aux autres salles des malades, par trois diverses fois ». — Toutes ces condamnations sont prononcées par le bailli du chapitre ; la plupart des informations sont faites par son lieutenant, *Jehan Lhottelier*, procureur au Parlement.

(75) Procès-verbal d'exécution de la sentence du bailli de Notre-Dame contre Denise Haren, L. 533.

(76) « Fundum (apud portam Bauderiam) et omne dominium. » — La porte Baudoyer faisait partie du mur d'enceinte qui précéda celui de Philippe-Auguste. Elle était située à la tête de la rue Saint-Antoine, derrière l'église Saint-Gervais.

(77) Félibien, *pièces*, t. II, p. 514 et 521.

En 1671, cet hôpital fit l'acquisition de la terre dite de *Hault-don, Hauton ou Autonne*. Cette vente lui fut faite par Nicolas Clapisson d'Ulin, conseiller à la cour des aides, et Marie de Voudy, veuve du contrôleur général de l'artillerie. Pierre Clapisson d'Ulin, pour le prix de 10,000 livres. L'acte mentionne expressément, comme étant compris dans la vente, les droits de justice haute, moyenne et basse. On voit, par un cueilleret du XIV° siècle, que cette terre était comprise entre les rues Vieille-du-Temple, des Rosiers, des Écouffes et du Roi de Sicile (78). Les plaids de cette terre se tenaient dans un cul-de-sac de la rue Vieille-du-Temple qui était, sans doute, le cul-de-sac actuel d'Argenson (79).

VI

Le chapitre de Notre-Dame avait, hors de Paris, de nombreuses seigneuries. Les principales étaient situées, à Andrésy, Orly, Chevilly, Châtenay, Bagneux, l'Hay, Itteville, Sucy, Créteil, Rosoy, la Celle et Vernon, Machault et Samois, Misy et Mory, Viry en Vermandois, et Epône, qui toutes figurent dans la charte de 982 mentionnée plus haut. Ces terres, dont le nombre augmenta encore par la suite, étaient divisées, au XIII° siècle, en un certain nombre de prévôtés administrées par des chanoines (80). Ces chanoines visitaient leur terre plusieurs fois par an et y tenaient des assises. Mais, comme ils continuaient de résider à Paris, ils instituaient

---

(78) « Cy commence le fié de fons de terre de Hault-don, tenu, en franc aloy, du Roy nostre sire.... assis à Paris sur plusieurs maisons et héritages séans en la rue des Rosiers, en la viez rue du Temple, en la rue du roy de Sésille, qui fu jadis appellée Maldestour, et en la rue des Escouffles. » — Ce fief passa successivement de *Bernard Coquatrix*, bourgeois de Paris, à Pierre Porchier, sergent d'armes et maître des garnisons du roi, puis à Philippe de Moulins, évêque de Noyon en 1393, et en 1410, à Germain Paillart, évêque de Luçon, dans la famille duquel il resta pendant près de deux siècles.

(79) V. les *Archives de l'Hôtel-Dieu*, dans la collection des Archives départementales (p. 105 et 106) ; V. aussi Bordier et Brièle, *Archives hospitalières de Paris*, p. 35.

(80) Le prévôt était choisi parmi les chanoines, prébendiers des terres dépendant de la prévôté ; il était nommé par ses coprébendiers. — *Cart. N.-D.* t. III, p. 443.

des maires dans les principaux villages. Un acte du Cartulaire de Notre-Dame relatif à Orly nous apprend que le maire de ce village assistait le prévôt dans ses assises, et qu'il jugeait lui-même avec le conseil d'assesseurs ; il pouvait prononcer les peines du pilori et de la mutilation, et même la peine capitale (81). Au civil, il ne jugeait que les causes dans lesquelles les faits étaient reconnus par les parties ; il renvoyait l'affaire devant le prévôt, en cas de contestation.

Les mairies étaient, à cette époque, généralement données à ferme et produisaient des revenus et émoluments de diverse nature. Il y avait, à côté des maires, des doyens et des sergents. Les doyens, dont les attributions générales sont assez mal définies dans le Cartulaire de Notre-Dame, avaient à Orly, d'après l'acte que nous venons de rapporter, la garde des prisonniers et l'exécution des jugements. Les fonctions des sergents sont connues, et elles ne devaient pas différer dans les terres du chapitre, de celles qui leur appartenaient ailleurs ; il convient seulement de remarquer que, dans quelques terres, le juge lui-même est désigné sous le nom de *serviens*, qui embrassait, dans son acception générale tous les officiers de justice (82).

Le chapitre avait affranchi, dans la plupart de ses possessions, au XIII° siècle, la plus grande partie de ses serfs. Le Cartulaire de Notre-Dame contient un grand nombre d'actes d'affranchissements, individuels ou collectifs. La taille à volonté, autrement dite *à plaisir*, que les chanoines s'étaient

---

(81) « Item, si aliquis, aliqua occasione, ligno, membro, vel vita dampnandus fuerit, debet dictus major dicto decano precipere ut judicium quo reus dampnatus fuerit, prout dictus major, per bonorum consilium, duxerit judicandum, sine contradictione qualibet, exequatur. » — *Cart. N.-D.* t. II, p. 17. — Nous voyons, dans un acte du 24 juin 1272 relatif à une autre terre, que les hommes du chapitre étaient tenus, sous peine d'amende, de venir à ses assises, « cum ipse et alii homines de Vernuto essent, per edictum prepositi de Vernuto, congregati in nemoribus Nostre Domine, apud granchiam decimariam, pro videndo judicio quod fieri debebat ibidem de quodam latrone, et pro auxilio dicto preposito, si opus esset, conferendo. » (T. II, p. 218).

(82) V. sur les attributions générales de tous ces officiers, relativement à l'administration de la justice et des biens, Guérard, *Préface du Cart. N.-D.* n°s 46-49.

réservée dans plusieurs de leurs terres disparut aussi généralement à cette époque et fut convertie en une redevance régulière, ou même rachetée entièrement à prix d'argent. Elle était d'ailleurs devenue, avec le temps, assez difficile à percevoir. Les serfs ou les hommes des seigneurs ne supportaient pas sans murmurer leur misérable condition. En 1067, les serfs de Viry s'étaient déjà révoltés contre les chanoines pour se soustraire au droit de formariage (83).

Vers la fin du XIII° siècle, une émeute plus grave éclata parmi les habitants d'Orly, de Châtenay et des villages voisins. Les chanoines firent arrêter et conduire à Paris dans leurs prisons, tous les hommes de ces villages (84). La reine Blanche, alors régente du royaume, s'émut de cet acte inhumain et pria le chapitre de délivrer les prisonniers sous caution, promettant de s'enquérir elle-même de la contestation. Les chanoines répondirent à cette intervention par une provocation. Ils déclarèrent qu'ils avaient seuls la connaissance de leurs vilains et de leurs serfs, qu'ils avaient le droit d'en faire justice à leur gré, de les emprisonner et même de les faire mourir (85) ; puis, comme pour mieux braver l'autorité de la régente, ils firent arrêter et amener dans leurs prisons les femmes et les enfants qui restaint dans les villages révoltés. Une telle masse de prisonniers, enfermée dans un étroit espace, fut bientôt décimée par la maladie (86). La reine dut faire respecter son autorité par la force. Elle arma une troupe de chevaliers et de bourgeois, se mit à leur tête, et délivra les prisonniers en faisant enfoncer les portes des prisons. Elle

---

(83) De servis Viriaci insurgentibus contra canonicos Parisienses. — *Cart. N.-D.* t. III, p. 354.

(84) *Rec. des Historiens de France*, Extraits des chroniques de Saint-Denis, t. XXI, p. 117.

(85) « Les chanoines respondirent qu'à lui n'aféroit pas de congnoistre de leur sers et leur vilains, lesquiex il pooient prendre ou ocire ou fere tele justice comme il voudroient. » — *Loc. cit.*

(86) « Et furent à si grant mescise, de la chaleur qu'ils avoient les uns des autres, que plusieurs en furent mors... Si manda (la reine) ses chevaliers et ses bourgois et les fist armer et se mist en la voie, et puis vint en la méson du chapitre où le pueple estoit emprisonnez : si commanda à ses hommes qu'il abatissent la porte et despeçassent, et féri le premier cop d'un baston qu'elle tenoit en sa main. » *Loc. cit.*

saisit ensuite le temporel des chanoines jusqu'à ce qu'ils se fussent soumis aux réparations pécuniaires qui leur furent imposées. Les prisonniers retournèrent chez eux en liberté et furent affranchis, moyennant le paiement d'une somme annuelle, des droits qui avaient été la cause de ce conflit.

Le Chapitre conserva, après l'édit de suppression de 1674, sa haute justice dans son cloître, aussi bien que dans ses seigneuries hors Paris. Ses archives contiennent un certain nombre de documents desquels il résulte qu'il continua à exercer activement sa juridiction dans cette enceinte. Nous y voyons des condamnations à la fustigation et au carcan et une sentence de 1729 relative à un suicidé, qui avait été détenu dans les prisons du chapitre, pour avoir volé deux chandeliers de cuivre. Le bailli, J. Deprunay, rendit, contre le cadavre, une sentence qui le condamnait à être traîné sur une claie, la tête en bas, dans le cloître et le Parvis, pour être ensuite exposé, pendant vingt-quatre heures, à une potence sur la place du Parvis et jeté de là à la voirie (87).

(87) *Arch. nat.* Z^2 3111 et 3112 : 2 janvier 1708, sentence du bailli portant condamnation à la fustigation, à la marque (fleur de lys sur l'épaule) et au bannissement pour cinq ans de l'étendue du baillage. — 22 décembre 1724, condamnation aux galères pour trois ans, au carcan et à l'amende pour vol dans l'église ; la sentence est rendue par le bailli, avec le concours de deux assesseurs ; au bas de cette pièce, figure la mention, « pro nobis nihil, pro assessoribus, cuilibet, neuf livres. » — Une sentence, du 7 février 1736, ordonne qu'un individu accusé de vol sera appliqué à la question ordinaire et extraordinaire.

CHAPITRE X

L'ÉVÊQUE DE PARIS

I. Titres de la seigneurie de l'évêque. — II. Seigneurie dans la Cité et sur la rive gauche de la Seine. — III. Rive droite. Bourgs Saint-Germain-l'Auxerrois. — IV. La Culture-l'Évêque. La Grange-Batelière. La Ville-l'Évêque. Le Roule. Le faubourg Saint-Honoré.— V. Enclaves. La Tour du Louvre. Les Halles. Le fief de Thérouenne. — VI. Seigneuries hors Paris. Saint-Cloud. Sa Foire. Foire au lard de la place du Parvis. — Prévôt et bailli. Assises. La Croix du Tiroir. Le For-l'Évêque. Justice civile.

L'évêque de Paris n'avait pas seulement la juridiction spirituelle attachée à sa dignité, qui attirait les clercs à son officialité; il avait encore une juridiction temporelle très étendue. Il possédait des terres sur la rive gauche de la Seine et dans la Cité, et une vaste seigneurie sur la rive droite, qui faisait face à celle de Saint-Germain-des-Prés (1).

I

Une charte du 19 octobre 820 établit sa seigneurie dans la Cité, et sur la rive droite. Aucun comte, y est-il dit, ni aucun officier de justice ne pourra exiger aucune redevance des habitants de la terre de l'Église située dans l'île, *in ipsa insula consistente*, laquelle doit être remise entièrement au gouvernement de l'évêque. De même aucun envoyé du roi, *missus dominicus*, ne doit exercer aucun pouvoir judiciaire dans

---

(1) Nous ne nous occupons, dans ce chapitre, que du domaine propre de l'évêque qui acquit encore, au XVIe siècle, les seigneuries de Saint-Magloire et de Saint-Éloi, par la réunion qui fut faite, à cette époque, au siège épiscopal, du titre abbatial de Saint-Maur-des-Fossés et de celui de Saint-Magloire. — V. *infra*, les notices concernant ces seigneuries.

la rue Saint-Germain et dans les autres moindres rues qui aboutissent à l'église de ce nom ; l'envoyé de l'évêque, *missus episcopi*, doit tout y gouverner à sa volonté, sauf dans les cas réservés d'après la loi des églises, au mall légitime ou au plaid royal (2). En 1222, un accord conclu entre l'évêque et le roi, à la suite de conflits de juridiction, fit un nouveau règlement de leurs droits. Le roi se réserva le meurtre et le rapt, dans le bourg Saint-Germain et la Culture de l'évêque sur la rive droite, et dans le clos Bruneau sur la rive gauche. L'évêque conserva la connaissance de l'homicide, du vol et des autres délits. En ce qui concerne les cas de meurtre et de rapt, l'accord contenait néanmoins un tempérament destiné à prévenir les empiétements des officiers royaux : il laissait à l'évêque l'instruction du procès même qui déterminait la compétence. Si les coupables avouaient ou s'ils étaient arrêtés en flagrant délit, ils étaient immédiatement livrés au roi ; dans le cas contraire, la preuve était administrée par le duel ou par témoins devant la cour de l'évêque, à la requête du prévôt de Paris. Cet accord contenait encore de nombreuses dispositions sur l'ost et la chevauchée, le guet, la taille, les mesures, les métiers, la voirie, sur les aubains, sur les Halles et la justice des marchands ; il reconnaissait enfin à l'évêque le droit de percevoir à son profit, une semaine sur

---

(2) « Precipimus etiam atque jubemus, ut..... ullus missus dominicus aliquam judiciariam potestatem ibi exerceat...., sed missus episcopi, secundum propriam voluntatem ordinet, et advocatus ejusdem ecclesie, tam de ipsa terra Sancti Germani quam de predicta terra Sancte Marie in insula posita, rectam ac legalem rationem reddat, sine aliqua judiciaria potestate inibi, vel banno, nisi in mallo legitimo vel regali placito, sicut lex ecclesiarum precipit. » — La charte ajoute même que les hommes libres de ces terres n'iront à la guerre qu'avec l'évêque, ou de son consentement : « Nullus in hostem pergat, nisi una cum episcopo ipsius ecclesie, vel secundum suam ordinationem remaneat. » — *Cart. N.-D.* t. I, p. 260. — Des lettres du pape Benoît VII, données à l'évêque Élisiard, vers l'année 984, confirmèrent cette charte, en y ajoutant les formules usitées d'excommunication contre ceux qui en violeraient les privilèges : « Si quis autem, quod non optamus, hec..... transgredi, ausu nefario, presumpserit, sciat se anathematis vinculo innodatum, et cum diabolo et omnibus impiis, eterni incendii atrocissimo supplicio deputatum. » — *Cart. N.-D.* t. I, p. 220. *Gallia Christiana*, t. VII, *Instr.* col. 20.

trois, certaines redevances fiscales imposées sur les marchandises, et d'avoir ses boîtes à cet effet dans les maisons de péage du Grand et du Petit-Pont où ces redevances étaient acquittées pour le roi (3).

Une ancienne légende reproduite dans plusieurs actes assignait une autre origine à ce droit de *tierce semaine*. Elle rapportait qu'un fils d'un roi de France, du nom d'Étienne, appelé à l'évêché, avait partagé le domaine de la ville de Paris avec ses frères et en avait reçu le tiers pour sa part (4). Cette prétention n'avait aucun fondement. C'est une fausse tradition qui faisait de l'évêque Étienne de Senlis le fils de Philippe Ier ou de Louis-le-Gros. En 1159, un fils de Louis-le-Gros avait été, il est vrai, nommé à l'évêché de Paris, mais il n'avait accepté cette dignité que pour s'en démettre aussitôt en faveur de son précepteur, Pierre Lombard. On invoquait néanmoins encore cette légende, au XVe siècle, devant le parlement, dans un procès soutenu par l'évêque contre les gens du roi. Ce procès, qui ne dura pas moins de neuf années, fut terminé par un arrêt du 11 août 1487 qui consacra les prétentions de l'évêque ; il est inscrit, dans le Cartulaire de Notre-Dame sous la rubrique *arrestum aureum*, tant il était, dit M. Guérard, profitable à l'Église (5).

II

L'évêque avait son palais dans la Cité, sur les bords de la Seine, parallèlement à Notre-Dame ; il y avait naturellement l'entier exercice des droits de justice. Il n'en était pas de même de l'église Notre-Dame qu'il partageait, sous ce rapport, avec le chapitre. Un accord du 5 novembre 1335 donna

---

(3) *Cart. N.-D.* t. I, p. 122-125. *Gallia christiana*, t. VII, *instr.* col. 93.

(4) On la rencontre déjà dans une charte de 1363 : « Quodque temporalitas ipsius episcopatus et episcopi fuerat proprium hereditagium et patrimonium unius de filiis regum Francie. » *Gallia christiana*, t. VII, *Instr.* col. 127.

(5) Cet arrêt énumère les redevances sur lesquelles portait la tierce semaine. *Cart. N.-D.* t. III, p. 304.

au prélat le sanctuaire et une partie du chœur et laissa au chapitre tout le reste de la nef et les bas-côtés(6).

En dehors du palais épiscopal et de ses dépendances, l'évêque ne conserva, après la dotation du chapitre, que quelques possessions peu importantes dans la Cité. Un acte de 1110 confirma ses droits sur un petit quartier circonscrit par la voie publique, le chevet de l'église Saint-Christophe, les murs de la vieille église Saint-Étienne et le cloître Notre-Dame (7).

Le Grand-Pont et une partie du Petit-Pont dépendaient encore, à l'origine, de la seigneurie de l'évêque ; mais ce prélat céda, par la suite, ses droits sur ces deux ponts au chapitre et à l'Hôtel-Dieu (8). Il partagea enfin avec le chapitre, la seigneurie de l'île dite de Notre-Dame qui forma plus tard, l'île Saint-Louis, par sa réunion avec l'île voisine dite *aux Vaches*. Cette île, qui appartenait originairement aux comtes de Paris, fut ensuite donnée à l'Église, puis usurpée sur elle, et enfin restituée à l'évêque par un acte du 22 avril 867 (9).

Sur la rive gauche de la Seine, l'évêque avait le clos Bruneau. C'était d'abord un clos de vignes, séparé d'un autre

(6) *Cart. N.-D.*, t. III, p. 269-270. — Une contestation s'était déjà élevée, à ce sujet, en 1273, à l'occasion de la capture d'un voleur qui avait été arrêté dans l'église, et conduit dans les prisons de l'évêque. (*Loc. cit.* p. 378).

(7) *Cart. N.-D.* t. I, p. 252. — Cet acte règle spécialement les droits de *banlieue, banleuga*, dans ce quartier. Nous pensons, avec M. Guérard, qu'il s'agit là du droit de faire des bans ou ordonnances et de la connaissance des infractions à ces bans. Nous apprenons, par un document du XIVe siècle (t. III, p. 272), que l'évêque avait seulement la voirie dans la rue Notre-Dame qui fut ouverte, plus tard, dans ce quartier ; la justice des maisons appartenait au roi.

(8) *Cart. N.-D.*, t. I, p. 141 et 142 ; t. II, p. 439 et t. III, p. 88. — Un carton des Archives nationales contient une liasse de baux et autres actes relatifs aux droits de propriété et de justice sur les maisons du Petit-Pont (L. 436) : « Le baillif (de l'évêque) a la justice de la voierie du parvis Notre-Dame de Paris, par devers l'ostel Dieu, et la justice de la voierie de la rue Neufve Nostre Dame de Paris ;.... et dedans les maisons n'a-t-il point de justice, car la justice des maisons sont au Roy. »

(9) *Cart. N.-D.* t. I, p. 243, *Exemplar de insula*. — V. aussi, *l'État des droits de l'évêché* (t. III, p. 272), où il est dit que l'évêque a, avec la justice de l'île Notre-Dame, celle de la Seine jusqu'au Grand-Pont et au Petit-Pont.

clos par un chemin bordé d'arbres devenu la rue des Noyers. Les rues des Carmes, Saint-Jean-de-Beauvais et Saint-Hilaire furent bâties sur son emplacement. Un débat solennel s'éleva, en 1221, entre le roi et l'évêque relativement à la justice de ce clos. Le roi exposa ses griefs devant sa cour réunie à Nogent-l'Erembert ; l'évêque répliqua par une demande de descente sur les lieux ; mais il déclina ensuite la juridiction de la cour sous le prétexte que la connaissance du fond du procès appartenait à l'Église (10). L'accord de 1222 mit fin à cette contestation en assimilant ce clos au bourg Saint-Germain.

Un fief assez important, situé pour la plus grande partie sur la rive gauche, et tenu par la maison de Sorbonne, relevait encore de la justice de l'évêque ; c'était le fief de Rosières que l'on appelait aussi du Franc-Rosier. Il consistait en terres et cens situés principalement aux environs de la rue Saint-André-des-Arts, de la Sorbonne, au faubourg Saint-Jacques et à Issy. Il fut amorti, en 1284, au profit des maîtres de Sorbonne (11).

(10) « De lite inter regem et episcopum Parisiensem propter clausum Brunelli versata. » — La Cour était ainsi composée : Guillaume, archevêque de Reims ; Louis, fils aîné du roi ; Guarin, évêque de Senlis ; Barthélemy de Roye, chambrier de France ; Mathieu de Montmorency, connétable ; Pierre, comte de Bretagne ; Robert, comte de Dreux ; Gautier, comte de Blois ; Jean, comte de Beaumont ; le comte de Grandpré ; le comte de Namur ; Guillaume des Roches, sénéchal d'Anjou ; Enguerran de Coucy ; Étienne de Sancerre ; Jean de Nesles ; Guillaume des Barres ; Aubert d'Hangest ; Ours le chambrier ; Philippe de Nanteuil ; Guillaume de Tournel ; Bouchard de Marly ; Eudes de Ham et frère Aimard. *Trésor des Chartes*, t. I, p. 514 et *Musée des Archives*, n° 213, p. 123.

(11) Ce fief est décrit dans l'acte d'amortissement de 1284 (*Cart. N.-D.* t. III, p. 54) et dans l'*Inventaire* des titres de l'Archevêché, avec quelques variantes sur les noms des rues dans lesquelles étaient situées les maisons qui en relevaient (*Arch. nat.* S 1207). — L'évêque inféoda d'ailleurs d'autres parties de son domaine, aussi bien sur la rive droite que sur la rive gauche ; tels étaient, par exemple, sur la rive droite, les fiefs Popin et de Tirechappe. Mais cette division est sans intérêt au point de vue des droits de haute justice, l'évêque n'ayant généralement concédé, dans ces inféodations, que la seigneurie foncière. Le fief Popin tirait son nom d'une riche famille bourgeoise qui le possédait au XII° siècle. Il passa ensuite en diverses mains et appartint notamment au célèbre Étienne Marcel, prévôt des marchands. — V. la

III

Sur la rive droite de la Seine, la seigneurie de l'évêque comprenait, d'après l'accord même de 1222, l'ancien et le nouveau bourg Saint-Germain et les terrains qui les enveloppaient de toutes parts et que l'on désignait sous la dénomination générale de la *Culture-l'Évêque*.

Le vieux bourg Saint-Germain s'éleva, de bonne heure, auprès de la chapelle placée sous l'invocation de ce saint, qui devint l'église de Saint-Germain-l'Auxerrois (12). L'abbé Lebeuf suppose que cette chapelle fut construite, peu de temps après la mort de saint Germain, évêque d'Auxerre, en mémoire de quelque miracle qu'il aurait opéré, en allant de Paris à Auxerre, dans l'un ou l'autre des deux voyages qu'il fit dans la Grande-Bretagne. Jaillot pense qu'elle fut érigée par Chilpéric Ier, sous le nom de saint Germain évêque de Paris. Mais ce ne sont là que des conjectures. On sait seulement que cette église existait au VIIe siècle, et que saint Landry, évêque de Paris, y fut inhumé. On la désignait, au IXe siècle, sous le nom de Saint-Germain-le-Rond, à cause de sa configuration ou de celle de son cloître et des fossés dont il était environné (13). La ville prit de ce côté une rapide extension. Un bourg nouveau, qui envahit progressivement les parties de la *Culture* les plus voisines, du côté de l'église Saint-Eustache, se forma bientôt auprès de l'ancien. Ce mouvement de la population fut accéléré par l'établissement du grand mar-

---

situation de ces fiefs dans l'*Inventaire*. — V. aussi Jaillot, (*Quartier Sainte-Opportune*, p. 7).

(12) Lebeuf, t. 1, p. 78.

(13) La basse justice avait été concédée au chapitre de Saint-Germain, dans le vieux bourg et dans son cloître. Il avait même tenté d'usurper la haute justice sur l'évêque ; mais cette prétention fut condamnée par une sentence arbitrale de 1228 : « Non intelligimus quod decanus et capitulum habeant duellum, raptum, multrum, sanguinem, nec viariam » (*Cart. N.-D.* t. 1, p. 128). — La paroisse de Saint-Germain s'étendait, à la fin du XIIIe siècle, d'après la taille de 1292, entre la rue Saint-Honoré et la Seine, depuis la rue Saint-Denis jusqu'à la porte Saint-Honoré, qui était alors située sur l'emplacement qu'occupe aujourd'hui le portail du Temple de l'Oratoire (V. Franklin, *Les rues de Paris au XIIIe siècle*).

ché des Champeaux et la construction de la Tour du Louvre (14).

IV

La *Culture* de l'évêque se divisait, elle-même, en plusieurs domaines seigneuriaux : la Grange-Batelière, la Ville-l'Évêque, le Roule, et le faubourg Saint-Honoré.

La Grange-Batelière, dont l'emplacement est marqué par la rue actuelle de ce nom, en formait la limite nord. Elle a été tenue, en fief, de l'évêque, par plusieurs seigneurs dont l'inventaire des titres de l'archevêché donne la chronologie depuis 1473 (15). Il n'est pas douteux qu'elle n'ait appartenu à l'évêque, de toute ancienneté. L'abbé Lebeuf la reconnaît dans le lieu mentionné sous le nom de, *Tudella*, par la charte de 820, qui étend la terre de ce prélat de Saint-Merri à ce lieu, « a Sancto Mederico usque ad locum qui vocatur Tudella ». Il fait remarquer que *tudella* signifie un lieu entouré de haies destiné aux combats en champ clos et à des exercices militaires, et que cette désignation convient parfaitement à la Grange-Batelière, qui était aussi appelée *Granchia prœliata*. Il ajoute que c'est pour n'avoir pas compris cette étymologie que le procureur du roi, sous François Ier, dans un procès engagé devant le parlement, plaçait la *Tudella* au For-l'É-

(14) Le Cartulaire de Notre-Dame marque déjà, comme étant dans la seigneurie de l'évêque, de nombreuses maisons situées dans la plupart des rues de la ville qui furent, par la suite, enfermées dans l'enceinte, de Charles VI, à l'est de la rue Saint-Denis. Il mentionne, notamment, à ce titre, les rues Saint-Honoré, Saint-Germain-l'Auxerrois, des Prêtres-Saint-Germain-l'Auxerrois, Tirechape, Perrin Gascelin, Thibaut-aux-Dés, Pierre-au-Lait, Male-Parole, Baudoin-Prendgage, de la Hanterie, de la Saunerie, du Siège-aux-Déchargeurs, de l'Arbre-Sec, Champfleury, Richebourt, Froidmanteau, Jean de Saint-Denis, de Beauvoir, Coquillière, du Jour, Montmartre, Saint-Sauveur, des Deux-Portes-Saint-Sauveur de Nesle, du Chantre, Grenelle-Saint-Honoré, du Four-Saint-Honoré, Coque-Héron ou Quoque-Héron, des Étuves, de Beaulieu, de Château-Fétu, de la Plâtrière, de la Tonnellerie, de la Comtesse d'Artois.

(15) Ce fief ne consistait plus, dans son dernier état, qu'en un manoir, avec bâtiments et jardin, et en terres en dépendant d'une contenance d'environ 168 arpents (*Arch. nat.* S 1207).

vêque (16). Jaillot, tout en renonçant à deviner la situation de ce lieu, pense qu'il ne faut pas le chercher au delà de Saint-Eustache. Il combat l'opinion de l'abbé Lebeuf, en objectant que cet auteur ne fait pas connaître les documents où il a recueilli la dénomination de *Granchia præliata*. Les joûtes et les exercices militaires, dans la terre de l'évêque, avaient lieu, d'après lui, dans un pré dit *les Joûtes*, situé sur l'emplacement de la place de la Concorde actuelle (17). Sans vouloir trancher cette question qui ne peut être résolue avec certitude, nous ferons remarquer que l'opinion de l'abbé Lebeuf se rapporte parfaitement à l'étendue de la terre de l'évêque de ce côté. Quant à la principale objection que Jaillot élève contre l'opinion de l'abbé Lebeuf, elle disparaît devant un acte de 1309, du Cartulaire de Notre-Dame qui nomme précisément la Grange-Batelière *Grange-Bataillée* (18).

La Ville-l'Évêque, dont une rue actuelle a conservé le nom, confinait aux terres de la Grange-Batelière. Le Cartulaire de Notre-Dame contient, à la date de 1228, un hommage d'un chevalier, Pierre de Bétisy, qui avait reçu une partie de cette terre en fief, et qui reconnaît devoir à l'évêque, à raison de cette terre et de quelques autres biens qu'il tenait de lui à Paris, un roncin de service, *roncinum de servitio* (19).

La Ville-l'Évêque contenait une chapelle, sous le titre de Sainte-Madeleine qui devint une église paroissiale en 1639. Cette église fut démolie au XVIIIe siècle (20).

Les terres du Roule et du faubourg Saint-Honoré fermaient, à l'ouest, la Culture-l'Évêque. Il y avait au Roule, au XIIIe siècle, une léproserie mentionnée dans le Cartulaire de Notre-Dame, sous les noms de *Leprosaria Rotuli* et maison de *Saint-Lazare du Louvre*, qui devint, au siècle suivant, une maison hospitalière pour les ouvriers de la monnaie (21).

(16) Lebeuf, t. I, p. 141.
(17) Jaillot, *Quartier Montmartre*, p. 23.
(18) *Cart. N.-D.* t. III, p. 58.
(19) *Cart. N.-D.* t. I, p. 148.
(20) L'église actuelle de la Madeleine a remplacé l'ancienne église de la Madeleine de la Ville-l'Évêque ; mais elle n'a pas été élevée sur son emplacement.
(21) *Cart. N.-D.* t. III, p. 297 et 336. — L'*Inventaire* des titres de

La *Culture* s'étendait, au faubourg Saint-Honoré, jusqu'au pont de Chaillot, sur le ruisseau de Ménilmontant. L'accord de 1222 mentionne, en effet, comme étant dans la terre de l'évêque, toute la chaussée qui s'étend du Louvre jusqu'à ce pont, « viaria que est in terra episcopi, a domo quam Henri-» cus, quondam Remensis episcopus, edificavit apud Lupa-» ram, usque ad poncellum de Chailloello ».

C'est donc à tort que le procureur du roi, dans ses débats avec l'évêque, sous François I*er*, entendait fixer les limites de la seigneurie de ce prélat à une petite distance de Saint-Germain-l'Auxerrois (22). Sauval, qui rapporte ce procès, ne nous apprend pas quel en fut le résultat (23), mais nous savons qu'une contestation semblable fut soulevée vainement par les officiers du roi, en 1380, et qu'un arrêt, du 19 janvier de cette année, maintint l'évêque en possession de la haute justice dans tout le territoire du faubourg Saint-Honoré (23).

On voit, par ce qui précède, que la *Culture-l'Évêque* enveloppait presque entièrement les murs de la ville, à l'ouest de la rive droite jusqu'au ruisseau de Ménilmontant, devenu, par la suite, le grand égout. Les diverses parties dont elle était composée n'étaient que les divisions de ce vaste territoire en domaines ou fiefs distincts et se tenaient entre elles. Les terres de la Ville-l'Évêque confinaient à celles de la Grange-Batelière et du Roule ; c'est ce que l'on voit, pour ne citer qu'un exemple, dans un acte du 11 janvier 1309, par lequel *Ymbert* et *Edeline* sa femme, prennent à cens, de l'évêque, une terre labourable « située au terroir de la Villette-l'Évêque, tenant d'une part au chemin du Roule à Paris, de l'autre aux terres de la Grange-Bataillée (24) ».

Les limites que nous assignons ici à la seigneurie de l'évêque, d'après les plus anciens titres, sont bien celles que lui donnent encore les lettres patentes de 1674, par lesquelles le roi indemnise ce prélat de la suppression de sa haute justice.

l'Archevêché comprend, dans le fief du Roule (*Arch. nat.* S 1207), des terres situées à La Villeneuve, à Clichy et au Pont-Hersant.

(22) Le procureur du roi assignait à la *Tudella* de la charte de Louis-le-Débonnaire l'emplacement du Fort-l'Évêque.

(23) *Arch. nat.* L 436.

(24) *Cart. N.-D.* t. III, p. 58.

« Lesdites trois justices de l'archevêché s'étendent.... Sçavoir, la justice de For-l'Evesque : depuis la maison où s'exerçait ladite justice, et les prisons, sur le quay de la Mégisserie, tenant à main gauche, jusqu'au coin de la Vallée-de-Misère (25), passant par la Petite-Sennerie (26) et la rue Saint-Germain, pour gagner le coin de la rue Saint-Denis jusqu'à la porte, et de la main gauche dans la rue de Cléry jusqu'au coin de la rue Montmartre, s'étendant jusqu'à la porte et tournant à gauche dans ladite rue de Cléry, tout le long de ladite rue Montmartre, de l'autre côté jusqu'à la porte, et tout le long des égouts jusqu'à la chute de la rivière qui se fait vers Chaillot ; et en remontant le long de la rivière jusqu'audit lieu du For-l'Évêque ; ensemble sur toutes les maisons et rues qui se rencontrent dans l'enceinte desdites limites, à l'exception des Halles et de leurs dépendances (27). » Si l'on résume cet itinéraire, en en prenant les grandes lignes, on voit qu'il donne pour limites à la terre de l'évêque, la Seine depuis les abords du Grand-Châtelet, la rue Saint-Denis jusqu'à la porte du même nom, la rue de Cléry jusqu'à la rue Montmartre, la rue Montmartre jusqu'au grand égout et enfin le grand égout jusqu'au ponceau de Chaillot.

V

Ce vaste territoire contenait cependant des enclaves importantes qui doivent en être distraites. Les principales étaient le château du Louvre, les Halles et leurs dépendances et le fief de Thérouenne.

On sait que la tour du Louvre fut bâtie par Philippe-Auguste, sur une partie de la terre de l'évêque dont la seigneurie foncière avait été concédée au prieuré de Saint-Denis-de-la-Chartre. Ce prieuré fut indemnisé de la perte de sa censive

---

(25) C'était la partie du quai de la Mégisserie qui aboutissait au Grand-Châtelet.

(26) Cette rue allait, suivant une ligne brisée, du quai à la rue Saint-Denis en passant derrière le Châtelet.

(27) Ces lettres, qui figurent dans le carton L 436 (*Arch. nat.*), sont aussi reproduites par Sauval, t. III, p. 75.

par l'allocation d'une rente annuelle de 30 sous parisis. Mais l'évêque, en sa qualité de seigneur justicier, prétendit y retenir tous ses droits. Il revendiquait, au XIIIᵉ siècle, la juridiction sur les hôtes mêmes du château ; mais il finit par abandonner cette prétention, incompatible avec la dignité du pouvoir royal (28).

Les Halles furent bâties sur les terrains désignés sous le nom de *Champeaux*. Ces petites cultures, *campelli*, s'étendaient, au commencement du XIIIᵉ siècle, jusqu'au-dessous de la rue Saint-Honoré, comme on le voit par un acte de 1238 qui mentionne une maison de Baudoin-Bourdon, comme étant située aux Champeaux, dans la terre de l'évêque, près de l'emplacement qui devint la rue Perrin-Gascelin. « Domo Baldoini Bourdon ...... sita in Campellis, Parisius, in loco qui dicitur Perrinum Gascelini, in terra domini episcopi (29). » Mais leur assiette principale était marquée par le lieu même où furent établies les Halles. Ce grand marché fut créé d'abord dans un clos entouré de fossés, *fossatum Campelli*. L'évêque céda au roi, par un acte de 1136, les deux tiers de ses droits seigneuriaux dans l'étendue de ce clos ; le prévôt de Paris et son propre prévôt durent y procéder, en commun, aux exploits de justice (30). Nous ignorons si ce difficile partage entre des officiers rivaux put subsister pendant longtemps ; mais nous voyons, par l'accord de 1222, qu'il avait déjà cessé à cette époque, et que l'évêque n'avait plus que le

(28) V. *Cart. N.-D.* t. III, p. 341 : « Cum diceret idem episcopus quod esset in saisina et diu fuisset justiciandi hospites et habitantes in castro de Lupara, dictum est et concordatum quod dicta saisina eidem non reddatur » (circa 1277).

(29) *Cart. N.-D.* t. III, p. 100.

(30) « Preterea constituimus ut prepositus noster de illa terra episcopo Parisiensi, quicunque esset, fidelitatem faceret. Similiter prepositus episcopi de illa terra nobis vel heredi nostro, quicumque esset, fidelitatem faceret, et neque prepositus noster sine preposito episcopi, neque prepositus episcopi sine nostro preposito, in illa terra aliquid ageret. » — De fossato Campelli. *Cart. N.-D.* t. I, p. 269. — Le chapitre de Notre-Dame avait une petite censive aux Champeaux ; il en fût indemnisé par une rente de cent sous sur sur la prévoté de Paris. (V. l'accord de 1222). — L'abbé Lebeuf (t. I, p. 9) remarque que ce traité fit oublier que tout ce vaste territoire avait appartenu exclusivement à l'évêque pendant près de six cents ans.

tiers des redevances perçues sur le marché, sans aucune participation à l'administration de la justice (31). Philippe-Auguste agrandit et réorganisa les Halles en 1183 ; il les entoura d'un mur de clôture, et fit couvrir les étaux. Elles reçurent encore, par la suite, une grande extension, et les différents corps de marchands purent s'y établir sur des emplacements séparés. Ces emplacements, dépendances du grand marché, devinrent des rues dont les noms de la Toilerie, de la Lingerie, de la Cordonnerie, de la Friperie, de la Poterie, etc. indiquaient assez la destination (32).

Le fief de Thérouenne était situé, comme les Halles, sur le territoire des Champeaux ; et il était, comme elles, soustrait à la juridiction de l'évêque. Il relevait de ce prélat, ainsi qu'on le verra par de nombreux actes d'hommage ; mais les seigneurs qui le possédaient y avaient à la fois la censive et la justice. Son assiette était marquée par les rues du Cygne, de Mondétour, de la Truanderie, et de Pirouette, dite aussi Pirouette en Thérouenne (33). Il subit un grand nombre de mutations jusqu'au commencement du XIVe siècle ; mais le roi en fit l'acquisition le 2 janvier 1330, et l'incorpora définitivement à son domaine (34).

Ce fief appartenait, en 1190, d'après des lettres royales contenues dans le *Livre des Métiers*, à un seigneur du nom de Jean de Montreuil, qui avait alors de fréquents conflits avec les officiers du roi, à l'occasion de l'exercice de ses droits de

(31) « De halis vero nostris, sitis in Campellis, ita est : quod nobis et heredibus nostris remanent in perpetuum pacifice ; salvo eo quod episcopus habebit, in eis suas consuetudines debitas in sua septimana. » — *Cart. N.-D.* t. I, p. 124.
(32) V. Jaillot, *Quartier des Halles*, p. 24.
(33) V. Jaillot, *loc. cit.*, p. 44.
(34) V. Lebeuf, t. I, p. 133. — Le roi avait acquis de l'évêque, en 1216, en échange de terres à Combs-la-Ville et Révigny, un autre fief, celui du Monceau-Saint-Gervais (*Cart. N.-D.* t. I, p. 70) ; mais ce fief, entièrement séparé du domaine de ce prélat sur la rive droite, lui avait appartenu pendant un temps très court ; il l'avait reçu du comte de Meulan. Cet échange est rappelé et confirmé par l'accord de 1222. — On lit dans un État des fiefs de l'évêque, antérieur à cette cession (1197-1208) : « Galterius, camerarius, est homo Parisiensis episcopi, de feodo Sancti Gervasii, et inde debet cereum L solidorum » (*Cart. N.-D.*, t. I, p. 8).

justice. Ces lettres firent, entre les parties, un partage définitif de ces droits. Elles attribuèrent au roi le rapt, le meurtre, l'homicide, la justice des marchands et le droit d'aubaine, et abandonnèrent les autres cas à Jean et à ses successeurs (35). Le nom de Thérouenne, *terra Morinensis*, n'appartenait pas encore à ce fief à cette époque ; il lui fut donné, peu de temps après, par suite de sa transmission à l'évêque de Thérouenne, Adam, qui le reçut de Gauthier, son frère (36). Le Cartulaire de Notre-Dame nous fait connaître ses mutations successives, dans le cours du XIII° siècle. Il appartenait, en 1263, à Guillaume de Beaumont qui en faisait hommage à l'évêque, en présence de chanoines de Notre-Dame et de Saint-Marcel, d'un chapelain de Saint-Germain-l'Auxerrois, de deux chevaliers et de plusieurs autres personnes. L'acte d'hommage mentionne expressément qu'il relevait de l'évêque et que le possesseur devenait ainsi l'homme lige de ce prélat. « Que terra » movet.... de feodo episcopi Parisiensis, et factus est homo » ligius ipsius episcopi (37). » L'année suivante, ce fief passait entre les mains du chapitre de Notre-Dame ; mais les plus proches héritiers des vendeurs en exerçaient bientôt le retrait et en rentraient en possession moyennant le remboursement du prix s'élevant à 2,272 livres parisis (38). On voit, par

(35) « In terram ejusdem Johannis, in Campellis sitam, habere debemus exercitum et equitationem, toltam et talliam, raptum et murtrum et homicidium, et justitiam mercatoris, quantum pertinet ad mercaturam, et homines albanos, et tonleium ab hora nona usque dici Veneris usque ad vesperas dici sabbati ; alia vero omnia sunt Johannis et heredum suorum. » — *Livre des métiers*, (Copie des Archives de la Préfecture de police, f° 438.) Ces lettres portent, dans ce livre, la rubrique : « Lettres patentes appelées le privilège de Thérouenne. »

(36) *Gallia christiana*, *Instr.*, col. 90. — Adam fut évêque de Thérouenne, de 1213 à 1229.

(37) *Cart. N.-D.* t. 1, p. 164 : « Hora vespertina, Parisius, apud Sanctum Victorem ante capellam episcopi Parisiensis in presentia...... fecit homagium et fidelitatem, nobilis vir Guillelmus de Bello Monte, miles, de terra sita Parisius, que vulgariter nominatur terra Morinensis, dicto domino Reverendo episcopo Parisiensi ; que terra movet, etc. » — V. trois autres actes d'hommage, des 17 février, 9 août et 18 novembre 1873 faits par Pierre de Beaumont, puis par *dame* Philippe, sa veuve, et le comte Jean de Montfort, son gendre (*Loc. cit.* t. 1, p. 197, 200 et 201.

(38) Cette action en retrait (*ratione retractionis terre que dicitur*

un acte de cette même année, que la justice de cette terre passait bien aux seigneurs auxquels elle était successivement inféodée. Un individu, nommé Adam, qui avait blessé deux personnes dans une rixe, fut rendu, par le prévôt de l'évêque, au chapitre de Notre-Dame contre lequel le retrait n'avait point encore été exercé, parce qu'il était justiciable de celui-ci, comme étant domicilié sur ce fief, « eo quod hospitatus fuerat in terra predicta (Morinensi) ». Le coupable *amenda* les blessures, après avoir été retenu, pendant longtemps, dans les prisons du chapitre, et se soumit, en outre, à s'éloigner de Paris pendant trois ans, et à faire le pèlerinage de saint Jacques de Compostelle (39).

VI

L'évêque avait encore de nombreuses terres, situées hors de Paris. Les unes, comme celle de Saint-Cloud, étaient placées sous sa seigneurie directe (40). Les autres relevaient seulement de lui ; quelques-unes étaient tenues par de puissants seigneurs. Les possesseurs de plusieurs de ces fiefs étaient astreints à l'obligation de porter l'évêque nouvellement nommé, lors de son entrée dans la ville. Les plus qualifiés se

Tavoene site Parisius) fut exercée devant la Cour séculière, *forum seculare*, de l'évêque. Le prix fut avancé par le roi qui reçut le fief en gage : « Et nunc tenet, dominus Rex, ipsum feodum, in pignus, ab ipsis militibus, salvo jure domini episcopi. » *Cart. N.-D.* t. I, p. 166.

(39) *Cart. N.-D.* t. III, p. 414 : « De melleya, in terra domini episcopi que vocatur Morinensis, facta. » — V. dans les *Olim*, deux appels de jugements du maire de la terre de Thérouenne, de 1309 et 1318 (t. III, p. 409).

(40) C'étaient, avec la terre de Saint-Cloud, celles de Marnes, Garches, Wissous, Moissy, Combs-la-Ville, de la Sainte-Croix-de-Saint-Denis, de Maisons-sur-Seine, du pont de Charenton et de Gentilly (V. *Cart. N.-D.* t. III, p. 272). — Deux individus sont arrêtés, en 1400, dans la haute justice de l'évêque à Gentilly, in territorio de Gentilliaco, pour avoir commis un viol, rapuisse et carnaliter cognovisse Ysabellam la Marie ; ils sont conduits dans les prisons de l'évêque, fori sui episcopalis Parisius, et leur procès leur est fait par le bailli ; mais ils obtiennent des lettres de rémission du roi. C'est ce que nous apprend un arrêt d'août 1400 rendu sur l'exécution des lettres de rémission, laquelle fut attribuée au prévôt de Paris (*Collection de la biblioth. nat.* Tournelle, t. 327).

faisaient, il est vrai, remplacer, dans cet office, par des chevaliers ; mais les autres tenaient à honneur de figurer dans le cortège en personne. Le 10 juillet 1250, trois chevaliers pour le roi, un pour le comte de Bar, qui s'excuse par lettre, et le seigneur de Chevreuse en personne, portèrent solennellement l'évêque Renaud (41). Dans l'énumération des fiefs du temps de l'évêque Odon (1197-1208), ce service est mentionné avec soin (42). Le comte de Bretagne, par exemple, y était assujetti à cause de ses châtellenies de Gournay et de la Queue. «Comes » Britannie, Robertus, est homo parisiensis episcopi et tenet » ab eo.... Hic portat. » Les châtellenies de Corbeil, de Montlhéry et de la Ferté-Aleps, qui étaient tenues par le roi, *de feodo Parisiensis episcopi*, le devaient également.

La seigneurie de Saint-Cloud était la plus importante après celle de Paris. Le Cartulaire de Notre-Dame contient une longue sentence, du 11 janvier 1380, rendue par le bailli Henry de Marle, relativement à ce bourg. Les habitants, bien que soustraits à la condition servile, et libres de disposer de leurs biens, et de se marier à leur gré, n'en étaient pas moins restés taillables à merci. L'évêque fixait le chiffre de la taille, *selon son plaisir*. Son receveur convoquait les habitants, dans l'hôtel seigneurial, pour élire des collecteurs chargés de la répartir et de la percevoir. Une fois élus, les collecteurs répondaient du paiement et pouvaient y être contraints, après une mise en demeure, par la détention de leurs personnes ; mais ils pouvaient eux-mêmes obliger les habitants à s'acquitter de leur part contributive, par la saisie et la vente de leurs biens. En 1375, l'évêque imposa une taille arbitraire de cent livres, au lieu de celle de trente livres qui était habituellement levée. Les habitants, réunis dans l'hôtel seigneurial, refusèrent d'élire des collecteurs. Retenus d'abord prisonniers, ils furent ensuite élargis par le bailli, qui leur assigna successivement deux

---

(41) « Anno domini m°cc° quinquagesimo, dominica post translationem Sancti Martini, portaverunt episcopum Reginaldum, castellanus de Lupara, Bartolomeus de Codreio et Guido Lupi, pro domino rege, dominus de Caprosia. Comes Barri excusavit se, per litteras suas, et misit quemdam militem qui portavit » (*Cart. N.-D.*, t. I, p. 163).

(42) « Hec sunt feoda Parisiensis episcopi que tenebant subscripti, tempore Odonis episcopi » (*Cart. N.-D.* t. I, p. 5 et suiv.).

autres jours de comparution pendant lesquels ils persistèrent dans leur opposition et résolurent de contester formellement, en justice, le principe même de la taille arbitraire. Cette instance fut portée devant le bailli dont la sentence, retardée par les délais et exceptions de toute sorte alors en usage, ne put être définitivement rendue qu'en 1380. Les habitants furent condamnés à payer la taille fixée ; et cette décision fut confirmée par le parlement, le 3 août 1381 (43).

Une foire se tenait annuellement à Saint-Cloud. Tous les marchands, qui y accouraient en grand nombre, recevaient leurs places des officiers de l'évêque, qui les taxaient proportionnellement au terrain occupé par chacun d'eux. C'étaient, en 1748, des fripiers, des marchands de toile, des chapeliers, des marchands d'images, de poupées, de vins et de cidre, de salé cuit ou cru, de gâteaux, de pain d'épice et d'oublie, des marchands tenant les chevaux de bois et jeux de bagues, les grandes et petites loteries, et beaucoup d'autres encore dont nous trouvons l'énumération dans un *État des droits* de cette foire (44).

L'évêque avait d'ailleurs, à Paris même, une autre foire très ancienne, la foire au lard, dite plus tard aux jambons, qui se tenait originairement sur une partie de la place du Parvis et dans la rue Neuve-Notre-Dame (45). En 1678, le bailli de l'évêque dressait encore un procès verbal contre Nicolas Delamarre, commissaire au Châtelet, qui prétendait y exercer la police (46).

(43) *Cart. N.-D.* t. III, p. 325-334.
(44) « État des droits de la foire de Saint-Cloud qui ont été cy-devant payés au sieur Naudet fermier de la seigneurie de Saint-Cloud. » Liste des marchands. — *Arch. nat.* L. 437. — Ce carton contient encore un grand nombre d'autres pièces relatives au moulin et au four banaux, ainsi qu'aux droits de *pallage*, *rouage* et *batelage*. L'évêque avait huit deniers de chaque bateau qui arrivait au port de Saint-Cloud, et autant de chaque bateau qui en partait.
(45) Le bailli avait la police de cette foire, et le voyer en louait les étaux : « Le baillif a la cognoissance de la foire aus lars du Parvis Nostre-Dame, hors et en les murs dudit Parvis, et en rue Neufve ; et en ces lieux, le voyer dudit monseigneur l'évesque loue les estaux, et en rent le prouffit au receveur dudit monseigneur l'évesque » (*Cart. N.-D.* t. III, p. 274).
(46) *Arch. nat.* L. 436. — Ce carton contient une liasse de procédures

VII

Les principaux officiers de la justice temporelle de l'évêque, à Paris, étaient le prévôt et le bailli, dont les *Olim* rapportent de nombreuses sentences. Un acte du XIV⁰ siècle contient un intéressant exposé de l'organisation de cette justice ; il est ntitulé : « Droiz, franchises et libertez appartenant à l'éveschié de Paris, tant en la ville de Paris comme dehors. » Il remonte, au moins, à l'année 1330, date de la rédaction du cartulaire qui le contient (47).

Le prévôt exerçait sa juridiction sur tous les hôtes de l'évêque à Paris, sauf en quelques lieux qui relevaient directement du bailli. Il devait demeurer, avec ses clercs, sa *baillie*, et ses sergents, au *chastel* de For-l'Évêque, ou, dans tous les cas, sur la terre du prélat. Il tenait deux audiences, par chaque jour ouvrable, *à primes* et *à vespres*. Il avait, pour son profit, une partie des amendes et forfaitures, à concurrence de soixante sous ; il recevait seize sous et six deniers des défaillants, pour chaque défaut. Il condamnait les délinquants à des amendes arbitraires pour les mutilations de membres ; à soixante sous, pour les coups et blessures, avec effusion de sang; à dix-sept sous et six deniers, pour les injures ou *villenies*.

---

et procès-verbaux, concernant le même objet, contre les commissaires du Châtelet, le voyer du roi, et les officiers du chapitre de Notre-Dame.

(47) *Cart. N.-D.* t. III, p. 272 et suiv. — Cet acte rappelle encore la légende d'après laquelle l'évêché de Paris aurait été fondé par un fils du roi de France qui *avait délaissé le royaume à son frère moins né et doté l'Église de son propre patrimoine*. Aussi, ajoute-t-il, l'évêque est-il *vicomte de la vicomté de Paris*, proposition *toute notoire au Parlement*. L'acte contient quelques autres généralités contestables ; c'est ainsi qu'il porte, à cinquante mille, le nombre des feux de la haute justice de l'évêque, « et, pour ce, il convient bien bons officiers à garder telle justice ». — La légende touchant l'origine des droits de l'évêque est d'ailleurs encore reproduite dans les lettres patentes du 11 novembre 1674 qui consacrent la suppression de sa justice à Paris : « Paroist que l'archevêque de Paris estoit anciennement vicomte de ladite ville pour un tiers, en paréage avec le Roÿ, en conséquence d'un partage donné à un fils de France, de la troisième partie de la justice et de la censive, avec les droits d'entrées et de coutume qu'il tenoit, de trois semaines une, de voirie et toutes sortes de droits seigneuriaux. »

Le bailli tenait, chaque semaine, trois audiences, à jours ouvrables. Il avait la justice directe dans la Cité, ainsi que celle du fief de Rosières, de six maisons dans la rue du Chastel-Festu, de la Ville-l'Évêque, d'une saulsaie dite le pré Mauvain, à Saint-Marcel, d'une maison de la porte de Notre-Dame-des-Champs, et de quelques autres lieux. Il avait enfin la police des fours *Gousquelin* et de la *Cousture*. Tous les boulangers et les habitants de la terre de l'évêque devaient faire cuire leur pain à ces fours. Une sentence des requêtes du Palais, qui maintient l'évêque en possession de ce droit de banalité, nous apprend que le four *Gousquelin* était dans la rue de l'Arbre-Sec, et celui de la *Cousture* dans la rue du Four, près la Croix-Neuve (48). Le 3 août 1360, le concierge de l'hôtel d'Artois, et un boulanger y demeurant, s'excusaient, auprès de l'évêque, d'avoir, par ignorance de ses droits, laissé cuire du pain bourgeois à un four de cet hôtel, qui cependant appartenait alors à la reine (49).

Mais la juridiction directe et de première instance du bailli n'était que la moindre de ses attributions. Il tenait des assises de mois en mois, dans les principales villes de l'évêque ; il visitait et surveillait tous ses prévôts et autres officiers de justice (50).

Enfin le bailli était le juge d'appel, non seulement de toutes les terres soumises directement à la juridiction de l'évêque,

---

(48) V. *Arch. nat.* L 430. — Un acte du Cartulaire de Notre-Dame (t. III, p. 274) porte que ceux qui feront cuire leur pain ailleurs le perdront et paieront, en outre, soixante sous d'amende.

(49) *Arch. nat.* L 436.

(50) Voici les noms de quelques-uns des baillis de l'évêque : Henri de Marle, qui exerçait ces fonctions en 1380, avait eu pour prédécesseur Guillaume de Sens (*Cart. N.-D.* t. III, p. 323). En 1565 et 1573, elles étaient remplies par Augustin Dethou et Claude Fourcroy, avocats au Parlement (*Arch. nat.* L 436). L'acte que nous analysons indique que le bailli devait être en état de plaider les causes de l'évêque au Parlement, et qu'il était tenu de se présenter devant cette cour, ainsi que le prévôt, pour y défendre ses sentences lorsqu'il était personnellement ajourné. L'acte ajoute que le bailli doit être d'autant plus capable de défendre les intérêts de l'évêque que le prévôt de Paris usurpe, de jour en jour, sur la juridiction de ce prélat.

mais encore de plusieurs fiefs dans lesquels ce prélat avait conservé le ressort (51).

Ces appels rapportaient à l'évêque de grosses amendes. Il avait, d'après l'acte que nous analysons, quarante livres pour chaque infirmation faite par son bailli et pareille somme encore pour chaque confirmation des sentences de ce dernier par le parlement, sans qu'il eût rien à payer, si le parlement venait à réformer ces mêmes sentences.

Le prévôt et le bailli ne jugeaient pas seuls; ils étaient assistés d'un conseil. Il est dit, dans l'acte que nous analysons, que les jugements du prévôt devaient être rendus *par le conseil des* bourgeois de l'évêque, en présence de son procureur (52).

Les appels des sentences du bailli à la justice royale étaient portés directement devant le parlement. Mais ils durent être, à l'origine, selon les règles de la hiérarchie féodale, formés, au premier degré, devant le prévôt de Paris. Nous voyons, dans les *Olim*, que le premier appel dont le parlement connaît directement, fut interjeté d'abord devant le prévôt et que le parlement ne consentit à évoquer l'affaire, que par faveur spéciale, et pour cette fois seulement, « hac vice, de gratia speciali (53) ». Cette exception se généralisa d'ailleurs bientôt; car les autres appels du bailli sont portés devant le

---

(51) L'acte énumère, avec les fiefs de Chevreuse, Maurepas, Conflans-Sainte-Honorine, Luzarches et Chenevières-sur-Marne, les terres des chapitres de Saint-Cloud, de Saint-Germain-l'Auxerrois et de Saint-Marcel. — La seigneurie de Saint-Marcel qui forme l'une de nos hautes justices, avait été fondée, comme nous le verrons plus loin, par les libéralités de l'évêque de Paris ; et c'est sans doute à cette origine que se rattache le droit de ressort réservé à ce prélat sur cette seigneurie. Quant aux chapitres de Saint-Germain-l'Auxerrois et de Saint-Cloud, ils étaient restés dans la haute justice de l'évêque ; mais ils avaient néanmoins une juridiction propre résultant de la concession qui leur avait été faite de la basse justice.

(52) « Et doivent être faiz telz jugemens par le conseil des bourgois dudit évesque ; à ce présent et appelé son procureur. »

(53) « Ad requisicionem Parisiensis episcopi, curia concessit hac vice, de gratia speciali, quod ipsa audiret causam appellacionis interposite ab audiencia curie secularis dicti episcopi ad prepositum Parisiensem. » Beugnot, *Olim*. t. II, p. 431.

parlement, sans passer par la juridiction intermédiaire du prévôt.

Les peines capitales prononcées par les officiers de justice de l'évêque étaient exécutées hors de la banlieue de Paris; les peines non capitales, comme la mutilation de l'oreille, dans l'intérieur de la ville, à la Croix-du-Tiroir (54), « ledit prévost dudit évesque a connaissance de pendre et ardoir hors de la banlieue de Paris, bannir et faire coupper oreilles à Paris, à la Croix-du-Tirouer ».

Nous avons rapporté plus haut, l'exécution qui fut faite d'un Juif, au XIV° siècle, à la suite d'une condamnation au feu, prononcée contre lui par la justice temporelle de l'évêque pour un crime contre nature ; c'est, parmi les cas notables de cette justice, le plus ancien que nous ayons recueilli. Plusieurs auteurs relatent une exécution d'un autre Juif qui fut aussi jugé par l'évêque en 1290. Mais il ne s'agit pas là d'une sentence émanée de la juridiction laïque ; c'est comme juge spirituel que l'évêque prononça, cette fois, avec les concours de plusieurs dignitaires ecclésiastiques. Cette affaire est rapportée par les auteurs contemporains, dans un récit entouré de circonstances miraculeuses. Le Juif, qui avait prêté de l'argent à une femme, la décida à lui remettre, en échange, l'hostie qu'elle avait reçue à l'église le jour de Pâques. Animé d'une fureur sacrilège, il jeta cette hostie dans l'eau bouillante et la perça de son couteau, de telle sorte que l'eau devint vermeille, et comme mêlée de sang, au récit des pieux chroniqueurs (55). Il fut condamné au feu, et brûlé au

---

(54) Saint-Cloud était le lieu patibulaire ordinaire de la justice de l'évêque ; c'est là du moins que les corps des suppliciés étaient habituellement exposés. — Une quittance, du 23 mars 1578, délivrée à Michel Barré, receveur des amendes du baillage de l'évêque, porte que Léonard Fontaine, maître charpentier, a dressé deux potences garnies d'échelles, l'une à l'entrée du faubourg Saint-Honoré, l'autre au bout du pont de Saint-Cloud, pour servir à l'exécution de Gilles Gentil, condamné par une sentence du bailli de l'évêque confirmée par le Parlement. Le condamné fut pendu au faubourg Saint-Honoré, après avoir fait amende honorable, un fouet au cou ; son corps fut ensuite exposé à la potence du pont de Saint-Cloud (Arch. nat. Z² 3150).

(55) « Quand ladicte hostie fu en liauve boulant ; il la commença à poindre de son coustel, et lors devint liauve comme vermeille ». Rec. des

Marché-aux-Pourceaux, *sans repentance*. L'église des Billettes fut, dit-on, construite sur le lieu même où il demeurait, et c'est en souvenir de cet événement que la rue qui porte ce nom fut aussi nommée la rue du Dieu-Bouilli (56).

La croix dite du *Tyrouel*, du *Tirouer* ou du *Tiroir*, où s'exécutaient les peines corporelles autres que la peine capitale, était située dans la rue Saint-Honoré à la hauteur de la rue de l'Arbre-Sec. L'abbé Lebeuf pensait que le nom de cette croix était dû à un marché voisin et qu'il provenait des *tiroirs, tiratoria* qui servaient à y étendre les étoffes. Mais il est plus probable qu'il doit son origine aux *tiroirs* ou *traits*, dans lesquels on triait les animaux de boucherie qu'on y amenait, comme l'exprime formellement Raoul de Presles. « Et pourquoi, à proprement parler, est-elle appelée la Croix-du-Tirouer, pour les bêtes que l'on y trioit (57). »

Le siège de la juridiction temporelle de l'évêque était le *For* ou *Four-l'Évêque*, qui avait une face sur la rue Saint-Germain-l'Auxerrois et une autre sur le quai. Un pignon de cet édifice subsista pendant longtemps au coin de la rue de l'Arche-Pépin. Le nom de *Four-l'Évêque* n'est pas, comme on pourrait le croire, une altération de celui de For-l'Évêque, car nous voyons ce bâtiment désigné, dans un passage du Cartulaire de Notre-Dame, sous la dénomination, non équivoque, de *domus furni episcopi* (58). Il est probable que l'évêque y eut aussi un four banal qui fut ensuite détruit, pour l'agrandissement de l'auditoire, des prisons et de leurs dépendances. On voyait un curieux bas-relief au-dessus d'une porte de ce tribunal, du côté de la rue Saint-Germain. Un évêque et un roi, agenouillés face à face devant Notre-Dame, symbolisaient, sans doute, l'accord de 1222 conclu par Philippe-Auguste. Un juge en

Hist. de France, t. XX, p. 658. V. aussi, t. XXI, p. 127, et XXII, p. 33. *De miraculo hostiæ*. — En 1232, le parlement rendit encore à l'évêque la connaissance de deux femmes accusées de sortilège (*Cart. N.-D.* t. III, p. 341).

(56) « Et de ce miracle est fondée une église à Paris que on dit les Billettes ; et est au lieu là où le juif demouroit » (*Loc. cit.* t. XXI, p. 127).

(57) V. Berty, *Topographie historique du vieux Paris*, t. I, p. 49 ; Lebeuf, t. I, p. 176.

(58) *Cart. N.-D.* t. III, p. 83.

robe et en capuchon, des assesseurs, et un greffier vêtu comme un homme d'église, représentaient la cour épiscopale. Les armes de France, à fleurs de lys, étaient traversées d'une crosse droite (59). Cette porte, qui avait été conservée dans la reconstruction de ce monument, entreprise en 1652, par l'archevêque Jean-François de Gondi, datait du XIII° siècle.

Le For-l'Évêque contenait, avec l'auditoire, les prisons de la temporalité. Nous en avons un état de lieux, dans un procès-verbal d'un commis du voyer de l'évêque, du 14 mars 1583. Les cachots y sont désignés sous des noms particuliers, les *Marmousets*, la *Souris*, le *Lièvre*, la *Brune*, et autres (60). Trois articles sont consacrés aux réparations à faire à la *chambre de la question*. Des *comptes du temporel* de l'évêché, de 1407 à 1409, nous apprennent le chiffre de la pension qui était faite alors à *Jean le Gendre*, chargé de donner la question aux accusés, *questionario*; elle était de huit livres, payées en quatre termes (61).

On ignore si l'évêque avait une échelle dans le bourg Saint-

---

(59) Lebeuf, t. I, p. 94.

(60) Les prisons du Châtelet avaient aussi des noms vulgaires. V. le curieux chapitre, *Du clerc de la geole et geollier*, art. 21 et s. : « Se ung prisonnier gist ès chaisnes, *en beauvais, en la motte...... en la boucherie, en beaumont* ou *en la griesche, en barbarie, en gloriette,* etc. ;... » il y a aussi *la fosse* et *l'oubliette* et *l'entre deux huis* (Grand Coutumier, p. 77 et 78).

(61) *Arch. nat.* LL. 11 : « Item tradidit, de ordinatione baillivi, Johanni George firmario prepositure fori episcopi, pro tradendo Johanni le Gendre, *questionario*, pro pensione sua, pro terminis Sancti Remigii et Nativitatis Domini, IIII l. (anno 1408). — Item tradidit Johanni le Gendre, *questionario*, per manum Johannis George, pro pensione sua, pro terminis,.... IIII l (anno 1409). » — Thomassin Purihain, détenu au Châtelet pour avoir proféré des menaces de mort contre l'évêque de Paris, s'excuse en alléguant qu'il a été retenu dans les prisons de ce prélat et « illec traitié durement par géhine ou autrement ; » c'est pourquoi « quand il le véoit passer pardevant soy, chevauchant parmy la ville de Paris, il qui parle ne le saluoit pas et ne luy portoit aucun honneur ou révérence » (*Biblioth. nat.*, collect. du Parlement, Tournelle, t. 327). — La question n'était pas d'ailleurs appliquée seulement par la juridiction laïque ; les clercs y étaient aussi soumis. V. *Quest.* de Jean Lecoq, *Quod clericus quæstionatur:* « Et fuit (Bernardus Panc clericus) ob quamdam mutilationem quam fecerat, cum portu armorum, in curia episcopi Parisiensis quæstionatus » (*Quest.* 294).

Germain ou le faubourg Saint-Honoré, bien qu'une rue, qui existe encore sous cette dénomination, ait reçu anciennement le nom de l'Échelle. Dans la Cité, on lui a parfois attribué l'échelle qui a existé au port Saint-Landry ; mais c'était, en réalité, celle de la justice du chapitre de Notre-Dame (62). L'évêque n'a eu d'autre échelle connue, à Paris, que celle qui était dressée sur la place du Parvis, mais nous ne l'avons vue mentionnée qu'à l'occasion de condamnations prononcées par l'officialité ; il semble donc qu'elle était moins la marque de la justice temporelle que celle de la juridiction spirituelle de l'évêque ; on peut seulement supposer qu'elle servait à l'une et à l'autre. En 1344, l'official y fit exposer, par trois fois, Henri de Malestroit, gentilhomme breton, et maître des requêtes de l'Hôtel, qui lui appartenait par sa qualité de diacre, et qui s'était rendu coupable du crime de lèse-majesté. Le condamné fut couvert de boue et d'ordures par la foule, malgré les défenses des juges, et même atteint d'une pierre qui le blessa grièvement (63). Il finit ses jours dans la prison dite des *Oubliettes*. C'est dans cette prison que fut aussi enfermé Hugues Aubriot, ancien prévôt de Paris, accusé de judaïsme, à la suite de ses démêlés avec l'Université ; mais, plus heureux qu'Henri de Malestroit, il fut délivré en 1381, par l'insurrection des Maillotins (64). En 1416, Nicolle d'Orgemont, chanoine de Notre-Dame, et maître des Comptes, convaincu de lèse-majesté, y fut aussi exposé pendant que ses complices étaient décapités aux Halles (65). C'est également devant cette échelle que le grand maître des Templiers et le maître de Normandie firent, en 1312, les rétractations solennelles qui les conduisirent au bûcher. Du Breul y vit encore, dans sa jeunesse, exposer une prêtre ayant au dos un écriteau. Il dit que l'échelle se transportait alors, pour les exécutions, devant le grand portrait de Notre-Dame, ce qui

---

(62) Jaillot, t. 1. p. 115.
(63) Sauval, t. II, p. 605 et 606 et Dubreul. p. 38.
(64) Sauval, *Loc. cit.*
(65) Sauval, *Loc. cit.* — Cette affaire est rapportée dans le *Livre vert vieil* du Châtelet (Copie de la préfecture de police, f° 85).

paraît indiquer qu'elle n'était déjà plus à demeure sur la place du Parvis (66).

La justice temporelle de l'évêque était rendue, au civil comme au criminel, par son prévôt et son bailli. Les *Olim* contiennent de nombreux appels de leurs sentences, concernant la propriété de maisons, l'exécution de conventions matrimoniales, de ventes ou de donations contestées, l'exercice d'un droit de retrait, la reconnaissance d'un droit de passage, la validité d'une saisie, l'adjudication du profit d'un défaut. Une donation, faite par une femme à son mari, de tous ses biens meubles et conquêts, est annulée à la demande du frère et de la sœur de la femme décédée (67). Une autre donation, qui avait pour objet une maison de la rue Saint-Germain-l'Auxerrois, est également frappée de nullité, parce qu'à l'époque où elle avait été faite, la maison se trouvait être litigieuse, « quia inventum est...., quod lis pendebat, super » dicta domo, in curia episcopi, tempore quo dicta donatio » dicitur facta fuisse, et sic rem donatam tunc esse litigio- » sam (68) ».

L'affaire qui offre le plus de développements est relative à une contestation soulevée entre une femme et les héritiers de son premier mari touchant la détermination d'un douaire. La femme réclame un douaire préfix, consistant en une rente annuelle de quarante livres parisis, qui avait été stipulée par son contrat de mariage, ou, à défaut de cette rente, le douaire coutumier de moitié. Des écritures sont échangées de part et d'autre ; une fin de non-recevoir est proposée ; un jugement

---

(66) Dubreul, p. 38. — L'évêque avait aussi un carcan au Marché aux Pourceaux. Un arrêt du Parlement, du 9 juillet 1582, l'autorisa à en faire dresser un en ce lieu, avec un poteau à ses armes et à faire enlever le poteau que les officiers du roi y avaient élevé sans droit (*Arch. nat.* L. 436).

(67) Beugnot, t. III, p. 577. — V. Bouteiller, *Somme rurale*, « Des donations que l'homme et la femme font l'un à l'autre liv. I, tit. XCIX. Loisel, *Institutes coutumières*, liv. I, tit. I, règle 25 « Donation en mariage, ni concubinage ne vaut. »

(68) Beugnot, t. III, p. 463. — V. sur la nullité de la vente des choses litigieuses, Bouteiller, *Somme rurale*, liv. I, tit. LXVI, « De litige que l'en dict des choses qui ne doivent estre vendues, plaid pendant » ; et la note de Charondas.

interlocutoire est rendu, et enfin le procès est jugé au fond par le bailli, qui adjuge le douaire préfix. Le parlement infirme et ordonne que les parties feront à nouveau leurs preuves devant lui (69).

Le jugement du procès est délégué, dans deux affaires, à des commissaires nommés par le bailli. Une sentence du prévôt, relative à la propriété d'une maison revendiquée à titre successoral, par le demandeur, et par le défendeur, à titre de vente, est portée en appel devant le bailli, qui délègue successivement deux commissaires pour en connaître. Les commissaires rendent des décisions contraires, et le parlement, saisi enfin après toutes ces évolutions de procédure, confirme définitivement la sentence du prévôt (70).

La dernière affaire est relative à une question de compétence entre la cour séculière de l'évêque et son officialité. Deux clercs, Jean et Gauthier de Rueil, poursuivis devant le prévôt de l'évêque en paiement d'une dette de succession, demandent leur renvoi devant l'official. Le prévôt rend un jugement interlocutoire, *interloquendo super hoc*, par lequel il se déclare compétent ; mais le bailli infirme cette sentence, parce qu'il s'agissait d'une action purement personnelle, et que les défenseurs étaient clercs, « pro eo quod dicta actio erat mere personalis, et dicti fratres erant clerici (71) ».

(69) Beugnot, t. IV, p. 93. — V. sur le douaire préfix et coutumier, Beaumanoir, ch. XIII, *des Douaires*; La Thaumassière sur la coutume de Lorris, *de Douaire*, art. 11 ; Loisel, *Institutes coutumières*, liv. I, tit. III, règle 13 : « Femme qui prend douaire convenancé se prive du coutumier » ; *Cout. de Paris*, art. 261.

(70) Beugnot, t. III, p. 314.

(71) Beugnot, t. IV, p. 1227. — On peut consulter encore les arrêts suivants : arrêt de 1308 relatif à un droit de cens sur une maison de la rue du Comte-d'Artois (t. III, p. 303). — Autre arrêt de la même année relatif à l'exercice d'un droit de retrait (t. III, p. 302). — Arrêt de 1310 sur le même sujet (t. III, p. 534). — Autre arrêt de la même année sur un droit de passage dans une allée dépendant d'une maison de la rue Baudoin-Prend-Gage (t. III, p. 537). — Arrêt de 1311 relatif à la vente d'une maison de la rue Saint-Sauveur (t. III, p. 656). — Arrêt de 1312 relatif à une saisie (t. IV, p. 759). — Arrêt de 1318 relatif à l'adjudication du profit d'un défaut, « ad videndum judicari profectum dicti defectus, et ad procedendum ulterius » (t. IV, p. 1221). — Autre arrêt de 1318 relatif à la validité d'une saisie opérée dans une maison de la rue des

L'ÉVÊQUE DE PARIS 175

Les lettres patentes de 1374 nous donnent le dernier état de la justice du For-l'Évêque (72). Il n'y est plus fait mention du prévôt, dont l'office était sans doute alors supprimé. La charge de bailli est estimée au delà de 30,000 livres : celles de lieutenant et de procureur fiscal, au delà de 6,000 livres chacune. Douze offices de procureurs et autant d'huissiers valent, les premiers, 500, et les seconds, 300 livres. Le greffe est affermé 1,200 livres, et la ferme des prisons atteint le chiffre de 6,000 livres. On affermait encore les amendes pour une somme annuelle de 350 livres. Ce n'étaient pas là d'ailleurs, les seuls produits de cette justice ; il y avait encore le tabellionat et la voirie. Le tabellionat était déjà affermé au prix de 88 à 130 livres, pendant les années 1407 à 1409 (73). La ferme de la voirie était donnée, en 1662, au prix annuel de 300 livres. Le droit de voirie fut contesté à l'évêque, à diverses reprises, comme aux autres hauts justiciers, par le voyer général du roi, mais la réserve expresse que le roi en avait faite à son profit, par l'accord de 1222, dans une partie de la rue Saint-Honoré et sur le quai, démontre bien que l'évêque en était alors en possession (74).

A la suite de l'édit de suppression de 1674, les lettres patentes du 11 novembre accordèrent à l'archevêque (75), à titre

Écrivains (t. IV, p. 1352). — V. encore deux arrêts de 1284 et 1294 qui renvoient deux affaires, en matière civile, devant la cour de l'évêque (t. II, p. 238 et 374).

(72) V. Sauval, t. III, p. 675 ; et Arch. nat. L 436.

(73) Arch. nat., LL11, Comptes de l'évêché, de 1407 à 1409 : « A Petro Remigio, pro tabellionatu, — 130 l. (une année), 88 l. (l'autre). » — Il y avait aussi les produits de la geôle : « A Guillot Lasne, pro geola, 48 l. »

(74) On lit, dans l'État des droits que nous avons analysé plus haut, que l'évêque a la voirie dans la ville aussi bien que dans les champs, laquelle « est vendue par an grant argent » (Cart. N.-D. t. III, p. 272).— V. aussi le Musée des Archives, n° 417 : 1er mai 1497, le voyer et le maçon juré de l'évêque sont commis, avec le voyer du Temple, et deux maçons pour estimer la valeur du terrain acquis par le duc de Bourbon aux bacheliers abords du Louvre. — Comptes de l'évêché de 1407-1409 recettes de voirie : « Pro quadam salceya, in vico Sancti Hilarii... — Pro quodam aquosio, de novo facto...., in vico Plastrerie.... Id. in vico de Quiquetone.— Pro quodam auvento, de novo facto. » — Le carton L 436 (Arch. nat.) contient plusieurs baux de cette voirie.

(75) Nous n'avons parlé jusqu'ici que de l'évêque ; c'est qu'en effet l'é-

d'indemnité, une rente de 10,000 francs, portée à 16,000 par d'autres lettres d'avril 1681, ainsi que les droits sur les échanges dans toutes ses seigneuries, et la décharge de la contribution annuelle de 3,000 livres qu'il devait, en sa qualité de haut justicier, pour l'entretien des enfants trouvés (76).

vêché ne fut érigé en archevêché qu'en 1622 ; il relevait jusqu'alors de l'archevêché de Sens.

(76) La haute justice fut néanmoins maintenue à l'archevêque dans son palais et ses dépendances : « Toute l'étendue de l'hôtel archiépiscopal, jardins et yssue, cour d'église et dépendances du tout sont du territoire de l'ancienne justice dudit archevêché, dans lequel territoire toute haute justice luy a esté conservée, par édit du mois d'avril dernier, attendu que si les officiers royaux avaient droit d'y entrer, les archevêques de Paris dans les fonctions les plus sacrées de leur ministère, seraient exposés à de grands inconvénients » (Lettres pat. de 1674).

CHAPITRE XI

L'ABBAYE DE SAINT-MAGLOIRE

I. Sa fondation dans la cité. — Sa translation sur la rive droite. — L'église Saint-Barthélemy.— L'abbaye. — Réunion à l'évêché de Paris.— II. Limites de la seigneurie, dans la Cité et sur la rive droite. — Le Clos-aux-Alliez. — III. Officiers de justice. — Échelle de la rue Grenéta. — Un procès en dénonciation de nouvel œuvre. — IV. Seigneuries de Charonne et d'Issy. — Conflit armé entre les officiers de Saint-Magloire et ceux de Saint-Germain-des-Prés, à Issy.

L'abbaye de Saint-Magloire a été fondée, au Xe siècle, auprès d'une chapelle royale, consacrée à Saint-Barthélemy, qui s'élevait, dans la Cité, en face du palais du roi. Cette fondation fut déterminée par la translation à Paris, de reliques de la Bretagne apportées, vers l'an 965, par Salvator, évêque d'Aleth, qui redoutait les effets d'une guerre récemment déclarée entre le comte de Chartres et le duc de Normandie. Hugues Capet, encore duc de France, reçut ces reliques avec empressement, et les fit déposer dans la chapelle de Saint-Barthélemy ; mais lorsque l'évêque voulut les rapporter dans son pays, il fit abandonner le corps de saint Magloire avec quelques autres reliques, à la chapelle qui les avait recueillis (1). Il transforma, peu de temps après, la destination de cette chapelle, remplaça les chanoines qui la desservaient par des religieux de Saint-Benoît, et fonda ainsi, sous l'invocation de saint Barthélemy et saint Magloire, une abbaye qui reçut de lui d'importantes libéralités.

(1) Mabillon, *Annal. Bénédict.*, t. III, p. 655. — *Rec. des Hist. de France*, t. X, p. 213.

I

Les religieux s'établirent d'abord dans la Cité ; mais ils s'y trouvèrent bientôt trop à l'étroit, et ils se transportèrent, en 1138, dans une terre qu'ils possédaient, sur la rive droite de la Seine, hors des murs, et où ils avaient déjà leur cimetière et une chapelle dédiée à saint Georges. Cette chapelle qui avait été rebâtie, agrandie et entourée de constructions propres à les recevoir, devint le siège définitif de l'abbaye, sous le titre unique de Saint-Magloire, celui de Saint-Barthélemy demeurant réservé à l'église de la Cité (2). Elle était située sur la rue Saint-Denis, non loin des murs. Elle occupait, avec les dépendances de l'abbaye, un emplacement qui est compris aujourd'hui dans le parcours de la rue Saint-Denis et du boulevard Sébastopol, entre la rue aux Ours et la rue de Venise.

Quelques religieux restèrent dans la cité pour desservir l'église Saint-Barthélemy, mais ils en furent retirés par la suite. Cette église devint alors une simple église paroissiale. Agrandie et restaurée, à diverses reprises, elle était encore en si mauvais état, à la fin du XVIIIe siècle, que sa voûte entière s'écroula. Elle était située en face de la grande salle du Palais, sur l'emplacement du boulevard actuel et du Tribunal de commerce.

L'abbaye de Saint-Magloire resta, dans son premier état, jusque vers le milieu du XVIIe siècle. Elle fut unie, à cette époque, à l'évêché de Paris, par des bulles de Pie IV, du 1er septembre 1564 et de Grégoire XIII, du 29 août 1575, enregistrées le 24 novembre 1581. Dès 1572, les religieux furent transférés à Saint-Jacques-du-Haut-Pas ; et les filles pénitentes prirent leur place (3). Mais ces changements n'affectèrent, en aucune manière, la temporalité de l'abbaye qui fut exercée au nom de l'évêque, en sa qualité d'abbé de Saint-Magloire, et demeura entièrement séparée de celle qui appartenait en propre à ce prélat.

La fondation de ce monastère est rapportée par deux

---

(2) V. Lebeuf, t. II, p. 259. — Jaillot, *Quartier de la cité*, p. 34.
(3) Félibien, *pièces*, t. I, p. 711.

fragments d'auteurs anonymes et par la charte de Lothaire et Louis, de l'année 980. Cette charte énumère les biens qui ont été donnés à l'abbaye par Hugues Capet, son fondateur, et par quelques fidèles. On y voit figurer déjà les deux terres qui formèrent la seigneurie des religieux à Paris, celle de la cité, autour de l'église Saint-Barthélemy, et celle qui s'étendait, hors des murs, autour du cimetière et de la chapelle Saint-Georges (4). Elle affranchit entièrement ces domaines ainsi que tous ceux qu'elle énumère, de l'action des officiers royaux. Cette exemption n'est pas limitée aux possessions actuelles des religieux; elle est étendue à toutes les terres qui pourront leur être transmises par la suite. La clause d'immunité est formelle, et copiée, en quelque sorte, sur les textes classiques des anciens recueils de formules (5).

Cette charte fut confirmée, en 999, par le roi Robert, dans les mêmes termes, et par Louis le Jeune, en 1159. La charte de 1159 substitue à la formule d'immunité une clause nouvelle; elle réserve aux religieux le sang, le vol, la voirie, les amendes, le ban et toutes les coutumes (6).

Un arrêt du Parlement, de 1269, fit une application remarquable de cette clause. Le prévôt de Paris, qui avait arrêté, dans la terre de Saint-Magloire, un homme soupçonné de meurtre, revendiquait, pour le roi, la connaissance du cas. Mais les religieux se firent restituer le prisonnier par la simple production de leur titre. L'arrêt qui ordonna cette restitu-

(4) « Est autem prius, terra in qua ipsum situm est monasterium..... — Aliæ res,.... unde prior est capella in suburbio Parisiaco, haud procul mœnibus.... cum terra inibi adjacenti, in qua ipsorum est sepultura monachorum. » — Félibien, *pièces*, t. I, p. 39.

(5) « Confirmamus ita ut nullus abhinc ad causas audiendas, aut freda aut tributa exigenda, aut mansiones vel paratas faciendas, vel fidejussores tollendos, aut homines ejusdem ecclesie, tam ingenuos quam servos, super terram ipsorum dominantes injuste distringendos, nec ullas redhibitiones aut illicitas occasiones requirendas,..... ingredi audeat. »

(6) « Hæc autem omnia quæ prædicta sunt confirmamus auctoritate nostra,..... ita ut abhinc nullus, in his, viariam, sanguinem, furtum, bannum, justiciam, aliquam consuetudinem et redhibitionem habeat vel exquirat, nec audeat aliquis homines tam ingenuos, quam servos, super terram ecclesie habitantes capere aut fidejussores tollere. » — V. Dubreuil, p. 95. — Nous traduisons ici le mot *justitiam* par *amendes*, à cause de son opposition avec les mots qui précèdent.

tion, reproduit textuellement, pour la justifier, les termes mêmes de la charte de 1139 (7).

II

Les limites de la seigneurie de Saint-Magloire sont indiquées dans plusieurs déclarations de temporel. Elles s'étendaient, dans la Cité, depuis les murs de l'église Saint-Pierre-des-Arcis, dans la rue de la Vieille-Draperie, jusqu'au coin de la rue Saint-Barthélemy, suivaient celle-ci jusqu'au coin de la rue de la Vieille-Pelleterie et remontaient cette dernière jusqu'à une certaine hauteur fixée par un hôtel où pendait, pour enseigne, une image de saint Martin (8). C'était une sorte de carré, dans lequel s'élevait l'église, entourée de maisons, entre la rue et le cul-de-sac de Saint-Barthélemy (9). L'église était tout ce qui restait des bâtiments du monastère primitif : l'ancien enclos avait été donné à bâtir, dès 1315, époque à laquelle les religieux avaient cédé à divers bourgeois de Paris, drapiers pour la plupart, une partie de l'emplacement même de leur *vieille maison* (10). Ces terrains sont compris aujourd'hui, en entier, dans l'espace occupé par le boulevard du Palais, le Tribunal de commerce, l'avenue de Constantine et le Marché-aux-Fleurs.

La seigneurie de l'abbaye, hors de la Cité, s'étendait entre les rues Saint-Denis et Saint-Martin. Nous la voyons décrite, pour la première fois, dans un extrait des registres du Châtelet. On lit, dans cette pièce, que les religieux de Saint-Magloire montrèrent, en 1309, à M. Aubert de la Porte, examinateur du Châtelet, *un papier* qui définissait les limites de leur justice haute, moyenne et basse (11). Le territoire des religieux comprenait, d'après ce document, la rue Saint-

(7) Beugnot, *Olim*, t. 1, p. 768.

(8) *Arch. nat.* L 610. V. deux *Déclar. de temp.* de Saint-Magloire, l'une, sans date, l'autre, de 1539.

(9) Ce cul-de-sac longeait précisément les murs de l'église Saint-Pierre-des-Arcis.

(10) Bibliothèque nationale, MS fonds latin. *Cartularium monasterii S. Maglorii Parisiensis*, f°s 104 et s.

(11) *Arch. nat.* L 610. « Extraict des registres du Chastellet de Paris d'ung livre intitulé le *Grand Livre blanc*. »

Denis, depuis l'église du Saint-Sépulchre jusqu'à la porte (12), et depuis la porte jusqu'à la Croix-la-Reine (13), la rue de la Croix (14) et la rue Darnaytal (15), la rue du Bourg-l'Abbé, la rue au Comte-Dampmartin (16), la rue Palée (17), la rue de Huleu (18), une partie de la rue aux Oes (19) et de la rue Quinquenpoit (20) et la rue Saint-Martin depuis l'église Saint-Nicolas-des-Champs jusqu'à la Bastide-Saint-Martin (21). Il faut ajouter à cette énumération, d'après d'autres documents, une partie des rues Aubry-le-Boucher (22) et Guérin-Boisseau (23).

Tout ce territoire provenait de la fondation primitive, à l'exception de quelques parcelles transmises par voie d'acquisition ou d'échange. Le chapitre de Saint-Merri avait encore,

(12) La porte était située entre les rues Mauconseil et du Petit-Lyon, un peu au-dessus de la rue aux Ours actuelle.
(13) C'était une croix à l'angle de la rue Saint-Denis et de la rue Grenéta ; il y avait là aussi une fontaine.
(14) On désigne ici, sous ce nom, la partie de la rue Grenéta située entre les rues Saint-Denis et du Bourg-l'Abbé.
(15) L'autre partie de la rue Grenéta.
(16) Cette rue, nommée plus tard de la *Salle-au-Comte*, allait de la rue aux Ours à la porte de l'abbaye. Elle a été comprise, ainsi que la rue du Bourg-l'Abbé, dans le parcours du boulevard de Sébastopol.
(17) Ancienne rue du Petit-Hurleur.
(18) Ancienne rue du Grand-Hurleur. Elle a été, ainsi que la précédente, comprise dans le parcours de la rue de Turbigo.
(19) Rue aux Ours.
(20) Rue Quincampoix.
(21) Une enquête du 27 février 1466 fixe, d'une manière plus précise, la justice de Saint-Magloire, dans la rue Saint-Martin, au *ponceau des agous,* c'est-à-dire à l'ancienne rue des Égouts.
(22) Cette rue figure dans la Déclaration du temporel de 1339 et dans un Inventaire de pièces, comme appartenant à Saint-Magloire, dans la partie qui s'étendait entre la rue Saint-Denis et l'église Saint-Josse. — *Arch. nat.* L 610.
(23) Cette rue figure dans le territoire de la justice de Saint-Magloire tel qu'il est défini dans les lettres patentes du 11 novembre 1674 (*Arch. nat.* L 436). Mais les religieux de Saint-Magloire ne devaient y avoir que quelques maisons ; car une partie de cette rue était dans la justice de Saint-Martin-des-Champs. — Ils prétendaient encore à la justice d'une partie de la rue de la Vieille-Monnaie (V. *Déclar. de temp.* de 1339) et à celle d'une maison sise au *Mont-Sainte-Geneviève* (V. une mention de confiscation, *Arch. nat.* LL 8 *bis*).

au XIIᵉ siècle, la seigneurie d'une terre d'une certaine étendue qui confinait aux dépendances de l'abbaye ; il la céda aux religieux, par un acte d'échange de 1156 (24).

La justice de l'abbaye s'étendait, en dehors de ses limites, sur un petit fief nommé le Clos-aux-Alliez ou aux Halliers, ou les Masures-Saint-Magloire, sur le chemin du Val-Larronneux ou des Poissonniers (25). Ce fief représentait peut-être des terres situées près de Montmartre que la charte de 980 mentionne comme provenant des libéralités d'un certain Guillaume et du comte Fulco.

La charte de 1159 donnait encore aux religieux les eaux de la Seine, depuis la pointe de l'île Notre-Dame jusqu'au Grand-Pont (26). Ceux-ci revendiquaient également le pont Notre-Dame ; mais nous voyons, par une mention des comptes de la prévôté de Paris, de l'année 1417, que ce pont appartenait au roi (27).

III

L'abbaye avait un maire à Paris. Cet office était rempli, en 1389, par Denis de Bausmes, avocat au Châtelet (28). En 1517, un autre avocat au Châtelet, Lemaire, licencié en lois, et, en 1545, un avocat au Parlement, Nicolle de Fontenay, occupent les mêmes fonctions (29). Au XVIIᵉ siècle, le principal officier de justice de Saint-Magloire portait le titre de bailli. Ce titre pourrait faire croire que les religieux avaient un second degré de juridiction ; mais nous n'avons trouvé

---

(24) Le chapitre cède aux religieux, « terram quandam hospitatam juxta officinas S. Maglorii, cum omnibus consuetudinibus Parisiensibus, id est, censum, parrochiam, justitiam, etc... » — V. Jaillot, *Quartier de Saint-Jacques-la-Boucherie*, p. 34.

(25) *Déclar. de temp.* de 1539 (*Arch. nat.*, L. 610).

(26) « Cum aqua Sequanæ, sicut fluit à capite insulæ Santæ Mariæ usque ad magnum pontem. »

(27) Sauval *(Comptes de la prévôté de Paris)* t. III, p. 272.

(28) V. *Registre criminel du Châtelet de Paris*, t. 1, p. 1 et s. — Denis de Bausmes figure, en cette qualité, dans la première affaire de ce registre.

(29) V. une enquête du 14 décembre 1517, et une sentence du 27 février 1545. — *Arch. nat.*, L 610.

aucun titre qui conférât à l'abbaye ce droit de ressort. Nous voyons au contraire, par un extrait d'un arrêt du Parlement du 6 mars 1321, qu'on appelait directement du prévôt de Saint-Magloire au prévôt de Paris (30).

Les autres officiers de la justice de Saint-Magloire étaient, un lieutenant de juge, un procureur fiscal, un voyer, un greffier et un tabellion. L'office de bailli valait, en 1674, 6,000 livres ; ceux de lieutenant et de procureur fiscal, 2,000. Le greffe était affermé 200 livres par an ; la geôle, 600 ; et la voirie, 550 (31).

Les sentences de mort prononcées par les juges de Saint-Magloire étaient exécutées aux fourches patibulaires de l'abbaye qui étaient sans doute dressées dans la terre voisine, de Charonne.

La découverte faite, au XVIe siècle, dans les jardins voisins de l'église Saint-Magloire, de chaînes de fer et de potences mêlées à des ossements, a fait supposer que ces jardins avaient été le premier lieu patibulaire de l'abbaye (32) ; mais nous n'avons trouvé aucun document qui confirmât cette hypothèse. Les gibets des seigneurs devaient être à une certaine distance de la ville, hors des murs, comme celui du roi; et si les religieux ont eu le leur près de leur ancienne chapelle Saint-Georges, ce ne peut être qu'à une époque très reculée, et sans doute avant leur translation, de la Cité, dans leur nouvelle église.

L'échelle et le carcan de l'abbaye étaient situés à l'extrémité de la rue Grenéta, en face de l'église Saint-Nicolas-des-Champs. Ces anciennes marques de justice étaient tombées à terre, en 1509, en sorte qu'on dut demander au roi l'autorisation de les relever. La sentence du prévôt de Paris, qui entérina les lettres royales données à cet effet, nous apprend que l'abbaye avait eu à soutenir de nombreux procès pendant plus de vingt-cinq ans, que l'administration de son temporel avait dû être remise, pendant ce temps, entre les mains du roi, et que les commissaires royaux avaient, par un abandon

---

(30) V. l'Extrait des registres du Châtelet déjà cité.
(31) V. Lettres patentes du 11 novembre 1674. *Arch. nat.* L 436.
(32) V. Jaillot, *Quartier de Saint-Jacques-la-Boucherie*, p. 33.

volontaire, laissé tomber l'échelle et le carcan (33). Un bail des défauts et amendes, du 23 novembre 1564, qui met à la charge du preneur les frais des exécutions criminelles, mentionne, comme étant encore en usage à cette époque, la mutilation de l'oreille. Il nous fait connaître le salaire de l'exécuteur et des sergents, pour une fustigation ; il n'en coûta pas moins de quatre écus, dont deux furent remis à l'exécuteur et deux aux sergents qui l'assistaient. La fustigation était donnée, le plus souvent, devant l'église, auprès de l'échelle, ou devant la fontaine des Innocents (34).

L'auditoire et les prisons de Saint-Magloire étaient dans *une ruelle derrière l'église Saint-Leu* qui paraît être le cul-de-sac de Beaufort, dans la rue Salle-au-Comte (35). Les prisons étaient, sans doute, des salles basses, obscures et malsaines ; car un arrêt du Parlement du 15 janvier 1563, enjoignit au substitut du procureur du roi de saisir le revenu temporel des religieux pour les contraindre à bâtir des prisons à rez-de-chaussée (36).

(33) Sentence du prévôt de Paris du 14 août 1509. — *Arch. nat.* L 610.

(34) Nous empruntons tous ces renseignements au carton L 610, qui contient un grand nombre de pièces concernant la justice de l'abbaye. On y trouve la mention de plusieurs sentences de ses juges, capitales et autres. Une pièce du 1er avril 1505 est relative à l'application de la question à un larron. — Voici la formule imprimée, d'une citation donnée par le procureur fiscal (27 juillet 1644) : « A la requête de M. le procureur fiscal de la haute, moyenne et basse justice de Saint-Magloire à Paris, soit adjourné à (vendredi), deux heures de relevée, en l'auditoire size derrière Saint-Leu, Saint-Gilles, et pardevant M. le bailly de ladite justice de Saint-Magloire (F. boulanger), pour respondre aux conclusions dudit procureur fiscal..... Fait comme dessus audit F. par ung sergent en ladite justice en parlant à (sa fille) en son domicile, le.... Et lui ai laissé la présente copie, présents les témoins dénommés en mon original. » — Les cartons, L 611 et 604 contiennent également des renseignements intéressants.

(35) Elle fut sans doute supprimée, en 1674. — Un inventaire des titres de l'évêché (*Arch. nat.* S 1211) mentionne, à la date du 24 mars 1698, un bail emphythéotique d'une maison sise cul-de-sac de Beaufort, derrière Saint-Leu et Saint-Gilles, *que l'on appelait cy-devant la prison Saint-Magloire*.

(36) Cet arrêt est mentionné, en note, dans la *Conférence des Coutumes* de Guénoys, t. 1, p. 20.

L'abbaye avait la voirie dans sa terre. De longs débats eurent lieu, en 1321 et 1326, devant le prévôt de Paris, relativement à l'exercice de ce droit dans la rue *Darnestal* (37). Nous y relevons, une fois de plus, la déclaration faite au nom des religieux, que les hauts justiciers étaient à Paris, *de coutume notoire*, en possession de la voirie des rues dont ils avaient les deux côtés (38).

Un autre procès notable fut soutenu par l'abbaye, vers la même époque, contre le comte de Dammartin. Il nous fournit un curieux exemple des formes primitives de la dénonciation de nouvel œuvre et de la voie de fait symbolique qui la caractérisait. Le comte, qui avait son hôtel près de l'église, dans une rue qui reçut son nom, devint, en 1312, pour les religieux, un voisin fort incommode. Il acheta, dans le but de s'agrandir, une maison en face de son hôtel et résolut d'établir un passage de communication par-dessus la rue. Les religieux qui avaient, de ce côté, une grande porte d'entrée, s'opposèrent à cette entreprise. Leur prévôt, frère Eudes, dénonça aux ouvriers *le novele euvre*, en présence de quatre sergents à verge du Châtelet convoqués à cet effet et de plusieurs assistants ; puis il jeta solennellement et à trois reprises, une pierre sur les poutres qui avaient été déjà dressées (39). Le comte, à cette nouvelle, entra dans une grande colère. Il accourut, accompagné d'une forte escorte, pénétra dans l'abbaye, sa masse d'armes au poing, et chassa les moines et leurs serviteurs après les avoir cruellement outragés. Mais on ne venait pas aisément à bout de la résistance intelligente et obstinée d'une telle communauté. Les religieux poursuivirent la réparation de leurs griefs devant le prévôt de Paris

---

(37) Rue Grenéta.
(38) V. *Cart. S. Maglorii*, fos 379 et s.
(39) V. Bouteiller, liv. I, t. XX, *Dénonciation de nouvel œuvre :* « Si sçachez que quiconques se sent aggravé d'aucune nouvelle œuvre que on face contre luy, et en son préjudice, sçachez que, dedans le temps de nouvel œuvre, peut venir sur l'ouvrage qu'on faict et appeler gens en tesmoignage et prendre une pierre en sa main et dire, ceste nouvelle œuvre..... vous dénonce, et cessez..... Et en tesmoin, doit la pierre que en sa main tient jetter en l'œuvre aussi avant qu'il sent que de droict il a. »

qui ordonna la démolition des travaux. Le comte était mort au cours du procès ; mais sa femme, *dame Philippe, amenda pour elle et ses enfants, la vilenie que le comte avait faite à l'abbaye* (40).

IV

Les religieux avaient des seigneuries hors Paris, et notamment celle de Charonne et d'Issy. La première leur avait été donnée par le roi Robert ; elle comprenait, d'après la charte de Louis-le-Jeune, de 1159, le lieu même de Charonne, avec des terres d'une certaine étendue (41). La seconde ne formait qu'une petite partie du territoire d'Issy. Ce territoire était divisé entre plusieurs seigneurs, dont le principal était l'abbé de Saint-Germain-des-Prés. Cette division engendrait des rivalités, toujours prêtes à dégénérer en querelles ouvertes. Le Cartulaire de Saint-Magloire rapporte, à ce sujet, un singulier épisode qui représente, au vif, les conflits des officiers de ces petites justices limitrophes. C'était à l'approche de la fête d'Issy. Le prévôt de Saint-Magloire fit une proclamation défendant le port des armes dans sa terre. L'abbé de Saint-Germain y répondit aussitôt par une proclamation qui l'autorisait dans la sienne ; les gens de Saint-Magloire, par une provocation manifeste, étaient seuls exclus du bénéfice de cette autorisation ; et la proclamation invitait les habitants à arrêter ceux d'entre eux qu'ils rencontreraient armés. De tels préliminaires ne pouvaient pas manquer d'amener une collision. Un des gens de Saint-Germain, Jean Le Forestier, se chargea de la faire naître. Il se présenta en armes, pendant la fête, dans la terre de Saint-Magloire, en présence du prévôt et le menaça de son épée. Celui-ci le mit en état d'arrestation. A cette nouvelle, le frère cuisinier de Saint-Germain accourut suivi d'une nombreuse troupe. Une lutte s'engagea dans laquelle ceux de Saint-Magloire, écrasés par le nombre,

---

(40) *Cart. S. Maglorii*, fos 93 et s. — Le procès ne prit fin qu'en 1316.

(41) « Et villa quæ dicitur Karonna, quam dedit Robertus rex, cum vineis et terris, et torculoribus, servis et ancillis, liberis ejusdem villæ hospitibus. »

reçurent les meilleurs coups. Leur frère Jaquemard fut frappé d'une épée à la tête ; et les vêtements du prévôt furent mis en pièces. L'abbé de Saint-Germain auquel ils eurent la bonhomie de se plaindre, leur répondit « qu'ils avaient trouvé ce qu'ils cherchaient » (42). Cependant leurs épreuves n'étaient pas encore finies. Ils devaient, pour s'en retourner à Saint-Magloire, passer par le bourg de Saint-Germain. Ils y arrivèrent, à la nuit tombante. Comme ils étaient près de la maladrerie, le pénitencier de Saint-Germain se jeta sur eux avec plusieurs complices. Une lutte nouvelle s'engagea ; on fit sonner la cloche ; et de nouveaux agresseurs se joignirent aux premiers. Frères Jaquemard et Colin de Vaux de Saint-Magloire furent arrêtés et conduits à l'abbaye où ils furent gardés, pendant quelques jours, dans une étroite prison. Un arrêt du Parlement, du 12 mai 1330, changea les rôles et donna à ceux de Saint-Magloire la victoire qui leur avait été refusée sur le terrain. L'abbé de Saint-Germain fut condamné à leur payer une certaine somme en réparation de ces faits (43).

(42) « Quod ipse prepositus invenerat quod querebat. »
(43) *Cart. S. Maglorii*, fos 218 et s.

CHAPITRE XII

LE PRIEURÉ DE SAINT-ÉLOI

I. Fondation. — Réforme. — Réunion à l'évêché de Paris. — L'église Saint-Martial. — L'église Saint-Paul. — II. Seigneurie de Saint-Éloi. — Droit de ressort. — *La Ceinture Saint-Éloi*, dans la Cité. — Le bourg Saint-Paul sur la rive droite. — Le bourg Thiboud. — III. — Auditoire. — Prisons. — La grange Saint-Éloi. — Registre d'audience. — Sentences civiles.

Saint Ouen rapporte, dans la *Vie de saint Éloi*, orfèvre et argentier du roi Dagobert, que ce personnage, ayant reçu, de la libéralité du roi, une maison dans la Cité, avec des terres du fisc, y fonda un monastère de filles et une église sous l'invocation de saint Martial (1).

I

Ce monastère, qui fut créé vers l'année 635, prospéra assez rapidement pour que le fondateur pût y voir réunies « jusqu'à trois cents jeunes filles, tant de ses servantes, que de nobles femmes de France ». Il reçut la règle de saint Colomban de Luxeu ou de saint Césaire d'Arles, et fut placé sous la direction de l'abbesse Aure (2).

---

(1) L'abbé Lebeuf pense qu'il y avait déjà une église de ce titre dans ce lieu, parce qu'il est dit, dans *Saint Ouen*, que saint Éloi ne fit que restaurer celle qu'il affecta à sa fondation ; mais comme aucun autre auteur n'en signale l'existence, Jaillot suppose qu'il s'agit là d'une simple chapelle que saint Éloi avait dû élever dans sa maison, pour son usage, et qu'il n'eut plus qu'à agrandir lorsqu'il bâtit son monastère. — V. Jaillot, *Quartier de la Cité*, p. 19.

(2) Ce monastère joignit au nom de Saint-Martial, le nom de son

Saint Éloi donna aux religieuses, en même temps que leur maison de la Cité, de vastes terrains situés sur la rive droite de la Seine, sur lesquels elles firent élever une chapelle consacrée à saint Paul et établir un cimetière, pour leur servir de sépulture.

Une charte royale, du 12 mars 846, donna cette abbaye à l'évêque Ingelvin et aux futurs pasteurs de l'église de Paris, avec tous ses biens, « cum omni suarum rerum integritate » (3).

En 1107, l'évêque Galon y introduisit une réforme complète, à la suite de graves désordres que les censures ecclésiastiques avaient été impuissantes à réprimer (4). Il en fit expulser les religieuses qu'il dispersa dans des monastères éloignés ; et il donna leur maison à Thibaut, abbé de Saint-Maur, à la condition qu'il y placerait douze religieux sous le gouvernement d'un prieur ; cette cession fut confirmée par le pape, en 1134 ; et l'abbaye fut ainsi définitivement transformée en un simple prieuré d'hommes. Ce prieuré fit retour à l'évêché, aux XVIe siècle, entre les mains de Jean du Bellay, évêque de Paris et abbé commendataire de Saint-Maur, qui obtint du pape la réunion définitive du titre abbatial de Saint-Maur, au siège épiscopal (5).

L'église de Saint-Martial fut, par la suite, entièrement transformée. On la divisa en deux parties qui formèrent deux édifices distincts. On fit, du chœur, une église paroissiale qui conserva le nom de Saint-Martial ; et on forma, avec la nef, une église priorale sous le titre de Saint-Éloi. La première tombait de vétusté, au XVIIIe siècle. Le roi accorda, en 1715, une loterie pour la rebâtir ; mais ce projet de reconstruction n'aboutit pas, et elle fut démolie en 1722. L'église Saint-Éloi était elle-même en assez mauvais état, en 1629, lorsque l'archevêque

fondateur et parfois aussi celui de Sainte-Aure, sa première abbesse. Il est désigné sous le titre de Saint-Éloi et Sainte-Aure, dans la charte d'immunité de 1140.

(3) *Cart. N.-D.* t. i. p. 248.

(4) « Propter intemperantem quam imprudenter agebant fornicationem moniales....., templum Domini aperte, pravo usu, violantes. »

(5) Le prédécesseur de Jean du Bellay à l'évêché de Paris, François Poncher, avait eu déjà l'abbaye de Saint-Maur dont il fut le premier abbé commendataire. — V. *Arch. nat.* S 1212 (Inventaire des titres de l'archevêché de Paris).

de Paris, de Gondi, l'affecta à l'ordre des Barnabites récemment introduit en France. Elle cessa d'être consacrée au culte après la Révolution ; et elle servait de dépôt général des comptabilités de France, lorsqu'elle fut démolie en 1862. Sa façade a été rapportée devant l'église des Blancs Manteaux.

L'église de Saint-Paul, dite Saint-Paul-des-Champs, avant qu'elle ne fût enfermée dans les murs, prit rapidement de l'importance, par suite des accroissements que la ville reçut de ce côté. Elle fut érigée en église paroissiale, en 1107, et devint la paroisse royale, lorsque les rois firent leur séjour de l'hôtel Saint-Paul. Reconstruite par les libéralités de Charles V et de ses successeurs, elle fut encore augmentée ou réparée en 1542 et 1661.

Elle a été démolie en 1798. Elle avait sa façade sur la rue Saint-Paul. On découvrit quarante cercueils de plomb dans les fouilles faites pour les fondations de la maison n° 34 de cette rue, en 1846.

II

A travers toutes les transformations que lui fit subir l'autorité ecclésiastique, le prieuré de Saint-Éloi conserva sa temporalité intacte : Ses droits s'étendaient sur le double territoire qu'il avait reçu, dès sa fondation, dans l'intérieur de la Cité, et hors des murs. Une charte de Louis VII, qui ne fait que confirmer de précédents privilèges, les consacre en ces termes: « Concedimus etiam ut.... ipsi (les hommes de Saint-Éloi), in perpetuum, permaneant, ab omni videlicet viatura, banno, sanguine, corveia, prepositi exactione, furis captione, incendio, tallia, seu qualibet alia consuetudine, penitus quieti (6) ». Un accord de 1280, conclu entre le prieur de Saint-Éloi et les religieux de Saint-Maur, reconnaît expressément au prieur la justice haute et basse et lui attribue notamment la connaissance du meurtre, du rapt, de l'homicide, du vol, ainsi que la voirie. « Predictus prior habebit in omnibus plateis, masuris, domibus, et terris ad culturam aptis, infra terminos, et in hospitibus morantibus ibidem et perpetuo moraturos,

(6) *Trésor des chartes*, t. I, p. 51.

omnimodam justitiam altam et bassam, videlicet, sanguinem, furtum, homicidium, raptum, murtrum, espavam, hasbaneum, roagium, justitiam super falsis mercaturis... Item habebit viariam et justitiam ejusdem viariæ et omnia pertinentia ad eamdem, cum omnibus emolumentis.... (7) ».

Des lettres patentes, de mars 1372, conférèrent au prieuré un nouveau privilège, en lui accordant la faculté d'instituer dans ses terres, un second degré de juridiction. Elles l'autorisèrent à faire tenir des assises, par son bailli et ses gens, à l'effet de connaître, en appel, de toutes les sentences de ses juges ; de telle sorte que ces sentences, qui avaient été jusqu'alors portées directement devant le prévôt de Paris, fussent désormais déférées préalablement à l'assise. « Concedimus......
» ut ipsi...., per se vel baillivum suum, aut eorum gentes
» officiariosque, consiliarios, majores et commissarios, aut
» justiciarios, assisiam seu assisias teneant et tenere faciant...,
» tam in dicta villa nostra Parisiensi quam extra,..... pro
» emendando, corrigendo et determinando de omnibus appel-
» lacionibus, sentenciis deffinitivis ac interlocutoriis et aliis
» quibuscumque pronunciacionibus .... ; et quod homines
» justiciabiles et subditi dictorum religiosorum, in assisia seu
» assisiis ipsorum, quociens casus hoc exigerit aut exigerint,
» habeant ressortui, quemadmodum, inantea, coram preposito
» nostro Parisiensi seu aliis justiciariis aut officiariis nostris
» ressortui solebant (8). » Ces lettres furent délivrées au prieuré, en récompense de l'amortissement d'une maison de sa seigneurie que le roi avait donnée aux religieux de Saint-Antoine.

L'accord de 1280 détermine les limites de la justice du prieuré ; il a été traduit, dans cette partie, à peu près textuellement, dans un cartulaire de Saint-Éloi, sous le titre, « C'est l'ordonnance au prieur de Saint Éloi de Paris, comment la terre de Saint Pol et d'ailleurs doit estre esbournée (9) ». Un arrêt du parlement, de 1273, avait consacré les droits des reli-

---

(7) *Cart. N.-D.* t. III, p. 277. Cette partie de la charte de 1280 est reproduite par Chopin, *De moribus Parisiorum.*

(8) *Arch. nat.* L 612.

(9) *Arch. nat.* LL 167. Ce document a été transcrit par M. Cocheris, dans ses *Notes et additions* sur l'abbé Lebeuf.

gieux sur la *Ceinture Saint-Éloi*, dans la Cité, et les bourgs de Saint-Paul et Thiboud, *burgum Thiboudi*, sur la rive droite de la Seine ; ce sont aussi les parties que décrit l'accord de 1280 (10). L'arrêt y ajoutait le Beaubourg, *Bellum Burgum;* mais les religieux de Saint-Éloi ne pouvaient en avoir qu'une partie, le reste dépendant d'autres seigneuries, et notamment de celle de Saint-Martin-des-Champs.

La *Ceinture Saint-Éloi,* qui désignait communément les terrains environnant le prieuré, embrassait tout l'espace compris entre les rues de la Barillerie, de la Calandre, aux Fèves, de la Vieille-Draperie. L'accord donne, en apparence, à ce *circuit* une moindre étendue, du côté de la rue aux Fèves ; car il le borne aux rues de la *Cavoterie* et de la *Ganterie* qui paraissent désigner la rue Saint-Éloi (11) ; mais cette rue qui allait, suivant une ligne brisée, de la rue de la Calandre à celle de la Vieille-Draperie, fut percée, sur l'emplacement même du monastère primitif ; et la partie retranchée, jusqu'à la rue aux Fèves, n'a jamais cessé d'appartenir au prieuré (12). Cet emplacement est compris aujourd'hui dans la caserne actuellement affectée aux services de la Préfecture de police.

Le bourg de Saint-Paul était peu important, à l'origine. Il comprenait la chapelle, le cimetière, des cultures avec quelques maisons groupées çà et là, et un grand bâtiment près de la chapelle, qu'on appelait la *Grange dixmeresse* ou la *Grange-Saint-Éloi* (13) ; mais il s'accrut assez rapidement

---

(10) Boutaric, *Actes du Parlement*, t. I, p. 331. — V. un autre arrêt relatif à la justice du bourg Thiboud, *Olim*, t. II, p. 449.

(11) « Item, in circuitu prioratus Sancti Eligii, veniendo circa dictum prioratum, a porta dicti prioratus, que est ante domum nostram regiam Parisius, eundo a parte sinistra, par Barillariam, et inde per Calendam, et hinc per Cavatariam et per Rotonsores Pannorum, et per Draperiam, circueundo usque ad dictam portam prioratus predicti, contiguam domui Petri de Cornelliis, que est de terra Sancti Eligii, cum domo in qua est furnus Sancte Aure, prout se comportat, ante domos Retonsorum qui sun in circuitu supradicto. »

(12) On lit dans un historique que contient un *Inventaire des titres* de l'archevêché (*Arch. nat.* S 1212) : « Le carré qu'occupait le monastère dans la Cité, appelé depuis la Ceinture Saint-Éloi, s'étendait de la rue de la Calendre à la Vieille-Draperie, au septentrion, et de la rue de la Barillerie à la rue aux Fèves, d'occident en orient. »

(13) V. un plan d'une petite partie du *fief de la culture Saint-Éloy*

pour qu'il fût déjà relié, en 1280, à la paroisse Saint-Gervais. L'accord de 1280 nous fournit, sous la forme d'un itinéraire, des renseignements intéressants sur la topographie de ce bourg, au XIIIe siècle ; il mentionne notamment les rues Saint-Antoine (14), de Jouy, à la Guespine (15), Percée (16), Saint-Pol, de la Posterne-Saint-Pol (17), Moitoïenne (18), la porte Bodoier (19), la porte des murs de Barbeel (20), le pont Perrin (21), les Carmes (22). L'itinéraire qu'il trace est parfois

du 10 décembre 1769 ; la *Grange Saint-Eloi* y est marquée à côté de l'église qui est, elle-même, dans la rue Saint-Paul en face de la ruelle Saint-Anasthase. — *Arch. nat.* Plans, 3e cl. n° 79. — Dans l'historique, déjà cité, de l'inventaire des titres de l'archevêché, on lit qu'il y avait anciennement, à la place des maisons de la grange Saint-Eloi, une ferme appelée la *grange dixmeresse*.

(14) Le prieuré avait un four banal, dans la rue Saint-Antoine, qui était affermée 24 livres parisis, en 1455. V. un arrêt du Parlement du 23 juin 1455 (*Arch. nat.* L. 612).

(15) Impasse Gnépine, à l'entrée de la rue de Jouy.

(16) Rue du Prévôt.

(17) Rue Charlemagne.

(18) Cette rue ne figure, ni dans Sauval, ni dans Jaillot. M. Guérard suppose que c'était la rue des Barrés ; mais on voit, dans un autre document du Cartulaire Saint-Eloi, qu'elle n'était autre que la rue des Jardins, « census vici de Jardinis, qui solebat vocari vicus Medietaneus, » et ce nom paraît lui avoir été donné parce que la justice fut partagée entre le prieuré et le roi, jusqu'en 1280, époque à laquelle le prieuré l'obtint toute entière.

(19) La porte Baudoyer, dont l'emplacement est à peu près figuré aujourd'hui par la mairie du IVe arrondissement dans la rue François-Miron ; on lit, dans notre itinéraire, « Au poissonniers de la porte Baudoier, à la meson de Jehan des Cremaus.... par laquelle les viez murs de Paris alerent. »

(20) C'était une porte percée dans une tour dite *Barbelle* ou *Barbeel sur l'yue*, de l'enceinte de Philippe-Auguste, sur la Seine ; elle est située sur le quai des Célestins, près du pont Marie.

(21) C'était un pont, dans le haut de la rue Saint-Antoine, sur un égout couvert. Le prieuré céda au roi, en 1413, une portion des terrains qu'il avait de ce côté, pour faire une voirie, hors la porte Saint-Antoine (Sauval, *Comptes de la prévôté*, t. III, p. 267). V. encore un bail à ferme d'un arpent de terre, au même lieu, consenti par le prieur Jean de Fontenay, le 20 mars 1498 (*Arch. nat.* L 612).

(22) Le couvent des Carmes, que l'on appelait les *Frères Barrés*, à cause de leurs manteaux blancs et noirs, marquait la limite du bourg, à l'ouest, sur la Seine, il était situé sur l'emplacement de la caserne actuelle des Célestins.

difficile à suivre, parce que certains points de repère sont indiqués par des maisons dont la situation n'est pas toujours connue ; mais les lettres patentes du 11 novembre 1674, données à l'évêque de Paris, à l'occasion de la suppression de ses justices, nous font connaître, avec précision, le dernier état de la terre du prieuré (23) ; elles décrivent, en ces termes, le territoire de sa justice sur la rive droite: « Depuis le coin de la rue de la Tannerie (24), passant par les rues Planche-Mibray et des Arcis (25), jusqu'au coin de la rue de la Verrerie, et, tournant à droite, jusqu'à la rue de la Poterie (26), et en descendant jusqu'au coin de la rue de la Tisseranderie (27), et, au delà du ruisseau, continuant jusqu'au coin de la rue du Mouton (28), et de là, entrant, à main droite, à la Grève (29), sur toutes les maisons jusqu'au coin de la rue de la Haute-Tannerie, et remontant sur le pont Notre-Dame, en ladite rue Planche-Mibray (30). Et reprenant le long de la rue Saint-Antoine, depuis le coin de la rue de Jouy jusqu'à la rue du Petit-Musc, et suivant le long de celle des Célestins (31), tour-

---

(23) *Arch. nat.* L 636. Ces lettres sont reproduites dans les *Preuves* de Sauval ; elles décrivent les territoires des justices du Fort-l'Évêque, de Saint-Magloire et de Saint-Éloi.

(24) La rue de la Tannerie a été comprise dans le parcours de l'avenue Victoria ; elle allait de la rue Planche-Mibray à la Grève.

(25) La rue Planche-Mibray était la partie de la rue Saint-Martin qui allait de la Seine à la rue de la Vannerie, à la hauteur de l'avenue Victoria actuelle. La rue des Arcis était la continuation de la même rue jusqu'à la rue de la Verrerie.

(26) Cette rue, aujourd'hui supprimée, allait de la rue de la Coutellerie à la rue de la Verrerie.

(27) Cette rue a été comprise dans le parcours de la rue de Rivoli ; elle allait de la rue de la Coutellerie à la porte Baudoyer.

(28) Petite rue aujourd'hui supprimée ; comprise dans la rue de Rivoli et la place de l'Hôtel de Ville.

(29) Place de l'Hôtel de Ville.

(30) L'accord de 1280 ne mentionne pas ce canton détaché, qui était circonscrit entre la rue Saint-Martin (Planche-Mibray et des Arcis) et la Grève ; mais la rue de la Coutellerie qui le traverse est mentionnée dans plusieurs titres de l'abbaye de Saint-Maur sous le nom de la *Vieille-Oreille, Veteris auris ;* ce nom a fait supposer à quelques auteurs qu'elle avait pu être un des lieux patibulaires de la justice de Saint-Éloi. (V. Jaillot, *Quartier de la Grève,* p. 14).

(31) C'était la partie de la rue du Petit-Musc qui aboutit à la Seine.

nant au coin, le long du quay, par-devant les religieuses de *l'Ave Maria* (32) ; puis remontant par la rue du Figuier, dans ladite rue de Jouy, jusqu'au coin ci-dessus dans la rue Saint-Antoine. Et de l'autre costé de la rue Saint-Antoine, depuis l'entrée de la place royalle (33), jusqu'au coin du cimetière Saint-Jean (34) ; et en entrant sur toutes les maisons, à main droite ; de là, le long de la rue de la Verrerie, par la rue de Moussy, jusqu'au coin de la rue Sainte-Croix de la Bretonnerie ; et remontant au long de la Vieille rue du Temple (35), et encore sur cinquante arpens de terre et marais seiz entre la porte Saint-Antoine et celle du Temple, et sur tout le territoire enclavé dans les lieux ci-dessus, même sur plusieurs autres endroits tant dedans que dehors de la ville de Paris. »

Le prieuré avait, dans la Cité, son auditoire et une prison y attenant. Une autre prison, plus vaste, avait été élevée, indépendamment de celle-là, dans les bâtiments de l'ancienne grange Saint-Éloi ; c'est une de celles qui furent le théâtre des massacres du 12 juin 1418.

Les exécutions criminelles étaient faites à la justice patibulaire de l'abbaye de Saint-Maur. Avant la réunion du prieuré à cette abbaye, elles devaient se faire dans le bourg Saint-Paul, et, peut-être, à l'entrée de ce bourg, à la porte Baudoyer. L'échelle du prieuré paraît avoir été dressée près de cette porte jusqu'au commencement du XIVe siècle, à la place de la croix qui subsista pendant longtemps en ce lieu (36).

Les archives de Saint-Éloi contiennent un registre d'audience, de la fin du XVe siècle, et un carton où sont classées un assez grand nombre de pièces relatives à la justice (37).

Divers jugements, d'ailleurs peu importants, rendus par le

(32) Le couvent de l'Ave-Maria était situé dans la rue du Fauconnier.

(33) Place des Vosges.

(34) Ce cimetière était devenu le marché Saint-Jean qui a disparu par la construction de la rue de Rivoli.

(35) C'est ce dernier petit groupe, qui est traversé par la rue Bourtibourg, qui représentait plus particulièrement l'ancien bourg Thiboud.

(36) V. Dubreul, p. 795, et Sauvat, t. II, p. 590.

(37) *Arch. nat.*, Z² 3260-3261 et L 612. — En voici quelques extraits relatifs à l'usage de la question et aux exécutions criminelles : Le 27 février 1494, Marguerite Thibault est condamnée à être battue de verges,

maire de Saint-Éloi, de 1441 à 1468, en matière civile, nous ont été également conservés. Il sont rédigés sous la forme de lettres de justice : « A tous ceux qui ces présentes lettres verront, Jehan Longue, licencié ès loix, maire et garde... savoir faisons que.... » A la suite, viennent simplement la date de l'acte, les noms des parties et la décision ; cette décision ne fait que constater habituellement un aveu ou une transaction. Il y avait cependant devant les juges du prieuré, comme devant les autres juges seigneuriaux, des contestations civiles qui ne se terminaient pas aussi aisément et qui étaient portées, en appel, devant la justice royale. Nous voyons, dans les *Olim*, un arrêt de 1316, rendu sur l'appel d'une sentence du *maire de la Cour séculière* de Saint-Éloi, relative à un transport de bois par bateau ; le propriétaire du bois demandait des dommages et intérêts, en se fondant sur ce que le transport avait été fait, dans un autre bateau que celui qui avait été convenu ; l'appel de la sentence du maire est successivement porté devant le prévôt de Paris et le parlement (38). En 1317, une autre contestation s'élève devant la Cour séculière du prieuré, entre le prieur lui-même et un bourgeois de Paris qui revendiquait certains cens et redevances et la propriété

---

dans la cour de l'hôtel du prieuré, devant l'auditoire ; elle avait été préalablement appliquée à la question et avait reconnu, *par les confessions faites tant en la question que dehors,* avoir dérobé sept écus d'or dans la *bougette* de Nicolas Rigaudeau, à l'hôtellerie du Cygne, rue de la Calandre. — Le 9 février 1490, Simon le Bourguignon se pend à l'hôtel d'Angoulême, *vulgairement appelé des Tournelles* ; on décide que son corps sera porté au lieu de la justice patibulaire de l'abbaye de Saint-Maur « qui est commun pour faire les exécutions des sentences criminelles » de l'abbaye et du prieuré. — Le 26 juillet 1493, Jean Rouveau, laboureur à Vitry-sur-Seine, convaincu de vols et condamné à être battu de verges, dans la Cour du prieuré et par les carrefours de la terre de Vitry. Le 15 mai 1489, Guillaume Simon, laboureur et manouvrier demeurant rue des Jardins, convaincu de vols et Baudichon Alavergne, sa complice par recel, sont condamnés à la même peine. — En mai 1547, Jean Hebert subit encore la fastigation ; elle lui est donnée par Mathurin Rousseau, exécuteur de la haute justice qui reçoit, pour son salaire, vingt sous tournois, du receveur de Saint-Éloi. De nombreuses successions sont recueillies par le prieuré, à titre d'aubaine, dans plusieurs rues.

(38) Beugnot, *Olim*, t. IV, p. 1085.

d'une maison ; le prieur nomme un commissaire pour le juger et se fait représenter, dans le débat, par son procureur ; l'appel de la décision rendue par le commissaire est également porté devant le prévôt de Paris et le Parlement (39).

Les offices de la justice de Saint-Éloi avaient une valeur relativement considérable. En 1674, l'office de bailli valait 10,000 livres, celui de lieutenant, 4,000 et celui de procureur fiscal, 3,000 ; le greffe était affermé 200 livres par an ; et les prisons du bourg et de la Cité étaient affermées aux prix de 500 et de 600 livres (40).

(39) Beugnot, *Olim*, t. IV, p. 1158.
(40) Lettres patentes du 11 novembre 1674.

CHAPITRE XIII

LE PRIEURÉ DE SAINT-DENIS-DE-LA-CHARTRE.

Son enclos dans la Cité. — Franchise des métiers. — Justice et censive. — Procès-verbal de visite de l'enclos. — Locations. — Plans de la censive.

L'église de Saint-Denis-de-la-Chartre était située dans la Cité, près du pont Notre-Dame, à l'angle des rues de la Lanterne et du Haut-Moulin. Une tradition très ancienne enseignait que saint Denis avait été incarcéré en ce lieu ; elle était si bien établie qu'on y montrait les instruments des tourments qu'il y avait soufferts. Elle ne reposait cependant sur aucun document historique sérieux et ne paraissait guère autorisée que par le nom même de l'église. Mais ce nom s'explique par une circonstance que les historiens de Paris ont mise en lumière. L'abbé Lebeuf et Jaillot ont remarqué que la prison royale de la Cité était située près de cette église, vers le commencement du XIe siècle, et que celle-ci avait précisément reçu, dans certains titres de cette époque, la dénomination décisive de, *Sanctus Dyonisius de Parisiaco carcere* (1).

Cette église paraît avoir été desservie, à l'origine, par des chanoines séculiers ; mais elle fut transformée, en 1133, en un prieuré dépendant de Saint-Martin-des-Champs. Cette transformation fut l'œuvre de la reine Adélaïde, femme de Louis le Gros, qui récompensa ainsi les religieux de Saint-Martin de l'abandon qu'ils lui firent de leur terre de Mont-

---

(1) Jaillot, *Quartier de la Cité*, p. 67 ; Lebeuf (édit. Cocheris) t. II, p. 500. — Cependant, M. Berty considère la chapelle voisine, de Saint-Symphorien, comme étant le lieu de l'incarcération de Saint-Denis à Paris.

martre où elle avait résolu de fonder un monastère de femmes (2). Ce prieuré, qui dut être d'abord conventuel, devint, par la suite, un prieuré simple. La conventualité y fut cependant rétablie en 1658. Il fut donné, de bonne heure, en commende. Un conseiller au Parlement, Robert Thiercelin, le possédait, à ce titre, en 1530 (3). En 1639, il était entre les mains du prieur commendataire, Charles de Berland.

Nous ignorons l'époque précise de la fondation de l'église de Saint-Denis-de-la-Chartre et de sa dotation (4). Son premier fonds dut être le petit territoire qu'elle possédait dans la Cité. Ce territoire est délimité, sur les anciens plans de Paris, par la Seine au nord, la rue du Haut-Moulin, au sud, et les rues de la Lanterne et de Glatigny, à l'ouest et à l'est. Il est aujourd'hui couvert, en entier par le quai et le nouvel Hôtel-Dieu (5).

Le prieuré y avait la haute justice. Il y jouissait, en outre, de la franchise des métiers. Une charte royale, de 1115, rapportée dans un Cartulaire conservé aux archives nationales, consacre l'immunité et la franchise de cet enclos : « Libertatem et immunitatem habere volumus, ut nullus præpositus nec aliquis officialium nostrorum, ab eis qui in ipso claustro manent vel mansuri sunt, aliquam consuetudinem exigere, vel ipsos, in aliquo, vexare præsumat (6) ».

Le prieuré avait, en outre, un censive assez étendue. On sait qu'il en céda une petite portion pour la construction du Louvre et que le roi Philippe-Auguste lui assigna, de ce chef, en 1204, une rente annuelle de trente sous, à titre d'indemnité. Une déclaration de temporel, de 1639, revendique, pour le prieur, la haute justice dans toute l'étendue de sa censive(7).

---

(2) V. Félibien, *Pièces*, t. I, p. 59.
(3) Jaillot. *loc. cit.* p. 73.
(4) Deux lettres du roi Robert, de l'année 1015, confirment des donations qui furent faites à Saint-Denis-de-la-Chartre par un chevalier du nom d'Ansold, et sa femme. — V. Félibien, *loc. cit.* p. 58 ; D. Marrier, *Hist. S. Martini de Campis*, p. 311 et 327.
(5) La direction de rue de la Lanterne est figurée aujourd'hui par la rue de la Cité.
(6) *Arch. nat.* LL 1399, folio 468.
(7) *Déclar. de temp.*, du 1 août 1639, par Ch. de Berland, conseiller et aumônier du roi, prieur commendataire du prieuré de Saint-Denis-

Mais nous ne connaissons aucun acte d'où l'on puisse faire résulter, avec certitude, l'exercice de ce droit, en dehors du territoire de la Cité.

L'auditoire de la justice de Saint-Denis-de-la-Chartre dans la Cité, ainsi que ses prisons, étaient dans l'intérieur de l'enclos. Le prieuré y instituait un juge qui prenait, dans les derniers temps, le titre de bailli et qui avait lui-même un lieutenant. Il avait également un voyer (8) ; mais ses prétentions à l'exercice de la voirie, dans l'intérieur de Paris et même autour de son enclos, ne paraissent pas avoir été reconnues par les officiers du roi.

L'église de Saint-Denis-de-la-Chartre fut profondément troublée, dans ses possessions, dans le cours du XIIe siècle ; elle tomba alors, à diverses reprises, dans les mains d'envahisseurs laïques qui s'approprièrent ses revenus et ses prébendes (9). Mais elle rentra, par la suite, en possession de ses droits ; et elle paraît avoir exercé, jusqu'à l'édit de suppression de 1674, sa haute justice dans la Cité.

La source principale des revenus du prieuré, à Paris, consistait dans les locations faites aux artisans qui s'établissaient, en franchise, dans son enclos (10). Un procès-verbal de visite

de-la-Chartre, de l'ordre de Cluny, dépendant du prieuré conventuel de Saint-Martin-des-Champs : — « Premièrement l'église, maisons et lieux qui
» sont, de temps immémorial, dans l'enclos et pourpris dudit prieuré ;
» dans lequel enclos et pourpris, ledit de Berland est en possession
» immémoriale, lui et ses prédécesseurs dudit prieuré de Saint-Denys-de-la
» Chartre, d'y avoir et mettre artisans qui y travaillent de divers mestiers,
» en droit de franchise. — Item, a droit de justice haute, moyenne et
» basse, police, franchise et voyrie, avec l'exercice d'icelle, tant en toute
» l'estendue dudit enclos et pourpris des terres dépendantes dudit prieuré,
» tant dedans que dehors la ville de Paris, — à sçavoir, en la ville de
» Paris, en l'enclos dudit prieuré qui commence au bout du Pont-Notre-
» Dame, et dans la rue de La Lanterne, de la Vieille-Pelleterie, des Hautz-
» Moulins, Glatigny, Port-Saint-Landry, et environ desdites rues, etc... ».
— Cette pièce figure dans le *Cartulaire* déjà cité, f° 595.

(8) *Loc. cit.*, f° 253. Lettres contenant la nomination d'un voyer pour les *fiefs, terres et seigneuries* dépendant de Saint-Denys-de-la-Chartre. Elles mentionnent que le voyer prêtera serment devant le bailli ou son lieutenant, en la justice du prieuré.

(9) « Quam diu manus laïca invaserat. » V. charte de 1133. Conf. Lebeuf, *loc. cit.* p. 500 ; Jaillot, *loc. cit.*, p. 72.

(10) La franchise de l'enclos fut confirmée par des lettres patentes

du grand vicaire de l'abbaye de Cluny, du 18 juin 1629, nous apprend que huit grands corps de logis, élevés, la plupart, de quatre ou cinq étages, étaient affectés aux artisans ou autres locataires (11). Ce procès-verbal contient d'assez curieux détails sur l'état de ce prieuré au XVIIe siècle et sur les moyens à l'aide desquels le prieur d'alors, Ch. de Berland, s'efforçait d'accroître ses revenus. Le curé de l'église voisine, de Saint-Symphorien, se plaint vivement de ces procédés. Le prieur a, dit-il, établi, devant la porte de cette église et en face même de la chaire, deux bouchers et un rôtisseur ; et il se fait, autour de ces boutiques, un rassemblement de personnes se livrant à de si bruyantes manifestations ou même « jurant et blasphémant à si haute voix », que le service divin en est profondément troublé. Le prieur ne s'est pas montré plus respectueux de la chapelle de la Sainte-Chartre ; car les bouchers ont installé leur tuerie sur la voûte de cette chapelle. Ces plaintes étaient fondées ; et le procès-verbal

d'avril 1401. Nous relevons, dans le *Cartulaire* du prieuré, f° 163, un arrêt des Requêtes du Palais, du 6 mai 1661, qui fait défense au maître de l'orfèvrerie de troubler le prieur dans l'exercice de ce droit.

(11) « L'autre corps de logis estant un grand pavillon le long de l'eau,
» couvert d'ardoize, contenant trente-huit pieds de long sur trente-six
» de large, dans lequel y a cuisine soulz terre planchoyée, salle, cham-
» bre, antichambre et cabinets tout de plein pied, consistant à cinq étages
» l'un sur l'autre, y compris le grenier, et à costé duquel grand corps de
» logis ledit sieur prieur nous a fait apparoir avoir fait restablir deux
» autres grands corps de logis de mesme grandeur que le dessusdit et
» autant d'estages sur lesdites vieilles mazures et ruines. Plus un autre
» petit corps de logis sur la rivière construit par ledit sieur prieur, à
» neuf, à deux estages. Plus cinq autres corps de logis en tirant devers
» l'église, dont y en a un sur le bout du pont Nostre-Dame basty et
» construit de neuf, de fonds en comble, à quatre estages chacun, tous
» lesquels logis...... sont destinez pour loger des locataires et artizans
» pour travailler en franchise...... » — Le prieur expose qu'il est en droit
de « tenir de toute sorte d'artisans pour travailler en droit de franchise
» au dedans dudit enclos, sans être subjects à la visite des maistres de
» ville, ains du bailli de la justice dudit prieuré ». — *Cartulaire* déjà cité, f°s 509 et 5. — Une ordonnance du bailli, du 18 juin 1866, fixe les heures d'ouverture et de fermeture des portes de l'enclos, en hiver et en été. L'entrée doit être refusée aux locataires qui se présenteront après l'heure de la fermeture ; et ils seront passibles d'être poursuivis à raison de cette contravention. — *Loc. cit.* f° 586.

constate qu'on s'est transporté à la chapelle et qu'on a trouvé, au lieu désigné, « un boucher, nommé Jean Aubry, » qui venait d'y tuer six veaux, le sang y étant encore tout » espanché et croupissant, n'y ayant égoust, laquelle place » il dit lui avoir été louée ». Le curé de Saint-Symphorien a d'ailleurs, contre le prieur d'autres singuliers griefs qui n'excitent pas moins son indignation ; c'est ainsi qu'il lui reproche de recevoir, comme locataires, « non seulement des » hommes de la religion prétendue réformée, mais encore des » luthériens protestants, chose honteuse, et auparavant luy, » du tout inouïe..... ». Nous constatons encore, dans ce procès-verbal, qu'il n'y avait, à cette époque, à Saint-Denis-de-la-Chartre, aucun religieux. Le prieur déclare que son prieuré est simple, entièrement affranchi de la conventualité et qu'il ne comporte que l'établissement d'un prieur régulier ou commendataire (12).

Un bel atlas, conservé aux archives nationales, et dressé en 1754 et 1755, figure, dans plusieurs plans, le dernier état de la censive de Saint-Denis-de-la-Chartre à Paris et dans les faubourgs (13). Un second atlas contient des plans de toutes les terres du prieuré hors de Paris.

L'église de Saint-Denis-de-la-Chartre, qui avait été réparée, en 1663, par les libéralités d'Anne d'Autriche, a été vendue, en deux lots, en 1798, et démolie en 1810.

(12) Une discussion s'élève, à ce sujet, entre le prieur et le dignitaire de l'abbaye de Cluny qui procède à la visite, le premier affirmant « que » sondit prieuré est simple et non conventuel et, par conséquent, » exempt de religieux autres que le prieur régulier ou commendataire, » ainsi qu'il a soutenu avoit esté de tout temps ».

(13) V. *Arch. nat.* Seine, Atlas, n° 11 et 11 bis. Atlas planimétrique, des héritages situés en la censive du prieuré de Saint-Denis-de-la-Chartres dans la ville, faubourgs et environs de Paris, levés, en 1754 et 1755, sous la direction du baron de Molina, ancien colonel ingénieur.

CHAPITRE XIV

L'ABBAYE DE SAINT-GERMAIN-DES-PRÉS.

I. Fondation. Exemption de la juridiction épiscopale. — II. Seigneurie de l'abbaye à Paris. Le bourg Saint-Germain. Plans du XVIIIe siècle. — Le Pré-aux-Clercs. Conflits entre l'abbaye et l'Université. — III. Seigneuries hors de Paris. — IV. Prévôt. Bailli. Assises. — V. Fourches patibulaires. Pilori. Échelle de l'officialité. Prison.

L'église de Saint-Germain-des-Prés fut fondée à une époque que les historiens font varier, de 543 à 546. C'est Childebert, fils de Clovis, qui la fit construire, après son retour de son expédition d'Espagne pour lui servir de sépulture ; il y fit déposer la tunique de saint Vincent, avec un morceau de la vraie Croix et plusieurs autres reliques qu'il avait rapportées du siège de Sarragosse. Consacrée d'abord sous l'invocation *de la Sainte-Croix et de Saint-Vincent*, « basilica Sanctæ Crucis et domni Vincentii » (1), cette église perdit ce titre, par désuétude, dans le cours du VIIIe siècle, après qu'on eut transféré dans ses murs le corps de l'évêque de Paris, contemporain de sa fondation, saint Germain, dont elle prit définitivement le nom.

I

Elle fut pourvue, dès l'époque même de sa fondation, de religieux qui se constituèrent en une communauté régulière sous le gouvernement d'un abbé. Elle fut comblée de privilèges et de biens, et ne vit guère le cours de sa prospérité

---

(1) V. Grég. de Tours, *Hist. Francorum*, t. III, c. 29. — V. sur la date de sa fondation, Dubreul, p. 222 ; Sauval, t. II, p. 268 ; Lebeuf, t. III. p. 1 et 43.

interrompu que par les incursions des Normands qui la pillèrent et l'incendièrent à diverses reprises. Le vieil édifice élevé par Childebert résista cependant à ces ravages, car il put être restauré et conservé jusqu'au onzième siècle ; et ce n'est que vers l'an 1014 que l'abbé Morard le fit démolir entièrement pour le reconstruire, en n'en conservant que la grosse tour dans laquelle se trouvait la principale porte.

L'abbaye de Saint-Germain-des-Prés embrassa d'abord les règles de saint Antoine et de saint Bazile ; mais elle s'attacha, peu de temps après, à celle de saint Benoît qui ne cessa plus dès lors d'y être professée et qui continua à y être observée après les deux réformes que l'autorité ecclésiastique y introduisit, en 1513 et 1631. On sait que la dernière de ces réformes y appela les religieux de la célèbre congrégation de Saint-Maur qui lui donnèrent une nouvelle illustration par leur science et leurs écrits.

Elle était exempte de la juridiction épiscopale ; et cette exemption s'étendait, à la fois, au corps de l'église et à la partie même de son domaine temporel qui était située hors des murs de la ville, ainsi qu'on le voit par une sentence arbitrale de l'année 1210. Les évêques de Paris tentèrent vainement d'entreprendre sur cet important privilège ; et ils n'obtinrent d'étendre enfin leur juridiction spirituelle sur la terre entière de l'abbaye qu'au XVIIe siècle, par une transaction de 1668, par laquelle les religieux limitèrent volontairement leur immunité au monastère et à son enclos. La dédicace de l'église reconstruite par l'abbé Morard, qui fut faite solennellement par le pape Alexandre III, en 1163, fournit une preuve remarquable de cette franchise de l'abbaye. L'évêque de Paris, Maurice, jugeant l'occasion favorable, voulut y faire acte d'autorité en même temps que de présence, en se joignant aux nombreux prélats qui étaient accourus, de toutes parts, pour participer à cette solennité. Mais les moines, comprenant qu'il pourrait en tirer avantage pour l'avenir, s'opposèrent à ce qu'il pénétrât dans leurs murs et et représentèrent au pape qu'ils aimeraient mieux renoncer à la dédicace que de souffrir sa présence. Leur effervescence était telle que le pape dut engager l'évêque à se retirer, sans délai, et qu'il proclama solennellement l'exemption de l'abbaye dans la harangue qu'il adressa, après la dédicace, à la foule assemblée dans le Pré-aux-Clercs.

Le domaine temporel de l'abbaye à Paris était des plus considérables. Les religieux l'avaient possédé de toute ancienneté; et ils le tenaient vraisemblablement des libéralités de leur fondateur, bien qu'ils n'en eussent pas un titre authentique. Ils conservaient précieusement, dans leurs archives, comme le titre fondamental de cette concession, une charte de Childebert, de l'an 558, qui leur donnait, à titre d'immunité, le domaine royal tout entier qui était connu sous la dénomination de, *fisc d'Issy*, et dont dépendait la terre même où s'élevait l'abbaye. Mais il paraît démontré aujourd'hui que cette charte est dépourvue d'authenticité et qu'elle a dû être fabriquée vers la fin du X⁰ siècle (2). On ne doute pas néanmoins des faits essentiels dont elle était appelée à consacrer le souvenir, parce qu'ils sont conformes à tous les documents qui nous ont été transmis sur la fondation de l'abbaye. Les religieux perdirent, sans doute, quelque titre semblable dans les incendies allumés par les Normands; et la charte supposée dut être dressée pour y suppléer. Une ancienne chronique manuscrite nous apprend qu'un de ces incendies détruisit un grand nombre de privilèges et de livres (3).

L'enceinte de Paris construite par Philippe-Auguste enferma, dans les murs, une petite partie de la terre de l'abbaye. De nombreux conflits de juridiction avec les officiers du roi s'ensuivirent; ils donnèrent lieu à un accord qui fut conclu entre les religieux et le roi Philippe III, en 1272. Ce document consacre, de la manière la plus expresse, les droits de justice de l'abbaye. La charte supposée, de 558, transmettait aux religieux leur domaine, avec les serfs et les hôtes qui l'habitaient (4): l'accord de 1272 leur reconnaît formellement

---

(2) V. Quicherat, *Critique des deux plus anciennes chartes de l'abbaye de Saint-Germain-des-Prés* (*Bibliothèque de l'École des chartes*, 6ᵉ sér. t. 1).

(3) Dubreul, *Chronica cœnobii S. Germani a Pratis*, p. 50; *Bibl. nat.* M s, fonds S. Germain, latin, n⁰ 438.

(4) « .... Cum servis, inquilinis, libertis, absque contradictione, vel refragatione, aut judiciaria contentione.... ». — Dubreul, p. 222.

la plénitude de la justice haute et basse ; il ne réserve au roi que les cas royaux et le ressort (5). Il délimite le territoire de l'abbaye, dans l'intérieur des murs de la ville, avec la plus grande précision.

II

Le corps de l'abbaye restait en dehors des murs; mais il était entouré d'une enceinte fortifiée; il comprenait l'église, les bâtiments claustraux et de vastes dépendances. Il s'accrut, au XVIe siècle, du beau palais abbatial qui fut élevé par les ordres du cardinal de Bourbon. La mise en état de défense de l'abbaye était une nécessité de sa situation : en 1368, le roi prescrivit à l'abbé de refaire le mur d'enceinte, de le fortifier à l'aide de tours et de l'entourer de fossés profonds (6). Cette enceinte ne subit, depuis cette époque, que de légères modifications. Elle était assez exactement figurée, après sa démolition, par les rues du Colombier, Saint-Benoît, de l'Échaudé, et Sainte-Marguerite; elle serait donc représentée aujourd'hui par les rues Jacob, Saint-Benoît, de l'Échaudé, et le boulevard Saint-Germain. Elle était crénelée, et flanquée de trois tours d'angle et de cinq tourelles. La principale porte d'entrée, large d'environ deux toises, s'ouvrait sur la rue de l'Échaudé. On la voit, sur un plan du milieu du XVIe siècle, non loin de l'encoignure sud-est de cette rue, faisant à peu près face au pilori ; elle est représentée munie d'un pont-levis (7). Après

---

(5) « Et in omnibus locis, plateis, masuris, domibus et vicis, quæ vel qui continentur infra metas superius nominatas, habebunt dicti Religiosi, ex nunc imperpetuum, omnimodam justitiam, altam et bassam, nihil nobis et successoribus nostris justitiæ, dominii, proprietatis et possessionis retento......... — Nisi ratione resorti, vel casuum ad honorem nostrum pertinentium, vel aliquorum casuum nobis et successoribus nostris...... retentorum, vel alterius alicujus casus qui ad nos vel successores nostros, ratione debiti nostri, vel alicujus forisfacti nobis vel servientibus nostris illati, vel aliquo modo, jure communi, posset pertinere. » — Dubreul, p. 247.

(6) On lit dans une *Déclaration de temporel*, du 26 janvier 1384 : « Item, le corps de nostre église, laquelle est à présent fortifiée du commandement et contraincte du Roy nostre Sire ».—Arch. nat. P 129, n°xxi.

(17) D. Bouillart, *Hist. de Saint-Germain-des-Prés*, p. 160. — Berty et

la construction du palais abbatial, elle fut légèrement déplacée et s'ouvrit devant la rue Bourbon-le-Château. Sur le côté ouest, représenté par la rue Saint-Benoît, se trouvait une autre porte pratiquée entre deux grosses tours, qu'on appelait la Porte papale; mais elle fut condamnée en 1531. L'enceinte subsista, à peu près intacte, jusqu'au XVIIe siècle (8).

Le bourg Saint-Germain se groupa autour de l'abbaye. Les premières maisons paraissent avoir été construites le long de la rue du Four et de la rue des Boucheries; seize étaux de bouchers furent établis, dès 1264, dans cette dernière rue (9). Un grand nombre d'hôtels et de maisons de plaisance furent bâtis, dans le bourg, par de riches seigneurs. Les réformés s'établirent, en grand nombre, au XVIe siècle, dans la rue des Marais qui fut appelée la Petite-Genève. On se rendra exactement compte des accroissements successifs du bourg, en consultant, dans la *Topographie historique* de Berty, la liste des diverses voies dont l'existence est constatée, pour la première fois, du XIIIe au XVIe siècle. Il s'étendait, à la fin du XIVe siècle, jusqu'au carrefour de la Croix-Rouge, à l'ouest, et, au midi, jusqu'à l'emplacement des rues Saint-Sulpice et des Quatre-Vents, près duquel se trouvait encore le grand hôtel de Garancière. A la fin du XVe siècle, il comprenait trente-quatre rues, deux cent soixante maisons ou hôtels, l'église Saint-Sulpice, la chapelle de Saint-Père, la maladrerie, et la foire (10).

La partie du bourg la plus voisine de la Seine, que l'enceinte de Philippe-Auguste enferma dans les murs de la ville, était originairement une terre plantée de vignes que l'on appelait la terre de Laas; un oratoire, consacré sous le titre de

Tisserant, *Topographie historique du Vieux-Paris. Région du bourg Saint-Germain*, p. 110.

(8) On voyait encore, il y a une quarantaine d'années, une tourelle de cette clôture, au coin des rues Saint-Benoît et Jacob.

(9) On voit, dans une sentence du prévôt de Paris, du 14 avril 1377, que l'abbé Richard « délaissa à certains bouchers, en 1264, pour eux et leurs hoirs, seize étaulx à tailler chairs, en la rue par laquelle on va de l'église de l'abbaye à la porte de Paris, près l'église des Frères Mineurs, pour vingt livres tournois, dont moitié pour l'abbé et l'autre moitié pour le prévôt moine de ladite abbaye ». — *Arch. nat.* L. 800.

(10) V. Berty et Tisserand, *Topographie historique*, p. 6 et suiv. —

Saint-Andéol, s'élevait à son extrémité. L'abbé Hugues donna à plusieurs particuliers la permission de bâtir sur cette terre, en 1176. En 1212, l'abbé Jean de Vernon y fit élever l'église de Saint-André-des-Arcs, sur l'emplacement de l'oratoire de Saint-Andéol et l'église Saint-Cosme (11). La taille de 1292 mentionne déjà les principales rues qui formèrent les paroisses de ces deux églises (12).

L'accord de 1272 délimite la seigneurie de l'abbaye dans l'intérieur de la ville. Il trace, à cet effet, un itinéraire détaillé, en prenant comme points de repère, l'Abreuvoir-Mâcon, la porte de Saint-Germain, les églises Saint-André-des-Arcs et Saint-Cosme et la porte Gibart (13). Si l'on suit cet itinéraire

La chapelle Saint-Père était située un peu au-dessous de la rue Saint-Guillaume. La Maladrerie, ou hôpital Saint-Germain, était située, le long et du côté septentrional du chemin ou rue de Sèvres, entre les rues du Bac et de la Chaise. On en fit ensuite, après diverses transformations, *les Petites maisons* et, plus tard, *les Petits ménages* (*loc. cit.* p. 257 et s.) — La Foire était située sur l'emplacement du marché Saint-Germain actuel (*loc. cit.* p. 138 et s.).

(11) V. D. Bouillard, p. 98, 104, 112 et 119. — En 1230, l'abbé Eude autorisa les *Frères Mineurs* à s'établir près de Saint-Côme; il stipula expressément que l'abbaye conserverait sa justice sur le lieu de leur établissement, comme sur le reste de sa terre. Les *Frères Mineurs*, ou *Cordeliers*, avaient leur couvent, en face de l'École de Médecine actuelle.

(12) V. A. Franklin, *Les rues et les cris de Paris au XIIIe siècle*, p. 144 et 145.

(13) «A cuneo adaquatoris Matisconensis, eundo directe ad portam Sancti Germani de Pratis, a dextera parte, usque ad Sequanam. Et, a cuneo murorum Sancti Andreæ, a sinistra parte, eundo directe ad prædictam portam Sancti Germani. Et, a cuneo murorum Sancti Andreæ prædicti, eundo directe usque ad cuneum murorum Fratrum Minorum, a dextera parte. Et, a prædicto cuneo Fratrum Minorum usque ad cuneum ecclesiæ SS. Comæ et Damiani. Et ab eodem cuneo, usque ad portam Gibardi, a dextera parte.» — L'abreuvoir Mâcon (adaquator Matisconensis) était situé au bout du pont Saint-Michel actuel. La porte dite de Saint-Germain, dite aussi de Bucy, était située dans la rue Saint-André-des-Arcs, à la hauteur de la rue Mazet, devant la rue de l'Ancienne Comédie figurant les fossés de la ville. La porte Gibart ou Saint-Michel était située dans l'ancienne rue de la Harpe (aujourd'hui boulevard Saint-Michel), entre les rues Cujas et Soufflot actuelles. On connaît la situation des églises Saint-André (place Saint-André-des-Arcs actuelle) Saint-Côme et Damien (à l'angle de la rue de l'École-de-Médecine et du boulevard Saint-Michel) et du couvent des Frères Mineurs, ou des Cordeliers (dans la rue de l'École de médecine). — Les murs de la ville, sur ce côté de la rive gauche,

sur un ancien plan, on voit que la justice des religieux comprenait, sur la rive gauche, toute la portion orientale de la ville, à partir d'une ligne passant par les anciennes rues de l'Abreuvoir-Mâcon, Saint-André-des-Arcs, Hautefeuille, des Cordeliers et de la Harpe. Cette ligne serait représentée aujourd'hui par la place du Pont-Saint-Michel, la rue Hautefeuille, la rue de l'École-de-Médecine et le boulevard Saint-Michel.

Une déclaration de temporel, insérée dans un cartulaire de l'abbaye du XVIe siècle, donne la même description, sous la forme d'un autre itinéraire, en même temps qu'elle énumère les principaux droits appartenant aux religieux en vertu de leur haute justice (14). « Est à noter que, ès lieux de Paris, Sainct-Germain et la rivière de Seyne, nous avons toute justice haulte, moyenne et basse. — Et pour l'exercice d'icelle, droit de commectre bailly, prévost, greffier, sergents, doyen, geollier garde des prisons, et aultres sergens et officiers, pour garder nostredite justice et aultres droits seigneuriaulx, et leur faire porter masses et armes nécessaires, si mestier est, pour deffendre nostre corps, justice et aultres droits seigneuriaulx, comme font ceux du Chastellet de Paris, comme ayant par le privilège et chartre du roi Philippe ci-après escript. Et aussy droict de faire tenir assises, cognoistre de causes d'apel, ressort et réformation des subjects d'iceulx lieux ; et les amendes desdites appellations réglées de soixante solz parisis. — Convient pareillement entendre que nostre justice à cause que dessus, en ladite ville de Paris, s'estend ainsy, et par la manière qui s'ensuyt, c'est assavoir : — Depuis la porte Saint-Michel, autrement appelée la porte d'Enfer, du costé de Saint-Cosme jusques au coing, de l'esglise dudit Saint-Cosme, et jusques au ruyssel de ladite rue. Et depuis le coing jusques à la porte de Saint-Germain, du costé des Cordeliers, ainsy et comme la rue s'étend

---

commençaient à la tour de Nesle, traversaient les trois cours de l'Institut en longueur, coupaient la rue Guénégaud, le passage et la rue Dauphine, suivaient la direction de la rue Mazet et du passage du Commerce jusqu'à la rue de l'École-de-Médecine et, de là, la rue Monsieur-le-Prince (ancienne rue des Fossés-Saint-Germain) jusqu'à la rue de la Harpe.

(14) *Arch. nat.* LL 1035. Cette Déclaration figure en tête du cartulaire, après la table des matières.

jusques au ruyssel d'icelle rue. Item, en retournant devant la grant porte des Cordeliers, en la rue faisant le coing du collège de Prémontré (13), jusques à la porte Saint-Germain, tant de l'un des costés comme de l'autre. Item, et depuis icellui collège de Prémonstré, allant droit au coing de l'église Saint-Andry-des-Arcs, jusques à la vieille porte Saint-Germain, appelée la porte de Bussy (laquelle, de présent, est fermée), tant de l'un des costés comme de l'autre. Et d'icelle porte, venant directement jusques à l'abbrevoir de Mascon. Et du coing de l'abbrevoir de Mascon, tirant droict au vieil pont Saint-Michel. Item, et depuis ledit vieil pont, tirant à la tour de Nesle, tant de l'un des costés de la rue comme de l'autre. Ensemble la rivière de Seyne, depuis ledit vieil pont, jusques à la borne qui fait séparation entre nous et l'évesque de Paris assise au viel ru de Sèvre, ainsy et comme ladite rivière se contient ; ensemble, une perche royale oultre chascun bort et rive d'icelle rivière de Seyne. Ensemble, toutes aubbeynes et confiscations qu'ils peuvent estre ès lieux dessusdits. — Item, nous avons tout droict de voyrie, tant dedans la ville de Paris, faulbourgs Saint-Germain qu'ailleurs, ès lieux, fins et meetes de nostre seigneurie. Item, il n'est loisible à aulcuns de ériger enseignes, auvenz, sièges sur rue, barrer devant leurs portes, planter pieux devant la rivière de Seyne à nous appartenant, senz nostre congé et mandement spécial sur peine de confiscation et amende arbitraire. — Item, nous pouvons faire maistres jurés de chascun mestier, dedans les faulbourgs dudict Saint-Germain tant seulement, boulangers, cricurs de vins, bouchers, vendeurs de poysson, drappiers, cousturiers, chaussetiers, cordonniers, serruriers, chandeliers, grossiers, apothycaires, barbiers, cirurgiens, et généralement de tous autres mestiers, qu'ils nous plaist, sans ce que le Roy nostre sire ou autre quelconques y puissent mettre aulcun empeschement. — Item, avons toute visitation, amendes et confiscations, à cause de nostredite seigneurie et justice, sur toutes et chascunes les faulses mesures de blez, vins, huyles, sel, aulnes, toises, poix, et généralement de toutes choses qui concernent les choses comme dessus et

---

(13) A l'angle des Cordeliers et de la rue Hautefeuille.

aultres. — Item, avons puissance, dedans lesdicts faulbourgs, de instituer maistres jurés, comme mesureurs de blez, sel, foin, chaulx, et généralement de toutes sortes de marchandises, sans que le Roy nostre sire, ses officiers, ou aultres, y puissent mettre aulcun empeschement. — Esquelles terres et seigneuries, sur et en plusieurs maisons, masures, jardins, terres, vignes, prez, saulsoyes, et aultres héritages, sont deus, chascun an, plusieurs rentes et cens fonciers portant lotz, ventes, saisines et amendes, quand le cas y eschet, payables chascun an, aux jours que deus sont en ladicte abbaye de Saint-Germain-des-Prez, sur peine de l'amende accoustumée. Desquelles maisons et masures, jardins estant en la ville de Paris, les charges sont contenues en ce présent livre, tant à cause de la table abbatiale que du pictancier, tésaurier, ausmonier, enfermier et cénier »

La seigneurie du bourg Saint-Germain était contiguë à celle de la ville, dont elle n'était séparée que par les murs d'enceinte qui avaient été pris, eux-mêmes, sur la terre des religieux. Les terres qui en dépendaient s'étendaient assez loin et rejoignaient, sur certains points, les seigneuries d'Issy et de Meudon. Une déclaration de temporel, de 1522, en contient une description détaillée, mais très difficile à suivre, parce qu'elle se réfère à des *sentes*, ou chemins, peu connus ou qui ont disparu. Elle retrace encore les limites de la seigneurie de l'abbaye, depuis le pont Saint-Michel jusqu'au ruisseau de Sèvres. La charte de 558 assignait déjà, sur la Seine, ces deux limites extrêmes à cette seigneurie (16). Il semblerait résulter, de la déclaration de 1522, que tout le territoire compris entre le chemin de Vanves, Issy, Meudon, Sèvres et la Seine, dépendait de l'abbaye ; mais ce document fixe les limites extrêmes de la seigneurie et ne tient pas compte des enclaves importantes qui la divisaient et qui relevaient d'autres seigneurs (17).

(16) « A ponte civitatis,.... ubi alveolus veniens Savara precipitat se in flumine ».
(17) Cette déclaration de temporel, embrasse dans un même itinéraire descriptif, les possessions des religieux, dans la ville, dans le bourg Saint-Germain, à Issy, à Vaugirard et à Meudon. Ces terres, bien que formant des groupes distincts, se touchaient toutes entre elles. L'itinéraire

Deux plans du XVIII⁰ siècle, conservés aux Archives nationales, représentent le dernier état de la censive de l'abbaye, tant à Paris que dans le faubourg. Les limites principales de cette censive, qui sont reliées entre elles par des lignes brisées, sont, en dehors des murs, à partir de la rue de la Harpe, la rue de Vaugirard, les murs de clôture du Luxembourg et des Chartreux, l'ancien chemin de Vanves, le chemin de Vaugirard, l'emplacement de l'École militaire et l'extrémité des rues de Grenelle et Saint Dominique. Le premier de ces plans, qui est très beau et d'une grande dimension, a été dressé, en 1735, par les ordres du cardinal de Bissy. Les vingt-deux bornes qui y figurent avaient été posées dans un bornage opéré, le 22 novembre 1691, entre les abbayes de Sainte-Geneviève et de Saint-Germain, en vertu d'une transaction, des 4 et 5 novembre de la même année qui réglait les limites réciproques de leurs justices et seigneuries (18).

commence au Petit-Pont de Paris et finit au ruisseau de Sèvres. C'est l'ensemble des terres décrites qui formerait, d'après la Déclaration, le *fiscus Issiacus*, ou domaine d'Issy, donné par Childebert à l'abbaye. « Et premièrement est à présupposer que Childebert fonda ladite abbaye, » il y a environ 1,000 ans, et lui donna la terre et seigneurie appelée fiscus » Issiacus près la ville de Paris, avec tous les villages, rivières, moulins, » bois, forêts, vignes, prez..... lequel fief s'étend comme suit, etc.....»

(18) Arch. nat. Seine, 1ʳᵉ cl. n° 34 : *Plan de la censive de l'abbaye de Saint-Germain-des-Prés*, fait par ordre de S. Em. le Cardinal de Bissy, levé et dessiné par le sʳ Grimarest, l'an 1735. — Le second porte la légende suivante : Carte planimétrique des terrains situés dans la censive de l'abbaïe roïale de Saint-Germain-des-Prés, levée sous la direction du Bᵒⁿ de Molina, colonel, ingénieur, en 1752 et 1753. Arch. nat. Seine, 1ʳᵉ cl. n° 29. — Voici, pour donner une idée de ces plans, quel serait approximativement, aujourd'hui, l'itinéraire à suivre, pour parcourir les limites de la censive retracée dans le plan n° 29 : Place du pont Saint-Michel, rue de la Harpe, boulevard Saint-Michel jusqu'à la rue Monsieur-le-Prince ; descendre la rue Monsieur-le-Prince jusqu'à la rue de Vaugirard ; suivre cette rue jusqu'à la rue d'Assas ; suivre la rue d'Assas (que nous prenons comme donnant à peu près la direction du mur de clôture des Chartreux et du Luxembourg) jusqu'à la hauteur du boulevard Montparnasse, tirer de là une ligne droite jusqu'à la rue de Vanves, suivre cette rue jusqu'à la hauteur de la rue Schomer, tirer de là une ligne parallèle à la chaussée du Maine jusqu'à l'intersection des rues du Cherche Midi et de Vaugirard (Moulin de la Pointe), tirer de là une ligne rentrante brisée jusqu'à l'angle nord-ouest de l'École Militaire, tirer de là une ligne droite

La charte de 558 donnait aux religieux les eaux de la Seine, depuis le pont Saint-Michel jusqu'au ruisseau de Sèvres, « a ponte civitatis...... ubi alveolus veniens Savara precipitat se in flumine » (19) ; elle leur donnait également, sur tout ce parcours, les îles du fleuve, les moulins et les pêcheries qui y étaient établis et un chemin de halage, d'une perche, sur les deux rives (20). Les deux premiers de ces îlots, à partir du pont Saint-Michel, ont formé, par leur réunion, l'extrémité de la place Dauphine et le terre-plein du Pont-Neuf. C'est sur l'un d'eux, le plus rapproché de la rive gauche, que l'on appela l'Ile-aux-Vaches et l'Ile-aux-Juifs, que fut dressé le bûcher sur lequel furent brûlés, le 18 mars 1313, le grand-maître des Templiers et le maître de Normandie. L'abbé de Saint-Germain adressa, à cette occasion, une réclamation au roi, sur ce qu'il avait, par cette exécution, empiété sur son domaine ; et il se fit délivrer des lettres qui confirmaient, à nouveau, ses droits sur cette petite île. On ne se douterait guère d'ailleurs, en lisant ces lettres, de la qualité des deux condamnés à l'occasion desquels elles furent dressées, car ils sont désignés par cette unique et banale mention, « de duobus » hominibus qui quondam Templarii extiterunt » (21).

jusqu'à l'intersection des rues du Champ-de-Mars et Cler, suivre la rue Cler jusqu'à la rue Saint-Dominique, suivre la rue Saint-Dominique jusqu'à l'avenue de La Bourdonnais, suivre l'avenue jusqu'au quai, et enfin le quai jusqu'au pont Saint-Michel. — Ce ne sont là que les limites de la censive de Paris et du bourg Saint-Germain ; le reste formait les seigneuries contiguës de Vaugirard et d'Issy.

(19) La seigneurie de Saint-Germain confinait, sur ce point, avec la terre de Saint-Cloud qui relevait de l'évêque de Paris ; une borne marquait, sur la rive de la Seine, la séparation des deux terres. — V. *Déclar. de temp. de* 1522.

(20) « Damus autem hanc potestatem, ut, cujuscunque potestatis littora fuerint utriusque partis fluminis, teneant unam perticam terre legalem, sicut mos est, ad duc [en] das naves et reducendas, ad mittenda retia et retrahenda... »

(21) « Notum facimus,... quod cum nuper, Parisius, in insula existente in fluvio Sequanæ, juxta pointam jardini nostri,...... executio facta fuerit de duobus hominibus, qui quondam Templarii extiterunt, in insula prædicta combustis. Et abbas et conventus Sancti Germani de Pratis Parisiensis dicentes se esse in saisina habendi omnimodam altam et bassam justiciam in insula prædicta, super his conquererentur, requirentes eorum indemnitati super hoc providere...... Nos, tenore præsentium,

Les droits de l'abbaye sur les eaux mêmes de la Seine furent confirmés par plusieurs arrêts (22). Le procureur du roi intenta un procès aux religieux, en 1389, sur ce qu'ils avaient fait ajourner devant eux deux pêcheurs et brûlé leurs engins devant leur pilori. Il allégua que tout le monde pouvait pêcher anciennement dans leurs eaux, en déposant, à leur profit, le tiers du poisson dans une corbeille qui pendait à la tournelle de l'hôtel de Nesle. Il ajouta qu'ils avaient, à tort, donné la pêche à ferme, et étendu, d'une manière si dérisoire, les engins prohibés qu'on ne pouvait même plus prendre *un véron* (23).

Entre la Seine et l'enclos de l'abbaye, s'étendait le Pré-aux-Clercs qui fut l'objet de nombreux démêlés entre les religieux et l'Université et qui devint, par la violence et la turbulence des écoliers qui s'y donnaient rendez-vous, le théâtre des plus graves conflits. On sait qu'il se divisait en deux parties, séparées par le canal qui allait de la Seine aux fossés de l'abbaye et que l'on appelait la Petite-Seine (24). On nommait le Petit-Pré-aux-Clercs, la partie de ce pré qui était comprise entre ce canal et la ville, et le Grand-Pré, l'autre partie, qui s'étendait vers la campagne (25).

En 1278, une rixe sanglante s'engagea entre les écoliers et les habitants du faubourg soutenus par les gens de l'abbaye

declaramus quod nos nolumus..... quod juri prædictorum, ex facto prædicto, ex nunc vel futuris temporibus, præjudicium aliquod generetur. » — V. Dubreul, p. 254. Sauval, t. II, p. 584. Boutaric, *Actes du Parlement*, t. II, n° 4272.

(22) Dubreul (p. 253) cite des arrêts de 1287, 1389 et 1485. — V. un arrêt de 1287, relatif aux *épaves* et *inventions*, dans Boutaric, *Actes du Parlement*.

(23) Arrêt du 28 août 1389. Félibien, *Preuves*, t. II, p. 511.

(24) La Petite-Seine suivait, à peu près, la direction de l'ancienne rue des Petits-Augustins (rue Bonaparte actuelle) et tombait dans les fossés de l'abbaye, à la hauteur de la rue du Colombier (Jacob). Elle aurait été creusée, selon Boulay (*Histoire de l'Université*) en 1368; mais Berty croit la reconnaître déjà, dans une charte de 1292. Elle fut comblée, vers 1540.

(25) Le Grand Pré-aux-Clercs s'étendait jusqu'aux Invalides. — Les titres relatifs au Pré-aux-Clercs ont été résumés dans un mémoire anonyme publié en 1694. Cet opuscule a été réimprimé récemment dans les *Variétés historiques* de M. Ed. Fournier, t. IV, p. 87.

à la tête desquels s'était placé le prévôt Étienne de Pontoise. Deux écoliers furent tués, et plusieurs reçurent de graves blessures. L'Université prit en main la cause des victimes et obtint, contre les religieux, un arrêt exemplaire qui les condamna au paiement d'une somme de dix mille livres et à la fondation de deux chapelles expiatoires, qui interdit le prévôt Étienne de Pontoise de ses fonctions et de toute administration temporelle, et qui prescrivit enfin la démolition, au ras des murailles, des deux tours de la porte de l'abbaye qui s'ouvraient sur le Pré (26). A trois siècles de distance, le Parlement eut à réprimer des désordres plus graves encore, dûs cette fois, aux écoliers, qui avaient incendié plusieurs maisons du Pré et blessé un grand nombre de personnes. L'écolier qui s'était mis à la tête des incendiaires, nommé Baptiste Crocoezon, jeune homme de vingt-deux ans, originaire d'Amiens, qui s'était vanté d'avoir mis le feu aux premières maisons, fut condamné à être brûlé au milieu du Pré. Cette sentence fut exécutée, le 20 mai 1557. Fidèles à la mémoire du condamné, les écoliers ne l'abandonnèrent pas, à cette heure suprême. Ils tirèrent pieusement les ossements du feu, après le départ des officiers de justice, et les portèrent, pour être enterrés, dans la chapelle voisine de Saint-Père où ils firent dire, pour le condamné, plusieurs messes et vigiles avec l'argent qu'un des leurs avait « questé et colligé, dans son chapeau, du peuple assistant à ce supplice (27) ».

Ces troubles qui se renouvelaient très fréquemment étaient singulièrement favorisés par les prétentions rivales de l'abbaye et de l'Université relativement à la seigneurie du Pré-aux-Clercs, et au libre accès des écoliers, pour s'y rendre à travers la terre des religieux (28). L'Université prétendait avoir reçu ces vastes prairies de la munificence de Charlemagne ; et elle parvint à se faire maintenir en possession d'une

---

(26) V. D. Bouillart, p. 139.
(27) Dubreul, p. 295 ; et D. Bouillart, p. 186. Les écoliers avaient démoli et incendié les maisons de Jean Baillet, commissaire du roi, et de Martin de la Mothe, Jacques Garnier et Pierre Marcel, bourgeois de Paris.
(28) V. deux accords avec l'Université de Paris, de 1292 et 1345. D. Bouillart, *Preuves*, p. 70 et 76.

grande partie, bien qu'elle ne produisît aucun titre de cette libéralité. Elle y revendiquait même la justice, comme on le voit par un arrêt interlocutoire du Parlement, de 1318, relatif au Petit-Pré-aux-Clercs et à quelques places voisines. Cette querelle ne fut jamais complètement vidée ; et l'abbaye considéra toujours comme usurpées sur son domaine, les parties mêmes du Pré dont l'Université parvint à se faire attribuer la seigneurie.

III

Les principales seigneuries de l'abbaye hors de Paris étaient situées à Vaugirard et à Issy, Meudon et Fleury, Suresnes, Châtillon, Villejuif, Thiais et Choisy, Paray, Villeneuve-Saint-Georges, Le Breuil, Saint-Germain-Laval, Esmans, et Dammartin (29). Deux déclarations de temporel de l'abbaye, du 26 janvier 1384 et du 21 juin 1522, en donnent une description détaillée. Le *Polyptique* dressé par l'abbé Irminon, sous le règne de Charlemagne, qui devait contenir le dénombrement de toutes les terres de l'abbaye, omet, dans l'état dans lequel il nous est parvenu, les plus importantes ; il ne décrit, parmi celles que nous venons d'énumérer, que Thiais (Theodasius), Villeneuve-Saint-Georges (Villa nova), et Esmans (Asmanetus) ; mais on sait qu'une partie seulement de ce manuscrit nous a été conservé (30).

Vaugirard, ou *Valgirart*, est désigné aussi, dans le *Registre* de l'abbaye, sous le nom de *Valboitron*. L'abbé Lebeuf suppose que ce nom, *Valles Bostronix* ou *Bostaronix*, provient de, *bostar*, qui aurait été employé dans le sens d'étable à vaches ; le nom de Vaugirard rappellerait l'abbé *Gérard de Moret* (31).

(29) Ce sont celles qui figurent dans le *Registre* de l'abbaye.
(30) *Polyptique de l'abbé Irminon* ou Dénombrement des manses, des serfs et des revenus de l'abbaye de Saint-Germain-des-Prés sous le règne de Charlemagne, publié par M. Guérard. V. t. 1, p. 35.
(31) Une déclaration de temporel de l'abbaye du 26 janvier 1384 (*Arch. nat.*, p. 129), et une autre, du 21 juin 1522 (*Arch. nat.* S 1536), donnent une description détaillée de ses possessions hors Paris. — « A Valgirart, ... ung hostel, une garenne, toute justice haulte, moïenne et basse en

La seigneurie d'Issy était, après celles de Paris et du bourg Saint-Germain, la plus importante de l'abbaye. D'autres seigneurs y avaient quelques terres, l'abbé de Saint-Magloire, par exemple ; mais les religieux de Saint-Germain étaient les principaux seigneurs du lieu. La déclaration de temporel, de 1522, conjecture que ce village était « le lieu principal du *fief Isciaticum*, » de la charte de fondation (32). Il dépendait certainement du domaine royal de ce nom ; et il n'est pas impossible, en effet, qu'il ait été le centre d'une vaste exploitation agricole s'étendant, au nord, vers Vaugirard et la Seine, et, au sud, vers Meudon ; mais on ne peut dire si c'est précisément ce village qui a donné son nom au *fiscus Isciaticus*, ou s'il en a, au contraire, reçu le sien. Les deux terres, de Vaugirard et d'Issy, avaient une justice commune ; l'auditoire et les prisons étaient au village d'Issy.

La seigneurie de Meudon comprenait près de la moitié du village et des terres situées, tant à Meudon qu'à Fleury (33). Les religieux partageaient la justice, dans une de ces terres, en 1384, avec deux chevaliers, Jean de Meudon et Philippe de Trie, en sorte que les hôtes de cette terre devaient être jugés par le *maire commun* institué par les chevaliers et l'abbaye (34).

La seigneurie de Suresnes dépendait de la seigneurie voisine de La Celle, qui appartenait aussi aux religieux ; mais le siège de la justice était à Suresnes, où se trouvaient l'auditoire et les prisons (35).

la villle, et environ xl s. de menuz cens paiez en plusieurs termes. » (*Déclar. de temp. de* 1334).

32 « La terre et seigneurie d'Issy, que nous cuydons estre le lieu principal du fief Isciaticum dont parle la charte de Childebert, auquel village nous y avons un grand manoir manable et pourpris, cour, puitz, grange en laquelle y a deux pressours banniers de nostredite seigneurie d'Issy, avec prisons et auditoire pour l'exercice de la justice. » *Déclar. de temp. de* 1522. (*Arch. nat.* S 1536).

(33) Meudon (Seine-et-Oise, arrondissement de Versailles) — « A Meudon, ung hostel et une granche, et environ la moitié de la ville en nostre justice haute, moyenne et basse ». (*Déclar. de temp. de* 1384).

(34) Le musée des Archives contient, n° 570, un très beau terrier de la seigneurie de Meudon, avec enluminures. La première page forme le cadre d'un tableau de l'Annonciation ; l'église de Saint-Germain-des-Prés y est figurée, dans le fond, à travers une colonnade.

(35) Suresnes (Seine). — *Déclar. de temp. de* 1384 : « En la ville de Suray-

La seigneurie de Châtillon comprenait aussi Bagneux (36). Les déclarations de temporel, de 1384 et 1522, y attribuent aux religieux la plénitude de la haute justice ; mais il résulte du *Registre* de l'abbaye qu'ils n'y avaient, en réalité, du moins à l'origine, que la justice *du sanc et du larron*.

La seigneurie de Villejuif était peu importante ; il semble qu'elle ne comprenait qu'une petite partie de ce village et de son territoire. Les deux notices du *Registre* de l'abbaye concernant ce village, paraissent bien se rapporter à la haute justice ; néanmoins, la déclaration de 1522 n'y donne plus aux religieux que la justice moyenne et basse (37).

La seigneurie de Thiais et Choisy (38) s'étendait sur une partie de ces villages et de leur territoire, ainsi que sur le

nes, une maison appelée la prévosté, et là demeure un prévost religieux » ; « la quatre partie » de la haute justice dans la ville. — *Déclar. de temp de* 1522 : « En nostre prévosté, village, terrain et seigneuries de Suresnes sur Seyne, distant environ de deux lieues de Paris, dépendant de nostre seigneurie et chastelenie de la Scelle, nous avons une grande maison manable à plusieurs corps d'hôtel, granges, pressouers banniers,... prisons, auditoire pour exercer le fait de nos justices, tant d'iceux lieux que de ladite Scelle. »

(36) Châtillon (Seine). — *Déclar. de temp. de* 1522 : « Au village et terrouer dudit Châtillon, nous y avons tout droit de haulte justice, moïenne et basse, et deppendant aussy de nostre seigneurie de Baigneuls, un manoir, cour, puitz, jardins, la place où souloit estre le pressouer bannier à nous aussy appartenant, auditoire à plaids, prisons...... ».

(37) Villejuif (Seine). — *Déclar. de temp. de* 1522 : « Item, sur les choses que dessus, nous avons tous droits de moyenne et basse justice, maire, greffier, procureur fiscal, geollier, prisons et auditoire, pour exercer le faict de nostre dite justice, et autres choses y afférans ».

(38) Thiais et Choisy-le-Roi (Seine). — *Déclar. de temp. de* 1522 : En nostre village, chastelenie, terrouer, seigneurie et estendue de Thiais, Choisy et Grignon et leurs deppendances, distans de trois lieues de Paris, nous avons un grand manoir auquel y a maison, estables, grange, bergerie, court au milieu, pressouers banniers,... appellé l'hostel seigneurial de Thiais, avec un coulombiers, prisons et auditoire servans à la justice dudit lieu, le tout cloz à murs......... Item, tout droit de chastellenie, haulte, moïenne et basse justice, prévost, lieutenant, greffier, procureur, sergents, geollier, et autres officiers pour exercer le faict desdites justices ; lequel prévost peut congnoistre de tous cas sur nos hostes, subjects et justiciables et autres choses, en première instance, dont le ressort, par appel, se traicte par devant nostre dit bailly de Saint-Germain, tant dedans que dehors assizes ».

territoire du village voisin de Grignon. Le manoir seigneurial, les prisons et l'auditoire étaient à Thiais.

La seigneurie de Paray comprenait tout le village et les terres en dépendant (39).

La seigneurie de Villeneuve-Saint-Georges est celle qui nous a laissé le petit registre de justice civile dont nous avons rendu compte plus haut (40).

La seigneurie du Breuil comprenait, avec ce petit village, des terres dépendant d'Épinay-sur-Orge, Savigny et Juvisy. Le manoir seigneurial, les prisons et l'auditoire étaient au village du Breuil (41).

Les seigneuries voisines, de Saint-Germain-Laval et d'Esmans, comprenaient ces villages et les terres en dépendant. Elles confinaient à Montereau, et dépendaient de la prévôté de Melun. Le registre de l'abbaye désigne la première, sous le nom de *Saint-Germain-sus-Monstreul*; et la déclaration de temporel de 1384, sous celui de *Saint-Germain-La-Val-sur-Monstereau* (42). Il résulte d'une sentence de l'assise de

---

(39) Paray (Seine-et-Oise, arrondissement de Corbeil). — *Déclar. de temp. de* 1522 : « En nostre village, terrouer, seigneurie et chastelenie de » Paray, membre deppendant dudit Thiais, nous y avons une grande » maison manable, granges, bergeries, estables, jardins,..... auditoire » et prisons pour exercer le faict de nos justices. »

(40) Villeneuve-Saint-Georges (Seine-et-Oise, arrondissement de Corbeil). — *Déclar. de temp. de* 1384. « Item, à Villeneufve-Saint-George, a ung bon hostel, ainsi comme il se comporte.... Item, toute justice haulte, moïenne et basse, laquelle couste plus que elle ne vault ». — *Déclar. de* 1522 : « En nostre ville, terre, chastellenie et seignourie de Villeneufve-Saint-Georges-sur-Seyne, distant de quatre lieues de Paris, nous y avons un grand manoir et pourpris, fort désolé, en corps d'hôtel, grange, bergerie, pressouers banniers.... » L'auditoire et les prisons étaient dans une maison située sur la *grande rue*; des fourches patibulaires étaient dressées sur *la montagne*, au-dessus du village.

(41) Le Breuil (Seine-et-Oise, arrondissement de Corbeil). — *Déclar. de temp. de* 1522 : « Auquel lieu du Breuil, nous avons un grand manoir manable, pourpris, corps d'hostel, masures, chapelle, estable, grange, pressouer bannier, cour, jardins, prisons, auditoire pour exercer le faict de nostredite justice. Et par lesquels lieux passe la rivière d'Orge, le tout cloz à murs. »

(42) Saint-Germain-Laval et Esmans (Seine-et-Oise, arrondissement de Fontainebleau). — *Déclar. de temp. de* 1522 : « Laquelle terre et seigneurie est des deppendances de la crosse d'icelle abbaye, et s'extend de

Melun de 1291, que, tandis que l'abbaye avait la haute justice, dans ce village, la basse justice appartenait à deux chevaliers, *Girard* et *Guillaume de Tyenges*. La décision de l'assise consacre d'ailleurs l'état du droit signalé par les coutumiers, quant à l'étendue de la basse justice à cette époque : elle accorde aux deux chevaliers le jugement des larrons et les autorise à faire dresser des fourches patibulaires pour l'exécution de ces malfaiteurs ; ces fourches devaient seulement être dressées pour chaque exécution, et ne pouvaient devenir permanentes.

La seigneurie de Dammartin comprenait le village de ce nom, voisin de Mantes, et les terres en dépendant. Une échelle et un carcan étaient dressés sur la principale place du village (43).

La justice de Saint-Germain était administrée par un prévôt, à Paris, et par des prévôts et des maires dans les autres seigneuries, même les plus rapprochées de Paris, telles qu'Issy, et Meudon (44). L'abbaye avait le droit de ressort, dans la plupart de ses terres. L'appel des juges du premier degré, prévôts ou maires, était porté devant l'assise. Les assises se tenaient au bourg de Saint-Germain, dans l'enclos même de l'abbaye ; mais il en était tenu aussi dans quelques autres

---

toutes parts, c'est assavoir d'un costé devers la ville de Monstreau, à commencer en la rivière de Seine,.... » ; les exploits du greffe y sont estimés à 25 livres tournois par an. — La terre et seigneurie d'Esmans, « laquelle est des appartenances de la crosse d'icelle abbaye, et s'extend de toutes parts, ladite seigneurie, c'est assavoir du costé de la ville de Monstereau,.... ».

(43) Dammartin (Seine-et-Oise, arrondissement de Mantes). — *Déclar. de temp.* de 1522 : « En nostre prévosté, village, terrouer, seigneurie et chastellenie de Dampmartin-lez-Mantes, nous y avons un manoir manable appelé l'hostel seigneurial dudit lieu,... ouquel y a granges, estables, bergeries, greniers, coulombiers à pied, jardins, masures, prisons, auditoire à exercer le faict des justices d'iceux lieux.... Item, la place en laquelle sont assiz le pillory, eschelle et carquan de nos justices dudit lieu pour punir les malfaiteurs et délinquants. »

(44) Combien que ledit prévôt (du bourg Saint-Germain), soit juge ordinaire et peult tenir sa juridiction en chacun desdits villages Vaugirard, Issy et Meudon, comme il faict au bourg dudit Saint-Germain, toutefois il y a esdicts villages d'Issy et Meudon, à chacun, un maire se disant lieutenant dudit prévost ». — *Déclar. de temp.* de 1522.

terres des religieux, et principalement dans les plus éloignées. Il résulte de la déclaration de temporel de 1522, que la seigneurie de Dammartin en avait une toutes les six semaines ; elle était présidée par le bailli, et connaissait, en effet, de toutes les sentences du prévôt du lieu.

L'office de bailli ne fut créé qu'assez tard à Saint-Germain-des-Prés ; il n'existait pas encore à la fin du XIVe siècle.

L'appel à la justice royale des sentences des juges de l'abbaye rendues dans le ressort de la prévôté de Paris, était, à l'origine, porté au Châtelet, au premier degré, et ensuite au Parlement, comme on le voit par deux arrêts des *Olim*, de 1304 et 1317. L'arrêt de 1317 statue sur une contestation civile importante relative à la propriété d'une maison et au règlement des droits qu'une femme tenait d'un premier mariage. Le prévôt de Saint-Germain avait accordé toute la demande ; le prévôt de Paris infirma, en partie, cette sentence ; et le Parlement modifia, à son tour, la sentence du prévôt (45). Un inventaire des titres de Saint-Germain mentionne, à la date de 1343, un extrait d'un des livres du Châtelet constatant que les religieux « ont un prévôt pour gouverner leur justice temporelle, duquel on se pourvoit en leur assise, et, de leur assise, par devant le prévôt de Paris (46).

Mais l'abbaye obtint, par la suite, le privilège de faire porter directement au Parlement les appels de ses juges ; c'est là ce qui résulte notamment d'une sentence du prévôt de Paris, de 1409, rapportée dans le même inventaire (47).

L'inventaire des titres de Saint-Germain et les cartons de ses archives contiennent un assez grand nombre de sentences et pièces diverses relatives à sa justice (48). Un arrêt du Par-

---

(45) V. Beugnot. *Olim*, t. III, p. 141 et t. IV, p. 1156.
(46) *Arch. nat.* LL 1145.
(47) Sentence du prévôt de Paris, «d'où il appert qu'on peut appeler directement du bailli de Saint-Germain au Parlement. » 1409. — Acte par lequel Richard Henry « déclare n'avoir à répondre au Châtelet sur l'appel d'une sentence de Saint-Germain, d'autant qu'il a relevé sa dite appellation directement à la Cour. » 1409.
(48) Nous ne reviendrons pas ici sur les nombreux cas de justice que nous avons extraits du Registre que nous publions. V. *suprà*, nos huit premiers chapitres, et notamment les chap. 2 à 3 et 5 à 7.

lement, du 7 mars 1487, confirme une condamnation à la potence prononcée par le bailli de Saint-Germain ; une sentence du Châtelet, du 18 novembre 1529, rend aux juges de l'abbaye la connaissance d'un homicide commis dans la rue *Haultefeuille, devant les Cordeliers* ; un acte, du 22 août 1530, constate le transport du procureur de Saint-Germain au Châtelet, à l'effet de se faire rendre un prêtre qui était accusé d'un meurtre commis dans le collège d'Autun (49) ; une sentence des juges de l'abbaye, du 26 janvier 1531, condamne à mort un meurtrier, et ordonne l'érection d'une potence, pour l'exécution, dans la rue Saint-Sulpice ; une pièce, du 23 février de la même année, mentionne une exécution semblable, comme devant avoir lieu à la porte de la foire (50) ; une sentence, du 4 juin 1548, ordonne de traîner et pendre aux fourches de Saint-Germain, le corps d'un suicidé qui s'était jeté par la fenêtre de son logement de la rue de Tournon (51); enfin trois pièces, de 1548 et 1531, se réfèrent à la présentation de la question à deux individus accusés de vol (52).

De nombreuses condamnations à la fustigation sont exécutées devant le pilori, au carrefour Saint-Germain, devant l'église Saint-Cosme, et au bout du pont Saint-Michel, en face d'une maison qui avait pour enseigne un mortier d'or (53). Nous voyons d'ailleurs, par un extrait de la Chambre du Trésor du 19 septembre 1531, que le propriétaire de cette maison, qui avait sous les yeux tant de condamnations exemplaires, n'en tira guère profit : car il fut lui-même condamné à mort, et sa maison fut adjugée à l'abbaye à titre de confiscation (54).

Une sentence du 17 juin 1531, qui exempte deux complices

---

(49) V. *Arch. nat.* LL 1151.

(50) *Arch. nat.* Z² 3266.

(51) *Arch. nat.* Z² 3265 : Minute de la sentence prononcée contre le suicidé, *peintre imagier*, originaire de Florence.

(52) V. *Arch. nat.* Z² 3265 et 3266.

(53) *Arch. nat.* LL 1151. — La fustigation était parfois donnée seulement dans le préau de la prison.

(54) L'inventaire des titres de Saint-Germain contient encore diverses autres mentions relatives aux droits de confiscation, de deshérence et d'aubaine.

de la fustigation infligée à leur coaccusée, ordonne cependant qu'ils seront attachés à celle-ci, pendant qu'elle subira sa peine. Une autre sentence de fustigation, du 15 juillet 1547, prononcée contre un tisserand convaincu d'adultère, est accompagnée de l'allocation de six livres de dommages-intérêts au mari outragé. Quelques autres sentences de la même époque sont relatives au bannissement et au pilori. En 1548, un homme et deux femmes, condamnés au bannissement pour trois ans, sont préalablement, *tournés trois tours*, au pilori de Saint-Germain, un jour de marché (35).

L'abbaye conserva certainement, jusqu'à l'édit de suppression de 1674, l'entier exercice de la justice criminelle. Le 9 août 1604, le bailli de Saint-Germain condamna à la roue deux Espagnols qui avaient assassiné une femme sur le bord de l'eau, par delà les Tuileries ; sa sentence fut confirmée par un arrêt du Parlement, du 12 du même mois, et mise à exécution, par les officiers de l'abbaye, au lieu même où le crime avait été commis (36). Une autre sentence capitale fut rendue par le même juge, en 1612. Une troupe ambulante de bohémiens qui disaient la bonne aventure, *en regardant dans les mains*, alla se loger au faubourg Saint-Germain. La femme du capitaine Jean Hiérôme, chef de la troupe, ayant résolu de se défaire d'une jeune bohémienne qui lui donnait de fréquents sujets de jalousie, feignit de la conduire à la promenade et la jeta dans la Seine, avec l'aide de deux de ses com-

(35) Minute de la sentence du bailli. — *Art. nat.* Z² 3265. — Nous relevons encore, dans l'inventaire des titres (LL 1145), les mentions suivantes : 1317, Grâce accordée par le roi à un criminel condamné par le bailli ; — 1320, Renvoi à l'abbaye d'un individu détenu dans la prison de Tiron ; — 1345, Procès-verbal constatant le transport du prévôt de Paris et du procureur de l'abbaye, dans la rue des Poitevins, pour vérifier le lieu de l'arrestation d'un meurtrier ; — 1372, Poursuite exercée devant les assises de l'abbaye contre Guillaume-Chaumont, accusé d'homicide volontaire ; lettres d'abolition du roi ; — 1373, Arrêt confirmatif d'une sentence de l'assise ; — 1520, Lettres de l'abbé de Saint-Germain donnant commission à Mᵉ Oudart, avocat en parlement, de faire, en l'absence du bailli et prévôt du bourg, tous emprisonnements et autres exploits contre ceux qui mènent vie scandaleuse ; — 1534, Renvoi, par le prévôt de Paris, d'une instance civile aux juges de l'abbaye.

(36) *Arch. nat.* LL 1145. — Cet arrêt est rapporté, avec plus de détails, dans Dubreul, p. 254.

pagnes. Les trois coupables furent conduites à l'abbaye, avec deux autres, que l'on supposait être leurs complices, et le capitaine Hiérôme. Quatre d'entre elles furent condamnées à la potence, et le capitaine Hiérôme fut banni de la terre de Saint-Germain, avec toute sa troupe. Le Parlement, sur l'appel, maintint la condamnation relativement aux trois principales coupables et bannit la troupe du royaume. L'exécution des trois condamnées fut faite, le 28 février 1612, au bout du pont Saint-Michel, à une potence croisée (57).

Le 14 août 1619, les gens de Saint-Germain donnèrent la fustigation à une femme qui s'était livrée à des pratiques de sorcellerie. Elle avait pénétré, pendant la nuit, avec trois autres femmes, dans le cimetière de l'église Saint-Sulpice et introduit, dans la fosse d'un charpentier, un cœur de mouton, percé d'épingles et de clous, en forme demi-croix (58). Elle fut fouettée, devant le cimetière de l'église, à la porte Saint-Germain, au bout du pont Saint-Michel et devant le pilori (59).

Les sentences criminelles des juges de l'abbaye étaient mises à exécution en son nom, et par ses gens. Mais les religieux n'eurent pas toujours un exécuteur en titre ; ils louèrent, à diverses époques, comme d'autres justiciers, les services de l'exécuteur de la justice royale, en lui donnant, pour salaire, les produits de certains jeux de la foire de Saint-Germain. Nous avons un certain nombre de marchés par lesquels l'exécuteur de Paris se charge de toutes les exécutions des sentences du bailli et du prévôt de Saint-Germain, moyennant les droits de quilles et de brelan pendant la durée de la foire (60).

(57) Cet arrêt est rapporté par Sauval, t. III. p. 666.
(58) Le cœur de mouton percé d'épingles ou de clous, figure encore, de temps en temps, dans notre chronique judiciaire. Cette pratique de l'ancienne sorcellerie n'est pas tout à fait perdue ; elle est parfois, encore employée par quelques escrocs pour abuser de la crédulité des bonnes femmes.
(59) *Bibliothèque nationale*, imprimés, 6821 LK 1.
(60) *Arch. nat.*, LL 1145.

IV

L'abbaye avait, au bourg Saint-Germain, des fourches patibulaires ; à trois piliers. Elles étaient situées au-dessus de la rue de Grenelle, dans l'angle formé par cette rue et la face occidentale des Invalides. Leur place est exactement marquée, dans le plan de la censive de l'abbaye, de 1735, sous le titre de *justice de Saint-Germain*. Les religieux avaient d'autres gibets permanents, pour l'exposition publique des corps des condamnés, dans la plupart de leurs terres, même les plus rapprochées de Paris, et notamment à Issy et à Meudon (61).

Un arrêt des *Olim*, de l'année 1257, nous fournit un curieux exemple de l'importance extrême que les religieux de Saint-Germain, comme tous les justiciers, attachaient à la possession réelle des corps pour les exposer à leurs fourches patibulaires, en signe de justice. Il s'agit de deux faux monnayeurs dont les corps, disputés entre les officiers de Saint-Germain et les gens du roi, furent promenés, de gibet en gibet, jusqu'à ce que le parlement eût mis fin à la querelle. Jugés par les juges de Saint-Germain, les deux malfaiteurs furent d'abord pendus aux fourches de l'abbaye ; les officiers royaux, prétendant que la connaissance du cas leur appartenait et qu'elle aurait dû leur être réservée, firent enlever les corps et les firent suspendre au gibet du roi ; les religieux enfin, s'étant pourvus devant le parlement, et y ayant fait reconnaître leur droit, reprirent les deux corps et les firent solennellement rétablir au gibet de l'abbaye.

Le pilori de Saint-Germain-des-Prés est très connu ; il figure sur la plupart des anciens plans de Paris. Il était situé au milieu du carrefour qui faisait face à l'entrée primitive du monastère, sur l'emplacement de la place Gozlin actuelle. Un

---

(61) *Déclar. de temp.* de 1522 : « Item, pour l'exécution de la justice, y a fourches patibulaires à trois piliers, carquans, tant audit bourg que en chacun desdits villages (Vaugirard, Issy et Meudon). » — La rue Saint-Dominique est nommée, dans un titre de 1542, *le Chemin aux vaches, ou de la justice* (Jaillot, *Quartier Saint-Germain-des-Prés*, p. 57) ; elle n'a pris son nom actuel qu'en 1646 (Sauval, t. I, p. 132).

ancien tableau de l'abbaye, reproduit par D. Bouillart, en donne la représentation exacte. C'était petite une tour ronde surmontée d'un toit conique, et percée, dans sa partie supérieure, de hautes fenêtres. L'exposition des condamnés, qui y étaient *tournés*, selon l'expression usuelle des sentences de condamnation, se faisait, comme au pilori royal des Halles, au moyen d'une large roue de fer horizontale, mobile autour de son axe, qui était établie à l'intérieur du pilori, à la hauteur des fenêtres. Le condamné, placé au milieu de cet appareil, avait la tête et les mains engagées dans trois ouvertures pratiquées sur le cercle de la roue, et tournait, avec elle, pour être exposé, dans tous les sens, aux regards curieux ou aux injures de la foule. Il n'y avait, à Paris, comme on l'a dit plus haut, d'autres piloris proprement dits que celui de Saint-Germain et le pilori royal des Halles (62); les autres justiciers avaient des échelles, ou même de simples carcans. Une charte, de 1275, autorisa les religieux de Saint-Germain à faire dresser des piloris dans tous les lieux où ils avaient la haute justice, ou même seulement la justice de l'homicide et du vol (63). *Le Grand Coutumier* mentionne celui du bourg Saint-Germain comme ayant remplacé une ancienne échelle. Dubreul nous apprend qu'il y avait encore une échelle de justice à Saint-Germain, de son temps ; elle subsista fort tard, puisqu'il l'avait vue lui-même avant qu'elle n'ait été abattue et brûlée ; mais il nous fait connaître, en même temps, qu'elle servait seulement à l'officialité de l'abbaye ; c'était, dit-il, en déplorant sa destruction, « une belle remarque de la justice spirituelle et épiscopale » des religieux (64). La place où était dressé le pilori permanent de l'abbaye, était le lieu habituellement choisi pour l'exécution des peines corporelles autres que la peine capitale. C'est là notamment que l'on marquait

---

(62) Le pilori royal des Halles formait une petite tour octogone (V. Jaillot, *Quartier des Halles*, p. 27).

(63) V. D. Bouillart, *Pièces*, n° 98.

(64) « En nostre église Saint-Germain-des-Prés, j'ai vu une semblable échelle, laquelle (long-temps y a) a été rompu et brûlée. Qui a été mal fait : car c'était une belle remarque de la justice spirituelle et épiscopale que nous avons en nost c terroir, comme l'évêque de Paris en son diocèse. » — Dubreul, p. 38.

au fer chaud les malfaiteurs et les femmes de mauvaise vie.

La prison de Saint-Germain-des-Prés était située sur le côté de l'enclos figuré par la rue Sainte-Marguerite, près de l'entrée primitive du monastère, en face du pilori. Elle devint, comme on sait, après l'abolition de la justice de l'abbaye dans la ville, une des prisons publiques de Paris, sous le nom de, *prison de l'Abbaye*, qu'elle conserva jusqu'à sa suppression.

L'abbaye avait, dans sa terre, la voirie, « viaria et justitia viariæ ». Son voyer délivrait aux particuliers, à prix d'argent, les autorisations pour placer des bornes devant les maisons, dresser des auvents ou des étaux, et généralement faire sur la voie publique toutes sortes d'ouvrages. La voirie était habituellement donnée à ferme. Ses produits s'étaient considérablement accrus dans les derniers temps. Aussi le grand voyer du roi avait-il tenté de s'en emparer; ses commis inquiétaient les vassaux des religieux qui demandèrent à ceux-ci de les défendre afin de n'avoir pas à payer deux fois les mêmes droits (65). Le Parlement donna gain de cause à l'abbaye, par son arrêt du 24 mars 1611, et la maintint dans ses droits de voirie, dans toute l'étendue de sa haute justice (66).

L'édit de 1674 supprima la haute justice des religieux à Paris; mais un arrêt du 21 janvier 1675, la leur rendit dans l'intérieur de leur enclos. Un mémoire, rédigé par Pélisson, fixe la valeur des divers offices de l'abbaye à cette époque. Les évaluations qu'il contient, faites dans l'intérêt des

---

(65) Le procureur fiscal de l'abbaye se plaignait, vers la même époque (1617) de voir ses justiciables tenter journellement, « d'eux-mêmes, ou poussés d'ailleurs » de se soustraire à la juridiction de l'abbaye pour aller devant le prévôt de Paris.

(66) V. Dubreul, p. 242 et s. — *L'Inventaire des titres* LL 1145 mentionne des arrêts des 4 mars 1600, 1 juillet 1606 et 28 mai 1610, ainsi que quelques autres pièces, concernant le même objet : 30 août 1441, procès-verbal de visite, du voyer de Saint-Germain, d'une maison qui menaçait ruine, afin de la faire abattre en partie, au coin de la rue des Petits-Champs et de la Plâtrière, devant l'hôtel de l'archevêque de Rouen ; — 1607, Permissions délivrées, par le bailli, à divers particuliers, pour placer des bornes, attacher des treillis de fer, placer des auvents et mettre des étaux, au devant de maisons situées en face du collège Mignon, dans la rue Saint-André et près de la porte Saint-Michel.

religieux, sont, sans doute, exagérées ; mais elles ne doivent pas s'éloigner beaucoup de la valeur réelle. La charge de bailli est évaluée à 50,000 livres, et celle de procureur fiscal, à 26,000 ; la charge de prévôt était alors supprimée. Le greffe était affermé, 3,000 livres par an ; la voirie, 1,400 livres ; la geôle, 1,000 ; et le produit des amendes, 350. Les offices de procureur ne valaient que 500 livres ; mais ils étaient en nombre illimité. Les offices de sergent valaient 300 livres ; ils étaient au nombre de 26 (67).

Un arrêt du Parlement, du 27 mars 1609, nous donne le détail des principaux produits du greffe. Cet arrêt, qui condamna le greffier du baillage, Jean le Maire, à 80 livres d'amende, pour avoir perçu des droits excessifs, tarifa ces droits, pour l'avenir, de la manière suivante : 16 sous parisis, pour les grosses des sentences sur parchemin ; 2 sous, pour les expéditions sur papier ; 8 sous, pour le port des pièces au greffe du Châtelet ; 4 sous, pour les productions des justices inférieures faites au baillage ; 4 sous, pour les décharges des écrous des prisonniers (68).

(67) V. D. Bouillart, p. 268.
(68) *Arch. nat.* LL. 1145.

CHAPITRE XV

L'ABBAYE DE SAINTE-GENEVIÈVE

1. Fondation de l'abbaye. — Sa réforme par l'autorité ecclésiastique. — L'église de Sainte-Geneviève. — Les bourgs de Sainte-Geneviève et de Saint-Médard. — II. Étendue de la seigneurie. — Arrêt du Parlement et déclaration de temporel. — Plans de la seigneurie. — III. Seigneuries de l'abbaye hors Paris. — IV. Justice civile. — Sentences criminelles. — Échelle de justice.

L'église de Sainte-Geneviève fut fondée par Clovis, plusieurs années après sa conversion au christianisme, à une date que les historiens font varier des années 500 à 514. Elle fut élevée sur une colline déjà consacrée par la sépulture de plusieurs saints personnages, et fut placée sous l'invocation de Saint Pierre et Saint Paul. On la désigna d'abord sous ce titre, ou sous celui *des Saints-Apôtres;* mais la dévotion des fidèles au tombeau de sainte Geneviève, qui y avait été inhumée, fit substituer le nom de cette sainte à l'appellation primitive ; un acte de 811 la place déjà sous ce titre.

I

Cette église fut incendiée par les Normands, avec ses dépendances, comme la plupart de celles qui n'étaient pas enfermées dans les murs de Paris. Elle fut bientôt relevée ; mais son entière reconstruction ne fut menée à fin que vers

1173, par l'abbé Étienne, qui devint ensuite évêque de Tournai.

Les historiens sont divisés sur le caractère primitif des religieux qui la desservaient. C'était, d'après l'abbé Lebeuf, une communauté monastique (1); d'après Jaillot, un corps de chanoines séculiers (2). Cette communauté subsista, dans son premier état, jusqu'en 1148, époque à laquelle les chanoines devinrent réguliers par l'introduction de la règle de saint Victor.

Une seconde réforme fut introduite dans cette abbaye, au commencement du XVII° siècle. Le cardinal de Larochefoucauld, qui reçut de Louis XIII la dignité abbatiale, en vue de cette réforme, y appela des religieux de la congrégation de chanoines réguliers récemment établie dans la maison de Saint-Vincent de Senlis.

Plusieurs conciles furent tenus à Sainte-Geneviève pendant les premiers temps de l'Église. Le plus connu est celui qui fut réuni, en 577, pour juger l'évêque de Rouen, Prétextat, et dont Augustin Thierry a fait, d'après Grégoire de Tours, un si émouvant récit.

L'abbaye jouissait, dans l'ordre ecclésiastique, de privilèges particuliers. L'abbé portait la mitre et l'anneau. Il avait, avec ses religieux, la droite sur l'évêque de Paris et le chapitre métropolitain, dans la procession de la châsse de sainte Geneviève. Cette châsse, célèbre par sa magnificence, était solennellement portée à l'église Notre-Dame, pendant les les grandes calamités, dans une procession à laquelle assistaient les cours de justice avec tout le clergé. On voyait, à d'autres époques, un cortège non moins imposant sortir des portes de l'abbaye; c'était celui de l'évêque de Paris porté par ses feudataires. Les évêques nouvellement nommés devaient faire leur entrée dans la ville, par la porte Bordelle et l'abbaye, pour être portés de là, jusqu'à l'église cathédrale.

L'église Sainte-Geneviève a été entièrement démolie, en 1807, à l'exception de la vieille tour carrée, qui subsiste encore dans l'enceinte du lycée Henry IV. Elle était contiguë à

(1) Lebeuf, t. II, p. 573.
(2) Jaillot, *Quartier Saint-Benoît*, p. 71.

Saint-Étienne-du-Mont que les religieux avaient eux-mêmes fait élever, dès le XIIIe siècle, pour servir d'église paroissiale aux habitants de leur bourg. Elle menaçait déjà ruine, en 1755, et les religieux obtinrent du roi, à cette époque, les secours nécessaires pour la remplacer par une autre église. Des lettres royales ordonnèrent que les billets de trois loteries, qui se tiraient chaque mois à Paris et dont le prix était de vingt sous, seraient augmentés d'un cinquième pour la construction nouvelle. C'est ainsi que fut commencé l'édifice monumental qui est devenu le Panthéon ; on en posa la première pierre, le 6 septembre 1674.

L'abbaye de Sainte-Geneviève reçut, de son fondateur lui-même, les biens qui composèrent son domaine, d'après une tradition constante rappelée dans la plupart de ses titres. En 1010, le roi Robert la confirma dans la possession de ces biens (3). En 1035, son fils Henri la prit sous sa protection spéciale, afin de la soustraire au patronage des hommes pervers, *malorum hominum,* qu'elle aurait pu être tentée, dans ces temps troublés, d'accepter pour sa défense (4). En 1109, elle reçut de Louis le Gros le privilège précieux de produire ses serfs comme témoins en justice et de les faire admettre au combat judiciaire contre les hommes libres (5). Une bulle du pape Alexandre III, de 1163, énumère ses possessions et consacre ses droits (6). Elle fait remonter aux rois francs *l'immunité* dont l'abbaye jouissait sur ses terres. « Immunitatem a Francorum regibus, loco ipsi concessam et eorum scriptis firmatam, vobis, auctoritate apostolica, pariter confirmamus. » Elle distingue déjà parfaitement les deux bourgs de Sainte-Geneviève et de Saint-Médard, comme formant les parties principales de la seigneurie de l'abbaye : « Burgum Sanctæ Genovefæ,..... cum omnibus justitiis et libertatibus. Villam Sancti Medardi, cum omnibus justitiis ejusdem villæ. »

Le bourg de Sainte-Geneviève se forma sous les murs de l'abbaye, sur le versant de la montagne qui regarde la Seine.

---

(3) Tardif, *Monuments historiques. Cartons des rois*, 1re part.
(4) *Loc. cit.*
(5) *Loc. cit.*
(6) Gallia christiana, t. VII, *Instrumenta*, p. 242.

Sa principale rue était la rue de la Montagne-Sainte-Geneviève, au bas de laquelle se dressait une croix, que l'on appela la Croix Hémon. Le bourg fut longtemps séparé de la Seine par des clos et des terres en friche, les terres du Chardonnet, le clos Mauvoisin. Ce clos, sur lequel s'élevait déjà, l'église de Saint-Julien-le-Pauvre, était cependant encore à peu près inhabité, en 1202, comme on le voit par un acte de cette époque, par lequel les religieux le donnent en fief à Mathieu de Montmorency ; il y est parlé des habitants qu'il pourra recevoir à l'avenir, *s'il est jamais habité* : « Illi qui habitabunt in clauso quod dicitur Mali Vicini, si quando illud inhabitari contigerit (7). »

Le bourg de Saint-Médard se forma, près de l'église de ce nom, à une assez grande distance de l'enclos de l'abbaye ; il en était encore séparé par des clos de vignes, à la fin du XVe siècle. Il était traversé par la rue Mouffetard, qui était le grand chemin conduisant de la ville à Saint-Marcel. La bulle de 1163 désigne, très exactement, comme sa limite extrême, le pont construit dans cette rue, sur la Bièvre, qui reçut le nom de pont Saint-Médard ou pont aux Tripes.

L'enclos de l'abbaye, qui divisait ces deux bourgs, occupait un vaste emplacement représenté aujourd'hui, en partie, par le lycée Henri IV et le Panthéon. Il fut enfermé, dans la ville, par les murs de l'enceinte de Philippe-Auguste, sur l'emplacement desquels s'élevèrent, par la suite, les rues des Fossés-Saint-Victor, de Fourcy, et de la Vieille-Estrapade.

II

La seigneurie de Sainte-Geneviève nous est représentée par un assez grand nombre de documents, et notamment par une déclaration de temporel du 10 août 1474, par deux arrêts du parlement, de 1401 et de 1649, et par des plans très détaillés et très complets dressés par les soins des religieux au XVIIIe siècle (8).

(7) Guérard, *Cart. N.-D.* t. 1, p. 62.
(8) L'un de ces plans, de première grandeur, est intitulé : « Plan général de la directe seigneurie de l'abbaïe royalle de Sainte-Geneviève,

L'arrêt de 1401 est transcrit dans le registre que nous publions ; il figure aussi dans le *Livre rouge* du Châtelet (9). Il est rendu entre l'abbaye et le procureur général, à l'occasion de conflits qui s'étaient élevés entre les religieux et plusieurs officiers du roi relativement à l'étendue de leurs droits de haute justice et de voirie. Il décrit la terre des religieux dans l'intérieur des murs seulement, en énumérant les principales rues. « Dicebant, dicti religiosi, quod dudum, per regem Clodoveum predecessorem nostrum, notabiliter fundati fuerant ; ad causam cujus fundationis, plures terras et domania, Parisius, a parvo ponte usque [ad] dictam ecclesiam, eundo in pluribus vicis, et altam jurisdictionem in eisdem habuerant et habebant, quas terras, domania et jurisdictionem, a nobis et predecessoribus nostris, in fidem et hommagium, tenebant et possibant......... — In platea Mauberti (10), a medio ruelli vici Anglicorum (11) usque ad medium ruelli vici Guellande (12) ; et a medio dicti vici Guellande, ascendendo, a parte dextra, per dictam plateam Mauberti, usque ad crucem Hemonis (13), tam in dicta platea quam domibus, a dicta parte dextra, necnon in vico dicto des Lavendières (14), ab utraque parte vici ; in vico Sancti Victoris (15), a parte dicte ecclesie Beate Genovefe, eciam ante domos in quibus pendebant intersignia floris lilii et cacabi, in dicto vico Sancti Victoris situatos, usque ad vicum de de Versailles (16). Et a dicto vico de Ver-

---

dans la ville et faubourgs de Paris suivant la nouvelle dénomination donnée aux rues par l'ordonnance de police du 30 juillet 1729...., par Pierre Jubert de Basseville, ingénieur du roi. » Des liserés de couleur différente marquent la haute justice et la censive, qui se confondent presque partout (*Arch. nat.* Seine, 1er cl. n° 3). — Le second, de plus petit format, est sans date ; il est intitulé : « Description et représentation de la seigneurie et censive de l'abbaye de Sainte-Geneviève tant dedans que hors la ville de Paris. » (*Arch. nat.* Seine, 2e cl. n° 32.)

(9) *Livre rouge* 3e, f° 215 (Copie de la Préfecture de police).
(10) La place Maubert.
(11) La rue des Anglais.
(12) La rue Galande.
(13) La Croix-Hémon.
(14) Ruelle des Lavendières-Saint-Jacques.
(15) Rue Saint-Victor.
(16) Rue de Versailles, aujourd'hui supprimée ; elle aboutissait à la rue Saint-Victor, à peu près à la hauteur de la rue actuelle de Poissy.

sailles, a dicta parte Sancte Genovefe, usque ad portam Sancti Victoris ; et in dicto vico de Versailles, a medio ruelli dicti vici, a parte dicte ecclesie Sancte Genovefe, in media parte ipsius vici de Versailles, a vico Sancti Victoris ascendendo, usque ad cognum vici dicti Clopin (17), intrando dictum in vicum de Bordelles (18), eciam in domo que fuerat magistri Johannis Delongueville. Necnon in dicto vico Clopin, ab utraque parte, maxime in domo Petri monachi sereatoris ; in vico dicto de Bordelles, a parvo hostio domus scolarium collegii nostri Campanie, aliàs Navarre (19), ab utraque parte vie usque ad portam dictam de Bordelles, ascendendo, presertim in domo Johannis Platelli in qua pendebat intersignum grossi turoni. Necnon in vico Sancti Stephani dicti des Grès (20), ab hostio parvo ecclesie Beati Stephani, a parte domus scolarium magnorum Choletorum (21), usque ad dictam ecclesiam Sancte Genovefe....... ».

La Déclaration de temporel est un peu plus détaillée ; elle décrit d'ailleurs toute la terre des religieux à Paris, tant dans l'intérieur que hors des murs :

« C'est la déclaracion et dénombrement du temporel, villes, terres, et autres possessions que nous Jehan, par la permission divine humble abbé de l'église Sainte-Geneviefve ou Mont-de-Paris, et tout le couvent de ce mesme lieu, tenons tous admortiz et advouons tenir du roy nostre sire en foy et en un seul hommaige que fait ledit abbé touteffois qu'il y a nouvel roy sacré ou nouvel abbé en ladicte église, de bouche et de mains. — Et premièrement, le corps de nostre église, qui est tout fermé à murs, si comme il se comporte,

(17) Rue Clopin.
(18) Rue Bordelle ; elle faisait suite à la rue de la Montagne-Sainte-Geneviève et aboutissait à la porte Bordelle, c'est aujourd'hui la rue Descartes.
(19) Le collège de Navarre, dans la rue de la Montagne-Sainte-Geneviève ; il a été compris dans les bâtiments qui composent aujourd'hui l'École Polytechnique.
(20) L'église Saint-Étienne des Grès, dans la rue du même nom, aujourd'hui rue Cujas.
(21) Le collège des Cholets, dans la rue des Cholets, supprimée en 1845 ; il était situé à l'angle de cette rue et de la rue Saint-Étienne, des Grès.

avecques toutes les maisons et jardins, si comme ils se comportent et extendent de toutes parts. — Item, près d'icelui clos, avons environ autres quatorze arpens de vignes lesquelles nous avons baillées à ferme, au tiers pot, jusques à certain temps, toutes lesquelles vignes sont appartenant à ladite église. — Item, environ quatorze arpens de vignes en une pièce appelée le clos de nostre dite église, lequel souloit venir jusques aux murs de la ville de Paris, et lequel clos n'y vient plus, pour cause des fossés de ladite ville qui furent faiz au temps passé parmy ledit clos. Et lequel clos est tout fermé à murs, d'un costé et d'autre. — Item, nous avons toute haulte justice, moienne et basse, en tous ces lieux dessusdits, et ès ceux ci-après déclarés, confiscacions, aubesnes et tous autres droiz appartenant à haults justiciers, assises qui sont en ressort du roy nostre sire, voyrie, voyer, mesurages, chantellaiges, rouaiges, et foraiges, et amendes, selon ce que les cas le désirent. — C'est assavoir, en deux maisons entretenant séant en la rue des Noyers (22), faisant le front de la rue aux Anglais, qui sont, de présent, à maistre Pierre Villoquin, coustelier. Et en icelle rue, à commencer à la Croix-Hémon, d'un costé et d'autre, jusques au coin de l'église du Carme (23). Item, en ladite rue des Anglays, tout au long du costé dextre, jusques à la rue de Gallande. Et du coing de ladite rue des Anglays, dudit costé dextre, entrant en ladicte rue de Gallande en venant d'icelle rue et tout d'icelluy costé dextre, jusques à la croix Hémon, et d'icelle croix Hémon jusques à nostre dicte église, d'un costé et d'autre ; excepté deux maisons qui sont en la terre Sainct-Magloire. Et en toutes les rues entrant et aboutissant en icelle rue Saincte-Genevielve. — Item, et d'icelle croix Hémon, en allant parmy la rue Sainct-Victor, du costé dextre, jusques à la moitié de la rue de Versailles ; Et en icelle, dudit costé dextre, en montant tout contre mont, et en plusieurs lieux là environ. Et en toutes les rues descendant en icelle rue Sainct-Victor dudit costé dextre. — Item,

---

(22) Rue des Noyers, dont l'un des côtés subsiste encore sur le boulevard Saint-Germain.

(23) Le couvent des Carmes ; le marché des Carmes, de la place Maubert, a été construit sur son emplacement.

depuis le corps de nostre dicte église, d'un costé et d'autre, en allant à la porte de Bordelles (24) ; et en toutes les rues entrant en icelle, d'un costé et d'autre en tous costé d'icelle porte. Et depuis icelle, en allant à Sainct-Marcel, d'un costé et d'autre, et en plusieurs aultres rues entrant et aboutissant en icelle appelée la rue de Montfetart, tout jusques au milieu du pont qui est outre le petit moulin à eau (25). Item, en la rue de Richebourg (26), en la senestre partie, en allant vers les champs, depuis ladite moitié dudit poncel de ladicte rue Sainct-Marcel (27) jusques au poncel des marchants qui est sur la rivière de Saine (28). Et en descendant d'icelluy poncel jusques au port que l'on appelle le port Sainct-Victor (29). Et dudit port, en montant jusques à la tournelle dudict Sainct-Victor (30). Et de ladicte tournelle, en venant par-devant la porte d'icelui lieu de Sainct-Victor jusques à certaines bournes (31) qui y sont mises en environnant les vignes et

(24) Elle était aussi désignée sous le nom de porte Saint-Marcel, « porta regis, per quam itur ad Sanctum Marcellum » (arrêt de 1261) Félibien, *pièces*, t. II p. 513. — Plan de Mérian (Franklin, *Les anciens plans de Paris*, t. I, p, 109).

(25) C'est le pont Saint-Médard.

(26) Le nom de *Richebourg* désignait généralement le quartier compris entre les rues du Fer-à-moulin et Neuve-d'Orléans (Daubenton), où se trouvaient plusieurs hôtels et une maison de plaisance qui avait appartenu au duc d'Orléans, au XIV° siècle. Nous pensons que la *rue de Richebourg*, dont il s'agit ici, est la rue du Fer-à-Moulin, et non celle d'Orléans à laquelle on appliquait habituellement ce nom. — Un arrêt du Parlement, du 28 avril 1553, maintint Sainte-Geneviève en possession de la haute justice du clos d'Orléans.

(27) Autre nom de la rue Mouffetard.

(28) V. *infrà*, la note 44.

(29) L'abbaye avait les ports de la Seine, depuis le petit pont ; elle est rétablie, en 1286, « de l'arrivage du port de petit pont, si comme il se comporte jusques au poncel des bourgeois, vers la Sauçoie où Bièvre chiet en Saine » (*Registre*). L'arrêt du 7 août 1649 maintient également les religieux en possession des ports des *Grands Degrés, aux Mulets, de la Tournelle, Saint-Bernard*.

(30) Il s'agit ici d'un chemin qui séparait, sur ce point, la terre de Sainte-Geneviève de celle de Saint-Victor ; il est devenu la rue de Seine, aujourd'hui rue Cuvier.

(31) Les bornes dont il est question ici devaient être placées, dans la rue Saint-Victor, un peu avant la rue des Boulangers (V. le plan n° 32).

les terres dedans encloses, et en retournant à ladicte porte de Bordelles. — Item, en plusieurs lieues et rues environ Sainct-Hylaire (32), en la rue de Clos-Brunel, (33), en la rue de Froit-Mantel (34) devant lostel de l'ospital Sainct-Jehan-de-Jerusalem (35), dedans ycelluy et jusques devant Sainct-Benoist le bien tourné (36), et en plusieurs lieux en la grant rue Sainct-Jacques. — Item, depuis l'église de Sainct-Estienne des Grès, du costé senestre, en venant de devant Sainct-Estienne à Saincte-Geneviefve jusques à la porte du collège de Lisieux (37), lequel lieu fut à messire Pierre de Bournassel, chevalier. Et d'icelle porte, en icelle rue, d'un costé et d'autre, jusques à ladicte église Saincte-Geneviefve, et aussi en tout le cloistre ancien d'icelle. — Item, en une maison qui est assise à Paris, en la Tonnellerie près des Halles du costé des pilliers (38), laquelle fust à sire Jehan Maillart et à présent est aux ayants-cause de maistre Jehan Lecoq, en son vivant advocat en parlement. — Item, à Nostre Dame des Champs (39), à commencer à la première porte qui est près du Haut-Pas (40), du costé senestre en icelle rue, jusques près la maison du mareschal. — Item, en aucune partie du palays des Ternes et en la maison de l'abbé de Clugny. — Item, en tout l'hostel des escolliers de Clugny (41). — Item, ès terres

---

(32) Église Saint-Hilaire, à l'angle des rues Saint-Hilaire et des Sept-Voies ; son emplacement serait marqué aujourd'hui à l'angle des rues Lanneau et Valette.

(33) Rue du Clos-Bruneau ; désigne sans doute ici la rue Saint-Jean-de-Beauvais.

(34) Rue Fromantel ; elle faisait un coude entre les rues Saint-Jacques et Chartière.

(35) La commanderie de Saint-Jean-de-Latran, rue Saint-Jean-de-Beauvais.

(36) L'église Saint-Benoît, rue Saint-Jacques.

(37) Dans la rue Saint-Étienne des Grès.

(38) Rue de la Tonnellerie, ou des Piliers-des-Halles, « où l'on va à couvert sous des maisons soutenues par des pilliers de pierre ». — V. Plan de la Caille (Franklin, *Anciens plans*, p. 221).

(39) Le couvent de Notre-Dame-des-Champs.

(40) L'église Saint-Jacques-du-Haut-Pas, rue du faubourg Saint-Jacques.

(41) Le collège de Cluny.

et ès maisons qui sont entre le Pont-Perrin (42) et les Barres. — Item, en la rue des Lavandiers, emprès la place Maubert, d'une part et d'aultre, jusques aux maisons Guillaume Langloys di Lentrier qui furent siennes, et la maison qui fu Henry le Moustardier, qui font ledit coing de ladicte rue des Lavandières en ladicte rue des Noyers. — Item, en plusieurs lieux, tant en terre comme en vignes assises ou terroir de Nostre-Dame-des-Champs, de Sainct-Germain-des-Prez et des Chartreux, et en allant tout jusques à la justice de Vanves qui est de nostre dicte église. Et d'icelle justice en allant au molin à vent, et dudit molin à vent, jusques derrière les Cordelières et Sainct-Marcel. . . . . »

Si l'on fait abstraction des maisons et cantons détachés de la rue de la Tonnellerie, de Notre-Dame-des-Champs, du Pont-Perrin, on voit que cette seigneurie formait un territoire compacte, divisé dans toute sa longueur, par la rue de la Montagne-Sainte-Geneviève, la rue Bordelle qui lui faisait suite jusqu'à la porte de ce nom, et la rue Mouffetard jusqu'au pont de la Bièvre dont la situation serait marquée aujourd'hui entre les rues Censier et du Fer-à-Moulin. Elle était divisée, dans sa largeur, par les murs et les fossés de la ville. Elle descendait, à l'est et à l'ouest, jusqu'à la Seine, et enveloppait ainsi entièrement la seigneurie de Saint-Victor. La déclaration de 1474 ne mentionne pas les rues avoisinant la Seine à l'est; mais l'arrêt du Parlement, du 16 août 1649, consacra formellement les droits de justice de l'abbaye, notamment dans les rues des Bernadins, de Bièvre et Perdue (43). La limite, à l'ouest, était un chemin longeant la Bièvre, devenu la rue Poliveau, qui aboutissait à un pont que notre déclaration appelle le petit pont des Marchands et qui fut désigné aussi sous les noms de pont de la Folie ou des Opinions et de Pont-Liveauld (44). A l'est, la limite était une ligne

(42) Le Pont-Perrin était un pont sur un égout dans la rue Saint-Antoine.

(43) L'abbaye n'avait toutefois qu'une partie du côté occidental de la rue des Bernardins; l'abbaye de Saint-Victor avait 23 toises, de ce côté, faisant face à Saint-Nicolas-du-Chardonnet, et le côté oriental tout entier (*Arch. nat.* S 1536.)

(44) Ce pont est marqué sur un plan partiel très intéressant pour l'é-

brisée qui touchait à la rue Saint-Jacques entre les rues Saint-Jean-de-Latran et Saint-Étienne-des-Grès ; la bulle de 1163 désignait déjà la rue Saint-Jacques et l'église Saint-Étienne-des-Grès comme bornant, de ce côté, le bourg de Sainte-Geneviève, « usque ad stratam regiam, juxtà ecclesiam Sancti Stephani ».

L'abbaye de Sainte-Geneviève eut de fréquentes contestations avec celle de Saint-Victor relativement à certaines portions contigues de leurs territoires, et notamment aux terrains compris entre la grande rue Copeau, la rue de Poliveau et la Seine. Ces terrains, sur lesquels on prit, au XIII° siècle, le jardin du roi, devenu le jardin des Plantes, sont compris dans notre déclaration : ils sont d'ailleurs déjà parfaitement délimités par un arrêt des *Olim* de 1296, qui les place dans la haute justice des religieux. « Patet, per arrestum, abbatem et conventum Sancte Genovefe parisiensis habere altam et bassam justitiam in ipsis locis, videlicet, a prima porta abbatie Sancti Victoris, in medio vie ante illam abbatiam conducente, (45) usque ad molendinum de Coupeel (46), in illa via, et post retro, atque ad saleciam et usque ad poncellum quem burgenses parisienses fecerunt fieri (47), ad manum sinistram, usque ad Sequanam, et in ruella que est in latere abbatie Sancti Victoris (48) et tendit retro ad Sequanam, ad manum sinistram (49) » L'arrêt du parlement, du 7 août 1649, statue encore sur un procès soulevé, entre les deux abbayes, au sujet de ces terrains ; il les attribue aussi, avec la haute justice, aux religieux de Sainte-Geneviève, à l'exception de deux arpents de la butte *Voisin* ou *Coipeaux* (50). Cette butte, au som-

tude de ce quartier, dont il sera parlé plus en détail dans la notice relative à Saint-Victor (*Arch. nat.* Seine, 2° cl. n° 33).

(45) La rue Saint-Victor.

(46) La place de ce moulin est aussi marquée dans le plan n° 33, à la hauteur de la grande rue Copeau qui faisait suite à la rue du Faubourg-Saint-Victor.

(47) V. *suprà* note 44.

(48) L'ancienne rue de Seine.

(49) Beugnot, *Olim*, t. II, p. 415. — Deux arrêts antérieurs, de 1289 et 1278, avaient d'ailleurs déjà consacré les droits de Sainte-Geneviève sur les mêmes lieux (Boutaric, *Actes du Parlement*, t. I, p. 429).

(50) *Arch. nat.* S 1536.

met de laquelle s'élève aujourd'hui le belvédère du jardin des Plantes, était originairement une voirie dans laquelle les habitants de la terre de Sainte-Geneviève transportaient leurs boues et immondices. Les religieux de Saint-Victor, que ce voisinage incommodait, élevèrent des prétentions à la propriété de cette butte que ceux de Sainte-Geneviève finirent par leur abandonner, en échange d'une autre voirie. Cette seconde voirie, située à la *pointe Pontliveault*, fut établie sur des terrains cédés à Saint-Victor par le chapitre de Saint-Marcel, et devint commune aux habitants des terres des deux abbayes (51).

III

Les principales seigneuries de l'abbaye hors de Paris étaient situées à Vanves, Auteuil, Nanterre, Fontenay, Aulnay, Rungis, Contin, Trianon-Choisy et Gally, Epinay et Quincy, Champrosé, Saint-Germain-sur-Ecole, Rosny, Vémars, Borres et Boran. Ce sont celles qui sont mentionnées dans le registre que nous publions.

Quelques-unes d'entre elles seulement figurent dans le Polyptique d'Irminon publié par M. Guérard; mais on sait que cet important document ne nous a pas été conservé en entier.

La plus considérable était celle de Vanves, où se trouvait le gibet permanent de l'abbaye, *près du grand chemin de Paris*, « ou grand chemin, si comme l'on va de Paris à Vanves au desuz des forches » (52).

Un arrêt du Parlement, de 1275, accorde à l'abbaye la basse justice seulement, à Auteuil; mais c'était la basse justice, avec l'extension considérable qu'on lui donnait alors, c'est-à-dire avec *le sang et le vol*. L'abbaye conserva naturellement

---

(51) V. la légende du plan n° 33.

(52) « Item, nous avons, en partie de la ville de Vanves, et en partie
» du terrouer d'icelle, toute haulte justice, moïenne et basse, voyerie,
» mesuraiges, foraiges, chantellaiges et toutes autres choses apparte-
» nans à haults justiciers, sortissans, sans moien, à nostre dicte église. »
— « Item, nous avons une place appelée Garnelles où souloit avoir
» hostel, granche, coulombier, maisons, jardins, estables derriere et cha-
» pelle, lequel soulloit estre tout fermé à murs. »

la connaissance de ces cas lorsqu'ils eurent cessé d'appartenir aux bas justiciers ; mais la déclaration de 1474 transforme, à tort, ces droits, en ceux de haute justice (53).

La seigneurie de Nanterre nous a fourni un exemple remarquable de l'application de la question par les juges seigneuriaux, au XIVe siècle (54).

La seigneurie d'Aulnay, voisine de celle de Fontenay, dans les environs de Sceaux, était une dépendance de l'aumône de l'abbaye ; l'aumônier en percevait les redevances de toute nature qui lui servaient à faire face aux charges de son office (55).

La terre de Contin, voisine de celle de Rungis, consistait principalement en une exploitation agricole, et ne devait guère compter, comme habitants, que les laboureurs qui y étaient établis ; ce n'était, en réalité, qu'une grande ferme située entre Paray et Athis-sur-Orge (56).

---

(53) « Item, nous avons, en la ville d'Autueil, ung hostel ou maison contenant salles, chambres, un pressouer bannier, ung coulombier et estables, avec plusieurs autres édiffices. Item, en la closture dudit hostel ou manoir, a environ douze arpens de terres, tant en vignes, jardins, comme en petiz boiz, et environ cinq arpens d'autres terres qui sont en labour. Item autres quatre arpens de vignes.... Item, douze arpens.... Item, environ douze arpens.... Item, champars sur plusieurs terres.... Item, plusieurs cens et rentes.... Avecques toute haulte justice, moyenne et basse.... » (*loc. cit.*). — La seigneurie d'Auteuil fut cédée, à Sainte-Geneviève, par l'abbaye du Bec, du diocèse de Rouen, en 1169 (*Gallia Christiana*, t. VII, col. 707).

(54) « Item, nous avons, en la ville de Nanterre, en partie d'icelle ville, toute haulte justice et seignorie, prévost, mère, rouaige, foraige, et touz autres droiz appartenans à haults justiciers.... » (Déclaration de temporel du 10 août 1474).

(55) « En la ville de Fontenay-lez-Baigneux......, par toute ladicte ville où nous avons censive, et en plusieurs maisons et plusieurs autres terres qui sont mouvans de nous, nous avons toute haulte justice, moienne et basse. » — « En la ville d'Aunoy, l'aumosner a toute haulte justice, moienne et basse, à cause d'une maison, court et jardins, fosse à poison......, avecques trente arpens de terres labourables ou environ...... ».

(56) « Nous avons en la ville de Rungy, ung hostel, granches et estables..... Item, en partie d'icelle ville,.... toute haulte justice, moienne et basse... ». — « Nous avons ung hostel appellé Contins.... assis près de Parcy et d'Athis-sur-Ourge ; ouquel hostel avons toute haulte jus-

La seigneurie de Trianon, Choisy et Gally comprenait le petit village qui a donné son nom au Trianon de Versailles, le village voisin de Choisy-aux-Bœufs et un manoir dit de Gally. Les religieux de Sainte-Geneviève acquirent cette terre des seigneurs de Versailles, en 1275. Louis XIV en fit l'acquisition, pour l'établissement du parc de Versailles; il donna à l'abbaye, en échange, un fief de Pompone, et la terre de Ver au-dessous de Dammartin en Goële (57).

Les seigneuries d'Épinay et de Quincy comprenaient les deux villages de ce nom dans la Brie française, près de la forêt de Sénart, sur la petite rivière d'Yères. La seigneurie de Champrosé, située aussi près de la forêt de Sénart, comprenait quelques terres dépendant de ce village et des villages voisins de Draveil et de Mainville (58).

La seigneurie, plus importante, de Saint-Germain-sur-École, était, au sud, la plus éloignée de Paris ; elle relevait du baillage de Melun (59).

Toutes ces terres étaient situées au sud de Paris. La seigneurie de Rosny, à l'est, au delà du bois de Vincennes, comprenait le village de ce nom et les terres en dépendant (60). La seigneurie de Vémars, au nord, près de Luzarches, était

» tice, moienne et basse.... Item, audit hostel appartiennent quatorze
» vingt arpens de terres labourables assises en plusieurs pièces environ
» ledit hostel. »

(57) « Nous avons ung hostel appelé Gallye, ouquel a plusieurs édif-
» fices... dont la gregneure partie est en ruine... Item, nous avons, en la
» ville de Soisy-aux-bœufs, toute justice haulte, moienne et basse... Item...,
» en la ville de Trianon. »

(58) « Nous avons, ès villes d'Espinnel et de Quincy en Brie, toute
» haulte justice, moyenne et basse.... Item, en ladite ville d'Espinnel
» avons ung hostel... ouquel hostel souloit avoir, ou temps passé, un
» pressouer et un vivier à poisson. »

(59) « Nous avons, en la ville de Saint-Germain-sur-Escolle, ung hos-
» tel, court et jardin.... Item, en partie de ladite ville, avons toute
» haulte justice, moienne et basse. »

(60) « Item, nous avons en la ville de Roisny lez le boys de Vincennes,
» ung hostel, si comme il se comporte, avecques un colombier......
» Item, en ladicte ville, avons toute haulte justice, moienne et basse,
» voyrie, rouaiges, foraiges, chantellaiges, avecques touz autres droiz ap-
» partenans à haults justiciers, et en tout le terroir d'icelle ville, sortis-
» sans sans moien à nostre dicte église. »

partagée entre les religieux et deux chevaliers qui avaient la *tierce partie* des droits de justice (61). Les seigneuries de Borres et Boran comprenaient tout ou partie des villages de ce nom ; elles dépendaient du baillage de Senlis (62).

IV

Le registre que nous publions contient, sur l'administration de la justice de l'abbaye, en matière criminelle, des renseignements abondants que nous avons groupés, dans nos premiers chapitres. Nous n'avons plus à citer, de cette époque, que trois arrêts que nous retrouvons dans les Olim, dont deux sont rendus en matière civile. Un arrêt, de 1307, statue sur un appel d'une sentence civile de la *cour séculière* des religieux (63). Un arrêt, de 1311, résout une question de compétence relativement à un procès civil dans lequel les religieux étaient eux-mêmes engagés. L'abbé et le couvent s'étaient obligés hypothécairement à livrer à Pierre Boucel une certaine quantité de blé. Comme ils n'exécutaient pas leur promesse, leur créancier les cita devant le prévôt de Paris pour se faire adjuger les biens hypothéqués, « certa bona et loca quæ ipse dicebat sibi esse obligata, nomine hypothecæ. » Ils déclinèrent la juridiction du prévôt, par le motif qu'ayant toute justice sur les lieux dont il s'agissait, ou tout au moins sur plusieurs d'entre eux, ils devaient connaître eux-mêmes

---

(61) « Nous avons, en la ville de Vémars, ung hostel appelé l'hostel,
» des Carneaulx..... Item, en ladicte ville avons toute haulte justice,
» moienne et basse, excepté que monseigneur Baudoin de Fenquencour,
» chevalier, et Robert de Versailles, escuier, ont la tierce partie de
» ladicte haulte justice en ladicte ville. »

(62) « Nous avons en la ville de Borres, emprès Senlis, ung hostel
» pressouer, jardins et vignes... Item, en ladite ville et ou ter-
» rouer d'icelle, avons toute haulte justice, moienne et basse. — Nous
» avons en la ville de Borrenc, ung hostel, granches, estables et jar-
» din.... Item, en icelle ville avons quatorze hostisses sur lesquelz
» nous avons toute haulte justice, moienne et basse..... Item, sur la
» rivière de l'Oise, qui est près d'icelle ville, avons tout arrivaige et
» espave, tant comme ung homme peut aller dedans sans nacelle.... »
Beugnot, *Olim*, t. III, p. 228.

de la contestation, bien qu'étant parties dans la cause ; mais leur prétention fut rejetée (64).

Un autre arrêt, de 1307, consacre, à leur profit, les droits d'aubaine et de bâtardise qui ne pouvaient leur être sérieusement contestés, « saisina cognicionis et expletationis aubenarum et bastardorum, ac bonorum ipsorum » (65).

Les cartons des archives de l'abbaye ne contiennent guère que des documents assez récents, des XVIe et XVIIe siècles. Ce sont, pour la plupart, des arrêts du Parlement, confirmatifs de sentences du maire ou du bailli de Sainte-Geneviève. Le principal officier de justice des religieux ne prend le titre de bailli qu'à la fin du XVIe siècle. On remarque, dans ces sentences, un adoucissement assez notable de la pénalité. Les femmes, condamnées à mort, sont punies, comme les hommes, de la potence. La peine de la mutilation a disparu et a fait place à celle de la fustigation (66).

Le 25 mai 1509, André Mortaigne, coupable d'assassinat sur la personne de Jean Périer est condamné à être pendu. La même peine est prononcée contre Antoine Chuquet et Jean Dupuis, le 2 octobre 1517, contre Étienne Jacquet, coupable de bigamie, le 6 août 1604, et Clément de Lorme coupable de vol, le 18 mai 1623. Ils sont exécutés sur les fossés Saint-Marcel, au carrefour de la porte Saint-Marcel, et au carrefour Sainte-Geneviève. En 1624, une autre condamnation à la potence est exécutée sur la place Maubert. Le Parlement, qui confirme toutes ces sentences, apporte à l'une d'elles, par un arrêt du 6 juillet 1604, un adoucissement considérable en faveur d'un *apprenti de métier*, accusé de violences sur deux femmes, en substituant, à la peine de mort, le bannissement et la fustigation. Deux femmes sont condamnées à la potence, les 18 septembre 1562 et 26 janvier 1591, pour un homicide et un infanticide. Un écolier, Charles de Hannegrave, dont on ne mentionne pas le crime, mais qui est évidemment un suicidé, est pendu par les pieds, six heures durant, au carrefour Copeau et traîné ensuite à

---

(64) *Loc. cit.* t. III, p. 655.
(65) *Loc. cit.* t. III, p. 213.
(66) Nous empruntons la plupart de ces sentences au carton Z² 3755.

la voirie, en 1586. Un autre suicidé est revendiqué, sans succès, entre les mains du prévôt de Paris, en 1511 ; c'est Richard Lemoyne, drapier et chaussetier, qui s'était jeté dans la Seine, après avoir assassiné sa femme et sa fille. Le corps est réclamé, à la fois, par le procureur de Sainte-Geneviève, comme ayant été trouvé dans la Seine, dans les eaux de l'abbaye, et par le procureur du chapitre de Notre-Dame, dont le suicidé était le justiciable. Le prévôt de Paris tranche le différend en faisant procéder lui-même à l'exécution, sous la réserve de tous les autres droits des parties contestantes.

Les sentences de fustigation sont exécutées dans les carrefours et *lieux accoutumés* de la seigneurie. Le 9 mai 1604, le bailli condamne Pierre Thevenon, dit le Gascon, pour avoir blasphémé, frappé une femme, et prostitué plusieurs filles, à cinq ans de galères, et Martine Barbery, qui se disait sa femme, à être fustigée sous l'orme de la grande cour de l'abbaye, sur la place Maubert, à La Tournelle Saint-Victor, et à la porte de sa demeure. En 1613, Nicole Lécrivain est fustigée, sous ce même orme, au carrefour de Saint-Geneviève et devant Saint-Médard.

Les religieux avaient anciennement, dans leur bourg, une échelle de justice, à demeure, qui fut remplacée ensuite par un simple poteau et un carcan. Nous en avons retrouvé la place dans une déclaration de temporel où elle est mentionnée incidemment ; elle était dressée au-dessous de l'enclos de l'abbaye, au milieu du carrefour de Sainte-Geneviève, « au carrefour Sainte-Geneviefve, au milieu duquel il y a eu un puits auprès duquel estoit un potteau où estoit le carcan de nostre justice, et où estoit, de tout temps et ancienneté, une eschelle de justice » (67). Le poteau et le carcan furent enlevés furtivement, sans doute pendant la nuit, en décembre 1591 (68).

L'abbaye avait la voirie dans la terre, et même dans la partie réunie à la ville par les murs d'enceinte, ainsi que cela

---

(67) *Arch. nat.* P 158.
(68) *Arch. nat.* Z⁴ 3755 : Permission d'obtenir monition à fin de révélation contre ceux qui ont enlevé le poteau et carcan qui était devant Sainte-Geneviève.

résulte de l'arrêt du Parlement, de 1401, reproduit dans notre registre ; cet arrêt est suivi d'un document intitulé : « Ce sont les coustumes et droits que nostre voyer de Sainte-Geneviève ou Mont de Paris doit avoir à cause de nostre voyrie. »

L'édit de suppression de 1674 ne laissa aux religieux que la haute justice dans leur enclos.

CHAPITRE XVI

L'ABBAYE DE SAINT-VICTOR

1. Fondation de l'abbaye. — Etendue de sa seigneurie. — Terre d'Alais. Fief du Chardonnet. — Conflits avec l'abbaye de Sainte-Geneviève. — Plan contradictoire des lieux litigieux. — Cours successifs de la Bièvre. — Ill Officiers de justice. — Sentences criminelles.

Une chapelle, dédiée à saint Victor, existait, dès le XIIe siècle, sur la rive gauche de la Seine ; elle était, sans doute, entourée de constructions peu importantes qui avaient pu servir de retraite à quelque reclus ou recevoir les membres de quelque petite communauté. Guillaume de Champeaux s'y retira, en 1108, avec quelques disciples, lorsqu'il abandonna sa chaire de Notre-Dame devant la faveur naissante de son rival Abélard. Il y fit construire un monastère dont les religieux furent constitués en une communauté abbatiale de chanoines réguliers ; Gilduin, l'un de ses disciples, en fut le premier abbé. On sait que ce monastère acquit bientôt, par ses écoles, une grande célébrité, et que la perfection de sa règle engagea l'autorité ecclésiastique à choisir, dans son sein, à diverses reprises, les religieux destinés à réformer d'autres communautés.

Louis le Gros dota la nouvelle abbaye et lui conféra l'immunité par ses chartes de 1113 et 1125 : « Hæc omnia, perpetuo jure, perpetua libertate, eis habenda concessimus, nihil potestatis, nihil juris nostri reservantes nobis, sed omnia quæ ad nos pertinere videbantur, eis omnino emancipantes (1). »

Le domaine des religieux était resserré entre la Seine et les possessions plus vastes de l'abbaye de Sainte-Geneviève qui l'entouraient de toutes parts. Il comprenait l'enclos du monatère et les terrains environnants que l'on peut diviser en trois groupes; nous en avons la description la plus exacte dans un arrêt de 1649, rendu pour établir la délimitation de cette seigneurie et de celle de Sainte-Geneviève.

L'enclos était situé sur les rues du faubourg Saint-Victor et de Seine, à l'angle desquelles se trouvait une tour, souvent mentionnée dans les anciens titres, sous le nom de *tour Alexandre*. Il formait un vaste quadrilatère, dont ces rues faisaient deux côtés, les deux autres côtés étant figurés par des lignes parallèles à la Seine et aux fossés de la ville. Il renfermait l'église, les lieux réguliers et des jardins. L'église, qui avait été bâtie peu après la fondation du monastère, fut à peu près entièrement reconstruite sous François Ier (2).

Le premier groupe de terrains, qui contenait l'enclos lui-même, était limité par les rues du faubourg Saint-Victor, de Seine, la Seine et les fossés de la ville (3). Le second groupe, contigu au premier, comprenait, au delà des fossés, tout l'espace compris entre la rue Saint-Victor, la Seine et la rue des

---

(1) Félibien, *Preuves*, t. I, p. 36. — Un cartulaire de Saint-Victor (*Arch. nat.* LL 1450) contient divers titres de propriété de l'abbaye. V. notamment f° 21, De omnibus que possidet ecclesia nostra ; f° 33, de terra inter Secanam et aquam Beverini ; f° 35, de terra in Cardineto, etc.

(2) L'emplacement de l'abbaye et de son enclos est marqué aujourd'hui par les deux groupes de maisons traversés par la rue Guy-de-la-Brosse et l'extrémité contiguë de la Halle aux Vins.

(3) Rues actuelles Saint-Victor et Linné (en partie seulement), Cuvier (rue de Seine), et des Fossés-Saint-Bernard (fossés de la Ville).

Bernardins. Ces deux groupes figuraient l'ancienne terre, désignée, dans la plupart des vieux titres de l'abbaye, sous le nom d'Alès ou Alais, qui avait été comprise dans la dotation faite par Louis le Gros lui-même à Saint-Victor (4). La terre d'Alais faisait elle-même partie du vaste territoire, dit du Chardonnet, qui comprenait tous les terrains de la rive gauche de la Seine, au-dessous du faubourg Saint-Victor, entre la limite de la seigneurie de Saint-Marcel, marquée par la rue Poliveau et le clos de Tiron qui commençait, à peu près, à la hauteur de la rue des Bernardins. Le souvenir de la terre d'Alais fut conservé, pendant longtemps, par une ruelle, une porte et un moulin qui en avaient pris le nom. La ruelle descendait à la Seine, le long du mur oriental de l'enclos de l'abbaye ; la porte servait à fermer cette ruelle. Le moulin avait été construit, tout près de là, sur la Bièvre, à l'époque où cette rivière passait entre les murs de l'enclos et les fossés de la ville (5). Le nom du Chardonnet a été conservé par l'église Saint-Nicolas qui existe encore aujourd'hui sur la rue des Bernardins. L'acte de 1243, par lequel les religieux de saint-Victor cédèrent à l'évêque de Paris l'emplacement nécessaire pour la bâtir, fit la réserve expresse de leurs droits de justice sur les lieux environnants. « Retinentes sibi et ecclesiæ suæ, penitus » et expresse, in tota alia terra circumjacente, censum, domi- » nium et omnimodam justitiam (6). »

Le troisième groupe était moins important. Il était, comme le premier, situé hors des murs, et lui faisait face, par de là la rue du Faubourg Saint-Victor. Il composait une sorte de triangle, dont cette rue et les fossés de la ville formaient deux côtés ; le troisième côté était figuré par une ligne brisée qui passait entre les rues Neuve-Saint-Étienne et des Boulangers (7). L'arrêt de 1649 qui fixe cette limite, avec précision, montre quelle difficulté il pouvait y avoir à reconnaître parfois,

(4) V. le mémoire qui accompagne l'arrêt de 1649. *Arch. nat.* S 1536.
(5) *Loc. cit.* — On y voit que le *moulin Allais* fut le premier bâtiment construit, près de la rive de la Seine, sur le *ru de Bièvre*.
(6) V. Dubreul, p. 332 ; et Lebeuf, t. III, p. 585.
(7) La rue Neuve-Saint-Étienne est figurée aujourd'hui par la rue Rollin.

sur certains points, la séparation de deux justices, à travers les transformations que subissaient les propriétés privées. Cette ligne irrégulière n'était plus figurée, en 1649, par aucune limite apparente ; et il fallait la retrouver dans les clôtures de divers héritages. Parmi ces héritages figuraient une maison et un jardin appartenant à un nommé Dubochet, qui étaient divisés entre les deux justices ; le jardin relevait de Sainte-Geneviève, et la maison, de Saint-Victor (8).

Une partie de cet enclos provenait de l'ancien clos de Tiron et avait été cédée aux religieux par le chapitre de Notre-Dame. Il y avait anciennement, de ce côté, un clos de vignes, dit de Saint-Victor, qui était situé au lieu nommé, plus anciennement encore, les Arènes (9), et sur l'emplacement duquel s'établirent, par la suite, les Pères de la Doctrine chrétienne ; mais il était dans la justice de Sainte-Geneviève. C'est, sans doute, à ce clos que s'applique un arrêt des *Olim*, de l'année 1301 (10).

II

Les religieux de Saint-Victor tentèrent d'étendre, à diverses reprises, leur seigneurie en dehors de ces limites. Ils revendiquèrent, contre l'abbaye de Sainte-Geneviève, les terrains figurés par la Seine, la grande rue Copeau, la rue de Seine et le chemin allant à la Croix-Clamart dit de Pontliveau, comme faisant partie du territoire du Chardonnet (11). Mais cette revendication fut repoussée par l'arrêt de 1296, que nous avons reproduit plus haut, dans la notice relative à Sainte-Geneviève, et dans lequel on reconnaît parfaitement, sous d'autres noms,

---

(8) L'arrêt prescrit l'établissement de bornes sur ce point : « Auquel lieu seront plantées bornes, pour faire séparation des seigneuries et justices de Saint-Victor et Sainte-Geneviève; lesquelles deux justices demeureront, entrant dans Paris, séparées par le milieu du ruisseau de la rue de Saint-Victor ».

(9) V. Jaillot, *Quartier de la place Maubert*, p. 169.

(10) Beugnot, *Olim*, t. III, p. 90.

(11) Ce groupe serait figuré aujourd'hui par la rue Cuvier, la rue Geoffroy-Saint-Hilaire (grande rue Copeau) et la prolongation de la rue Poliveau jusqu'à la Seine. La Croix-Clamart était une croix dressée à l'angle du chemin de Pontliveau et de la grande rue Copeau.

les limites que nous assignons à ce groupe (12). Les religieux abandonnèrent eux-mêmes implicitement cette prétention, dans une transaction de 1303 (13). Ils ne la renouvelèrent pas moins au commencement du XVIIe siècle ; et elle fut rejetée de nouveau après de longs débats, par les deux arrêts du 18 février 1617 et du 7 août 1649.

Un arrêt interlocutoire, du 16 janvier 1644, ordonna aux parties, pour régler leurs interminables différends, de dresser contradictoirement un plan figurant les limites de leurs justices. Ce plan, qui fut exécuté en 1646, par un *arpenteur expert*, nous a été conservé (14). Il fait bien comprendre la situation des lieux litigieux et fournit de précieuses indications pour toute la topographie de ce quartier. Il est accompagné de deux légendes explicatives qui contiennent les prétentions contradictoires des parties. On y passe successivement en revue des lieux dont la plupart sont familiers à ceux qui connaissent bien l'histoire topographique de Paris, mais dont quelques-uns sont moins connus ou indéterminés. C'est ainsi qu'on y voit figurer l'ancien pont aux Marchands, les terres du fief du *Cardonnet*, la pointe *Pontlivault*, la butte Voisin ou Copeau, le carrefour Copeau, l'ancienne rue et l'ancien clos de Tiron, le moulin d'*Aleps*, le lieu où la Bièvre avait été détournée, dit *la patelle*, les anciens vestiges des *faux rus de Bièvre*, les aciennes *chûtes de ce ru* dans la Seine, les ports des Grands-Degrés et aux Mulets, l'hôtel de Montpensier ou de Bar, la maison dite de la Folie, les tripots de Montauban et de la Trinité.

Le plan figure les trois cours successifs de la Bièvre. Le

---

(12) *Olim*, t. II, p. 415.

(13) Cette transaction s'applique plus particulièrement à la justice de la rue du Faubourg-Saint-Victor. Elle explique que Saint-Geneviève a les deux côtés de cette rue devant les murs mêmes de Saint-Victor jusqu'à la porte d'*Aalez*. — Le carton des Archives, S 1536, contient l'original et plusieurs copies de cette transaction.

(14) « Figure et description des limites des justices, seigneuries et censives respectivement prétendues par les abbayes de Sainte-Geneviève et de Saint-Victor,.. fait en vertu de l'arrêt du 16 janvier 1644,.. par nous G. Migon, arpenteur royal pourveu en titre d'office et Anthoine Marboys, arpenteur expert, jadis grand arpenteur de France, soussignés, convenus par les parties » — *Arch. na^t. Seine*, 2e cl. n° 33.

cours primitif de cette rivière, redevenu son cours actuel, passe entre le jardin royal et le chemin allant à la Croix-Clamart et aboutit, à la Seine, au nouveau pont aux Marchants (15). Mais ce cours fut détourné, vers 1153, par les religieux de Saint-Victor qui obtinrent, à cette époque, de ceux de Sainte-Geneviève, l'autorisation de faire passer la rivière dans leur enclos (16). Les eaux furent prises au-dessous de la grande rue Copeau et conduites par le milieu de l'enclos de Saint-Victor, parallèlement à la Seine. Au sortir de cet enclos, elles reçurent successivement deux cours différents. Dans l'un de ces cours, la rivière pénétrait dans Paris, suivant la même direction jusqu'au delà de la rue des Bernardins, descendait entre cette rue et la rue de Bièvre, et coupait celle-ci, à son extrémité, pour se jeter dans la Seine (17). Suivant l'autre cours, la rivière restait en dehors des murs de Paris et descendait à la Seine immédiatement après sa sortie de l'enclos, entre les murs de cet enclos et les fossés de la ville. C'est sur ce cours qu'avait été construit le moulin d'Alais.

On saisit, au vif, dans le mémoire qui accompagne l'arrêt et la légende du plan, les conflits toujours renaissants des officiers des deux abbayes rivales. L'un des lieux habituels de conflits était le carrefour Copeau sur lequel s'éleva l'hôpital de la Pitié. Sainte-Geneviève le revendiquait en entier. Saint-Victor, au contraire, prétendait en avoir la moitié, à partir du ruisseau qui le divisait originairement par le milieu ; et cette moitié était devenue la plus forte, par suite de la diminution qu'a-

---

(15) Le pont aux Marchands a eu deux emplacements successifs ; son emplacement primitif est marqué, sur le plan, à l'extrémité du Chemin de la Croix-Clamart. On l'appelait aussi le pont de la Folie ou des opinions, à cause d'une maison dite *la Folie* qui existait anciennement, tout près de là sur les bords de la Seine.

(16) Cette concession fut due à l'intercession de saint Bernard, abbé de Clairvaux. On voit, par une charte de 1114-1153, que c'est lui qui demanda aux religieux de Saint-Geneviève d'autoriser ceux de Saint-Victor à prendre l'eau de la Bièvre *au-dessous du moulin de Cupels* pour la conduire dans leur enclos et y construire un moulin. — Tardif, *Cartons des rois* 1re part.

(17) Sauval fait suivre, à cette rivière, l'emplacement même de la rue de Bièvre, dans toute sa longueur.

vait subi l'autre côté, par la construction de l'hôpital. Chacune des parties avait fait naturellement, pour affirmer son droit, procéder à des exécutions criminelles dans ce carrefour. La défense de Saint-Victor, sur ce point, montre à quelles minuties il fallait descendre pour la solution des conflits de ce genre. « Ce carrefour, y lit-on, a été beaucoup diminué, du
» costé desdits de Sainte-Geneviève, qui ont permis au gou-
» verneur dudit hospital (de la Pitié) d'entreprendre sur
» iceluy, de sorte que ce qui en reste du costé de la Tour-
» nelle Saint-Victor, depuis ledit ruisseau de la rue Copeau,
» est entièrement en la haulte justice de Saint-Victor ; et ce
» qui a esté entrepris, par ledit hospital, avec ce qui reste
» depuis ladite entreprise, jusqu'au ruisseau, est l'endroit où
» anciennement lesdits de Sainte-Geneviève ont fait faire
» quelques exécutions. »

III

La justice de Saint-Victor était rendue par un bailli et un maire : « Ont (les religieux de Saint-Victor) bailly, maire,
» greffiers et autres officiers, prisons, en ladite abbaye. De
» laquelle justice ont, de tout temps et d'ancienneté même de
» temps immémorial, jouy, usé, au veu et seu de tous, sans
» empeschement ni trouble quelconques... » (18) Les *Olim* contiennent trois arrêts, de 1306, 1307 et 1320, concernant cette justice. Le premier fut rendu contre le prévôt de Paris ; il restitue à l'abbé un de ses prisonniers, que ses gens avaient arrêté, dans l'enclos de l'abbaye, sous l'inculpation de meurtre, et qui avait été repris par les gens du Châtelet (19). Le second statue sur un appel d'une sentence civile du chambrier de l'abbaye, relative au retrait d'une maison (20). Le troisième se rapporte à une terre située hors de Paris, au village d'Amponville. Il consacre le droit de justice des religieux sur les nobles qui y résidaient. (21).

---

(18) *Arch. nat.* S 1536 (*Declar. de temp.* du 4 septembre 1551).
(19) Beugnot, *Olim* t. III, p. 226.
(20) Beugnot, *Olim*, t. III. p. 126.
(21) Beugnot, *Olim*. t. I, p. 360. — L'abbaye avait, dans la banlieue

Le mémoire de 1649 mentionne de nombreuses sentences rendues par les juges de l'abbaye. La plus notable est celle qui punit de mort une femme coupable de bigamie, dont on fit l'exécution près de la porte Saint-Victor ; les autres relatent, pour la plupart, des condamnations au fouet (22). Nous ne relevons pas de condamnation à l'échelle ; il semble d'ailleurs que les religieux n'avaient, pour l'exposition publique, qu'un carcan qui était fixé, à demeure, sur un poteau dressé devant leur enclos (23).

---

de Paris, la terre de Billancourt, *Bullencourt*, qui lui fut donnée par Ansold de Chailli, chevalier. — V. les lettres de 1150 par lesquelles Louis VII confirme cette donation. (Tardif, *Cartons*, 1re part.)

(22) Toutes ces condamnations sont rapportées dans l'enquête à laquelle les religieux de Saint-Victor firent procéder pour faire la preuve de leurs droits de justice sur les lieux litigieux.

(23) Une condamnation au fouet est mentionnée comme ayant été exécutée « devant la porte de l'église, sur le pavé, *près le carquan* ».

CHAPITRE XVII

L'ÉGLISE DE SAINT-MARCEL

I. Le mont Cétard ; tombeau de saint Marcel. L'église. Titres de la seigneurie. — II. Étendue de la seigneurie de Saint-Marcel. Le cloître. Le bourg Saint-Marcel. — Le mont Saint-Hilaire.

Le chapitre de Saint-Marcel avait, de toute ancienneté, la seigneurie du bourg de ce nom, qui devint l'un des principaux faubourgs de Paris. On nommait parfois cette seigneurie, la châtellenie et la baronnie de Saint-Marcel. L'église, qui donna son nom au bourg, avait été élevée en l'honneur de saint Marcel, évêque de Paris. Cet évêque fut inhumé, vers l'an 436, sur le *Mons Cetardus*, ou Mont-Cétard, d'où on a formé, par corruption, selon l'abbé Lebeuf (1), le nom de Moufetard, que prit la rue principale de ce quartier. Ce tombeau devint l'objet d'une vénération particulière ; et le bruit des miracles qui s'y accomplissaient y attira, de bonne heure, un grand concours de fidèles.

Grégoire de Tours rapporte que Ragnemod, évêque de Paris, alla, étant encore prêtre, passer une journée sur ce tombeau, en dévotes oraisons, et qu'il fut ainsi guéri d'une fièvre

(1) Lebeuf, t. II, p. 2 et s.

quarte qui l'incommodait fort (2). On y avait, sans doute, construit un oratoire, auprès duquel s'élevaient déjà quelques maisons, car le même historien considère ce lieu comme un faubourg de Paris (3). Une église dut bientôt remplacer l'oratoire. Elle fut rebâtie au XI° siècle, et souvent réparée depuis. Elle a été démolie en 1806.

Elle était desservie par des chanoines ayant à leur tête un doyen électif. Plusieurs historiens ont pensé qu'elle avait été, à l'origine, occupée par une communauté monastique, sur le fondement des chartes de 918 et de 944, où il est parlé du monastère ou de l'abbaye, et des frères de Saint-Marcel. Mais ces expressions n'avaient pas toujours, à cette époque, la signification qu'elles reçurent par la suite ; elles étaient souvent appliquées à de simples églises ; et les documents postérieurs ne mentionnent plus que le doyen et le chapitre de Saint-Marcel (4).

I

Les titres de la seigneurie du chapitre remontent à une charte de Charles le Simple, de 918, confirmée par Henri I, en 1046. On y voit qu'Ingelvin, évêque de Paris, avait donné aux frères de Saint-Marcel quinze manses situées autour de l'église. Le successeur d'Ingelvin, Anschérich, les leur avait reprises et les avait données à l'un de ses fidèles, par crainte des Normands. Mais c'était, sans doute, moins pour en dépouiller les frères que pour les remettre entre des mains plus capables de les défendre ; car l'évêque suivant, Teudulphe, en fit à ceux-ci une nouvelle donation, que la charte de 918 eut précisément pour objet de confirmer (5).

Ces quinze manses étaient, sans doute, des exploitations agricoles d'une assez grande étendue ; et elles devaient com-

---

(2) « Ad cujus tumulum, cum Ragnimodus presbyter, qui nunc ejus municipii habetur sacerdos, quartano typo veniens decubasset, totaque die jejunio et orationi vacasset, facto jam vespere obdormivit. Expergefactus vero, post paululum, a somno, incolumis resurrexit a tumulo. » — Grégoire de Tours, *De gloria confessorum*, ch. 89.
(3) Nunc in ipsius civitatis vico quiescit ». — *Loc. cit.*
(4) Jaillot, *Quartier de la place Maubert*, p. 43 ; Lebeuf, t. II, p. 4.
(5) Félibien, *Pièces justificatives*, t. I, p. 12.

prendre la plus grande partie des terres qui formèrent la seigneurie du chapitre au faubourg Saint-Marcel.

Deux siècles plus tard, un véritable bourg s'était formé autour de l'église. Une bulle du pape Adrien IV, de 1158, qui confirme les privilèges du chapitre, mentionne le cloître de de Saint-Marcel et le bourg, où s'élevaient déjà les chapelles de Saint-Martin et de Saint-Hippolyte (6).

Cette même bulle cite, comme appartenant encore au chapitre, la chapelle de Saint-Hilaire-du-Mont. C'est le premier document où figure cette église. On suppose que le chapitre de Saint-Marcel la fit bâtir sur son fonds; mais on ignore comment celui-ci avait la propriété de ce fonds; on ne sait si elle provenait, comme l'indique l'abbé Lebeuf, d'une donation des évêques de Paris, ces premiers bienfaiteurs et fondateurs du chapitre, propriétaires d'une partie du Clos-Bruneau, sur lequel l'église était située, ou si elle résultait de quelque échange avec la seigneurie limitrophe de Sainte-Geneviève, comme le suppose Jaillot (7).

Cette église était située à l'angle des rue Saint-Hilaire et des Sept-Voies; elle fût rebâtie vers 1300, et reconstruite encore et augmentée, vers 1470. Elle a été démolie en 1795.

La charte de 918 ne contient pas de clause expresse d'immunité; elle confère simplement aux frères de Saint-Marcel la propriété pleine et entière des terres qui leur sont transmises. Mais ces terres, qui appartenaient à l'évêque, étaient, sans doute, entre les mains de celui-ci, au même titre que la plus grande partie de ses domaines, et il les transmettait sans réserve, comme il les possédait lui-même. Dès le commencement du XIIIe siècle, les droits de justice de l'église Saint-Marcel sont affirmés dans une transaction de 1214 relative à une terre tenue par un marguillier de l'église de Paris, près du moulin de Crollebarbe qui était situé dans la rue de Croulebarbe actuelle (8). Ils sont déclarés plus explicitement, et en termes plus généraux, dans les lettres d'affranchissement données par le chapitre à ses serfs, en 1238. Cet acte réserve

---

(6) Félibien, *loc. cit.* p. 13.
(7) Jaillot, *Quartier Saint-Benoît*, p. 105.
(8) *Cart. N. D.* t. I, p. 347.

formellement la justice de Saint-Marcel sur sa terre, sur ses *hostises* et sur ses hôtes (9). Nous voyons enfin, en 1313, les chanoines revendiquer, entre les mains de l'évêque, un délinquant qui leur avait été enlevé dans leur prison (10).

Le chapitre de Saint-Marcel supposait que ses principaux titres avaient été perdus, ou détruits pendant les guerres ; mais il invoquait une possession immémoriale, et il avait coutume de dire que son meilleur titre était son église et son clocher (11).

Les privilèges de Saint-Marcel furent confirmés, en 1587, par des lettres patentes qui sont mentionnées dans son Inventaire des titres (12).

La seigneurie du chapitre, au Mont-Saint-Hilaire, était aussi, à défaut de titre, appuyée sur une longue possession qui remontait au moins au XII° siècle, comme l'atteste la bulle de 1158. Nous voyons, dans un Inventaire de Saint-Germain-des-Prés, la mention d'un arrêt, du 6 mai 1569, qui maintient encore Saint-Marcel dans sa justice, tant aux faubourgs qu'en la paroisse Saint-Hilaire-du-Mont (13).

L'église de Saint-Marcel avait, dans sa terre, la justice haute, moyenne et basse, avec toutes ses dépendances, ainsi que la voirie. Les lettres patentes de 1587 consacrent, en outre, au profit du chapitre, non seulement les droits d'usage perçus par les seigneurs sur les marchandises et les vins, tels que le tonlieu, le forage, le rouage et le chantellage, mais encore le droit de lever des tailles sur ses sujets.

Le droit de voirie appartenait, sans partage, à l'église, au moins dans ses terres du faubourg Saint-Marcel (14).

L'église avait une juridiction de première instance et une juridiction d'appel exercées par un maire et un bailli. Le bailli avait un lieutenant ; mais cet office avait été supprimé dans les derniers temps. Les autres officiers principaux de la jus-

(9) Félibien, *Pièces*, t. I, p. 14.
(10) Beugnot, *Olim*, t. 4, p. 850.
(11) *Arch. nat.* S 1914. Déclar. de temp. du 31 juillet 1673.
(12) *Arch. nat.* S 1935, Lettres patentes d'avril 1587.
(13) *Arch. nat.* LL 1145, Inventaire des titres de Saint-Germain-des-Prés.
(14) *Arch. nat.* S 1935, Let. pat. de 1587.

tice étaient, le procureur fiscal, le greffier et tabellion, et le voyer (15).

L'auditoire, ainsi que les prisons, étaient dans le cloître et tenaient à la première maison du côté droit de la porte d'entrée. Les habitants du Mont-Saint-Hilaire avaient un autre auditoire situé rue des Carmes, dans une maison dépendant du collège des Lombards (16).

Les juges du chapitre étaient, d'après les lettres patentes de 1587, exempts de la juridiction du prévôt de Paris ; ils ressortaient donc directement, en appel, au Parlement.

II

L'église de Saint-Marcel était située sur l'ancienne place de la Collégiale qui a été comprise dans le parcours de la rue de la Collégiale actuelle. Le cloître était limité par les rues Mouffetard (17), de la Reine-Blanche, du Petit-Moine (18) et de la Barre (19). Sa porte principale était sur la rue Mouffetard, en face de la rue Saint-Hippolyte. Il contenait un grand nombre de maisons dont une partie seulement était occupée par les Chanoines (20).

La terre du chapitre, au faubourg Saint-Marcel, avait une assez grande étendue. Elle était bornée, au nord, par la seigneurie de Sainte-Geneviève, à l'est par la Seine, à l'ouest, par le fief de l'Ourcine qui appartenait à la commanderie de Saint-Jean-de-Latran, et au sud, par les territoires d'Ivry, de Villejuif et de Gentilly. Elle est décrite dans une déclaration de temporel du 31 juillet 1673 (21).

Elle commençait, dans la rue Mouffetard, au pont Saint-Mé-

---

(15) *Arch. nat.* S 1914, Déclar. de temp. du 31 juillet 1673. — L'office de bailli était tenu en 1620, par Jean Poussemothe, « licencié en lois et avocat en la Cour de Parlement » (*Arch. nat.* S 1931).

(16) *Arch. nat.* S 1914, *loc. cit.*

(17) Cette partie de la rue Mouffetard a été comprise dans le parcours de l'avenue actuelle des Gobelins.

(18) Actuellement rue Vésale.

(19) Aujourd'hui rue Scipion.

(20) *Arch. nat.* S 1914, Déclar. de temp. de 1673.

(21) *Loc. cit.*

dard sur la Bièvre, qui la séparait de la seigneurie de Sainte-Geneviève ; il y avait, sur ce point, une maison dont la justice était partagée entre les deux seigneuries (22).

Du pont Saint-Médard à la Seine, la limite était marquée, au nord, par les rues du Fer-à-Moulin et Poliveau. La rue du Fer-à-Moulin, avait été aussi appelée de Richebourg, à cause de quelques hôtels qui y avaient été bâtis anciennement. Les comtes de Forez y avaient acquis, en 1321, de l'abbaye de Sainte-Geneviève, un hôtel qui avait passé ensuite à la maison de Bourbon ; Roger d'Armagnac en avait acheté un autre, en 1378, de Hugues d'Arcies (23). La rue Poliveau, qui faisait suite à celle-ci, nommée aussi rue du Pont-Livauld ou chemin à la Croix-Clamart, comme on le voit par les anciens plans de Sainte-Geneviève et de Saint-Victor, (24) commençait à une croix, située sur le prolongement de la rue du faubourg Saint-Victor, aujourd'hui rue Geoffroy-Saint-Hilaire, et aboutissait à la Seine vers la hauteur de la rue Papin actuelle. Elle est indiquée, dans tous les anciens plans, comme formant la limite de Sainte-Geneviève et de Saint-Marcel.

De l'autre côté de la rue Mouffetard, et à partir du même pont sur la Bièvre, la terre de Saint-Marcel était limitée, à l'est, par une petite enclave de sainte-Geneviève et par le fief de l'Ourcine. Cette limite, comme on peut le voir par le plan de ce fief (25), remontait la Bièvre jusqu'à la rue saint-Hippolyte, suivait cette rue jusqu'à la rue de l'Ourcine, et prenait une petite partie de celle-ci jusqu'à la rue du Champ-de-l'Alouette (26) qu'elle remontait jusqu'à une certaine hauteur.

Dans l'angle ouvert entre les parties que nous venons de décrire, la terre de Saint-Marcel s'étendait le long de la Seine, à l'ouest, et confinait, au sud, comme nous l'avons dit, aux territoires d'Ivry, de Villejuif et de Gentilly, dont elle était

---

(22) *Arch. nat.* S 1935, note sur le temporel de Saint-Marcel dans *l'Inventaire des titres.*

(23) Jaillot, *Quartier de la place Maubert*, p. 38.

(24) *Arch. nat.* Seine, 2e cl. nos 32 et 33, Plans de Sainte-Geneviève et Saint-Victor.

(25) *Arch. nat.* Seine, 1re cl., n° 36, Plan du fief de l'Ourcine.

(26) Aujourd'hui rue Corvisard.

séparée par des bornes sur lesquelles étaient gravées les armes de l'église.

Ce qui formait proprement le bourg de Saint-Marcel, dans ce vaste espace, n'en était, vers la fin même du XVIe siècle, qu'une faible partie, ainsi qu'on peut s'en convaincre par le plan de Ducerceau. La rue Poliveau n'était encore qu'un chemin, et le bourg était limité, à l'ouest, par les anciens fossés Saint-Marcel (27) et la rue Croulebarbe dont les directions sont d'ailleurs simplement indiquées, sans recevoir de nom, sur ce plan. A l'intersection des fossés Saint-Marcel et de la rue Mouffetard, se trouvait une porte qui reçut les noms de Porte-des-Champs, Porte-Popeline et Fausse-porte-Saint-Marcel. Au delà, s'étendaient des terres cultivées en vignes, prés, labours, saussaies et oseraies. La déclaration de temporel de 1673 ne mentionne encore aucune rue en dehors de ces limites, si ce n'est la rue voisine, des Banquiers (28).

La terre du mont Saint-Hilaire, entièrement séparée du faubourg Saint-Marcel, avait une très petite étendue. Elle comprenait l'église Saint-Hilaire et une partie des maisons comprises entre les rues Saint-Hilaire, des Sept-Voies, de Reims et Chartière. Ces rues formaient un carré au milieu duquel s'ouvraient, à angle droit, les deux petites rues d'Ecosse et du Four (29). Ce canton détaché de la seigneurie comprenait encore un certain nombre de maisons, des deux côtés de la rue des Carmes.

En dehors de ces deux territoires principaux, le chapitre de Saint-Marcel avait, au faubourg Saint-Jacques et à Notre-Dame-des-Champs, plusieurs maisons, et des places, jardins et masures qui s'étendaient jusqu'à la Santé, c'est-à-dire au delà du boulevard de Port-Royal actuel, et allaient ainsi rejoindre, par-dessus le fief de l'Ourcine, le territoire même de Saint-Marcel.

Enfin le chapitre avait encore quelques maisons détachées, rue Saint-Jacques, en face de l'Église Saint-Séverin et rue de La Harpe, et une maison rue de la Calendre, dite ancienne-

---

(27) Rue des Fossés-Saint-Marcel, et rue Lebrun actuelles.
(28) Rue du Banquier actuelle.
(29) Aujourd'hui, rue du Four-Saint Jacques.

ment, de l'Herberie, dans la Cité. Cette dernière maison, qui était la cinquième de la rue, en entrant par la rue de la Juiverie, avait été acquise, par le chapitre, par suite d'un échange fait avec les Templiers, en 1230. Elle était réputée avoir vu naître saint Marcel (30), et le chapitre de Notre-Dame s'y arrêtait solennellement, chaque année, dans la procession de l'Ascension (31).

La haute justice de Saint-Marcel, supprimée, comme toutes les autres, en 1674, fut restituée au chapitre par un arrêt du Conseil d'Etat et des lettres patentes des 19 juin et 11 juillet 1725. Nous voyons, en 1727, Copineau, procureur au Parlement, remplir les fonctions de juge ordinaire, civil, criminel et de police, au baillage de Saint-Marcel (32).

(30) *Arch. nat.* S 1935, note sur le temporel, dans *l'Inventaire des titres*, « La maison où fut nay mons. saint Marcel, rue de l'Herberie. »
(31) Jaillot, *Quartier de la Cité*, t. I, p. 36.
(32) *Arch. nat.* L. 574.

CHAPITRE XVIII

L'ÉGLISE SAINT-BENOIT

L'église. Sa dépendance du chapitre de Notre-Dame. Conflit entre les deux communautés. — Cloître. Étendue de la seigneurie

L'église Saint-Benoît a succédé à une église très ancienne qui était placée sous l'invocation de saint Bache ou saint Bacque. Elle était connue, dès le XIIe siècle, sous le titre de Saint-Benoît, auquel on ajouta successivement deux surnoms. Elle fut appelée d'abord, Saint-Benoît le mal-tourné, *bestournet*, *male versus*, à cause de l'orientation de son autel qui était différente de celle des autres églises, et ensuite le bien-tourné, *bene versus*, lorsque cette disposition fut changée. Elle fut rebâtie en partie, sous François Ier, et réparée et augmentée en 1680 (1).

Elle fut placée, au XIe siècle, sous la dépendance de Notre-Dame, en même temps que les églises de Saint-Merri, du Saint-Sépulcre et de Saint-Étienne-des-Grès ; elle était alors entre les mains d'un seigneur laïque, du nom de Girauld.

(1) V. Lebeuf, t. II, p. 45 et s. ; Jaillot, *Quartier Saint-Benoît*, p. 108 et s. — Le titre de Saint-Benoit se rapportait d'ailleurs, d'après ces auteurs, non pas au saint de ce nom, mais au vocable, *Benoît*, correspondant à *Benedictus Deus*.

Elle constitua dès lors une église collégiale dont les chanoines étaient à la nomination du chapitre de Notre-Dame. Elle comprenait, dans son dernier état, six chanoines, un curé et douze chapelains (2).

Elle avait une haute justice, à Paris et dans le faubourg Saint-Marcel. Nous n'en connaissons pas les titres originaires; mais nous avons une charte de Charles V, de 1364, qui la consacre. Cette charte, qui autorise le chapitre de Saint-Benoît à faire exécuter, dans sa terre de Limeil, les condamnations à la peine de mort ou à celle de la mutilation prononcée par ses juges, énumère les lieux dans lesquels l'église a la haute justice, et fait figurer, en première ligne, Paris et le bourg Saint-Marcel, « videlicet in certis locis villæ parisiensis, apud Sanctum Marcellum juxta Parisius » (3).

Un inventaire des titres de Saint-Benoît mentionne, sans en indiquer la substance, une liasse de cinquante et une pièces qui se rapportent toutes à ses droits de haute justice ; elles consistaient en arrêts du Parlement, décisions du Châtelet ou de la Chambre du Trésor et sentences du bailli ou du maire de l'église (4).

Bacquet rapporte un arrêt du Parlement du 15 mars 1575, relatif à un homicide, dont les juges de Saint-Benoît revendiquaient la connaissance, parce qu'il avait eu lieu dans la rue Saint-Jacques, entre leur église et celle des Mathurins. Cette prétention fut repoussée par l'unique motif que l'homicide avait été commis sur la voie publique, ce qui implique seulement que l'église n'avait pas la voirie en ce lieu (5).

Le chapitre de Saint-Benoît eut à défendre ses privilèges, en 1364, contre le chapitre même de Notre-Dame, et son église fut le théâtre d'une rixe entre les membres des deux communautés. Le 11 juillet, les chanoines de Notre-Dame se rendirent processionnellement à cette église. Instruits, sans doute, de leurs intentions hostiles, ceux de Saint-Benoît les avertirent qu'ils ne souffriraient pas qu'on portât atteinte

---

(2) V. Jaillot, *Loc. cit.*
(3) Cette charte est rapportée par Dubreul, p. 193.
(4) Arch. nat. S 903.
(5) Traité des *Droits de justice*, ch. VII, n° 15.

à leurs droits et notamment à leur juridiction temporelle. Sans tenir compte de cette remontrance, les chanoines de Notre-Dame firent lire, après avoir chanté une antienne à Saint-Benoît, un acte contraire aux privilèges de l'église. Les chanoines de Saint-Benoît protestèrent et demandèrent acte de leur protestation à leur notaire, chanoine comme eux, Jean Le Clerc. Aussitôt un grand tumulte s'éleva. Ceux de Notre-Dame se jetèrent sur Jean Le Clerc, le renversèrent à terre et l'emmenèrent dans leur prison. Une longue lutte judiciaire s'engagea à la suite de ces violences. Elle ne prit fin que par un arrêt du Parlement qui reconnut les immunités de Saint-Benoît et condamna ceux de Notre-Dame, à 500 livres d'amende envers cette église, 500 livres envers le roi et 100 livres envers le notaire Jean Le Clerc (6).

Le chapitre de Saint-Benoît avait un bailli et un maire. Sa dépendance de Notre-Dame n'était pas bornée au domaine spirituel ; ses chanoines prêtaient au chapitre de cette église un serment de fidélité (7). On en avait tiré, à l'origine, le motif d'un troisième degré de juridiction. Ces trois degrés sont marqués dans un arrêt du Parlement de 1322, où l'on voit une affaire jugée par le maire de Saint-Benoît, portée, en appel, devant le bailli de cette même église, et ensuite devant la *cour* du chapitre de Notre-Dame composée du chambrier et d'un juge commis (8).

L'église Saint-Benoît était située dans la rue Saint-Jacques ; sa place serait marquée actuellement en face du Collège de France, au-dessous de la Sorbonne. Un vaste cloître, fermé par trois portes, l'entourait. Il était assez grand pour qu'on y tînt un marché pendant la moisson et les vendanges. Il contenait l'auditoire de la justice et les prisons.

La seigneurie du chapitre, à Paris, avait une assez faible étendue. Il comprenait, avec le cloître, le côté occidental de la rue Saint-Jacques, depuis l'église jusqu'à la rue des Ma-

---

(6) Nous empruntons ce récit à Dubreul, p. 195. L'arrêt du Parlement qui mit fin à la contestation est mentionné dans l'Inventaire des titres précités (*Arch. nat.* S 903).

(7) Le Cartulaire de Notre-Dame nous donne la formule même du serment. V. Guérard, t. III, p. 411.

(8) Félibien, *Pièces*, t. II, p. 529.

thurins (9), la rue Pierre-Sarrazin, une partie correspondante de la rue Saint-Cosme et Saint-Damien (10) et une partie des rues de La Harpe (11), Saint-Victor et du Clos-Bruneau (12). Une déclaration de temporel, du 18 avril 1384, en donne la description en ces termes : « Premièrement, la-
» dite église est assise en cloistre, ouquel cloistre a prisons,
» siége à tenir les plaiz, haute juridiction, moyenne et basse,
» si comme il se comporte. Et ont leur maire duquel on ap-
» pelle au baillif de ladite église. Laquelle juridiction couste
» à garder et à gouverner, par an, 30 livres ou environ. —
» Item, en la grant rue Saint-Jacques, de l'ostel des Mar-
» mousets, séant en ladite rue Saint-Jacques, qui est aux es-
» coliers de Sorbonne, descendant contreval ladite rue, jus-
» que devant Saint-Mathurin, haute juridiction, moyenne et
» basse. — Item, en la rue Saint-Hilaire et en la rue de Cloz-
» Brunel, en une partie, haulte juridiction, moyenne et basse.
» — Item, en la rue Delaharpe, en une partie, et en la rue
» Pierre Sarrazin et en la rue Saint-Cosme et Saint-Damien,
» en une partie, haulte juridiction, moyenne et basse. — Item,
» à Saint-Marcel-lez-Paris... » (13).

La censive s'étendait à plusieurs autres rues ; elle est figurée, dans son dernier état, avec le nombre des maisons qui en dépendaient dans chaque rue, par des plans de 1754 (14).

Le chapitre avait, hors de Paris, plusieurs autres seigneu-

(9) Cette rue, aujourd'hui supprimée, dans laquelle se trouvait l'église des Mathurins, était un peu au-dessus du boulevard Saint-Germain actuel.

(10) C'était le nom que portait la rue des Cordeliers, aujourd'hui de l'École-de-Médecine, devant l'église Saint-Cosme et Saint-Damien, c'est-à-dire, à l'angle de la rue de La Harpe.

(11) Cette partie est aujourd'hui supprimée et comprise dans le parcours du boulevard Saint-Michel.

(12) Rue Saint-Jean-de-Beauvais.

(13) *Arch. nat.* P 129, n° VII. « C'est la déclaration des terres, fiefs et rentes que tiennent les chanoines et la communauté de l'église de Saint-Benoît-le-Bien-Tourné de Paris, tant à Paris en plusieurs lieux, comme autre part. »

(14) *Arch. nat.* Seine, Atlas, n° 10. Ces plans figurent dans un très bel Atlas de treize planches intitulé : « Censive du chapitre de Saint-Benoît, levée en 1754, sous la direction du baron de Molina, colonel ingénieur. »

ries. Les condamnations à la peine de mort ou à la mutilatiou, prononcées par ses juges, devaient être exécutées, d'après la charte de 1364, dans sa terre de Limeil, ainsi qu'il a été dit plus haut : « Nos eis concedimus ut executiones cor-
» porum, seu membrorum, quæ, causa alterius jurisdictionum
» prædictarum et pro factis quæ in ipsis jurisdictionibus, seu
» altera earum, obvenient, in loco et jurisdictione ipsius ca-
» pituli apud Limolium valeant exerceri... »

CHAPITRE XIX

LE PRIEURÉ DE SAINT-MARTIN-DES-CHAMPS

I. Fondation. — II. Seigneurie de Saint-Martin-des-Champs. Double territoire entre les rues Saint-Martin et du Temple. Cantons détachés. Fief de la Rapée. Fief de Marimont. Seigneuries hors Paris. — III. Officiers de justice. Assises. Vicaire et chambrier. — IV. Échelle de Saint-Martin. Prisons.

L'église de Saint-Martin-des-Champs fut fondée, ou pour mieux dire, relevée, en 1060, par le roi Henri Ier. Elle forma d'abord une collégiale abbatiale, desservie par des chanoines, sous le gouvernement d'un abbé, du nom d'Engelbard. Cette collégiale fut donnée aux religieux de Cluny, par le roi Philippe Ier, en 1079, du consentement des chanoines eux-mêmes. Elle devint ainsi un prieuré, et *la troisième fille* de l'abbaye de Cluny.

I

Henri Ier ne fit que reconstruire une première église, dédiée à Saint-Martin, qui avait été à peu près entièrement détruite par les Normands. Cette église, qui existait déjà au commencement du VIIIe siècle, comme un diplôme de Childebert, de l'année 710, le suppose, subsista au moins jusqu'en 843, date de la première invasion de Paris par les Normands (1). Le roi dota la nouvelle abbaye de possessions importantes hors Paris, et d'un vaste territoire situé autour de l'église elle-même. Ce territoire se composait de terres que le roi possédait déjà en ce lieu, et de celles qu'un seigneur, du nom d'Ansold, et ses deux neveux, Milon et Varin, lui cédèrent, du consentement de Hugues, comte de Paris, pour racheter un crime de lèse-majesté. Ce sont ces terres qui formèrent le territoire principal de la justice du prieuré, à Paris (2). La charte de concession leur conférait une complète immunité (3).

Ce titre fut confirmé par deux chartes, de 1128 et 1137, qui consacrèrent, dans les termes les plus larges, les droits de justice du prieuré ; cette dernière contenait même une clause que les religieux purent invoquer, avec succès, pour revendiquer la connaissance des cas royaux ; elle stipulait que le roi ou ses *hommes*, dans leurs contestations avec les hommes du prieuré, iraient devant la *cour de Saint-Martin* et recevraient la justice de la main du prieur et de ses moines (4).

II

Les terres situées autour de l'église, que la charte de

---

(1) Lebeuf, t. II, p. 296 et suiv.

(2) Elles étaient alors situées hors de la ville, devant une porte, *ante Parisiacæ urbis portam*, qui était près de Saint-Merri.

(3) « Illud ego prætermitti nullatenus volo, quia prefatam ecclesiam ea firmitate munio, quatenus, in perpetuum, regio jure, ab omnibus fore concedatur libera, tam videlicet intra ambitum munitionis ejus, quam extra in procinctu illius, in theloneis, in fredis, in justitiis, in omnibus quæcumque jus nostri exigit fisci, nemo unquam illam inquietare audeat. » An. 1060. — Félibien, *Pièces*, t. III, p. 48 ; *Rec. des Histor. de France*, t. XI, p. 605.

(4) « Donationem etiam quam fecit pater meus... quod nos, vel heredes nostri, nunquam Beati Martini homines, vel hospites, capiemus, nisi in præsenti forefacto fuerint deprehensi ; et si nos, vel homines nostri, querelam adversus eos aliquam habuerimus, in curiam Beati Martini ibimus, et justitiam per manum prioris et monachorum inde suscipiemus. An. 1137. — Félibien, *Pièces*, t. III, p. 53 ; *Gallia christiana*, t. VII, instrum., col. 59.

1060 concédait aux religieux, étaient hors de la ville et ne formaient guère alors qu'une vaste culture. Mais bientôt des maisons s'y élevèrent et se groupèrent ; des rues entières se formèrent et couvrirent, de proche en proche, l'espace compris entre les deux grandes voies qui allaient de Paris à Saint-Martin et au Temple. La plupart des rues que les plans du XVIe siècle décrivent dans ces limites, existaient déjà au XIIIe siècle (5) ; et notre registre nomme, au XIVe, toutes celles qui figurent dans le plan de Ducerceau (1560), sauf celle du Vertbois qui était l'avant-dernière, au nord. L'enceinte de Philippe-Auguste comprit, dans ses murs, quelques unes de ces rues seulement ; celle de Charles V les embrassa toutes, avec le prieuré et son enceinte.

Depuis l'époque de sa fondation, le prieuré avait accru ses possessions, par des donations ou des acquisitions nouvelles, tant à Paris qu'au dehors ; mais sa justice ne reçut, pensons-nous, dans la ville, que des accroissements relativement peu importants. C'est son territoire originaire qui en demeura la principale partie.

Ce territoire nous est représenté par une déclaration du temporel, de 1532 et un plan de 1710 (6).

La déclaration de temporel est contenue dans un des registres de la Chambre des Comptes conservés aux Archives (7). Elle embrasse toutes les possessions des religieux, tant dans l'intérieur de Paris qu'au dehors, et donne l'idée la plus exacte de l'étendue de leur terre à Paris. Elle ne se borne pas à nommer les rues qui y sont comprises ; elle énumère, dans chacune d'elles, toutes les maisons qui relèvent du prieuré et sont chargées de cens envers lui. La haute justice y est, en même temps, déclarée ; elle est à peu près entièrement confondue avec la censive (8). Cette assimilation, qui

---

(5) V. A. Franklin. *Les rues et les cris de Paris au XIIIe siècle.*

(6) *Arch. nat.* Seine, 2e cl. no 78. Le cens était une redevance annuelle, foncière et perpétuelle ; c'était la marque de la seigneurie directe que le propriétaire d'un héritage noble avait retenue, en aliénant le domaine utile.

(7) *Arch. nat.* P. 2890.

(8) « A nous, en notre terre et seigneurie, assise, tant au dedans des anciens murs que nouveaulx murs, comme aussi semblablement en ce

est généralement exacte, devra être rejetée pour quelques fractions, d'ailleurs peu importantes, de la terre décrite.

Le plan de la censive, reproduit fidèlement le territoire déclaré en 1532.

La déclaration commence par décrire le prieuré et son enclos. Les murailles étaient hautes et fortes, et flanquées de tours, comme l'enceinte voisine du Temple, et, sur la rive gauche, celle de l'abbaye de Saint-Germain-des-Prés ou de Sainte-Geneviève. Ces enceintes étaient de véritables ouvrages défensifs qui donnaient à ces établissements l'aspect de forteresses autant que d'abbayes. La clôture de Saint-Martin était ancienne. Un arrêt de 1273 nous apprend qu'elle fut reconstruite, à cette époque, et que cette reconstruction souleva l'opposition du prévôt de Paris, qui prétendait à la justice de quelques-uns des lieux qui devaient être compris dans la nouvelle enceinte (9).

L'enceinte comprenait le cloître, l'église et ses dépendances, des cours, des jardins, de nombreuses constructions affectées, pour la plupart, à la manutention du temporel du prieuré, un auditoire ou *plaidoyer*, et une prison ou *geôle*. Elle s'étendait entre les rues Saint-Martin, Frépillon, de la Croix, du Vertbois ou Neuve-Saint-Laurent, Aumaire, la petite cour Saint-Martin, et l'église Saint-Nicolas-des-Champs (10). Cet espace est compris aujourd'hui, entre les rues Aumaire, au midi, du Vertbois, au nord, Saint-Martin, à l'ouest, et Volta, remplaçant les rues de la Croix et Frépillon, à l'est. Il est occupé, en partie, par le Conservatoire des Arts-et-Métiers et par le marché Saint-Martin.

C'est entre les rues du Temple et Saint-Martin, que s'étendait la plus grande partie de la justice du prieuré. Dans ces limites, elle comprenait deux territoires principaux. Le premier, embrassant le prieuré et son enceinte, allait, des nouveaux murs de la ville, qui se trouvaient un peu au-dessous

qui est assis en et au dedans des fins et limites de nostre ditte seigneurie, selon et ainsi qu'il sera ci-après déclaré, (nous appartient) tout droit de haute justice, moyenne et basse. »

(9) Beugnot *Olim*, t. I, p. 923.

(10) Elle est parfaitement figurée, sur le plan de Ducerceau, entre les rues *Sainct Martin*, de la *Crois*, du *Vert Bois* et *Au Mere*.

des boulevards actuels, jusqu'à l'enceinte de Philippe-Auguste, qui passait au-dessous des rues du Grenier-Saint-Lazare et Michel-Lecomte. Il formait un tout compacte, et la déclaration de 1532 énumère toutes les rues, sans exception, qui y étaient comprises, comme *entretenans ensemble*. On ne peut douter que le prieuré y exerçât sa justice sans entraves. Le Registre que nous publions en fournit des preuves nombreuses. Il nomme, à diverses reprises, comme étant dans la juridiction des religieux :

La *rue Au Maire* (11) ; la *Cour Saint-Martin* (12) ; la *rue Frépillon* (13) ; la *rue aus Graveliers* (14) ; la *rue du Cymetière* (15) ; la *rue Chapon* (16) ; la *rue au Seigneur de Montmorency* (17) ; la *rue au Villain* (18) ; la *rue Garnier de Saint-Ladre* (19) ; la *rue Michiel-Leconte* (20) ; la *rue Trassep.....* (21) ; le *Biaubourg* (22) ; la *Poterne Nicolas Huidelon* ou *Huideron* (23).

(11) Rue Aumaire actuelle.
(12) Petite place, qui était située, sur la rue Aumaire, derrière l'église Saint-Nicolas-des-Champs.
(13) La rue Frépillon commençait à la rue Aumaire et suivait la direction de la rue Volta actuelle jusqu'à la rue désignée, dans le plan de Ducerceau, sous le nom de *Frepeau*, et, dans notre plan, sous celui de *Phelipot*, aujourd'hui rue Phélipeaux.
(14) Rue des Gravilliers actuelle. Elle s'étendait, comme aujourd'hui, de la rue Saint-Martin à la rue du Temple. Une moitié de cette rue reçut aussi, le nom de *Jean Robert*.
(15) Partie de la rue Chapon actuelle comprise entre les rues Beaubourg et Saint-Martin. Elle tirait son nom du cimetière de Saint-Nicolas-des-Champs qui était situé à l'angle de cette rue et de la rue Beaubourg.
(16) Partie de la rue Chapon comprise entre les rues Beaubourg et du Temple.
(17) Partie de la rue de Montmorency actuelle comprise entre les rues Beaubourg et Saint-Martin.
(18) Partie de la rue de Montmorency comprise entre les rues Beaubourg et du Temple.
(19) Rue du Grenier-Saint-Lazare actuelle.
(20) Rue Michel-Lecomte actuelle.
(21) Ancienne rue Transnonain. C'était la partie supérieure de la rue Beaubourg.
(22) Rue Beaubourg.
(23) Poterne de l'enceinte de Philippe-Auguste, qui établissait une communication entre les deux parties de la rue Beaubourg.

Le second territoire faisait suite au premier, et nous ne l'en distinguons que parce qu'il était moins compacte et qu'il souffrait des enclaves ne relevant pas du prieuré. Il comprenait, entre les mêmes rues du Temple et Saint-Martin :

Le *Biaubourg* (24) ; le *Cul de Sac* (25) ; la *rue des Jouglers* (26) ; la *rue des Estuves* (27) ; la *rue de la Plastrère* (28) ; la *rue de Malbue* (29).

Les rues *de la Poterne* (30) et *des Petits-Champs* (31), qui sont comprises dans ces limites, sont nommées, dans le registre, comme les précédentes ; mais elles ne figurent pas dans la déclaration de 1332, et n'étaient pas, sans doute dans la censive du prieuré. Il n'y avait, il est vrai, aucun rapport nécessaire entre la justice et la censive, en sorte que les religieux auraient pu avoir l'une sans l'autre ; mais les mentions relatives à ces deux rues sont trop sommaires, dans notre registre, pour qu'on puisse affirmer qu'elles étaient, en effet, sous la juridiction du prieuré.

Les rues Saint-Martin et du Temple, qui limitaient les deux territoires que nous venons de décrire, à l'est et à l'ouest, étaient elles-mêmes, en partie, dans la justice de Saint-Martin.

(24) Suite de la rue Beaubourg actuelle.

(25) Impasse dans la rue Beaubourg, désigné, dans notre plan, sous le nom de *Cul-de-sac de la rue Beaubourg*.

(26) Devenue ensuite rue des Ménétriers. Elle allait de la rue Beaubourg à la rue Saint-Martin. Elle a été comprise dans le parcours de la rue de Rambuteau.

(27) Rue des Vieilles-Étuves actuelle.

(28) Partie de la rue de Venise actuelle comprise entre les rues Beaubourg et Saint-Martin, appelée aussi, rue *de la Corroyerie*.

(29) Cette rue, désignée, dans la déclaration de 1332, sous le nom de *rue de Maubué*, dite *Simon Lefranc*, s'étend, sur le plan de Ducerceau, comme la rue actuelle du même nom, de la rue du Temple à la rue Beaubourg. La rue qui la continue jusqu'à la rue Saint-Martin, et qui est aujourd'hui la rue Maubuée, reçoit, sur ce plan, le nom de rue *de la Baudroirie*. A l'angle de cette rue et de la rue Saint-Martin, se trouvait une fontaine que l'on appelait la fontaine *Maubuée*.

(30) Rue du Maur actuelle. Cette rue est nommée rue *de la Vieille Poterne*, dans le plan de Ducerceau, rue *de Jettie*, dans le plan de Tapisserie, rue *de la Cour des Morts*, dans le plan Gomboust, et enfin, rue *de la Cour du More*, dans celui de Lacaille.

(31) Rue Brantôme actuelle.

Dans la rue Saint-Martin, le prieuré avait quarante maisons environ du côté oriental, hors des anciens murs, et plusieurs maisons des deux côtés, dans l'intérieur. Il avait, dans la rue du Temple, sur le côté occidental, soixante-quatorze maisons environ, et onze corps d'hôtel. L'Inventaire des titres de Saint-Martin mentionne un arrêt, du 26 avril 1552, qui règle le partage de la justice de cette partie de la rue entre les religieux de Saint-Martin et ceux du Temple (32).

En dehors de ces territoires, la justice de Saint-Martin s'étendait encore dans quelques rues voisines. Les rues de *Quinquenpoit* (33), *Marivaus* (34), *aux Oues* (35), *Guérin Boucel* (36), et *Saint-Denis*, figurent, dans notre registre aussi bien que dans la déclaration de 1332 (37).

Les droits de justice des religieux sur les rues Quincampoix et Marivaux résultent d'ailleurs d'un arrêt du Parlement de 1287, rendu à l'occasion d'un débat élevé, à ce sujet même, par le prévôt de Paris (38).

Il importe de remarquer qu'aucune de ces rues détachées ne relevait, en entier, du prieuré. Sans parler de la justice du roi, celle de l'abbaye de Saint-Magloire s'exerçait aussi dans les rues aux Ours, Quincampoix et Guérin-Boisseau. Quant à la rue Saint-Denis, elle appartenait, pour partie, à la justice royale, et, pour partie, à divers autres justiciers.

(32) *Arch. nat.* S 544, f° 18.
(33) Rue de Quincampoix.
(34) Le *Marivaus* comprenait les deux rues du *grand* et du *petit Marivaus* ; la première, devenue rue Marivaux-des-Lombards, a été remplacée, en 1851, par la rue Nicolas-Flamel ; la seconde, devenue Petite rue Marivaux, a été remplacée par la rue Pernelle.
(35) Rue aux Ours.
(36) Rue Guérin-Boisseau.
(37) L'Inventaire des titres du prieuré relate une sentence du Châtelet, du 29 avril 1411, contre le procureur du roi, rendant aux religieux de Saint-Martin la connaissance d'un délit commis dans une maison de la rue aux Ours, *dans leur haute justice.*
(38) « Cum prepositus Parisiensis, pro rege, moveret questionem priori et conventui Sancti Martini de Campis super proprietate alte justitie vicorum de Quinquenpoist et de Marivas.... » Beugnot, *Olim*, t. II. p. 271.

A ces cantons détachés de la juridiction de Saint-Martin, il faut ajouter encore trois grands corps d'hôtels, situés aux Halles, et appelés La Rapée, dont l'un contenait l'unique four banal des Halles, en vertu d'un privilège ancien, qui nous fournit un intéressant exemple d'une petite immunité laïque concédée au XIIe siècle. Une femme noble et puissante, surnommée *Gente*, ayant fait construire, de ses deniers, une maison et un four en ce lieu, obtint cette immunité du roi Louis VI, en 1137. La charte qui lui fut donnée, à la prière même de la reine et de plusieurs seigneurs, n'affranchit pas seulement la maison et les hôtes qui l'habitaient de toute redevance ; elle interdit formellement à toute autre personne que la bénéficiaire d'y exercer aucune autorité (39). Dom Marrier, qui rapporte cette charte, remarque qu'elle constituait un fief *omnimodi juris*, comprenant tous les droits de justice. L'évêque de Thérouenne, qui possédait ce fief, au siècle suivant, en fit donation au prieuré, en 1223 (40).

La déclaration de 1532 énumère encore, comme relevant du prieuré, diverses maisons dans les rues *de la Vieille-Monnoye, de la Heaulmerie, de Cossonnerie*, et un fief, dit *fief de Marimont*, qui était composé de maisons situées dans les rues *Troussevache, Bryleboucher*, et autres. Les religieux avaient certainement la censive sur un certain nombre de maisons dans ces diverses rues ; mais le silence de notre registre qui ne nomme aucune de celles-ci, dans la longue période de temps qu'il embrasse, ne permet guère de croire qu'ils y eussent aussi la justice. L'arrêt de 1287, déjà cité, qui reconnaît le droit des religieux sur les rues de *Quinquenpoist* et *Marivaus*, et, en général, sur toute leur terre ancienne, réserve formellement un territoire nouvellement acquis par eux qu'il appelle *de Mermont*, sur lequel il ne leur accorde que le

---

(39) « Nos eidem Gentæ perpetuo concedimus quod quilibet famuli aut ministeriales nostri, ibi nullatenus manum mittant : sed et domus et furnus, liberi omnino ab omni consuetudine et exactione, cum hospitibus ibi manentibus, perpetuo existant, neque ullo modo aliquis (excepta predicta Genta) ibi aliquid exigat, aut potestatem aliquam ibi exerceat. » — An. 1137. Dom Marrier, *Hist. S. Martini à Campis*, p. 31.

(40) V. Dom Marrier, *loc. cit.*

droit de justice foncière (41). Or, ce territoire *de Mermont* nous paraît être précisément celui que la déclaration de 1532 désigne sous le nom de *fief de Marimont*.

III

Les religieux avaient encore d'importantes seigneuries, situées dans la banlieue de Paris, ou à une distance de cette ville qui ne dépassait pas les limites des départements actuels de Seine-et-Oise et Seine et Marne. Un régistre du XIVe siècle, connu sous le nom de *Registre Bertrand* (42), porte à trente mille feux la justice de Saint-Martin, tant à Paris qu'au dehors. Mais cette évaluation approximative est, sans doute, exagérée (43). La déclaration de 1532 énumère toutes les terres qui relevaient du prieuré. Les principales d'entre elles étaient :

PANTIN, *dans la banlieue de Paris* (44) ;

CONFLANS, *sur la rivière de Saine, près le pont de Challenton* (45) ;

---

(41) « In vico et in territorio de Mermont, quem de novo conquisierunt, nullam habet dicta ecclesia justitiam, preter justitiam fundi terre. » — Beugnot, *Olim*, t. II, p. 271.

(42) *Arch. nat.* LL 1355. — M. Cocheris, dans ses *Notes et additions* sur l'*Histoire de Paris*, de l'abbé Lebeuf, ne s'est pas borné à en donner une analyse exacte et détaillée : il en a reproduit textuellement la plus grande partie. Ce registre, écrit en latin, a été composé en 1340. Il est donc contemporain du document même que nous publions. Bertrand de Pibrac, prieur de Saint-Martin, qui lui a donné son nom, est cité, dans notre registre, à l'occasion d'une remise de la peine du bannissement.

(43) « Nos habemus in toto territorio nostro Sancti Martini, tam Parisius quam in suburbibus et vicis adherentibus ville Parisius, ubi sunt triginta millia foci vel circiter, omnimodam justitiam, altam, mediam et bassam. »

(44) Le prieuré avait, à Pantin, deux terres contiguës dont l'une avait reçu le nom de *terre de Rouvray*. La justice de ces deux terres était commune et exercée par les mêmes officiers. — « Esdites deux terres et seigneuries de Penthin et Rouvray, nous avons tout droit de haulte justice, moyenne et basse. » — Déclar. de temp. (1532).

(45) Conflans, commune de Charenton. — « A nous appartient....... la terre, censive, seigneurie, haulte justice, moyenne et basse, au lieu, village et terrouer de Conflans assis sur la rivière de Saine, près le pont

Bondy (46) ;
Bouffemont, (47) ;
Sevran et Montceleux (48) ;
Annet-sur-Marne (49) ;
Noisy-le-Grand (50) ;

Toutes ces terres sont mentionnées dans notre registre, qui nous montre leurs officiers de justice, maires ou prévôts, amenant des délinquants à Saint-Martin pour y être jugés. La plus importante était celle de Noisy. Elle figure dans la charte de fondation de 1060, et l'on voit, en 1257, les officiers du roi y disputer vainement aux religieux leur juridiction (51). Le prieuré avait, à Noisy, avec le village et les terres environnantes, les eaux de la Seine, du pont de Gournay à Brie. Il avait, sur ces eaux, tous les droits de justice, le droit de pêche, et les droits fiscaux, tels que la perception d'une *obole* pour *droit de pieu*, sur les bateaux chargés de marchandises.

Le prieuré avait encore la haute justice dans un grand nombre d'autres terres de moindre étendue. Elles étaient situées à *Suresnes, Saint-Cloud, Champigny-sur-Marne, Vitry-*

---

de Challenton......... Item..., pareil droit au lieu, ferme et appartenances de la Grange aux Merciers estant assise en ladicte paroisse de Conflans. » — *Loc. cit.*

(46) Bondy, canton du Bourget, arrondissement de Saint-Denis. — « Nous compecte et appartient la terre et seigneurie de Bondis et terrouer d'environ, en laquelle avons tous droits de haulte, moyenne et basse justice. » — *Loc. cit.*

(47) Bouffemont, canton d'Ecouen, arrondissement de Pontoise (Seine-et-Oise). « Nous sommes seigneurs haults justiciers, moyens et bas d'un petit villaige, appelé Boffemont, assis près la forest de Montmorency. » — *Loc. cit.*

(48) Sevran et Montceleux, canton de Gonesse, arrondissement de Pontoise (Seine-et-Oise). — « Seurent et Monceleux, où il y a plusieurs manans et habitans demourans en iceux, et avons tous droits de haulte, moyenne et basse justice. » — *Loc. cit.*

(49) Annet, canton de Claye, arrondissement de Meaux (Seine-et-Marne). — « Nous avons audit lieu d'Annet tous droits de haulte justice, moyenne et basse. » — *Loc. cit.*

(50) Noisy-le-Grand, canton de Gonesse, arrondissement de Pontoise (Seine-et-Oise). — « C'est la déclaration de la terre et seigneurie de Noisy le Grant, à nous appartenant, en laquelle terre et seigneurie, avons tout droit de haulte justice, moyenne et basse. » — *Loc. cit.*

(51) Beugnot, *Olim*. t. I, p. 29.

sur-Seine, Fontenay-sur-Bois, Louvres-en-Parisis. *Chastenay*, *Maubuisson*, près de Montmorency, et *Pontybellon* (aujourd'hui Pontiblond, du canton de Gonesse, arrondissement de Pontoise), dont dépendait un château entouré de fossés.

A cette énumération il convient d'ajouter une terre située à *Ivry-sur-Seine*, dans la banlieue de Paris ; toutefois, le prieuré, qui y avait la haute justice, avait cessé de l'exercer en 1532, parce que les frais que cet exercice occasionnait étaient supérieurs aux produits ; cette terre comprenait notamment la rue dite *du Coullombier*. Le nombre des seigneurs qui se partageaient le territoire d'Ivry n'était pas inférieur à quinze ; le plus important était l'abbé de Saint-Germain-des-Prés.

Une autre terre, située à Aubervilliers, est mentionnée dans notre registre, à l'occasion d'un débat entre le prieuré de Saint-Martin et l'abbaye de Saint-Denis, relatif à la levée d'un cadavre. La décision intervenue sur cette contestation n'est pas rapportée ; il est dit qu'elle fut ajournée jusqu'à ce que l'on sût à laquelle des deux parties appartenait *la saisine de la justice du lieu ;* mais la déclaration de 1532 mentionne la terre d'Aubervilliers comme une seigneurie sans justice.

Dans les terres de Pantin, Conflans, Bondy, Bouffemont, Sevran et Montceleux, Annet et Noisy, il y avait un juge ordinaire, portant le titre de maire ou prévôt, selon les lieux, qui releva successivement, en appel, des assises et du bailli du prieuré. Des audiences fixes, ou *plaids,* se tenaient, une fois par semaine. Sur chacune de ces terres, se dressaient quelques-unes des marques habituelles de la haute justice, telles que fourches patibulaires, carcans, colliers. Il y avait des fourches patibulaires, à Noisy, à Sevran et Montceleux, ainsi qu'à Annet. Il y en avait aussi à Bouffemont ; mais elles n'existaient plus en 1532 ; il n'y restait, à cette époque, qu'un carcan et un collier, marques de justice que l'on voyait également à Bondy. A Pantin, le carcan du prieuré était dressé sur la place de l'église.

IV

La justice du prieuré était généralement rendue, en première instance, par le maire ou le chambrier, et, en appel, par l'assise.

Le maire avait l'exercice de la justice criminelle (52).

Les affaires civiles les plus importantes paraissent avoir été réservées, à l'origine, au chambrier (53). Un arrêt du Parlement de 1322, rendu sur une contestation privée relative à la propriété d'une maison de la rue Saint-Martin faisant partie d'une succession, nous fait connaître que cette contestation fut jugée en première instance, par ce dignitaire du prieuré (54). Mais la déclaration de temporel de 1532, donne au maire la connaissance, en première instance, *de toutes les causes civiles, cas, crimes et délitz*, et en fait ainsi le juge unique de première instance.

Les autres officiers de justice de Saint-Martin étaient, après le maire, le lieutenant, le procureur, les clercs ou greffiers, le tabellion, le voyer et les sergents.

Le procureur se constituait partie poursuivante pour la répression de certains crimes et délits. Il figure, en cette qualité, dans deux affaires de notre registre, des 18 octobre 1336 et 29 septembre 1342, contre des individus accusés de blessures mortelles et de viol. Il figure encore dans une troisième

---

(52) Les maires nommés pendant la période de temps qu'embrasse notre registre sont au nombre de quatre. Ce sont, Pierre Veruelg, Pons Duboys, Ansel Labbé, Robert Neveu. Le maire était assisté d'un clerc, *clericus majoris*, qui lui servait de greffier.

(53) « Pro qua regenda (justitia) in civilibus, est officium camerarie ordinatum, et camerarius deputatus. Nosque, majorem, tabellionem et servientes, pro exercicio et regimine dicte juridictionis, tam in civilibus quam in criminalibus, ponimus. » — *Registre Bertrand*.

(54) « Lite dudum mota, coram camerario S. Martini de Campis, inter Thomam dictum *Le Perrier*, ex una parte, et Johannem de Parlis, clericum, ex alia, ………… in domo *Au chapiau de Feutre*, sita in vico S. Martini de Campis, contigua, ex una parte, domui Petri dicti *Hivert*, et, ex alia parte, *A la belle chaudronnière*….. » — Félibien, pièces justificatives, t. III, p. 530 ; Boutaric, *Actes du parlement*, t. II, p. 514, (*Jugés*, I, fol. 303).

affaire relative à une contestation soulevée, en 1317, entre le prieuré et l'abbaye de Saint-Denis, relativement à la levée d'un cadavre à Aubervilliers. Il ne paraît pas toutefois, qu'il eût déjà, à l'époque où se place notre registre, le rôle nécessaire qui lui appartint, par la suite, comme à tous les procureurs fiscaux, dans la poursuite de toutes les affaires criminelles (55).

Les *clercs du maire* et *de la cour,* nommés l'un et l'autre dans notre registre, remplissaient les fonctions de greffiers. C'est l'un d'eux, Ymbelot Roussel, qui a rédigé une partie tout au moins de ce registre, où il a apposé sa signature autographe. Le *clerc de la cour* tenait d'ailleurs d'autres *papiers* plus détaillés, ainsi qu'on le voit par deux mentions relatives à des procédures de coutumace. Les clercs du maire ou de la cour, devaient même rédiger par écrit toute la procédure dans les affaires criminelles importantes ; car notre registre vise fréquemment, à l'occasion de ces affaires, le *procès* qui en a été fait, en se référant aux charges circonstanciées qu'il contient.

Deux personnages étaient les auxiliaires habituels des juges de Saint-Martin. C'étaient le *mire juré* et la *matrone jurée*. Leur fonction était rendue fort active par les rixes journalières des justiciables du prieuré. Le mire examinait les cadavres de toutes les personnes mortes de mort subite ou violente, afin de rechercher si la mort avait été le résultat d'un accident, d'un suicide, ou d'un crime. Ces levées de cadavres donnaient lieu souvent à des rapports naïfs et curieux parmi lesquels nous citerons ceux du 25 août 1332, sur l'*appopileucie*, et du 26 juillet 1333, sur *l'érisiple ou feu Nostre-Dame.*

Le registre Bertrand mentionne encore des avocats et des procureurs attachés au prieuré. C'étaient, sans doute, des avocats et des procureurs au Parlement ou au Châtelet, chargés de défendre les intérêts du prieuré devant ces deux juridictions. Les communautés ecclésiastiques qui avaient l'administration d'une grande temporalité prenaient souvent des

---

(55) Les fonctions de procureur paraissent avoir été cumulées avec celles de tabellion, par Pierre de Chievreville, qui est nommé, dans notre registre, en cette double qualité.

avocats en titre. C'est ainsi que le célèbre Loisel fut l'avocat du chapitre de Notre-Dame, et de l'ordre de Malte.

L'assise de Saint-Martin connaissait de l'appel des sentences du chambrier et du maire, et de celles de tous les juges, maires ou prévôts, des possessions du prieuré hors Paris. Les justiciables devaient se pourvoir devant elle contre les sentences de leurs premiers juges, avant d'aller devant les juges royaux et le chambrier du prieuré était expressément chargé de leur faire respecter ce degré de juridiction (56).

Le registre Bertrand appelle les juges composant l'assise, les *conseillers* de Saint-Martin, *nostros consiliarios*. Le chambrier les convoque, pour tenir l'assise, sous la présidence du prieur ou de son délégué. Notre registre indique une seule fois, et dans la première affaire, les noms des conseillers qui composèrent l'assise, le 10 mai 1332, *dymenche après la Saint Nicolas en may;* ce furent, maîtres *Guillaume Jouan, H. de Vailly et Hugues de Fabrefort*. Il nous fournit également la preuve que le maire avait des assesseurs : il donne en effet, dans l'une des affaires, au lieu du récit habituel de l'arrestation de l'accusé et de ses causes, le texte même de la sentence prononcée, par le *conseilg et jugement de mestre Hugues de Fabrefort, et mestre Jehan d'Estrez* (57). Les mêmes praticiens devaient être souvent délégués pour composer l'assise et pour assister le maire, puisque Hugues de Fabrefort, qui figure dans cette seconde affaire, est l'un des conseillers composant l'assise dans la première.

L'exercice de la justice de Saint-Martin était réglé et surveillé par deux dignitaires du prieuré. Ces deux religieux étaient, le vicaire, *vicarius temporalitatis*, et le chambrier, *cameriarus*, dont il a été déjà parlé à raison de la juridiction propre qui lui appartenait.

---

(56) « Ab audiencia dictorum camerarii et majoris ad nostram, per modum emendamenti, assisiam .... appellatur .... Tenetur camerarius, quando a majoribus seu aliis regentibus nostram juridicionem extra Parisius, ad prepositum Parisiensem seu ejus curiam, omisso medio nostre assisie, appellatur, remissionem ad dictam assisiam procurare. » — *Registre Bertrand.*

(57) 12 juin 1235. V. *infra*, p. 50.

Le vicaire devait, par suite des devoirs généraux de sa charge, surveiller l'administration de tout le temporel, et assurer la perception des droits de justice. Il était tenu de présenter au prieur, quatre fois l'an, un compte exact des confiscations, épaves, ventes, saisines, etc.

Le chambrier n'était pas seulement investi de la juridiction en matière civile. Il reçoit, dans le registre Bertrand, les attributions les plus étendues pour l'administration générale et la garde de la justice (58).

Il procédait à la convocation régulière de l'assise. Il poursuivait la répression des entreprises de toute nature qui pouvaient être dirigées contre la justice du prieuré, tant à Paris qu'au dehors ; et il se transportait, à cet effet, à Senlis et à Pontoise, lorsque sa présence y était nécessaire (59). Il était particulièrement chargé des revendications, si fréquentes, des justiciables retenus sans droit par les officiers royaux. Il soutenait, au Châtelet, au Parlement, et partout ailleurs, non seulement les contestations engendrées par ces conflits, mais encore toutes celles qui se rapportaient à l'exercice de la juridiction (60). Il était notamment chargé de défendre les sentences de l'assise, lorsqu'elles étaient frappées d'appel. Il supportait, à peu près entièrement, les frais occasionnés par la tenue des assises, ceux des exécutions criminelles, et tous ceux, en un mot, qui résultaient des divers actes nécessités par les devoirs généraux qui lui étaient imposés. Certaines dépenses restaient exceptionnellement à la charge du prieur ; c'étaient par exemple, les amendes encourues envers le roi par suite de l'infirmation des sentences de l'assise par la jus-

---

(58) « Item tenetur (camerarius) regere et gubernare, expensis suis, jurisdictionem totius terre nostre Sancti Martini Parisiensis et omnia onera, occasione dicte juridictionis, evenientia et incombentia. » — *Registre Bertrand*.

(59) « Item, quociens opus est, tenetur dictus camerarius, pro deffensione juridictionis nostre quam habemus extra Parisius, ire apud Silvanectum, Pontisaram et alibi, ubi videur expediens, nostris tamen sumptibus. » — *Registre Bertrand*.

(60) « Causas et appellationes prosequi et deffendere in Castelleto, Parlamento et alibi, et omnia alia et singula......... » — *Registre Bertrand*.

tice royale, et les *pensions* des avocats et procureurs chargés de la défense du prieuré.

Pour faire face à ces charges, le chambrier avait certains revenus fixes et émoluments de diverse nature, qui étaient attachés à son office. Le registre Bertrand entre, sur tous ces points, dans les plus grands détails. Il règle tout minutieusement, et va jusqu'à recommander au chambrier de donner des gratifications annuelles aux huissiers du Parlement, et aux sergents du Châtelet, et de se montrer libéral pour la paix de l'église (61).

Les appels de l'assise de Saint-Martin à la justice royale, étaient portés successivement devant le prévôt de Paris, et devant le Parlement (62).

IV

Les condamnations capitales prononcées par les juges du prieuré étaient exécutées habituellement aux fourches patibulaires de Noisy-le-Grand. La Déclaration de temporel de 1532 mentionne cependant que le prieuré avait anciennement un pilier, pour l'exécution des condamnés, au gibet de Montfaucon.

La *marque* permanente de la justice des religieux, à Paris, était l'échelle dressée sur la petite place appelée *Cour Saint-Martin*, dans la rue *Aumaire*, derrière l'église Saint-Nicolas-des-Champs (63). On lit, dans la déclaration de temporel, que le prieuré avait, dans sa terre, *eschelle et pillory;* mais c'est, sans doute, l'échelle seule que l'on a entendu désigner ainsi.

La prison ou *geôle* du prieuré était, comme l'échelle, sur la *Cour Saint-Martin*. Elle existait encore à cette place en 1532,

---

(61) « Item, tenetur predictus camerarius hucheriis Parlamenti, servientibus Castelleti, et aliis quibus est consuetum, dare vigilias annuatim, et se exhibere liberalem pro honore Ecclesie et justitia conservandis in pace. » — *Registre Bertrand*.

(62) « A judicio dicte assisie ad prepositum Parisius, et ab ipso ad parlamentum appellatur. » *Registre* Bertrand. — On lit dans le *Grand Coutunier*, liv. III ch. LXXII, p. 585 : « Se aucun appelle d'aucun juge subject ressortissant au Chastellet, comme Saint-Martin, Saint-Magloire. »

(63) *Arch. nat.* S 1437.

car la Déclaration, énumérant les maisons de la *Cour Saint-Martin,* mentionne la première comme tenant à la geôle.

Cette première geôle du prieuré devint insuffisante, ou reçut une autre destination en 1575, car une nouvelle prison fut construite, à cette époque, sur la rue Saint-Martin, en face de l'échelle et de l'abbaye Saint-Magloire, c'est-à-dire en face et à la hauteur de la rue Grenéta. C'est ce qui résulte de divers articles de l'*Inventaire des titres* de Saint-Martin. Le premier est relatif à une transaction du 19 mars 1575 par laquelle le prieuré cède à l'Église Saint-Nicolas-des-Champs un terrain contigu, à la charge de faire construire une nouvelle geôle sur la rue Saint-Martin. Le second est relatif à un mémoire du 26 mai 1575, concernant des travaux de maçonnerie à faire exécuter pour la construction de cette geôle, *sur le devant de la rue Saint-Martin, vis-à-vis l'échelle Saint-Magloire.* Les suivants mentionnent des mémoires d'ouvrages relatifs à cette construction et le rôle des ouvriers qui y ont travaillé (64).

L'entrée principale du prieuré avait été, elle-même, transportée de la rue Aumaire à la rue Saint-Martin ; et la nouvelle *geôle* était à la droite de l'entrée. Ces changements sont parfaitement indiqués dans un plan de l'état des lieux, de 1575, conservé aux Archives, dans les plans relatifs à l'église Saint-Nicolas-des-Champs (65).

Cette seconde prison fut détruite, au XVIIIe siècle, et reconstruite à l'angle de la rue du Vertbois. A cet angle existait la tour du même nom qui servait déjà de prison ; mais elle était particulièrement destinée, d'après Sauval, aux religieux convaincus de quelque crime, qui y étaient enfermés dans une basse-fosse où on les laissait, dit-il, mourir misérablement.

La *geôle* de Saint-Martin était donnée à ferme. L'Inventaire que nous venons de citer contient plusieurs articles relatifs à ces baux ; nous y relevons notamment une mention concernant des provisions de geôlier de Saint-Martin, accordées à *Jean le Noble,* garde du corps du roi, le 27 janvier 1628 (66).

(64) *Arch. nat. Loc. cit.*
(65) *Arch. nat.* Seine, 3e cl. n° 67.
(66) *Arch. nat.* S. 1437.

CHAPITRE XX

GRAND PRIEURÉ DE FRANCE. — LE TEMPLE

I. Suppression de l'ordre des Templiers. Dévolution de ses biens à l'ordre de Malte. — Fondation de la seigneurie. La tour du Temple. — II. La *Ville-Neuve* et la vieille ville du Temple. La Culture. Les Marais. Plans de la seigneurie. — III. Officiers de justice. Échelle du Temple.

On connaît l'histoire de la dépossession et de la suppression violentes de l'ordre des Templiers, par l'accord de Philippe-le-Bel et du pape Clément V, et la fin tragique des principaux de ses membres. Un arrêt du parlement, de 1312, rendu en exécution d'une décision du concile de Vienne, donna ce qui restait de leurs biens aux chevaliers de Saint Jean-de-Jérusalem (1).

(1) Félibien, t. I, p. 319; *Olim*, t. II, p. 580. — Cet arrêt fut suivi de trois compositions avec le roi, de 1312, 1313 et 1317, « pour cause de son thrésor et de ses devanciers, lequel les frères du Temple avaient eu longuement en leur garde ». Les Templiers possédaient de grandes richesses; les rois, les princes et les grands seigneurs les avaient comblés de leurs libéralités, et leur opulence égalait celle des souverains. Leur revenu passait, vers la fin du XIIIe siècle, pour être de huit millions de livres qui correspondraient aujourd'hui à cent vingt millions de francs.

I.

L'ordre de Malte, qui recueillait cet opulent héritage, avait eu une origine assez humble. Il avait pris naissance à Jérusalem, où ses membres, simples hospitaliers, secouraient, dans leur maison, les pèlerins pauvres ou malades des deux sexes. On ne connaît pas l'époque exacte de la fondation d'une maison hospitalière de cet ordre à Paris. Mais on sait qu'il en existait une en 1171, comme on le voit par une charte de Maurice, évêque de Paris, qui la mentionne, « domus hospitalis Parisius ». Ce n'était pas encore la maison-mère. Le chef de l'Ordre, que l'on nommait le Prieur de l'Hôpital ou Grand Prieur de France, résidait près de Corbeil, au prieuré de Saint-Jean-en-l'Ile. Ce n'est qu'à fin du XIV° siècle, que le Grand Prieur transféra son siège à Paris.

Le Grand Prieuré recueillit, avec les possessions des Templiers, tous les droits qui y étaient attachés ; c'est ce qu'exprime l'arrêt de 1312, « possidenda (bona) eo statu et jure quibus dicti Templarii ea possiderant, cum omnibus honoribus et oneribus, juribus ac pertinentiis. »

Les Templiers avaient eu, très peu de temps après leur fondation, une maison et des terres à Paris (2). Une charte de 1146, qui figure parmi les titres de la commanderie d'Éterpigny, est passée dans cette maison, « actum Parisius, in Templo, presente magistro et conventu militum ». Les frères du Temple sont mentionnés, dans des titres de 1152, 1175 et 1182. En 1152, Mathieu de Beaumont, grand chambellan du roi, leur donne une maison, *de Frogier Lasnier*, avec son port sur la Seine (3). En 1182 des lettres patentes les autorisent à établir une boucherie dans leur terre de

---

(2) Nous empruntons une partie des renseignements à l'aide desquels nous avons composé cette notice à l'excellent ouvrage de M. Mannier sur l'ordre d Malte, l'auteur ayant à peu près épuisé les documents inédits jusqu'à lui qui avaient été conservés des archives de l'ordre (Mannier, *Les commanderies du Grand Prieuré de France*. Paris, 1872).

(3) Elle a donné son nom à une rue devenue la rue Geoffroy-l'Asnier. — Le Temple n'y avait que la censive.

Braque (4). Tous ces actes attestent qu'ils avaient fondé, dès la fin du XIIe siècle, leur seigneurie à Paris. Nous n'avons pas les titres originaires de cette fondation ; mais un accord de 1279 nous en fait connaître l'importance (5).

Cet accord, passé avec Philippe le Hardi, a pour but, non d'établir, mais de restreindre leur haute justice, à Paris, par suite de la construction de la nouvelle enceinte de la ville. Il soustrait à leur juridiction la partie de leur terre que la nouvelle enceinte venait de comprendre dans Paris ; mais il confirme expressément leur haute justice sur la partie beaucoup plus considérable qui restait en dehors des murs. « Memorati fratres Domus Templi habebunt, in perpetuum, in terra sua extra muros villæ Parisiensis, infra metas predictas, viariam, necnon habebunt vicos, vias, accessus et exitus, fossata quoque, possessiones, hospites, mansionarios, quoscunque et in eis omnem altam et bassam justitiam, omneque dominium, et omnia ad eam pertinentia. atque bona vacantia... In quibus, nobis, et successoribus nostris nullum jus omnino, præterquam ressortum, retinemus. »

L'accord contient une description assez détaillée du territoire de cette haute justice. Il le circonscrit entre les voies qui partaient des anciennes portes Barbette et de la rue du Temple, de l'enceinte de Philippe-Auguste, c'est-à-dire entre les rues Vieille-du-Temple et du Temple, depuis les murs de la ville, jusqu'aux saussaies ou marais qui s'étendaient entre le prolongement de la rue du Temple et le chemin de *Ménil-Mautemps* (6). Si l'on se reporte aux anciens plans de la sei-

---

(4) Il y avait une petite et une grande rue de Braque (rue de Braque et du Chaume actuelles et une partie de celle des Archives)

(5) Chopin l'a reproduit en partie, dans son Traité, *De Parisiorum moribus*, p. 100.

(6) En voici une traduction, de l'Inventaire des titres du Grand Prieuré (Inventaire des titres du Grand Prieuré de France fait sous la direction de frère Jean Hac, Guillaume de Meaulx Boisboudran étant prieur, Arch nat. S 5544) : « Depuis la porte ou poterne nommée vulgairement Barbette, comme les murs s'estendent jusques à la porte de la rue du Temple ; et depuis ladite porte de la rue du Temple jusques au fossé nommé vulgairement le fossé de Boucelle, qui s'estend entre les saulsoyes de la rue du Temple et la terre de Unfroy Nuffle, et de là, comme le fossé s'estend

gneurie, on voit que ce territoire était exactement limité, dans son dernier état, à l'ouest et à l'est, par les deux grandes voies parallèles figurées par les rues du Temple et du faubourg du Temple, d'une part, et les rues Vieille-du-Temple, du Calvaire (7) et de Ménilmontant (8), d'autre part, et qu'il comprenait tout l'espace renfermé entre ces deux voies, depuis les anciens murs de la ville jusqu'à la ruelle des Marais (9) et la rue de la Folie-Méricourt (10).

L'hôtel seigneurial du Temple et ses dépendances s'élevaient sur l'emplacement qui est marqué aujourd'hui par le marché de ce nom et le jardin public voisin, sur la rue du Temple. Ces constructions furent élevées au commencement du XIIIe siècle ; on voit, dans un registre du Grand Prieuré, que c'est vers cette époque que le frère Hubert, trésorier, fit faire la *tour* et le *logis* du Temple (11). La tour, flanquée de quatre hautes tourelles, formait une véritable forteresse ; elle était, du temps des Templiers, entourée de fossés et garnie de ponts-levis. Elle est décrite, avec l'enclos, dans un procès-verbal de visite de la Commanderie, de l'année 1493 : « Après, avons visité la maison, qui est fort grant édifice et sumptueux ; et, au milieu d'icelle, a une grosse tour de pierre de taille quarée, et, à chascun quanton, une tornelle de mesmes, prinse de pié jusques au feste. Et toutes cinq sont couvertes de plombz et croustées de quatre estaiges..... lesquelles tours souloyent estre environneez de fossés à fons

jusques au coin de la Courtille Barbette du costé des champs, et de là, suivant le chemin de Mesnil-Mautemps jusques à la posterne Barbette. En laquelle estendue lesdits frères de la chevallerie du Temple auront, hors lesdits murs de la ville de Paris, la voyerie, chemins, voyes, entrées et sorties, les fosses, possessions, hostes, manants, et droicts, et sur iceulz toute justice haulte et basse. » — Cet Inventaire mentionne encore une sentence du Trésor, du 18 juillet 1398, réglant l'étendue de la justice de la Commanderie du Temple à Paris.

(7) Rue des Filles-du-Calvaire actuelle.
(8) Rue Oberkampf actuelle.
(9) C'était une ruelle qui allait de la rue du faubourg du Temple à la rue de la Folie-Méricourt, en suivant une ligne brisée.
(10) V. les plans des Archives mentionnées ci-dessous (1re cl. Atlas, n. 14)
(11) Henri III, roi d'Angleterre, y séjourna, à son passage à Paris, en 1254 (Jaillot, Quartier du Temple).

de cuve, plains d'eau et à pons levis, qui estoit forteresse ; mais on a esté contraint, du temps des Templiers, de les combler, et à présent n'y a point. — Et, en oultre, toutes les maisons, tant les vieilles comme les neufves, jardins et courtils sont environnez et enclos de grosses murailles anciennes de pierre de taille (12). »

II

Dès le XIV° siècle, un bourg important s'était formé, sur la portion de la terre du Temple, dont l'accord de 1279 avait laissé à l'ordre l'entière seigneurie, entre l'enclos et les murs de la ville. Il comprenait, d'après un cueilloir de 1362, les rues du *Temple, Rohard des Poullies, Pastorelle, du Noyer, Jehan Luillier, des Bouchiers, du Chaume, du Chantier, Aux* iij *fils Hémon, Barbette et de Paradis*. Ces rues contenaient cent soixante-dix maisons, parmi lesquelles on remarquait deux étuves de femmes et une boucherie de deux étaux (13).

Ce bourg qui atteignait, en largeur, la rue Vieille-du Temple, dans sa partie inférieure, en était séparé, dans sa partie supérieure, par des terrains nus que l'on appelait la *Culture du Temple*. Cette *culture* fut enfermée dans la ville, avec le bourg et l'enclos, par l'enceinte de Charles VI ; mais elle ne fut donnée à bâtir que sous le règne de Henri IV (14). Il y avait encore, en 1695, 4572 toises de marais ou terrains en friche

---

(12) *Arch. nat.* S 5558. « Visite de la Commanderie du jadis Temple de Paris qui est chief du prieuré, faicte ledit III° jour de juillet 1493. »

(13) M. Mannier en donne le nombre, par chaque rue, d'après le cueilloir. Il y en avait 53, dans la rue du Temple ; 10, rue des Poullies ; 10, rue Pastourelle ; 4, rue du Noyer ; 12, rue Jean Luillier ; 10, rue des Bouchers ; 10, rue du Chaume ; 21, rue du Chantier ; 11, rue des Quatre-Fils-Aymon ; 22, rue Barbette ; et 7, rue du Paradis. — Le cens de toutes ces maisons était de 265 livres, 5 sous, 10 deniers.

(14) *Arch. nat.* S 5544. « Procès-verbal d'adjudication des coultures du Temple, dans lequel sont lettres d'Henri IV, desquelles appert que les alignemens des rues desdites coultures ont été faits par le voyer ordinaire du Temple et que les places, maisons, rues, sont en la justice haute moyenne et basse, et voyerie du Temple, sujettes à confiscation, aubaine déshérence, etc. »

entre la porte du Temple et le Calvaire (15). Au delà de la porte, et au-dessus des boulevards actuels, se trouvaient vingt-trois arpents de terrain que l'on nommait les *Marais du Temple*. C'est sur la place de ces marais que furent ouvertes, à la fin du XVIIIe siècle, la place et la rue d'Angoulême et les rues de Crussol, du Grand-Prieuré et de la Tour. Le Grand-Prieur y céda le terrain, à tous ceux qui voulaient y bâtir, par bail emphythéotique de quatre-vingt-dix-neuf ans, moyennant une redevance annuelle de vingt sous par toise.

Cette terre est appelée, dans plusieurs titres, *la Ville-Neuve du Temple*. La *vieille ville*, qui avait été enfermée dans l'enceinte de Philippe-Auguste, s'étendait, au-dessous de la première, entre les rues du Temple et Vieille-du-Temple, jusqu'à la rue Sainte-Croix-de-la-Bretonnerie, et comprenait, en outre, de l'autre côté de la rue Vieille-du-Temple, un groupe contigu et parallèle limité par les rues Pavée et du Roi de Sicile (16).

La seigneurie du Temple, à Paris, nous est représentée très exactement par un bel atlas de vingt-sept planches, conservé aux Archives nationales, qui fut dressé, en 1789, par les ordres du bailli de Crussol. Cet atlas se compose de vingt-six cartes particulières et d'une carte générale (17).

Les *Olim* contiennent deux appels de *faux jugement* et de *défaute de droit*, de la justice du Temple (18), et des contestations relatives à la taille, au guet, et à une contribution

---

(15) Félibien, *Preuves*, t. II, p. 327.

(16) Dans la banlieue de Paris, le Temple avait une maison et des terres à Reuilly, avec la haute justice; il les avait reçues, en partie, de Jean de Beaumont, avec la maison de Frogier Lasnier, en 1152. — Il prétendait aussi à la seigneurie d'Aubervilliers qu'il disputait à l'abbaye de Saint-Denis. Un arrêt du Parlement, de mars 1289 (Tardif, p. 357), et des lettres royales, de 1288 (Beugnot, t. II, p. 878), attribuèrent la justice de cette terre à l'abbaye, « in villa de Hauberviller. » En 1347, un acte intervenu entre le Grand-Prieur et l'abbé, fit un partage définitif de leurs droits.

(17) *Arch. nat.* Plans, Seine, Atlas, n° 14. — Les trois dernières cartes contiennent l'indication des rues isolées, dans lesquelles le Grand-Prieuré avait la censive de quelques maisons. — L'Atlas suivant, n° 15, représente sa censive à Belleville.

(18) *Olim*, t. II, p. 296 et 79.

extraordinaire de deux cent mille livres tournois qui avait été imposée par le roi à la ville de Paris, en 1298 (19).

III

La justice du Temple, à Paris, était administrée, au XV° siècle, par un bailli, un maire, un procureur fiscal, un greffier et des sergents. On lit, à ce sujet, dans le procès-verbal de visite, de 1493, que nous avons déjà cité : « Dedens ladicte maison, et en toute la terre d'icelle, qui est grande dedens la ville de Paris, a toute haulte justice et voirie, et, pour icelle garder, a baillif, maire, procureur, greffier et sergents, et justice levée, qui tiennent siége une fois la semaine ; et couste assez l'entretenement desdits officiers. » Ces officiers de justice avaient, outre les émoluments de leur charge, une petite pension qui leur était payée par le Grand-Prieuré (20).

L'échelle de justice du Grand-Prieuré était dressée dans la rue des Vieilles-Haudriettes qui reçut aussi, pour cette raison, le nom de rue de l'Échelle-du-Temple (21). Elle fut brûlée, pendant la minorité de Louis XIV, par de jeunes seigneurs de la cour ; mais elle fut, peu après, rétablie sans bruit, de peur, dit Sauval, que ce petit jeu ne fît rire trop de monde. Elle est très connue parce que ce fut le dernier instrument d'exposition publique de ce genre qui resta debout dans Paris.

L'inventaire des titres du Grand-Prieuré, conservé aux Archives nationales, mentionne un assez grand nombre de documents relatifs à la justice. Ce sont, notamment, des lettres

---

(19) *Olim*, t. II, p. 425 ; Félibien, t. II, p. 516

(20) « Pour les pensions du baillif, maire, procureur, greffier, sergent, et pour le conseil de l'advocat, procureur ux causes, l. xliii » (S 5558 Proc. verb. de visite). — Un arrêt du Parlement, du 27 avril 1501, condamne, « sans préjudice de la haute justice du Grand-Prieur et pour cette fois seulement », deux sergents du Temple, pour *abus, exaction et volleries*, à aller, nu-pieds et une torche ardente entre les mains, de la conciergerie du Palais à l'église du Temple, pour y faire amende honorable.

(21) Rue des Haudriettes actuelle. V. Jaillot — *Quartier du Temple*, p. 17.

de rémission de 1377 relatives à un prisonnier retenu, pour larcin, *ès prisons layes* du Temple, des actes relatifs aux droits de déshérence ou d'aubaine, et des concessions relatives à la voirie, telles qu'établissements d'auvents, saillies ou sièges sur la voie publique. On a vu plus haut que l'accord de 1279 reconnaissait aux Templiers, dans leur nouvelle ville, les droits de voirie aussi bien que ceux de haute justice (22).

Après l'édit de suppression de 1674, le Grand-Prieur se fit rendre, comme les principaux hauts justiciers, la haute justice dans son enclos. Ce vaste enclos, qui serait limité aujourd'hui par les rues du Temple, de Bretagne, de Picardie, de Forez, Charlot et Béranger, contenait non seulement la tour du Temple, l'hôtel du Grand-Prieur et leurs dépendances, mais aussi un grand nombre de maisons servant à l'habitation.

Les revenus du Grand-Prieuré étaient assez considérables pour que la dignité de Grand-Prieur fût recherchée, dans les derniers temps, par des princes du sang. Les derniers grands prieurs furent Philippe de Vendôme, Jean Philippe d'Orléans, le prince de Conti, le duc d'Angoulême et le duc de Berry.

L'Ordre de Malte fut supprimé, pendant la révolution; et le Temple fut déclaré propriété nationale. L'église fut démolie quelques années après. Le donjon fut conservé jusqu'en 1811. Le palais du Grand-Prieur, donné par Louis XVIII à la princesse de Condé, abbesse de Remiremont, qui y établit un couvent de religieuses Augustines, fut transformé en caserne en 1848. Enfin, en 1854, tout les bâtiments qui restaient furent démolis.

---

(22) 22 mai 1534, Concession par le Grand-Prieur, à Jean Coffry, du droit de mettre un auvent à une maison de la rue du Temple, moyennant 8 deniers parisis par an. — Acte passé par Robert, « charpentier à la grande cougnée, voyer et garde de la voyerie du Temple », qui accorde une saillie sur la rue *des Poulies*, à Louis Le Blanc, greffier à la chambre des comptes (*Arch. nat.* S 5544).

CHAPITRE XXI

LA COMMANDERIE DE SAINT-JEAN-DE-LATRAN

Enclos de Saint-Jean-de-Latran. Franchise des métiers. — Seigneurie de l'Ourcine. Plan de la seigneurie.

La commanderie de Saint-Jean-de-Latran dépendait, comme le Temple, de l'Ordre de Saint-Jean-de-Jérusalem ; mais elle ne lui avait pas été dévolue, comme celui-ci, par suite de la dépossession des Templiers ; elle provenait du patrimoine propre de l'Ordre qui fonda, comme nous l'avons dit, une maison hospitalière à Paris, à une époque demeurée inconnue. Cette maison s'appelait encore, au XIVe siècle, *la maison de l'Hôpital* ; ce n'est que dans la suite qu'elle reçut, on ne sait pour quel motif, le nom de Saint-Jean-de-Latran. Vers le milieu du XVIIe siècle, elle fut désignée encore sous la dénomination de baillage de la Morée, parce qu'elle était devenue l'apanage du grand dignitaire de la langue de France, à Malte, qui portait le titre de bailli de la Morée.

Bien que les titres de la fondation de cette maison ne nous soient pas connus, nous savons qu'elle était en possession des droits de haute justice, dans son enclos, et qu'elle y avait également la franchise des métiers. Elle figure dans tous les documents qui énumèrent les hautes justices de Paris, et notamment dans les arrêts du Parlement relatifs à la nourriture et à l'entretien des enfants trouvés.

L'enclos de Saint-Jean-de-Latran était délimité par la place de Cambrai et les rues Saint-Jacques, des Noyers et Saint-Jean-de Beauvais (1). Il comprenait l'église, les bâtiments affectés à la commanderie, et de nombreuses maisons particulières qui l'entouraient et qui étaient occupées, pour la plupart, par des artisans travaillant en franchise ou d'autres locataires. Le montant total des locations, qui n'atteignait pas 129 livres en 1455, s'y élevait, en 1783, à 30600 livres (2).

La commanderie avait encore la seigneurie de Lourcine. Elle avait, dès le XIIᵉ et le XIIIᵉ siècles, acquis ou reçu, à titre de donation, des masures, des granges et des terres, en ce lieu, dit alors *Lorcines* (3), et à la Tombe-Issoire, « juxta tumbam Isaure (4) ». On peut juger de l'étendue de cette seigneurie, par un plan des Archives nationales dressé en 1752, intitulé : « Plan du fief de l'Oursine et de ses dépendances (5). » Il était limité par un bras de la Bièvre, la *rivière morte*, la rue Saint Hippolyte ou des Teinturiers, la rue de l'Ourcine, la rue du Champ-de-l'Alouette (6), le chemin du Petit-Gentilly (7), le chemin *tendant à la Croix-au-*

(1) La place de Cambrai et la rue des Noyers ont été comprises dans le parcours de la rue des Écoles et du Boulevard-Saint-Germain.

(2) L'enclos avait une contenance de 2096 toises carrées. Les maisons qui l'entouraient occupaient une surface de 1048 toises. — Mannier, *op. cit.*

(3) En 1182, Thibaut-le-Riche et Pétronille, sa femme, vendent aux frères de l'Hôpital de Jérusalem, une grange près de l'orme de *Lorcines*. L'abbaye de Sainte-Geneviève, qui en avait la seigneurie, en fit l'abandon à la commanderie en 1445. — V. Jaillot, *Quartier de la place Maubert*, p. 83 — En juillet 1250, Guillaume de Poitiers donne aux frères de l'Hôpital des masures, avec une vigne et une porcherie, *apud Lorcines*; c'est sur ces masures que s'éleva ensuite l'hôtel seigneurial dit, *hôtel zone*. — V. Mannier, *op. cit.*, et *Arch. nat.* S 5116, nᵒ 13.

(4) En 1231, un seigneur du nom de Hugues Pilet de Beauvoir, vend et donne en partie, aux frères de l'Hôpital, tout ce qu'il avait à Lourcines et autour de la grange que ceux-ci possédaient déjà à la Tombe-Issoire, « Circa granchiam Hospitalis, sitam juxta tumbam Isaure ». — V. Mannier *op. cit.* et *Arch. nat.* S 5116 nᵒ 14.

(5) *Arch. nat.* Seine, 1ʳᵉ cl. nᵒ 36.

(6) On donnait le nom du Champ-de-l'Alouette à deux rues, la rue actuelle de ce nom et l'ancienne rue Croulebarbe, aujourd'hui rue Corvisart.

(7) Le chemin du petit Gentilly est figuré aujourd'hui par la rue de la Glacière.

maire (8), le chemin de la Santé (9), la rue des Bourguignons (10), et les rues des Charbonniers (11) et de l'Arbalète. La maison seigneuriale, qui était connue sous le nom *d'Hôtel Zone* ou *Jaune*, était située dans la rue de l'Ourcine, en face de la rue des Bourguignons ; elle est désignée, dans notre plan, sous le nom *d'hôtel du fief de l'Oursine*.

La commanderie avait, à Paris, en dehors de son cloître, une censive d'une certaine importance, qui est figurée dans un autre plan des Archives dressé à la même époque que le précédent (12).

Le juge de la commanderie à Paris et ses autres officiers administraient, en même temps, la justice de la seigneurie de Paris et celle de l'Ourcine. On institua cependant, en 1530, des officiers spéciaux pour cette dernière, et on y fit faire un auditoire ; nous avons le mémoire des dépenses de son établissement : « Pour ung plaidoyer à tenir les pleez en la seigneurie de Leurcines, payé à Houlet et Rainier, maçons, XVIII livres parisis. — Pour un sceau gravé baillé au mere de Leurcines, auquel y a l'image de saint Jehan-Baptiste et les armes de Monseigneur le commandeur, xx sols. — Pour avoir natté une chaelle du plaisdoier de Leurcines, avecques les deux cottés de ladite chaelle pour le greffier et le procureur fiscal, vi sols. — Pour un tableau pour le plaisdoier auquel y a un crucheffi paint sur toelle, vi sols vi den. (13). »

Il ne reste plus aucun vestige de l'église ni de la maison de Saint-Jean-de-Latran. Une tour assez remarquable, qui subsistait encore en 1854, a été abattue pour faire place à la rue des Écoles.

(8) C'est la partie de la rue de Lourcine qui aboutit à la rue de la Santé ; le plan marque une croix à l'intersection de ces deux chemins.
(9) La rue actuelle de la Santé.
(10) La rue des Bourguignons a été supprimée et comprise dans le parcours du boulevard de Port-Royal.
(11) La rue des Charbonniers est figurée aujourd'hui par la rue Berthollet.
(12) *Arch. nat.* Seine, 1re cl. no 55.
(13) V. Mannier, *op. cit.* et *Arch. nat.* S 5121.

CHAPITRE XXII

L'ÉGLISE DE SAINT-MERRI

I. L'église. — Le cloître. — Étendue de la seigneurie. — Transaction relative aux droits de justice. — Justice moyenne et basse. — Droits de confiscation, de bâtardise et d'aubaine. — II. Officiers de justice. — Degrés de juridictions. — Auditoire. Tableau de champions.

L'église Saint-Merri a été élevée sur l'emplacement d'une très ancienne chapelle dont l'existence nous est révélée par la vie du saint de ce nom, et qui était consacrée à saint Pierre (1). Elle était connue déjà sous le vocable de Saint-Merri, au commencement du IXe siècle, car elle est désignée, sous ce titre, dans la charte de Louis le Débonnaire de 820, relative à l'exercice de la justice de l'évêque dans le bourg de Saint-Germain-l'Auxerrois.

Cette église paraît avoir été, dès l'origine, une église collégiale. Elle fut placée, par l'évêque de Paris, vers l'année 1005, sous la dépendance du chapitre de Notre-Dame qui conserva, depuis lors, la collation des bénéfices qui en dépendaient (2). Elle comprenait, dans les derniers temps, un chefcier-curé, six chanoines et six chapelains (3).

(1) Lebeuf, t. II, p. 193 ; Jaillot, *Quartier de Saint-Martin-des-Champs*, p. 40.
(2) V. *Cart. N.-D.* t. I, p. 317.
(3) Jaillot, *loc. cit.* p. 47.

Le monument qui remplaça la chapelle de saint Pierre fut reconstruit, vers l'an 1200, et abattu, sous François Ier, pour être réédifié. Conservée par la Révolution, cette église fut comprise d'abord au nombre des paroisses, par la loi du 4 février 1791 ; mais elle fut fermée peu après, et devint ensuite l'un des édifices consacrés au culte théophilantropique, sous le nom de Temple du Commerce (4). Elle a été rendue à sa destination, le 9 floréal an XI, et forme aujourd'hui une église paroissiale (5).

I

L'église Saint-Merri avait, à Paris, dès le Xe siècle, une terre qui portait son nom, *terra Sancti Mederici*, ainsi qu'on le voit par un document relatif à l'abbaye Saint-Pierre-des-Fossés qui ne peut être postérieur à cette époque (6). Elle avait, au XIIIe siècle, la haute justice dans toute l'étendue de sa seigneurie ; mais elle en fit l'abandon au roi, moyennant une idemnité, dans un accord de 1273. Elle ne se réserva la haute justice que dans son cloître et ne conserva, dans le reste de sa terre, que des droits équivalant à la justice moyenne et basse (7).

Cet accord contient une description détaillée de la seigneurie de Saint-Merri, très utile à consulter pour l'histoire topographique de Paris, mais cependant difficile à suivre dans quelques-unes de ses parties. Le dernier état de cette seigneurie nous est représenté par deux plans des Archives nationales, de 1672 et 1786, figurant la censive de Saint-Merri (8). Elle comprenait la plus grande partie des terres délimitées par les anciens murs de Philippe-Auguste (9), la

(4) Lebeuf, t. II, p. 198 et 225.
(5) Cette église est située à l'angle des rues Saint-Martin et de la Verrerie.
(6) Lebeuf, t. II, p. 195.
(7) Ce document, qui est reproduit par Félibien, dans ses *pièces justificatives*, figure dans le *Livre des métiers* du Châtelet (Collection de la Préfecture de police, f° 461).
(8) *Arch. nat.* Seine, 2e cl. n° 11 et 3e cl. n° 2.
(9) Ces murs passaient, sur ce point, au-dessous des rues du Grenier-Saint-Lazare et Michel-Lecomte.

rue de la Verrerie et les rues Saint-Martin et du Temple, à l'exception de quelques enclaves, dont deux très importantes au-dessus de la rue Maubuée et de la rue Geoffroy-Langevin. Elle comprenait, en outre, plusieurs cantons détachés, d'inégale étendue, dans les rues Saint-Martin, de Venise, du Crucifix-Saint-Jacques, de la Tannerie, de la Verrerie et du Coq (10).

Le cloître, dans lequel s'élevait l'église, couvrait, à l'origine, tout l'espace compris, dans les anciens plans de Paris, entre les rues de la Verrerie, Saint-Martin, du Cloître, Taillepain, Baillehoc, et Brisemiche (11); la petite partie rectangulaire située au-dessus de la rue du Cloître en fut détachée par la suite (12).

L'accord de 1273 présente un intérêt particulier, en ce qu'il fait, relativement aux droits qui appartenaient aux chanoines en leur qualité de hauts justiciers, une division correspondant, sauf quelques modifications résultant du caractère transactionnel de l'acte, à l'ensemble des droits connus sous le nom de la moyenne justice, à une époque où ce terme n'était point encore usité dans les titres, qui ne distinguaient formellement que la justice haute et basse. Les chanoines conservent, dans la partie de leur terre dont ils perdent la haute justice, la connaissance des injures, des rixes, des coups, et généralement de toutes les voies de fait sans effusion de sang, pourvu qu'il résulte de la déclaration de trois médecins qu'elles ne sont de nature à entraîner ni la mort, ni la perte ou la mutilation d'un membre, ni aucun *mehaing*, mehainium: « Super verbis contumeliosis, alapis

---

(10) Les rues du Crucifix-Saint-Jacques ou Saint-Jacques-de-la-Boucherie, du Coq et de la Tannerie situées, toutes les trois, au-dessous de la rue de la Verrerie, ont disparu aujourd'hui; elles figurent encore sur les plans de Paris antérieurs au percement de la rue de Rivoli.

(11) Les rues Taillepain et Baillehoc, aujourd'hui disparues, formaient un coude, à angle à peu près droit, entre les rues du Cloître Saint-Merri et Brisemiche.

(12) Le cloître était fermé par trois portes. « Item habet dicta ecclesia claustrum, sive spatium claustri S. Mederici, in quo claustro sunt et erant portæ in locis infra scriptis, videlicet, in loco qui Barra vulgariter dicitur, alia in capite vici de Ballehoc, et alia ad finem domus Roberti dicti Morel civis Parisiensis »

sive buffis, melleis sine sanguine, necnon et justitiam de ictibus orbis, sive de quibuscumque ictibus sine sanguine ex quibus non esset verisimile nec etiam contingeret quod percussus membrum amitteret, seu vitam, vel etiam mehainium incurreret, seu membri mutilationem, super quibus juramenta trium medicorum credentur..... et generaliter omnem justitiam subtus sanguinem ». Le roi aura tous les autres cas. Il aura encore l'exercice exclusif de la voirie, et par suite, la connaissance de tous les flagrants délits commis sur la voie publique : « Viariam autem, pleno jure, et omnem justitiam in eadem viaria et in tota terra prædicta nos et successores nostri habebimus, si capiatur delinquens in eadem viaria, in presente delicto..... ». Les chanoines continueront, au contraire, à exercer la haute justice, dans les limites de leur cloître : « In quo claustro, prout se comportat et domibus ejusdem, .. omnimoda justitia, et alta et bassa, ad ecclesiam S. Mederici et ipsius canonicos pertinebit. »

L'exercice de ces deux juridictions rivales pouvait amener des conflits. L'acte prévoit le cas où un prisonnier, justiciable du chapitre, échapperait à ses gardiens et se réfugierait en quelque lieu hors du cloître ; et il autorise les sergents du chapitre à le poursuivre et à le ramener de force, pourvu qu'ils ne fassent usage ni de couteaux, ni d'épées.

Les habitants du cloître ne pourront faire aucune entrée, pour leurs maisons, sur les voies qui l'entourent, sans cesser d'être soumis à la loi du cloître. Ils ne pourront y avoir que des fenêtres garnies de fer. Si, après y avoir pratiqué une entrée ou une fenêtre libres, ils les font boucher, ils reprendront leur première condition pourvu qu'ils aient signifié au prévôt de Paris leur intention de fermer ces ouvertures, huit jours à l'avance, afin d'éviter les surprises, « propter omnem malitiam evitandam. »

Pour maintenir la concorde entre les officiers du chapitre et les gens du roi et assurer l'exécution de ces dispositions, le maire de Saint-Merri et son lieutenant, « vices gerens », seront tenus de prêter serment de respecter la justice du roi et de n'en exercer d'autre que celle qui leur est accordée par cet accord ; et chaque prévôt de Paris prêtera, lors de son entrée en fonctions, un serment semblable de respecter la justice des chanoines.

L'acte règle encore, entre autres questions, celles des droits de confiscation, de bâtardise et d'aubaine. Ces droits appartiendront entièrement aux chanoines, comme une dépendance de leur haute justice, pour tous les biens mobiliers et immobiliers situés dans le cloître. Ils devraient, par la même raison, appartenir exclusivement au roi dans le reste de la terre de l'église. Mais l'acte en fait ici, par voie de transaction, un partage attribuant au roi les biens mobiliers seuls et laissant les biens immobiliers au chapitre. Cette clause mérite d'être rapportée en entier, car elle prouve, par son caractère transactionnel même, que ces droits appartenaient, en principe, sans contestation, au seigneur haut justicier. « Habemus etiam.... bona mobilia dictorum hospitum dictæ terræ et aliorum ubicunque manentium, mobilia bona habentium in prædicta terra, in omni casu quod possint vel debent forefacere, seu quoquo possint vel dicta bona debeant domino applicari, et bona mobilia bastardorum,... et eorum qui dicuntur albani,... sive morentur, prædicti albani sive bastardi, in dicta terra, sive alibi ; exceptis bonis dicto claustro existentibus et domibus ejusdem claustri, quæ bona mobilia ad dictos canonicos pertinebunt. — Ipsi autem canonici habebunt teneuras et alia bona immobilia sita in terra prædicta ipsius ecclesiæ quorum cunque bastardorum et albanorum, sive morentur in terra prædicta, sive alibi. Habebunt dicti etiam canonici teneuras et alia bona immobilia... omnium illorum qui forefecerint, sive morentur in terra ipsius ecclesiæ, sive non, multrum, vel raptum, sive homicidium, vel aliud crimen quodcunque commiserint per quod bona hujusmodi debeant applicari sive devenire ad dominum. »

II

Le chapitre avait, non seulement dans son cloître, mais encore dans toute sa terre, l'exercice de la juridiction civile qui lui est réservé par l'accord de 1273. Nous relevons, dans deux arrêts des *Olim*, de 1307 et 1308, des appels de sentences

rendues par ses juges en matière civile (13). Ces affaires présentent une évolution remarquable de juridictions. La première est jugée, en première instance, par le maire clerc de la cour séculière de Saint-Merri, « majorem clericum curie » secularis S. Mederici Parisiensis ». Cette décision est soumise, en appel, à la cour séculière du chapitre de Notre-Dame et jugée par le chambrier laïque de cette église et un autre juge commis qui en prononcent l'infirmation. Cette dernière sentence est portée, à son tour, en appel, devant le Parlement, qui l'infirme et décide qu'il retiendra la cause dans l'état où elle se présentait devant le premier juge. Le second procès, relatif à la propriété d'une maison de la rue Neuve-Saint-Merri, donne lieu à une évolution nouvelle. Il est jugé, au premier degré, par le maire laïque de la cour séculière de Saint-Merri ; et cette sentence est déférée, au second degré, au maire clerc de la même cour, « petiit correctionnem ma-
» joris canonici ecclesie S. Mederici ». L'affaire est portée ensuite successivement, en appel, comme dans le premier cas, devant la cour du chapitre de Notre-Dame et le Parlement. Cette évolution de procédures n'était pas conforme à l'accord de 1273 qui portait que les appels des sentences des chanoines ou de leurs maires seraient déférés directement au Châtelet de Paris (14). L'appel au chapitre de Notre-Dame fut, sans doute, revendiqué par celui-ci comme une conséquence de la dépendance dans laquelle l'église Saint-Merri se trouvait vis-à-vis de lui (15).

On voit, par ces arrêts, que Saint-Merri avait un maire laïque et un maire clerc. Le premier devait être le juge ordinaire en matière criminelle et civile. Le second était, sans doute, chargé seulement, comme le chambrier dans d'autres seigneuries ecclésiastiques, de pourvoir à l'administration générale de la justice, et investi, au civil, d'un droit d'amendement ou d'appel des sentences rendues par le maire laïque.

(13) Beugnot, *Olim*, t. III p. 261, et IV, p. 1329
(14) « Appellabitur ad Castelletum Parisiensem nostrum cui dicta ecclesia S. Mederici et dicti canonici immediate sunt subjecti. »
(15) Les chanoines de Saint-Merri, institués par le chapitre de Notre-Dame, lui juraient fidélité. — V. *Cart. N.-D.*, t. I, p. 459.

L'auditoire de Saint-Merri était situé dans le cloître, ainsi que les prisons. On lit dans une déclaration de temporel du 21 mars 1383: « Et premièrement ils ont, ou cloistre de ladite » église de Saint-Merry, toute justice haulte, basse et moyenne, » et court à tenir leurs plaiz.... (16) » L'accord de 1273 nous apprend que la maison où ces plaids se tenaient était la maison canoniale, voisine de la porte du cloître dite de la Barre. « Item immediata domus, quæ domus dicitur canonicorum, » et ubi tenentur placita, quæ habet quinque thesias in lon- » gitudine seu profundo » (17). On sait qu'on conserva pendant longtemps, dans cet auditoire, comme une marque des anciens droits de justice du chapitre, un tableau représentant deux champions en armes, prêts à combattre.

L'étendue et la situation de la seigneurie de Saint-Merri en faisaient, à l'origine, une des hautes justices les plus importantes de Paris. Son territoire était à peu près égal à celui de Saint-Martin-des-Champs ; mais il était plus rapproché de la de la Cité ; aussi fut-il enfermé, tout entier, dans l'enceinte de Philippe-Auguste. C'est, sans doute, cette circonstance qui motiva la transaction de 1273. Les chanoines reçurent, à titre d'indemnité, une rente annuelle de trente livres parisis. Nous avons vu d'ailleurs que le Temple subit, dans sa haute justice, un retranchement semblable, et qu'il ne conserva l'intégralité de ses droits que pour la partie de son territoire qui demeura hors des murs.

Le chapitre de Saint-Merri avait une terre à Poitronville, « Poitronville prope Parisius. » aujourd'hui Belleville. Nous voyons, par l'accord de 1273, qu'il revendiquait la justice sur les six *hostises* qui s'y élevaient alors.

(16) *Arch. nat.* P 129, n° IV.
(17) Un acte du 7 octobre 13 7 (*Arch. nat.* S 911) constate que la même maison contenait « les prisons, le pledouer et siege où l'on plede et la chambre du geolier ».

CHAPITRE XXIII

L'ABBAYE DE MONTMARTRE

Ses possessions à Montmartre et dans l'intérieur de Paris. — Auditoire et prison. — Le For aux Dames. — Le village de Boulogne.

Une chapelle, placée sous l'invocation de Saint-Denis, existait, dès le VIII° siècle, sur la colline de Montmartre (1). Détruite en 944, elle fut remplacée par une église dont l'existence nous est révélée à la fin du XI° siècle. Cette église était alors tombée entre les mains d'un seigneur laïque qui la donna, en 1096, au prieuré de Saint-Martin-des-Champs, avec le tiers des hôtes qui en dépendaient, le tiers de la dîme et la moitié d'un labourage. Cette donation fut faite avec une grande solennité ; et l'acte qui la contenait fut déposé sur le principal autel de l'église, en présence d'un grand nombre d'assistants (2).

Le prieuré de Saint-Martin ne conserva cette église que jusqu'en 1133. Il la céda, à cette époque, au roi Louis le Gros et à la reine Adélaïde sa femme, en échange de l'église de Saint-Denis-de-la-Chartre. La reine Adélaïde y fonda alors une abbaye de femmes. Cette abbaye reçut, pour sa dotation, l'é-

(1) V. Lebeuf, t. IV, p. 138
(2) D. Marrier, *Hist. S. Martini de Campis*, p. 317

glise de Montmartre, avec toutes ses dépendances, et divers autres biens consistant en terres, vignes, maisons et pêcheries, dont la charte royale de 1133 et une bulle du pape Eugène III, de 1147, contiennent l'énumération (3). Nous voyons figurer, parmi ces biens, un four et plusieurs maisons à Paris, et notamment une maison située devant le Grand-Châtelet, qui servait de boucherie (4), et la place occupée par les marchands de poissons devant cette maison (5).

L'abbaye avait la haute justice dans sa seigneurie de Montmartre ; elle devait l'avoir également dans une partie de ses possessions à Paris. Nous voyons, dans le Grand Coutumier, qu'elle avait la justice de l'hôtel de *Castel-Fétu* qui était situé entre les rues des Prouvaires et des Bourdonnais, à la hauteur de la rue Saint-Honoré (6).

L'abbaye avait, dans un cul-de-sac de la rue de la Heaumerie (7), une maison qui contenait sa prison et l'auditoire de la justice, et qui était appelée, pour ce motif, le *For-aux-Dames*. Cette maison, qui était l'hôtel seigneurial de l'abbaye à Paris, nous est exactement représentée dans un plan des Archives nationales de 1768 ; elle se composait de quatre corps de logis (8). Elle est mentionnée dans les Comptes de la prévôté de Paris, de 1421, en ces termes : « La ruelle qui aboutit en la Heaumerie où l'on tient les plais de Montmartre (9). »

---

(3) Félibien, *Pièces*, p. 61 et 62. — D. Marrier, *loc. cit.* p. 326.

(4) « Domum Guerrici, cum stationibus carnificum, et vicariam ejusdem domus..... Plateam piscatorum quæ est inter domum carnificum et regis Castellulum........ Domum unam juxta Parvum Pontem. Alteram juxta status carnificum, etc.... ». — La maison *de Guerri, Guerrici*, était ainsi appelée du nom d'un changeur, à qui elle avait appartenu ou qui l'avait occupée. C'est là que fut établie la grande boucherie du Châtelet ; elle rapportait aux religieuses trente livres de cens annuel.

(5) Nous voyons, dans le *Musée des Archives* (p. 103), une concession d'un emplacement, près du Châtelet, faite par l'abbesse Adèle, en 1154, à des marchands de poisson.

(6) Grand coutumier, p. 656

(7) Cette rue était située dans la rue Saint-Denis, au-dessous de la rue des Lombards ; elle a été comprise dans le parcours de la rue de Rivoli.

(8) *Arch. nat.* Seine, 3º cl. nº 4, Plan du *fief du Fort-aux-Dames*.

(9) Sauval, *Preuves*, t. III, p. 291

La prison était vulgairement appelée le *Savot-aux-Dames*. Un arrêt du Parlement, de 1659, nous apprend qu'elle était obscure et malsaine, et que la chapelle où l'on disait la messe pour les prisonniers était dans l'épaisseur d'un mur, au troisième étage, en forme d'armoire (10).

Les religieuses avaient un carcan à Montmartre. Jérémie Grassier y fut attaché, le 24 avril 1607, en exécution d'une sentence de leur juge, après avoir été fustigé au carrefour de Montmartre et devant la porte de l'abbaye ; cette sentence le condamnait, en outre, à douze livres d'amende et le bannissait de toute la terre de Montmartre (11).

L'abbaye avait encore la haute justice au village de *Menus*, (Boulogne-sur-Seine). On lit dans un arrêt du Parlement de 1316 : « Villa de Menus, in qua abbatissa Montis Martyrum habet justitiam altam et bassam. » Cet arrêt nous fait connaître un conflit qui s'était élevé, à cette occasion, entre l'évêque de Paris et l'abbesse, relativement à un individu, du nom de Baudet, qui avait été jugé par les gens des religieuses et justicié aussitôt après, pour un vol qu'il avait commis dans ce village, « per confessionem suam condempnatus et justiciatus fuit. » Nous voyons, par cet arrêt, que les religieuses avaient alors un juge qui prenait le titre de bailli (12).

La censive de l'abbaye de Montmartre s'étendait, dans son dernier état, sur une centaine de maisons environ, disséminées dans différents quartiers (13).

---

(10) Félibien, *Pièces*, t. III, p. 167. — L'arrêt ajoute que « tout joignant, passe un tuyau d'un aisement qui infecte le prêtre officiant lorsqu'il y a changement de temps ».

(11) *Arch. nat.* Z₁ 2399.

(12) *Olim*, t. IV, p. 1088. — L'évêque revendiquait, de son côté, le coupable comme ayant commis un vol dans sa terre de Saint-Cloud ; et la question était de savoir dans laquelle des deux seigneuries celui-ci avait été arrêté en flagrant délit. — L'abbaye de Montmartre avait une autre haute justice près de Senlis, « in villa sua de Barberiaco, prope Silvanectum ». Un arrêt de 1272 l'autorise à y faire dresser des fourches patibulaires permanentes (*Olim*, t. 1, p. 890).

(13) V. une déclaration de temporel de 1763, *Arch. nat.* L 1031.

CHAPITRE XXIV

PRIEURÉ DE SAINT-LAZARE

Léproserie de Saint-Lazare. — Prieuré. — Plan de la seigneurie. — Faubourgs Saint-Lazare et Saint-Laurent. — Fief de Marly. — Foire Saint-Lazare.

La maison de Saint-Lazare commença par être une léproserie. On suppose qu'elle s'éleva sur l'emplacement d'une ancienne abbaye qui paraît avoir été entièrement ruinée dès la fin du IX° siècle, l'abbaye de Saint-Laurent (1). Cette maison existait déjà sous le règne de Louis le Gros, qui fut un de ses premiers bienfaiteurs (2). Elle n'appartenait pas à une communauté religieuse proprement dite ; mais elle était desservie par une simple communauté hospitalière, sous la direction d'un maître, « magister leprosarii Sancti Lazari Parisiensis (3) ». Son chef prit, par la suite, le titre de prieur ; et il semblait qu'elle fût devenue un prieuré ordinaire, lorsque la lèpre,

(1) V. Jaillot, *Quartier Saint-Laurent,* p. 29, et *Quartier Saint-Denis,* p. 49.
(2) Un auteur contemporain nous apprend que Louis le Gros s'y arrêta en allant à Saint-Denis, « leprosorum adiit officinas. » *Hist. eccles.* t. 11, p. 246.
(3) V. dans le *Cartulaire de Notre-Dame* (t. 1, p. 284), un acte du 27 avril 1270.

ayant à peu près disparu, elle perdit sa destination primitive. Mais il importe de remarquer que cette assimilation ne répondait exactement, ni à son origine, ni même à sa constitution ultérieure (4).

L'évêque de Paris, qui nommait le prieur et qui avait, à raison du caractère originaire de la maison, des droits étendus de surveillance et de contrôle, y introduisit, en 1515, dans un but de réforme, des chanoines réguliers de Saint-Victor (5). En 1632, cette maison fut donnée à Saint-Vincent-de-Paul et devint ainsi, dans son dernier état, le chef-lieu de la congrégation de la Mission (6).

La seigneurie de Saint-Lazare s'étendait dans le faubourg de ce nom et dans le faubourg Saint-Laurent. Nous ne connaissons pas les titres anciens sur lesquels elle était fondée. Les religieux de Saint-Lazare reconnaissaient eux-mêmes, dans une déclaration de temporel, du 6 décembre 1584, qu'ils ne pouvaient les produire ; et ils alléguaient que leurs papiers et registres les plus importants avaient été détruits. Ils ajoutaient, en précisant un fait récent, « que du temps du » jour de la deffaicte des huguenots devant Saint-Denys, ils » avaient, en leur maison, feu seigneur et comte de Brissac, » sa quevallerye et infanterye, dont les soldats entrèrent par » force au lieu de leur trésor où ils emportèrent plusieurs pa- » piers et enseignements concernant leur revenu temporel et » droit de justice (7). » Ils purent cependant faire, deux ans après, des justifications suffisantes devant la chambre du

---

(4) Lebeuf (t. III, p. 322), et d'autres historiens, admettent l'introduction, à Saint-Lazare, de religieux Augustins, dès 1191 ; mais l'acte du 27 avril 1270, cité dans la note précédente, contredit entièrement cette opinion. — Divers actes du Parlement qualifiaient d'ailleurs, même dans les derniers temps et après la prise de possession de la maison par les chanoines de Saint-Victor, le chef de la communauté de Saint-Lazare, de *prétendu prieur*, et la maison, de *soi-disant prieuré*. V. Jaillot, *Quartier Saint-Denis*, p. 52.

(5) V. Jaillot, *loc. cit.* p. 55.

(6) La Congrégation de la Mission reçut d'ailleurs, avec la maison de Saint-Lazare, tous les droits qui en dépendaient. — V. une Déclaration de temporel faite par cette communauté, le 6 avril 1690 (*Arch. nat.* P 159).

(7) Cette Déclaration de temporel est transcrite dans un cahier qui contient, en même temps, diverses pièces justificatives. — *Arch. nat.* S 6591.

Trésor; car une sentence de cette chambre, du 11 septembre 1386, les déclara formellement en possession de la justice haute, moyenne et basse, aux faubourgs Saint-Lazare et Saint-Laurent (8). Cette sentence ne faisait d'ailleurs que confirmer une possession très ancienne : un arrêt du Parlement, de 1718, mentionne un autre arrêt de 1369, rendu en faveur du prieur de Saint-Lazare, comme *seigneur* et *gros décimateur* d'une partie de la paroisse de Saint-Laurent.

Un plan des Archives nationales nous représente la seigneurie de Saint-Lazare dans les faubourgs (9). On y distingue trois groupes principaux. Le premier, qui est le plus important, y est délimité par la rue de Paradis, le chemin des Poissonniers, la chaussée de la Chapelle à Paris et le chemin de Clignancourt à la Chapelle (10). Il comprenait, dans sa partie inférieure, la maison de Saint-Lazare et son enclos. Le second groupe, contigu au premier, comprenait l'église Saint-Laurent, son presbytère et le cimetière de la paroisse, ainsi que la rue Saint-Laurent et le champ et la foire du même nom. Un troisième groupe, contigu au précédent, contenait la maison des Recollets, dans le champ dit des Vinaigriers, près duquel se trouvaient encore des terrains assez importants avoisinant l'hôpital Saint-Louis (11).

La maison de Saint-Lazare avait, en outre, dans l'intérieur de Paris, une censive d'une certaine importance. Elle possédait notamment une partie d'un fief, dit de Marly, assis sur les rues Quincampoix, Aubry-le-Boucher, de Venise, de Saint-Martin (12). Elle avait enfin des cens dans les rues

---

(8) V. *Arch. nat.* S 6591.

(9) V. *Arch. nat.* S 6591. — On peut consulter également un autre plan plus détaillé (Seine, 1re cl. n° 40) qui paraît donner aux derniers groupes une plus grande étendue.

(10) Le chemin des Poissonniers et la chaussée de La Chapelle à Paris sont représentés aujourd'hui par les rues du Faubourg-Poissonnière et du Faubourg-Saint-Denis. La direction du chemin de Clignancourt à La Chapelle est figurée par le boulevard de La Chapelle.

(1) L'assiette de ces trois groupes est marquée, sur les plans actuels de Paris, par l'église Saint-Laurent, la rue de ce nom et les rues des Recollets et des Vinaigriers.

(12) V. la sentence déjà citée de la Chambre du Trésor, du 11 sep-

Saint-Denis, Percée, des Deux-Portes, de la Vannerie, des Déchargeurs, Maleparole, des Lombards, de la Verrerie, de la Huchette, Saint-Landry, des Noyers et de la Mortellerie (13). Le prieur de Saint-Lazare prétendait à la haute justice sur une partie de cette censive, et notamment sur son fief de Marly ; il avait même, dans la rue de Venise, une maison dite, *les prisons Saint-Lazare* (14); mais il ne paraît pas que ses prétentions aient jamais été reconnues. La sentence de la chambre du Trésor du 11 septembre 1586, en consacrant ses droits dans sa seigneurie des faubourgs, déclare simplement, quant à la justice revendiquée dans les autres lieux, « qu'il en sera plus amplement informé ».

La justice de Saint-Lazare était rendue par un maire. Un arrêt du Parlement, du 15 octobre 1583, confirme une condamnation à la fustigation prononcée contre un compagnon tailleur convaincu de vol, par M° Guillaume Morin, « maire et garde de la justice des religieux, prieur et couvent de Saint-Lazare-lès-Paris » ; il y est dit que le condamné sera fustigé devant l'auditoire de la justice et banni ensuite de Paris et de sa banlieue (15).

L'auditoire et les prisons se trouvaient dans l'intérieur même de la maison de Saint-Lazare. Un carcan était dressé, devant cette maison, au carrefour du même nom (16).

Louis le Gros avait accordé à Saint-Lazare, une foire

tembre 1586. — L'église Saint-Merri possédait une autre partie de ce fief, comme on le voit par un plan de sa seigneurie de 1672 (*Arch. nat.* Seine, 2e cl. n° 11). Ce fief provenait du seigneur de Marly.

(13) Un plan des Archives nationales (Seine, 2e cl. n° 82) donne une représentation détaillée de la censive de Saint-Lazare à Paris, avec l'indication du nombre des maisons qui y étaient comprises.

(14) Elle est mentionnée, dans une déclaration de temporel du 15 décembre 1667, comme ayant cessé, depuis peu, de servir de prison, en ces termes : « Rue de Venise, la maison du Sieur Demas notaire où étaient » les prisons de Saint-Lazare, à cause de leur fief de Marly » (*Arch. nat.* S 6591.

(15) *Arch. nat.* S 6591.

(16) V. une déclaration de temporel du 17 juin 1632, qui rappelle que la *ci-devant justice* de Saint-Lazare (elle était supprimée, par suite de l'édit de 1674) « était exercée, les lundi et jeudi de chaque semaine, dans la maison seigneuriale, dans l'auditoire à ce destiné ». (*Arch. nat.* S 6591)

en 1110, « nundinæ S. Lazari Parisiensis » (17) ; elle commençait à la Toussaint et avait une durée de dix-sept jours. Cette foire donnait des profits considérables. Philippe-Auguste la racheta, en 1181, et la transporta aux Halles des Champeaux, moyennant une indemnité et la concession d'une autre foire qui reçut le nom de Saint-Laurent et qui se tenait dans un champ, près de l'église de ce nom (18).

(17) V. Dubreul, p. 868.
(18) V. Jaillot, *Quartier Saint-Denis*, p. 65. — V. également, dans Sauval (t. III, p. 383), des lettres patentes, du 3 août 1465, relatives à la juridiction de *la foire Saint-Ladre*.

CHAPITRE XXV

L'ABBAYE DE TIRON

Fief de Tiron sur la rive gauche de la Seine. — Possessions sur la rive droite. — Hôtel et prison de Tiron.

La célèbre abbaye du Perche, dite de Tiron, possédait une seigneurie, à Paris, dès le XIIe siècle. Le roi Louis VII lui accorda, en 1138, des lettres d'immunité pour une terre qui lui avait été donnée, peu de temps auparavant, dans cette ville. « Notum facimus quod, terram quam Ancelmus de » Grooleto monachis Tironensibus dedit, que de feodo nostro » erat, nos eisdem monachis, liberam ab omni consuetudine, » jure perpetuo obtinendam, concedimus, ita quod nihil nobis » aut successoribus nostris in eâ retinemus. » Ces lettres, qui sont seulement mentionnées dans le Cartulaire de Notre-Dame de M. Guérard (1), sont reproduites, en entier, dans le *Livre rouge* du Châtelet, sous la rubrique, « Lettres d'immunité pour les moines de Tiron. » (2)

Nous voyons, par un acte du même Cartulaire, de 1214,

---

(1) T. III, p. 395.
(2) *Livre rouge* du Châtelet (Collection de la Préfecture de police, f° 149). L'original est au *Musée des Archives*, n° 491.

de 1214, que l'abbaye avait cédé, à cette époque, au chapitre, une terre de sa seigneurie, qu'elle y partageait, avec lui, les droits de justice, et que deux maires institués, l'un par le chapitre et l'autre par l'abbaye, assuraient l'exécution de ce partage (3). Cette terre, dite fief de Tiron, était située sur la rive gauche de la Seine, entre les rues Clopin et Saint-Victor, et comprenait, d'après un plan conservé aux Archives nationales, la rue d'Arras, les rues de Versaille et du Bon-Puits et une partie de la rue Traversine (4).

Mais l'abbaye de Tiron avait encore d'autres possessions sur la rive droite, dans la rue Saint-Antoine, la rue Vieille-du-Temple, et quelques autres rues ; elle y avait aussi sa maison seigneuriale et ses prisons. Cette maison est mentionnée, dans un Cartulaire de Saint-Maur, à la date de 1270, sous le nom de *domus de Tironio* (5). Elle donna son nom à la rue dans laquelle elle était située ; cette rue est encore marquée aujourd'hui, sous ce nom, entre les rues Saint-Antoine et du Roi-de-Sicile.

Un arrêt du Parlement, de 1275, reconnut formellement, après une enquête à laquelle il avait été procédé, les prétentions de l'abbaye à la haute justice dans toute l'étendue de sa seigneurie à Paris, « in saisina alte justicie ac justicie sanguinis et latronis, in tota terra sua quam habent Parisius ». Cet arrêt obligea le prévôt de Paris à rendre aux juges de l'abbaye un individu accusé de rapt, qu'il retenait dans les prisons du roi, au mépris des droits des religieux. Il figure, comme la charte d'immunité de 1138, dans le Livre rouge du Châtelet. (6)

Bacquet cite, dans son traité des Droits de justice, une sentence de la chambre du Trésor du 13 août 1579, qui, en rejetant les prétentions de l'abbaye à l'exercice de la voirie, reconnaît qu'elle a, à cause de son fief de Tiron, la justice

---

(3) T. 1, p. 368.

(4) *Arch. nat.* Seine, 3e cl. n° 120. « Plan du fief de Tiron appartenant à MM. de Notre-Dame. » 15 juin 1789.

(5) V. Jaillot, *Quartier Saint-Antoine*, p. 131. — L'entrée de cet hôtel subsistait encore, de son temps.

(6) *Loc. cit.* f° 151. Choppin mentionne cet arrêt, dans son traité sur la coutume de Paris.

haute, moyenne et basse, « tant en la rue Saint-Antoine qu'en autres rues de la ville » (7).

(7) Une copie d'un cartulaire du monastère de Tiron est conservée à la Bibliothèque nationale (Fonds Latin, n° 10107); mais il ne contient aucun document concernant les possessions de l'abbaye à Paris.

CHAPITRE XXVI

L'ABBAYE DE SAINT-DENIS

Seigneuries de La Chapelle et de Saint-Ouen. — Registre de l'aumône de Saint-Denis. — Anciens cas de justice.

L'abbaye de Saint-Denis avait, dans la banlieue de Paris, la seigneurie et la haute justice de la Chapelle. Cette seigneurie était une dépendance de l'office claustral de l'aumône. L'aumônier de l'abbaye instituait des officiers, bailli, maires et sergents, qui administraient cette terre et y rendaient la justice, en son nom.

Un volumineux registre des Archives nationales, consacré à la constatation des droits de l'aumônier de l'abbaye contient quelques cas de justice relatifs à La Chapelle. C'est un manuscrit, sur papier in-folio, d'une écriture du XVe siècle. La partie qui nous occupe commence au verso du folio 56 ; elle porte pour titre : « Ce sont les cas et exploiz faiz en la ville de la Chapelle Saint-Denis où ledit aumosnier a toutte segnorie, justice haulte, basse et moyenne, et tous exploiz de toute jurisdicion ». (1)

Le premier cas remonte à une date très-ancienne ; il est de l'année 1238 ; il s'agit d'un homicide commis, par un tailleur, dans une taverne de La Chapelle. Le coupable fut conduit

(1) *Arch. nat.* LL 1260.

dans les prisons de l'aumône, et condamné par le bailli à être pendu. Le bailli de Saint-Denis vint ensuite le prendre pour l'exécution ; et les deux baillis et leurs officiers se rendirent au gibet, tous ensemble. « Et le bailla ledit baillif (de l'aumô-
» nier) au baillif de Saint-Denis devant la porte de la maison
» de l'aumosne. Et allèrent au gibet tous ensemble, et les ser-
» gents et les officiers du baillif de Saint-Denis et ceulx de
» l'aumosne ».

De l'année 1238, on passe, sans transition, à 1290, puis aux années 1380, 1390, 1399 et 1400 ; et encore ne mentionne-t-on, pour ces années, que quelques exploits relatifs à la levée de corps morts, dans la culture Sainte-Lazare, la *couture Saint-Ladre* (2); à une saisie faite par le maire de l'aumône, dans un moulin à vent situé au même lieu, pour le défaut de paiement de chef-cens ; à une saisie de fausses mesures de vin, dans une maison sise devant le *moustier Saint-Ladre* (3); et à la restitution, par le prévôt de Paris, d'un voleur de draps qui avait été enlevé par ses officiers aux gens de l'aumône, près du champ de la foire Saint-Laurent.

En 1402, nous voyons l'aumônier protester contre une exécution faite, dans sa terre, par le prévôt des maréchaux, au bout de la culture Saint-Lazare, « près du grand chemin
» de Paris ». Le prévôt des maréchaux avait fait pendre cinq à six hommes, à un orme qui se trouvait là. (4) Les gens de l'aumône coupèrent les cordes et firent tomber à terre les cadavres, qui durent être transportés à Montfaucon où ils furent pendus de nouveau.

En 1446, un jeune garçon, de dix-huit à vingt ans, qui s'était rendu coupable de plusieurs crimes contre nature, fut

---

(2) Cette culture devint un village, sous le nom de la Villette, *villa* ou *villeta Sancti Lazari*. V. Sauval, t. I, p. 74.

(3) Le prieuré.

(4) Cet exploit de justice est attribué, dans une autre notice du même registre, au prévôt du roi des ribauds. La condamnation avait, sans doute, été prononcée par le prévôt des maréchaux et exécutée par le prévôt du roi des ribauds. Nous voyons, dans la *Somme rurale* (p. 888), que le premier de ces officiers avait le jugement « de tous les cas advenu en l'ost et chevauchée du roy » et par conséquent des vagabonds qui suivaient toujours, en grand nombre, les armées, et que le roi des ribauds en avait l'exécution.

jugé par le bailli de l'aumône, Jean Yvon, et brûlé au gibet de Saint-Denis : « Lequel fu jugé et condempné à estre brullé, par Jehan Yvon, bailli dudit aumosner, et fu mené bruller au gibet de Saint-Denis. Et estoit aumosner, pour lors, Jehan le Clerc ; et estoit baillif de Saint-Denis, maistre Guillaume de la Haye ; et lui fut baillé tout jugé à la porte de l'aumosne. » La peine appliquée ici fut, sans doute, celle de la marque au fer chaud, et non pas celle du feu qui s'exprime habituellement dans le langage de l'époque, par les mots *ardeoir*, *ars*, *arsse*. L'application de la peine de la marque fut vraisemblablement motivée ici par le jeune âge du coupable.

Les autres cas de justice, d'ailleurs en petit nombre, qui s'étendent jusqu'à l'année 1480, s'appliquent à quelques vols et autres délits de moindre importance. Les peines y paraissent empreintes d'une assez grande modération pour l'époque. Ce caractère apparaît notamment dans la répression du vol. Une femme, *Guillemette la fourmagère*, qui avait commis de nombreux larcins, ne fut condamnée qu'au bannissement et à l'amende ; les objets volés avaient cependant une certaine valeur ; c'étaient des écuelles d'étain, un grand poêle, un chaudron, une *chauffette*, des nappes, des chemises, du linge ; une circonstance particulière aurait pu d'ailleurs appeler sur la coupable la sévérité du juge, elle avait déjà été retenue en prison, pour des vols antérieurs, pendant l'espace de trois mois. Une simple amende est encore prononcée contre les auteurs de deux autres vols.

Les autres condamnations s'appliquent à des délits assez légers ; quarante sous d'amende pour des actes de rébellion envers un sergent du lieu ; une autre amende pour un bris de prison ; vingt sous pour des pierres jetées dans un jardin ; une amende honorable pour une rixe. Un autre amende honorable est imposée à un *tueur de bêtes* qui avait injurié le bailli ; il est condamné, en outre, à une amende pécuniaire de cent sous et à la confiscation de sa marchandise : « Et furent..... lars qui vendoit, tous confisqués, et fut condempné à cent sols parisis d'amende et à crier merci à monsegneur l'aumosnier en jugement. »

Nous relevons enfin quelques nouvelles levées de corps

morts, parmi lesquels celle d'un certain Perrin Guédon, « escuier de cuisine du roi » dont les biens furent dévolus à l'aumônier.

Ce même registre contient encore quelques cas de justice d'une autre seigneurie voisine, qui relevait également de l'aumône, la seigneurie de Saint-Ouen. Ils sont transcrits, au folio 109, sous ce titre : « S'ensuit les cas et exploitz adveneus en la ville de Saint-Ouen où le dit aumosnier a toute seigneurie haulte, basse et moyene et tous explois de tout jurisdicion. Exstrait ».

Le premier cas remonte encore au commencement du XIII° siècle ; il est du 18 janvier 1228. Il concerne deux bretons qui tuèrent un valet dans une maison située près de Clichy. La victime avait été frappée d'un coup de dague qui avait, d'après le rapport du *chirurgien juré* commis pour l'examiner, pénétré jusqu'au cœur. Le principal coupable fut condamné à la potence ; mais son compagnon, qui n'en était cependant pas à son premier méfait puisqu'il avait une oreille coupée, en fut quitte pour la fustigation. « Et fu condamné celui qui avait baillé le coup à aistre pendu,.... et son compagnon fut condampné à aistre batu par les carefours, et avoit l'aureille couppée ».

Les cas suivants sont de 1248, 1290, 1318, 1352, 1348, 1365, 1392, 1399, et autres jusqu'en 1474.

En 1348, un vol de vaisselle d'argent et d'une robe fut commis dans la maison royale de Saint-Ouen, pendant un séjour du roi Philippe de Valois, « Ph. de Valoys, pere du roy Jehan, lui estant à son hostel et noble maison de Saint-Ouen. » Le roi ne voulut pas que son prévôt des des maréchaux en connût ; et il ordonna que l'affaire fût remise aux officiers de l'aumône. Le voleur ne fut d'ailleurs condamné qu'à une peine assez légère, eu égard à la gravité des faits ; il fut fustigé dans tous les carrefours de Saint-Ouen et banni, après avoir subi une détention de quatre mois.

L'abbaye de Saint-Denis était affranchie, comme celle de Saint-Germain-des-Prés, de l'autorité épiscopale. Elle avait donc la juridiction spirituelle, dans ses terres, en même temps que la juridiction temporelle, et jugeait elle-même ses clercs. Nous en avons ici un exemple, dans une notice de l'année 1299, relative à un jeune clerc, âgé d'environ vingt-deux ans, qui avait volé six manteaux à la foire du Landit (5). Il fut arrêté par les sergents de l'aumône et condamné à la peine la plus sévère dont disposât la juridiction ecclésiastique, la prison perpétuelle, ou *oubliette:* « Et fut amené aux prisons de l'aumosne à Saint-Denis, et fut condampné en oubliette. »

Une notice, de 1365, relate un procès qui s'éleva entre l'aumônier et les chanoines de Saint-Benoît qui lui disputaient la seigneurie d'une partie de sa terre, « depuis la maison monseigneur Charles jusques à Clipchy » et qui prétendaient y avoir tous les droits de haute justice, « espave, rap, arssin, meurtre et moloment de vouloir mortes mains et espaves.... » Une sentence du prévôt de Paris trancha le différend en faveur de l'aumône.

Les exécutions corporelles des condamnés de la terre de Saint-Ouen étaient faites, comme celles de La Chapelle, par le bailli de l'abbaye, à Saint-Denis. Les officiers de l'aumône se bornaient à faire le procès et à rendre la sentence.

(5) Foire célèbre qui se tenait dans la plaine Saint-Denis.

PIÈCES JUSTIFICATIVES
REGISTRES CRIMINELS

REGISTRE CRIMINEL

DE

SAINT-MAUR-DES-FOSSÉS

1273. — Anno Domini millesimo ducentesimo septuagesimo tercio.

Hic sunt scripte terre, vinee, census, redditus, proventus, possessiones, consuetudines et redibentie, justicie et districtus, que habet abbatia Fossatensis, in villis et locis que sequuntur. Que, ad perpetuam memoriam, frater Petrus, abbas dicti loci, fecit scribi. Cum quibus fecit interseri omnes casus justiciabiles de quibus dicta ecclesia usa est, a lx^a annis et citra, prout invenitur per diligentem inquestam per omnes villas factam. Cum quibus interscruit redditus sive reddibentias aliquas ad que dicta ecclesia tenetur (1).

Lambeletus, et quidam ejus socius, textores, interfecerunt Radulphum dictum Fullonem, Parisius, qui, fugientes, capti fuerunt juxta leprosariam Fossatensem, in chimino inter leprosariam et cuneum nemoris ubi sedent leprosi, a servientibus de Castelleto, ductique fuerunt Parisius. Tandem, pluries requisiti ab abbate qui tunc temporis erat, rehabuit eosdem

---

(1) Suit une table alphabétique de toutes les possessions de l'abbaye, avec le renvoi aux folios correspondants. — Nous omettrons, dans la reproduction de ce registre, les mentions relatives aux cens et redevances de diverse nature, pour nous en tenir aux cas de justice proprement dits. *casus justiciabiles,* que nous reproduisons intégralement, à l'exception de quelques notices ou mentions qui ne nous ont pas paru présenter un intérêt suffisant pour être retenues. C'est ainsi que nous avons omis quelques notices intercalées, après coup, dans le Registre, et aussi les mentions, assez fréquentes, des personnes qui ont assisté, souvent en grand nombre, aux divers exploits de justice.

et reduxit apud Fossatum, ibique judicati, suspensi fuerunt. Hoc sciunt omnes de villa, etate xl annorum.

Hii sunt casus eventi in villa nostra Fossatense.

Videlicet, quidam mercennarius, Galterius nomine, morans in dicta villa nostra, captus fuit juxta domum Johannis de Banno, furando gallinas, qui justiciatus fuit per aurem. Hoc factum sciunt omnes de villa, etate xxxv annorum.

Item, quedam mulier, que furata fuerat sotulares et pannos lineos, penes Theobaldum Auctionarium, capta fuit et incarcerata, que inventa signata, infodita fuit sub furchis nostris Fossatensibus. Hunc casum viderunt omnes de villa.

Item, Bernerus de Varennis, Brioche, et Robinus, nepos Laurentii Piquet de Nogento, fregerunt nocte molendina nostra de Fossatis, ibique furati fuerunt bladum et farinam. Sequenti die, viso facto illo, dicti Bernerus et Brioche capti fuerunt propter suspicionem, et incarcerati, accusantes dictum Robinum secum fuisse ad illud furtum, qui similiter Robinus fuit captus et incarceratus. Postmodum, dicti Bernerus et Brioche, recognoscentes se principales facti illius, judicati, suspensi fuerunt propter dictum factum, deliberando dictum Robinum et excusando, pro posse suo. Factaque inquesta super dictum Robinum, missus fuit in exilium, sine ulla revocatione. Hunc casum sciunt omnes de villa.

Item, quidam homo senex captus fuit, in foro nostro Fossatense, furando sotulares, qui captus fuit, et ipse recognoscens se fecisse alia furta, suspensus fuit. Hunc casum similiter sciunt omnes de villa.

Item, quidam alius captus fuit, furando similiter sotulares in foro nostro Fossatensi, qui justitiatus fuit per aurem. Hunc similiter sciunt omnes de villa.

Item, quidam, Hardoinus nomine, sororius Arnulfi, quadrigarius, captus fuit in villa nostra Fossatense, per servientes de Castelleto, cui Hardoino imponebatur crimen murtri facti apud Rainsiacum, et propter hoc fuerat bannitus per prepositum Parisiensem, ductus fuit Parisius diuque incarceratus, et requisitus pluries a nobis, Petro abbati Fossatense, eo quod captus fuerat in terra nostra. Tandem rehabuimus eum, a preposito Parisiense, et reduximus eum apud Fossatum. Ibidem incarceratus, mortuus fuit.

Item, quedam mulier, nomine Maria de Sanliz, capta fuit in foro nostro Fossatense, furando corium, quam, quia pregnans erat, bannivimus a tota nostra, propter dictum factum.

1274. — Anno Domini m° cc° lxx m° quarto, Petrus, abbas istius ecclesie, precepit omnibus hominibus dicte ville Fossatensis, ut quilibet ipsorum, infra xl dies, propter defensionem ville predicte contra vires malignantium seu delinquentium, haberet arma sufficienter, secundum quantitatem facultatum suarum. Videlicet, illi qui habent valorem lx librarum et amplius, haberent loricam vel hauberjons et capella de ferro, spatam sive ensem, et cultrum. Et inventi fuerunt tales, circa xiicim. Habentes autem valorem xxx librarum et amplius, haberent tunicas gambesatas, sive gambesonos, et capellum fereum, ensem et cultellum. Inventi fuerunt, Iɪj. Illi vero qui habebant x libras et amplius, haberent galeram, sive capellum ferreum, ensem, furcham ferream, cultellum. Alii vero qui minus habebant, haberent arcus, sagittas, et cultellum. Et facta fuit ostensio eorum predictorum, in Varenna, juxta quarrerias, presente dicto abbate, coram eodem, presentibus ibidem, sacrista, elemosinario et cenario monachorum dicte ecclesie, tota familia dicti abbatis, et pluribus hominibus de Varenna, de Champignello, Champeigniaco et Nogento, et pluribus aliis qui voluerunt interesse. — Et proclamatum fuit ibidem, ex parte dicti abbatis, ut quilibet, de armatura sua, quam ibi ostendit, vel meliori, ex tunc teneret se munitum. Et quocienscumque, tam de die quam de nocte, clamor levaretur, pro vi, insulto, vel alia aliqua necessitate ville, seu alicujus, omnes surgerent et juvarent illum sive illos qui indigerent, armis suis predictis premuniti. — Et facta fuerunt predicta, anno Domini m° cc° lxxm°, die dominica ante festum beati Michaelis Archangeli.

Item, quedam mulier, Maria nomine, extranea, quondam serviens defuncti Odonis, dicti Brulle, clerici, et diu morans in villa nostra Fossatense, ibique decessit sine herede, cujus bona omnia habuit dominus predictus abbas.

Item, quidam homo burgundus, Petrus nomine, quondam gener Johannis dicti Coquin, et diu quadrigarius noster, morans in villa nostra Fossatense, ibi mortuus fuit sine herede, cujus bona omnia habuimus.

Item, quedam mulier, Fressandis nomine, quondam uxor Baldoyni Botelarii, diu morans in villa Fossatense, ibique mortua fuit sine herede, et bona ipsius omnia habuimus.

Item, Thomas Carnifex, quondam prepositus Fossatensis, accusatus fuit de rato, coram abbate dicti loci, propter quod detentus fuit in prisione, apud Fossatum, et cognovit, dictus abbas, de dicto facto, et justiciam tenuit de eodem.

Item, quidam porcus inventus fuit in foro Fossatense, extraneus, qui non habebat sequentem, et ductus fuit ad granchiam abbatie.

1276. — Item, anno Domini m° cc° lxx° sexto, quidam porcellus venit, a casu, ante domum Michaelis de Materna ad pontem Olini, quem dictus Michael duxit ad leprosariam Fossatensem, et fuit ibi, per xv dies et amplius. Tandem, anno predicto et die dominica post festum beatorum Jacobi et Christophori, dictus Michael venit ad dominum Petrum, abbatem Fossatensem, et nunciavit ei, et dictus abbas fecit adduci dictum porcellum ad granchiam Fossatensem, et dictus Michael, quia tantum hoc celaverat et dictum porcellum non adduxerat, fecit ei emendam.

1275. — Anno domini m° cc° lxx° quinto, deprehensis, in villa nostra Fossatense, quodam homine de Marsilia villa, sub dominio de Gerberoi, castro episcopi Belvacensis, factore false monete, et quodam alio homine cum eodem, de Sancto Clodoaldo, ponentibus falsam monetam, in dicta villa, pro bonis denariatis, ac eciam duabus mulieribus cum eisdem deprehensis, Matheus, dictus de Moriers, vices gerens prepositi in Castelleto, dum absens erat, mandavit abbati Petro ut dictos homines et feminas sibi redderet, asserens quod justicia fabricantis et utentis false monete scienter non pertinebat nisi ad regem; dicto nostro abbate asserente quod omnimodam justiciam, altam et bassam, habebat in omni terra sua, per punctum cartarum regum Francie, ecclesie Fossatensi datarum, et de hoc bene usus fuerat quantum ad altam justiciam atque bassam. Nolenteque eo dictos homines propter hoc reddere, dictus Matheus fecit citari, de hospitibus dicte ecclesie, tam de Fossatis quam de Domibus, usque quinquaginta, eosdem propter hoc retinuit in Castelleto, et tandem dictos malefactores, in prisione Fossatense, fecit capi, et in Castelleto duci. — Et, adveniente Reginaldo Barbo, preposito Parisiense, de patria sua, dictus abbas fecit querimoniam, coram eo, de injuriis et gravaminibus sibi, a dicto Matheo, factis, qui statim dictos hospites liberavit, et postmodum, visis cartis ecclesie de duobus regibus, in quibus continebatur quod, quicquid fiscus sperare aut exigere poterat, de rebus ecclesie, totum dicte ecclesie dabant et concedebant, factaque ab eodem inquesta super usu, probatisque casibus qui sequuntur.—Videlicet, d'espave, super quadam vacca, capta in insula Fenace, de qua adducenda apud Pollengis, in domo dicte ecclesie; Hemardus de Bello Burgo coadjutor fuit. Item, super eodem, Minoldus Cocherel vidit quendam vitulum adducere ad granchiam Fossatorum. Item, super eodem, Johannes de Banno deliberavit, nomine prepositi Fossatensis, quendam porcum, cuidam homini de Mosterolio, per bonos testes, et quendam asinum inventum et diu detentum, deliberavit illi cujus erat.— Item, de aubeine. Quod habuit abbas, qui tunc erat, bona Petri de Malle, quondam quadrigarii. Item, habuit, Petrus abbas, bona Colini porterii. Item, habuit, idem Petrus abbas, bona Perroti burgensis, quadrigarii. Item, habuit bona Perroti burgensis, leprosi. Item, habuit bona Fressandis. Item, habuit bona Marie, quondam ancille Odonis, dicti Brulle, clerici. — Item, de rat, super detencione Thome, quondam prepositi Fossatensis, cui impositum fuit quod defloraverat, contra voluntatem suam, Goriane. — Item, de murtro, super morte Guilleti. Item, super eodem, super deliberacione Johannoti, quondam filii Galcheri de Brocia, qui detentus fuerat pro morte uxoris sue, qui missus fuit, per abbatem, in perpetuum, in transmarinis partibus, de assensu amicorum dicte femine et dicti Johannoti. — Et pluribus aliis pertinentibus ad altam justiciam et bassam. Dictam justiciam dicto abbati reddidit, dictus prepositus Parisiensis, et dictos malefactores reduci fecit, apud Fossatum, per eosdem servientes de Castelleto qui dictos malefactores ceperant, et dictam prisionem fecit resaisiri de dictis malefactoribus, per eosdem. Et quod reducti fuerunt, apud Fossatum, per dictos servientes Castelleti, et eciam servientes dicti abbatis, vidit infinita multitudo hominum et feminarum, Parisius, et quod resaisitus fuit locus, vidit tota villa Fossatensis, et plures hospites dicte ecclesie, de Domibus et de Nogento.

12 mai 1275. — Anno vero predicto, die lune post dominicam qua cantatur *Cantate,* dicto homine de Marsillia recognoscente, coram dominis Guidone de Campis, domino Guillelmo de Conbellis, Rogero de Attilliaco, Petro Bouque, dicto Guillelmo de Champeigniaco, Johanne de Chevriaco, Adam Despies, Theobaldo dou Boisson, Drochone de Sailleville, militibus, Johanne Augeri, Johanne Converso, Gaufrido de Sancto Laurentio, Girardo de Trecis, Guillelmo armigero, Johanne de Limolio, Evrardo et Thoma de Capriaco, Johanne de Mala vicina, Philippo de Dumo, Johanne de Villa Evrardi, Simone de Bri, Theobaldo de Chemino et Johanne de Chemino, armigeris, et Johanne de Banno, preposito Fossatense, se fecisse falsam monetam et plura latrocinia, bullitus fuit, per judicium predictorum, et suspensus. Et anno et die predictis, fuit hoc, per justiciam, completum, videntibus fere omnibus hominibus, feminis, juvenibus de villa Fossatense et pluribus aliis hominibus de Parisius, de Conflento, de ponte Charentonis, de Charentone, de Domibus, de Cristolio, de Bonolio, de Valentone, de Limolio, de Boissiaco, de Suciaco, de Cauda, de Canaberia, de Champeigniaco, de Villaribus, de Briaco, de Noisiaco Magno, de Nuilliaco, de Nogento, de Fonteneto, et de Varennis, villis predicte abbatie Fossatensi adjacentibus.

8 avril 1276. — Anno Domini m° cc° lxx° sexto, die mercurii post Pascha, intra calceiam pontis Olini et granchiam de Polengis, coram Johanne dicto Saunier, preposito Parisiensi, querimoniam fecerunt, de domino Petro abbate Fossatense, homines de Noisiaco Magno, de Briaco, de Villaribus et de Champeigniaco, volentes ostendere et probari quod habebant et debebant habere viam per prata et pasticia ecclesie Fossatensi pro reparacione pontis et calceie, etc....

1277. — Anno Domini m° cc° lxx° vij^{m°}, quidam homo, Rogerus nomine, captus fuit, in villa Fossatense, vendendo unan cathenam ferream, quam furatus fuerat, qui propter actum istud et aliud, suspensus fuit, die lune ante festum apostolorum Philippi et Jacobi.

1277. — Anno Domini m° cc° lxx° septimo, quidam homo occisus fuit in quadam navi, in fluvio Materne, juxta insulam sive salceiam de Polengis, qui sepultus fuit in terra benedicta, propter bonam famam, cujus bona habuit Petrus abbas, et malefactor fugit.

Item, quedam mulier furata fuit quandam lexiviam, sive buee, que capta fuit super rippa Materne, inter pontem et salceiam de Polengis, et adducta fuit apud Fossata, et infodita sub furchis.

Item, Milo de Concastins, conciergius de Vicenis, cepit sagenas Jaqueti Chastelain et Guillelmi Danet, inter pontem de Gornaio et pontem Fossatorum, quas reddidit, de precepto prepositi Fossatensis.

Item, ipse Milo cepit hominem de Kala, ad pontem, in aqua. et incarceravit, ad [ ] Vicennarum, quem reddidit nichilominus preposito Fossatensi.

1294. — Anno Domini m° cc° nonagesimo iiiito, die dominica qua cantatur *Judica me*, restituti fuimus, per Robertum dictum Pié de lou, servientem domini regis in Castelleto Parisius, de quodam homine, vocato Mosse, quadrigario, et de quadriga et equis, quos ipse Mosse ducebat per calceiam pontis Fossatensis. Qui dictus Mosse, quadrigarius, casu fortuito, super dicta calceia dicti pontis, mediantibus quadriga et equis que ducebat, diem clausit extremum. Pro quo casu sic evento, prepositus Parisiensis, per servientes dicti Castelleti, dictos equos et quadrigam cepit et detinuit, de quibus, cognito de jure nostro, restituti fuimus, per dictum servientem, die predicta, presentibus multis.

BRITIGNIACUM (1)

29 août 1268. — En l'an de grâce m cc lxviii, le lundi ouquel fu la feste de la décollation Saint Jehan Baptiste nos

(1) Ce Bretigny était situé sur la Marne, entre La Varenne Saint-Maur et Sucy. — « Il y a eu, au XIIIe siècle, dit l'abbé Lebeuf, un autre

recreumes Guiot le munier, lequel nos tenions et avions tenu, par xl jors et plus, por la soupeçon que l'en li metoit sus qu'il avoit efforciée une pucele, et geu à li à force. Mes por ce que nus ne se trest avant ne demonstra qui riens li demandast, ne le volsist porsivre, nos le recreumes en tel manière que il fiança, de sa main nue, que il revendra à jour, totes les foiz que l'en le semondra, se nus venoit avant qui riens li volsist demander. Et cel jour meismes, vindrent, par devant Guillaume nostre prevost, Adan Bedier, Henri le munier, Guillaume le munier des Bordes, Adan dou jardin, Johan de Ferrieres, Jaque le sourt, Perrenele la dolée, Martin de Marne, Guillaume le munier de Ferioles, Julian de la Bordinière, et Johan Rosse de Chanevières, et se firent et establirent plége por le dit Guiot, par la foi de lor cors, de ramener le à jour, cors por cors, se nus venoit avant qui riens li volsist demander. Present ledit prevost, Nicholas Bernier etc., et moult d'autres.

CRISTOLIUM (1).

4 février 1268. — En l'an de grâce m cc lxvii, le samedi après la Chandeleur, rendi, Gui du Mes prevost de Paris, (2) au commandement l'abé Pierre et le convent de Fossez, la joustice de Johan de Cerse, meire de Melli, de Johan de Boissi, de Pierre de la Croiz, de Girart Buisson, de Thomas Soutain, de Geffroi dou chief de la vile, de Symon Gaugain, de Maci de la Granche, hostes dou dit abbé et dou convent, demoranz a Melli et a Cristoill, que il tenoit en prison, por la soupeçon de l'ocision de Pierre, dit dou Four, de Colin et de Johan, frères dou dit Pierre dou Four, lesquels il avoient ocis, si

---

Brétigny souvent mentionné dans les titres de Saint-Maur ; on voit qu'il devait être situé vers la Varenne-Saint-Maur, en tirant vers Sucy, que l'abbaye y avait des moulins, sans doute sur la Marne : ce Bretigny est le premier fisc que le roi Clovis II donna à l'église Saint-Pierre-des Fossés, « fiscum regium, nomine Brictonicum, in præripio Maternæ situm »

(1) Créteil (Seine, arrondissement de Sceaux)

(2) Il doit y avoir ici une erreur de date. Guy-Dumex ne figure dans la liste des prévôts de Paris, qu'en 1277

comme l'en disoit, à l'orme qui est entre Melli et Cristoill. Et ceste jostice rendi le diz prevost, por ce que il entendi que le diz abbes et li convenz avoient bien jostice sor les diz hostes, et ne furent mie pris à present. Et fu la resaisine fete des biens des diz hostes que le prevoz tenoit en sa main, le diemenche apres, por le dit cas, à Guillaume de Noisi, prevost de Fossez, par Johan de Belmont, Gauterin de Rosoi et Lambert le barbier, sergent du Chastelet. Présent, mestre Pierre de Paris, clerc monseigneur l'abbé etc.

29 août 1268. — En l'an de grâce m cc lxviii, le jour de lundi ou quel fu la decollation Saint Johan Baptiste, en plaine assise (1), fu esgardé et jugié par le conseill mon seignor l'abbé Pierre, c'est a savoir, mon seignor Pierre Bouque et les autres chevaliers, si come il est contenu, por le meire de Melli, que por ce que, l'en ne trovoit pas par l'enqueste fete dou fet de iii homes qui furent ocis entre Cristoill et Melli, que Simon li maçons, Maci de la Granche et Johan de Boissi, qui estoient détenuz en prison des la Chandeleur jusqu'au jour dui por la soupeçon dou dit fet, eussent mort desservie ne qu'il fussent corpable dou fet, mes por ce que il virent la mellée et n'en firent plus, l'en esgarda et juja qu'il iront à Saint Jasque et mouront dedenz les oitieves de la Saint Remi, et au revenir, il aporteront letres scellées, en témoignage qu'il auront fet le voiage qui lor est enjoint.

DOMUS SUPRA SECANAM (2).

Isti sunt casus eventi apud Domos, tempore Petri abbatis.

Quidam homo captus fuit in dicta villa, furando camisias et bracas, qui adductus fuit apud Fossatum, et ibi justiciatus per aurem, propter illud factum. Hunc casum viderunt fere omnes de villa.

---

(1) Une note en latin, placée au bas de cette notice, indique qu'elle doit être reportée au chapitre consacré ci-dessous à la justice de Mesly, où figure en effet le jugement de l'assise concernant le principal accusé, maire de ce village. On constate, par cette seconde notice, qu'il y a ici, comme dans le cas précédent, une erreur de date; cette affaire se place à l'année 1278.

(2) Maisons-Alfort (Seine, arrondissement de Sceaux).

Item, quidam alius, nomine Reginaldus Lathomus, existens de dicta villa, occidit quendam clericum uxoratum, Petrum nomine, qui captus fuit de nocte, parum post factum, et adductus apud Fossatum, qui quidem incarceratus, postmodum recognoscens factum suum, suspensus fuit propter dictum factum. Hanc justiciam viderunt omnes de villa de Domibus, et similiter omnes de villa Fossatense. Crepusculum erat, quando percussit eum de cultro, et exibant ambo de taberna, et dictus clericus preibat, et ille sequebatur eum, et percussit per retro.

Août 1276. — Anno Domini m° cc° lxx° sexto, mense augusto, Johannes, dictus Mal Voisin, clericus, de Domibus oriundus, et filius defuncti Johannis, de Gentilliaco, occidit proditorie Colinum dictum Trumel, propter quod factum devenerunt ad nos iiij arpenta terre, uno quarterio minus, que sunt in censiva nostra et censiva celerarii nostri, que dedimus Simoni, marescallo nostro, et Basilie, filie Rogeri de Cormeliis, uxori dicti Simonis, pro servicio dicti Simonis nobis impenso, cum quadam domo que nobis devenerat, ex caduco Johannis Claudi, oriundi de Domibus, tali pacto quod si dicti Simon et Basilia decesserint sine heredibus de propriis corporibus procreandis, res predicte ad ecclesiam nostram revertentur.

1277. — Anno Domini m° cc° lxx° vii° quidam homo, Perreguinus nomine, captus fuit in villa de Domibus, qui furatus fuerat unam ovem, et aductus fuit apud Fossatum et ibi suspensus, die lune ante festum apostolorum Philippi et Jacobi.

1277. — Item, eodem anno, Johannes, dictus Charrue, detentus fuit in Castelleto, propter homicidium quod fecerat, sicut dicebatur. Procurante Petro abbate Fossatense, prepositus Parisiensis, videlicet Matheus de Moriers, reddidit dicto abbati predictum Johannem justiciandum.

MELLIACUM (1).

Robertus, dictus de Domibus, occidit Girardum, dictum Ruf-

(1) Mesly (Seine, arrondissement de Sceaux).

fum, qui fugit, cujus Roberti bona habuimus, vineas et fecimus eradicari, salceias, nuces et arbores scindi, et apud Fossatum adduci.

Août 1277.—A prise fete, par Maci de Moriers prevost de Paris, en l'an de grace m cc lxx vii, ou mois d'aoust, pour l'abbé et pour le covent de Saint-Mor de Fossez contre le Roy. C'est à savoir que li abbes et li covenz devant diz disoient qu'il estoient en saisine de la joustice, en la ville de Melli, de larron, en lor terre et sor lor hostes, laquele chose lor fu niée dou dit prevost, et affermé le contraire dou dit prevost, pour le Roy. Laquele chose fu niée, de la partie au dit abbé et covent de Saint-Mor. Par cele aprise, fu délivré au dit abbé et covent, un larron que nos avions arresté sor els, qui avoit esté pris à Melli, sor lor terre, por ce que il fu trové, par cele aprise, que le dit abbes et covent estoient en saisine de la joustice de larron.

29 août 1278. — En l'an de grâce m cc lxx viii, le lundi ouquel fu la feste de la décollation Saint-Johan-Baptiste, en plaine assise, fu esgardé et jugé par le consoill de mon seignor l'abbé Pierre, c'est à savoir, mi sire Pierre Bouque, Gui de Chans, Pierre de Sailleville, Johan de Coceigni, Gille de Buon, Guillaume de la Granche, Evrart de Chevri, Thomas de Chevri, Gace de Lungni, Pierre Rigaut, Johan de Chevri, Guillaume de Poureillaus, Estienne Granche, Gui de Chesnoi, Guillaume Tristan, Guillaume de Penill, chevaliers, Geffroi de Saint-Laurent, Lorent le Saunier et Johan Augier, borjois de Paris, Johan de Monci et Simon de Bri, escuiers, Renaut, meire d'Everi et Guillaume prevost de Fossez,— que por ce que l'en ne trovoit pas, par l'enqueste fete dou fet de trois homes qui furent ocis entre Cristoill et Melli, que li meires de Melli, qui estoit detenuz en prison des la Chandeleur jusqu'au jour dui por la soupeçon dou dit fet, eust mort deservie, ne qu'il fust corpables de mort, mes por ce qu'il estoit meires et joustice, et oï le cri et vit la mellée commancier et n'en fist plus, il fu esgardé et jugié, par le consoill des chevaliers et des borjois desus diz, qu'il ira outre mer et moura dedenz les oitieves de la Saint-Remi, et demorra un an dela la mer, et qu'il n'aprochera la ville de Fossez sus la hart, de xx lieues en toz sens

puis qu'il sera meuz, et quant il aura demoré un an dela la mer, il s'en reviendra, se il veult, et aportera tesmoignage qu'il aura acompli son an outre la mer. C'est à savoir, en letres seelles dou seel dou patriarche ou de l'Ospital, ou de seel autentique. Et totes ces choses jura li diz meires, en plaine assize, presens les diz chevaliers, et grant multitude d'autres genz.

BOISSIACUM (1)

Casus eventi apud Boissiacum.

Quidam homo furatus fuit unum equum, Parisius, qui veniens per nemus de Populo, dimisit ibidem equum, et fugit, captusque fuit sub vineis de Populo, et adduxerunt eum homines de Boissiaco, apud Fossatum, ibique incarceratus. Prepositus Parisiensis, qui tunc erat, requisivit eum, ex parte domini Regis, et ipsum habuit, diuque detinuit in Castelleto. Tandem abbas nichilominus, Nicholam petens, ipsum rehabuit, et readduxit apud Fossatum, ibique justiciatus, suspensus fuit.

Item, quidam homo furatus fuit quandam gallinam, in granchia Petri Vincentii, qui adductus fuit apud Fossatum, ibique justiciatus per aurem.

Item, quidam homo captus fuit apud Boissiacum, furando vinum, in domo Odonis Troillon, qui adductus fuit apud Fossatum, ibique justiciatus per aurem.

1272. — Anno Domni m° cc°lxx° ii°, quidam homo burgundus, Guiotus nomine, moram faciens apud Boissiacum, ibi mortuus fuit sine herede, cujus bona habuit Petrus abbas.

1274. — Anno Domini m° cc° lxx° iiij°, Petrus dictus Crochet de Boissiaco, captus fuit propter suspicionem murtri facti de Petro, dicto Bardos, juxta nemus de Boissiaco, qui adductus fuit apud Boissiacum, ibique incarceratus, qui, dum in carcere esset, fecit murtrum de se ipso, se suspendendo, qui propter

---

(1) Boissy-Saint-Léger (Seine-et-Oise, arrondissement de Corbeil).

istud murtrum justiciatus fuit, et suspensus, et ipsius bona habuit Petrus abbas.

CHAMPIGNIACUM (1)

1305. — L'an mil ccc et cinc, Jehan le Horiau, prevost de la Queue, resaisi en la voirie de Champigny le procureur de l'abbé et du covent de Saint Mor de Fossez, de Raoul d'Aunoy, qu'il avoit pris à Champigny, pour une mellée qu'il avoit faite en la voirie de l'abbé de Saint Mor en la dite ville, entre lui et Guillaume de Flay, lequel Raoul avoit feru ledit Guillaume d'une espée par la teste, et pour ce que le fait fu fait en la voirie du devant dit abbé, si comme le dit prevost en fu bien enformez par plusieurs dignes de foy, ledit prevost de la Queue en resaisi l'église dudit Raoul prisonier, ou leu et en la place ou le fait fut fait, c'est à savoier au milieu de la voirie devant la meson Symon B [   ] et dame Emmeline la feutrière. Et a ce furent presens, frere Pierre d'Espies, cenier de Saint Mor et baillif de la court de Saint Mor, etc... et plusieurs autres

FERROLIE (2)

Johannes, dictus Porcher, occidit quendam hominem, quo facto, fugit, cujus Johannis habuimus mobilia, et domum suam fecimus dirui propter dictum factum. Hoc vidit Galterus, dictus Sapiens, et alii homines tunc existentes in dicta villa.

ORATORIUM (3)

Duo mercennarii occisi sunt, in chimino Turnomi, ad crucem Paillardi, quos dominus Ansellus de Gallanda fecit portari in terra sua, quos siquidem dictus dominus Ansellus reddidit abbati Fossatensi, vi regali, et fuerunt dicti mercen-

---

(1) Champigny (Seine, arrondissement de Sceaux).
(2) Ferroles (Seine-et-Marne, arrondissement de Melun).
(3) Ozouer-la-Ferrière (Seine-et-Marne, arrondissement de Melun).

narii infoditi in terra dicti abbatis. Istum casum viderunt Johannes Osanne, etc...

Richardus, faber anglicus, occidit matrem uxoris sue, qui fugit propter factum illud, cujus Richardi mobilia habuimus, cum omnibus instrumentis suis fabricalibus. Istum casum viderunt omnes de villa de Oratori, et plures alii de villis vicinis.

Emelota, dicta Fabrissa, uxor quondam dicti Richardi fabri, submersit quendam infantem, etate unius anni, ipsum projiciendo in uno marcheisio, inter Roissiacum et Montem Estivum, que si quidem capta fuit et adducta apud Fossatum. Quam, justiciando, fecimus infodiri sub furchis nostris Fossatensibus, et domum ipsius apud Oratorium dirui propter dictum factum. Istum casum similiter sciunt omnes de villa supradicta et plures de villis vicinis.

Johannes Carnifex occidit quendam qui vocabatur Dardi, qui Johannes fugit, cujus mobilia habuimus et domum suam fecimus dirui propter dictum factum. Istum casum similiter sciunt omnes de villa.

Quedam mulier extranea projecit se in quodam puteo, et ibi submersa fuit, quam fecimus infodiri, in terra nostra, apud Oratorium. Habuimus bona illius.

Richardus, filius Belediole, occidit Roussellum, quadrigarium, qui Richardus fugit. Et nos bona dicti Rousselli quadrigarii, non habentis heredem, habuimus, videlicet III equos, cum quadriga et saccis ad carbonem, et omnia alia bona ipsius.

MOISINIACUM (1).

1272. — Anno Domini m° cc° lxx° secundo. Facta aprisia seu inquesta, a Guerino dicto Ruffo de Castro Forti, tunc baillivo Meledunensi, super hoc quod dicebamus, omnes homines feodales commorantes in terra nostra de Moisiniaco magno et Moisiniaco parvo et Corcellis, semper justiciavisse, et nostros justiciabiles esse, sicut sunt alii hospites nostri, et super factum Petri de Nandi, hominis seu servientis feodalis, qui dicebatur quendam hominem occidisse. Ostensisque eidem

(1) Grand et Petit Moisenay (Seine-et-Marne, arrondissement de Melun).

baillivo super dicta justicia cartis nostris, et tam inquesta quam cartis ostensis, a dicto baillivo magistris seu consiliariis Regis Francie qui dicto baillivo preceperunt ut dictam justitiam ab omnibus hominibus feodalibus et non feodalibus quam nobis impediverat liberaret, et res quas tenebat de Petro de Nandi, occasione dicti facti, nobis redderet etc.... (1).

BROCIA (2).

Hii sunt casus eventi in dicta villa de Brocia, quibus usus est Petrus abbas, tempore suo.

Videlicet habemus, in dicta villa de Brocia, quandam plateam juxta dictam plateam nostram. In qua platea fuit quedam domus que fuit Ysabellete la Buffette, que Ysabeleta de seipsa fecit murtrum, suspendendo se, de nocte. Quam, justiciando, fecimus in terra nostra, apud dictam villam, infodiri, et domum suam, que erat juxta plateam nostram, fecimus dirui propter dictum factum. Item habemus ibidem dimidium arpentum vinee, que devenit ad nos, ab ipsa ratione delicti predicti.

Item, habemus ibidem dimidium arpentum terre que devenit ad nos de Matheo Rousseli qui occidit quendam hominem apud Collegium.

Item, habemus ibidem duas pecias vinee que devenerunt ad manum nostram a Reginaldo Garini qui occidit Guiotum Loremarium, servientem de Castelleto, apud Ferrerias, d'un pestoill, par derriers, qui Guiotus capiebat vadimonia in domo

---

(1) Cette restitution est faite, l'année suivante, par l'assise de Melun composée de vingt-trois membres qui sont des chevaliers, des écuyers, des bourgeois, un clerc, un moine et le prévôt de Melun. L'accusé est jugé ensuite par la cour de l'abbaye.

(2) La Brosse. — Il y a plusieurs villages et hameaux de ce nom dans les départements de Seine-et-Marne et de Seine-et-Oise. Celui dont il s'agit ici était près de Ferrières (Seine-et-Oise, arrondissement de Meaux), à la distance d'environ un quart de lieue ; son nom a été conservé jusqu'à nos jours ; mais l'abbé Lebeuf suppose que ce hameau a été abandonné de bonne heure par ses habitants pour le village de Ferrières qui dépendait de la même seigneurie (*Histoire du diocèse de Paris*, t. XV, p. 303)

sua, de precepto prepositi Parisiensis. Cujus vinee fructus habuimus, illo anno.

Item, habuimus mobilia Guillelmi, dicti de Vernon, normanni, qui mortuus fuit in dicta villa sine herede. Istis omnibus casibus usus est Petrus abbas, tempore suo.

CORBOLIUM (1).

Colinus, dictus de Poulli, furatus fuit pannum lineum apud Corbolium, et invadiavit eum, pro tribus denariis, et propter hoc adductus fuit apud Fossatum, et justiciatus, in plena assisia, ad comburendum, et bannitus fuit, per judicium assisie, a tota terra nostra Sancti Petri Fossatensis, sor la hart. Ad hoc fuerunt, domini G. de Campis, Rogerus de Attili, Johannes de Chevriaco, Adam d'Espies, milites, Evrardus de Chevri, armiger, Johannes Conversus, burgensis Parisiensis, Johannes de Banno, prepositus Fossatensis, Laurencius de Nuilli, Odo Troillon, Girardus, major de Varenna, Petrus de Furchiis, major de Oratorio, Reginaldus de Everiaco. Et post hoc, dictus Colinus ductus fuit in pleno foro, et ibi combustus, videntibus istis....., et compluribus aliis existentibus in foro.

Quando dictus Colinus captus fuit in terra nostra de Corbolio, servientes de Castello Corboliensi, vi regali, ceperunt eum et duxerunt ante prepositum Corboliensem, quem Colinum prepositus et baillivus ejusdem loci noluerunt nobis reddere, quamvis de hoc pluries loqueremur cum ipsis, quia ipsi dicebant et ignorabant nos habere talem justiciam in terra nostra de Corbolio. Et super hoc, Johannes, dictus Cordou, et Guillelmus de Polmigni, baillivus, fecerunt inquestam seu aprisiam, quamvis bene cognoscerent nos habere omnimodam justiciam in tota terra nostra de Everiaco et de Liciis. Et cum inquesta et aprisia quas fecerunt, ostendimus eisdem cartas Regum Ludovici et Caroli qui dederunt ecclesie nostre quantumcunque fiscus exigere poterat aut sperare in terra ecclesie nostre. Quibus visis et intellectis, dicti baillivus et prepositus reddiderunt nobis dictum Colinum, deliberando

(1) Corbeil (Seine-et-Oise).

nobis omnimodam justiciam in terra nostra de Corbolio, quam habemus in vico qui dicetur vicus de la Deguite, sicut habemus apud Everiacum et Licias.

25 avril 1278. — En l'an de grâce m cc lxx viii, le lundi après les oictièves de Pasques, fu rendue à l'abbé Pierre de Fossez, la joustice de l'occision que Pajot le recovreor fist de la mere sa fame, en pleine assise, à Corboill, par Jehan le Saunier, baillif la Reine, présens le prieur des chans d'Essone, mon seignor Guillaume, seignior d'Ierre, mon seignor Thomas de Chevri, Pierre Soillart, Gui de Chans, Gui Bechart, Estiene d'Eaubone, Guillaume de Combiaus, chevaliers, l'abbé de Chaumes, mon seignor Estiene de Peuill, mon seignor Johan du Chastele, prieur de Corboill, mestre Henri Dean, du viez Corboill, Johan Coters, prevost de Corboill, Johan le minagier, Thibaut le messagier, Johan Feret, Henri le Lombart, sergent au bailli de Chevreuse,..... et plusors autres.

21 août 1283. — En l'an de grâce m cc lxxx et trois, le samedi après la mi aoust, fu rendue à l'abbé Pierre de Fossez, la joustice d'un home ocis, qui fu trovez desouz l'orme d'Everi et la terre Adan de Champrosé, lequel home mort li prévost de Corboill en avoit fet porter à Corboill, etc.

LICIE (1).

Ibi Christianus, dictus Pelliparius, clericus, fecit homicidium, et habuit, Petrus abbas, domum ipsius et bona, pro dicto facto.

NOGENTUM SUPRA MATERNAM (2).

27 septembre 1281. — L'an de grâce m cc iiii^{xx} et i, le samedi devant la Saint-Michiel, furent délivrez à l'abbé et au convent de Saint Mor, Guillaume Robiche et Johan Guimart, hostes des diz abbés et convent à Nogent sur Marne, lesquels estoient detenuz en prison, por soupçon

---

(1) Lisses (Seine-et-Oise, arrondissement de Corbeil)
(2) Nogent-sur-Marne (Seine, arrondissement de Sceaux).

de la mort Estiene Bedart de Nogent, desus dit, qui fut murtriz es vignes de lez Nogent. Car Nicholas de Rosay tesmoigna que, au tens Renaut Barbo, lor avoit esté delivrée la jostice, à Nogent, en lor terre, et de lor hostes de Nogent. C'est à savoir, d'un home qui avoit esté en prison, en Chastelet, por une fame que l'an disoit qu'il avoit prise à force, et d'un autre home qui avoit esté en prison en Chastelet, porce que un autre li metoit sus qu'il l'avoit navré en traïson et de nuiz, et d'un autre home, lor hoste à Nogent, qui fu pris en Chastelet, au tens sire Renaut Barbo, por ce que l'en li metoit sus qu'il avoit batue et boutée une fame grosse, et que, par le bateure et par le boteiz qu'il li fist, elle avoit eu son enfant mort né.

Quidam homo, qui furatus fuerat pannos lineos, penes Guillelmum, majorem de Nogento, captus fuit, prope Fontenetum, in terra nostra, et adductus fuit apud Fossatum, ibique justiciatus per aurem. Hoc factum sciunt omnes de villa.

1270. — Anno Domini m° cc° lxxm°. Quodam homine deferente querimoniam, coram Reginaldo dicto Barbo, tunc preposito Parisiensi, de Guillelmo dicto Renaudi, hospiti nostro apud Nogentum, qui impulerat et verberaverat uxorem suam, taliter quod propter hoc fecerat abortivum, propter quod dictus prepositus mandavit dictum Guillelmum, ipsum retinuit in Castelleto. Abbas vero Petrus ipsum requisivit...... Et ipsum super hoc, dictus abbas, justiciavit.

1274. — Anno Domini, m° cc° lxx° quarto, Johannes, dictus Coterel, efforça quandam mulierem, ut dicitur, dicta muliere querimoniam deferente, coram Reginaldo dicto Barbo tunc preposito Parisiensi, de dicto Johanne, hospiti nostro apud Nogentum ; dictus prepositus Parisiensis mandavit dictum Johannem, et retinuit ipsum in Castelleto. Abbas vero Petrus ipsum requisivit ...... Quibus intellectis et inventis, ... dictus prepositus Parisiensis reddidit dicto Petro abbati, dictum Johannem Coterel, de facto predicto justiciandum.

22 août 1276. — Anno Domini m° cc° lxx° sexto, die sabbati ante festum beati Bartholomei, inventus fuit in terra ecclesie

Fossatensis apud Nogentum, quidam porcus extraneus, et quod ignorabatur cui esset, ad ducit eum, major de Nogento, ad domum abbatis Fossatensis que est in dicta villa de Nogento.

NOBILIACUM, quod vulgariter *Nulliacum*, ad placitum, est vocatum (1).

1273. — Anno Domini m° cc° lxxmo tercio, deprehenso Gaufrido de Magdalena, scindente bursam cujusdam, Parisius et propter hoc ibidem suspenso, Reginaldus dictus Barbo prepositus Parisiensis misit apud Nuilliacum, et fecit capi in terra nostra, in domo uxoris dicti Gaufridi, omnia que ibi erant. Que cum nos peteremus a dicto preposito, asserentes quod in villa de Nulliaco habebamus, in tota terra nostra, omne dominium et omnimodam justiciam, et de hoc bene usi fueramus, nec unquam alias prepositus Parisiensis usus fuerat de aliqua justicia in dicta terra nostra, facta super hoc, a dicto preposito, aprisia seu inquesta in dicta villa, inventum fuit quod usi fueramus de justicia, in casibus qui sequuntur. Guillelmus, dictus li Biaussiers, furatus fuerat quasdam bidentes, et easdem excoriaverat, et in hoc deprehensus, ductus fuit, de Nulliaco apud Fossatum, et per justiciam nostram judicatus, et oculos habuit extractos, etc... Propter quod, dictus prepositus remisit omnia illa que capi fecerat apud Nulliacum, in dicta terra nostra, et reddidit nobis illa et justiciam, presentibus pluribus de dicta villa.

Garinus, dictus Ribaut, occisus fuit, a quodam qui vocabatur Queue Noce et ejus filio, ante domum Nicholaï la Pie, de uno rastello, qui capti fuerunt et adducti apud Fossatum, ibique suspensi, propter dictum factum. Hoc vidit Stephanus Belle Lance, et Mathildis la tibode, et alii plures.

TORCIACUM (2).

1 avril 1274. — Anno Domini m° cc° lxxmo iiij°, die sancto Pasche, Johannes et Guiotus fratres, hospites nostri apud

(1) Neuilly-sur-Marne (Seine-et-Oise, arrondissement de Pontoise).
(2) Torcy (Seine-et-Marne, arrondissement de Meaux).

Torciacum, filii quondam domini Johannis de Torciaco militis, irruerunt contra Robertum dictum Croulebois, Guiotum et Radulphum ejusdem filios, hospites comitis de Barro apud Torciacum, et occiderunt dictum Robertum. Et tam a dicto Roberto quam ab ejusdem dictis liberis, graviter vulnerati fuerunt. Quo facto, recesserunt omnes de loco illo. Et nullo homine sequente, nulloque contra ipsos clamante, satisque cito post cognito facto et scito a pluribus de villa, capti fuerunt, in terra nostra apud Torciacum dictus Guiotus, et in terra dicti comitis dictus Johannes, fratres. Adductoque dicto Guioto apud Fossatum, judicato ac suspenso, licet jam mortuo, requisivimus a gente comitis dictum Johannem, sine presente aut aliquo insequente in terra dicti comitis captum, nobis tanquam hospitem nostrum reddi et liberari. Et quia servientes dicti comitis nobis reddere recusarunt, requisivimus Reginaldum dictum Barbou, tunc prepositum Parisiensem, ut ipsum Johannem a servientibus dicti comitis reddi nobis faceret et liberari. Qui prepositus, denegans nos talem justiciam in terra nostra de Torciaco habere, et asserens talem justiciam domino Regi pertinere, dictum Johannem a servientibus dicti comitis fecit sibi liberari tanquam hospitem nostrum, et omnia bona dicti Guioti et Johannis fratrum arrestavit et tenuit... — Anno Domini m° cc° lxxm° iiij°, die dominica qua cantatur *misericordia domini*, reddidit nobis justiciam nostram et Johannem predictum, et omnia bona sua et fratris sui liberavit.

8 avril 1274. — Hii sunt casus eventi apud Torciacum in terra abbatie Fossatensis, qui probati fuerunt per testes juratos coram R [eginaldo] dicto Barbo, preposito Parisiensi, anno Domini m° cc° lxx° iiij°, septimana post octabas Pasche, prout inferius annotatur.

Simon Boorge de Fonteneto dixit, juramento suo, quod ipse vidit quendam hominem extraneum, nomine Herbertum de Brocia, qui mortuus fuit sine herede, et habebat tria arpenta et dimidium terre, in territorio ecclesie Fossatensis apud Torciacum, et alia bona que habuit dicta ecclesia Fossatensis, et adhuc possidet dictam terram.

Johannes dictus le Bel de Torciaco, Theobaldus dictus le at de Torci, isti duo concordant dicto Simoni.

Guillelmus, dictus Haucecul, de Torci, concordat supradictis, addendo quod ipse scit de verre qui occidit, in terra dicte ecclesie apud Torci, porcherium de Buciaco, qui captus fuit in dicta terra, et ductus apud Torci, in domo dicte ecclesie, et fuit trainez per terram dicte ecclesie apud Torciacum, postmodum positus in quadriga, et ductus apud Fossatum justiciari. Item, addit se vidisse Maciotum Rosselli de Collegio, qui occidit super terram abbatisse [Sancti] Faronis monasterii, Martinum filium Stephani la Vieille, qui Maciotus fugit, et habebat ille Maciotus terram in dominio dicte ecclesie apud Torciacum, quam tenet et possidet dicta ecclesia Fossatensis, pro illo facto.

Johannes Cocherel concordat supradictis, de Herberto et de verre, addendo quod Simonetus Renaudinus Gratepaille et Guillotus, sutores, fecerunt murtrum in terra comitis de Barro, captique fuerunt, et trainé et pandu, in dicta terra comitis. Et Tyecota, uxor dicti Guilloti sutoris, fugit super terram dicte ecclesie Fossatensis apud Torci, ibique capta fuit et ducta apud Fossatum, causa ipsam justiciandi. Item, dixit adhuc iste Johannes, quod duo homines, emptores domorum, vulneraverunt dure Godefridum Rosselli, qui capti fuerunt et ducti apud Fossatum, causa justiciandi.

Quidam clericus occidit quendam hominem, propter quod saisivimus quoddam pratum quod tenebat et movebat a nobis, tanquam forefactum ab eo, propter homicidium. Procurator episcopi Parisiensis dicebat dictum pratum ad episcopum devenisse, ratione delicti a dicto clerico perpetrati. Ex adverso, dicebamus quod episcopus nullam justiciam habebat in terra nostra temporalem, et quod plus non habebat in suo clerico quam rex in suo burgensi, et si burgensis Regis fecisset tale factum, bona sua ad nos devenirent, quacunque essent, in terra nostra ubi omnimodam justiciam altam et bassam habemus. Super hoc idem procurator convenit nos coram officiali Parisiensi, et fecit contra nos peticionem suam pro episcopo super hoc. Et post multos dies habitos, coram dicto officiali, idem procurator dimisit nos in pace, et gavisi fuimus de prato, tanquam de nostro caduco.

MONTERIACUM (1)

1275. — Anno Domini m° cc° lxx° v¹⁰, nobis, Petro abbate, trahentibus in causam, coram preposito Parisiensi, Robinum et Petrum fratres, armigeros, de Monteriaco, super captione cujusdam capri silvestrici, advenientis a casu super terram nostram, quem ipsi ceperant et detinuerant minus juste in prejudicium nostrum, cum ultus casum alte justicie vel basse habeat ibidem, nisi nos. Tandem dicti armigeri, recognoscentes omnia predicta vera esse, resaisierunt fratrem Johannem, celerarium nostrum, nomine monasterii nostri, presentibus omnibus hospitibus nostris, et compluribus aliis, de quodam pignore, in loco ubi dictum caprum ceperant.

13 février 1279. — Anno Domini m° cc° lxmo nono, die mercurii post octabas purificationis beate Marie, Aalesis Lestornele et Emelina la Fauresse, de Monteriaco, fecerunt emendam domino abbati Fossatensi, propter eo quod fecerunt fieri Johanno et Philippoto, filiis suis, tonsuram clericalem, per episcopum Cathalanensem. Ad hoc fuerunt vocati, frater Petrus, elemosinarius, Rossellus, frater Johannes Bocelli, infirmarius, frater Simon de Atilliaco, capellanus dicti Petri abbatis, Johannes de Banno, tunc prepositus Fossatensis, Johannes Mosse, carpentarius tunc in abbatie Fossatense, et Natalis Judas de Moisiniaco.

Quidam homo captus fuit, in chimino Latigniaci, inter crucem defuncti Bertini et leprosariam Curie Aurici, qui furatus fuerat panes penes Johannem Lombardi, quem hominem Adam Furnerius cepit, et adductus fuit apud Fossatum, et ibidem habuit aurem scissam, propter dictum furtum. Istum casum sciunt, Adam, dictus Petrus de Portu, et Adam de Fonte.

Item, quidam alius captus fuit, in semita de Curia perversa, ultra villam de Monteriaco, qui furatus fuerat ij pannos lineos ad unum sepe, quem Petrus de Portu cepit, et adductus fuit apud Fossatum, ibique habuit aurem scissam propter dictum furtum. Istud vidit ipse Petrus.

(1) Montry (Seine-et-Marne, arrondissement de Meaux).

Item, quidam alius captus fuit, in villa de Monteriaco, juxta domum defuncti Arnulphi Saporis, in ruella, qui furatus fuerat ij pannos lineos, quem dictus Adam Furnerius cepit, adductusque fuit apud Fossatum, et ibi justiciatus. Istum factum viderunt supradicti, et Stephanus Compainz.

Item, tres homines pauperes, querentes victum suum, tran seundo sub molendino nostro de Monteriaco, submersi fuerunt, quorum vestimenta habuimus. Istum casum viderunt, Johannes Pinost, Morellus de Apullia, Adam Furnerius, Petrus, filius majoris, et plures alii.

Quedam mulier, que vocabatur Emelina Angeust, mortua fuit sine herede, cujus mobilia habuimus. Hoc sciunt supradicti et Henodus Caoez et Hodeona Poibele.

Item, Garinus, vaccarius, homo extraneus, recessit de villa de Monteriaco, et nescitur quo casu, cujus domus cum jardino in manu nostra tenemus.

CURIA PERVERSA que vocatur communiter in gallico *Copeures* et de majoria de Monteriaco (1).

Odardus de Alneto captus fuit nocte, in granchia nostra de Copeures, bladum furando, quem Johanninus Mabile et Droetus, ejus frater, ceperunt, qui adductus fuit apud Fossatum, et ibi habuit aurem scissam propter dictum furtum. Istum casum viderunt, Johannes Godart, Johannes Morelli, Guiardus Tibost, et Johannes Major.

4 mai 1277. — Anno Domini m° cc°lxxvij°, die Martis post festum apostolorum Philippi et Jacobi, citati coram Petro abbate Fossatensi, Johannes Sutor et Renaudus Clericus, homines de Monteriaco, ut venirent apud Fossatum, cum Johanne et Johanne filiis eorum, quibus fierent fieri, per episcopos Meldensem et Silvanedensem, tonsuram clericalem, absque licentia domini abbatis, super hoc dicto abbati responsuri. Presentibus,... emendaverunt dicto abbati, quod procuraverant dictas tonsuras filiis suis sine licentia ejus, et fecit idem abbas capita filiorum eorumdem, per Colonum dictum Cauquet et Robertum

(1) Petit village dépendant de la mairie de Montry ; c'est, sans doute, le village actuel de Coupvray.

Borgeret barbitonsores, presentibus predictis, radi totaliter, et inhibuit eis ne tonsuram clericalem de cetero presumant portare, nisi licentia habita et obtenta ab eodem.

12 mai 1277. — Anno vero predicto, die mercurii post Ascensionem Domini, ad preces humiles et multimodas Johannis Piroti, majoris de Monteriaco, et dicti Johannis filii Renodi clerici, nepotis dicti majoris, dictus abbas concessit dicto Johanni, nepoti dicti majoris, tonsuram clericalem, et juravit idem Johannes, nepos dicti majoris, super sacrosanctis evangeliis, quod fidelis erit ecclesie Fossatensi, et serviet ei, quocienscunque super hoc fuerit requisitus, et quod hospites seu justiciabiles dicte ecclesie non citabit seu vexabit in alia curia quam in curia predicte ecclesie. Et si aliquis fecerit querimoniam de eo, coram abbate seu ministro ejus, ibidem respondebit et capiet jus, et juri sibi facto obediet, sicut alii homines et hospites predicte ecclesie commorantes in villa predicta. Ad hoc fuerunt presentes, idem abbas qui tonsuram eidem Johanni concessit et juramentum ab eo recepit de predictis tenendis et observandis, dominus Guido de Campo, miles, etc.

17 mai 1285. — Anno domini m° cc° lxxx° quinto, mense maio, Petrus Falcator de Curia Perversa, conquerendo, denunciavit preposito Parisiensi quod, die martis post tres septimanas Pasche, de nocte, venerunt malefactores ad domum suam, et levaverunt scalas ad muros domus sue, et fregerunt, cum cisellis, unam fenestram que erat altitudine xiiij pedum et amplius, et intraverunt domum, ibique ceperunt unam vestem novam de perso, et unam houçam, tailliatas sine alia perfectione, et unum pellicium, et alia vestimenta, deinde venientes ad unam archam, que erat in solario, eam fregerunt, ibique ceperunt ccxv libras. Hec omnia ceperunt et tulerunt de domo sua et plura alia, et quod de hoc furto habebat suspectos Perotum et Janotum fratres, dictos clericos, filios quondam Emardi clerici, qui citati fuerunt coram preposito Parisiensi, et ipsi venientes ad citationem, in Castelleto detenti fuerunt et incarcerati. Hoc facto, dominus Petrus abbas fecit eos requiri in Castelleto, qui, anno predicto et die Jovis post Pen-

tecosten traditi et liberati fuerunt, et adducti apud Fossatum, ibique incarcerati.

29 février 1300. — Anno Domini m° cc° nonagesimo nono, die lune post Brandones, facta fuit resesina, apud Monteriacum, domino abbati Fossatensi, de precepto Roberti de Lacoingne, baillivi de Creciaco, per Giletum, tunc servientem de Creciaco, de mensuris vini et grani, quas dictus baillivus fecerat capi, per dictum servientem, penes Marguaretam la Lumbarde et Clementem generum Symonis Col d'arve, hospites Petri de Monteriaco, armigeri. Et fuit facta dicta resesina penes dictos hospites, de dictis mensuris, presentibus, etc. (1).

CUILLIACUM (2)

1274. — Anno Domini m° cc° lxxm° quarto, dominus Almaurricus de Meullento, dominus de Cauda, resaisiri fecit, per prepositum suum de Cauda, Johannem de Banno prepositum Fossatensem, nomine abbatis et conventus Fossatensis, de quodam homine qui inventus fuerat mortuus in nemora dictorum abbatis et conventus sito apud Culliacum, quem tam dictus prepositus quam servientes dicti Almaurrici, in prejudicium dictorum abbatis et conventus, ceperant in dicto nemore ubi dicti abbas et conventus habent omnimodam justiciam, et portaverant extra dictum nemus in chimino et ibidem infodiaverant, quasi exercendo de ipso justiciam licet injuste. Et recognovit, idem Almauricus, se nullam habere justiciam in dicto nemore. Et ad hoc omnia fuerunt tales, videlicet, dictus abbas Fossatensis, etc.... (3).

---

(1) Après les cas de Coupvray, figurent, sous la rubrique de *Seugæ* ou *la granche de Seau*, *prévôté de Château-Landon*, cinq exploits de justice, en français, qui paraissent avoir été tous ajoutés après coup, sauf peut-être le premier, de 1277, relatif à des « esploiz et amendes... por reson » de la monoie deffendue ». Nous relevons, dans les quatre autres exploits, de 1278, 1279, deux restitutions d'un *larron* et d'une *larronnesse*.
(2) Cœuilly (Seine, arrondissement de Sceaux).
(3) Les cas de justice s'arrêtent ici. Le Registre contient ensuite : 1° divers documents relatifs à la taille royale ; 2° une énumération des

fiefs et des hommes de l'abbaye, « feuda abbacie Fossatensis et homines ejusdem feudales » ; 3° les biens et revenus affectés au chambrier, à l'aumônier, et au célérier du couvent, « redditus et possessiones camerarii » Fossatensis, elemosine Fossatentis, celerarii Fossatensis » ; et enfin, 4°, les cens dûs à l'abbaye, « hii sunt census quos percipit abbatia Fossatensis annuatim, in festis subsequentibus ».

REGISTRE CRIMINEL

DE

SAINTE-GENEVIÈVE

CE SONT LES BANZ DE SAINTE-GENEVIÈVE

1271. Anno Domini m° cc° septuagesimo primo, die sabbati, in festo Sancti Arnulphi, recredivimus Johannem de Sancto Martino in hunc modum, quod in qualibet assisia coram nobis se presentabit, recepturus et facturus quod jus dictaret, super facto quod ei imponebatur, de murtro facto in terra nostra de nutrice Guillermi scoti carnificis interfecta, usque ad annum. Hungerus, tabernarius, Bertrandus le Lorrain, Stephanus de Moureto, Radulphus Nigno, Conrrardus, carnifex, Renaudus, carnifex, Petrus Huberti, Johannes Rufus, Guillelmus Herbelin, sunt plegii, quilibet cors pour cors et avoir pour avoir.

4 septembre 1282. — Le vendredi devant la septembresche, en pleines assises, Renier de Biauvet, et Jehan de Senz, furent fourjurez de la terre, sus la hart, se il sont trouvez en meffet. Ce fut fet l'an III^{xx} et II.

En ce meisme an, Hauys de Dammartin, Marote de Chartres, Catelot du Port Saint Landry, Bietris de Prouvins, et Agnès d'Abbeville, toutes fames de chans, furent conjurées, sus poine d'estre brullées, de la terre.

27 octobre 1271. — L'an de grâce m cclx et xi, le mardi, en la veille saint Simon et Jude, fourjura la terre madame Sainte Geneviève de Paris, Marie, la fille feu Ferri le Keu, pour un murtre que Robin le Normant fist, dont elle estoit soupeçonneuse.

4 décembre 1271. — En ce meisme an, le vendredi devant la Saint Nicholas es assises, fourjura nostre terre de Paris, Evradin de Mello, pour un pain que il embla, et fu trouvé argent seur lui.

1283. — L'an de grâce m cc iiii^{xx} et trois, orent commandement, Jehannot d'Amiens et Agnès, la filaudière, que il se tenissent de mal fere, et furent délivrés de prison, car il avoient emblé chaume à Estienne de Mouret.

1273. — En ce meisme an, fu baniz, Robinet, le fuiz Agnès la Piquarde de Biauvet, pour plusieurs larcins que il avoit fait.

10 septembre 1266. — L'an de grâce m cc lx et vi, le vendredi après la feste Nostre Dame en setembre, en pleines assises, par devant nostre conseil, fourjurèrent nostre terre en ville et hors ville, seur la hart, Jehanot de Poulainville et Colin de Marne.

2 novembre 1266. — En ce meisme an, le lundi, jour de feste aux mors, fourjura la terre Sainte Geneviève en Paris et dehors, seur la hart, Jehanot de Souvenig, uns camus teigneus, pour une bourse que il coupa en la boucherie, si que l'an li metoit sus.

9 novembre 1266. — L'an de grâce m cc lx et vi, le mardi devant la Saint Martin d'iver, fourjura nostre terre en Paris et dehors, Guillaume de Breteu en Engleterre, sur la hart, en présence de Guerin le portier, Eude le piquart, Estienne Farsi, Gautier de l'Ourme, et de Pierre qui fu au celier, pour une huche qu'il depeça en la meson que Lambert fesoit fere.

1283. — L'an de grâce m c iiii^{xx} et trois, Marote la Flamenge, Mehalot de Gisors, Tiecot de Troies, Hanison de Dinant, Alison Lenglesche, furent banies de la terre, sus la besche (1), pour ce qu'elles estoient foles de leur cors.

---

(1) Ce passage est cité au mot *becca*, bêche, par les continuateurs de Ducange, qui donnent à notre Registre le titre de, *Consuetudines Sanctæ Genovefæ*.

20 janvier 1290. — L'an de grâce m cc iiii^{xx} et neuf, le vendredi devant feste Saint Vincent, en pleines assises, fut baniz de la terre Sainte Genevieve, Bertelot le Camus, englois, pris pour le soupeçon de Thoumas de Saint Germain, qui fut tuez en la place Maubert, lequel fu délivrez du fet par l'enqueste que l'en en fist, mes pour autres meffez où il avoit esté trouvé courpables, par l'enqueste dessus dite, il fut banis de la terre dessus dite, ne ne s'aparut home ne fame qui riens li voulist demander, par an et demi et plus qu'il fu en prison ceanz.

1288. — L'an de grâce m cc iiii^{xx} et huit, furent banies de la terre Sainte Genevieve, Eudeline de Saint Denis et Emmelot la rousse de Mongay.

7 avril 1290. — L'an de grâce m cc iiii^{xx} et x, le vendredi après Pasques, en pleines assises, fu banie de la terre Sainte Genevieve à Paris et dehors à touz jours, Jehanete la boçue du Parvis, pour soupeçon de larrecin, c'est a savoir de despouiller petiz enfanz.

7 avril 1290. — En cele meisme journée, fu banie de la terre Sainte Genevieve en Paris et dehors à touz jours, Perette de Chartres, pour soupeçon de larrecin d'une cote que elle avoit emblée à la Guiote si com l'en disoit.

26 septembre 1290. — L'an de grâce m cc iiii^{xx} et x, le mardi devant la Saint Remi, fu fourjurée, Marie de Mons en Henau ou Cambrai, boiteuse, sus poinne d'estre brulée, qui avoit esté prise pour le fet de Jehanot de Soissons que elle avoit fet navrer, nuit antré, par mestre Jehan, son houlier, si comme le dit Jehanot le disoit.

6 mars 1300. — L'an de grâce m cc iiii^{xx} et xix, le samedi après les Brandons, furent apelez première foiz aus drois monseigneur l'abbé et le couvent, Maciot Baudin, Guillot Guitron, et Noel le tailleur de pierre, liquel s'estoient destourné pour la soupeçon d'un murtre qui avoit esté fait en la rue aus Feves en la Cité, et avoient esté encusé de Girondet de Saint Victor. Et einsinques furent apelez, par iii quator-

seines ensuivanz, et à la quarte, il furent baniz sus la hart. Presenz, Guiart de Saint-Benoit, voier, Jehan de Vaucresson, Jehan blanc pain, Jehan le Normant, Macé de la Magdelene, Jehan le crieur, touz serjans, Denisot Chabrulle, Robert Robiole, Robert le fournier.

29 avril 1300. — L'an de grâce m ccc, le vendredi après la Saint Marc évangeliste, fu banie de la terre Sainte Genevieve, sur poine d'estre brullée, ou pis s'ele le desert, Marguerite Lenglesche, suer Henri Lengles deschargeur, pour bordel qu'ele recetoit en son ostel. Presenz, Michiel, nostre mère, Robert Robiole, Guiart de Saint Benoit, Jehan blanc pain, Jehan le Normant, Heremant Lalemant, Pierre de Bondiz, Macé de la Magdelene, Raoulet le peletier, Adam Trenchant, Guillaume le portier.

1300. — L'an de grâce m ccc, le jour de la Sainte Croiz en mai, fu banie de la terre ma dame Sainte Genevieve, Perrenele la lavendière, dite la demoisele, pour cas de bordelerie et de makelerie. Presens, Robert Robiole, Michel le fuiz sire Guillaume le serjant, Jehan blanc pain, Guiart de Saint Benoit, Jehan le Normant, serjant, Macé de la Magdeleine, Guillaume Richart.

1300. — L'an de grâce m ccc, le samedi après la Sainte Croiz en may, fu banie de la terre devant ditte, Jehanette d'Arraz, ditte la piquarde, pour ce que elle estoit folle de son cors, et que elle avoit esté prise en defoulant les blés au chans. Presenz, mestre Guillaume Crochet, Michiel le serjant, Jehan de Vaucresson, Jehan le crieur, Jehan blanc pain, Robert le chandelier, Jehan son frère, Jehan de Saint Martin, Guillaume Richart, portier, et Jehan de Flandres.

5 juin 1300. — L'an de grâce m ccc le diemenche devant Penthecouste, fourjura la terre madame Sainte Geneviève de Paris, en plains plés, jusques au rapel l'abbé et le chamberier, Phelippot de Marceilles, fournier, pour ce que l'en le soupeçonnoit d'estre houlier et d'embler les miches dont il soustenoit ij fames. Presenz, frère Guillaume de Vaucresson,

chamberier, Michiel le serjant, Robert Robiole, Guiart de Saint Benoit, Jehan blanc pain, Jehan de Vaucresson, Macé de la Magdeleine, mestre Guillaume Crochet, Pierre de Bondis.

3 avril 1301. — L'an de grâce m ccc et i, lendemain de pasques, fu mise en l'eschiele, [   ], pour ce que elle estoit maquerelle et juroit vilenement.

12 janvier 1302. — L'an de grâce m ccc et i, le jeudi après la Tyephene, fu apelez, à la première quatorzene, aus drois l'abbé, Henri d'Alemaigne, fourbisseur d'espées, pour cas de larrecin.

1 février 1302. — Le jeudi, veille de la Chandeleur en suivant, fu ledit Henri apelez, à la seconde quatorzene, aus drois l'abbé. — Le jeudi devant la Saint Pere yver, souz Pierre, fu ledit Henri apelez, à la tierce quatorzene, au droiz l'abbé. — Le jeudi, jour de Saint Aubin ensivant, l'an desus dit, fu ledit Henri banis, sus la hart, par touz les quarrefours de la terre Sainte Genevieve, pour cas de larrecin.

2 juillet 1290. — L'an de grâce m cc iiii^{xx} et x, le diemenche après la feste Saint Pere et Saint Pol fu donnée pour nous sentence sus la propriété de la voirie et de la justice de la porte de l'aumosne Saint Victor, si comme l'an va droit contre mont, entre le moulin de Coupel jusques à la terre Saint Marcel, et de la Tournelle Saint Victor tout contreval jusques à Sainne, et de tous les froz et les chemins environ, si comme Bievre se comporte jusques au poncel des bourjois (1). — En plain pallement, par Gautier Bardin, ballif de Rouan. Présenz, messire Pierre de Mornai, évesque d'Orliens, [   ], chantre de Baieus, Jehan de Montigni, prévost de Paris, mestre Pierre de Baugé, mestre Nicholas de Chartres, mestre Robert de la Marche, mestre Nicholas, clerc dudit prévost, mestre Gile Calemin, mestre Jehan de Ruppemont, mestre Giefroi de Saint Lorent, mestre Pierre de la Celle, le mere de Poissi, Guil-

(1) V. pour la topographie de ce quartier, *suprà* p. 248 et suiv.

laume d'Issi, huissier de la chambre et portier de la grant porte.

16 août 1290. — L'an de grâce m cc iiii^{xx} et dis, le mercredi après la mi aoust, feusmes resaisiz d'une fame qui avoit nom Agnès de Saint Mor, qui avoit esté prise pour le soupeçon de Jehanot Ponbon qui avoit esté ocis dehors de la porte Saint Victor, par devers la porte des Bons Enfants (1), laquele Agnès avoit esté prise à la grant porte Saint Victor sus les pierres joignant de la porte, et l'avoient ceus de Saint Victor mise en prison. Fu mise en prison, en Chastelet, pour le contenz. Et fu la resaisine fete par le commandement de Jehan de Montigni, leures prevost de Paris, au desouz de Saint Victor, près du guichet qui est ou jardin de Saint Victor par devers ladite porte. Et fu fete ceste resaisine par Aliaume de Pontoise, Mahiu Puhet, Hobe, Guiart de Rains, serjanz de Chastelet. En la presence, etc.

24 août 1290. — En cele meisme anée, le jour de feste Saint Bertelemi après ensuivant, feusmes resaisiz de ij fames, de i gant, desouz l'auvent du postiz de Saint Victor entre ij pierres joignant auz murs, prises et emprisonnées en Chastelet, pour le soupeçon de l'omicide desus diz, par les serjanz dessus diz, en la présence du cuisinier de Saint Victor, le souz chamberier, etc.

23 août 1295. — L'an de grâce m cc iiii^{xx} et xv, le mardi en la veille Saint Bertelemi l'apostre, fu dit et par droit, en la cour le Roi en la chambre aus mestres, que le prevost de Paris osteroit sa main de la voierie devant Saint Victor. Laquele main il avoit, du commandement des mestres, à la requeste de ceus de Saint Victor, pour i apel ou i cri que nous avions fet en cas de haute justice devant leur porte. Disoient ceus de Saint Victor que à tort l'avions fet, car contenz en estoit entre les parties, aussi comme du clos et de la court. Et veues la veue, les articles, les erremenz et les

---

(1) Il y avait dans la rue Saint-Victor, près du mur d'enceinte, un collège des *Bons Enfants,* fondé vers le milieu du XIIIe siècle, qui devint, en 1624, le séminaire *Saint-Firmin.*

raisons d'une partie et d'autre, fu regardé que contenz n'en estoit pas et que il nous restabliroit de branches de lourme que il avoit prises, la chose tenant en sa main, et que il nous feroit joir pesiblement de la joustice de la voierie. Ce jugement rendi, messire Climent de Sari.

1286. — L'an de grâce m cc iiii^{xx} et vi, feusmes retablis de l'arrivage du port de Petit Pont, si comme il se comporte jusques au poncel des bourjois, vers la sauçoie ou Bievre chiet en Saine, qui apartient à Sainte Geneviève. L'enqueste fete, pour ce que les gens le Roi mettoient debat, fu resaisie l'église, du dit port. Et fu au tens Pierre la Pie, auditeur de Chastelet, et au temps Oudart de la Neufville, prévost de Paris. Et fu ceste resaisine fete, par Jehan de Guarneles, serjant de Chastelet. Présens, etc.

Item, de Chanin le breton, qui avoit esté à un murtre fere, si comme l'en disoit, joignant du poncel aus bourjoz desusdit, du gendre Bertaut le tesserant, qui fu tuez d'un aviron. Et fu fete la resaisine, en Chastelet, dudit Chanin, de son cors mesmes, la veue fete sur le leu. A ce furent, etc.

1287. — L'an de grâce m cc iiii^{xx}, et vii, feusmes resaisiz de la voierie devant Saint Victor, d'une fourche à fiens que ceus de Saint Victor avoient tolu à Jehanot, vallet Thomas de la Haie, voier lores, etc.

9 novembre 1299. — L'an de grâce m cc iiii^{xx}, et xix, le lundi devant la Saint Martin d'iver, en plainz plez, requist frère Guillaume de Vaucresson, chamberier de Sainte Geneviève, à Guillaume Tybout, prévost de Paris, que le débat et l'empeschement que il metoit pour le roy en l'arrivage que cil de Sainte Geneviève ont acoustumée à prendre es nés qui arrivent au port de Petit Pont, si comme il se comporte jusques au ponciau des bourjois, vers la sauçoie ou Bièvre chiet en Saine, lequel apartient à Sainte Geneviève, feust osté et que la saisine li feust rendue. Lequel prevost respondi que bien s'estoit enfourmé et avoit trovée l'eglise en bone saisine de recevoir cel arrivage au port desus dit. Et nous ajuga la saisine, et osta la main le Roi, etc.

16 mars 1300. — L'an de grâce m cc iiii^{xx}, et ix, le mercredi après le diemenche que l'en chante *Reminiscere*, nous resaisi frère Yve de Saint-Victor,...... d'un drap qui avoit esté ostez. Présens, etc.

3 mars 1300. — L'an de grâce m cc iiii^{xx}, et xix, le jeudi devant la miquaresme, fu trouvez ès bles, en Chardonnai sus Saine, un cheval esseule, sans compaignie de nului. Et fu amenez à Sainte Geneviève, par Jehan le Crieur, serjant au voier, et fu gardez iiij jours. Et après ce, vint Gieffroi Lengalle et Jehanne sa fame, et le firent et prouverent pour leur, en le court de Sainte Geneviève. Et ce fet, frère Guillaume de Vaucresson, leures chamberier, le leur délivra par pleges. Et en furent pleges, Bertaut de Compigne et Aaliz de Gonnesse. Présens, etc.

18 janvier 1299. — L'an de grâce m cc iiii^{xx} et xviii, le diemenche devant le feste Saint Vincent, fu frère Guillaume de Vaucresson, chamberier de Sainte Geneviève de Paris, ou non de l'Église, resaisiz par le commandement des mestres de la court et de Guillaume Tybout, prevost de Paris, et de mestres Morise, procureur le roi, clerc breton, par Guillaume le breton serjant à verge de Chastelet envoyez pour ce fere, de un homme mort, qui avoit esté trovez mort ou chanel de la rive du port qui est apelez le port de Saint-Victor, bien à ij toises dudit port, dedans le chanel (1), lequel mort ledit chamberier avoit fet enfouir, en jousticant, comme seigneur du lieu pour l'église, et ledit prevost i avoit mis empeschement, et Guillaume Maugier, son devancier, prévost de Paris, et pour ce que il sorent et troverent que la justice apartenoit à ladite église dudit port et de tous les leus illeuques environ, et bien en estoit en saisine. Et fut ceste resaisine fete environ l'eure de prime. Présenz, etc.

4 août 1300. — L'an de grâce m ccc le vendredi après la Saint Estienne, fu frère Guillaume de Vaucresson, ou non de l'église, par le commandement des mestres de la

---

(1) s'agit sans doute ici, de l'ancien chenal de la Bièvre, qui se jetait dans la Seine entre les rues de Bièvre et Perdue.

court et de Guillaume Tybout, prévost de Paris, resaisiz par Drouet de Chastillon, serj nt à cheval et Phelippe le Saunier, serjant à pié en Chastelet, envoiez pour ce fere, de i home lequel avoit non Adenot de Miaus, et avoit esté pris par i serjant de Chastelet, devant le moulin de Coupeel, sus la voierie, pour ce que il avoit battu fames foles et estoit houlier. Et fut ceste resaisine fete, présens, etc.

1 mai 1301. — L'an de grâce m ccc et I, le lundi en la feste Saint Jacques et Saint Phelippe, manda le prévost de Paris, par Garnier Pressouer, Renaut le bourguegnon, serjans à verge de Chastelet, à Jehannot [ ] et à Jehannot [ ], gardes de la boiste de Chastelet (1), que les gages que il avoient pris ou fet prendre de Guillaume Cornuaille de Saint Marcel, pour la reson de l'arrivage de ses vins au poncel de Bièvre, il rendissent à frère Guillaume, chamberier de Sainte Genevieve. Ce quemandement fu fet en la présence dudit chamberier, de Nicholas le porteur, de Simon Paien, de Huistace Jehan Lenrolleur, clers, Guillaume Tybout, à ce tans prevost de Paris. Et nous rendirent, lesdiz Jehanot, gardes de la boiste de Chastelet, une espée que il avoient fet prendre pour l'arrivage des vins dessus diz.

3 mai 1317. — L'an de grâce mil ccc et dis sept, le mardi après la Saint Jacques et Saint Phelippe, furent resaisiz les religieus de Sainte Geneviève de Paris, de leur justice et arrivage séant devant les Barres. Présens, etc.

16 avril 1291. — L'an de grâce m cc iiii^{xx} et x, le lundi devant Pasques flories, fu pris i hoteur qui portoit terre en nostre voierie, devant l'Ospital (2), joignant de nostre postiz du cimentière de Saint Benoit. Et fu amenez ceans, par le chamberier et par Guiot de Saint Benoit. Et fu recreuz par pleges. Et l'amenda, Gervese le chandelier, qui avoua que le hoteur portoit la terre de sa meson, et par son commandement.

(1) Collecteurs des redevances fiscales dues au roi à raison de l'introduction de certaines marchandises dans la ville.
(2) Saint-Jean-de-Latran.

Et fu pleges de l'amende, Huet le bouchier de Saint Maart, pour ledit Gervese; et devoit, ledit Gervese, amener encore i autre plege. A ceste recreance furent, etc.

Item, de la justice de toutes les mesons qui sieent, du puis qui est en la rue de Sorbonne, et en la rue des Porées (1), jusques à la meson mestre Pierre de Chambeli, ou la terre Saint Benoit comence, esqueles mesons les gens le roi metoient debat. Et vouloient que les crieurs le roi criassent. Et fu ceste resaisine fete, par Henri de Charenten, serjant du Chastelet. Présens, etc.

3 avril 1286. — L'an de grâce m cc iiii^{xx} et vi, le lundi devant l'Ascension, Guillaume Calot et sa fame s'espurgierent, par devant nous, de la mort Jehan Riboudet, que l'en disoit qui avoit dormi en leur meson, par Agnesot Lenglesche, Marguerite la teigneuse, Guillaume le Gastongnac, qui jurèrent par devant nous que il le virent issir hors de la meson puis leure que il i estoit entrez; et Drouet, couratier de vins, jura que il le vit, à leure de crieurs, à la Croiz Hemon, et il avoit esté chiez ledit Guillaume à leure de prime. Et furent ces tesmoins ois en la présence de Guillaume Thebaut, neveu dudit Jehan Riboudet, Guillot Alere son cousin, et Estevenin Bergeret, son clerc. Et leur fu demandé, en jugement, se il vouloient riens demander audit Guillaume et à sa fame. Et il respondirent que non. Et requeroient que il feussent délivrez.

1263. — Anno Domini m cc lx tercio, fuit captus, in domo Rogeri Broc, per Boiliaue, prepositum parisiensem, quidam qui occiderat quendam carnificem parisiensem, et requisivimus justiciam de eodem, et prepositus parisiensis eum nobis reddidit, et justiciam fecimus de eodem.

1263. — Eodem anno, fuit captus, in domo Guillelmi Broc, in magno vico (2), in terra nostra, quidam qui furatus fuerat quadam houciam, et ductus fuit in Casteleto, et requisi-

---

(1) Rue Gerson actuelle.
(2) On désigne par là la rue de la Montagne Sainte-Geneviève, qui était en effet, la rue principale de la seigneurie.

vimus justiciam de ipso. Et Stephanus Boiliaue, tunc prepositus parisiensis, cognito quod captus fuisset in terra nostra, ipsum nobis reddidit, et justiciatus fuit per consilium ecclesie nostre, et incisa fuit auris ejus.

1266. — Anno Domini mill° cc° lx° sexto, fuit captus, in domo Guillelmi Broc, per servientes domini Regis, quidam miles, qui vocabatur Guido Livardi, qui deferebat secum litteras sedicionis in regem et barones Francie, et diu, per annum et amplius, detentus in carcere Regis, tandem, habito bonorum consilio, dominus rex ex milite justiciam nobis reddidit, et in carcerem nostram remisit, per duos de militibus suis et duos servientes. Et per justiciam ecclesie nostre fuit liberatus.

1266. — Anno Domini m° cc° lx° sexto, fuit captus in Garlandia, in terra nostra, in quadam domo sita juxta domum Renaudi le coutelier, per servientes prepositi parisiensis, Johannes dictus de Paris, qui dicebatur esse falsarius false monete, et requisivimus justiciam de ipso. Et Stephanus Boiliaue, cognito quod fuisset captus in terra nostra, ipsum nobis reddidit, justicia exigente. Facta inquestione, ipsum deliberavimus.

1266. — Eodem anno, quoddam murtrum fuit perpetratum in domo Stephani de Moreto, propter quod, dictum Stephanum et ejus uxorem et eorum familiam retinuimus, carcerali custodie mancipatos. Audito autem quod quidam Anglicus, qui vocabatur Richardus de Roucestre, barbitonsor, qui dicebatur dictum murtrum perpetrasse, detentus esset apud Wissant, occasione dicti murtri, misimus ad ballivum bononiensem, prepositum et majorem et scabinos communie de Wissant ut super facto hujusmodi nos certificarent, qui nobis, per suas litteras, mandaverunt quod dictus Richardus, spontaneus, non coactus, recognoverat quod dictum murtrum perpetraverat, et super periculum anime sue, dicti Stephanus et ejus uxor et eorum tota familia erant inculpabiles, super facto hujusmodi, et immunes ; propter quod murtrum, justiciam fecerunt de corpore ipsius, trainando et suspendo. Quo audito, ipsos Stephanum et uxorem per bonos plegios, de consilio bonorum, deliberavimus. Res vero dicti murtratoris, in domo dicti Stephani inventas, sicut justum fuit, habuimus.

1266. — Eodem anno, fuit captus in terra nostra, ante domum Petri fabri, quidam qui vocabatur [   ], qui furatus fuerat quandam houciam, et justiciatus fuit, per consilium ecclesie nostre, et cisa fuit auris ejus.

1266. — Eodem anno, fuit captus, in domo Guillelmi Broc, quidam miles qui vocabatur Hugo dictus Tyson, per servientes domini Regis, cui imponebatur murtrum fecisse, et nobis deliberatus fuit per dominum Regem, et cognito quod idem miles inculpabilis esset super facto hujusmodi, ipsum, de consilio domini Regis, deliberavimus.

1266. — Eodem anno, captus fuit in domo Guillelmi Broc, in magno vico, in terra nostra, quidam qui vocabatur Petrus Fillon, per servientes domini Regis, et ductus in prisione domini Regis, qui appellabatur de sedicione, videlicet quod ipse, per sedicionem, perpetraverat quod Almarcicus de Maumont murtritus fuit, et diu ibidem detentus. Et quia captus fuerat in terra nostra, justiciam requisivimus de eodem qui, de mandato regis, nobis deliberatus fuit, et appellatus fuit in curia nostra, super facto hujusmodi, per domicellam Petronillam, cognatam dicti defuncti. Et, de consilio bonorum, facta fuit pax inter dictas partes, sub scuto.

5 juillet 1299. — L'an de grâce m cc iiii^{xx} et xix, le dimenche après la feste Saint Pere et Saint Pol, feusmes resaisis, par Guiart de Rains, Guiot de Pont Domer et Jehan Pinqueigni, serjanz de Chastelet, du commandement Guillaume Tybout, prevost de Paris, de ij homes et d'une fame qui furent pris, pour soupeçon de larrecin, en la meson Gille de la sauçoie, en nostre boucherie. Presenz, le mere de Vanves, etc., frère Guillaume, chamberier de Sainte Genevieve et Michelet, son clerc.

6 décembre 1299. — L'an de grâce m cc iiii^{xx} et xix, le dimenche devant la Sainte Luce en yver, feusmes resaisiz, par Adam le cordouanier et Jehan de Moissi, serjanz du Chaste-

let, par le commandement de Guillaume Tybout, lors prevost de Paris, de Honfroi Qualot, qui fut pris en la rue aus Englès, en la meson au figier, pour soupeçon de endormeur de gens. Présenz, frère Guillaume de Vaucresson, chamberier, Michelet, son clerc, etc.

29 novembre 1299. — L'an de grâce m cc iiii^{xx} et xix, le jeudi devant la Saint Andrui diver, osta Guillaume Tybout, lores prevost de Paris, sa main du fons de terre et du croiz de cens des meson dalez la forge Saint Severin, et en feusmes resaisiz, par Nicolas Afile, serjant de Chastelet. Présenz, frère Guillaume de Vaucresson, chamberier, etc.

27 février 1288. — L'an de grâce m cc iiii^{xx} et viii, la première semaine de quaresme, nous empecha, Pierre Seimiau, prevost de Paris, la joustice de Robert de Seclin qui s'estoit murtri ; et disoit ledit prevost que nous n'aviemes pas tele joustice, à chief de piece. Aprise fete sus ce, nous rendit ledit prevost, ladite joustice. Presenz, Pierre la Pie, Jehan Pepin, etc. Et fu ledit Robert, pendu sans trainer ; et pour ce, ledit prevost prit nostre joustice en la main le Roi, pour ce que nous l'aveismes pendu sanz trainer. Toutesvoies après ce, osta ledit prevost sa main, et nous rendi nostre joustice ; et nous commanda que nous ledit murtrier trainissions ou la figure de lui. A ce commandement fu présenz, Pierre la Pie, etc. Et fut ledit murtrier trainé, de la porte de Bordeles desquà fourches(1). Présenz Guérin, etc., et pluseurs autres bourgois et hostes Sainte Geneviève.

1289. — L'an de grâce m cc iiii^{xx} et ix, furent pris filez et nasses qui estoient trop espez et deffendu de par le roi, et furent mené et porté en Chastelet, par Jehanot dit de Paris et Simon d'Arras, serjanz de Chastelet. Nous requeismes lesdiz engins pour jousticier et les eusmes, et furent raporté de Chastelet. Les ardimes à la Croiz Hemon, en nostre terre, en la présence dudit Jehanot de Paris et de Symon d'Arras, establis pour tele chose fere de par le Roi. Presenz, Guillaume le serjant, etc. Et transcrisimes les lettres des diz serjanz establis,

---

(1) Aux fourches patibulaires de Vanves.

de par le roi, à ces engins cerchier et ardoir en la manière qui s'ensuit (1).

10 septembre 1289. — L'an de grâce m cc iiii^{xx} et ix, le samedi après la Nativité Nostre Dame, feusmes admonestez, de par le roi, par Renaut de la monnoie, procureur especial nostre seigneur le roi, de fere enteriner le commandement nostre seigneur le roi, de la monnoie, en la maniere qui s'ensuit (2).

17 mars 1300. — L'an de grâce m cc iiii^{xx} et xix, le jeudi après *Reminiscere*, fu pris Jehanot Blondiau, serjant de Chastelet, pour soupeçon de larrecin, et requenut que il avoit emblé i hanap d'argent et l'avoit porté à Saint Denis, et pluseurs autres larrecins que il avoit fes, pour lesquiex il fu justiciez par nous, et pendus sollempnement, au temps frere Guillaume de Vaucresson leures chamberier. Presenz Guiart de Saint Benoit, etc.

1285. — Lan de grâce m cc iiii^{xx} et v ou environ, fu penduz, Raoul le boudinier, qui demouroit en la rue des Noiers, et avoit esté pris pour mauves renon et pour soupeçon de larrecin. Ce sevent, Baudet le Piquart, Simon Bernart, etc.

1267. — L'an de grâce m cc lx et vii, ou environ, fu penduz, Rogerin de Soissons, lequel estoit banis, sus la hart, pour soupeçon de larrecin. Ce sevent, Bertaut, Baudet le Piquart, Pierre du Celier, Jehan Cheval.

1293. — L'an de grâce mil cc iiii^{xx} et xiii ou environ, fu penduz, Hogier, pour une coute que il avoit emblée, et l'avoit portée et vendue au Lendit, et fu pris en nostre terre, devant la meson Guillaume le serjant, et justiciez par nous sollempnement. Ce sevent, Guillaume le serjant, Robert Robiole, etc.

1287. — L'an de grâce m cc iiii^{xx} et vii ou environ, fu penduz et trainez, Jehanot de Crespieres, pour une vielle que il avoit efforciée dehors la porte de Bourdeles, et requenut que quant

---

(1) A la suite de cette notice, sont transcrites, en latin, deux lettres royales de 1289, relatives à la pêche.

(2) A la suite de cette mention, est transcrite une ordonnance de Philippe-le-Bel sur les monnaies, d'août 1289.

il en ot fet son plesir, il li bouta par trois foiz son v.. en la bouche, et li embla ses poules et son sourcot. Pour laquele chose il fu trainés et penduz sollempnement. Ce sevent, Guillaume le serjant, etc.

1288. — L'an de grâce m cc iiii^{xx} et viii ou environ, Raoulet, dit le boulier, tua home en chaude mellée, en l'encloistre Sainte Genevieve, il fu pris et penduz sollempnement par la gent de l'église. Ce sevent, Guillaume le serjant, etc.

1298. — L'an de grâce m cc iiii^{xx} et xviii, environ la Pentecouste, fu trouvée une fame murtrie en son hostel, en la rue des vii voies près de l'ostel au duc de Bourgoigne, et avoit non, Sedile la Bourgoigne. Frère Guillaume de Vaucresson, jeures chamberier de Sainte Genevieve, fist enfouir le cors en jousticant, et prist les biens de l'ostel en sa main. Le prevost de Paris i mist debat ; ledit chamberier l'enfourma de sa justice, laquelle informacion fette, le prévost volt que nous joissiemes des biens pesiblement. Ce sevent, Guillaume le serjant, Jehan de Vaucresson, etc.

24 juin 1294. — L'an de grâce m cc iiii^{xx} et xiiii, environ la Saint Jehan, fu trouvé un enfant entre Chartreuse (1) et les vignes des Bruieres, ou terrouoir que l'en dit du Gort ; et fu trové par deux homes et i fame de Chastiaufort qui le portèrent en Chastelet, et furent retenuz en prison pour la soupeçon de l'enfant. Il requisent leur délivrance. Après tout ce, le prevost, seue la vérité de l'enfant, commanda à deux de ses serjanz et as deux homes et la fame qui l'enfant avaient trové, que l'enfant feust reporté là où il fu trové et que les serjanz enquisissent en qui signorie ce povoit estre. Aprise fete de la terre et de la seignorie, par genz trespassanz le chemin, par vignerons et par laboureurs de terre, il troverent que la terre et la seignorie estoit de Sainte Genevieve. Frere Guillaume de Vaucresson, leures chamberier de Sainte Genevieve i fu mandé, et li commanda l'en, de par le prevost de Paris, que il preist l'enfant, et qu'il le feist nourir. Ledit chamberier prist l'en-

(1) Les Chartreux, établis dans l'ancienne rue d'Enfer, avaient aussi une maison, avec des terres et des vignes, à Gentilly.

fant et le fist nourrir des biens de l'église. Ce sevent, Jehan de Vaucresson, Robert Robiole, etc.

13 octobre 1300. — L'an de grâce m ccc, le jeudi après la Saint Denys, fu penduz, Jehanot de Gisors, serreurier, pour pluseurs larrecins que il requesneut en jugement, devant touz, et sans contrainte, pour ıı serreures de fer, pour une houce, pour ij florins, pour lequel forfet des florins on l'avoit jeté en la mer, et puis s'estoit ies serjant le Roy es bois de [   ], et arrestoit les choses au pris le Roy, et prenoit de l'un v deniers et de l'autre quatre, et toutes ces choses requenut devant Michiel le serjant,.... et pluseurs autre. Et fu pendus, presenz pluseurs des personnes desus dites, et Raoulet Masse, Jehannot Brassier, Jehan le crieur, Estevenot le bourrel.

22 juillet 1300. — L'an de grâce m ccc, environ la Magdeleine, fu tué le vallet Gautier de Broisseles, selier. Et pour le fet, mestre Guillaume de Paincris, leures demourant en la meson au figier, en la rue aus Englès, se destourna; et pour le destour, il fut soupeçonnez dudit fet. Frere Guillaume de Vaucresson, leures chamberier de Sainte Geneviève, le fist apeler aus drois l'abbé, par iij quatorsenes et la quarte d'abondant, par Jehan de Vaucresson, serjant de Sainte Geneviève, et après ce, il fu banis de la terre, pour le fet dessus dit. Presenz, mestre Pierre de Bondis, clerc, etc. Et assena ledit chamberier à la meson, et la tient comme forfete.

9 mars 1301. — L'an de grâce m ccc, environ la miquaresme, fut pris ı lombart, ou palès nostre seigneur le Roy, metant fausse monnoie, et avoit geu chiez Baudoin de Compiegne, en nostre terre, et fu penduz aus iourches de Paris. Et volt Guillaume Thybout, leures prevost de Paris, avoir les biens dudit lombart qui estoient chiez ledit Baudoin, en nostre terre, et les fist lever et mettre en la main le Roy, par Guiart de Rains et ses compargnons, serjanz de la dousene. Frère Guillaume de Vaucresson, leures chamberier de Sainte Geneviève, s'en doulut devant syre Jehan de Montigny et les mestres de la court, et fu ledit prevost mandé devant les mestres et demandé en cui terre les diz biens dudit lombart avoient esté pris. Le dit prevost respondi que il avoient esté pris en la terre Sainte Genevieve, et que il i avoient toute joustice. Les diz mestres, oie la confession du dit prevost, li firent commandement que il resaisist le lieu des biens que il avoit levez, et en fu le lieu resaisi d'une malete, en laquele il avoit joyaus, jusques à la value de lx livres et d'un cheval. Ce sevent, Baudoin de Compigne, etc., et pluseurs autres.

6 avril 1302. — L'an de grâce mil ccc et i, le vendredi, jour de Crois aourée, fu trouvez i home mort en son ostel, en la rue aus Englès, en la meson au figuier, et avoit à non, Guillaume d'Orliens, courratier de vins. Frère Guillaume de Vaucresson, lors chamberier de Sainte Genevieve, fist enfouir le cors en jousticant, et prist les biens dudit mort en sa main, et en esploita comme justice. Ce sevent, Jehan le Normant serjant etc., et pluseurs autres. Et furent vendus les diz biens iiij livres, xij solz, presenz, Guillaume Renaut, etc.

29 septembre 1301. — L'an de de grâce mil ccc et i, environ la Saint Michiel, fu pris Jehan de Feschamp, au bout de la place Maubert, entre la meson Gossequin de Breban et la meson Enjourran le huchier, par le serjanz de Chastelet, qui avoit tué Colette la brete. Et fu menez en Chastelet, et justiciez par le prévost de Paris. Frère Guillaume de Vaucresson, lors chamberier de Sainte Genevieve, en requist la justice au dit prevost, et que le lieu en feust resaisis pour ce que il avoit esté prins sur la dite terre Sainte Geneviève. Informacion fete de la seignorie et du lieu par Benoit de Saint Gerves, leures enquesteur de Chastelet, fu trové que c'estoit en la vielle terre Sainte Genevieve (1). Volt le dit prevost et commanda au dit Benoit de Saint Gerves, que il resaisist le lieu. Et le semmedi devant la Saint Clement, le dit Benoit, du commandement au dit prevost, resaisi ledit chamberier sus le lieu, d'un gant. Presens, Aliaume de Pontoise, etc., et pluseurs autres.

(1) Cette *vieille terre*, *antiqua terra*, s'étendait de l'abbaye à la place Maubert qui y était comprise encore, mais qui en formait la limite.

26 juin 1302. — L'an de grâce mil ccc ıı, le mardi après la Saint Jehan, furent enfouies, Amelot de Cristeul, laquele avoit esté prise à Rungi, et est son fet escrit es cas de Rungi, et Sedilon de Baicus, laquele fut prise, pour un hanap et une pinte et autres choses que elle avoit emblé en pluseurs lieus, à Paris. Ce sevent, Michiel le serjant, etc., et cil de Rungi qui i furent, pour Amelot de Cristueil, et pluseurs autres.

10 juillet 1302. — L'an de grâce mil ccc et deus, le mardi après la Saint Martin d'esté, ala, Benoit de Saint Gerves, du commandement au prévost de Paris, en la place Maubert, en la terre Sainte Genevieve, et resaisi la terre Sainte Genevieve, de gros tournois et de mailles blanches que l'en avoit trouvez en la dite terre. Et les avoit, Martin Gosse, serjant de Chastelet. Et furent à cette resaisine fere, la gent de Sainte Genevieve, Aleaume de Pontoise, etc.

2 juillet 1304. — L'an mil ccc et quatre, le jeudi après la Saint Père et la Saint Pol, à heure de vespres, du commandement Pierre le Jumiaus prevost de Paris, feusmes resaisi de gages qui avoient esté pris pour la forfecture de Jehannot à l'escurel, en la meson Arragon le serrurier, chies Charle le buchier, chies Estienne le maçon, chies Robin d'Artois, chiez Joisiaus le porteur, et chies Jehan le cousturier; et en feusmes resaisi par Pierre le bucher, de la bucherie, sergent le Roy à cheval. Présens, Jehan le cousturier, etc.

5 janvier 1304. — L'an de grâce mil trois cenz quatre, le mardi en la veille de la Thiphaine, fut trouvée un enfant qui estoit fumele, à la porte joignant de l'amosne Saint Victor. Et fu apportez en nostre court, à Sainte Genevieve, comme en court de justice, par nostre main, et par nos sergent. A ce furent présens, mestre Alain, nostre maire, etc.

1304. — L'an de grâce mil ccc et quatre, Pierres de Dici, lors prevost de Paris, mist et gieta sa main en la meson et ès biens Estienne le Bourguignon tavernier, en la grant rue, en cas de haute joustice, c'est à savoir, pour Jehane, fame du dit Estienne, qui avoit esté soupçonné de la mort du dit Estienne son mari. Le procureur de l'Eglise affermant que il avoient toute joustice haute, basse, illec et en xii masures, en venant contremont de ce costé. Aprise ou enqueste fete, par le dit prévost, mestre Jehan son clerc et Pierre au Parisi, auditeur au Chastelet, fu trové que l'Eglise i avoit toute joustice haute et basse es leus desus diz. Et en feusmes resaisiz, le mercredi emprès la Tiepheine, par Guillaume de Saint Leu et Jehan de Rains, serjans de Chastelet. Présens, mesire Michiel, etc., et pluseurs autres.

2 mars 1305. — L'an de grâce mil ccc et iiii, entour Karesme prenant, fut naié un escrivein de la rue aux Englois, et furent pris les biens que il avoit, et levez par nostre main, au temps frère Renaut, chamberier de Sainte Geneviève, et esploitié par nostre maire et par nos sergenz, comme aubeine.

1305. Item, cele année, vint un vallet chies Auchier le bedel, en la rue des Noiers, et s'enfouy pour soupeçon que il ne feust pris pour dras et napes que il avoit mis en garde chies le dit Auchier que l'an soupeçonnoit que il les avoit emblez. Lesquiex dras et napes furent pris et arrêtés par nostre maire et acquis à l'Eglise. Ce sevent le dit Auchier, etc.

1305. — Item cele année, fu trouvée une huche chies Mahi de Biauqueine, que le dit Mahi disoit que ele estoit à clers, et fu monstrée à ceux à qui le dit Mahi disoit à qui elle estoit, lesquiex dirent que elle n'estoit pas leur. Et fu acquise à l'eglise, avecques livres qui estoient dedanz. Ce sevent, mestre Alain, nostre maire, etc., et les voisins d'antour la Croiz Hémon.

1305. — Item, cele année, fu trouvée une meson au bout de la rue de Bon Puis, qui avoit esté Richart le galois, lequel avoit esté mort sans hoir, et la tenoit une seue fille batarde qui demoroit en Galles, et Richart le galois, le jene, son mari. Laquele meson nous preimes en nostre main, et la tenons, par deffaute de hoirs. Ce sevent, notre mere, etc.

1305. — Item, cele année, fu trouvée une huche chies Henri de la Folie, qui avoit esté à un homme qui estoit mort sans hoir, laquelle huche nous preimes en nostre main par defaute de hoir, et nous demora, et les biens qui estoient dedans. Ce sevent, nostre maire, les sergenz, le dit Henri et sa fame.

1305. — L'an de grâce mil ccc et cinc, ou mois de mai, fu pris un homme, par deçà les hayes des bruieres, à tout une escuelle d'argent et deus cuilliers d'argent, et fu amenez en prison, et requenut que il les avoit prinses en l'ostel à la Royne Marie (1), et fu jousticé par nous. Ce sevent, mestre Jehan le mire et Jehan dit Doute qui le prindrent, et pluseurs autres, portant l'une des cuilliers en sa main pour vendre, et requenut, présent Alain et Robert Robiole, maires, Guiart de Saint Benoit, Jehan de Luzarches, escuier à la dite Royne, Pierre, son concierge en l'ostel de Flandres, Jehan de Valcresson et les autres sergens, et plusieurs autres, qu'il avoit pris les dites cuilliers en l'eschançonnerie à Paci, et l'escuelle en la salle sus un degré, et qu'il avoit emblé une touaille qu'il vendi xii deniers, et le boullon d'un couvecle à pot d'argent, ii solz, et la moitié d'une nape qu'il dona à un barbier pour faire bandiaus à saignier, et prist toutes ces choses oudit hostel. Et fu jousticié, le jeudi après la feste Saint Nicholas en may.

13 janvier 1314. — L'an de grâce mil ccc et treze, le lundi après la Thiphoinne, fumes restabliz de mesures de aveinne prinses par Richart des Jardins, lors sergent au prévost des marchanz, si comme il disoit. Et estoit avesques icelui R., Gieffroi de Tiron, sergent de Chastelet à verge, pour icelui garder de force contre ceus qui, encontre ledit Richart, voudroient rescoure ses prises festes pour la cause de telles mesures (2).

CE SONT LES CAS ET LES ESPLOIS DE SAINT MAART (3).

15 juin 1291. — L'an de grâce m cc iiii^{xx} et xi, le vendredi devant la Trinité, deffendismes à touz les taverniers de

---

(1) Marie de Brabant, veuve de Philippe III, morte en 1320.

(2) On mentionne ici, en note, un arrêt du Parlement, de mai 1476, rendu entre un boulanger et l'abbaye de Saint-Germain-des-Prés, relativement à la *visitation* du pain dans la seigneurie de Saint-Germain, à l'effet de constater s'il est *bon, loyal, marchand, et de poids compétent*.

(3) Saint-Médard.

Saint Maart, en jugement, sus quanque il se povoient meffere, que il ne recetassent à bouire ne à mengier, ne à gesir, ne par nuit, ne par jour, houlier ne houlière, ne home ne fame soupeconneus de mauvestié.

Mars 1279. — L'an de grâce m cc lxxix, au mois de marz, acheterent le mestier des hazenniers à Saint Maart, Baudoin de Chaalons, Guillaume de Laon, Syre de Mesières, Richart de Saint Denis et Guillaume de Ferrieres, chascun v solz à leur vies, ne plus n'en paieront. Et leur hoirs de leur cors le doivent avoir pour v solz à leur vies. Et quiconques le voudra avoir d'autres personnes, il l'achetera x solz de l'abbé et du couvent. Et einsint fu acordé au marchié fere.

11 septembre 1300. — L'an de grâce m ccc, le diemenche après la Nativité Nostre Dame en setembre, furent rendues à Guillaume Wasse, lanternier, demourant à Saint-Maart, iii lanternes, lesqueles avoient esté prises pour reson de fausse euvre, et furent trovées bonnes de leur affere. Ce sevent, frère Guillaume de Vaucresson etc., et pluseurs autres.

26 septembre 1304. — L'an de grâce mil ccc et quatre, le samedi après la Saint Maci l'apostre, du commandement Raoul de Vaus, tenant le leu du prevost de Paris, feumes resaisiz de Jehannot Moufant et de Yvonet le breton qui s'estoient entrebatus entre Saint Maart et la porte de Bordelles, par Basquin Guillot le breton etc., sergenz de Chastelet. Présenz, mestre Alain, maire de Sainte Geneviève etc., et pluseurs autres.

8 novembre 1322. — L'an de grâce mil ccc xxii, le lundy devant la Saint Martin dyver, fu commandé de nous chamberier de Sainte Geneviève de Paris, à Robert Paté, maire et procureur du dean et du chapistre de Saint Marcel de lez Paris, que tous ce que il avoient en nostre terre de Paris et dehors, soit à champ ou à ville, meissent hors de leurs mains dedenz an et jour. Lequel procureur respondy que volontiers le feroyent ou chevyroient à nous dedens le jour dessuz dit, et nous bailleroient tout ce que il tenoient en nostre terre de-

denz ij jours, par escript. Ce fu fait, en la meson Simon d'Anyeres, nostre voyer, demourant à Saint Maart. Presenz, maistre Auber, chanoyne de Saint Marcel, bailliz de la dite église etc., et pluseurs autres (1).

6 mars 1267. — L'an de grâce m cc lx et vi, le semmedi devant les Brandons, Gauterin de Senz fourjura la terre Sainte Genevieve en Paris et dehors, sus la hart, pour une bourse que il avoit coupée à Saint Maart. Presenz, Guillaume le serjant, etc.

1293. — L'an de grâce m cc iii^{xx} et xiii ou environ, furent pris à Saint Maart, en la boucherie, deux coupeurs de bourses, et furent jousticié sollempnement par la gent de l'église. Ce sevent, frère Jehan de Fontenai, chamberier etc., et pluseurs autres.

14 avril 1300. — L'an de grâce m ccc, le jeudi après Pasques, fu trové un enfant mort, en un fossé entre la vigne monseigneur Aignan et la terre Richart le bouchier, ou Bruoil, et fu portez à Saint Maart, pour cognoistre, et ne pot estre cogneuz, et fu enfouist, en jousticant, par la gent de l'église. Presenz, Maci de la Magdelene, etc.

13 décembre 1300. — L'an de grâce m ccc, le mardi ès octaves Saint Nicholas, fu arse char mauvese qui avoit esté prise, par nos jurez de la boucherie de Saint Marcel et Maci, nostre serjant de Saint Maart, chiez Tyon, le bouchier à Saint Maart. Presenz, Michielle serjant, etc., et pluseurs autres.

25 décembre 1300. — L'an de grâce mil ccc, environ Nouel, Maci de la Magdelene, serjant de Sainte Genevieve prist Gilet de Veeli de lez la boucherie de Saint Maart qui avoit navré à mort Jehan de Chartres, et estoit ledit Gilet hostes le Roy, lequel, amené devant la gent de l'eglise, respondi du dit fet et se coucha en l'enqueste. Et ce fet, il fut mis en nostre prison, et tantost, le lendemain ou la seconde journé après, Guillaume Tybout, prevost de Paris, l'envoya querre

---

(1) Cette notice est suivie d'un règlement de la boucherie de Saint-Médard.

par Bassequin et Guillot de Saint Denis et pluseurs autres serjanz de Chastelet ; et le pristrent en nostre prison, et l'enmenerent en Chastelet, pour ce que le prevost disoit que il estoit hostes le Roy et que il n'avoit esté pris en nul present meffet, par quoi la cognoissance n'apartenoit pas à nous. Frere Guillaume de Vaucresson le requist par pluseurs foys au dit prevost, et disoit que à lui apartenoit la cognoissance pour ce que il avoit respondu du dit fet sans nulle constrainte, et s'en estoit couchiez en l'enqueste. Ce fet, le dit prevost seant en jugement, le semmedi devant la feste Saint Vincent, l'an desus dit, oïes les resons proposées d'une partie et d'autre, c'est à savoir du Roy et de ceus de Sainte Genevieve, le dit prevost commanda, de par le Roy, en plain jugement, à Bassequin et Guillot de Saint Denis, ses serjans, que il le dit Gilet ramenassent à Sainte Genevieve, et le remeissent en sa prison de laquele il l'avoient osté. Lequel commandement donné en la présence de Nicholas le porteur etc., et de pluseurs autres, ledit Bassequin et ledit Guillot, ledit jour au soir entour vespres, ramenerent ledit Gilet, et le remirent à l'uis de la prison où il l'avoient pris, en resaisissant l'eglise. Presenz, Jehan blanc pain, etc., et pluseurs autres. Et puis l'enqueste fete, fu delivrez par la gent de l'eglise.

18 juillet 1301. — L'an de grace mil ccc et i, le mardi devant la Magdelene, furent pris, à cri et à haro, devant l'ostel Mahiu de Nantuerre, gendre sire Aignan, par Maci de la Magdelene, nostre serjant, Jehan de Bailluel, escuier, et son vallet, liquel avoient navré à mort, si que l'en disoit, Marie, la fame Eliot le quarrier, en la rue de Lorciennes, et furent amenez en nostre prison. Le prevost de Paris, Guillaume Tybout, le sot, et les envoia querre, par Guiart de Rains, Bassequin et ses compaignons, serjans de la dousene, et furent remenez sus le lieu, d'illuecques menez en Chastelet, pour ce que le prevost disoit que à nous n'apartenoit pas la cognoissance d'iceus, pour ce que ils n'estoient pas nos hostes, et disoit que il n'avoient pas esté pris à present, et s'en vot enfourmer. Et l'information fete, fist commandement à Joce de la Charmoie, son serjant, que il ramenast les diz escuier et son vallet ou lieu où il avoient esté pris, et nous en resaisist de par le Roi. Et fu

la resaisine fete, le vendredi en lendemain de la Saint Lorens, l'an dessus dit. Presens, Robert Robiole, etc., et pluseurs autres.

1301. — L'an de grace, mil ccc et i, [   ] feusmes resaisis, du commandement Guillaume Tybout, leures prevost de Paris, par Jehan Popin le juenne, leures prevost au duc de Bourgongne, Acelin le cousturier, Gieffroi le breton, Jehan de Garnelles, Estienne d'Orliens, serjanz de Chastelet, de la fausse euvre de bazanne, et de la haute, et de longue du sorplus d'un espan, et nous en fu rendue la cognoissance de la fourfeture. Presenz, Michiel le serjant, etc., et pluseurs autres. Et à cele journée, fu arse la fausse œuvre qui avoit esté trovée à Saint Maart, presentes les personnes desus nommées.

1er juillet 1302. — L'an de grace mil ccc et ii, le dimanche après la Saint Jehan, fu arse la char de chies Symon le picart et Jehan le picart, pour ce que ele n'estoit pas souffisanz, et fu regardée et jugiée, par Jehan Bretigni, Robert Bequet et Symon du Solier, du commandement frere Guillaume, leures chamberier. Presenz, Girart de Maci, etc., et pluseurs autres.

30 septembre 1302. — L'an de grace, mil ccc et ii, le diemenche, veille de la Saint Remi, du commandement au prevost de Paris, par Hanequin, Guiot du Pont Audemer, Lucassin, Jehan de Piquigni, Perrot de Sorviler, Jehan de Condé et Cymart, Gaignart de Condé, tous de la dousene, feusmes resaisiz, en la rue des Bouchers, en l'ostel Nichole, fille mestre Thomas le titoleur, de ij fames qui avoient esté prises pour soupeçon de fausse monoie, et en fu l'une presente, de laquele nous feusmes resaisiz, et de l'autre, nous feusmes resaisiz, d'un gant, pour ce que elle n'estoit pas presente. Presenz, frere Guillaume de Vaucresson, leures chamberier, etc., et pluseurs autres.

11 mai 1305. — L'an de grace, mil ccc et cinc, le **mardi** apres la Saint Nicholas, en may, fu arse une vache qui fu condampnée par les jurez et par le maire, parce que la dite vache n'estoit pas souffisant et que ele avoit esté iiij jours en son hostel, que les piez ne povoient porter le cors. Ce sevent, le maire, les jurez, c'est assavoir, Symon du Solier, Robert chief de ville, et Pierre du Mont Chauvet, et tous les voisins, et pluseurs autres (1).

Karolus, Dei gratia Francorum Rex, universis presentes litteras inspecturis, salutem. Notum facimus quod, lite mota, in nostra Parlamenti curia, inter religiosos et abbatem Beate Genovefe in monte, Parisius, actores et conquerentes in casu novitatis et saisine, ex parte una, et procuratorem nostrum generalem, pro nobis, in se suscipientem deffensionem pro Richardo dicto Boileau, Johanne dicto Chasot, Roberto dicto d'Auteriche, Johanne dicto la Chievre, et magistro Johanne dicto Turquain, officiariis regiis, defensorem, et opponentem in dicto casu, ex altera. Super eo quod dicebant dicti religiosi quod dudum, per regem Clodoveum predecessorem nostrum, notabiliter fondati fuerant. Ad causam cujus fundationis, plures terras et domania Parisius, a Parvo Ponte usque [ad] dictam ecclesiam, eundo in pluribus vicis, et altam jurisdictionem in eisdem habuerant et habebant, quas terras, domania et jurisdictionem, a nobis et predecessoribus nostris, in fidem et homagium possidebant et tenebant, quodque dicti religiosi, in vicis in quibus, ab utraque parte, in singulis domibus, altam jurisdictionem, et in possessione ibidem jurisdictionem altam exercendi, habuerant et habebant, in possessione et saisina viariam et jus pertinens ad viariam habendi et percipiendi, soli et in solidum, erant et fuerant; in vicis vero in quibus, in domibus, ab altera parte duntaxat, altam jurisdictionem habebant, et in possessione et saisina exercendi jurisdictionem prædictam extiterant et existebant, in parte predicta, a ruello quarrerie usque ad domos, soli et in solidum, viariam et jus pertinens ad viariam habuerant et habebant et in eorum possessione erant et fuerant. Dicti etiam religiosi altam jurisdictionem et viariam et jus viarie, in platea

---

(1) A la suite de cette notice, figure, à la date du 26 juillet 1414, la mention d'une borne posée dans la rue de Bièvre (rue des Gobelins actuelle), pour marquer la séparation des seigneuries de Sainte-Geneviève et de Saint-Marcel.

Mauberti (1), a medio ruelli vici Anglicorum usque ad medium ruelli vici Guellande, et a medio dicti vici Guellande, ascendendo, a parte dextra, per dictam plateam Mauberti, usque ad crucem Hemonis, tam in dicta platea quam domibus a dicta parte dextra, necnon in vico dicto des Lavendieres, ab utraque parte dicti vici, in vico Sancti Victoris, a dicta cruce Hemonis, et a medio ruelli dicti vici Sancti Victoris, a parte dicte ecclesie Beate Genovefe, eciam ante domos in quibus pendebant intersignia floris lilii et cacabi, in dicto vico Sancti Victoris situatos, usque ad vicum de Versailles, et a dicto vico de Versailles, a dicta parte Sancte Genovefe, usque ad portam Sancti Victoris, et in dicto vico de Versailles, a medio ruelli dicti vici, a parte dicte ecclesie Beate Genovefe, in media parte ipsius vici de Versailles, a vico Sancti Victoris, ascendendo usque ad cognum vici dicti Clopin, intrando dictum in vicum de Bordellis, eciam in domo que fuerat magistri Johannis Dalongueville, necnon in dicto vico Clopin, ab utraque parte, maxime in domo Petri monachi sereatoris, in vico dicto de Bordelles, a parvo hostio domus scolarium collegii nostri Campanie, alias Navarre, ab utraque parte vie usque ad portam dictam de Bordelles, ascendendo, presertim in domo Johannis Platelli in qua pendebat intersignium grossi turoni, necnon in vico Sancti Stephani dicti des Gres, ab hostio parvo ecclesie Beati Stephani, a parte domus scolarium magnorum Choletorum, usque ad dictam ecclesiam Beate Genovefe, habuerant et habebant, et de dictis jurisdictione, viaria et jure viarie, usi et gavisi pacifice, et in possessione et saisina erant et fuerant.

. . . .
. . . .

(Le procureur général combattait ces prétentions, et après avoir revendiqué, d'une manière générale, la voirie de toute la ville pour le roi, il ajoutait ce qui suit) :

Ac per registra tam camere nostre Compotorum quam Castelleti predicti, quibus indubia fides adhibebatur, nullus privatus, in aliquo loco dicte ville Parisius nec ejus banleuca, nisi ab utraque parte vici, in singulis domibus talis vici, solus et

---

(1) Voir sur la topographie décrite par cet arrêt *suprà*, p. 233 et suiv.

in solidum, altam et jurisdictionem habuisset,..... jus viarie exercere nec habere poterat seu debebat, dicti que religiosi, soli et in solidum, ab utraque parte dictorum vicorum et locorum contenciosorum, et in singulis domibus, altam jurisdictionem non habebant, ac eciam, per dicta registra, in sua antiqua terra et non alibi, quæ a dicta cruce Hemonis usque ad dictam ecclesiam Sancte Genovefe, ascendendo, solum se extendebat, dicti religisi jus viarie habere debebant. . .
. . . . . . Per judicium dicte curie nostre, dictum fuit dictos religiosos ad bonam et justam causam conquestos fuisse etc.... Anno domini millesimo quadringentesimo primo, et regni nostri vicesimo primo.

Pour le voyer. — Ce sont les coustumes et drois que nostre voyer de Sainte Genevieve ou mont de Paris doit avoir à cause de nostre voyrie. — Premierement, de tous ceulx qui vendront pain en nostre terre, et en nostre terre qui est dessoubs l'eglise Saint Ylaire, et aussy en nostre terre qui est en la rue Saint Estienne des Gres, nostre dit voyer, a par tout l'an entier, chascune sepmaisne, ij deniers, etc.
(Suit une énumération des droits perçus par le voyer, sur la vente des vins et autres *coutumes*).....
« Item, en nostre terre en la rue Saint Estienne des Gres, a certaines hostises dont les iiij sont franches de toutes coustumes deues à nostre dit voyer, les autres les doibvent comme dit est. Semblablement, ès maisons devant l'ospital Saint Jehan, en nostre terre, a ledit voyer, toutes les coustumes comme ilz sont dessus declarées. Item à Saint Medard, en la rue de Richebourc et en la rue de Lourcines, en nostre terre, de tous ceux qui vendent pain, a, tous les samedis de l'an, ij deniers, etc. (1).

CE SONT LES CAS DE RUNGI (2).

1269. — L'an de grace m cc lxix, fu justiciez, par nous

(1) Ce règlement est suivi d'un arrêt en latin, du 7 septembre, sous la rubrique « l'arrest de la boucherie », et de règlements de métiers, sous la rubrique « ordonnances des huchers demourans en la terre Madame Sainte Genevieve »
(2) Rungis (Seine, arrondissement de Sceaux).

Raoul de Nanteurre, qui avoit tué Nicholas le Meunier devans nostre porte à Rungi, et avoit esté menez en Chastelet, et nous fu renduz par le prevost de Paris. Aubert du Ru set ce

1252. — L'an de grace m cc cinquante et ii, fu pris Aubert Thiot qui ardi le tes de chaume au meire, et fu amenez à Sainte Genevieve en prison, et morut en la prison. Aubert du Ru set ce, etc.

1263. — L'an de grace m cc lxiii, fu penduz à Monlehery, un larron qui fu pris en nostre terre entre Contems et Loanz, et feusmes reseisi d'un sac plain de fuerre et d'un chaperon. Aubert du Ru, Jehan le fournier, Prenaut Malingre sevent ce.

Item, Guiot le berchier fu penduz à Monleheri. Nous assenames à sa meson et à sa terre. Oudart de la Neuville, leures prevost de Paris, i mist debat, et i envoia Pierre la pie, et fist enqueste, et trouva que nous i aviesmes toute justice, et feusmes reseisiz de la meson et de la tere desus dite, et la vendimes comme seigneur, et nous en reseisi, par le commandement au dit prevost, Jehan de Bruieres, serjant à cheval. Presenz le chamberier, Jehan de Fontenay, etc.

30 avril 1292. — L'an de grace m cc iiii^{xx} et xii, le mecredi veille Saint Phelippe et Saint Jacque, feusmes resaisiz d'une larronnesse de Bretigni, qui avoit à non Marguerite, qui avoit geu chiez Asceline la gouce à Rungi, et l'avoit robée, par nuit. Et en leva le cri seur li. Et fu prise, en nostre voierie, et menée à Paris. Et le prevost de Paris le sot, si l'envoia querre à Sainte Genevieve, et nous l'alames requerre au prevost, et il dist que il ne savoit pas que elle feust prise en nostre terre, et nous deismes que si estoit, et le prevost i envoia Nicholas Rosai, auditeur de Chastelet, Jehan de Bruieres, serjant à cheval, Ansiau d'Argenteuil, et Manesier, notaire de Chastelet, et troverent, par bones gens, que nous i aveismes toute jostice, et le raporta ledit Nicholas de Rosai au dit prevost de Paris, et le dit prevost commanda que nous feussiemes resaisiz au dit leu. Et là fu ramenée la larronnesse, de par le prevost de Paris, par deux serjanz de Chastelet, Estienne de la Molaie et Çoquet de Roie, serjanz à cheval. Presenz, frere Jehan de Fontenai, chamberier, etc.

Item, Jehan prevost de Monleheri nous dessaisi de la jous-tice de un arpent et demi de terre seant devant Contemz, mouvant de nostre censive, à la requeste du prieur d'Aties. Nous requeismes au dit prevost la cognoissance de un arpent et demi devant diz, et le dit prevost nous en rendi la saisine, et fu la dite terre resaisie des garbes que le dit prevost avoit mis en la main le Roy, par Johanin, serjant de Monleheri. Presenz, frere Jehan, chamberier de Sainte Genevieve, mon seigneur Guillaume Bidaut, etc.

15 mars 1301. — L'an de grace mil ccc, le diemenche devant Pasques flories, feusmes resaisiz, par Richart le Ver d'Issi, serjant à cheval, du commandement Guillaume Tybout, lors prevost de Paris, d'un home qui avoit esté pris en nostre molin de Rungi, pour soupeçon de larrecin, et en feusmes resaisiz dedenz nostre molin à Rungi. Presenz, Eude nostre mere de Rungi etc..., frere Guillaume de Vaucresson, leures chamberier, etc... Et, à cele journée, ledit chamberier, pour resouvenance, gieta en la place, devant ledit molin, ij solz en poitevines, et i boissel de nois.

26 juin 1302. — L'an de grace mil ccc et ii, le mardi après la Saint Jehan, fu enfouie Amelot de Cristueil, laquele avoit esté prise à Rungi, pour ce que ele avoit emblé, chiez Eude li tout, une cote, un peliçon, ij çaintures, ij aniaus, un fremail, ij crespines et une aumosniere de soie, et fu justicié, presenz Bertaut Morel, Pierre le clerc, Bertaut Gille, touz de la terre de l'Ostel Dieu, Raoul le berchier, de la terre du chapitre etc..., Eude le mere et pluseurs autres (1).

CE SONT LES CAS DE CONTEIN (2).

1263. — L'an de grace mil cc lx iii ou environ, fu pris i home au terrouer de Contins, entre Contins et Louans, pour larrecin, et fu menez à Montleheri, par la gent le Roy, et là fu justiciez et pendu. Cil de Sainte Genevieve le requistrent, et en fu enqueste fete. Et après l'enqueste fete, il en furent

---

(1) Ce cas est déjà mentionné plus haut. Voir *supra*, p. 364.
(2) Contin, entre Paray et Athis (arrondissement de Corbeil, Seine-et-Oise).

resaisi, à Contin, d'un vout, c'est à savoir, d'une chemise et d'un chaperon plain de fuerre, en une charete. Ce sevent, Aubert du Ru de Rungi, etc.

1280. — L'an de grace, mil cc IIII^{xx} ou environ, avint que Jehan des Bordes navra un charretier à mort, d'un gaton, devant Contein, et cuida l'an que il moreust. Il en fu tenuz en prison, à Contein. Le prevost de Monleheri le sot, et l'enmena à Monleheri. Ce sevent, Jehan des Bordes, etc.

L'an de grace mil cc (1), ou environ, vint un pourciau d'espave à Contein, sanz suite de nului. Nous en feismes enqueste aus porchiers, à marcheanz, et aus genz des villes voisines.

L'an de grace, mil cc, ou environ, fu trovée une brebis d'espave à Contein, et l'amenames en nostre meson, et puis nous en feismes enqueste à berchiers, à marcheanz, et autres genz des villes voisines.

Ce sont ceus qui sevent comment nous avons fet les chemins offondrer et raparellier, et les arbres couper, et esbranchié, ou terrouer de Contein. Le mestre de Contein, Guillot, le fuiz feu Thoumas de Rungi, etc.

25 décembre 1300. — L'an de grace mil ccc, environ Nouel, misent mestre Guillaume de Marrigni et mestre Phelippe, son compaignon, clers nostre seigneur le Roy, la main le Roy es aquès que l'église avoit fait en la granche de Contein, et requeroit ledit mestre Guillaume que l'en en finast à lui, ou non de nostre seigneur le Roy, de tous les acquès que l'église i avoit fez puis lv ans en ença, auquel frere Guillaume de Vaucresson, lors chamberier de Sainte Genevieve, respondi que l'eglise n'estoit pas tenue à finer en, car ladite église i avoit toute joustice haute et basse, laquele chose le dit mestre Guillaume dit que il ne savoit et en vouloit estre enfourmez, ou il vouloit que l'on en paiast finance des diz aquès, et en fist fere enqueste ou informacion diligamment, par frere Baudoin, mestre du Deluge, et par Robert de Montleheri, jadis clerc de la prevosté de Montleheri,

(1) Ce cas et le suivant sont postérieurs à 1200 ; un petit blanc a été laissé à la suite de la date.

qui estoient establi dudit mestre Guillaume, en la prevosté de Montleheri, à cueillir les dites finances, et fu fete la dite enqueste ou informacion en la dite granche, laquele enqueste fete fu portée audit mestre Guillaume, et la vit diligamment, à Montleheri, le sammedi après la Tyefaine, l'an desus dit. L'enqueste veue et diligamment examinée, en la presence de bonne gent, il osta la main le Roy en disant tiex paroles : Nous avions mis la main le Roy en la granche de Contein, pour la reson des aquès que cil de Sainte-Genevieve i avoient fes puis lv ans ença, pour ce que nous ne savions pas que il i eussent toute joustice haute et basse, nous i avons fete enqueste diligamment, et l'avons veue et diligamment examinée, et pour ce que nous i avons veu et trové, nous ostons la main le Roy de la dite granche. Ce fu fet l'an et le jour desus dit, en la meson [ ]. Presens, mestre Phelippe de Marrigni, etc,..... et pluseurs autres bourgois et bones gens de Montleheri.

5 février 1301. — L'an de grace mil ccc, le lundi après la Chandeleur, avint que Pierre Rougaut, maçon, navra Nicholas Morise, maçon, en aguet, bien une liue de nuitz, de lez nostre granche de Contin, et acourut le dit Nicholas, à guarant, à nostre granche de Contin, criant haro, et fu le dit maufeteur pris et mis en prison en nostre chep de Contin, et puis fu delivrez par pleges. Presens, frere Jehan, le mestre de Contin, etc,.... et furent pleges de l'amende, Mahiu le charpentier, et Guillaume le mere, touz de Parei.

CE SONT LES CAS DE FONTENOI (1).

1263. — L'an de grace mil cc lx iii, fu pris à Fontenai, i home qui avoit navré d'un coutel, Symon, le fil Richart, le mestre de Fontenai, et fu amenez en nostre prison à Paris, et i fu tant que le malade fu gueri.

1292. — Anno domini m° cc° nonagesimo secundo, Matheus de Arcolio debebat nobis quandam emendam, et Belinus, serviens noster, ivit ad domum dicti Mathei et voluit capere nanta dicti Mathei pro dicta emenda, et dictus

---

(1) Fontenay-aux-Roses (Seine, arrondissement de Sceaux).

Matheus occurit ei, et verberavit eum, nec permisit quod dictus Belinus caperet nanta sua. Camerarius vero noster, hoc cognito, accessit ad dictam domum, et cepit quicquid invenit in dicta domo, pro forefacto predicto, et idem emendam habuit. Et poterit probari per Thomam Picart, etc.

1878. — Anno domini m° cc° septuagesimo octavo, accidit quod quidam hospes noster, qui vocabatur Arnaudus, regratarius, nolebat venire ad citaciones nostras, coram nobis, et precipimus servienti nostro de Fontaneto quod ipse caperet dictum Arnaudum et adduceret in prisionem nostram, quod cum fecit dictus serviens noster, dictus Arnaudus eundem servientem percussit, et nichilominus, dictus serviens eundem Arnaudum adduxit ad prisionem nostram Parisius, et ibi diu fuit detentus, usque ad satisfactionem condignam. Et hoc probari poterit, per Sansonem carpentarium, etc., et per totam famam.

Apud Burgum Regine (1), in domo Natalis Pignart, in terra nostra, fuit capta quedam mulier, cui imponebatur quod furata fuerat quendam puerum, que domus est de pertinenciis ad terram nostram de Fontaneto, et inde ducta fuit in prisione domini de Castro forti, apud Fontanetum, et de Fontaneto apud Castrum fortem, quo cognito a nobis, requisivimus justiciam de eadem muliere coram preposito Parisiensi, et prepositus Parisiensis voluit habere saisinam de eadem, et habuit. Invento autem quod capta fuerat in terra nostra, prepositus Parisiensis nobis reddidit dictam mulierem per nos justiciandam, et justiciavimus eandem.

1268. — L'an de grace m cc lxviii ou environ, fu pris à Fontenai i pourcel qui avoit mengié i enfant, chies Estiene le Camus, et fu ars en la court au mere de Sainte Genevieve à Fontenai. Presenz, frere Guerin, leures chamberier, Guillaume le serjant, Aubert le mere, etc.

1284. — L'an de grace m cc iiii^{xx} et iiii, fu contens par devant nous, entre l'abbé et le couvent de Sainte Genevieve,

---

(1) Bourg-la-Reine.

d'une part, et le seingneur de Marli, d'autre part, sur la saisine de la justice basse et haute de Fontenay delez Baingneus en la terre de Sainte Genevieve, et amenerent temoins, l'une partie et l'autre, à prouver leur entencion, etc.

7 mai 1334. — L'an de grace mil ccc xxxiiii, le samedi après l'Ascencion, fu restabli, par Estiene d'Aucere, ad ce temps baillif de Montmartre, et autres serjans du liu, en la terre Pierre le Riche, de Baugnex, qui fu aus enfans feu Henry de Lospital près du Bourc la Roine, Hervœt de Quargois, breton, qui avoit enblée une coste et un drap chies Piere, le charon du Bourc la Roine, pour ce que ledit Pierre l'avoit pris et mené en la prison l'abesse, sans apeler nostre serjant, e la resesine fete, il nous fu requis du dit bailli que nous le vousisions delivrer, comme cil qui avoit esté suis et pris à suite. Et li fu delivré, par Jehan de la Fonteine, ad ce temps mere de l'eglise. Presenz, Herbert, du Bourc la Roine, Jehan Contesse,.. et pluseurs autres (1).

CE SONT LES CAS DE VANVES.

1266. — Anno domini m° cc° lx° sexto, fuit captus apud Vanvas, in terra nostra, quidam qui furatus fuerat linteamina, ad hayas, et justiciatus fuit, per consilium ecclesie, et cisa fuit auris ejus.

1293. — Item, à Guarneles (2), par delà, fu un home trouves murtriz, qui fu portez à Vanves, pour connoistre, et fu sus terre iiii jours, et ne pot estre conneuz, et fu enfouis en jousticant, l'an m cc lxxx et xiii.

1287. — L'an de grace m cc iiii^{xx} et vii, mestre Robert Dede, et un home lai, qui portoient lettres pour semondre gens de Vanves furent tuez vers Vanves, ou chemin ou pres, et en furent soupeçonnez, Jehan Aubert, Jehan Grolet dit Petit Pont, Jehan Lenglois, Guillot, Leschape et Jehan Cornu, et s'enfoui-

(1) Cette notice est suivie de diverses ordonnances relatives aux métiers; on mentionne qu'elles furent *lues en jugement*, dans l'auditoire de la justice de l'abbaye; ces mentions portent les dates des années 1336, 1441, et 1442.
(2) Grenelle.

rent hors du pais. Il furent apelez souffisamment, et puis banis sollennement. Nous preismes leurs biens. Li prevos de Paris disoit que Sainte Genevieve n'avoit pas haute joustice à Vanves, ne ès apartenances. Enqueste en fu faite, par le commandement Pierre Seimiau, prevost de Paris, par mestre Phelippe, auditeur de Chastelet. Nous feusmes resaisiz, par le commandement du dit prevost, par Robert à la touche, serjant à cheval, des biens que le prevost avoit mis en la main le Roi, en la presence Robert Mauvoisin, etc.

1282. — L'an de grace m cc iiii^{xx} et ii, ou environ, fu suivi i larron, et tua i home qui le suivoit, et puis fu pris et tué en prenant ou chemin, ès apartenances de Vanves, de les Vaugirart. Le prevost de Paris le pendi. Sainte Genevieve en fu resaisie, d'une coste, et fu la cote trainée et pendue aus fourches de Vanves. Ce sevent, le mere, Mahiu Giront, etc., tous de Vaugirart.

1286. — L'an de grace m cc iiii^{xx} et vi, ou environ, fu prise une fame pour larrecin, près des fourches de Sainte Genevieve. Le prevost l'emprisonna, et puis nous en resaisi, et fu jugiée par nous, et ot l'orille coupée, presenz, le neveu Rogier du graiffe, serjant de Chastelet, le maire, et Guillaume le serjant.

1287. — L'an de grace m cc iiii^{xx} et vii, ou environ, furent assailli ii homes en aguet, à Vanves, de lez les quarrieres, et furent navrez à mort, et morurent tantost après le fet. Jehan Fortaillie et Aubert, le bouchier de Vanves, en furent soupeçonnez, et en tindrent prison à Sainte Genevieve, et fu renduz le dit Jehan à l'official, pour ce que il estoit clerc. Ce sevent, le maire, Remi de l'Ourme, etc.

1285. — L'an de grace m cc iiii^{xx} et v, ou environ, fu murtris, en son ostel, Jehanot Harchon de Yssi. En fu soupeconnez, Bertaut de Baigneuz et en fu en prison à Sainte Genevieve, demi an et plus, et preismes touz ses biens en nostre main, et Guillaume Hulequin d'Issi, escuyer, en tint, en ce temps, prison en Chastelet, et le dit Bertaut s'en espurga à

Sainte Genevieve, par devant nous. Ce sevent, le maire, Arnoul de la Court, etc.

1286. — Item, l'an de grace m cc iiii^{xx} et vi, ou environ, chei d'espave, une vache à Vanves. L'eglise en joy pesiblement, comme justice. Ce sevent, le maire et le vachier de la ville.

1294. — L'an de grace m cc iiii^{xx} et xiiii ou environ, Jehan de Glatigni, hostes à Vanves de Sainte Genevieve, embla un seurcot es prez delez Joy, et fu pris, à present, et menez à Chastiau Fort, et brisa la prison de Chastiaufort. Sainte Genevieve ot tous les biens que il avoit à Vanves, et ce sorent bien, les genz le Roi. Ce sevent, Jehan le Conte, fil Pierre Pin, etc.

1288. — L'an de grace m cc iiii et viii ou environ, Gille, fame Jehan Carverre, fu soupeçonnée de joiaus et deniers que Basile fame Phelippe de Bailli avoit perdu, elle fu prise, et s'en espurja à Sainte Geneveiv. Ce sevent, Pierre Harchier, etc.

Ceus ci sevent des voies et des chemins apparcillier, le maire, Arnoul de la Court, etc.

1293. — L'an de grace m cc iiii^{xx} et xiii ou environ, Simonet, fil Ferri de la Court, tua i home de nuiz, entre Vanves et Paris, si comme l'en disoit, et s'enfoy. Sainte Genevieve pris ses heritages, et encore les tient. Apelez ne fu pas de nous, car il n'estoit pas nostre hostes. Ce sevent, le maire, etc.

1296. — L'an de grace m cc iiii^{xx} et xvi, ou environ, Nichole, fame Joirre le riole, normant, morut sanz hoir, et estoit aubanne. L'église ot ses biens, demi quartier de vigne et l'esploita. Ce sevent, le maire, etc.

Item, ij enfans qui avoient héritage de par leur père, qui avoit à non, Richart coupe feve, morurent sans hoir. L'eglise ot ce que il avoient de par le pere, par defaute d'oir. Ce sevent, le maire, et Eudeline la franche.

Item, pourciauz et autres bestes sont venus d'espave, desquiex l'eglise a esploitié. Ce sevent, le maire, et Raoul le porchier.

1282. — L'an de grace mil ccc iiii^{xx}, et ii, ou environ, Rogier de Baigneux fu espiez, de nuis, entre Paris et Vanves, et fu navrez et l'ueil crevé, et cuida l'en que il moreust. Ferri de la Court et Phelippe Popin, son frere, en furent soupeçonnés. Le prevost de Paris mit empiechement ès biens qui estoient en la terre Sainte Genevieve, et puis, à la requeste et au pourchaz de ceus de Sainte Genevieve, fu fete aprise, le prevost de Paris en osta la main le Roy, et vout que nous joissiemes paisiblement des soupeçonnez et de leurs biens. Ce sevent le maire, etc.

1271. — L'an de grace mil cc lx et xi ou environ, une fame qui demouroit de les la masure Hue d'Auteul, fu navrée d'une pierre qui li fu gietée sur la teste, et en morut. Hue d'Auteul en fu soupeçonné, pour ce que elle disoit que la pierre estoit gietée par devers son jardin, et fu pris par ceus de Sainte Genevieve, et tenuz grant piece en prison, et fu delivrez par Sainte Genevieve. Ce sevent, le maire de Vanves, etc.

1299. — L'an de grace mil cc iiii^{xx} et xix, environ la Saint Martin, fu tué i home entre Montrouge et Vanves, et avoit non, Raoulin du Four, d'Ygny delez Bievre, et le tua, Jehanot le peletier et s'enfoui. Le maire de Vanves et la gent de l'eglise enfouirent le cors, en jousticiant, et prisent la fame du dit Jehan, le peletier, laquele avoit non Hauys, et fu menée en prison à Sainte Genevieve, et i demoura grant piece, et à la fin fu delivré, par droit fesant, apelez premierement les amis du mort, à savoir mon se il li en vouloient riens demander, et ils respondirent que nenil. Guillaume Tybout, lors prevost de Paris, mist debat en la joustice du lieu, et deffendi audit chamberier que il coneust de la joustice, et prist la chose en la main le Roi. Auquel prevost le dit chamberier demanda si la dite deffense, par l'entencion dudit prévost, s'estendoit aus lieus voisins qui sont en la terre et en la seignorie de la dite eglise et des apartenances de la ville de Vanves, lequel prevost respondi que il ne l'entendoit à empeschier, fors du lieu contempcieuz tant seulement. Et Pierre de Claincourt, escuier, demourant à Monsteruel, fu pleges pour ladite fame. Ce sevent, Bourée, la mere de la dite Hauis, Katerine sa suer, et pluseurs des gens de Vanves.

17 mai 1300. — L'an de grace, mil ccc, le mardi devant l'Assension, fist frere Guillaume de Vaucresson, chamberier de Sainte Genevieve, esbranchier un hourme à Vanves, qui est ou quarrefour que l'on dist La Barre, et en fist amener les branches ou pressouoir au prieur de Vanves. Presenz, frere Nicholas de Saint Leu, leures prieurs de Vanves, etc.

1268. — L'an de grace mil cc lxviii ou environ, avint que Bertaut le grand fu assailly entre Vanves et nos fourches de Vanves, ou chemin, entre chien et leu, de ij picars demouranz à Vanves, c'est à savoir, Guillot et Dreue, et le navrerent ausinques comme à mort, et li creverent l'ueil. Ils s'enfoirent de la ville, nous en eumes les biens, comme seigneurs, et pour le fet desus dit.

1er février 1269. — La veille de la Chandeleur, avint que Raoulet Groulet et Renaut de Roni furent pris à Vanves et menez en Chastelet, pour la soupeçon de Pierre Gremon d'Issi, qui avoit esté murtris. Li abbes les requist au prevost, et les rot par droit fesant.

1264. — L'an de grace mil cc lxiiii ou environ, Jehan Porchelet, d'Issi, fu navrez nuitantré. Estevenot de Chartres, Eude de Baigneus, Perrot le mere, et Estienne de Baigneus, hostes Sainte Genevieve à Vanves, furent soupeçonnez de ce fet, et furent appelez au droit le Roy, et vindrent en Chastelet. Li abbes les requist, et les rot, par droit fesant.

1257. — L'an de grace mil cc lvii ou environ, avint que un vallet charpentier brisa, à forche et de nuis, l'uis Jehan l'estape, et fu pris presenz, ou chemin, par les gens de Sainte Genevieve, et là fu menez en prison, et justiciez du cas.

1274. — L'an de grace mil cc lxxiiii ou environ, avint que noiers furent arrachiez à Vanves, par nuit. Jehan

Lescape, hostes Sainte Genevieve à Vanves, fu menez en Chastelet, por ce fet. Li abbes le rot, par droit fesant.

14 novembre 1304. — L'an de grace mil ccc et IIII, le samedi après la feste Saint Martin d'yver, feusmes resaisiz du cors de Thomas, dit Gontier de Vanves, qui avoit batu et navré, nuit entré, Perrot dit Luet, ou grant chemin si comme l'en va de Paris à Vanves, aus desus de forches, et fu, le dit Thomas, menez en Chastelet, et puis au samedi desus dit, en fusmes resaisiz, et fu faite la resaisine par Pierre de Lonejumel, sergant à cheval du Chastelet de Paris, et fu faite la resaisine au chamberier Renaut, en la presence du maire, etc. (1).

CE SONT LES CAS D'AUTEUL (2).

1287. — L'an de grace mil cc IIII^{xx} et VII, fu trovée une truie espave, que Adam Gervese et Jehan Gervese son frere, d'Auteul, troverent et la recelerent, et amenderent la recelée, et nous rendirent la truie, à veu et à seu de pluseurs genz de la ville d'Auteul.

27 mars 1289. — L'an de grace mil cc IIII^{xx} et VIII, le diemenche devant Pasques flories, amenda Gautier de Lortie, treeur de terre à poz, ce que il avoit cavé sous la voierie d'Auteul à Paci, si que la voie fondi, et li fu commandé que il la dite voie affondrée par li amendast de pierre, de terre et de gravois. A ceste amende fere fu, Baudet le portier, Guiot de Saint Benoit, Guillaume le potier, etc., et fu ledit Guillaume le potier, pleges de l'amende.

1295. — L'an de grace m cc IIII^{xx} et xv, ou environ, fu prise à Auteul, une fame qui avoit non, Marie de Romainville, pour sopeçon de larrecin, et d'illeucques fu mené à Sainte Genevieve à Paris, en prison, et tenue lonc temps, et puis fu remenée à Auteul, et enfouie sollempnement desouz les fourches d'Auteul. Ce fu fait au temps frere Guillaume, chamberier de Sainte Genevieve.

---

(1) Cette notice est suivie d'une ordonnance relative aux fabricants de cervoise, « Ordonnances touchant le fait des servoisiers demourans en la terre Madame Sainte Geneviève »

(2) Auteuil.

Presenz, Guillaume le serjant, Jehan de Vaucresson, Jehan le normant, serjans, Jehan le crieur, Robert Frede, nostre mere d'Auteul.

20 décembre 1296. — L'an de grace m cc iiii^{xx} et xvi, la veille Saint Thoumas devant Noel, que Saine et les autres iaues furent si grandes qu'eles abatirent les ponz de Paris (1) et les mesons de desus, et cheerent en l'iaue, dont il avint que moult de merrien vint aval l'iaue et descendi à terre seche, à Auteul et à Garnelles. Le prevost de Paris i mist la main le Roi. Frere Guillaume de Vaucresson, leures chamberier de Sainte Genevieve, requist au prevost de Paris que le dit merrien li feust délivré et que la main le Roi en feust ostée. Nicolas de Rosai, auditeur en Chastelet, i fu present au lieu, du commandement au prevost de Paris, et aprist de la justice du lieu, et trova que l'eglise i avoit toute joustice haute et basse, et delivra le merrien à l'eglise comme espave. Presenz, Robert Frede, nostre mere.

27 novembre 1306. — L'an de grace, mil ccc et sis, le dimenche avant la Saint André l'apostre, feusmes recesi de nostre joutice et de nos fourches de la ville d'Auteul, du commandement au prevost de Paris, par Pierre Malet, Pierre de Gournai et Jehan [ ], sergenz le Roy à cheval. Presenz, frere Renaut, chamberier, etc.

CE SONT LES CAS DE GUALIE, DE SOISI, DE TRIANON ET DES APARTENANCES (2).

4 juillet 1287. — L'an de grace m cc iiii^{xx} et vii, le vendredi, jour de feste Saint Martin d'esté, feusmes resaisiz de la haute justice de Soisi, dalez Gualie, c'est à savoir d'un bordel que le prevost de Chastiaufort (3) avoit ars en nostre

---

(1) Des inondations semblables occasionnèrent les mêmes désastres en 1196, 1206, 1280, 1325.
(2) Gally, Choisy et Trianon. Il n'existe plus qu'une ferme de Gally : les villages de Choisy et de Trianon ont été compris dans le parc de Versailles. V. Lebeuf, *Histoire du diocèse de Paris*, t. VII, p. 328.
(3) Voir sur la prévôté de Châteaufort, Brussel, *Usage des fiefs*, p. 463, 511, et 702.

terre, vers Saint Cyr, que nous rardimes de rechef en jousticant, par l'enqueste fete sus ce que le prevost de Chastiaufort disoit que ce n'estoit pas des apartenances de Soisi, ne de nostre justice, ne de la chastelerie de Paris. Et sus touz ces autres cas qui s'ensuivent, c'est à savoir : — De chapes de cuer qui furent trovéez au viez moustier et furent portées à Soisi ; li serjant menerent ceus qui les troverent à toutes les chapes, en Chastelet à Paris ; et en feusmes resaisiz. — Item d'un mercier qui fu trovez murtri entre Gualie et Soisi, nous l'enfouimes pesiblement en jousticant. — Item d'un larron qui fu pris, emblant pois chies sire Rogier de Soisi, et fu menez en Chastelet, et nous fusmes resaisiz par la main Renaut de Trapes, serjant de Chastelet, d'un gant. — Item, des ourmetiaus qui furent coupez en la voierie dont nous en feusmes resaisiz. — Item, de Jehanot d'Ivete, de Soisi, neveu Froimont, qui avoit pris une garce à force qui fu née à Trianon, jut à li à force, si comme l'en dit, et pour la soupeçon fu criez à cri, en ladite ville. Après le cri, il se mist en nostre prison, et i demeura bien demi an, et delivrez par droit fesant.

15 juillet 1291. — L'an de grace m cc IIII^{xx} et xi, le diemenche devant la Magdelainne, furent recreu par pleges, Richart Heloys, Jehan Heloys son pere, de Trianon, et Jehanne Lorete, sa suer, tenuz en prison pour la soupeçon de ij hanas d'argent et xx livres parisis perduz en la meson du dit Richart, qui estoient mestre Jehan de Trianon, d'estre à droit par devant nous de ceste soupeçon toutes foiz que l'en les mandera. Pleges, Guillaume du Four, Andrui de Montirel, Garnier Heloys, Guillot Genevieve, Maciot le fuiz Tiece, Eudes Daties, Thoumas Hauys, Pierre Het Dieu, chascuns pour le tout, cors pour cors, avoir pour avoir ; et leur sont les biens du dit Richart recreu sus II^{c} livres parisis, chascun tout pour tout. Et cette plevine reconnurent il, par devant nous en jugement à Paris, l'an de grace m cc IIII^{xx} et xviii, le mardi devant la Saint Nicolas d'yver, et s'en misrent en la merci de l'eglise et du chamberier. Presenz, frere Guillaume de Vaucresson,... et pluseurs autres. De laquele plevine il sont absous.

16 novembre 1298. — L'an de grace m cc iiii^{xx} et xviii, le diemeche ès huitives de Saint Martin d'iver, feusmes resaisiz, à Trianon, de la fame Richart Heloys de Trianon, qui avoit esté prise à Trianon, par Vincent le jeolier de Saint Germain en Laye, serjant de Chastelet de Paris à cheval, le diemenche de Pasques flories, et l'avoit menée à Saint Germain en Laye, en la prison le Roi, du commandement du prevost de Paris, si comme il disoit, pour soupeçon de larrecin, et fu cele cause, le jeudi devant Pasques flories, qui fu l'an de grace m cc iiii^{xx} et xvii, prist, le prevost de Saint Germain en Laie, Richart Heloys desus dit, pour i hanap d'argent que il avoit emblé, si comme l'en disoit, et eschapa au dit prevost, et s'enfoui. Et pour ce que il cuida que la fame du dit Richart en deust savoir, il la fist prendre et la fist mener de Trianon à Saint Germain en Laye, en la prison le Roi, du commandement au prevost de Paris, si comme il disoit. Et pour ce que la ville de Trianon n'est pas du resort de Saint Germain en Laye, mes est du resort de Chastelet de Paris, nous requeismes au prevost de Paris, Guillaume Tybout, qui lores estoit, que il feist amener la dite fame en Chastelet à Paris, et s'enfourmast de la joustice de Trianon, et einsint fu fet, et commanda à mestre Morise le breton, procureur le Roi, que il s'en enfourmast. Et l'en enfourmames par bones genz, et l'informacion fete et raporté aus mestres de la Court, li mestre commanderent au prevost de Paris que nous feussons resaisi sur le lieu à Trianon. Et fu einsint fet, et feusmes resaisi de la dite fame et de touz ses biens, au diemenche après la Saint Martin devant dit, par Bertaut le fil Maci le jeolier de Chastelet de Paris, serjant le Roi à cheval, par le commandement du dit prevost de Paris. Presentes, les personnes qui s'ensuivent, frere Guillaume chamberier de Sainte Genevieve, etc. Et cele journée mesmes, presenz les dites personnes, fu la dite fame Richart Heloys, troussée et mise en une charrete, laquele charrete estoit Jehan Maupetit de Trianon, et fu amenée à Paris en la prison Sainte Genevieve, par Jehan de Vaucresson, serjant de Sainte Genevieve.

10 mars 1300. — L'an de grace m cc iiii^{xx} et xix, le jeudi après les huitieves des Brandons, contemps meu sus la sai-

sine de la justice de Soisi entre ceus de Sainte Genevieve et le prevost de Chastiaufort pour le Roi, dist et prononça en jugement, mestre Morise, procureur le Roi, seant ou leu et tenant le leu du prevost de Paris, que il n'entendoit point à empechier la joustice de Soisi à ceus de Sainte Genevieve par desouz le larron. Et ce debat vint pour sanc qui avoit esté fait en la ville de Soysi, dont le prevost de Chastiaufort disoit que à ceus de Sainte Genevieve n'apartenoit pas la connoissance du dit sanc et que li Rois en estoit en saisine. Laquele saisine nous fu despecchié par le dit mestre Morise, si comme il est desus dit. Presenz, Tybaut de Senlis, etc.

27 mai 1303. — L'an de grace mil ccc et iii, le lendemain de Penthecouste, nous restabli, Jehan le bouchier prevost de Chastiaufort, par le commandement du prevost de Paris, de i home qui fu trové mort à Trianon, ou terrouer de Lespesse, ou fossé du pré au prieur, lequel il avoit pris, levé et porté hors de nostre seignourie de Trianon. Presenz, Adenet dit Coquet de Chastiaufort.

CE SONT LES CAS DE NANTEURRE (1).

25 janvier 1288. — L'an de grace m cc iiii^{xx} et sept, le jour de la conversion Saint Pol, resaisi frere [ ], Jehan de Chastiaufort, garde de la prevosté de Rueill, nostre terre de Laitre de Nanteurre, d'une fourche et d'une hache dannoise. Laquele terre fu efforciée et desaisie des choses desus dites par la gent au prevost desus dit, laquele chose il ne devoient ne ne povoient fere, et connut et confessa ce, le dit prevost, à la resaisine fere, que à tort et sanz raison, sa gent avoient dessaisi et efforcié la ditte terre. Et fu la dite terre resaisie des choses desus dites. En la presence frere Renaut, lors official de Saint Denis, frere Jehan de Fontenai, chamberier, frere de Roissi, souz prieur, frere Jehan de Roissi, enfermier, frere Robert de Monci, prieur de Nanteurre, etc.

1293. — L'an de grace m cc iiii^{xx} et xiii, furent pris à Nanteurre, en la terre de Laitre, onze homes et une fame pour

(1) Nanterre (Seine).

mellée et pour soupeçon de larrecin, desquiex IIII homes li uns fu penduz à Paris à nos fourches de Vanves, qui avoit à non, Boutegourt, qui fu accusez de pluseurs larrecins, et li autre furent fourjuré de la terre, et fu fete ceste prise ou temps Gaudin, nostre mere de Nanteurre, frere Robert prieur du dit lieu, et frere Nicholas de la haie, prevost du dit lieu.

28 février 1303. — L'an de grace mil ccc et III, le diemenche devant les Brandons, feusmes resaisiz à Nanteurre, dou commandement Pierre dit li Jumiaus, leures prevost de Paris, par Jehan le Page et par Perrot son fuiz, leures serjanz le roy à cheval, de ij figures, l'une en non de Jehan Ansel, et l'autre de Gaudin Fagel. Presenz, Guiart de Saint-Benoit, etc.

L'ARREST DU PARLEMENT CONTRE GUILLAUME DE MORIAUVILLE ET JEHANNE SA FEMME.

Philippus, Dei gratia Francorum rex, universis presentes litteras inspecturis, salutem. Notum facimus quod, lite mota in curia nostra inter procuratorem nostrum pro nobis, Guillelmum de Morellivilla et Johannam ejus uxorem, ex parte una, et religiosos viros, abbatem et conventum Sancte Genovefe Parisiensis, Johannem de Stratis, consiliarium, et Johannem Fiqueti, majorem religiosorum prædictorum, ex parte alia, quatenus quemlibet subpra nominatorum tangere poterat et tangebat, super eo quod prefati procurator noster et conjuges essent bone vite et fame, ac etiam conversacionis honeste, et in nostra salva gardia speciali sufficienter publicata et intimata dictis religiosis et gentibus seu custodientibus justiciam eorumdem, nichilominus tamen, dictus Johannes Fiqueti, et plures alii de gentibus et servientibus religiosorum predictorum, injuste et sine causa racionabili, informacione seu presumptionibus minime precedentibus vehementibus, dictam Johannam, ac postmodum Guillelmum predictum, ceperunt, ac in vilibus carceribus dictorum religiosorum retruserunt, bona dictorum conjugum nullo inventario facto capientes, et aliqua de illis, usque ad estimationem ducentarum librarum et ultra, secum apportantes, alia vero bona dissipantes, tenuerant que dictos conjuges incarceratos, per spacium vigenti sex septimanarum, nolentes eis aliquatenus viam juris apperire, nec eos admittere ad inquestam, licet super hoc, per dictos conjuges et eorum amicos carnales, fuissent cepius requisiti; premissisque non contenti, prefati Johannes de Stratis et Johannes Fiqueti, et alii eorum complices, pluries posuerunt prefatum Guillelmum in variis questionibus et tormentis, adeo gravibus quod idem Guillelmus factus ob hoc fuerat inhabilis et impotens de corpore suo, et in tali statu quod nunquam se juvare de membris suis sicut ante faciebat. Quare petebant, prefati procurator noster et conjuges, pronunciari abbatem et conventum predictos forefecisse et perdidisse seu tanquam forefacta perdere debere omnimodam justiciam quam habent dicti religiosi, vel saltem apud Nanthodorum, perpetuo videlicet et nobis applicari, vel saltem ad vitam predicti abbatis et prioris de Nanthodoro, et hoc pro predictis abusibus, et enormibus excessibus seu defectibus justicie comissis, per dictos religiosos seu eorum gentes predictos, quas deasvouare non poterant, in personis et bonis conjugum predictorum, nostram predictam salvam gardiam infringendo, et quod predictis abusibus et excessibus temporalitas dictorum religiosorum in manu nostra teneretur, donec summam decem millium librarum, vel alia summa discrecione nostre curie moderanda, emende nostre racione, levata fuisset, condempnarenturque et compellerentur, dicti religiosi, per captionem temporalitatis sue ad emendandas prefatis conjugibus injurias et excessus predictos, in summa quingentarum librarum parisiensium et ducentarum librarum, pro dampnis conjugum eorumdem, quodque præfati Johannes de Stratis et Johannes Fiqueti punirentur et condampnarentur, tam criminaliter quam civiliter, et compellerentur ad emendandum, amenda condigna, nobis et dictis conjugibus, injurias, maleficia et excessus predictos ac nostre salve gardie fractionem, et quod dicti religiosi et eorum gentes predicti condampnarentur in dampnis interesse et expensis conjugum predictorum, essentque idem conjuges exempti perpetuo a jurisdictione dictorum religiosorum et gencium suorum, in casu in quo dictam jurisdictionem suam non perdidissent seu perdere deberent, plures raciones, ad hujusmodi fines, proponendo. Præfatis religiosis Johanne de Stratis et Johanne

Fiqueti proponentibus ex adverso quod, propter hoc quod fama publica laborabat contra prefatos conjuges quod ipsi derobaverant defunctum fratrem Michaelem de Bourgmale, priorem de Nanthodoro, tempore quo servierant eidem priori, dictusque Johannes Fiqueti, vocatis ad hoc certis personis, fecerat certam informacionem, per quam repertum fuerat quod prefati Guillelmus et Johanna, tam tempore infirmitatis dicti prioris quam aliis temporibus, ceperant et portaverant, in certis locis, plura de bonis prioris predicti, quas famam et suspectionem predictorum et aliorum maleficiorum, predicti conjuges capti fuerant et in carceribus dictorum religiosorum mancipati, factumque inventarium, sicut moris est in tali casu, de bonis eorumdem conjugum, presentibus pluribus fide dignis. Interque bona, reperta fuerant duo corporalia certi libri, et plures alie res de bonis prioris memorati. Dicebant preterea, prefati religiosi Johannes et Johannes, quod post modum dicta Johanna, pluries et diversis diebus, hoc in presencia plurium fide dignorum, spontanea volontate, et absque coactione quacunque, confessa fuerat quod, tam ipsa per se solam interdum, quod ipsa et etiam dictus maritus, et interdum alie persone cum eis, tempore quo servierant prefato priori, diversis temporibus, furtive subtraxerant et sibi applicaverant plura et certa bona dicti prioris in articulis dictorum religiosorum declarata, et quod dicta Johanna premissa confessa fuerat, eciam in presencia mariti sui predicti, eumdem maritum de pluribus dictorum furtorum inculpando. Qui quidem maritus, negans dicta furta, numquam se voluerat ponere super premissis in inquesta, nec in relatione uxoris sue predicte, licet super hoc sepius fuisset requisitus, quodque, licet premissis consideratis et attentis, licitum esset, de consuetudine vicecomitatus Parisiensis, prefatum Guillelmum maritum subjicere questionibus vel tormentis, numquam tamen fuerat idem Guillelmus graviter, seu usque ad aliquam corporis vel membrorum lesionem, questionatus sed duntaxat interdum ligatus, recusans semper se subjicere uxoris sue relationi vel inqueste, nisi demum confactus fuit sibi timor seu apparencia questionandi eundem. Qui postquam inquestam requisiverat, statim solutus fuerat vinculis questionum, et quod, dicto negocio pendente, finaliter dicti religiosi, de mandato nostro, contra procuratorem nostrum et conjuges predictos, in nostra curia fuerant adjornati, prefatique conjuges carceribus dictorum religiosorum extracti, et in manu nostra, tanquam superiori, una cum omnibus eorum bonis positi, predicteque informatio et uxoris confessio, nec non inventarium dictorum bonorum, dicte nostre curie remissa. Quare petebant, præfati abbas et conventus, nec non Johannes de Stratis et Johannes Fiqueti, se absolvi ab excessibus et abusibus sibi impositis supradictis, predictosque conjuges, prisonarios religiosorum predictorum, eisdem religiosis una cum bonis dictorum conjugum reddi et restitui in personis, videlicet si extarent, seu ipsis non extantibus, per figuram, manu nostra exinde amota ad utilitatem religiosorum predictorum, plures alias ad hujusmodi fines proponendo rationes. Certis igitur commissariis per nostram curiam deputatis, ad inquestam super premissis faciendam, eaque pendente, dicto magistro de Stratis, per dictam curiam, de mandato nostro, ab hujusmodi causa vel processu exempto vel amoto, tandem inquesta facta et perfecta, curieque nostre remissa, et ad judicandam, salvis reprobationibus, recepta, ea visa et diligenter examinata, reperto quod eadem inquesta sine reprobationibus poterat judicari, curia nostra, per arrestum, prefatos religiosos et Johanne Fiqueti ab imposicionibus procuratoris nostri et conjugum predictorum absolvit, nec non eosdem conjuges cum suis bonis, a quibus manum nostram primitus admovit, prefatis religiosis, per idem arrestum, reddidit et restituit, pro faciendo quod fuerit rationis. In cujus rei testimonium, sigillum nostrum novum, presentibus litteris, duximus apponendum.... Actum Parisius, in Parlamento nostro, xv die martii, anno Domini millesimo ccc° quadragesimo secundo.

CE SONT LES CAS DE SAINT GERMAIN SUS ESCOLE (1).

22 février 1272. — L'an de grace m cc lx et xi, le mecredi après les Brandons, fu enfouie, par jugement, Aales de Yonviller, qui fu prise à Saint Germain seur Escole, pour ce que elle avoit emblée toille, et coupée ou mestier, et emblé dras

---

(1) Saint-Germain-sur-École (Seine-et-Marne, arrondissement de Melun).

et autres choses. Si i furent presenz, Arnoul Paien, Jehan chief de ville, etc., de Saint Germain sur Escole.

22 juillet 1294. — L'an de grace m cc iiii^{xx} et xiiii, le mardi devant la Magdelene, feusmes resaisiz d'une fame qui avoit non, Agnès la Ciriere, qui fu prise à Saint Germain sus Escole, par Jehan le geolier, serjanz le prevost de Meleun, pour la soupeçon d'un sien enfant, que elle noia, que elle avoit eu de Jehan de Messi, escuier, et avoit encore le dit escuier robé, si comme l'en disoit. Et fu fete ceste resesine, par Simon de Corciaus, prevost de Meleun, en nostre court de Saint Germain sus Escole, sollempnement. Et à cette resaisine furent presenz, frere Guillaume de Vaucresson, lors chamberier de Sainte Genevieve, Simon Aloete d'Auteul, clerc au dit chamberier, Jehan Cadouet, lors nostre maire, etc. Et est ceste resaisine enregistrée ou registre au prevost de Meleun, en la maniere et en la fourme qui s'ensuit : — Veue l'informacion faite par nous, Symon de Corciaus, prevost de Meleun, pour l'abbé et le couvent de Sainte Genevieve de Paris, sus ce que il maintenoient eus estre en saisine de la haute joustice et de la basse en la ville de Saint Germain sus Escole et ès apartenances, à ceste fin que une fame que nous avions prise en la dite ville, pour soupeçon de son enfant que l'en disoit que elle avoit noié, leur feust délivrée, avons trouvé iceux abbé et couvent desus diz estre en saisine de la haute joustice et de la basse, en la dite ville et ès apartenances. Si les avons restabliz de la dite fame, du commandement nostre mestre le baillif fet à nous en l'assise de Meleun darrenierement passé. Ce fu fait, le mardi devant la Magdeleine, l'an m cc iiii^{xx} et xiiii ; et avoit à non le dit baillif, Jehan de Montigni, jadiz prevost de Paris.

En cele journée meesmes de cele resaisine, feismes esbranchier un ourme qui est ou quarrefour au dehors de Saint Germain sus Escole, et en feismes amener les branches en nostre meson. Presenz, Jehanot le geolier, serjant de Meleun, Jehan, nostre mere de Saint Germain,.. et pluseurs autres.

1260. — L'an de grace m cc lx ou environ, fu prise une larronnesse qui avoit emblé une chemise et une braie en une haies sus la voierie.

1277. — L'an de grace m cc lx et xvii, fu prise une fame qui effondra une maison par nuit, et emporta dras, et coupa une tele ou mestier, et fu prise et amenée à Paris, et enfouie à Saint Germain.

1294. — L'an de grace m cc iiii^{xx} et xiiii, fu prins à Saint Germain sus Escole, Jehanot Cornuau, neveu Viel Audigois, pour soupeçon de une cote que il avoit emblée, si comme l'en disoit. Et fu menez à Paris en prison, et i fu bien par l'espace de ij anz, et en la fin il fu ramenez à Saint Germain, et fu jugiez et penduz aus fourches de Saint Germain, par nostre conseil. Presenz, Guillaume le serjant,.. et toz nos hostes de Saint Germain sus Escole.

1294. — L'an de grace m cc iiii^{xx} et xiiii, lendemain de feste Saint Michiel, fu tuez Jehanot Cornuau, à Soisi sus Escole, et le tua, Phelippot Balant, et fu pris, le dit Phelippot, par les serjanz de Meleun, et menez à Meleun en la prison le Roy. Et misent les gens le Roy la main le Roy en une maison assise à Soisi où il avoit blez et vins qui estoient au dit Phelippot, laquele meson mouvoit de Sainte Genevieve de Paris. La gent de Sainte Genevieve se porchassièrent et disoient que toute joustice il avoient oudit leu. Enqueste en fu faite par Symon de Courciaus, leures prevost de Meleun, et l'enqueste faite, nous feusmes resaisi de la clef de la meson qui estoit en la main le Roy. Et fu fete ceste resaisine du commandement au dit prevost par Pierre le Convers, serjant le Roi, à un diemenche environ Pasques qui furent l'an de grace m cc iiii^{xx} et xiiii, à l'essue de la messe de la paroisse, etc. (1).

1282. — L'an de grace m cc iiii^{xx} et ii, fu pris un larron desouz l'ourme en la voierie, pour un sollers que il avoit emblez à Orgenai, et fu menez à Sainte Genevieve en prison, et puis fu remenez à Saint Germain, et penduz.

1283. — L'an de grace m cc iiii^{xx} et iii, vint un pourcel

---

(1) Le chambrier de l'abbaye, frère Guillaume, et plus de quatre-vingts personnes du village de Soisy, assistent à cette restitution.

despave à Saint Germain, et nous en esploitames et le menames en nostre meson.

1272. — L'an de grace m cc lx et xii ou environ, avoit une bastarde à Saint Germain qui avoit non Ermengon, fille feu Heloys la boisteuse, qui morut sanz hoir, de qui nous eumes les biens.

1274. — Item, d'un home qui avoit non Sansonet, qui efforça une fame et s'enfoui. Il fut apelez. Nous preismes ses biens, en joustiçant. Ce fu fet l'an de grace m cc lx et xiiii.

1280. — L'an de grace m cc iiii^{xx} ou environ, esbranchames i hourme estant en la voierie, pour ce que il nuisoit à la voierie, et emportames les branches.

1287. — L'an de grace m cc iiii^{xx} vii, le premier mardi de juing, feusmes resaisiz de l'iaue qui traverse la voie et de la voierie des par où l'iaue va en nostre vivier, par la main Pierre le Convers, garde et serjant des droitures le Roi, en la chastelerie de Meleun. Et à ceste resaisine fere furent presenz, mon seigneur Jehan, prieur de Sainte Genevieve,.... Estiene, le mere de Saint-Germain, etc.

3 février 1300. — L'an de grace m cc iiii^{xx} et xix, lendemain de la Chandeleur, fu prins à Saint Germain sus Escole, un home qui fu nez vers Chartres, si comme il disoit, en une ville que l'en apele Pont [ ], et avoit non Gieffroi Godefroi, liquiex avoit emblé i chauderon d'airain en la meson à la fame feu Jehan chief de ville, et fu pris en nostre terre à Saint Germain, et fu mis en prison en nostre meson, souz une cuve. La gent le roi de Meleun le sorent, car l'en lor disoit que il avoit reconneu ix larrecin et i martre, et envoia, Robert de Buissaus, prevost de Meleun, à Saint Germain, ii serjanz de Meleun, c'est à savoir Moriau et Jehan Augis, qui le dit prisonnier prisent et enmenerent à Meleun, et le misent en la prison le roi. Nous le requeismes au dit prevost, liquiex, à nostre requeste, le nous renvoia, et nous en fist resaisir à Saint Germain en nostre meson, et mettre ou cep où il avoit esté pris lesdiz serjanz. Ceste resaisine fu fete, l'an de grace m cc iiii^{xx} et xix, le mecredi après la feste Saint Pere

yver, souz Pierre. Presenz, frere Guillaume de Vaucresson, chamberier de Sainte Genevieve,..... Jehan, nostre mere de Saint Germain,.... et pluseurs autres. Et fu fait bien tart aussi comme de nuit. Mes li dit serjant le roi nous defendirent, de par le roi, que nous en feission exécution jusques après l'assise qui devoit estre le lundi et le mardi ensivanz, et là l'en en parleroit au baillif.

2 mars 1300. — Et le mardi ensivant, ce fu le mardi après les Brandons, en pleines assises, nous delivra li baillis mesire Jehan de Veres, chevalier, en la manière qui s'ensuit : Nous avons esté infourmé de la joustice de la ville de Saint Germain sus Escole ou ceus de Sainte Genevieve de Paris disoient que il avoient toute joustice haute et basse, pour un cas de haute joustice qui est cheu, et i avoit le prevost de Meleun, mis la main le Roy et leur empechoit, et requeroient que l'empeeschement et la main en feussent ostez. Si disons que nous avons trouvé ceus de Sainte Genevieve en bone saisine de jousticier touz cas de joustice haute et basse en la ville de Saint Germain et ès apartenances, et en ostons la main le Roy. Presenz, mesire Guillaume Guernoulle, chevalier de la Villeneuve le Roi, mesire Guillaume de Triangles, chevalier, etc., et pluseurs autres. Et fu enregistré par devers le bailli, en la manière qui s'ensuit : Nous avons osté la main le Roi de la haute joustice de Saint Germain sus Escole seant les Soisi sus Escole, et avons ajourné le procureur de Sainte Genevieve à l'autre assise sus la propriété à cui la dite ville est, et avons la procuration par devers nous. — Et le mardi ensivant, ce fu le mardi après Reminiscere, fu trainé et penduz, le dit Giefroi, aus fourches de Saint Germain sus Escole. Presenz, Guillaume du Buisson, escuier, etc., et pluseurs autres.

CE SONT LES CAS D'AUNAY (1).

1284. — L'an de grace mil cc iiii^{xx} et quatre, au temps de Oudart de la Neuville, prevost de Paris, feusmes resaisiz de la

---

(1) Aunay (Seine, arrondissement de Sceaux).

joustice de sanc, en la ville d'Aunay delez Chastenay. Et donna la sentence, Pierre Lapie, lors coauditeur de oir les causes de Chastelet, et Nicholas de Gonsainville, oi les tesmoins dont les noms sont tiex, Pierre de Bouvines, etc.

8 février 1288. — L'an de grace mil cc iiii^{xx} et sept, le lundi après la Chandeleur, feusmes au temps resaisiz Pierre de Seimiaus, prevost de Paris, de la justice d'Aunay, de rapt que Lorin d'Aunay avoit fet, et brisa l'uis Edeline, fille Morant de Chastenay et fu par nous jousticiez, si comme raison aporta. Et fu la resaisine fete en Chastelet, en la presence Pierre Lapie, leures auditeur de Chastelet, Aubert, nostre mere de Fontenai, etc. (1).

6 avril 1421. — L'an mil iiii^c et vint et ung, le dimenche, vi^e jour d'avril, jour que l'en chanta en Sainte Église, *misericordia*, après Quasimodo, un nommé Colin Fachu, varlet boucher, fils de Pasquier Fachu, boucher, demeurant à Saint Marcel lez Paris, fut mis en l'eschelle de l'eglise de madame Sainte Genevieve, dressée ce jour à la pointe au dessoulx de la croix Hemon, près la place Maubert et de l'église des Carmes et des rues de Bievre et des Noiers, en descendant du mont Sainte Genevieve en la dite place Maubert, vers la rivière de Saine, en la haulte justice, moienne et basse, de ladite eglise de Sainte Genevieve, par Jehan Tiphainne executeur de la haulte justice du Roy, nostre sire, en la ville de Paris, par jugement contre lui donné sur un proces fait par honorable et saige maistre Jehan Jamet, lores maire et garde de la terre et jurisdiction temporelle de la dite eglise de Sainte Genevieve au mont de Paris. Pour ce que, par ycelui proces, par sa confession ou autrement, il estoit trouvé chargé d'avoir regnié et malgroié nostre Seigneur Jésus Christ, en venant contre les ordonnances dont mention est fete cy devant en ce propre feuillet. En laquelle eschelle il fu mictré et mis par le dit executeur ou bourreau, en mettant ladite sentence et jugement à execution, depuis l'heure de huit heures

(1) Cette notice est suivie d'une ordonnance de 1420 relative aux blasphémateurs, à ceux qui font le « vilain serment de Dieu, de la glorieuse Vierge Marie, et des Saints du Paradis. »

jusques à heure de midi de ce jour ou environ, et son cri servant au cas sur ce fait haultement et solempnellement par le dit executeur. Presenz ad ce, ledit maire, Denis Maugier, procureur general au Chastelet de Paris, et tabellion de la dite eglise, etc., et toutes autres personnes qui audit lieu vouloient estre et eulx assembler et arrester en faisant ce que dit est. — Et après ce, fu ramené ledit Colin ès prison de ladite eglise, pour illec mettre à execution le residu de ladite sentence et jugement contre lui donnés (1). — Ita est. Maugier.

CE SONT LES CAS D'ESPINEUL (2).

30 mai 1279. — L'an de grace mil cc lx et xix, le mardi après la Trinité, furent baniz d'Espineul et de toutes les apartenances, Adam, coupeur de bois, et Jehan Chebre, nez d'Oroez, sus la hart, jusques au rapel mon seigneur l'abbé.

1271. — L'an de grace mil cc lx et xi, li serjant le Roi de Corbueill, prinsent une fame à Soisi les Dravel qui avoit à non Bourgot, et fu née de Soisi meesme. Et fu prinse nuitantré en une estable où elle avoit emblé gelines, et avoit l'oreille coupée. Et nous fu délivré à Courbueill à l'assise. Et fu enfoie à Espineul.

1258. — L'an de grace mil cc cinquante huit, furent pris de nuis ij maufeteurs en la ville d'Espineul, qui se efforcierent de tuer et de murtrir de nuiz Robert Houdart en son ostel meesme, qu'il brisierent. Et furent pris et menez chies le prieur d'Espineul, et là furent lonc temps en prison, et après ce, il furent banniz sollempnemment pour le dit forfet (2).

Item, un garçon fut pris et emprisonnez chies le prieur à Espineul, pour un drap linge que il avoit emblé, et d'illeucques fu menez à Sainte Genevieve à Paris, en prison, et tenuz grant piece de temps, et après il fu banis sollempnement par la gent de l'eglise.

(1) Cette notice, ajoutée apres coup, paraît écrite de la main du tabellion de l'abbaye, Maugier, dont elle porte la signature autographe.
(2) Épinay-Sur-Orge (Seine-et-Oise, arrondissement de Corbeil).

Item, Bertaut de la Louvière, leur oste à Espineul, fu soupeçonnez de blé que il avoit emblé si comme l'en disoit. Il se destourna. Il en fu appelez à cri solempnemment par les gens du dit prieur. Et fu du tout desfaillant, et pour ce banniz par la gent du prieur et de l'eglise, et tous ses biens, muebles et non muebles, comme forfez, demourerent par devers l'eglise.

Item, une biche vint d'espave à Espineul, sans suite de nului. Laquele fu prise et tenue grant piece de temps, par le prieur d'Espineul ou par sa gent, comme en main de justice du lieu, tout notoirement, à veu et à seu des genz dou pais. Et après, vint que un chevalier la fist et prouva pour seue en la court d'Espinel. Et ce fet, le prieur et la gent la delivrerent.

Item, un vesel de mouches comme d'espave vint et se geta en un sauz à Quinsi, qui est un hamel des apartenances d'Espinel. Et l'ot et l'esploita ledit prieur, en jousticant, à veu et à seu des genz du pais.

Item, un vallet morut à Espinel, comme d'aubanne, et que il n'ot nul hoir, il orent sa robe et en esploitierent comme justice du lieu.

1268. — L'an de grace mil cc lx viii, fu pris un escuier, à cri et à harou, en la ville d'Espineul, et mis en prison chies le prieur, pour ce que il avoit vilainement navré Symon le varannier, et en fu corrigiez et esploitiez par la gent de l'eglise.

1256. — L'an de grace mil cc cinquante sis, fu trové un home murtri à la Crois de Quinci, qui est des apartenances d'Espineul, et de là fu levé par la gent de l'eglise, et rendu et délivré à ses amis qui le requisent notoirement, comme par justice du lieu.

1257. — L'an de grace mil cc cinquante set, fu trové un home noié en l'iaue qui cueurt par dessouz Espineul, en la terre, en la seignorie et en la joustice d'Espineul, lequel home s'estoit noiez, si comme l'en disoit. Le prieur qui lors estoit le prist comme justice du lieu, et mist la main en tous ses biens comme joustice. Et après une piece de temps, par le conseil de l'église, le delivra à ses amis et osta sa main de ses biens, et les delivra à ceus qui avoient de lui cause.

1265. — L'an de grace mil cc lxv, fu prise, à Soisi, une fame, par la gent au prevost de Corbeil, et fu rendue par le dit prevost de Corbeil, pour jugier et jousticier, et fu enfouie souz nos fourches, par la gent de l'eglise (1).

CE SONT LES CAS QUI SONT AVENUS A BORRES (2).

Il avint à Borres que uns hom, qui avoit non Faverel, ocist un autre home à Borrez, et fu pris por ce fet, et menez en la prison au prieur de Borres, et fu trainez et justiciez en la justice Sainte Genevieve de Paris.

1238. — L'an de grace m cc et xxxviii, se pendi en sa granche, à Borrez, une fame qui avoit non, Melissent. Le prieur ot les chatiex de la dite fame, et fu enterrée par la justice de Borrez aus chans, dedenz les bonnes de la justice Sainte Genevieve.

1266. — L'an de grace m cc lxvi, se pendi en sa meson à Borrez, une fame qui avoit non Mehaut du Molin. La justice de Sainte Genevieve l'enfouit aus chans et sablons de Blomont, et li prieur ot les muebles et les chateix.

De rechief, il avint que un enfes fu trouvez mort ès sablons de Blomont, et fu portez à Borrez chies le prieur. Li prieurs le fist enterrer et ot la robe du mort.

De rechief, il avint que uns hom qui avoit non, Rogier Moque, fu pris ès sablons de Blomont pour larrecin, et fu menez en la prison Sainte Genevieve de Borrez. Mesire Jehan de Biaumont, qui lores tenoit la terre d'Ermenonville pour ce que il avoit la boutelière à fame, fist tant par le commandement de la court le roi et que il disoit que la justice du lieu où il fu pris estoit seue, et par sa force, que il fu mis hors de la prison de Borrez, et menez au Plessie de lez Senliz, tant que

(1) A la suite de cette notice, sont transcrites des lettres d'affranchissement données, le 6 mai 1325, à deux femmes serves de l'abbaye, Ysabelle, femme de Pierre dit le Blanc, et sa fille: » Monasterii nostri supra-
» dicti feminas de corpore (Ysabellam et Johannam) manumittimus et ex
» hoc die volumus ipsas et ipsarum quamlibet esse liberas et immunes
» ab omni jugo et onere servitutis »

(2) Boretz (Oise, arrondissement de Senlis).

droit les eust departiz. Li abbes et li couvent de Sainte Genevieve le pourchasierent, et firent tant que il lour fu rendu et que la justice lor fu delivrée par la court, et le justicierent selonc son meffet. Et ces cas et pluseurs autres peuvent estre provez par Jehan le blont, Bernart le bouchier etc., et par pluseurs autres.

8 janvier 13 0. — L'an de grace m cc iii^{xx} et xix. le diemenche après la Circoncision, fu osté l'empeechement du cours de l'iaue de Borrez qui chiet ou vivier l'evesque de Senlis, lequel evesque i avoit mis pieus et cloies, et fu adjugié par Gille de Laon, baillif de Senliz, du commandement des mestres de la court, que les diz pieus et cloies feussent osté, lesquiex estoient ou cours et ou chanel de l'iaue, ne que james empeeschement ne feust mis par l'evesque, ne par autre.

Et i avoient mis le dit baillif et Pierre de la Porte, bourgeois et prevost de Senliz, homes de par le Roi, pour veoir mesurer le cours et le chanel de l'iaue. Et doit avoir, le dit chanel, v toises et pié et demi de lé. A ce faire furent presenz, mestre Gui, evesque de Senliz. Gille de Laon baillif de Senliz, Pierre de la Porte bourgeois et prevost de Senliz, etc. (1).

Universis presentes litteras inspecturis, fratres Johannes, Sancte Genovefe in monte et Guillelmus Sancti Victoris parisiensis abbates humiles, totorumque ipsorum locorum conventus, eternam in domino salutem. Cum inter nos, nostris duarumque vicinarum ecclesiarum nostrarum nominibus, continuo, controversia seu questionis materia jam dudum mota fuisset, et adhuc tempore date presentium insopita remaneret, super pluribus censibus, redditibus, prediis, viariis, temporalibus justiciis, debitis, arreragiis, et rebus aliis ad plenum inferius nominatis, in animarum nostrarum periculum, duarumque ecclesiarum nostrarum predictarum dampnum non modicum et gravamen, ac eciam scandalum plurimorum. Tandem, de bonorum proborumque virorum consilio, pensata utilitate in premissis evidenti ecclesiarum nostrarum predictarum, habita eciam super hoc deliberatione diligenti de omnium nostrorum assensu unanimi et etiam voluntate, contencionem,

(1) Les noms des assistants ne remplissent pas moins de treize lignes.

controversiam, seu materiam questionis predictas, ad pacem perpetuam et veram concordiam, super premissis omnibus et singulis, reduximus in modum qui sequitur et in formam. In primis igitur, nos abbas et conventus Sancti Victoris predicti, omnimodam altam et bassam justiciam totius viarie, prout se protendit et comportat, a Tournella nostra a parte Sancti Marcelli existente, eundo versus Parisius, per ante portam abbatie nostre predicte, usque ad portam nostram de Aales, ac eciam medietatis viarie, a porta de Aales predicta, usque ad metam sitam juxta hostium Guillelmi dicti Regis, clausum nostrum et terram de Tyronio dividentem (1), videlicet, a parte clausi nostri, nec non et arborum ante abbatiam nostram in dicta viaria situatarum, ac ipsas viariam et arbores, ad illos de Sancta Genovefa seu eorum monasterium eorumque successores, pleno jure, pertinere sentimus, ac eciam affirmamus, nichil nobis aut nostris successoribus in predictis, qua unque racione, reclamantes, nec reclamaturi in futurum, et quicquid hactenus asseruerimus, nunc plenius informati ad ipsos pertinere et pertinuisse modo predicto confitemur. Et nos abbas et conventus Sancte Genevofe predicte, promittimus, bona fide, quod, in predicta viaria, execuciones que sequuntur quoquo modo non faciemus, per nos vel per alios, in futurum, videlicet, mulieres adurere, seu vivas infodere, homines et mulieres mutilare, trainare, nisi contingeret in ipsa viaria delictum perpetrari propter quod aliquis esset trainandus, nec non promittimus similiter quod predictas arbores non amovebimus totaliter, nec amoveri faciemus, nisi totaliter aut partim sicce fuerint aut prostrati, nisi periculum vel alia urgens necessitas hoc requirant, quibus abbatis ex causis et racionibus antedictis, alias virides plantabimus, ut justiciarii et predicti loci domini temporales, postquam illi de Sancto Victore nobis alias administraverint, et super hoc ab ipsis fuerimus requisiti, si tamen per ipsos requisiti non fuerimus, easdem vel alias loco eorum plantare poterimus. Item, nos predicti abbas et conventus Sante Genovefe, ad congruam postulacionem predictorum abbatis et conventus Sancti Victoris, sponte promittimus, bona fide quod fimos et alias im-

(1) Il s'agit encore ici de la voirie des rues Coupeau et Saint-Victor. V. *suprà*, p. 239 et 243.

mundicias quascunque que valeant fetorem generare, juxta tournellam Sancti Victoris predictam, in loco ubi hactenus fimi vel immundicii reponi consueverunt, a distancia dicte Tournellé, per spatium viginti perticarum, decem et octo pedum, in unaquaque pertica contentorum, non apponemus, nec cuiquam dabimus licenciam apponendi, sed apponentes puniemus, prout justicia suadebit. Et nos abbas et conventus Sancti Victoris predicti, in recompensacionem emolumentorum et commoditatis, que illi de Sancta Genovefa ex apposicione et receptione fimi in loco predicto percipere poterant, sibi eorumque successoribus, viginti solidos parisienses censuales, quos in sua granchia de Rongiaco percipiebamus annuatim ab eisdem in festo sancti Remigii, perpetuo relaxavimus et eciam relaxamus. Item, nos abbas et conventus Sancte Genovefe sponte confitemur omnem proprietatem et possessionem cujusdam frichii, ante granarios abbacie predicte Sancti Victoris situati, inter nos et ipsos nuper contenciosi, duo arpenta vel eo circa continentis, accipiendo pro quolibet arpento centum perticas decem et octo pedum viarie supradicte contigui, ad illos de Sancto Victore pertinere, nobis omnimodam altam et bassam justiciam in predicto frichio retinentes. Item, nos predicti abbas et conventus Sancte Genovefe, pro bono pacis et concordie, volumus et in hoc sponte consentimus quod illi de Sancto Victore, eorumque successores, omnes incrementum, census, seu redditus quos, tempore date presentium, percipiebant annuatim in nostro fundo et dominio, quos nobis sub sigillo suo expresse designavimus, in futurum percipient pacifice et quieti, ita tamen quod si, post datam predicte littere, aliquid deinceps noviter acquisierint in locis predictis, extra manum suam ponent, vel loco hujus extra nos nostrosque successores facient quod debebunt de sic noviter acquisitis. Item, nos abbas et conventus Sancti Victoris predicti, sponte confitemur illos de Sancta Genovefa, anno quolibet, debere percipere a nobis, racione et occasione fundi terre, super locis et in festis inferius annotatis, pecuniarum summas que sequntur, videlicet duos solidos parisiensium super domibus platee Mauberti et vici predicti. Item, quinque solidos parisiensium, super tribus domibus de puncta Sancti Nicolas de Cardineto. Item, duos solidos parisiensium super clauso nostro et frichio supradicto. Item, duodecim denarios parisiensium, pro auventis portarum nostrarum protendentibus super viariam antedictam. Item, xii cim denarios, super via que ducit a Tournella nostra predicta usque ad portam Sequane. quam viam, ad requisicionem nostram, olim fecerunt illi de Sancta Genovefa. Item, xiii cim denarios cum ob. la parisiensium, super terra elesimonarii. Item, xiii cim denarios parisiens um, pro terra et salseia juxta pontem Didier, in festo Sancti Remigii Item, ij.os solidos, pro cur u aque Beveris, in festo Sancte Genovefe. Item, quadraginta sextarios vini de mera gutta, sine presouragio, ad mensuram refectorie sui de cluso nostro predicto accipiendos, ad eorum celarium per nostros servientes anno quolibet deferendos. Qui servientes, quod in dicto clauso creverant, predictis religiosis fidem facient et facere tenebuntur. De quibus ordinatione, vera concordia, et om ibus supradictis, nos predictarum Sancte Genovefe et Sancti Victoris ecclesiarum abbates humiles et conventus, tenemus nos plenarie pro contentis, et premissa nobis invicem promittimus, concedimus bona fide, et eciam approbamus et laudamus. Quibus mediantibus, nos invice a quittamus penitus et expresse, videlicet, nos de Sancta Genovefa, illos de Sancto Victore et eorum successores, et, e converso, nos de Sancto Victore, illos de Sancta Genovefa et eorum successores, de omnibus et singulis contencionibus premissis, nec non de omnibus et singu is acti nibus, contenc onibus, querelis et controversiis debitis, arreragiis, m siis, defectibus, emendis, obligacionibus, confession bus, litibus, et expensis, et aliis quibuscunq e, quecun que pars nostrorum ab alia petere vel exigere posset, q to juomo lo racione premissorum, et toto tempore retroacto usque in diem confectionis presentium litterarum. Hoc acto inter nos quod omnes census et redditus quos quecun que ecc esiarum predictarum alteri ecclesie reddere et solvere antiquitus consuevit, de cetero pacifice persolvet modo, et forma et tempore consuetis Promittentes nos omnes, abbates et conventus predicti, sponte et assensu unanimi et bona fide, premissa omnia et singula, ut superius exprimuntur, tenere, adimplere et inviolabiliter observare et non venire contra eadem aut aliquod eorum lem, per nos vel per alium, aliquo ingenio vel cautela, in futurum, nec consentire venienti. Et pro premissis omnibus et singulis tenendis, adimplendis, et inviolabiliter observandis, ut dictum est, nos nostrosque successores vicissim uni alteri titulo speciali ypothece obligamus. Renunciantes sponte in hoc facto omni exceptioni doli mali, benelicio fori et loci, et omni lesioni, circumvencioni, deceptioni, in integrum restitutioni, omni juris auxilio canonici et civilis, et omnibus exempcionibus, barris et annullacionibus per sedem apostolicam indultis vel indulgendis que contra premissa aut aliquod eorumdem obici possent in futurum, sive dici, ac eciam juri dicenti generalem renunciacionem non valere, et specialiter quod non possumus possessionem vel quasi, contra premissa quesitam vel querendam, in posterum allegare, nec per eam nos tueri, agendo vel excipiendo, nisi docuerimus quod post datam presentium justum titulum acquisierimus, aut a tanto tempore post dictam datam possidemus vel quasi, cujus contrarii memoria non existat. Promittentes nobis invicem, bona fide, quod hujusmodi possessione vel quasi, uni contra alios agendo vel deffendendo de cetero non utemur. In quorum omnium testimonium et ad perpetuam memoriam premissorum, quantum unumquemque nostrum contingit, sigilla nostra presentibus litteris duximus apponenda. Actum, anno Domini millesimo trecentesimo tertio die mercurii post festum Beate Marie Magdalene, mense Julii.

CE SONT LES CAS DE BORRENC (1).

La terre et la joustice que l'abbé et le couvent de Sainte-Geneviève ont en leur terre de Borrenc, vint et mut des contes de Biaumont. Et la donna, monseigneur Tybaut de Méru, hoirs de la conté de Biaumont, à monseigneur Bartremui de Roie, et monseigneur Bertelemi la donna à monseigneur Pierre de Viri, et monseigneur Pierre la vendi à un bourgois de Chambeli, et la retrest monseigneur Nivelon de Ronqueroles, par lignage, et la tinst tout le cours de sa vie, et après ce, madame Agnès, fille monseigneur Nivelon, la vendi à l'abbé et au couvent de Sainte Geneviève, et l'avoit eue de la descendue monseigneur Nivelon, son pere, à partie, et partie

(1) Boran (Oise, arrondissement de Senlis).

par frerage de la terre monseigneur Dreue de Sageville et monseigneur Jehan son frere.

1265. — L'an de grace mil cc lx et v ou environ, furent pris en la terre Sainte Genevieve, à Borrenc, Robin Saget et Bernot Saget son frere, de Morenci, pour ce que il avoient navré à mort, Henri et Basile de Borrenc, et tenus en prison, chies monseigneur Dreue, et delivrez par jugement.

1278. — L'an de grace mil cc lx et xviii ou environ, fu uns lierres aconseus en chassant, et pris en la terre Sainte Genevieve sus l'iaue, et l'enmena le prevost de Biaumont, et le délivra par jugement. Le chamberier de Sainte Genevieve le requist, et en fu resaisiz sus le leu, par Drouet Lengles, serjant le Roy de Biaumont, au tans Guillaume de Vilers, lors prevost de Biaumont.

1281. — L'an de grace mil cc quatre vins et i ou environ, vint une truie d'espave en la dite terre Sainte Genevieve. Le serjant de Sainte Genevieve la tint et garda, par l'espace de demi an ou environ, au veu et au seu de toutes genz qui le voudrent veoir. Et ces cas ci desus escris pevent estre prové, par monseigneur Menart, Guibert d'Espineul,... et par toute la renomée dou pais.

1289. — L'an de grace mil cc iiii^{xx} et ix ou environ, fu pris un home à Borrenc, pour soupeçon de larrecin, le prevost de Biaumont i mist debat et prist la chose en la main le Roi. Nous le requeismes et l'informames de la justice et de descendue de la terre, laquele justice nous estoit venue par achat de mons. Girart de Faiel et madame Agnès, sa fame, fille et her de monseigneur Nivelon de Ronqueroles, lequel et leur devancier avoient pesiblement joi de la saisine de la joustice. Lequel prevost, l'informacion fete, vout et ostroia que nous feussiemes ressaisis dou prisonnier et que nous en esploitissiemes pesiblement. Présents, Jehanot Pasquier, etc.

1294. — L'an de grace mil cc iiii^{xx} et xiiii ou environ, furent pris deux hommes de Morenci de lez Borrenc, pour fausse monoie que il avoient fete, et furent jousticiés de par le Roy. Ausquiex aucuns de nos hostes de la ville de Borrenc, c'est à savoir [   ] devoient argent. Lequel argent fut mis en arest de par le Roy, etc... (Cet arrêt est levé, sur la plainte des religieux, par ordre du Parlement) (1).

22 décembre 1312. — L'an de grâce mil ccc et douze, le vendredi devant Novel, nous resaisi Ordiaus, serjant et forestier au bouteillier des bois de Dravel, du commandement misire Adam le bouteillier, de une prise que ledit Ordiaus avoit fete à tort et sans cause, en la meson de Pierre Bonnier, lors maire de Sainte Genevieve, de leur terre de Dravel, Mainville et Champrosé (2), lequel maire demeuroit lors à Champrosé. Et fu la prise telle. Colin Dubois avoit navré en traïson et apenseement, Thoumassin de Cons la ville, en dinant ensemble en la meson dudit maire à Champrosé. Et fu pris ledit Colin, au present, et detenu en prison, pour la malefaçon amender chies ledit maire. Ledit Ordiaus, de sa volonté, vint en la meson dudit maire, avecques pluseurs autres forestiers le Roy, des bois de Senart, et brisierent la prison de ladite eglise, en amenant ledit Colin prisonnier, à force et contre la volonté dudit maire de ladite eglise et ou prejudice d'icelle. Nous, oïes cete force et violence feste, feismes semondre ledit Ordiaus devant le prevost de Paris, lequel tourna par devers misire Adam devant dit comme à son garant, et li causa quement il avoit feste la prise. Nous, pour l'eglise, requismes amiablement ledit misire Adam, que il s'enfourmast du droit de l'eglise, et par lui feust adrecié la malefaçon que sa gent avoient fait. Et s'enfourma de plain, et trouva que à tort sa gent avoient fait, et comanda audit Ordiaus que il nous resaisissit au leu où la prise avoit esté faite. Lequel Ordiaus nous restabli, du commandement de son mestre, audit leu, de son arc, en sine du maufeteur que il avoit delivré sans reson, et pour ce que il ne le pouaist avoir en present. A ceste resaisine faite, furent present, frere Robert, chamberier,... et pluseurs autres.

(1) Suivent des lettres du prévôt de Senlis, reconnaissant aux religieux de Sainte-Geneviève, comme hauts justiciers, « le droit de couper les haies et buissons ».
(2) Draveil, Mainville et Champrosay (Seine-et-Oise, arrondissement de Corbeil).

1er février 1285. — L'an de grace mil cc iiii^{xx} et iiii ou environ, la veille de la Chandeleur, fu suivi un home d'espave par la ville de Bondiz, par serjanz de Chastelet, pour larrecin, pour un seurcot que il avoit emblé, si comme l'en disoit. Et fu atains par lesdiz serjans en nostre terre ès oches delez Bondiz, et l'amenèrent en Chastelet. Nous en dolumes, et feïmes tant que, la veue fete du lieu, nous feusmes resaisiz dudit larron par un vout de fuerre, par la main de [   ] serjant de Chastelet. A ceste resaisine furent, Martin Cordele,.... et pluseurs autres.

28 octobre 1296. — L'an de grace mil cc iiii^{xx} et xvi ou environ, le jour de feste des apostres saint Symon et saint Jude, ou soir de nuiz, avint que Renaut Chiertans, de Clichy, fu navrez à mort, ou jardin Jehan Labbé, lequel Renaut cria, et au cri vindrent bone gens de Rom (1), c'est à savoir, nostre mere, Jehan Mauvoisin le juenne, Pierre Porée, Arnoul Poncart, et pluseurs autres, et prisent le beciés, et l'emporterent au four, et y fu par ij jours, et li demanda l'en qui ce li avoit fet, et il respondi que ce li avoit fet Jehan Labbé et sa mere, liquiex Jehan Labbé et sa mere, pour la soupeçon, furent pris et mis en prison par nostre gent, et d'illeucques furent amenés en nos prisons à Paris. Le devaudit Renaut Chiertans morut de ce fet, dedenz les xv jours, et lidiz Jehan Labbé, et sa mere, en furent acboizonnés et en tindrent prison, par ix mois ou environ. Et à la fin, l'en leur demanda se il s'en meteroient en l'enqueste, et ils respondirent que nenil. Et nous, de nostre office, en enquesismes, et l'enqueste fete et raportée à nostre conseil, nous eusmes conseil d'eus recroire, et furent recreu par pleges, apelez premierement souffisamment les amis du mort, à savoir mon se il leur en vouloient riens demander, liquel respondirent que nenil. Ce fu fet, au temps frere Guillaume de Vaucresson, chamberier, presenz, mesire Renaut, prieur de Marisi,... et pluseurs autres.

5 juin 1300. — L'an de grace mil ccc. le jour de la Trinité, un vallet qui avoit nom Andruiet, de Poli en Auçois, liquiex

(1) Rosny (Seine, arrondissement de Sceaux).

avoit emblé eschalas, si comme l'en disoit, fu pris entre l'ourme de Rooni, vers Monstereul, et le grant chemin delez et les vignes de Rooni, et fu menez chies mesire Pierre Escharas, chevalier, et i fu par l'espace de III jours. Frere Guillaume de Vaucresson, leures chamberier de Sainte Genevieve de Paris, requist à Guillaume Tybout, leures prevost de Paris, que ledit maufeteur, pris en sa terre, li feust rendu. Et comme sus la requeste fete dudit chamberier audit prevost de Paris, l'abbesse et le couvent de Saint Antoine, et l'abbé et le couvent de Saint Mor des Fossés meissent debat et contens à avoir ledit maufeteur, pour ce que les dz abbesse et abbé se vantoient d'avoir aucun droit ou li u où ledit maufeteur avoit esté pris, pour reson dudit monseigneur Pierre Escharas, chevalier, absent du pais, ledit prevost, veu et oie la requeste dudit chamberier pour Sainte Genevieve, et le contens desdiz abbesse et abbé, pour ledit chevalier, prist ledit maufeteur en la main le Roi. Et à la requeste dudit chamberier, ledit prevost s'enfourma de la joustice du lieu, et trova que ledit maufeteur avoit este pris en la terre Madame Sainte Genevieve, et quemanda à Robert Pié de leu, et à Jehan le page, serjanz le Roi à cheval, que le leu feust restabli dudit maufeteur. Et fu ceste resaisine fete, lendemain de la Saint Jehan Baptiste ensuivant, presenz ledit chamberier,.... et pluseurs autres. Et le mardi devant la Magdelene ensuivant, ledit Andruiet fu bani de la terre Sainte Genevieve de Paris et dehors, pour ledit mefet, et sus la hart, se il i estoit trovez, presenz, Michiel le serjant, etc.

26 septembre 1301. — L'an de grace mil ccc et I, le mardi après la Saint Mici l'apostre, fu delivrez un buef à Rooni, qui estoit venuz d'espave, sans suite de nului, et avoit esté criez ou moustier par III dimanches, à Girart de Montpellier, bouchier de Saint Denis. Et fu fete la delivrance aus trois pressoirs, presens, frere Guillaume de Vaucresson, chamberier, monseigneur Pierre de Mulli, chevecier, frere Gui de Gonesse, prieur de Rooni,..... Et en furent pleges, Pierre Humbaut, et son fuiz, de la value du buef, se il venoient autres genz avant.

1284. — L'an de grace mil cc IIII^{xx} et IIII, nous Gile de Compigne, prevost de Paris, par enqueste que nous feismes, trouvasmes l'abbé et le couvent de Sainte Genevieve de Paris en saisine de la haute justice, en la ville de Rooni, et ou terrouer de ceste ville. Et fu fete l enqueste, pour Jehannot Lesbrechié murtrier, de pluseurs murtres, que nous avions fet prendre en cele ville et terrouer, et pendre au gibet de Paris. Douquel murtrier nous feismes resaisir le leu par Nevelot de Crespi, nostre serjant, pour ce que nous les trouvasmes en saisine de la haute justice audit leu.

CE SONT LES CAS DE VEMARZ (1).

20 mars 1301. — L'an de grace mil ccc, le lundi devant Pasques flories, osta Estienne Maugier, lors prevost de Gonnesse, la main le Roy, par le commandement Guillaume Tybout, lors prevost de Paris, que il avoit mise ès biens Renaut du Menil de Vemarz, pour la soupeçon du gendre Jehan Maci d'Espyais, qui fu navré à Espyais. Et laquele main le Roy fu ostée, à la requeste des genz de Sainte Genevieve de Paris, pour ce que ledit Renaut estoit leur oste et leur jousticiable à Vemarz. Ce fu fet, presenz frere Guillaume de Vaucresson, lors chamberier de Sainte Genevieve, Renaut, le mere de Vemarz,.... et pluseurs autres, à Gonnesse, en jugement, er la meson ou l'on tient les plés de Gonnesse.

21 mars 1301. — Et le mardi ensuivant, un peu avant soleil levant, fist Robert Lengles, serjant de Gonnesse, par le commandement dudit prevost de Gonnesse (2), la resaisine d'une coignié qu'il avoit prise à Vemarz pour le fet desus dit, en la meson dudit Renaut de Mesnil, en la maison dudit chamberier, ou lieu ou la dite prise avoit esté fete, à la requeste des genz de ladite eglise, pour ce que la meson ou la resaisine fu fete est en leur joustice et seignorie. Presenz, Renaut le mere,.... et pluseurs autres.

1246. — L'an de grace mil cc et xlvi ou environ, Richart Chemin, hostes au prieur de Domont, embla demi mui de

---

(1) Vémars (Seine-et-Oise, arrondissement de Pontoise).
(2) Voir sur la châtellenie et prévôté de Gonesse, Brussel, *Usage des fiefs*, p. 702 et 706.

blé. Celui qui l'avoit perdu en fu plaintiz au seigneur de Vemarz. L'en li demanda qui il avoit soupeçonneuz, et il respondi ledit Richart, lequel Richart fu pris, des seigneurs de Vemarz, es masures dudit prieur de Domont, et jousticiez par la main des diz seigneurs. Ce sevent, Gautier Fouques, etc.

1270. — L'an de grace mil cc et lxx ou environ, ij homes emblerent ij dras ès masures au prieur de Domont, et furent suivi dou dit lieu, à cri et à haro, et furent pris et penduz aus fourches de Vemarz. Ce sevent, tout le commun de la ville.

Mai 1304. — L'an de grace mil ccc et iiii, le diemenche de may, feusmes resaisiz de la damoisele qui fu fame feu Adam Tourgis de Vemarz, laquele avoit esté prise pour la soupeçon de la fame Jehan Sarrazin, qui estoit grosse, et ij enfanz et une chamberiere qui avoient esté murtriz en leur meson, de nuiz, et un vallet navré à mort. Et en feusmes resaisiz, par Jehan le Page, et Perrot, son fuiz, serjanz le Roy à cheval, du commandement et par la commission du prevost de Paris. Presenz, Guillot de Saint-Patu, etc.

Mai 1304. — Item, l'an et le jour desus diz, nous resaisi, le dit Jehan le Page, et son fuiz, du commandement desus dit, de Renaut du Mesnil, qui avoit esté pris à Vemarz, et menez en prison en Chastelet pour certain meffait. — Presenz, les personnes desus nommées.

Du rachat du fié monseigneur Jehan de Versailles. — Les fiez de la chastelerie de Montmorenci ne sont pas de la condition des fiez de la viconté de Paris, comment que ladite chastelerie soit enclose en la dite viconté et se gouvernent les fiez de la chastelerie par tele coustume que l'ainzné garentist le puisné se il retient en domaine de son fié jusques à soixante soudées de terre par antant seulement. Et se il ni a que un hoir masle et il y a filles, il les garentist en ycelle meesmes maniere et par la coustume des fiez de ladite chastelerie. Et à ce que Jehan du Chastel dit que il y a heir masle, pourquoy il ne doit pas racheter le droit de sa fame et que sa fame a une suer qui est en l'aage de xv anz, pourquoy sa terre ne doit estre rachetée, pour ce que il li semble que elle est aagiez, ne vault au dit escuier, ne sauver ne s'en puet, que il ni ait rachat, pour ce que le dit heir masle n'est pas aagié et pour ce est ledit fié cheu en la main monseigneur l'abbé. Et ainsint ne puet il estre garanti dudit heir masle, et comment que sa fame soit aagiée par aage comme pour mariage, ne puet il entrer ou droit de sa fame, sanz racheter, quar il estrange personne, et n'est pas fill en heir dudit monseigneur Jehan de Versailles, mes est gendre, pourquoy il doit racheter, ne la suer de ladite damoisele, par la coustume desdiz fiez, n'est pas aagiée jusques à tant que e le ait vint et un an. Et par ce puet tenir le dit escuier sa terre, par la vertu dudit baill, jusques à tant que elle soit aagiée. Liquel baill, par ce que desus est dit, se doit du tout en tout racheter.

REGISTRE CRIMINEL

DE

SAINT-GERMAIN-DES-PRÉS

PARIS.

Les cas qui sont avenu à Paris puis la pes faite (1).

22 janvier 1273. — L'an Nostre Seigneur mil cc lxxii le jour de la Saint Vincent fu assis à Paris, en nostre terre, au bout de Hyrondale (2). 1 p lori porteiz, ouquel maufeiteur furent mis. Renaut Barbo prevost de Paris vint seur le leu pour voair s'il estoit assis en la terre le Roi et trouva qu'il estoit en la nostre et nous laissa empes pour ce que feire le povion par la pes faite entre nous et le Roi. Ce sot, Huine, Jannot de Dignant, Robin de Gambes, Nevelon, sergent de Chastelet, que li prevost i amena, et touz les voisins de notre terre de Paris.

1273. — Item, celle année, Emeline de Hollande et autres vielles maquerians furent prinses en nostre terre et brulées en la voie devant Saint Andri (3).

---

(1) *La pes faite*. Il s'agit ici de l'accord de 1272 conclu entre le roi et les religieux de Saint-Germain pour le règlement de leurs droits de justice.

(2) Devant le pont de Saint-Michel auquel aboutissait la rue de l'Hirondelle.

(3) L'ancienne église Saint-André élevée sur l'emplacement de la place Saint-André-des-Arts actuelle, démolie en 1790.

1274. — Item, l'an Nostre Seigneur mil cc lxxiiii, furent pris iiii larrons en une taverne, par Huine sergent de Chastelet, et furent au Chastelet, en guarde, liquel estoient copeeur de bourse, pour enseignier autres larrons que il cognoissoient, et furent rendu, et pendu à Saint Germain, tuit iiii. Ce set, Huine, Jannot de Dignant, Colin de Dignant, sergent de Chastelet, qui firent la resesine chiés Jehan le Picart devant Saint André, et tuis noz hostes joustisables de Paris et cel de Saint Germain furent au pendre.

1274. — En cel an meismes, vint demourer i juif en la terre Saint Germain, qui avoit non Vivent, et fut semons au Chastelet pour ce qu'il estoit juif le Roi. Il fut rendu à Estienne, prevost de Saint Germain, et deffendi aus sergens, par la force de la leitre que li Rois a donné Saint Germain, qu'il ne semonsissent ne juif ne crestian de la terre Saint Germain de Paris, ne ne preissent rien por la resor des defauz, car il est ainsi contenu en la leitre le Roi, qu'on n'en doit rien prendre.

1274. — En cel an meismes, les sergent au prevost Estienne, Symonet Lasmonier, Raoul le lavendier, et li sergent au prevost des bourgois de Paris, prinstrent toutes les mesures à vin et furent portées au pallouer aus bourgois (1) et esprovées, et furent toutes trovées boennes, fors que chiés Henri de Bougival, une mesure, et chiés Phelipot de Haut Pas, et furent aportées à Saint Germain des Prez, toutes condampnées dou pallouer, et fu amendé de ces ij homes au prevost de Saint Germain, et ot li prevost, de Henri de Bougival, xl sols de Paris, et de l'autre, x sols.

1274. — En cel an meismes fu pris chiés Nicholas Luilier les mesures à oille, nonques mes n'avient esté prises à Paris

---

(1) Le Parloir aux bourgeois, où siégeait le prévôt des marchands avec ses échevins, appelé aussi *la maison de la marchandise*, était situé, à l'origine, à l'extrémité de la rue Saint-Côme derrière le couvent des Jacobins, dans une maison touchant le mur d'enceinte de Philippe-Auguste ; il fut transporté de là dans un bâtiment situé entre le Grand-Châtelet et l'église Saint-Leufroy, et, en 1537, sur la place de Grève, dans la *maison aux piliers,* sur les ruines de laquelle s'éleva l'Hôtel-de-Ville.

mesures à oille, et furent rendues, et li leus resesiz, par Robin de Gambes, Nivelon et Jannot de Dignant, sergent de Chastelet, au seu et au veu des voisins, et l'amenda, Nicholas Luilier, au prevost de Saint Germain, la fause mesure et ce qu'il avoit respondu au prevost de Paris, et li fist rendre, par le prevost de Paris, xx sols qu'il en avoit levez.

1 mai 1265. — L'an Nostre Seigneur mil ii^c lxv, le jour de la Saint Phelipe et Saint Jacques, furent pris ii larrons à Paris, par Nivelon sergent de Chastelet, delez la meson l'abé de Saint Denis, qui avoient emblé une robe à Biauvez, et furent ramenez ou Chastelet, et dou Chastelet furent rendu à Saint Germain, et pendu aus fourches de Saint Germain. Ce sot, Nivelon et Huine, sergent de Chastelet et pluseur autre.

4 mai 1265. — Cel an meismes, le tierz jour après la Saint Phelipe, fu pris i larron, seur Petit pont, par Jannot de Dignant, seur present meffet, qui estoit nostre hostes de la terre de Paris, et nous fu renduz, et pour ce qu'il cognut qu'il avoit emblé pourciaus, et robé l'églyse de Lay, et robé moulins, il fu penduz [aux fourches de] Saint Germain.

1 août 1275. — L'an Nostre Seigneur mil cc lxxv, la veille de Saint Pere entrent aoust, fu delivrée, en Parlement, de par les mestres, i arest, à Estienne prevost de Saint Germain, que Renaut Barbo avoit fet à Paris, en la terre de Saint Germain, seur le conte de Sancquerre, en la meson au boursier, et fu esguardé, par la charte que li Rois a donnée Saint Germain, qu'il ne puet feire arest en la terre Saint Germain.

1275. — L'an Nostre Seigneur mil ii^c lxxv, ot une fame prise chiesle chandelier de Paris, à present meffet, qui estois larronnesse, et avoit emblé une arge, laquele fame demouroit en nostre terre de Paris, et fu prise par le prevost Estiene de Saint Germain, et ot aucunes choses qui estoient seues, et les retint cil prevost, pour reson de jostice, et autres choses i ot trovées que ele avoit emblées, et vindrent cil qui eles estoient, et les firent por seues [   ] et les emporterent.

1275. — Cette année meismes, furent prinses les mesures à Paris, et en i ot iii trovées fauses, une chies Pierre de Bougival, l'autres chies le Sueur, devant les Freres meneurs (1), et l'autre chies un bufetier, et l'amendèrent tout m au prevost de Saint Germain.

1275. — Item, en cel an, furent trouvé ij coffres à Saint Andri, touz plains de choseites, et furent à [   ] Saint Germain. Ce sot, le prestre de Saint André et son clerc, Henris de Bougival, et pluseur autre.

26 mars 1277. — L'an Nostre Seigneur mil deus cenz lxxvi, le jour dou Vendredi benooit, fu pris i larron en la meson le conte de Champainne, qui avoit emblé le seurcot d'un chevalier, et fu pendu landemain de Pasques, à Saint Germain. Ce sorent, tuis les voisin, et toute la vile de Saint Germain.

1277. — Item, en cele année, fu pris i home de Paris, qui avoit non Genfroi sause vert, pour ce qu'en li avoit baillié une cote en commande, laquele il avait recelée, en me ant sus à la mesniée au prevost de Saint Germain qu'il leur avoit baillée, laquel chose fu fause, porquoi il fu forjurez de toute la terre Saint Germain Ce sot, Symons d'Atis, Jehans de Chesnoi, Raoul le Lavendier, Thomas le portier et pluseur autre.

1278. — Item, l'année ensuivant, fu prise Agnès d'Evroic, englesche, pour soupeçon de larrecin en la terre de Paris.

1266. — L'an Nostre Seigneur mil cclxvi, fu prins i larron à Paris, en la meson au roi de Navarre (2), qui avoit emblé i seurcot à i chevalier qui estoit sires à ice larron, et fu menez à Saint Germain des Prez, et landemain de Pasques, fu penduz.

---

(1) Le couvent des Frères mineurs ou Cordeliers, en face de l'École de Médecine.

(2) On voit qu'il y avait, dans le bourg Saint-Germain, dès cette époque, un hôtel de Navarre, contrairement aux indications de Berty qui fixe, d'après Sauval, la fondation d'un hôtel de ce nom à l'année 1317 (V. Berty, *Topographie du Vieux Paris, région du Bourg-Saint-Germain*, p. 159).

1267. — L'an Nostre Seigneur mil deus cenz lxvii, fu prins à Paris, en la rue delez la meson au roi de Navarre, par ou l'en va aus Cordeilés, i larron qui avoit non Cailla, qui avoit emblé poz et paailles et estoit mal renommez, et fu penduz à Saint Germain des Prez.

1267. — Ceile année meismes, fu prins i larron dedanz les murs de Paris, delez la porte Saint Germain, qui vendoit i seurcot qu'il avoit emblé à son seigneur qui avoit nom Thibaut d'Erbloi, et fut penduz à Saint Germain des Prez.

1267. — Cele année meismes, fu prins i home de la porte Saint Martin, à toute une houce, qu'il avoit emblée en la terre de Hyrondale, et fu prins de lez Saint André, et menez à Saint Germain, et fu ilecques penduz.

12 décembre 1280. — L'an de grace mil deus cenz et quatre vinz, le joisdi après la Saint Colas, fu plet, par devant Gui du Mes, prevost de Paris, entre nous et la fame Raoul le patoier demourant en la Cité, por porceaus que Hue le prevost avoit prins en une meson de lez la meson le Roi de Navarre, dont li prevost vouloit avoir la joustice, porce que nus ne doit nourir porceaux dedans les portes de Paris, quar de ce avoit esté ban de Roi fait le jor de vandredi en la feste Sainte Luce. Porce que nos avun toute joustice ilecques, et quenu nos fu du prevost, la resesine des porceaux nos fu faite, et commandement fait que nos les povains prandre en nostre terre de Paris. Et nos fu faite la resesine, par Jean Lecot, serjant de Chastelet, presenz Jehan de Pontaise,... et pluseurs autres.

16 décembre 1280. — Le samedi après, nos fu rendue la court de Rendoul le plastrier, de qui Baudoin lors se plenet au prevost de Paris que il, comme faus traitoir, avoit, à force, geu avesques sa fame, et de ce faites tenimes nos la joustice. Et quant la court nos fu rendue, estoit presenz, Johan qui biau marche, Johan Augier, Johan de Chenoi, Gervoise Goion, Climent le serjant, Guiart de Traies, et Richart Lescot. Et par devant le conseil monsegnor l'abé, furent donné le gajes à à Saint Germain des Prez. Et le lundi après la Chandelor, fu la pes faite, et furent rendu les cous, à celi jor, entre le celier et l'otel, et les rendi, por la famme Baudoin, Guillot la goerie, et por Randoul, Robin Lescot. Là furent presenz, plus de IIII mille genz, clers, lais, de Paris, de Sainct Germain, de mout autres genz.

1280. — En celi mes an, fu Guillot de Bougival plentit de Peire de Moudon, qui estoit serjant du guet, liquex Peire ne voust respondre, por ce que li maitres du guet disoit que il avoit la juridicion de ses serjanz. Li prevost le joustica, e prist du soin, porce que il ne voust respondre, quar jugé avoit esté que tuit segnor qui avoiest haute joustice ussent le exequcion de lors hostes, toust fusent il serjant le Roi, se ce n'estoit en serjantant. Et por ce avoit il esté commandé que tuit serjant le roi demourasent en la terre le roi, ou, se ce non, li segnor auroit les joustices et les exequcions.

1280. — En cel an, furent pris porceaus, en la rue à Poitevines, qui estoit Climent de Issi, dont le prevost ot l'amende, porce que l'en les nouriset contre le ban le roi, sicque il apeirt que Saint Germain ait, en sa terre de Paris, le exequcion de ban le roi.

1280. — En celi an, aporta Renaut, mari à une berceresse la reigne, mout de [ ] argent de [ ] chies Baudoin l'ors, et fu porté en Chastelet, et rendu à Saint Germain des Prez [ ] Johan Chuet. Là furent, Gile..... et autres pluseurs. Et lors le vint querre, Olivier, le sausier le roi, et li fu rendu por ce que il avet esté enblé chies le roi, et le vint querre, Johannot de Montargis o celli Olivier.

1281. — L'an de grace m cc lxxxi, aporta Colin de Saint Benoit, par devant nous prevost de Saint Germain des Prez, an jugement, une lestres confetés et seellées ou seel de la prevosté de Paris, lesquex furent reprouvées de fauseté. Por laquele fauseté, ledit Colin fu retenuz an prison, à Saint Germain des Prez. Et porce que otes estoit l'esvesque de Paris, il le requeroit à joutiser et à avoir tant comme son hoste, et li prevout de Paris le requeroit à avoir et à joutisier por la reson des devant dites lestres. Et à la parfin, après pluseurs debaz, fu regardé, par droit, en la cort le Roi, que l'eglise de Saint Germain des Prez en auroit la cognoissance. Et amenda à la volenté monseignor l'abé. Presenz, mestre Gregoire Retoré,.. et pluseurs autres.

1281. — Cel an meimes, fu prise une fame, en la rue dou Chevez Saint-Andri (1), qui avoit non Isabiau de Choisi, por ce que elle avoit amblé une chape à clerc et une robe à fame, à unes estuves, et fu menée en Chatele, par Jehan Lefort, sergent du Chatelet, qui la prinst. Et dist le prevout de Paris qu'elle avoit esté prinse en la terre le roi, porce qu'elle avoit esté prinse en la rue dou Chevez Saint Andri, et nos debations que la voierie an estoit nostre, lesquex choses seue, l'en nos rendi la cort. Presenz, Climent le sergent,... et pluseurs autres qui le virent et le sorent. Et fu banie, por ce forfet, qui ne pot bien estre prové.

1281. Cel an meimes, fu prinse une fame qui avoit nom Liois, an la rue de Hirondale, qui avoit robée sa dame, à Everi, qui avoit nom Ysabiau de Chatiau Thierri, et sa fille, d'une cote de vert, de peliçon de conins, de ij chemises, d'un serpeliz, d'une crespine, de v dras, de ij touailles, d'un tapiz, de vi fromages, d'un escheviau de file, laquele fu jugée et mise à exequcion, presenz, Raol l'imagier,... et pluseurs autres.

1281. — Cel an meismes, fu bani Robin Langlois, sergent songe foirie, por fain qu'il avoit anb'é, de nuit, à Cachant, de nuit. Et fu prové contre lui. Et fu bani, senz rapelez, an la presenz mons. Symon de Monchaven, chevalier,... et pluseurs autres.

1286. — L'an de grace mil cc iiii^{xx} et vi, ot pris, i laron, devant Saint Andri, an nostre terre, qui avoit à nom Jehannot Caumus, de vers Provins, qui avoit amblé, ij farmaus de or, ij pelices, et viii tournois blans, et i grant denier de Angleterre. Et por ce que il le requenut, il fu panduz au fourches

---

(1) On désignait ainsi la partie inférieure de la rue Hautefeuille. — V. A Franklin, *Étude sur le plan de tapisserie*, p. 132.

Saint Germain. Et les avoit amblé an la garde robe madame la conteice. Ceste joutice fu veue feire, de mestre Robert de Louveciannes,... et de toute la ville Saint Germain.

1281. — Cel an meismes, ot pris un laron qui avoit (1).....

1281. — Cel an meimes, fu prise, devant Saint Andri des Ars, par les gens le roi, Jehanneite la françoise, et menée au Chateleit. Et fut requise par le prevost, Jehan Cligneit de Pontoisse, et la li randi, Pierre la Pie, comme celle qui avoit esté prinse en la terre Saint Germain.

18 septembre 1289. — En l'an de grace mcclxxx et ix, le jor de la S. Lucas, furent semonz nos hotes de Paris, an la hale de Biauvez, por la monoie receue contre le ban le roi. Et nos fu rendu l'exequcion, presenz, etc.

8 novembre 1297. — L'an de grace mil cc quatre vinz dis et sept, le venredi après la Touz Sainz, fu resesi le prevost, frere Jehan d'Argeno, par Poncet de Reims, lors serjant du Chastelet, du commandement Nicolas de Rosay, lors auditeur du Chastelet, chies Yve Lebreton, tuillier, de l'amende et des gages que ledit Poncet et Jehan de la Haye avoient pris chies ledit Yves et chies Guillaume Vivien, pour une somme d'argent en quoi les diz Yve et Guillaume et autres personnes estoient tenus à Jehan Paumier, changeur et bourgeois de Paris, par un jugement seellé du petit seel du Chastelet. Presenz, etc.

1385. — L'an mil ccciii^{xx} et cinq, estant prevost frere Guillaume Levesque, furent prins deux compaingnons, l'un appelé Berthran le bouvier, et l'autre Gillet Marchant, lesquex se entrebatoient en l'ostel de Neelle, ouquel demouroit pour lors monseignor de Berry, oncle du Roy de France (2), et furent prins, en present meffait, par les sergens de Saint Germain, et amenés en prison, et l'amenderent audit prevost.

(1) Notice incomplète.
(2) Jean de France, duc de Berry, oncle de Charles VI, mourut à l'hôtel de Nesle même, en 1416.

23 juin 1230. — L'an de grace mil ccxxx, le dimanche devant la Seint Pere entrant aoust, fut resesi le prevost, frere Jehan d'Argeno, par Martin Lebarbier, serjant du Chastelet, du commandement mestre Guillaume de Reims, lors auditeur du Chastelet, de nuef soulz parisis, demouranz, de greigneur somme, de la vente du vin Jehan Gournais d'Yssi, nostre hoste, et fu la vente fete à Guillaume l'oublayer, lequel fu contraint, par ledit mestre Guillaume, à metre l'argent devers soi, lesquex nuef soulz ledit prevost bailla audit Martin pour son salaire, presenz, frere Thiebaut aumosnier,... et pluseurs autres. Et fu ceste resesine fete à la porte de l'abbeye.

23 décembre 1307. — L'an de grace mil ccc et vii, le samedi devant Noel, fu restabli frere Nicole Auvine, prevost de Saint Germain des Prez, de gages pris à Saint Germain des Prez, en l'ostel Michel le tuillier, et sus la rivière, chies Yolent, fame Pierre dit Chanteprime, pour reson de ce que lesdiz tuilliers avoient vendu leur tuille contre le statut le Roy (1).

25 mars 1307. — L'an de grace m ccc et vii, le lundi après la micaresme, nous restabli le prevost de Paris, de T. Breton qui navra J. Brochet, nostre serjant, qui en mourut, et fu navré en la terre le Roy, en la rue Poupée, vers le coing de la rue de la Harpe (2). Et s'en fuit le maufeteur, sanz suite, et entra en une meson de la rue Hyrondale, et en cele meson entrerent ij serjans du Chastelet, Guillot de Saint Denis et Jehan Bassequin, et le pristrent et le menerent ou Chastelet. Et fu pendu, pour le fet. Guillaume Thybout, garde de la prevosté desus dite, en fis restablir, sus le leu, frere Nicole Auvine, prevost de Saint Germain, de un vut, et par la delivrance des mestres de la court le Roy, par Guillot de Saint Denis, Guillot de Caen, presenz pluseurs bonnes genz, et fu pendu le voust, aus fourches Saint Germain.

Août 1302. — L'an de grace mil ccc et deus, ou moys d'aoust

(1) Nous omettons la notice qui suit, qui concerne une contravention semblable.
(2) Elle allait de la rue de la Harpe à la rue Hautefeuille, et a été comprise dans le parcours du boulevard Saint-Michel.

fu aresté i destrier, de par Pierre li Jumiaus, prevost de Paris, en la meson des escoliers de Saint Denis, etc.

1302. — Item, en cele année meismes, fu prinse une fame, en Seyne, au desouz du Pont, entre les bouticles de i serrurier demourant devant la Huchete (1), pour ce que ele estoit entrée en sa meson, environ l'eure de minuit, lequel se leva de son lit, pour ce que il cuida estre robé, et la suivi jusques audit lieu, et la prist et la mena au Chastelet, pour souppeçon de larrecin. Frere Nicole Auvine, lors prevost de Saint Germain, la requist audit prevost de Paris, et ledit prevost ne la li voust rendre. Ledit prevost de Saint Germain ala aus mestres de la court le Roy, et requist ladite fame. Pierre li Jumiaus, lors prevost de Paris, et meistre Morise Lebreton, lors procureur le Roy en Chastelet, se opposerent et distrent que ele ne devoit pas estre rendue audit prevost de Saint Germain, et que l'eglise Saint Germain n'avoit point de justice en leur yaue, et especiaument au lieu où la fame avoit esté prise, le prevost de Saint Germain affermant le contraire, et monstrant un jugié des mestres de la court et une chartre de don de Roy, que ele avoit toute seigneurie haute et basse en ladite eaue, et especiaument au lieu où ladite fame avoit esté prise. A la fin, pluseurs resons proposées d'une part et d'autre, lesdiz mestres... commanderent audit prevost de Paris que [il] ostast l'empeschement que il metoit en leur justice de ladite eaue... Et commanda [le prevot de Paris] à Symon Paien et à Guillaume Leconte, clers du Chastelet, et à Guillaume de Caen, serjant... que il amenassent audit lieu ladite fame et en resesissent ledit prevost [de Saint Germain], et illec resesirent, au lieu devant dit, presenz bones gens, c'est assavoir.... Et fist geter, ledit prevost, des neffles en remembrance de ce. Ce fu fet, l'an desus dit, le venredi après la Saint Martin d'yver.

1303. — L'an de grace mil ccc et trois, furent rendus gaiges qui avoient esté pris à Paris, en la terre de S. Germain, à frere Nicole Auvine, lors prevost de S. Germain, du commandement au prevost de Paris, chies Gillebert Lalemant, chies

---

(1) Rue de la Huchette, aboutissant à la place du pont Saint-Michel.

Bernart de Byauvez, et chies le mari dame Bonne de les Cordeles, tous hostes de S. Germain de la terre de Paris. Et avoient esté pris les gaiges, par les serjans le Roy, pour ce que il avoient esté semons à Paris, par devant le prevost de Paris, et il n'alerent pas à leur jour. Et furent renduz, par Hervi de la Trinité, du commandement du prevost de Paris seant en jugement, c'est assavoir, Pierre li Jumeau, adonc prevost de Paris.

10 juin 1303. — Item, en cel an meismes, le lundi devant la S. Barnabé l'apostre, fu rendu audit prevost de S. Germain, un seurcot qui estoit au gendre Bele voisine, par mestre Pierre du greffe, du commandement au prevost de Paris. Et avoit esté pris, ledit seurcot, pour le cas desus dit.

14 juillet 1306. — L'an mil ccc et vi, le mardi devant la Saint Vincent, à la requeste de frere Nichole Auvine, ressaisi et raporta, Jehan Taupin, serjant de la douzaine, un hanap d'argent, dou commandement du prevost de Paris et monseigneur Symon de Rabuisson, procureur le Roy, lequel hanap avoit esté pris, pour un defaut, chies Ewart Lalemant, etc.

SAINT GERMAIN.

1272. — L'an Notre Seigneur mil ii^c lxxii, ot prins i larron, en la boucherie Saint Germain (1), qui avoit enblé gelines, et estoit devers Chevreuse, et pour ce que il avoit emblé les gelinnes, et que il recognut qu'il avoit emblé blé qui estoit en i moulin qui est en la chastelerie de Chatiaufort, il fu penduz aus fourches Saint Germain. Ce sot, Morel de Tyes, et Guillot de Marcoucis, serjent au prevost Estienne, et toute la vile de Saint Germain.

(1) Les boucheries du bourg étaient établies dans la rue qui allait des murs de l'enceinte de Philippe-Auguste à l'abbaye (ancienne rue des Boucheries, et plus tard, de l'École de Médecine).

1272. — En celle année meismes, fu pris en la foire Saint Germain, i juif portant une panne, qui fu encerciée pour emblée. Li prevost de la foire le mistrent en prison, et le rendirent à Estienne, prevost de l'abaie, pour ce que à eus n'apartenoit pas, ne ne furent onques en sesine, li prevost de la foire, de cognoistre de larron, ne de jugier les larrons qui estoient pris en la foire, ne de feire les pendre, mes la joustice de l'abbaie, touz jourz (1). Renaut Barbo, prevost de Paris, ot la sesine dou juif, pour le roi, quar il disoit que le juif estoit serf le roy. Le prevost Estienne de l'abaie ala devant les mestres, et requist le juif, pour ce que Saint Germain a toute joustise à Saint Germain, et pour ce que il fu pris, au present, et dist que, pour ce que le juif se pooit marier senz le congé dou roi, et donner ses biens et à mort et à vie, qu'il n'estoit pas de condicion à serf, quar serf ne puet tel chose feire. Ces resons oies et entendues, li mestre de la court le delivrerent au prevost de l'abaie. Et li prevost de l'abaie, pour ce qu'il sot qu'il estoit marcheanz commun, et qu'il avoit achastée la panne, et que i crestien l'avoit perdue au jour du samedi, il delivra le juif, par conseil qu'il ot. Ce sot, Renaut Barbo, prevost de Paris, Aliaume le jaolier, Guillaume de Charmentré, prevost de la foire, Robin de Gambes, sergent de Chastelet et de la foire, Raoul le lavendier, et pluseur autre, crestien et juif.

1274. — L'an Nostre Seigneur mil ii^clxxiiii, fu trovée une truie à Saint Germain des Prez, et fu gardée, par vi semaines, et par set. Le prevost Estiene fist crier, qui l'auroit perdue, si la venist faire pour seue, et l'emmenast. i tailleeur de robes, cousturier et menesterel, mestre Guillaume de la Roge, la fit pour seue, et li prevost la li delivra.

1274. — Celle année meismes, trouva, Symon le porchier, et sa fame et si enfent, argent, à Saint Germain des Prés, et ne l'aporterent pas au prevost. Le prevost Estienne leur fist

---

(1) V. sur la foire de Saint-Germain, dont l'emplacement est marqué par le marché Saint-Germain actuel, *Topographie du Vieux Paris, région du Bourg-Saint-Germain*, Berty et Tisserand.

amender ce qu'il avoient celé, et li rendirent l'argent qu'il avoient trouvé.

1274. — Celle année meismes, fist le prevost Estienne coper branches seiches qui estoient en i orme assis entre Saint Germain et Yssi, en enseigne de haute joustise, quar Saint Germain et Yssi est tout un terrouer, et a Saint Germain toute joustise haute, partout, et en voie et hors voie.

1274. — Celle année meismes, fist le prevost coper i orme, à Vauboitron (1), en enseigne de haute joustise.

1274. — Celle année, ot debat, entre le prevost de Saint Germain et Jorge Chevalier, pour ce que Jorges vouloit avoir mesures à vin, par soi, et senz requerre les, dou crieeur de ceste vile, et senz le vin paier de son criache, pour ce qu'il demouroit en une meson de monseigneur l'abé en flé. Et fu regardé, pour ce que messires l'abes fu trouvé en boene sesine de mestre mesures en tel ostel, et d'avoir le criache, et qu'il amenderoit et auroit le criache, et l'amenda au prevost Estienne, en plainne assise, etc.

1274. — Celle année, furent trové pourcel à Saint Germain, i qui avoit passée l'iaue, et fu pris par les chiens aus bouchiers, etc.

1276. — L'an Nostre Seigneur mcclxxvi, fu une fame prise, en la foire, pour soupeçon de larrecin, et fu délivrée, à la requeste dou prestre de Clamart, et d'autre boene gens qui li portoient boen renon, et affirmoit ladite fame que ele avoit acheté le peliçon pour qui ele estoit detenue, ne ne pooit avoir son guarentisseur, et pensoit en que celui qui le li avoit vendu l'eust emblé.

1276. — Celle année meismes, fu trouvée une truie, etc.
Item, i pourcel.... La joustise le fist vendre, et en ot ix solz....

(1) Nom primitif de Vaugirard.

Veci les cas avenus au tans Johan Clignet, prevost de Saint Germain des Prés.

29 janvier 1281. — L'an de Nostre Segnor mil cclxxx, le mardi devant la Chandelor, fu pris un povre home nez de Pruvinz, qui avoit emblé char, montenz ij deners ou trois, en la boucherie de Saint Germain des Prez. Et fu tenuz en prison, si longuement que l'on ost enquis de sa vie. Et por ce que il fu trové de bonne afaire, et ne avoit point de argent seur li, il fu délivré, et forjura la terre, et n'avoit pas de quoi il paiast le jolier.

2 février 1281. — L'an de Nostre Segnor mil cc lxxx, le jor de la Chandelor, fist Johan le prevost crier à Saint Germain des Prez le ban que nus n'alast estre ore,... et que nus ne tenist taverne ouverte, ne ne tresrat vin, puis couvrefeu, ne ne tenist bevoirs en sa taverne, puis que il seroit anuité, et que nus ne urtast au ouis, et quiconques oret hourtier, si ne levet le cri, ou qui feroit contre le ban crié, il seroit en l'amende, de cors et de chatel.

3 février 1281. — An ce mes an, le lundi lendemain de la Chandelor, fu pris et areté, Thomasin des Hales, por ce que il avoit feru Robin Lescot qui, à celle jornée, avoit rendu les cous contre Guillot la gouerie, serjant audit Thomas, por la pes qui avoit esté faite entre Baudoin l'ors et Randoul le plastrier, sur ce que la famme Baudoin apelet de traison, disant que, à force, avoit jeu, iceli Randoul, à li. Et aus cous donner, avoist esté crié que nus ne se meust, seurs la hart. Là furet presenz, Johan Augier, Jefroi de Saint Lorenz, et mut de autres.

1281. — An iceli mes an, fist le prevost prendre les mesures,... et furet esprovées, etc.

6 décembre 1285. — L'an de grace m cclxxx et v, le jeudi à la feste Saint Nicholas, fu resesi, li prevost Johan de Saint Germain des Prez, Johan le hucher qui, le jor de Paques, avoit tué un home, ès prez Saint Germain, et l'avoit, li prevost de

Paris, oté de la prison Saint Germain, por ce que il avoit debat de la joustice des prez (1). Et por ce que c'estoit le droit Saint Germain, en fu le prevost resesi, e murut en la prison. Et en fu amené du Chatelet, par vi serjant du Chatelet, parmi l'eaue, à tout les fiers. Et quant il fu morz, il fu mis à la porte, que ceste chose fust seue de touz.

1286. — An l'an desus dit, prindrent, Robin Piedelou, Gautier de Roncevaus, Jehan de Chatelon, serjent de Chatelet, à la requeste l'abbé d'Orillac (2), antre la Typhoine et la Chandeleur, ou chemin qui va de la porte des prez au moines, à Sene (3), i gentil home, Durant Rolant, niés et ecuier mestre Guillaume Rolant, ou mefet que lidiz abbés disoit que lidiz escuier avoit fet an sa terre, et fu mené au Chatelet. Li prevouz Jehan le sot, et le suit, comme prins en sa terre, et li fu rendu, par le prevout de Paris, et le leu resesi où il avoit esté prins. Et à la resesine furent, etc.

1 juillet 1286. — L'an de grace mil cc iiii et vi, le lundi des huitieves de la Saint Jehan Baptiste, ot prins, à Saint Germain, i laron qui disoit qu'il avoit non Symon, de Bruieres le Chatel, qui avoit emblé i cheval, de quoi il fu prins sessi, des gens le roi de Angleterre (4), et l'anmenerent emprison chié le mareschal audit Roy. Auquel mareschal le prevost, Jehan Cligneit de Pontoisse, le requist, comme celui qui avoit esté pris en la terre Saint Germain, et il le randit à Saint Germain. Et por ce que il avoit amblé le cheval, il fu panduz, au forche Saint Germain. Ce sot,... et toute la ville Saint Germain.

1286. — En celli an, fist li prevost mestre, ou pilori à Saint Germain, une putain qui.... (5).

---

(1) Le Pré-aux-Clercs.
(2) L'abbé et comte d'Aurillac.
(3) Il s'agit ici du chemin qui allait de la porte de Buci au Pré-aux-Clercs, devenu la rue de Seine.
(4) Édouard Ier
(5) La suite manque dans le manuscrit.

Les cas du temps frere Nichole A[u]vine.

29 janvier 1307. — L'an mil ccc et sis, le dimanche devant la Chandeleur, fu ars Jehannot Chicot, de Vermenton, pour cas de bouguerrie, et fu jugié par le conseil de l'église, presenz, Richart de Vannes, Robert de Bernay, Robert Billebaut, Guillemin du celier, Raoul Riote.

1302. — L'an de grace mil ccc ii, furent pri, à Saint Germain des [Prez], Andri Loperin, Jehan le Chandelier, et pluseur autres, par Jehan de Garneiles, serjant du Chasteleit, du commandement Guillaume Thiebout, lors prevost de Paris, pour ce que frere Nichole Auvine, lors prevost de Saint Germain, ne vouloit rendre un clerc qui avoit esté pris à Saint Germain, et furent lidit home mené en prison, en Chasteleit, et de leur biens grant plenté, ne les voulet rendre, ledit prevost de Paris. Lors ala, ledit prevost de Seint Germein, au mestres de la court le Roi, et fist tant que il fu commandé audit prevost de Paris, que il feist ramener les dites bonnes gens et leur biens, aus leus où il avoient esté pris, et fu feit einsi, par ledit serjant et par i autre. Ce sourent, les bonne gens de Seint Germein qui furent pris, et les peiletiers.

1308. — L'an mil ccc et huit, fu pris un messagier, devant la meson l'evesque du Puy, en la boucherie de Saint Germain, par les gens le Roy, et mené en Chastelet de Paris, lequel nous requimes, et ne le peumes avoir, quar il l'avoient justicié, et en eumes la ressaisine... Et fu faite la ressaisine, au lieu où ledit messagier fu pris, d'un chaperon et d'un gant.

6 décembre 1308. — L'an mil ccc et huit, environ la Saint Nicolas d'iver, furent pris, à Saint Germain, par les serjanz du Chastelet, en une meson devant la meson l'arcediacre de Bayeus, par nuit, un homme et une fame, lequel homme avoit nom Gieffroi, et la fame, Jehennete, et furent pris, pour soupeçon de larrecin de toiles, que l'en disoit que il avoient emblées. Frère Nicolas Auvine, adonc prevost de Saint Germain, les requist au prevost de Paris, et il repondi que il ne les avoit pas. Pour ce que il disoit que il avoient donné response devant li, le dit prevost de Saint Germain vint à la court, devant les mestres adonc tenanz le parlement, et leur compta le fait, le prevost de Paris appellé à ce, et proposa ce que il voult au contraire. Commandé fu, de la court, que le prevost de Saint Germain fust ressaisi de l'omme et de la fame desus diz. Adonc fu faite la ressaisine, ou lieu où il avoient esté pris, de l'omme, en sa persone, et de la fame, pour ce que elle avoit ja esté justiciée ou Chastelet, fu ressaisi, audit lieu, d'une figure. Et fu faite, cette ressaisine, par Colin le moine et Hobe, serjanz du Chatelet. Ce sot, toute la ville de Saint Germain.

22 juillet 1308. — L'an mil ccc et viii, environ la Magdeleine, fu pris à Saint Germain, devant Saint Martin des Orges (1), par les sergens du Chastelet, un lombard, que l'on appelloit Manet Renaut. Frere Nicolas Auvine, adonc prevost de Saint Germain, le requist, et disoit que à li en appartenoit la cognoissance, et qu'il en fust ressaisi. Commandé fu, de monseigneur Symon de Rabuisson, adonc procureur le Roy, que ledit prevost de Saint Germain fust ressaisi. Adonc il fu ressaisi, au lieu où le dit lombart avoit esté pris, par ij serjanz du Chastelet, presenz, etc.

2 février 1308. — L'an mil iiic et viii, environ la Chandeleur, fu pris, sus la riviere de Saine, devant la meson Guillaume Vivyen, par les serjanz de Saint Germain, un vallet que l'en appeloit Gieffrin Seguinet, vallet monseigneur Guillaume de Harecourt, et mené à Saint Germain, pour ce que l'en disoit que il avoit tué, d'un baril, un autre vallet qui avoit non Raoulet Pignié. Le prevost de Paris le requeroit avoir, et disoit qu'il estoit son hoste, et que à li appartenoit la cognoissance, et que il n'avoit pas esté pris en cas de present. Et le prevost de Saint Germain disoit que si avoit. Adonc vint, le prevost de Saint Germain, devant les mestres adonc tenanz le pallement, et proposa son fait, afin que le prisonnier li demourast, et que il avoit esté pris en cas de present, et en vouloit tantost

(1) Cette chapelle, appelée aussi Saint-Martin-le-Vieux, était située dans le Pré-aux-Clercs, sous les murs de l'abbaye. Son emplacement serait marqué aujourd'hui assez exactement, par la rue Jacob, entre les rues Saint-Benoît et Bonaparte (v. Berty, p. 63).

enfourmer la court. Et le prevost de Paris, qui à ce estoit appellé, disoit que le Roy ne plaideroit pas dessaisi, et que le prisonier li devoit estre rendu. Et le prevost de Saint Germain disoit, au contraire, que, puisque il vouloit tantost et sans delay enfourmer la court du present, le dit prisonier li devoit demourer. Leur resons oies, d'une part et d'autre, les mestres de la court jugierent que, puis que le prevost de Saint Germain vouloit tantost enfourmer du present, le dit prisonier li devoit demourer, et aussi li demoura.

22 juillet 1309, L'an mil ccc et ix, environ la Magdeleine, fu pris, à Saint Germain, par les serjanz du Chastelet, un peletier que l'en appelle N [   ] le lombart, en sa meson où il demouroit, et fu mené ou Chastelet.

Ce sont les cas avenus à Paris, en nostre justice, ou tenz que je, frere Gile de Nuly, fui prevos de Saint Germain.

1331. — L'an mil cccxxxi, anviron la Saint Remi, se noia un home, en l'iaue du Roy, qui avoit non Colin Godefroi, lequel demouroit en nostre terre, en l'ostel de la Plastriere, devant Navarre, et ilecques avoit plusieurs biens. Richart le plungeur, sergent à verge du Chatelet, vint là, et arresta touz ses biens, et les seella, et mit en la mein du Roy. Nous nous en dolumes à Jehan de Milon, qui lors estoit prevos de Paris. Il commanda audit Richart, que il alast deseeller les biens dudit mort, et les nous delivrast, à plein. Et aussi fu fait.

L'an mil IIII^c [   ], se pendit à Saint Germain, Jehan Carbonnier, barbier, demourant à ladite ville, et fut trayné sur une claye, et pendu au gibet. Et depuis, aucun copa la corde, et fut enterré, soubz ledit gibet, du temps de frere Guillaume Tubeuf.

Item, du temps dudit Tubeuf, a esté batu ung nommé [   ], breton, lequel estoit bougre, et fu pris à Cachant, et banni audit Saint Germain.

Item, dudit temps, a esté batu Jehan Cotignian, de Meudon, por larsin, par luy commise (1).

---

(1) Ce cas et les deux qui précèdent, d'une mauvaise écriture courante, sont signés, *F. Nicolas*.

10 janvier 1379. — L'an de grace mil ccc lxxix, le mardi xᵉ jour de janvier, fu fait composicion avec Jehanne, femme de feu Thomas le piteux, consierge, demourant en l'ostel de Madame d'Orléans à Paris, en la juridicion et justice haulte, moienne et basse de Saint Germain des Prez, à la somme de xx francs d'or qu'elle en paia, pour ce que ledit feu Thomas, son mary, estoit alé de vie à trespaz, senz hoirs de son cors, et senz ce qu'il se apparust pour lui aucuns héritiers. Fait par frere Henry de Grez, prevost de ladite eglise, presenz maistre Regnaut de Couloms, maistre de la chambre des Comptes du Roy, conseiller de ladite dame, maistre Jehan de Montargis, clerc de la chambre aus deniers de ladite dame, et nous, Jehan Delapion, procureur en Parlement, et plusieurs autres. Et fu xxıı [   ] audit prevost.

1384 — L'an de grace mil ccc ıııⁿ et quatre, manda, maistre Pierre d'Orgemont, evesque de Paris, et filx du chancelier de France qui lors estoit(1), à monseigneur l'abbé, que, à certain jour, il venroit visiter ceans, et que il lui apareillat sa procuration, laquelle lui estoit de ıe, pour cause de ladite visitacion, c'est assavoir, certaine somme d'argent moderée, auquel jour, par lui assigné, il vint, lui et son official avec lui, et trouva la porte fermée. Lors, issy frere Guillaume Levesque, maistre en theologie et prevost de ceans, qui lui demanda se il vouloit aucune chose, lequel respondi que il vouloit entrer et parler à monseigneur l'abbé, et ledit prevost lui dist que il estoit empesché, et que il ne povoit entrer à present, et pour cause. Adonques il admonneta monseigneur l'abbé et le couvent, en la personne dudit prevost, sur paine d'escommeniement, que, dedans trois jours, nous lui paissens la procuracion. Lequel prevost respondi que nous nous garderions de mesprendre. Et tantoust après, nous appelemes, de lui et de tout ce qu'il avoit fait, tant à la porte comme par avant. Ne demoura guerez après que ledit offi-

---

(1) Évêque de Paris, de janvier 1384 au 16 juillet 1409. Son père, nommé comme lui, Pierre d'Orgemont, successivement second président au Parlement de Paris, chancelier de Dauphiné et premier président du Parlement de Paris, fut élevé à la dignité de chancelier de France, sous Charles V, en 1373.

cial chei mort, aus piez dudit evesque, ou au moins ne vesqui que i pou après ce qu'il fu cheu. Finablement, il fu acordé, entre nous et ledit evesque, que tout ce qu'il avoit fait soit revoqué comme non fait, et que le mandement que il avoit fait n'estoit pas raisonnable, quar il avoit fait comme evesque, et non mie comme legat du pape. Et parmi ce, il fu paié, comme legat du pape, de la procuracion que le pape avoit assise sus les exemps. Et eusmes lettre de l'acort. — Ce fu fait, l'an et le jour desus diz.

Extrait des cas advenuz à Saint Germain (1).

1277. — Item que, environ l'an mil cclxx vii, ou temps d'iver, furent noyé, au pré aux clers, pluseurs clercs qui se batoient dessus la glace, pour ce qu'elle fondit dessoubz eulx, et furent aporté à l'église, et délivrez, par l'eglise, à leurs amis.

1280. — Item, environ l'an mil cciiii^{xx}, fut prise Colette de Roen, audit pré, por ung cry et haro qui fu levé sus ly et sus son houlier, et fu amenée, ladite Colette, à Saint Germain, ly et son houlier, et fu ladite Colette, brulée au pilori de Saint Germain, et puis banie, et le houlier demoura longtemps en prison, à Saint Germain, et puis fu delivré.

1285. — Item l'an m cciiii^{xx} et v, tua, Johannot le balier, ung homme oudit pré, le jour de Pasques, et fu pris, ledit Johannot, et mené en prison, ou Chastellet, par les serjens du Chastellet, et ledit mort fu aporté en l'eglise Saint Germain. Et après ce, environ xv jours, fut l'eglise resaisie et restablie dudit murtrier qui estoit ou Chastellet, et porce qu'il estoit clers, il fu mis en chartre et y mourut, et puis fut trait hors, et mis devant la porte de l'eglise, et monstré au peuple, et puis fut enterré aux champs, de par l'eglise.

10 juin 1304. — Item l'an mil ccc iiii, le jour de la benedicion du Lendit, au vespre donnez, se coucha et endormi, audit

---

(1) Les deux folios qui contiennent ces cas paraissent avoir été intercalés, après coup, dans le registre ; chaque cas est suivi de la mention, *collation faicte*, et signé, *frère Nicolas*.

pré, Hamonnet d'Ortay qui estoit las et bien abuvré. Là vindrent, Berthelot le Tuillier et Macciot dit le geolier, et des polirent ledit Hamonnet, et le lessierent en chemise, et lui osterent son argent et tout ce qu'il avoit, et ly getterent de la pouldre es yeulx, qu'il ne les cogneust, et s'enfuyrent. Et demoura en la place, le chaperon de l'un des maufaiteurs, c'est assavoir de Berthelot, et là fu trouvé le chapperon, et apporté à l'eglise, en manière d'espave, et demoura par devers l'eglise, comme espave.

Item, asses tost après, par les enseignes dudit chapperon, qui avoit esté audit Berthelot, fut pris ledit Berthelot, pour soupeçon, et ledit Maciot, pour le larrecin dessus dit fait audit pré, et furent mis à question, et congneurent qu'il avoit fait ledit larcin audit pré, et pour ce cas furent pendu au gibet de Saint Germain des Prez.

1310. — Item, l'an mil cccx, furent prises trois femmes, oudit pré, qui, pour leur mauvaise vie, avoient esté plusieurs fois conjoiées de la terre Saint Germain. Et furent à Saint Germain, et brulées audit pillory.

1315. — Item l'an mcccxv, fu batu le charretier Baudoyn, du Bourc la Royne, audit pré, des clercs, lesquels furent amenés en prison à Saint Germain, et furent délivrés, par amende et par jugement.

1316. — Item, l'an mil cccxvi, Gaultier Malerbe et Jehan Hardi, demourant adonc delez Saint Christofle en la Cité, s'entrebatirent jusques à sanc, audit pré, lesquelx furent pris, à present, et amenés à Saint Germain en prison, et l'amenderent, en jugement, devant le prevost, et furent délivrés par ledit prevost, en paiant les amendes.

1317. — L'an mil ccc xvii, Jehan le couvreur, de Saint Germain, fu pris, oudit pré, par la gent dudit prevost, à cri et à haro, pour une fole femme que il batoit, oudit pré, et fu amené en prison, pour ce fait, et l'amenda oudit prevost, en jugement.

1316. — L'an mil ccc xvi, furent prises les brebis Roger

Cole, oudit pré, ramenées à ladite église en prison, et l'amanda ledit Roger audit provot (1).

1304. — Item, que environ l'an mil ccc iiii, tua, Pierre dit Lemoyne de Patay, ung clerc que l'on appelloit maistre Guillaume de Fallaise, en la place devant Saint Martin des Orges, joignant audit pré. Fu ledit maistre Guillaume amené ou aporté à l'eglise, et mourut illec, et puis fu le cors delivré à ses amis, par la gent de l'eglise. Et ledit meurtrier fut pris et amené en prison, en l'eglise. Et porce qu'il estoit clerc, il fu mis en chartre, et y mourut, et puis fu trait hors et mis devant la porte de l'eglise, pour monstrer au peuple, et puis fu enterré aus champs, par la gent de l'eglise. Et fu fete ladite occision, pour cause de la jalousie d'une femme, que ledit maistre Guillaume avoit en sa compaignie.

ISSI.

1263. — L'an Nostre Seigneur mil ii^c lxiii, fist crier, li prevost Estiennes, le ban à Yssi que nus n'alast estrenre, et s'en hurtoit aus huis, qu'en levast le cri, seur cors et seur chatel. Et fu crié, par tous les quarrefours, le ban, et en fiez et arrierez fiez, en signe que Saint Germain a joustice de sanc et de larron et haute joustice, par tout son demainne, et par touz ses fiez et arrieres fiez qui sont en la vile.

1264. — L'année ensivant, avint que i fame fu assaillie de nuit, et la vostrent iii vallez prendre à force, et fu crié haro. Et en i ot i, qui demouroit ès rieres fiez. Il furent semons, et ajournez par iii quarenteinnes, il ne vindrent pas, et furent banni, pour ce qu'il ne vindrent mie. Au darrenier, il amenderent, pour ce qu'il estoient alé contre le ban, et qu'il n'estoient venu aus semonses, et l'amenderent au prevost Estienne. Et en paia, li uns, xl sols, l'autre xx sols, et cil qui demouroit ès rere fiez, x sols.

1265. — L'autre année ensivant, fu semons, Rober Mur-

---

(1) Nous omettons ici quatre affaires semblables concernant des brebis, un cheval et des porcs, trouvés paissant dans le Pré-aux-Clercs.

gant, d'Yssy, qui demouroit ou fié à la dame de Claani, pour ce qu'il estoit alez contre le ban, en aucunes choses. Il se defailli, pour ses defauz. Li prevost Estienne ala prendre, en son ostel, comme cil qui estoit souverains dou leu. Robert Murgaut se plaint au prevost de Paris et dist que Saint Germain n'avoit nule joustise, ès fiez, nès riere fiez, et que ele estoit le Roi. Renaut Barbo, prevost de Paris, fist aprinse de ces choses, et trouva que Saint Germain estoit en sesine à Yssi, et en tout son terrouer d'Yssi, en ses fiez et en ses rere-fiez, en boenne sesine de sanc et de larron, de ban, et de haute joustise, et pour ce il li rendi la sesine dou cors Robert Murgaut, et amenda, li diz Robert, au prevost Estienne, ce qu'il avoit desavoué comme souverain et ce qu'il n'estoit venus à ses jourz devant le prevost. Et fu fait en plainne assise. Celle année meismes, fist prendre, le prevost Estienne, toutes les mesures, par tous les fiez et les rerefiez, et prist l'amende des mauvesses.

Juin 1275. — L'an Nostre Seigneur mil IIe lxxv, ou mois de juin, furent pris, à Yssi, ès fiez monseigneur l'abbé, par les serjenz de Chastelet, ij homes, i en la voie, et autre en une meson, pour soupeçon de murtre, et furent menez ou Chastelet. Renaut Barbo, prevost de Paris, en délivra un, pour ce que courpes n'i avoit, et l'autre mourut en la prison, de maladie, quar il fu pris touz malades. Estienne, prevost de Saint Germain, requist la resesine de ces ij homes, dou prevost de Paris. Li prevost la li rendi, dou commandement des mestres. Et fist la resesine, Jehan dou Chesnoi, sergent dou Chatelet, en chascun leu où cil furent pris, [en présence de] toutes les boennes genz de la vile, et de leur enfenz qui avoient passé VIII ans, qui vindrent, dou commandement au prevost, et par le ban qui fu crié.

1265. — Celle année fu trouvé à Yssi, une vache....... Et la cela i home d'Yssi (1).

---

(1) Le recéleur est condamné à l'amende, et la vache est rendue à son propriétaire.

Les cas de Yssi, du tans de Johan Clignet prevost.

2 février 1281. — L'an de Nostre Segnor mil cc lxxx, le jour de la Chandelor, qui fu au dimenche, fist le prevost Johan Clignet, crier le ban l'abbé et le couvent, à Yssi et à Moudon, par Burgalé, que nus ne teinst beveors en sa taverne, puis que il fust anuité, ne ne traisist vin, puis couvre fou, ne de jor ne de nuit, ne soufri johurs de dez en sa taverne. Et quicunque oiret houter aus ouis, pouis que il seroit anuité, si ne criet le cri, il seroit en l'amende, de cors et de chatel. Et fu ce ban crié, en signe de haute joutice, en tous les fiez et en tous les riereñez. Là furent presenz, etc.

13 février 1281. — En iceli an, le joudi après les ouiteves de la Chandelor, furent prises,... les mesures, par toutes les tavernes de Yssi, en quelque censive les taverniers demourassent, fust souz chevaliers ou souz autres noble gent, et furent esprovées (1) etc.

13 février 1281. — A celle jornée, prist le prevost, de tous les tallemeniers à Yssi, le pain qui estoit au fenestres, et le fist aportier à Saint Germain,... en plain plez.

13 février 1281. — A celle jornée, fist le prevost jurer à touz les taverniers, que il ne vendroiet, for aus mesures livrées et aus hores establies.

13 février 1281. — A celle jornée, fist le prevost jurer au talemeniers, que il vendroient et feroient pain souffisant, secon le marché de blai.

1280. — L'an de Nostre Segnor m cc lxxx (2), furent plaintif, li vacher de Moudon, de val de Flori, que monsegnor Pierre de Aunoi, chevalier, les avoit batuz et mis en prison, pour ce que il les avoit trovés, gardanz les vaches, en un bois qui est monsegnor Pierre, ouquel la ville demande usage, et dequel usage plet pendet entre eus, devant le prevost de

---

(1) Les détenteurs de fausses mesures paient l'amende.
(2) Ce cas porte, en marge, la rubrique, *De jousticer les gentiz hommes.*

Paris. Liquel chevalier ajornez fu, devant Johan le prevost, et ne voust respondre, quar nobles homme estoit, et li roiz avoit la cognoisanze des gentiz hommes, si comme il diset. Por quoi li prevost le retint. Li prevost de Paris l'envoia queire, et en fu plet. Et fu quenue chose, que Saint Germain a la cognoisance de toutez ses hostes, quels que il soiet, et le ramena, le prevost, de Chatelet. Et l'amanda, le chevalier, et amanda au vachier la villannie que il lor avoit faite. Là furent, Johan du Chenoi, maitre Robert de Louveciennes, Gervoise Govion, maitre Thomas le clerc, et plus de cent autres genz. Quar ce fu en plains plez, à Saint Germain, après la grant messe, le dimenche, en la quinzenne après la Chandelor.

5 juillet 1386. — L'an de grace mil ccc lxxx et vi, le jeudi de après les huitièves de la Saint Jehan Bauptiste, fu banni, par nostre conseil lay, Jehannot Girart de Vianne, à v ans, sauf ce que, se il plesoit au prevost de Saint Germain, que il le rapelast toutes les foiz que il li pleroit. Lequel Jehannot fu pris, à Yssi, por meslée et por pluseurs forfez et larecins, qui avoient esté fez à Yssi, desquiex forfez et larecins ledit Jehannot estoit soupeçonnés. Por loquel soupeçon l'an li demanda se il attendroit l'anqueste de Yssi, et il dist que oui. Et l'anqueste feite, de bonnes gens, et veue par nostre conseil lay, nostre conseil le banni de toute nostre terre, en la manière que il est dit desus.

25 août 1286. — L'an de grace m cc lxxx et vi, le diemenche après la feste Saint Bartelemi, fut congéé, de toute la terre Saint Germain, por ce qu'il avoit amblé verjus, antor un boissiau, et fu congéé, sus paine de la hart, et banni fu, pris ou fié de la voierie de Vanves, don messires Robert de Villeperot est an l'omage monseignor l'abé. Et fu ce fet, par Jehan Auger, et par le conseil, presenz, etc.

1281. — L'an Nostre Seigneur m ii cc quatre vinz et un, fu pris i homme, à Val Girart, enblant i drap. Et pour ce qu'il cognut qu'il avoit murtri i homme, il fu pendu à Saint Germain des Prez, et trayné.

12 juin 1295. — L'an de grace mil cc quatre vinz et quinze, le diemenche après la Saint Barnabé apostre, fist crier, frere Jehan d'Argynon, lors prevost de Saint Germain des Prez, à Yssi, le ban à monseigneur l'abbé, au couvent et au prevost, que touz leurs hostes d'Yssi, sus quant qu'il se pouvoient meffeire envers eus, fussent apparilez de armeures souffisamment, et à pié et à cheval, chascun soulont son estat, dedanz les huitièves après ensivanz.

Et après ces choses, ledit prevost fist crier, au dit lieu, que touz leurs hostes d'Yssi venissent à Yssi, en une meson qui est de l'eglise, au jour de la Nativité Saint Jehan Baptiste après ensivant, chascun appareillé de ses armeures souffisamment, soulont son estat, si comme il est desus. Auquel jour de la Nativité Saint Jehan Baptiste, touz leurs hostes d'Yssi vindrent, apparillez d'armeures souffisamment, exceptez les hostes qui tiennent de fiez et de arrere fiez, qui [ne] voudrent venir.

Et après ces choses, ledit prevost fist semondre et adjourner, par devant lui à Saint Germain, les diz hostes, qui tiennent de fiez et de rerefiez, à trois journées souffisamment, ausqueles journées, eus presenz, en jugement, il leur commanda que il li amendassent ce qu'il n'estoient pas venus au ban. Il ne le voudrent amender, et lors il leur commanda, à chascune des trois foiz, que il n'emportassent les droiz de sa court. Lesqueix droiz ils en portèrent sanz son congié.

Et après ce, le dit prevost fist derechief semondre et adjourner, par devant lui à Saint Germain des Prez, les diz hostes, c'est assavoir, les hostes mon seigneur Jehan de Villepereur, les hostes damoise Jaqueline d'Yssi, et les hostes Thoumas Langlais, et tous les autres qui tiennent de fiez et de rerefiez, au diemenche devant la mi aoust après ensivant. Auquel jour, il vindrent et comparurent souffisamment. Ausquex presenz, en jugement, par devant lui, il commanda que il li amendassent ce qu'il n'estoient pas venuz au ban et ce que il en avoient porté les droiz de sa cour, par trois foiz. Auquel commandement il obeirent, et li amenderent, chascun par soi, de leur bonne volenté, senz contrainte, et de la volenté et de l'assentement de leurs seigneurs, à qui il en avoient eu déliberacion, si comme il disoient, les desobeissances desus dites toutes.

1296. — L'an de grace mil cc quatre vinz et seize, cheirent les ponz à Paris, et pluseurs mesons. Et après ce, fist crier, ledit prevost de Saint Germain, le ban que, tous ceus qui auroient point du merrein, venissent dire audit prevost combien il en avoient, et quantes pièces. Ceus qui tiennent des fiez et des arrière fiez ne le vindrent pas dire, pourquoi ledit prevost les fist semondre, environ la Chandeleur après, à Yssi, en la meson monseigneur l'abbé, aval par devant lui, et leur commanda que il li amendassent ce qu'il n'estoient pas venu dire combien il en avoient. Il li amendèrent, l'un après l'autre, et li baillierent les pieces combien chascun en avoit.

10 novembre 1297. — L'année ensivant, le diemenche après la Touz Seinz, prist, Ansel le serjant, le pain chies Hue le Fournier, et chies Pierre le Fournier, d'Yssi. Et fu regardé, en jugement à Saint Germain, par Richart le Fournier, Huet du Four, Thomas le Fournier, et Pierre le Roy, lors fourniers à Saint Germain, que le pain estoit petit, et l'amenderent. Et en paia, ledit Hue, ii solz, et ledit Pierre iiii sols parisis. Et le prevost clama le remenant, quite de la fournée, quar toute la fournée devoit estre seue.

1303. — L'an de grace mil ccc et trois, fist, frere Nicolas Auvine, lors prevost de Saint Germain des Prez, esbranchier l'ourme qui est à Yssi,... devant la meson au grant prieur de Saint Germain, etc.

1303. — Item, en l'an dessus dit, navra d'une pierre en la teste, le filz Thoumas Leconte d'Yssi, un autre vallet, qui avoit non Henri Guerin, lequel filz Thomas demouroit lors ès maisons au prestre d'Issi, ou cimetiere. Frere Nicolas Auvine, adonc prevost de Saint Germain, fist semondre ledit maufeteur, par devant li, et le retint en prison, pour ledit fet. Le prestre d'Issy fist semondre ledit prevost, au Chastelet, et s'efforça à avoir la cognoissance du fait que ledit mauffeteur estoit son hoste, si comme il disoit. A la parfin, ledit prestre se souffri, et, present Guillaume de Poissy, son procureur, ledit mauffeteur amenda, audit prevost seant en jugement, le fait et le sanc, cognoisamment, et en ot ledit prevost, xx sols parisis de l'amende. Ce sorent, etc.

22 mai 1306. — L'an de grace mil ccc et sis, environ la Penthecoste, durant le ban que l'eglise de Saint Germain à Meudon, nous amenda, Quaré de Meudon, ce qu'il avoit vendu vin durant ledit ban en la meson auprestre de Meudon, par le commandement du prestre qui li avoit vendu son vin. Et ostasmes le sercel et la taverne toute hors, nous contretant ce que le prestre disoit que il le povoit faire, ne puis ne vendi vin, durant le ban.

1 février 1307. — L'an de grace mil ccc et sis, le merequedi veille de la Chandeleur, fu pendu et trainé, à Yssi, Phelippot Pichart, pour ce que il avoit tué, i poullaillier, entre Yssi et Vaugirart, et pour plusieurs larrecins fez en la ville d'Issi. Et fu pris, par la main Adam le serjant, et Jehannot le mire, et fu jugié, à Saint Germain, par le conseil de l'eglise. Et vindrent au cri, au ban, et à la justice fere, touz ceus des rereflez, et li subjet, et li seigneur, du commandement frere Nicolas Auvine, adonc prevost de Saint Germain.

9 octobre 1306. — L'an mil ccc et vi, environ la Saint Denis, bati, Phelippe Moreau, sa fame, si qu'elle en mourut, lequel s'enfouy, pour quoi le prevost de Saint Germain le fist appeler, à cri et à ban, à Yssi et à Saint Germain, en pleins plez, lequel ne se comparut oncques, et prist, ledit prevost, les biens dudit Phelippe, meubles et non meubles, et fu appelé, lidiz Phelippes, par trois quatorzainnes, et la quarte d'abundant, en la ville de Saint Germain et de Issy, à cri et à ban, à venir au droiz de l'eglise Saint Germain. Lequel ne vint, ne comparut, pour quoi il fu banniz, à cri et à ban, de toute la terre Saint Germain, en quelque lieu qu'elle soit, par Adan le Dean, serjent de ladite eglise, ès villes desus dites

Ce sont esploiz faiz à Yssi du tens Gile de Nuly, prevost de Saint Germain.

11 août 1331. — L'an mil ccc xxxi, le dimanche après la Saint Estiene en esté, osta, Giles de Nuly, prevost de Saint Germain, à Jehan le Roy, de Valgirart, un coustel à cuisse, qu'il portoit à sa seinture, sur la deffense dudit prevost qu'il avoit fait crier que nus ne portast armeures, en sa terre, et avecques

ce, il l'amenda, et pour ce qu'il fu trouvé contre li qu'il l'avoit portée espée, depuis la deffense, laquelle il restabli audit prevost.

17 novembre 1331. — L'an mil cccxxxi, le dimanche après la Saint Martin d'iver, de relevée, amanda au prevost de Saint Germain, Michel le masson, d'Issy, ce que ledit Michel avoit désobéi à venir au mandement dudit prevost, la veille de la Saint Estiene, lequel il avoit mandé, pour aler avec li et plusieurs autres, pour garder la ville, de nuit, à la veille de ladite feste, et à ce furent presens, etc.

11 février 1308. — L'an de grace mil ccc et viii, environ caresme prenant, fu, Michel le briocher, pris et mis en prison, à Saint Germain, pour ce que l'en metet sus que il avet esté à navrer Guillaume le Roei. Et les biens dudit Michel furent en la mein du connestable de France, qui lors tenoet la meson de Val Girart de Seint Germein (1), en une meson, dont le cens est au prestre d'Issi, sus lequel Michel, et en laquele meson, le prestre d'Issi disoet que il avet justice sanc. Et en fist semondre frere Nichole Auvine, lors prevost de Saint Germain, devant le prevost de Paris, et en pleida. A la fin, ledit prevost de Saint Germain feit la recreance, et rendi les biens audit Michel, et délivra son cors, pour ce que il fu trouvé innocent du fet.

24 mars 1331. — L'an mil ccc xxxi, la voille de la feste Nostre Dame en mars, fu traiz uns homs, touz mors, d'une chambrecoie qui est à Valgirart, en la meson qui fu mestre Gervese du Pont Arsys, qui à present est mestre Symon de Bucy, procureur du Roy, lequel la vouloit curer, li et un autre, et morut soudemnement illeuc, si comme il fu trové, par anqueste que le prevost de Saint Germain en fist, par la grant corrupcion qui estoit là dedans. Et puis, le fist porter le prevost, en signe de justice, dessouz l'orme de la dicte ville, pour montrer à la gent, et i fu jusques au soir que le fist estuier en leur pressoire jusques au lendemein, qui le delivra à mestre Heron et pluseurs autres vallez de leur mestier, amis du dit mort.

(1) La charge de connétable était alors occupée par Gaucher de Chafillon.

TYES. CHOISI (1).

1263. — L'an Nostre Seigneur mil ii^c lxiii, fu pris i larron, à Tyes, qui avoit emblé une couverture à chevaus, et fu amenez à Saint Germain des Prez, et ot l'orile copée, et ne demoura guieres, pour larrecin qu'il fist à Antoigni, qu'il fu penduz, à Antoigni.

1274. — L'an Nostre Seigneur mil ii^c lxxiiii, furent pris ij larrons, à Choisi, dont li uns estoit clers, et l'autre lai, et fu li clers menez chies l'official, li autres si fu bailliez au chapitre de Paris, pour ce que l'en cuidoit qu'il eust esté prins en la terre dou chapitre (2). Et avoint robé, cel dui larron, et murtri i prestre qu'il avoint pris en conduit, et il le tuerent en leur conduit. Et li prevost de Saint Germain requist le lay au chapitre, et le chapitre le rendi. Et quant il fu rendu, le conseil Saint Germain en fist joustise, comme de larron et de murtrier. Renaut Barbo, prevost de Paris, vost avoir la resesine de ce malfesteur. Le prevost Estienne de Saint Germain ne li vost rendre, et dist que la sesine de tel joustise avoit esté rendu pieçà, dou commandement aus mestres, à l'yglise de Saint Germain, quar mestre Phelipes de Caours, et mestre Jehan de Mesons avoient fet enqueste, dou commendement le Roi, de la joustice de Choisi et de Tyes, pour le Roi et pour Saint Germain. Et pour ce qu'il troverent que Saint Germain estoit en la sesine, il la lesserent à Saint Germain.

1275. — L'an Nostre Seigneur mil cc lxxv, fu prins, à Choisi, un clerc bigamme, pour ce qui avoit feru i homme, en la charriere de Choisi, qui estoit passéeur, et fu navrez à mort. Et pour ce que li clers le feri, seur lui deffendent, si come il fu trouvé, par loial enqueste, il fu delivré, dou conseil de l'abaie, et conjoi[é] de la terre Saint Germain, jusques au rapel monseigneur l'abé ou dou prevost.

---

(1) Thiais et Choisy (Seine, arrondissement de Sceaux).
(2) Le chapitre de Notre-Dame avait la seigneurie voisine, d'Orly.

6 août 1290. — L'an Nostre Seigneur mil cc quatre vinz et dis, le diemenche devant la Saint Lorent, fu rendue à l'eglise de Saint Germain des Prez de Paris, la resesine de la haute justice de Thyes, par Jehan de Montigni, prevost de Paris, et commanda que Saint Germain fust resesi de Renaut Coillard et Robert Delestre, hostes de Tyes, qui avoient esté pris, du commandement au prevost de Paris, en la prison de Saint Germain, et menez au Chastelet, par la force du prevost de Paris. Liquex Renaut et Robert estoient detenuz, en prison, à Saint Germain, pour souppeçon de murtre, etc.

20 décembre 1293. — L'an de grace m cc quatre vinz et treize, le diemenche après la feste Saint Luce, fu jugié, en l'assise Saint Germain des Prez de Paris, presenz monseigneur l'abbé de Saint Germain, et son conseil, contre les homes de Tyes, que, dou commandement que li prevost de Tyes leur avoit fait, douquel il estoient desobeissenz dou feire, c'est assavoir, que lidiz prevoust leur avoit commandé que il gardassent la vile de Thies, por le peril dou feu, et lidit home deneoient à obéir à lui, porce que il disoient que, par une composicion feite jadis entre l'abbé et le couvent, d'une part, et les homes de Tyes, d'autre, et par point de lestre, il en estoient quite et delivré. Laquelle chose lidiz prevoust leur nioet. Et nous, le diemenche desus dit, assegné, pardevant nous, audites parties, à oir droit, ladite lestre veue, et oi quant que li home de Thies voudrent dire, o grant diligence, en conseil de bonnes gens, jujames que lidiz homes de Thies estoient tenuz à feire le commandement doudit prevost, et à obeir audit prevost, au cas desus dit.

DE RECHEF PARIS.

3 mars 1314. — L'an de grace m ccc et xiii, le diemenche après les Brandons, fu resaisi, messire l'abes Pierre, en sa propre persone, de gages qui avoient esté pris, par le prevost de Saint Germain, en la meson de Navarre, pour ce que li concierges de ladite meson faisoit ilecques servoise, qui avoient esté defendues par le Roi. Et avoit osté, le prevost de Paris, lesdiz gages de la main Saint Germain, comme en

main souveraine, por le debat et descort qui estoit, entre l'eglise Saint Germain, et le Roi de Navarre, qui disoit et se oposoit que l'eglise n'a point de justise en l'ostel de Navarre, ne ès apartenences. Tou[te]vois fu dit et esclarci, par les mestres du Parlement, que l'église avoit toute joustise audit lieu, pourquoi ladite resaisine fu faite, etc.

POUR MEUDON ET YSSI

1384. L'an de grace mil ccc iiii^{xx} et quattre, ouquel temps estoit prevost de l'église de ceans, frère Guillaume, dit l'evesque, maistre en théologie, fu donné et prononcié, au Chastelet de Paris, certain arest, contre l'église de ceans, pour cause de certaines entreprinsez faites contre le Roy, en la ville de Meudon et de Yssi, par frere Henri de Grés, prevost de ladite église avant ledit frere Guillaume, duquel arest la teneur s'enssuit.

Veu le procès fait en la court du Chastelet de Paris, tant par devant nostre predecesseur comme par devant nous, entre le procureur du Roy nostre Sire, ou non d'icellui seigneur d'une part, et les religieux, abbez et couvent de Saint Germain des Prez, ou leur procureur, d'autre part...... Disons que lesdis religieux ont entrepris et excedé, envers le Roy nostre Sire, sa justice et sa souveraineté, en faisant les fais et explois de justice cy après esclarcis, ou prejudice et lesion du Roy nostre sire. Premierement, en ce qu'il ont levé, ou fait lever, par leur justice, comme haulx justiciers, le corps d'un homme mort, trouvé en i aulnoy, près de la ville de Meudon, ou lieu que l'en appelle le Val de Cotignys, lequel aulnoy est en la basse et fonciere justice des religieux de l'Ostel Dieu, de Paris, et en le moienne et haulte justice du Roy, nostre sire, et tout hors des fins et mettes de la juridicion desdis religieux de Saint Germain. Item, en ce que ilx ont prins, ou fait prendre, par leur justice, et comme hauls justiciers deux homme d'armez, et mis en prison, en la dite ville de Meudon, et de là menez ès prisons de Saint Germain des Prés, et congneu du cas, lesquelx hommes d'armes furent pris, près de ladite ville de Meudon, c'est assavoir entre la maladerie de Clamart, et l'ostel de Haubervillier où le Roy, nostre sire, a la haulte et moyenne justice, et où lesdis religieux n'ont que veoir ne que connoistre. Item, en ce qu'ils ont prins deux charboniers, et mis en leur prisons de Meudon et de Saint Germain, et cognen du cas, lesquiels charboniers furent pris, ou grand chemin royal qui va de Paris à Versailles, près dudit lieu de Cotignys, qui est en la haulte et moyenne justice du Roy, nostre sire, et tout hors des fins et termes de la juridicion desdis religieux de Saint Germain. Item, en ce qu'ils ont traictié, mis et tenu en procès, par devant leur prevost moine de Saint Germain des Prés, les hostes et subges, de la terre et justice fonciere que lesdis religieux ont audit lieu de Meudon, appelé la Parsonnerie, laquelle est commune, et par indivis, entre iceulx religieux et messire Jehan de Meudon, chevalier, et messire Phelippe de Trie, à cause de sa fame, lesquelx hostes doivent estre traictiés en cause, par devant le maire commun desdis religieux et chevaliers, audit lieu de Meudon, et resortir ou Chastelet de Paris, sans moyen, et non pas par devant ledit prevost de Saint Germain des Prés. Item, en ce que ils ont traittié et mis en procès, par devant ledit prevost moyne, audit lieu de Saint Germain, les hostes et soubsmanans, en la terre et fief qui jadis fu à feu maistre Simon de Villeroye, assis en la ville d'Issy, lesquels hostes doivent estre traittiez audit lieu d'Issy et d'yleuc ressortir, sans moyen, par devant nous, ou Chastelet de Paris, et non pas à Saint Germain par devant ledit prevost moyne. Et pour ces causes, nous condempnons lesdis religieux, par prise et exploitation de leur temporel, à amender au Roy, nostre sire, les dites entreprinses et excès, la tauxacion d'icelle amende par devers reservée, et absolons yceulx religieux des autres conclusions et requestes contre eux faites par le dit procureur du Roy, par nostre sentence deffinitive, et par droit.

MEUDON. FLORI (1)

Ce sont les cas qui sont avenu, ij anz devant que li rois ala outremer (2), premierement à Flori et à Meudon. A Flori ot

---

(1) Meudon et Fleury (Seine-et-Oise, arrondissement de Versailles).
(2) Il s'agit ici du départ de saint Louis pour sa première croisade, en 1248. Il ne peut être question du second départ de ce roi pour la se-

i home tué en une tavernes, chies Renaut Quinaut, par nuit, à i suer dou quaresme prenant auprestres de i compagnon qui venoit avec li, et cil qui le tua fu prins, en present, et menez à Saint Germain des Prez, et li mena Pierres, li meires de Meudon, et pluseur autre, d'Yssi et de Meudon. Et fu penduz, aus fourches de Saint Germain. Ce fu au tens Estienne Tatesaveur et Gautier le mestre, embedeus prevost de Paris.

Après, à Meudon, avint de i nostre home, que par li et par sa force, prist i vallet, de Malpertuis souz Monbarri, ou chemin d'entre Paris et le Bourc la Reine, où il venoit de pledier de la court l'official de Paris, contre une mechine de Meudon, laquele disoit qu'il l'avoit fianciée (1). Et en fu li vallez amenez dou devant dit ostel, et le tindrent, ij jouz et ij nuiz, qu'il ne savoit où il estoit, et lui firent fiancier icelle. Lequels en furent menez en prison, ou Chastelet. Lequel hoste nous eusmes arrieres, et nous en fu la joustise rendue, en plains plez, ou tens Hervi d'Ierre et Oede le Rous, qui estiont prevost.

Après, i qui avoit non Renaut le fevre, de Meudon, fu consentierre de feire fause monoie, et s'enfoui, dont li Rois aresta ses biens, et nous les delivremes, et eusmes meuebles et cristaches.

Et avent ces choses, avint il que une meschine se plaint de son seigneur, qui ele estoit boiasse, que il l'avoit efforciée, et fu pris, et menez ou Chastelet, ou tens que Symon Barbeite estoit prevost de Paris (2). Et nous le reumes, arrieres dou Chastelet, sans ce qu'il i respondist.

conde croisade, en 1270; car Gauthier le Maître, désigné, quelques lignes plus loin, comme prévôt de Paris à cette époque, cessa d'occuper cette charge en 1256.

(1) Les causes matrimoniales appartenaient à l'église. « Li second cas ouquel la juridicion appartient à Sainte Eglise, si est de mariage, si comme il avient que un hons fianche à une fame, ... et de toutes les causes qui en pueent naistre, et devant le mariage et après le mariage, et liquel mariage sont à souffrir, et liquel non, appartient à l'evesque, ne ne se doit mellcier la justiche. » Beaumanoir, ch. xi, n° 3. — V. sur cette matière, le curieux dixième livre du *Livre de Justice et de plet*, p. 178.

(2) C'est un nom à ajouter à la liste des prévôts de Paris. La famille Barbette était, dès le xiii° siècle, une des plus riches familles de la ville à laquelle elle fournit plusieurs échevins et un prévôt des mar-

Item, i garçon embla i pain à Flori, et fu pris, et menez à Saint Germain des Prez, et li mena, Yvon le Peletier, et Baldoin de Valbouron.

Après, i autre avoit emblé, à Meudon, i pain, en une taverne où il bevoit, et fu pris sesiz, et menez à Saint Germain, et li mena, Pierres, le meire de Meudon, et Jehan Foudrel, et Hubert de Hauberviler, et assez d'autres.

Après, une truie vint d'espave, à Meudon, et fu ilec arestée et demoura grant piece, et tant que Robert Luilier, de Saint Clost, vint, et l'avoua pour seue, et le prova, par son seirement, et par preudesomes de Saint Clost qu'il i amena. Au seirement prendre fu, Pierre, le meire de Meudon, ... et pluseur autre.

Les cas avenuz à Meudon ou tans Jehan Clignet.

1280. — L'an de Nostre Segnor m cc lxxx, fist le prevost prendre toutes les mesures à vin, à Meudon.

6 octobre 1291. — L'an Nostre Seigneur m cc quatre vinz et onze, le samedi emprès la Saint Remy, fu une meschine joustisié et arse, à Meudon, pour ce qu'elle avoit porter noier, en un roteur à chanvre, i enfant tout vif, que elle avoit enfanté. Assez près de ce roteur, et à ceste joustise fere, furent present, Symon, le mere de Meudon, Symon d'Atthys, Adan, le serjant au pitancier, et le serjant de la terre au trésorier(1), et ceus de la vile de Meudon, à ban crié.

11 octobre 1291. — Celle année meismes, le jousdi ensuivant, fu trainez et penduz, i ribaut, qui avoit navré le presseureur dou pressouer dou val de Meudon, jusqu'à mort, pour ce que il

---

chands, Étienne Barbette (1298). Elle donna même son nom à une porte de la ville et à un vaste hôtel entouré de jardins, sur l'emplacement duquel on ouvrit, en 1563, la rue Barbette dans la rue Vieille-du-Temple. Cet hôtel fut vendu, en 1403, à Isabeau de Bavière, et le duc d'Orléans, croit-on, en sortait lorsqu'il fut assassiné par l'ordre du duc de Bourgogne (V. Franklin, *Plan de tapisserie*, p. 46).

(1) Les profits de certaines terres des communautés religieuses étaient attribués aux principaux dignitaires, tels que le pitancier, le trésorier, l'aumônier qui en étaient considérés ainsi comme les seigneurs pour le compte du couvent; ces profits étaient d'ailleurs destinés à acquitter les

confessa, devant bones genz, sanz coaction, ne ne fu requis par joustise nule, que il avoit robé et avoit esté à murtrir plusors genz. De ce cas sevent, etc.

1291. — L'an Nostre Seigneur mil cc quatre vinz et onze, fu arse un fame, à Meudon, qui avoit enfanté, en une vigne, pour ce qu'ele l'avoit naié en i fosse.

Item, i ribaut fu pris, au pressoir de Meudon, et fu pendu et trayné, pour ce que il confessa que il avoit fet v murtres.

22 mai 1306. — L'an Nostre Seigneur mil ccc et vi, environ la Penthecoste, durant le ban que l'eglise de Saint Germain a à Meudon, nous amenda, Quarré de Meudon, ce qu'il avoit vendu vin, durant ledit ban, etc.

SAINT GERMAIN DES PREZ

Ce sont esploiz fait à Saint Germein, du tens Gile de Nuly, prevost de la dicte eglise.

15 janvier 1331. — L'an mil cccxxx, le jour de la Saint Mor, fu trovez uns enfens, de l'aage de environ iii ans, ou bout du fossé du pré aus clers, en droit le coing des murs de Neelle, et menez à Saint Germain. Et y fu presens, Giles de Nuly, lors prevos de ladicte eglise, et Jehan d'Orliens, huissier du Parlement. Et fu, li enfenz, bailliez à nourrir à une boiteuse, qui demouroit en la terre Saint Pere, et le nourri, environ demi an, jusques à tant qu'il mourut, et fu enterrez à Saint Pere (1).

23 novembre 1331. — L'an mil ccc xxxi, le jour de la Saint Clement, fu mis au pilori de Saint Germain Jehannot Leroy de Valgirart, pour ce que il avoit juré le vilenz jerement.

---

charges imposées aux bénéficiaires par les règlements intérieurs de la communauté. C'est la terre de Châtillon qui était à Saint-Germain-des-Prés, affectée à l'office de la trésorerie.

(1) Petite chapelle qui a donné son nom à la rue des Saints-Pères. Du Breul, D. Bouillart et Sauval pensent qu'elle fut la première paroisse des vassaux de l'abbaye (V. Berty et Tisserand, *Région du Bourg Saint-Germain*, p. 218).

31 août 1331. — L'an de grace mil ccc xxxi, le samedi avant la Saint Gregoire, fu mis ou pilori de Saint Germain des Prez, Lucas Maci, cousturier demourant lors à Meudon, pour ce qu'il avoit juré le vilein serement, en la court Saint Germain des Prez, si comme il le confessa puis, en jugement, presens plusieurs bones gens.

21 avril 1332. — L'an mil ccc xxxii, le mardi d'après Pasques, fu trovez un home mors en la riviere, endroit Auteil, lequel avoit esté tuez, si comme il apparoit, quar il avoit iii plaies endroit le cuer, et la bouche fendue, et une oraile copée et un cop lès le haterel tel que la cervelle li paroit, et estoit assez fres. Et fu aportez, par nos sergens, devant la porte de l'abbaie, et fu montrez en ce point, dès environ disner jusques aprez vespres, et puis, du commandement au prevost, il fu enterrez au bout de l'eitre Saint Pere.

18 septembre 1304. — L'an mil iiii^c et quatre, le jeudi xviii de septembre, nous ont esté restitués les biens de Jehan Breton etc. (1).

VILEJUIVE (2)

25 mai 1273. — L'an Nostre Seigneur mil ii^c lxxiii, le jeu li devant Penthecoste, apela Jehans de Ceuili, en l'assise Saint Germain, Robert de Vilejuive, de larrecin et de traison, pour vin que celui Jehan disoit que celui Robert en avoit porté de la vigne à celui Jehan, senz son seu. Et en fu le plé entemmé devant monseigneur l'abé, et puis pes faite.

29 septembre 1302. — L'an de grace mil ccc et deus, le samedi devant la Saint Remi, fu restablie l'eglise de Saint Germain, à Villejuye, par Jehan Chapperon, serjant à cheval du Chastelet, du commandement Pierre li Jumiaus, lors prevost de Paris, de Guillaume Lambert, de Villejuye, à qui l'en metoit sus que il avoit tenu i home par le coul, en trahison, tant que i maufeteur li eust donné d'un cutel parmi le cors. Et fu

---

(1) Suit une autre affaire semblable de 1461. Au bas de chacun de ces deux cas est apposée, en guise de signature, la mention « Extrait par moi Nicolas », avec paraphe.

(2) Vilejuif (Seine, arrondissement de Sceaux).

pruvé, par tesmoings, que celui maufeteur avoit fet le fet. Et à cele resesine fere, furent presenz, etc.

PAROI (1).

1271. — L'an Nostre Seigneur mil ii^c lxxi, fu pris, à Paroi, i garçon de Viceours qui avoit emblé chaume, et pour ce que coustumiers en estoit, il fu banniz de toute la terre Saint Germain, seur la hart.

1271. — Celle année meismes, mourut i batart et aubenne, à Paroi, qui avoit, à Paroi, la moitié de une meson. Une fame vint avent devant le prevost Jehan, et se faisoit parente, et ot celle partie de meson, par faus que ele fesoit entendent. Le prevost Estienne vint après, et sot que l'omme estoit aubenne et la fame estoit batarde, et osta ladite meson à ladite fame, par reson de haute seignorie, et la vendi xl s. de Paris, à Anisart de Paroi.

1271. — Celle année meismes, fist le prevost Estienne coper une branche d'ourme, à Paroi, devant la meson monseigneur l'abbé, en seneflance que Saint Germain a haute joustice à Paroi (2).

---

(1) Paray (Seine-et-Oise, arrondissement de Corbeil).
(2) A la suite des cas de justice de Paray, sont transcrites, sous la forme de *vidimus*, des lettres, de mai 1250, par lesquelles l'abbé Thomas affranchit ses hommes du bourg de Saint-Germain-des-Prés, en récompense des services qu'ils ont rendus au couvent, dans ses nécessités ou ses périls, et moyennant une somme de 200 livres : « Nos ipsorum (homines nostri de burgo nostro Sancti Germani) attendentes devocionem, et pro ducentis libris parisiensibus de quibus nobis est satisfactum, manum mortuam, forismaritagium et omnimodam servitutem........ remittimus et quittamus.................................... Salvis nobis et ecclesie nostre justicia et dominio in dicta villa Sancti Germani, et omnibus redditibus, consuetudinibus et coustumis, que coustume sunt tales, etc. » — — Nous ne donnons pas le texte intégral de ces lettres qui ont été déjà publiées par D. Bouilart, *Preuves*, p. 60. (V. aussi, Berty et Tisserand, *Topographie du Vieux Paris, Région de Saint-Germain-des-Prés*, p. 244).

LE BREIL (1).

1271. — L'an Nostre Seigneur mil ii° lxxi, fu pris, par la suer dou Brueil, i garçon qui avoit emblé vi moustons, et ot la sesine, Renaut Barbo, bailli de Montleheri. Il vint sur le leu où le larron fu pris, et pour ce qu'il vit qu'il fu prins en nostre terre, et Saint Germain a toute joustisa haute et basse en la terre dou Brueil, il le rendi au prevost Estienne, et l'amena, le devant dit prevost, à jour de marchié, parmi Loncjumel, à Saint Germain des Prez, et ilec fu jugiez li lierres, et penduz.

1272. — L'année ensivant, fist le prevost Estiennes coper branches en i horme qui est delez la granche dou Brueil, en enseigne de haute joustise.

1272. — En cel an meismes, fu acusez i juif qui avoit acheté vin au Brueil, qui avoit emblé autrui vin, et s'en offri à deffendre devant le commendement monseigneur l'abé. Le prevost de Montleheri si vost que le juif li amendast ce qu'il avoit respondu devant le commendement monseigneur l'abbé, et que mesires l'abes li amendast ce que sa gent avoient contraint le devant dit juif à respondre. Renaut Barbo, bailli de Montleheri, commenda, pour ce que li abbes avoit toute joustise au Brueil, qu'il li apartenoit bien joustise de juif, que par le commendement des mestres il li avoit rendu i juif qui avoit estre pris à Saint Germain des Prez, pour soupeçon de larrecin, par ce que l'abbes a toute joustise à Saint Germain, et lors lessa, le prevost de Montleheri, monseigneur l'abbé empes de la response du juif.

10 février 1279. — L'an de grace mil cc lxxviii, le vendredi après les huitieves de la Chandeleur furent prins, au Brueil, Colins, de la paroisse de Chemin, Perret et Robins de Villeroi, berchier de la granche dou Brueil, et le samedi après amené à Saint Germain, pour guarder. Et le diemanche des Brandons, furent mené au Brueel, et pendu le landemain, pour ce qu'il cognurent que il furent consentent de murtrir mon-

(1) Le Breuil (Seine-et-Oise, arrondissement de Corbeil).

seigneur Bertaut, curé de Espinneil. Et les amenerent à Saint Germain, Gyles de Guardelon, meires dou Brueil, Renier le lombart, Affilart le munier, Guillaume Allot, Jannot de Montleheri, sergent le Roi, et pluseur autre, au tens Pierre de Merroles, prevost de Saint Germain au tens de lors. Et pour ce cas qui fu fet en la seignorie dou Brueil, il furent il remené pour joustisier, et trainé et pendu.

SAINT GERMAIN SUS MONSTREUL (1)

11 août 1291. — L'an de grace mil cc quatre vinz et onze, le samedi devant la mi aoust, en l'assise de Melun, entre l'abbé et le couvent de Saint Germain des Prez, d'une part, et Erart et Guillaume de Tyenges d'autre, du débat qui estoit entre eus, pour reson de la haute justice et de la basse en la ville de Saint Germain de Laval, dont chascune partie se disoit estre en sesine. Veues les preuves d'une partie et d'autre, pronuncié fu, et par droit, que les diz freres estoient en sesine du jugement et l'exequcion du larron, tout un tant seulement et que les fourches que les diz religieus ont dreciées à present, pour ce que le cas se est offert de la basse justice, seront abatues, sauf aus diz religieus le droit de la haute justice, laquele leur fu declarcie, par jugement, comme le cas si offrera.

Presenz au jugement, Guillaume Damidex, Dreue de Sageville, Thoumas de Chevri, Estienne Granche, Gile de la Forest, Gui d'Ailli, Pierre de Karroys, tuit chevalier, monseigneur Symon de la Sale, clerc, sires de Lays, Guillaume de Machau, Nicolas le changeeur, Jehan le Gros.

SERESNES (2)

1291. — L'an Nostre Seigneur mil cc quatre vinz et onze, nous fu rendue la haute joustice de Seresnes, au temps Jehan de Montigni, prevost de Paris, et fumes resesi, de son com-

---

(1) Saint-Germain-Laval (Seine-et-Marne, arrondissement de Fontainebleau).
(2) Suresnes (Seine, arrondissement de Saint-Denis).

mandement, de la semblance du murtrier, par la main Guillaume du Till, serjant du Chastelet, et fu traynez, le voult de ce murtrier, au fourches de Seresnes, à ban crié, au seu et au veu des genz de la vile.

DAMMARTIN (1)

1274. — L'an Nostre Seigneur mil ii$_c$ lxxiiii, fu pris i larron, en la prevosté de Dammartin, qui avoit emblé dras et i chaperon, et fu amenez, par Hue Clignet, et par Aubert, le prevost de Loengnes, et par autre gent, à Saint Germain des Prez, et fu ilecques jugiez, et penduz.

CHATEILLON (pro thesaurario Sancti Germani) (2)

1281. — L'an de grace m cc lxxxi, nos fu rendue la cort, par Gile de Compigne, prevout de Paris, de Robert Hautmidi de Clamart, demorant à Chateillon, à cui l'en metoit sus qu'il avoit brisié un asseurement qu'il avoit fet, sy comme l'en disoit, antre lui, Symon, et Androt fiz Simon le riche de Chateillon, por anquerre an et por l'assaut qui fu fet, antre Clamart et Chateillon, an la terre Odard Legueri, an la seignourie le roi et an son chemin. A ce restablissement furent presenz, etc.

1281. — Cet an meimes au palement de la Penthecoute, nous rendirent, an plain palement, li mestrent de la cort le Roi, à connoître de la cause meue antre monseignor Henri d'Avaugor, chevalier, et Henri d'Avaugor, escuier, de la meson qui fu à conte de Mascon, an la présence, etc.

1262. — L'an mil cc lxii, comme nous eussions fet aprise, pour Saint Germain des Prez, du droit leur terre de Chasteillon, pour la justice, et nous enquiesmes, pour la justise de sanc et de larron, laquele nous leur baillemes, par l'aprise. Toutevoies nous trouvames que le Roys avoit usé de haute justice, en la terre Saint Germain à Chasteillon, comme d'une fame trouvée toute murtrie en leur terre et justicie, laquele le mayre de Baigneus fist enfouir, et estoit cest esploit, de

---

(1) Dammartin (Seine-et-Oise, arrondissement de Mantes).
(2) Châtillon (Seine. arrondissement de Sceaux).

iiii anz. Item, Jehan le mayre de Chasteillon, hoste Seint Germain, murtri Symonet de Clamart, et s'enfoui, et le fist bannir, syre Eude Popin, et avoit 1 quartier de vigne qui estoit en la terre Saint Germain des Prez, et est cest esploit, de xxv anz. A ces esploiz tesmoignerent, etc.

16 avril 1262. — L'an de l'incarnation Nostre Seigneur, m cc lxii, le lundi après la Marceische, nous delivremes, par aprise, au thresorier de Saint Germain des Prez, la justise de sanc et de larron, en la terre que Saint Germain a à Chasteillon (1).

(1) Le Registre de justice se termine ici, au folio 69. Il est suivi d'un compte des recettes de la pitancerie de l'abbaye sous le titre suivant : « C'est le papier et registre de toute bonne recepte de la collecterie des cens et rentes, fons de terre, amortissemens et autres devoirs deulz et appartenans à la pitancerie de l'eglise de Saint Germain des Prez lez Paris.... » Ces comptes sont revêtus d'une approbation datée de l'année 1477.

REGISTRE CRIMINEL

DE

SAINT-MARTIN-DES-CHAMPS

C'est le Registre des esplois de la justice des religieus de S. Martin des Champs, fait et ordené par religieus homme et honeste frere Ytier, humble chamberier de la dicte eglise, et Pierre Veruelg, à present maire d'ice lieu, depuis le dymenche que l'an chante *Oculi mei*, jour des assizes de la dicte eglise, l'an XXXI. C'est assavoir, de par le dessusdit chamberier, en tant comme il touche les cas civils tant seulement, et par ledit maire, au crime et civil tout ensemble.

22 mars 1332. — Dymenche que l'an chante *oculi*, jour des assizes. — Eslargi à Jehannot Longueville, sa prison, par le conseilg de la dicte assize, sur peine de estre ataint du fait pour lequel est nostre prisonnier, et li assigné jour à ester à droit par devant nous jusques à l'assize procheine venant, sus ladicte peine, ou cas que il, audit jour de ladicte assise, ledit Jehannot, ne comparroit par devant nous en jugement. — Delivré en l'assize qui fu le dimenche après la S. Nicolas en mai, par le conseil d'icelle assize, c'est assavoir, mestre Guillaume Jouan, mestre H. de Vailli, mestre Hugues de Fabrefort, en tant et pour tant comme à office touche. — Absous.

29 mars 1332. — Dymenche que l'an chante *letare Jherusalem*. — Eslargi à Martin Desjardins, nostre prisonnier, pour la souppeçon de la robeure faite en l'ostel monseigneur Guillaume de Mello, thesaurier madame la Royne, jusques au jeudi avant Pasques flories, à revenir et ester à droit pou

ledit cas, à toutes les journées qui de nous lui seront assignées, sur peinne d'estre ataint dudit fait. Pleges, pour le nous ramener à toutes les journées qui de nous li seront assignées, corps pour corps, avoir pour avoir, Raulet le fruictier. Item, ce jour, eslargi audit Raulet sa prison, pour la souppeçon dudit cas, prisonnier en la maniere dessus dite et à la caucion dudit Martin.

4 avril 1332. Samedi. — De relevé. — Eslargi à Jehanne, fame feu Erart Lalemant, notre prisonniere pour le cas dessus dit, à ester à droit par devant nous, à toutes les journées que nous li assignerons, sur ban. Pleges pour ce faire, corps pour corps, avoir pour avoir, Perrot de la fontaine, rue de Trassep...... (1), Fouquet Lethiois, en ladicte rue, Jehannin Lalemant son filg. Et li assignons jour au juedi après Quasimodo.

8 avril 1332. — Merquedi. — Eslargi à Jehannot Guodart sa prison jusques au dymenche après Quasimodo (2), à revenir et ester à droit, sur peine d'estre ataint du fait, pour la souppeçon du fait de la navreure de Jehannot Chambellant.

12 avril 1332. — Dymenche, jour de Pasques flories. — Eslargi à Guodefroy Lalemant sa prison, lequel est nostre prisonnier, pour la souppeçon de la robeure faite en l'ostel monseigneur Guillaume de Mello, thesaurier madame la Royne, à revenir à toutes les journées que nous li assignerons pour ester à droit, pour le cas dessus dit, sur peine de ban et d'estre ataint dudit cas denuncié contre lui. Pleges pour ce faire, corps pour corps, avoir pour avoir, Jehant Lescuier, marcheant de chevauls, Gilet de la Valée, Jehan Dudent, Philippot Deloires et Richardin le fromagier. Et li assignons jour au dit jeudi avant Quasimodo (3).

Eslargi, cedit jour, [à] Estienne Blondiau sa prison, et du

---

(1) Devenue la rue Transnonnain. C'était la partie de la rue Beaubourg actuelle comprise entre la rue Aumaire et la rue Michel Lecomte.
(2) 3 mai.
(3) 23 avril.

mandement de mon^r Thibaut de Malregart, chevalier, lequel Blondiau nous tenions nostre prisonnier, pour une coustepointe qui estoit dudit mons^r Thibaut, laquelle ledit Blondiau confessa avoir mise en gaiges, et li assignons jour, au jour contenu en une sedulle scellée du scel dudit chevalier.

18 avril 1332. — Samedi, veille de Pasques les grans. — Eslargi à Estienne le plastrier sa prison, comme nostre prisonnier pour la bateure et navreure faite de lui en Jehannot le ratier, parmi sesze soulz parisis que il nous rendra pour nostre amende, et li assignons jour au jeudi après Quamodo (1).

19 avril 1332. — Dymenche, jour de Pasques les grans, l'an XXXII.

23 avril 1332. — Juedi. — Eslargi à Guodeffroy Lalemant, en la manière et à la caution autrefois donnée, jusques à de dymenche en VII jours. Item, à Jehanne, femme Erart Lalemant, en la maniere que dit est, à ycelui jour.

26 avril 1332. — Dymenche que l'an chante *quasimodo*. — Ce jour, amené en nostre prison, par le maire de Bouffemont Jehan de Montmor..., Adenet le Garennier, pour la souppeçon de la roberie faite à Perier de Chauveri, et à la demande d'icelui faite audit maire, si comme il dit. Merquedi. — Rendu à Pierre Empougnart, sergent l'official. Rendu à l'official.

30 avril 1332. — Juedi. — Ce jour fut detenue en nostre prison, Peronnelle la tuilliere, comporteresse de draps, linges et d'autres danrées, si comme elle dit, pour ce que l'an suivoit un drap de li pour emblé, que Jaquet le Mareschal disoit avoir acheté de elle.

Eslargi à Estienne le plastrier sa prison, sus ban, pour revenir à toutes les journées que nous li assignerons.

(1) 30 avril.

1 mai 1332. — Vendredi, premier jour du moys de may. De relevée. — Ce jour et heure, absoulte et délivrée, Perronnelle La tuillière, comporteresse, du fait pour lequel nous la tenions en prison, pour ce que Jaquet le mareschal, qui disoit que ladicte Perronnelle lui avoit vendu le drap, que P. Dumoulin, du Pré S. Gervais, suivoit comme adiré, dist, ledit Jaquet, en jugement, que il ne povoit prouver que ladicte Perronnelle lui eust vendu ledit drap. Ce jour et heure, detenus en nostre prison, comme nos prisonniers, ledit Jaquet et sa sa fame, rue aus Jonglers (1), pour le cas dessus dit.

2 mai 1332. — Samedi. — Eslargi aus dit Mareschal leur prison, sur quanques il se pueent meffaire envers nous, à revenir à toutes les journées que nous li assignerons.

3 mai 1332. — Dymenche, iii jours de may. — Eslargi à Guodefroy Lalemant sa prison, à viii jours. Absouls, veues les contumaces que il a empetrées contre la denunc[iation], par le conseilg de l'assize, le dimenche après la S. Nicolas en may (2).
Item, à Jehanne, fame feu Erart Lalemant, audit jour. — Absoute.
Eslargi à Jehannin le charpentier et Climence, fame Jehan de Moiri, de Bondis, à d'ui en xv jours.

3 mai 1332. — Ce jour, fit demande civile, Thomassete de Pirout contre Marote de la mare, fame Richart Lenglais, et à Huete de la mare, sa suer, en disant que, ès estuves de ladicte Marote, elle avoit baillé en garde à ladicte Huete sa boursse et perdi, de ce que y estoit, la moitié de xxiii pièces, que mailles blanches que doubles, et tendant seulement à fin de restitucion de sa chose perdue. — Mises en prison. Eslargi aus dictes suers leur prison jusques à d'ui en viii jours.

(1) Rue des Ménétriers. Cette rue, qui s'étendait de la rue Beaubourg à la rue Saint-Martin, a été supprimée, en 1840, et comprise dans le parcours de la rue Rambuteau.
(2) 10 mai.

18 mai 1332. — Lundi. De relevée. — Ce jour et heure, Marion de la rivière, autrement de la mare, amende, congnoissant ce que elle deffailli à comparoir dimenche derrenierement passé, sus la peine à lui intimée. Et ce jour, fist sa propre debte de ladicte amende, advouant ycelui fait, Richart Lenglais son mari. — Eslargi à ladite Marion et à Huete, sa suer, leurs prisons jusques à d'ui en huit jours. — Item, ladicte Huete amende, congnoissant le cas dessus dit, pour cause de ce que elle ne comparut audit jour. Plege, ledit Richart pour la dicte Huete. — Absoultes.

24 mai 1332. — Dymenche, xxiiii jours de may, avant l'Ascencion. Ce jour, de relevée. — Raporté le perilg hors de mort et de mehaing, par mestre Jehan de Vailli, sous son scel, de Emeline, fame Jehan le cousturier, navrée d'une plaie en la teste, presens audit raport, frere Perrin de Chievreville, nostre tabellion, Colin de Montmartre, Robert le goelier, nos serjens, et Thomas de Corbigni, pour la souppeçon de la navrure de laquelle nous tenons en nostre prison, Berthelot Trouvé et Guillaumin de la guiterne, jougleurs. — Eslargi, audit Berthelot Trouvé, sa prison, tant pour cause d'une amende que il plaia, congnoissant, à ladicte Jehanne, taxée de nous à dis solz, comme pour le cas dessus dit, à de vendredi prochain en viii jours. Plege pour nostre dicte amende, Lambert Lebourgeois, rue de Sainte Opportune, et pour ramener à toutes les journées,.... pour ledit Berthelot.

30 mai 1332. — Samedi, de relevée, penultiesme jour de may. — Furent rendu à nous, du prevost de Paris, comme nos hostes et justiciables, Morise Lebreton, vallet Huitasse de Rains et Phelipote la Normande, sa chamberiere, pour la souppeçon de ce que [ ], fame dudit Huitasse, se noia ou puis estang ou coin de la rue aus Oues (1).

---

(1) Rue aux oies. — La haute justice, dans cette rue, n'appartenait, que pour une faible portion, au prieuré de Saint-Martin-des Champs, et peut-être sur quelques-unes seulement des maisons qui sont ici déclarées. La rue était, pour la plus grande partie, dans la juridiction de l'abbaye Saint-Magloire. Elle est nommée dans un ca ulaire de cette abbaye, *la rue où*

5 juin 1332.— Vendredi avant la Penthecoste, de relevée.— Eslargi à Morise le breton et Phelipote la normande, valles et chamberiere de Huitasse de Rains et de sa fame, laquelle fu naiée. Pleges, pour nous ramener ladicte Phelipote, corps pour corps, avoir pour avoir, Robert Lecornu, demourant à Marivaus (1) et Jehan de S. Merri demourant en Biaubourc (2), et ledit pour ester à droit, ... et audit Morise, sus ban et d'estre ataint du fait, pour la souppeçon duquel fait nous le tenons prisonnier, et assignons jour, aus diz Morise et Phelipote, à de dimenche prochain venant, en VIII jours.

7 juin 1332. — Dymenche, jour de la Penthecoste. — Item, eslargi les diz Morise et Phelipote, jusques au dimenche après la S. Jehan.

15 juin 1332. — Lundi. — Amené en prison, Renaut le porteur, par Noel Boute-Mote, pour la souppeçon de l'uis Robert Descommins rouppu, demourant en rue du Temple.

16 juin 1332. — Mardi. — Eslargi audit Renaut sa prison, juesques à demain de relevée. — Amende.

24 juin 1332. — Merquedi, jour S. Jehan Baptiste. — Fu prise et amenée en nostre prison, Marote la chaussetiere, née de Roie, si comme elle disoit, pour la souppeçon de la robeure faite en la meson monseigneur Thomas de Savoie, en sa meson à S. Maart, en la rue aus Bouillies (3), à la denun-

---

l'en cuit les hoces. Bibliothèque nationale, fonds latin n° 5414, f° 93. Elle est devenue la rue aux Ours, et s'étend aujourd'hui encore de la rue Saint-Martin à la rue Saint-Denis.

(1) Il y avait le *grand* et le *petit Marivaux*. La rue du grand Marivaux, appelée rue Marivaux des Lombards, allait de la rue des Lombards à la rue des Écrivains. Elle était dans la direction de la rue Nicolas Flamel actuelle. La rue du Petit Marivaux, appelée Petite rue Marivaux, était voisine de la première. — Un arrêt des *Olim*, de 1287, reconnaît implicitement, au profit du prieuré, le droit de justice dans le *Marivas*.

(2) Rue Beaubourg. — On sait que la partie supérieure de la rue Beaubourg actuelle était la rue Transnonnain.

(3) C'est l'ancienne rue, nommée dans les terriers de Sainte-Genevieve, des *Bouliers* et *aux Bouliers*, près de Saint-Médard. Cette rue fut nom-

ciacion de Jehan de Savoie et de Alis, sa fame, consierge dudit hostel, par Ernoulet. — Justiciée, le mardi après la Saint Martin d'esté (1).

Item, amené en nostre prison, par lesdis Ernoulet et Bernart le Piquart, mons^r. Nicolle de Luissi prestre, autrement dit de S. Bresson, bourgoingnon, pour la souppeçon de la robeure dessus dicte, et pour ce que ladicte Marote disoit que, à l'instigation dudit prestre, elle avoit fait les larrecins ci dessus contenus.

25 juin 1332. — Juedi ensuivant. — Baillé à Yvon Teuleu et Reg. Piron, serjens l'official, ledit prestre chargé de la souppeçon dessus dicte, presens Ancellet Labbé, mons^r. Jaques, chappelain de Saint-Nicolas, Noel boute mote, Robert le geolier, et Guiot Lefenin.

30 juin 1332. — Mardi ensuivant, après la S. Pere en juing. — Fu detenu en nostre prison, Jehannin Lenoir, enlumineur de pincel, pour ce que Jehan de Biauvais mist III deniers sur deus saus qui lui avaient esté emblez, si comme il disoit, et pour ce que il furent trouvez plantés devant la meson dudit Jehannin, il n'en savoit que souppeçonner, fors ledit Jehannin. — Rendu à l'official, chargé dudit fait denuncé, comme dit est, et baillé à Jehan de Souvegny et Jehan Tertel, serjens dudit official.

31 juillet 1332. — Vendredi. — Raporté, par mestre Henri Tristan sururgien, institué et deputé en leu de mestre Jehan de Vailli, nostre mire juré, le perilg hors de mort et de mehaing, de Ponce de Cauderon, navré d'une plaie en la teste, presens ad ce raport, Simon d'Espone, le sous prieur de S. Martin, Thomas de Clugni, chapellain dudit sous prieur, Guillaume Lenglais et Bernart le piquart. Pour la navreure duquiel nous tenons prisonnier, Remondon de

---

mée ensuite *rue d'Orléans*, à cause de la maison de plaisance qu'y acquit le duc d'Orléans, dans laquelle dut être compris l'hôtel dont il est question ici. Son emplacement est occupé aujourd'hui par la *rue Daubenton*, de la rue Mouffetard à la rue Geoffroy Saint-Hilaire.

(1) 5 juillet.

Braisiebrait. — Item, ce jour, et presens les dessus nommez, raporté, par ledit mestre Henri, le perilg hors de mort et de mehaing de Jehanne la meresse, buchetiere, navrée en la teste, à la denunciation et cri de laquelle nous tenons prisonnier mons^r. Gui Boin, clerc du Roy nostre sire. — Baillé à M. P. Mallart, clerc des requestes du palais.

14 août 1332. — Vendredi, de relevée, veille de la mi aoust. — Raporté, par mestre Jehan de Vailli nostre mire juré, le perilg hors de mort et de mehaing, de Agnes la helonniere, batue de coups orbes, presens audit raport, Lorens Porte, G. le bedel, G. Lenglais, Thierri le riche, mestre Jehan Roulant, la fame de Lorens Porte. Pour la souppeçon de laquelle bateure nous tenons nostre prisonniere, à la denunciation de ladicte Agnes, Marote la ferronnere. — Eslargi à la dicte Marote sa prison. Pleges pour nous ramener la, corps pour corps, avoir pour avoir, à toutes les journées que nous lui assignerons, Guillaume Lenglais, advocat, et Lorens Porte, et lui assignons jour à, de dimenche prochain venant, en huit jours.

24 août 1332. — Lundi, jour S. Barthelemi. — Amené, en nostre prison, Lorin de Nanthuelg, pelletier, rue au Maire (1), pour la souppeçon de la mort de Jehannin de Troies, trouvé mort en l'ostel auquel lesdiz Lorin et Jehannin demouraient ensemble.

25 août 1332. — L'an de grace mil ccc xxxii, le mardi après la saint Barthelemy apostre. — Nous raporta, par son serement, en jugement, à Saint Martin des Champs de Paris, mestre Henri Tristan, surugien, en nom et comme representant les fiées de mestre Jehan de Vailli, nostre mire juré, que il avoit veu, visité, tasté et regardé bien et diligemment, en la maniere que il appartient à l'art de surugie, par tous les membres et leus dehors, le corps Jehannin de Troies mort, lequel il trouva sens casseure, froisseure, blesseure et sens

---

(1) Cette rue, qui a pris son nom du maire de Saint-Martin, existe encore sous cette dénomination et commence rue Saint-Martin, à la hauteur de l'église Saint-Nicolas des Champs.

aucun coup par lequel il peust enssuire mort ou mehaing, ainçois est mort d'une maladie apostée ou servel, qui est appelée, en l'art de sururgie et de medecine, appopileucie, et laquelle s'est espurgiée par les nariues, orelles et bouche, puis la mort, presens, Robert de Balizi, Guillaume Lenglais, Richard Martel, Henri, Agnès, Simon, et Thibaut d'Espone, Simon le potencier, Jehannin de Saint Denis, et nos sergens. — R[apport].

26 août 1332. — Merquedi ensuivant, de relevée. — Eslargi à Lorin de Nanthuelg, prisonnier pour la souppeçon du fait dessusdit, comme prisonnier pour ledit cas, sur peine de estre ataint dudit fait. Pleges, corps pour corps, avoir pour avoir, Jehan le camus, serrurier, Mahiu d'Aubemalle, pelletier, et Perrot de la fontainne, et li assignons jour, à de dimenche en huit jours.

23 août 1332. — Dymenche, de relevée, avant la saint Barthelemi apostre. — Eslargi à Robin Fleuriau, vallet de Nicolas le ladre, sa prison, et lequel estoit nostre prisonnier, pour ce que Jehan de Crespinière, sergent, disoit et raporta que il s'estoit efforciez de lui rescourre Guillet le barbier, detenu prisonnier pour la navreure de ce que il avoit donné, à Jehan Berneville, d'un scisiaus en la mammelle,.... — Pleges, corps pour corps, avoir pour avoir, siré Jehan de Mouci, r. de Quiquenpoit, pour ramener à toutes les journées,.... et lui assignons jour à mardi prochain, et s'est sousmist en nostre infformacion, pour enquerre de la resqueusse dessus dicte. — Delivré.

27 septembre 1332. — Dymenche avant la S. Michel archangle. — Eslargi à Jehanne la mareschalle, autrement dicte de Lusarches, sa prison, jusques à merquedi prochain. Pleges, pour la nous ramener à ester à droit au dit jour et à toutes les journées que nous, pour le cas pour lequel nous la tenons prisonniere.........., Ymbert Le lorrain. Et pour ce faire, en obliga son temporel, et aveques tel deffendons à la dicte Jehanne que elle ne suefre faire pechié de luxure en sa meson. — Paié x sols au chamberier, et l'amande dou maire.

5 octobre 1332. — Lundy après la Saint Remy. — Amené en nostre prison, par la gent au prevost de Bouffemont, Jehannot dit Advignol, demourant, si comme il dist, à Saint Lorans les Paris, pour le souppeçon d'une coste homme de pers, que l'en disoit que ledit Jehannot devoit avoir emblée à Michelet Haonyu, demourant en l'osté mons^r. de S. Martin, que l'en dit à Maubuison en la ville de Tour lès Taverny. Enqueste faite, pour ce que il ne fut trouvé de rien saizy. — Absoule, par le conseilg, et par enqueste.

7 octobre 1332. — Merquedi ensuivant. — Amené, en nostre prison, par la gent au prevost de Bondis, Jehannin de S. Soupplet, bocheron, à l'acusacion faite de par Jehannin Lebouchier, fuilz de feu Sallemon Lebouchier, pour ce que il accusa ledit de S. Soupplet, en jugement, en disant que il lui avoit emblé son bois et marchié que il tenoit du Roy, et que, aveques ce, il estoit murtrier, et que pour tel le prouveroit, si comme les gens [du] dit prevost nous raporterent, et que à l'acusacion dessus dite, ledit prevost l'avoit mis et detenu en prison. — Tesmongné par ledit prevost de Bondis.

Item, ce jour, amené, par lesdictes gens dudit prevost, ledit Jehannin, fuilz dudit Salemon, accusant du prisonnier dessusdit, lequel dit et proposa contre ledit de Saint Soupplet que, oultre son gré et volenté, et sens son sceu et autrement que à point, avoit emporté de sa busche de son bois et vente, et l'offri à prouver contre ledit de Saint Soupplet. De laquelle busche du boys de la vente dudit Jehannin Sallemon, ledit Jehannin de S. Soupplet confessa avoir emporté une douzaine de costerez, par la main de Jehannin Trochet et de Jehannin Hincelin, qui sont vallez de Jehan Pinart, qui a part en la vente dudit boys, presens ad ce confessé, Colin le charron, Jehannin Pinart, Jehannot le begue, sergent de Bondis, Jehannin le clayeur, et Pierre Frevin, et plusieurs autres.

22 novembre 1332. — Dimenche, de relevée, avant la S. Climent. — Eslargi à Jehan Guodin, rue Michel Leconte, lequel nous tenions prisonnier, à la denunciacion de Bertran

le tapissier sarrazinais, à revenir à toutes les journées que nous lui assignerons, et fournir droit, sur peine d'estre attaint du fait pour lequel nous le tenions prisonnier. Pleges, pour nous ramener à toutes les journées, corps pour corps, avoir pour avoir, et pour fournir droit, Jehan Legalais, rue Michiel Leconte, Jehan Pepin en ladicte rue, et Jehan de Jouy, et assignons jour audit Jehan Guodin à d'ui en viii jours, à nos plais de prime. — Et tenions ledit Jehan, pour ce que ledit Bertran denunça, contre ledit Jehan, que il l'avoit trouvé en son hostel, et de tout mucié, et fu faite la denunciacion en jugement.

25 novembre 1332. — Merquedi, de relevée, ensivant. — Guillot le peletier, autrement de Montmartre, demourant en la rue des Petiz Champs (1), amené par Jehan de Crespy, pour ce que l'en disoit que il avoit juré le villain serment. — Eslargy pour sertainne cause, presens Guillaume le farcetier, et sa fame, Jehannin Floret vallet, Richart le voier, et la fame dudit voier, Fleairie, fame Jehan Barbete, coustellier, Robin, le geolier de Saint Martin, sa fame, Gerhin son vallet, et plusieurs autres.

26 novembre 1332. — Jeudi ensuivant. — Le prist, en nostre prison, Nicolas Lafillere, du commandement au prevost de Paris, si comme il dit, pour ce que il disoit que ledit Guillot estoit prisonnier du Roi. Et dit encore que ledit Guillot estoit hoste du roy, prins en non present, et que le prevost, en sa personne, volloit congnoistre du fait dessus dit pour quoy nous le tenions.

2 novembre 1332. — Lundi après la Toussains, jour des mors — Amené en nostre prison, Mahiet Lermite, pour la souppeçon de la navreure de Roldigo de Navarre, navré en l'eschine par derrieres.

(1) *Rue des Petits-Champs.* Aujourd'hui rue Brantôme, au-dessus de la rue de Rambuteau et dans une direction parallèle. Elle s'étend de la rue Beaubourg à la rue Saint-Martin. Elle n'est pas nommée dans la déclaration de temporel de 1332.

1 décembre 1332. — L'an xxxii, le mardi après la Saint Audruy apostre. — Raporté, par J. de Vailli, le perilg hors de mort, et non de mehain, de Roldigo de Navarre, navré en l'eschine par deirrieres. presens audit rapport, Richart, Martel, Simon Lamencheur, Robert de Balizi, Martin des jardins, Perrin Guodin, Nicolas de la Salle, Simon d'Espone, Nicolas Pastenostre.

27 novembre 1332. — Vendredi avant la Saint Audruy apostre. — Eslargi à Jehannin de Saint Soupplet, nostre prisonnier, sa prison, jusques à nostre assize prochaine venant, à revenir audit jour de ladicte assize, sur peinne d'estre bannis de toute nostre terre, presens ad ce, Adam de Roucy, Barthelemi Rossignol, lombart, mestre Gregoire de Vailli, Jehan de Crespi, Guiot de Florville, Colin de Montmartre, Estienne d'Aucerre.

Ce jour, eslargi à Jehannin, filg de feu Sallemon le bouchier, de Bondis, sa prison, pour revenir merquedi prochain, à heure de prime, à nos plais, sur peinne de perdre corps et avoir, presens les dessus nommés.

5 décembre 1332. — Samedi, veille la S. Nicolas d'hiver — Eslargi à Jehannin Sallemon, autrement dit le bouchier, comme nostre prisonnier, pour le cas pour lequel nous le tenions prisonnier, pour revenir, fournir et ester à droit, à toutes les journées que nous lui assignerons, sur peine d'estre ataint du fait pour lequel nous le tenions prisonnier, et sur peîne de perdre corps et avoir, et lui assignons jour à de demain en xv jours, à heure des plais de prime. Pleges, corps pour corps, avoir pour avoir, pour nous ramener ledit Jehan, pour ester à droit, à toutes les journées que nous lui assignerons, pour le cas pour lequel nous le tenions prisonnier, et pour fournir droit, Colin le charron, Michelet Houdiart, Jehan Pinart, Jehan le fuilz Dieu, Pierre Benoit, tous de Bondis. Pressens ad ce, P. Veruelg, Colin de Montmartre, Jehannot Guobin, et Guiot de Florville. — Par Estienne d'Aucerre, commissaire sus ledit cas, de par monsr de S. Martin.

22 décembre 1332. — Mardi, jour Saint Thomas avant Noel. Fu mis et detenu en nostre prison, Guillot le pelletier, à la denunciation de Richart Guiart, pelletier, disant et denunçant, contre ledit Guillot, que lui et ses complices lui avaient donné si grant coup sus l'uelg, que il lui estoit estaint, et n'en veoit guoute, si comme il disoit. Quicté de partie, et pour ce, délivré de prison. Eslargi pour la court.

20 décembre 1332. — Dymenche avant Noel. Fu prise et mise en nostre prison, Marote la maugarde, dite Maugars, à la dénunciacion de Marie, fame de feu Guillaume Jolis, disant et denunçant, en jugement, contre ladicte Marote, que elle devoit savoir et congnoistre ceuls qui navré avoient ledit Guillaume son mari, dont mort s'enssivi, et que elle s'estoit vantée que, se elle étoit jamais prise pour ledit fait, elles les nommeroit et ensengneroit.

30 décembre 1332. — Merquedi avant les estraines. Guiot de Rentigni, en la court Saint Martin, deff[ault] pour fait de corps, à III jours, sur ban, à bouche, par Bernart, pour la souppeçon d'un coup donné de lui en l'uelg de Richart Guiart, à qui l'uelg, pour cause dudit coup, estoit estaint et n'en veoit gouste, si comme il disoit.

31 décembre 1332. — Juedi, veille des estraines. Eslargi à la dicte Marote sa prison, sur ban, et sur paine d'estre atainte du meffait pour lequel elle est prisonniere, pour revenir et ester à droit à toutes les journées que nous leur assignerons. — Pleges, corps pour corps, avoir pour avoir, pour ramener ladicte Marote, comme nostre prisonniere, Jehan Guillart, Marguerite de Gonnesse, Thomassete la maugarde, Guillot le bedel, et Philippot Malgars ; et assignons jour à ladicte Marote, au dimenche après les octaves de la Tiphaine (1).

Item, ledit Guiot deff[ault] pour le second jour.

1er janvier 1333. — Vendredi, jour des estraines. Deff[ault], ledit Guillot, pour le tiers jour.

(1) 18 janvier.

31 décembre 1332. — L'an de grace mil ccc xxxii, le jeudi avant les estraines. — Rapporté, par Vailli, le peril hors de mort et de mehaing, de Marie de Bourneville, batue de coups orbes, par les costes, pour la souppeçon de laquelle bateure nous tenons prisonniers, Gillet à la cuisse, et Jehannin, son fuilz, à la denunciacion de Renaut Lemoine, ami de ladicte Marie, disant et denunçant, en jugement, contre lesdiz prisonniers, que euls avoient batue de coups orbes, si et en telle maniere que elle estoit en perilg de mort, et d'abondant, nous tesmongna et afferma, par son serement, et en l'ame de lui, ce estre vray, ladicte Marie, presens, Nicolas Rat, Jehan Pocage, sergent du Chastellet, Ancelet Labbé, Henri Lespinglier, et pluseurs autres. — Presens audit raport de nostre mire juré, Henri Lespinglier, Thibaut d'Espone, Jehan le chauderonnier, Guiot de Florville, et pluseurs autres.

Eslargi aus diz prisonniers leur prison, jusques à dimenche prochain, et pour fournir droit, nous bailla, le dit Gilet, pour lui et pour son fuilz, deus enclumes du pris de lx solz parisis, lesquelles Simon d'Argenthuelg tient en garde de par nous.

3 janvier 1333. — Dymenche avant la Tiphaine. — Nous raporta, par son serement, mestre Jehan de Vailli, nostre mire juré, le perilg, hors de mort et de mehaing, de Richart de Bantene, englais, demourant à present en la rue aux Graveliers (1), près de l'ostel au Chaperon, lequel Richart estoit navré d'une plaie au costé, pour la souppeçon de laquelle navreure nous tenons prisonnier, Colin Lalement, pelletier, presens audit raport, frere Estienne d'Aucerre, Simon d'Espone, Chiquerello le lombart, Alliaume le coustumier, Roulant Pougier, et pluseurs autres. Mis hors le crime. — Absous du civil.

17 janvier 1333. — Dymenche après la Saint Mor et Saint Bon. — Amené en nostre prison, par Robin le geolier et Bernart le piquart, Jaquet Legalais, demourant en la rue Guerin

(1) Cette rue a conservé son nom. Elle s'étend de la rue Beaubourg à la rue du Temple.

Boucel (1), en nostre justice, pour la souppeçon de la navreure faite en la personne de Guillot le veillier.

20 janvier 1333. — Merquedi ensuivant, de relevée. — Raporté, par mestre Jehan de Vailly, nostre mire juré, que la plaie que ledit Guillot avoit estoit mortelle, et que d'icelle il estoit mort, et ce raporta, ledit mestre Jehan, en jugement, presens pluseurs.

Exequté et justicié, par sa confession, aveques ce que dessus est dit.

Item, raporté le perilg, hors de mort et de mehaing, de Jehannin de Callat, pour la souppeçon duquel fait nous tenons prisonnier, Guillot Ostran. Amende, congnoissant, et eslargi pour la court. Presens audit raport, mestre Guillaume Lemure, mestre G. Langlais, mestre Simon Lalemant, Nicolas Rat, Jehan le cordouannier et Jehan le beggun, et pluseurs autres.

20 janvier 1333. — Merquedi avant la Saint Vincent. Jehannot le cousturier, rue Chapon (2), deff[ault], pour fait de corps, pour la souppeçon de Lucete l'imagière, navrée en la teste. Par Noel et Lasnier, en l'ostel dudit Jehannot.

23 janvier 1333. — Samedi ensuivant, de relevée. — Mahin d'Arragousse, pelletier, rue aus Graveliers, deff[ault], pour fait de corps, pour la souppeçon de la navreure de Fouquet, le pelletier, navré en la teste. Par Bernart.

26 janvier 1333. — Mardi. — Gieffroy le halais, rue aus Graveliers, deff[ault], pour la souppeçon du fait dessus dit. Par Bernart.

14 fevrier 1333. — Dymenche avant les Cendres. — Eslargi à Jehannot Lenglais sa prison, lequel nous detenions prisonnier, dès le dimenche après la Saint Mor et Saint Bon, pour la souppeçon de la navreure faicte en Guillot Lenglais, veil-

---

(1) Rue Guérin-Boisseau. Cette rue relevait, en partie, de la justice de Saint-Magloire. Elle allait de la rue Saint-Denis à la rue Saint-Martin et a été comprise dans le parcours de la rue Réaumur actuelle.

(2) Rue Chapon Cette rue existe encore aujourd'hui sous ce nom, et va de la rue Beaubourg à la rue du Temple.

lier. — Pleges, pour le nous ramener à toutes journées que nous lui assignerons, pour ledit cas, comme nostre prisonnier, corps pour corps, avoir pour avoir, Jehan Poule cras, englais, gangne maille, demourant à la poterne Nicolas Vuidelon (1), Robin Lenglais, rue des Estuves (2), Thomas Lenglais, rue de la Plastrere, et Jehan Lenglais, rue Saint Merri (3), et assignons jour, audit Jehannot, à demain, à heure de prime. — Item, eslargi à Jehannot à.....

Amené, en nostre prison, Jehannot le mercier, de Clermont, par Robin le geolier, pour ce que il le trouva, en present meffait, là où il avoit batue et navrée Bietrix, la claviere, d'un pestuelg en la teste et lequel Jehannot roupi nostre prison, et amenda, congnoissant la prison roupue et le fait dessus dit.

15 fevrier 1333. — Lundi ensuivant. — Tevenin de la quarriere, Perrin de Creel, clers, amenez par Bernart et Jehan Lasnier, pour ce que ils disoient que il s'entre estoient navrez, et les trouverent saingnans de leur plaies que il avoient, c'est assavoir, ledit Perrin en la pance, et ledit Tevenin en l'espaule.

Clers. Rendu à P. Empongnart, sergent de l'official, presens, Jehannot de Pons, Jehannin de Cruaux, Ernoulet, et Robin le geolier, et Bernart le piquart, nos sergens.

23 fevrier 1333. — L'an de grace mil ccc xxxii, le mardi après les Brandons. — Confessa Jehannot, le mercier, filg de Adam, le mercier, nez de Clermont en Bauvoisin, si comme il disoit, que il estoit hoste et justiçable de monseigneur de Clermont, lui et sa fame, demourans en ladicte ville de Clermont, et que il estoit venus en ceste ville, pour empetrer

---

(1) Poterne de l'enceinte de Philippe-Auguste, à la hauteur de l'impasse Berthauld actuel dans la rue Beaubourg,

(2) Cette rue, qui va de la rue Beaubourg à la rue Saint-Martin, est nommée aujourd'hui la rue des Vieilles Etuves.

(3) Dans la plupart des titres anciens, on nomme ainsi la partie de la rue Saint-Martin qui s'étendait de la rue Neuve Saint-Merri à la rue de la Verrerie. — V. Jaillot, quartier Saint-Martin-des-Champs, t. II, p. 39.

tant seulement une grace pour Renaut de La Mote, escuier, si comme il disoit. Presens, Simon d'Espone, Guillaume Bernart, Jehan de Baubigni, Jehan de Crasville, Raymon des arainnes, monseigneur Guillaume de Clugni, Thierri le riche, Estienne de Saint Arnoul et Jehan de Cruaus.

Item, et en la présence des dessus nommés, cedit jour, nous requistrent, Jehan Chambellant et Oudart dou chastel, escuiers dudit monseigneur de Clermont, que nous, tant par la vertu des lectres du Roy nostre sire, comme par les lectres dudit monseigneur de Clermont, leur rendissons ledit prisonnier, ou nom dudit monseigneur, comme leur hoste et justiciable, pour certain cas criminel, dont il l'entendoient à suivre. — Rendu, ausdiz Jehan et Oudart, ou nom et pour ledit monseigneur de Clermont.

7 mai 1333. — Le vendredi, de relevée, après la Sainte Croys, en may, l'an dessus dit. — Eslargi à damoiselle Marie de Pontieus sa prison, comme nostre prisonnière.

13 juillet 1333. — Mardi après la translacion S. Benoit. — Amenée, en nostre prison, Jaqueline la cyriere, chandelière, par Noel boute mote, nostre sergent, prinse et amenée, à la denunciacion de Guillaume Billeheuse et Jehannete, sa fille, de l'aage de dis ans ou environ, si comme il disoit, disans et denunçans, contre ladicte Jaqueline, que le merquedi après la Saint Pere en jung derrenierement passée, entre tierce et midi, ladicte Jehannete estoit à l'uis de son père, en la rue Michiel Leconte (1), là où elle se seoit, et là vint ladicte Jaqueline, qui la prinst par la main et lui dist, Vien si, me soufle mon feu, et laveras mes escuelles. Laquelle Jehannete y ala, aveques ladicte Jaqueline, et quant elle fu venue leans, elle trouva un lombart, dont elle ne scet le nom, qui la prinst par la main, et la mena en une chambre, et la geta sur un lit, et s'efforça de gesir aveques lui, et entra entre ses jambes. Et pour ce que il seul ne pot faire son vouloir, et que elle crioit trop fort, ladicte Jaqueline vint en

---

(1) Aujourd'hui rue Michel-Lecomte, allant de la rue Beaubourg à la rue du Temple.

la chambre et lia lui les mains derrieres le dos, et adonques, ledit lombart la geta jus, et entra entre ses jambes, et hurta contre sa nature, et s'efforça de entrer en lui. Et lors, ladicte Jehannete cria moult, si comme elle disoit, et, pour estaindre ce cri, ladicte Jaqueline mist, en la bouche de ladicte Jehannete, un estesillon de fer, et, avec ce, afin que ladicte Jehannete, qui crioit, ne feust [ouie], mist, sus sa bouche, un corbillon. Et, ce fait, ladicte Jaqueline bailla à bouire à ladicte Jehannete, en un guodet, buvrage vert, ne scet quel, lequel buvrage lui demoura ij jours dedans le corps, et le rendi tout noir par la bouche, et pendant ce, elle ne pot mangier, si comme elle disoit. Et disait encore ladicte Jehannete que, depuis ce, ladicte Jaqueline lui dist que, si elle estoit si hardie que elle revelast ce, elle lui donrroit d un coustel parmi le corps, ou premier lieu que elle la pourroit trouver. Presens à celle denunciation, faite à nous desdiz pere et fille, en la presence de ladicte Jaqueline, Simon et Thibaut d'Espone, Guillot le pelletier, Thibaut, Marguerite de Gonnesse, Gautier de Buymont, Vivien de Croy, Jehannin, portier de la porte moienne, Thomassete la maugarde, Ade, fame mestre Pierre Du Temple, Emengart, fame Brice de Cazelet, Jeannot le barbier, Marote la cavecière de Trambloy, Mahiet Lermite, Estienne de Mafliers, Jehan Courtois, Mabillete Beuf, et pluseurs autres.

Raport, fait sur le fait dessusdit, des matrones jurées de S. Martin dessusdit, presens les dessus nommez, l'an et le le jour dessusdit. C'est assavoir, Mabille la ventriere, Emeline Diex la voie dient et raportent, par leurs seremens, en jugement, que elles ont veue, visitée, tastée, regardée et manniée, bien diligement, en la maniere que il appartient en tel cas estre fait, Jehannete, fille Guillot Billeheuse, par tous les lieus là où il appartenoit à garder et visiter, laquelle Jehannete elles trouverent déflorée et perciée tout oultre, et si vilainement apparelliée que c'est et estoit orrible chose à resgarder, et estoit corrompue tout oultre, et lesdement bleciée et desirée entour sa nature.

Arsse, — Justiciée, par le conseig, et par le procès qui est devers mons^r de S. Martin.

26 juillet 1333. — Lundi, de relevée, après la Magdalaine, l'an xxxiii. — Ce jour et heure, nous, maire de S. Martin, feusmes en la rue aus Graveliers, en la maison Jehan le jay, et là, treuvasmes, en un sollier, une fame morte, appelée Jehanne Lestuverresse, harengiere, laquelle nous feismes visiter et resgarder, deuement et diligement, en la maniere qu'il appartenoit estre fait, par mestre Henri Ostran, sururgien lieutenant, et ou nom de maistre Jehan de Vailli, nostre mire juré, lequel, ij heures après ce que il ot veue et resgardée diligement, en la maniere que il appartenoit à l'art de sururgie, nous raporta, par son serement, que il l'avoit trouvée sens casseure, froisseure, blesseure et navreure, et sens aucuns coups orbes par quoy il appareust que elle eust prins mort, et que elle estoit morte d'une maladie appelée, en l'art de sururgie, erisiple, autrement dicte et nommée, le feu Nostre Dame. Presens ad ce dit raport, Jehan d'Argenthuelg, Jehan d'Amiens, Jehan Le Jay, Thierri le riche, Richard de Saint-Laurens, Pierre de Mante, offevre, Jehanne Sadet, Marote de Dosmont, Jehan le danays, Pierre le rebours, sa fame, Jehannete de la court, Rogier Auberi, Marie la miarde, Mahent la cavaciere, Jehan de Biauvais et Nicolas Pesat. Laquelle fame morte, nous, par le conseilg dudit mire juré, pour doubte que elle ne crevast, pour ce que elle estoit trop enflée........ Lequel raport, maistre Jehan de Vailli, depuis ce que il ot veue la dicte fame, rateffia, loua et approuva, le mardi ensuivant.

29 juillet 1333. — L'an dessus dit, le juedi après la Magdaleine. — Nous rapporta, par son serment, en jugement, M° J. de Vailli, nostre mire juré, que, il de nostre commandement, avoit esté en la rue St Denis, et là, trouva en la meson de Raoul de Marregni, un fame morte, appelée Marie de Boiscommin, fame Mahin Debulles, cavecier, laquelle il a trouvée sens casseure, froisseure, perseure ou coups aucuns, et raporta ycelle estre morte de mort naturelle. Presens ad ce raport, Simon d'Espone, Bernard Andruy, sergent d'armes, Guiart Sadet, Raoul de Marregni, Henri le chandelier, Aalis de Neelle, Jehan Courrat, Jaqueline, fame Jehan Bourgois, Gilles de Danpt Martin, Colin de

Montmartre, Perrin de Croy et Bernard le piquart, nos sergens.

26 août 1333. — L'an dessusdit le juedi au soir après la St Barthelemi, apostre. — Fu amené, en nostre prison, par les voisins et bonnes gens de Frepillon (1), Perrin de Crespi, autrement dit Delaporte, clerc, et en abit de clerc et possession de tonssure, si comme ce montré à plusieurs bonnes gens, pour la souppeçon de la mort Jehannot le ratier, lequel Perrin fut prins, à chasse et à fuicte, par lesdictes bonnes gens, et à cri, et trouvé tout senglant, parmi sa chemise et braies et par toute sa robe, et blecié ou banlievre.

Rendu et baillé, le venredi ensuivant, à Regnaut Lecoulturier et à Jehan Grosseteste, sergens de l'official, comme clerc, chargié de la souppeçon du fait dessus dit. Presens ad ce, Thomas de Corbigni, Guillaume Revel, Guiot de Florville, Rogier Lepasseur, Jehan Griffon, Renier Clarenbaut, Jehannot le deschargeur, Renaudin de Lachambre, Jehan le tixerrant, Thomas Legrant, Regnaut de Corbigni, Rogier sousmetre, mestre Roulant, et pluseurs autres. — A l'official.

27 août 1333. — L'an dessusdit, et le venredi dessus esclarcy, de relevée. — Nous rapporta et tesmoigna, par son serment, mestre Jehan de Vailly, mire juré du Roy nos[tre] sire, et de l'eglise de Saint Martin, le peril, hors de mort et de mehaing, de Guillot de Pons, couraier, navré en la teste, c'est asavoir, ou front, et de Jehannin Chapelain, autrement dit Breton, navré en l'espaule senestre. Pour la souppeçon des dictes navreures, nous tenions les dessus nommés, l'un pour l'au tre. Presens, Simon d'Espone, Denise Champion, Guillaume Lenglais, sergens du Roy nostre sire, Simon Deysery, Lambequin le flamand, Thibaut d'Espone, Leberruier, et pluseurs autres.

9 janvier 1334. — Samedi après la Tiphaine, l'an xxxiii. — Amenée, par Noel et Bernard le Piquart, Ade La Bourgeoise, prinse, ès estuves aus fasmes, pour ce que la dame des es-

(1) C'est aujourd'hui la partie de la rue Volta qui est comprise entre les rues Aumaire et Phélipeaux.

tuves disoit et denunçoit ausdiz sergens, que ladicte Ade lui avoit hosté IIII sols parisis, IIII deniers mains, et prins en un sachet que elle disoit avoir mis sur un lit, emmi sa meson, sur lequel ladicte Ade s'estoit despouilliée et mis son sarquel dessus, et disoit, ladite dame des estuves, que pluseurs gens avoient veu emporter, à ladicte Ade, ledit sachet, ouquel ledit argent estoit, et depuis ce, Guillaume le nourricier, estuveur, mari de ladicte estuveresse, disant avoir perdu ycelui argent, requist ausdiz sergens ycelle estre amenée en prison, pour savoir la verité d'icellui argent.

Rendu et baillié à Jehan de Foulleuses, maire de S. Magloire, pour ce que elle s'advouoit leur hostesse et justiciable, et demourant vers la Crois la Roynne, en leur terre, laquelle lui fu rendue, dudit fait en la maniere que amenée avoit esté (1). Fait, le jour dessusdit, de relevée.

31 octobre 1333. — L'an XXXIII, le Dimenche, de relevée, avant la Toussains. — Arnaud Fabre, clerc, amené en nostre prison, par Robin le geolier et Philipot Malgars, nos sergens, pour la souppeçon de la navreure faicte en la personne de Hervouet Lebreton, courtillier, navré en la pance, pour laquelle navreure mort s'est ensuivie, si comme l'an dit. — Rendu à l'official, et baillé à Jehan le geolier, Yvon de S. Marcel et Jehan Cerciau, sergens l'official de Paris, chargiés de la souppeçon de la navreure dudit Hervouet, pour ce qu'il nous apparut estre clerc et en possession de tonssure de clerc, presens, Ancelet Labbé, Jehan de Fontenay, espinglier, Adam de Montier, Nicolas de La Salle, Adam Bourgois, Thibaut et Simon d'Espone, Guiart Lebreton, Pierre Sarrazin, Jehan Grifon, Thierri le riche, Guiot de Lencrest.

Item, ce dit jour et heure, amené par les dessus nommez, Pour la soupeçon du dit fait, Robinete la normande, et Bertin, l'armurier.

12 juin 1335. — L'an de grace mil CCC XXXV, le Lundi après la

(1) *La Crois la Roynne* était située au coin de la rue Grenéta et de la rue Saint-Denis. Ce lieu se trouvait en effet dans la haute justice de l'abbaye de Saint-Magloire.

Trinité. — Fu ataint en jugement, par nous, maire de St Martin des Champs de Paris, Jaquet, filg de Jehan Dudent, de l'aage de nuef ans ou environ, detenu en nostre prison, pour cause de ce que il, sens contrainte ou espoventement aucun de gehinne, confessa, dès le merquedi après la St Nicolas en may derrenièrement passé, par l'admonnestement et introducion de Jehannin Lababou, autrement dit Artus, rendu à l'official comme clerc, avoir vuidieez trois bourses, pas III fois et intervalles, c'est assavoir, l'une à St Ingnoscent (1) en laquelle il avoit III deniers et oboles, en l'autre, qu'il vuida ou palais le Roy, en laquelle il avoit III oboles, et l'autre ès halles, où il avoit V sols parisis, et dit que, de toutes ces choses ledit Lababou avoit eu sa part. Et pour ce, considéré le petit aage dudit Jaquet, nous, par le conseilg et jugement de mestre Hugues de Fabrefort et mestre Jehan d'Estrez fu batus et corrigiez de verges, en leu de pugnicion, pour ledit meffait, ledit Jaquet. Presens, Simon et Thibaut d'Espone, Andriet Philippe, Robert Neveu, Jehan Renier, Henri le chandelier, Pierre de Ver, Gautier du Quesnoy, Pierre Lebourgois, Martin Poudrier, Denis le plastrier, Jehan de Provins, Jaques le mire, Thierri, Nicolas de La Salle, Perrin Lefèvre, Simon Lamencheur, Jehan Duluat, Jehan Lepiquart, Henri Agnès, Jehan Lecousturier, Guillaume Destrier, Gieffrin de Gangni, Michelet de St Martin, Guy Bravart, Jéhannin de Cruaux, et pluseurs autres.

14 juillet 1334. — Juedi après la Translacion St Benoit, l'an XXXIIII. — Jehannin Guillot de Beauxapeni, Franschequin de Modene, lombart, amenez en prison, par le geolier Philipot Malgars et Aubert de Mictri, pour la souppeçon de pluseurs larrecins et de couper bourses, si comme l'an disoit. — Clerc (2); rendu à G. de Dreues, sergent l'official de Paris, chargié du cas pour lequel nous le teniens prisonnier; presens, Nicolas Rat, Henriet, serjent du Roy, Colin de Mont-

---

(1) L'église et le cimetière Saint-Innocent, ou des Innocents, étaient situés sur l'emplacement de l'ancien marché des Innocents, dans la rue Saint-Denis, entre la rue de la Ferronnerie, qui existe encore, sous ce nom, et la rue aux Fèves, comprise aujourd'hui dans la rue Berger.

(2) Cette mention s'applique à Franschequin de Modene.

martre, Aubert de Mictri, Perrin de Croy et Phelippot Malgars, nos sergens.

30 mars 1336. — Super votis anglicorum restitutorum, tam per prepositum Parisiensem, quam per dominos Parlamenti. (En marge): Huissier de parlement. Tout, en la fourme et manière qu'il est contenu ès arrès sur ce fais, donnés par la court de parlement. — L'an xxxv, le samedi, veille de Pasques les grans, qui seront l'an xxxvi, furent restablis, rendus, et remis en nos prisons de Saint Martin, Phelipot Cavelon, Jehan de Chastiaufort, escrivain, Jehan de Boulan, jougleur, englais, prins par P. Veruelg, nostre maire, en la rue de Quiquenpoit (1), les quiex avoient esté prins, en nos prisons de St Martin, par le lieutenant du prevost de Paris. Et pour ce, par le commandement de nosseigneurs de Parlement, et par arrest, ledit prevost les nous restitua, par figures, et fist restituer par Guillaume de Champigni et Denisot Cousin, sergens ad verge du Chastellet de Paris, en disant, lesdiz sergens : « Nous venons cy, du commandement du prevost de Paris, et vous rendons et restablissons ces III figures, en lieu des III englais, que Denys de Grez, lieutenant du prevost, avoit prins et fait pendre en vos prisons. » Presens ad ce restituer, Bertaut, Raimbert, orfevre, Jehan de la Quamere, Guillaume le normant, Richart Gaudeval, balancier, Remi Coldoué, offevre, P. de Souplainville, P. Guerart, P. de Meleun, Jehan de Sainne, Raoul Dechamps, courraier, Jehan François, Jehan de Bondis, Robert Neveu, Thomas Lenglais, Jehan d'Espernon le juesne, orbateur, Estienne le normant, tous de Quiquenpoit, Jehan de Baubigni, Jehan de Tout en court, Katerine, fame feu Bernart Lequeu, Marie de Clamart, Eudeline Dumoy, Alaire, fame Guillaume Legrant, Roberge la pelletiere, Sedile la fleune, tous de la rue au Maire, Jehan des deux jumeaux, Symon l'anmancheur, Robin Taxon, et pluseurs autres.

Et ce fait, incontinant et en ce momant, ledit Guillaume de Champigny, après la restitucion faite, par figures, des

---

(1) Le prieuré n'avait la justice que dans une partie de la rue. Le reste relevait du roi ou de l'abbaye de Saint-Magloire.

englois, qui pris avoient esté en nostre prison, dist qu'il, dou commandement dou prevost de Paris, nos deffandoit, de par le Roy, que nous lesdictes figures ne muissions de leur estat, et que en les guardast, et que ce estoit l'antancion dou prevost de Paris de les ravoir, se il poest, et par ce, adjorna mons^r de S. Martin et le maire, à de lundi prochain venant en huit jors, ou Chastellet, contre le procureur du Roy.

3 mai 1336. — Item, l'an xxxvi. — Le vendredi, jour Sainte-Crois, en may. Depuis ce que les figures des englais, ci-dessus nommés, furent, du commandement de nos seigneurs de Parlement, mises ou Chastellet en garde, jusques ad ce que, du debat meu entre nous, par devant euls, et le prevost de Paris, il eust esté ordené par la Cour de Parlement, yceuls figures nous furent rendues et restituées, par arrest, du commandement de nosseigneurs de Parlement, par S. Duboucliers, l'uissier, et Jehan de la fontainne.

26 mai 1336. — L'an xxxvi. Le dymenche, jour de la Trinité, fu instituez à gouverner, de par mons^r de S. Martin, l'office de la vicairie, frere Jaques, prieur de Pas, et commença à exercer l'office de ladicte vicairie, le lundi ensuivant.

Arrès de prisonniers, esplois de justice et autres choses venues en la justice et juridiction de S. Martin, depuis le temps dessus dit.

6 juin 1336. — Jeudi, après la S. Salveur, l'an trente et sis. — Perrot Lenglais, faiseur de anniaus à gibecieres, amenez, en nostre prison, par Guiot de Florville, nostre sergent, et fu prins en la rue aus Oues, en la meson mons^r Gille de Gurgey, là où il buvoit et mangoit, lequel Perrot fu prins pour ce que il avoit esté bannis, de notre terre de S. Martin, à tous jours, sur la hart, par feu Toustain, jadis maire de S. Martin, pour certains cas de larrecin et autres malefaçons. — Pour ban. — Mort de maladie en prison.

14 juin 1336. — Vendredi après la S. Barnabé, apostre. — Ydre de Laon, demourant en la rue du Temple, amenée en prison pour ce que, Jehannet de Senlis proposa contre

elle et denunça, à Simon d'Espone, nostre maire, et à P. de Chievres, nostre tabellion et procureur, que ycelle Ydre qui, sous l'ombre de bonne foy, l'avoit louée pour faire son lit et laver ses escuelles, et filer sa quelongne, l'envoia en sa chambre pour faire le lit, et quant elle fu leans entrée, elle trouva un homme mucié, qui jut à lui, et retint, ycelle Ydre, devers soy, l'argent que elle gangna ad ce faire. — Civil, pour bordelerie — Delivré, par prison, et par informacion qu'elle tint pour enqueste.

16 juin 1336. — Dymenche après la S. Barnabé, apostre, de relevée. Guillot de Bangnolet, Perrin de Troies, prisonniers, amenez pour ce que il furent, par Champ, prins an present meffait, battant l'un l'autre, en Trassep..... — Non hostes. — Delivrez, par amende, le lundi ensuivant. — Ce jour, au soir. Amené, Jehannin Frapart, clerc, prins en la rue de la Poterne Nicolas Huideron, pour ce que il fu prins, en fait present, battant une fame, et fu amenez par les voisins. — Clerc. — Rendu à l'official. — Baillé à Guillaume de Dreues, sergent l'official, le merquedi ensuivant.

26 juin 1336. — Merquedi après la S. Jehan Baptiste, l'an dessus dit. — Jehannot Giroflé, Phelipot Fouques, non hostes, prisonniers, amenez, en nostre prison, par Robert le geolier, pour ce que il furent prins en present meffait, en la rue au Maire, batans l'un l'autre. — Clerc (Phelipot Fouques). — Quicte par amende, (Jehannot Giroflé).

4 juillet 1336. — Jeudi, jour de feste S. Martin d'esté. — Robin Rousselin, amené, en nostre prison, par Guiot de Florville, Perrin de Croy, pour ce que il fu prins, saizi d'une torche de cire, que il avoit emblée ou moustier de S. Martin, derrieres le grant autel, et fut prins, enmi la court, dessous les ourmes, à toute ladicte torche dessous sa cote hardie.

Clerc. — Rendu à l'official. Rendu et baillé à Guillaume de Dreues, sergent l'official de Paris, chargié du fait dessus dit, le dymenche ensuivant du juedi dessusdit.

6 juillet 1336. — L'an dessus dit, le lundi après la S. Martin d'esté. — Furent leues et publiées, en jugement, les lectres

du Roi, nostre sire, contenant la fourme qui s'ensuit : — Philippe, par la grace de Dieu, Roys de France, à tous ceuls qui ces lectres verront et orront, salut. Savoir faisons que : Comme Martin, le bourgueignon, povre et miserable personne, environ la feste S. Remi derrenierement passée, pour la souppeçon d'avoir prins, et apropriés à lui escuelles d'estain et autres choses, que les religieus de S. Martin des Champs de lez Paris, avoient perdues, par la justice laie desdiz religieus eust été appelez aus drois desdiz religieus, et pour ce que il ne se comparut mie, par ses contumaces, eust esté bannis de la terre et juridicion desdiz religieus, et du fait et sur le fait dessus dit, il se die pur et innoscent. Supplians humblement, ledit Martin, lequel, si comme on dit, est povre et miserable personne, que, comme, pour ce que depuis ledit ban il fu trouvez en ladicte terre desdiz religieus, il ait esté prins et mis en la prison d'iceuls religieus, en laquelle il est encore, que sur ce nous lui voulsissions pourveoir de remede convenable, c'est assavoir, que, à ladicte justice, nous pleust donner congié et licence de rappeler ledit ban et tout ce qui pour cause d'icelui s'est ensuvi, et puis proceder à son absolucion ou condampnacion selonc ce que il lui semblera que bon soit, sens ce que il lui tournast à préjudice ou temps à avenir, Nous adecertes, aians, en ceste partie, pitié et compassion dudit Martin, à la devant dicte justice avons, de grace especial, octroié, que ledit ban, et tout ce qui pour cause d'icelui s'est enssuivi, elle puisse remetre et quicter au devant dit Martin, et puis, sus lesdiz cas pour lesquiex il fut banni, proceder à son absolucion ou condampnacion, sans ce que ce, ou temps avenir, lui tourne ou puisse tourner à aucun préjudice. En tesmoing de laquelle chose, nous avons fait metre notre scel en ces presentes lettres. Donné à Livri en Lausnoy, le xxi⁰ jour de juing, l'an de grace mil trois cens trente et six. — Et a, ou ply desdictes lettres, escript : Par le Roy, à la relacion de messeigneurs Guillaume de Villiers et Jehan Campd'Avoinne, et le nom du notaire, Jehan Aubigny. Et après ce, assez près de la queue du scel : reddatur gratis, quia pauper et miserabilis persona ; — aveques deus sceauls plaqués, l'un rouge et l'autre vert.

Lesquelles lectres furent leues et publiées, en jugement, du commandement de frere Jacques de Gurgey, vicaire de Saint Martin, qui, ou nom et pour monseigneur de Saint Martin, remist et quicta audit Martin ledit ban, tant seulement en la maniere que ès dictes lectres est contenu. Presens ad ce, Pierre Veruelg, Estienne d'Aucerre, Nicolas de Lusarches, Jehan de Fontenay, espinglier, Gille Belot, son fuilz, Gieffrin de Gangni, Jehan Pocage, sergent du Chastellet, Gautier de Langui, Jehan Taconnel, Gillet de Ruelg, bouchier, Henriet le fourbisseur, Robert Neveu, Jehan le sage, Jehannot de la court, Jehannin Sallemon, Jehan Gaillon, Thierri Leriche, Mahiet le servoisier, Jehan Lescuier, Jehan Caruel, Guillaume de Bussi, Bertaut de Lasselles, Thibaut Lebouchier, Guillaume Lecordieu, Tassin Lebert, Jehannet de Pons, Guillaume des Villès, nos sergens, et pluseurs autres.

Pardon de ban. (Plus bas) : Remission et quictance de ban.

14 juillet 1336. — Diemanche après la Saint Benoist d'esté. — Guillot du Pont, Jehannete la liniere, amenez, en nostre prison, par Robert de Villers, Guyot de Florville et Perrin de Croy, nos sergens, pour ce que il s'entrebatoient, en la rue Michiel Leconte, devant l'uis Jehan le changeur en nostre terre. — Quicte par amende.

Aubertin de Chaumont, pris et amené par Perrin de Croy, nostre sergent, pour ce que il avoit feru un des valles maistre Jehan d'Orgeret, et fu pris devant la meson de l'evesque de Chaalons, en nostre terre (1). — Povreté. — Delivré par prison.

16 juillet 1336. — Mardi après la Saint Benoist. — Symonet Deloye, amené, en nostre prison, pour ce que il fu prins, en Bianbourg, en fait present, batant et navrant Jehan de Trambley, cavecier. — Quicte par prison.

Colin Lenglais, normant, amené par Noel boute mote, pour ce que Adam de Barron, son maistre, nous denunça contre lui, que il lui avoit emblé, de sa bourse que il vuida, environ

---

(1) Cet hôtel était situé rue Chapon. Il fut acquis, au XVIIe siècle, par les Carmélites.

sis sols et trois deniers. — Crime. — Banni au rappel de mons^r, le mercredi après la S. Andry (1).

Guillot Depont, lormier, amené par Guiot de Florville, pour ce que il le prinst, en la rue faisant le coing de la rue Michiel Leconte, batant une fame. — Delivré par prison.

18 juillet 1336. — Jeudi avant la Magdelaine. — Jehannot Lebidant, menestrel, rue aus Jougleurs, amené, en nostre prison, par Phelipot Malgars et Noel boute mote, pour ce que il fu prins, en present meffait, batant Colete, fame de Guillot de Soixons, laquelle estoit grosse d'enffant.

19 juillet 1336. — Vendredi, de relevée. — Raporté le perilg hors, de la dicte Colete, quant au fruit de son ventre, par Emmeline la duchesse, matronne et jurée du Roy et la nostre. Fait en jugement par Ponce, maire de S. Martin, presens, Ansel Labbé, Thibaut d'Espone, Nicolas de la salle, mons^r Roulant de Mesieres, Huet des salles, P. Delaporte, Jehan Vicement, Jehan Beliart, et pluseurs autres. — Raport. — Delivré, par amende, le samedi ensuivant.

27 juillet 1336. — Samedi après S. Jacques et S. Cristofle. — Martin le bourgueignon, par enqueste, dont le procès est devers monseigneur de S. Martin. — Absous.

13 août 1336. — Mardi avant la mi aoust. — Jehan Pigon, rue de la Plastriere, prisonnier, à la denunciacion de Richart Gresillon, que il doit avoir mutilé et feru en l'uelg destre. — Raporté le perilg, hors de mort et de mehaing, par P. de Largentiere. — Eslargi, par Ponce le maire, jusques à demain en huit jours. Pleges pour ramener, corps pour corps, avoir pour avoir, Jehan de Saint Brice et Robert d'Argenthuelg, auvraiers. — Fait, le samedi après la mi aoust.

6 septembre 1336. — Vendredi avant la feste Nostre Dame en septembre. — Lorenecte, fille de Huchon Langlais, amenée par Perrin de Croy, qui la prinst en la rue Garnier de Saint

---

(1) 4 décembre.

Ladre (1), pour ce que elle avoit despouillié un petit enfant de III ans, en un porche delez l'ostel à l'evesque de Chaalons, si comme l'an crioit après lui parmi ladicte rue, laquelle s'en fuioit. — Cryme. — Procez en est fait. — Justiciée par Pons Duboys, maire de S. Martin, le mardi après la S. Luc, euvangeliste, et pour pluseurs larrecins contenuz dedens le procès qui fait en est.

9 septembre 1336. — Lundi après la feste Nostre Dame en septembre. — Par S. d'Espone, lieutenant. — Thomas Lebreton, courroier, amenez par Bernat le piquart, nostre sergent, lequel Thomas lui fu baillié des voisins de la rue aus Graveliers qui l'avoient prins en ladicte rue, par nuit, ledit jour, à toute une espée, dont il batoit et feroit du plat, en ladicte rue, Jehan Lenluminé, pelletier, et aveques ce, fu denuncié contre lui, par la fame de Thomas Lebreton, offevre, que ycellui Thomas et ses complices avoit coupées les jambes à Thomas Lebreton, offevre.

Jehan de Galardon, cousturier, amené par nos hostes de la rue Guerin Boussel, pour ce que, par euls, il fu prins en ladicte rue, en la meson de Adam le boulengier batant sa fame, pour ce que elle lui denoeit à croire son escot, et la bati tant que elle en perdi la parole, par les coups orbes que il lui donna.

10 septembre 1336. — Mardi ensuivant. — Jehan Lenluminé, demourant en la rue aus Graveliers, detenu prisonnier, à la denunciation de Thomas Lebreton, courroier, qui denunça contre lui, que il l'avoit batu, feru, navré, et mutilé, et coupé deus dois de la main destre, lui et ses complices l'avoient mehangnié et mutilé en la main, et que, en celle riote, il estoit cheu un chaperon à Guiot Duval, que ledit Enluminé emporta et embla.

Par Jacques Lemire, raporté le perilg, hors de mort et de mehaing, de Phelipot de Colomby.

Cedit jour, nous denunça Adam le boulangier contre Jehan de Galardon, dont parlé est cy dessus, le fait dessus dit, et

(1. C'est aujourd'hui encore la rue Grenier Saint-Lazare, qui s'étend de la rue Beaubourg à la rue Saint-Martin.

aveques ce, que elle estoit grosse d'enffent, par quoi il se doubtait du fruit de son ventre.

19 septembre 1336. — Juedi avant la S. Mahiu, apostre. — Par S. d'Espone, lieutenant. — Yvon Fatraz, breton, basannier, amené par les voisins de la rue Garnier de S. Ladre, pour ce que nous feusmes souffisamment enfourmez, par plusieurs tesmoings, que ledit Yvon avoit batu, feru et villenné, sans cause, un des escuiers au Roi de Navarre et Jehannin d'Aubemalle, et, aveques ce, avoit dit à Thomas de Corbigni que il bouteroit le feu en sa meson et ardroit toutes les mesons de la rue, et estoit coustumier de batre et dessirer pluseurs vaillans hommes, et, aveques ce, que il portoit un coustel tout nu, en son braelg, pour faire villenie à bonnes gens. — Delivré, par longue prison et par estre batu de verges, le lundi avant la S. Luc, euvangeliste, ensuivant.

19 septembre 1336. — Ce jour, de relevée. — Jehannete, la merciere, demourant en la rue aus Graveliers, rendue à Chevreville, par le lieutenant du prevost et par le procureur du Roy, qui la tenoient prisonniere, pour ce que on lui metoit sus que elle avoit monstré à Thomas Lebreton, courraier, Thomas Lebreton offevre, lequel fu navré dudit courraier et de ses complices. — Eslargie, à hui mesmes. — Raporté le périlg hors de mort et de mehaing.

20 septembre 1336. — Vendredi ensuivant. — Jehannot, le deschargeur, en la court S. Martin (1), rendu au maire, par le lieutenant du prevost de Paris, qui le tenoit en prison pour la soupeçon de la navreure faicte en la personne de Perrot, dit Faussart, le cousturier de robes. — Raporté le perilg hort de mort et de mehaing, par Jaques Lemire. — Delivré par amende.

Jehannot de Fresmes, demourant en la rue aus Graveliers, rendu audit maire, par le lieutenant du prevost de Paris, qui le tenoit en prison, pour la soupeçon de la navreure faicte en la personne de Thomas Lebreton, courraier, et s'estoit rendu

(1) Cette *cour* était plutôt une petite place située au-devant de la rue Aumaire, derrière Saint-Nicolas-des-Champs.

ou Chastellet pour ce que il estoit semons, pour ledit cas, à iii jours. — Raporté le perilg hors et eslargi.

20 septembre 1336. — Ce jour, l'empeschement et la main du Roy qui mise avoit esté par Guillot Dez, sergent de la xiie du Chastellet, et par Jehan Pocage, sergent dudit Chastellet, ès biens de Colin de Dreues, cavecier, demourant en la court S. Martin, soupeçonné de la navreure de........, le cousturier, ont esté hostez, et par nous mise la main de mons^r de S. Martin. — Restitucion, et main hostée de garnison.

21 septembre 1336. — Samedi ensuivant. — Thomas Lebreton, courraier, amené en nostre prison, par les voisins de la rue aus Graveliers, qui le prinstrent ou quarreffour d'icelle rue, environ chandelles allumans, batant et ferant d'une espée que il tenoit toute nue en sa main, et par Robert le geolier, à qui il fu livré des voisins.

22 septembre 1336. — Dymenche après la Saint Mahiu, apostre. — Jehan Duquesne, demourant en la rue aus Graveliers, amené en nostre prison par Robert le geolier et Bernart le piquart, nos sergens, qui ycellui prinstrent en la rue Michiel Leconte, devant chastiau Belin, par nuit, à chandelles allumans, à chace et à cri, pour ce que l'an disoit que il avait navrée Jehanne, sa fame, divorcionnée et separée de lui à la court l'official de Paris, et laquelle fut vue navrée, à mort et en perilg de ses membres, et pour ce que ledit Jehan fu treuvez, un coustel tout nu tenant en sa main, tout senglant. — Raporté, le peril hors de mort et de mehaing, par Jaques le mire. Amende.

23 septembre 1336. — Lundy ensuivant, environ chandelles allumans. — Jehan d'Estampes, basannier, rue de la Poterne (1), amené, par Pierre Testart et pluseurs voisins de ladicte rue, pour ce que il avoit navré, de ii plaies, Colin de Pois, cavecier, si comme lesditz voisins disoient. — Raporté,

---

(1) On désigne ainsi, dans le plan de Ducerceau, une rue située entre les rues Grenier Saint-Lazare (Guernier Saint-Ladre) et des Petits-Champs.

le mardi ensuivant, le peril hors de mort et de mehaing. Amende.

24 septembre 1336. — Mardi ensuivant. — Jehan Rogier, non hoste, prisonnier, prins en la rue Chapon, par Guillemin d'Evreus et Colin de Montmartre, pour ce que il avoit, de nuict, batue, ferue, et donné du poing, ou visage, à Jehanne, la brete, et fu prins, en present meffait, tenant, en sa main, uns scisiaus. — Raporté, le perilg, hors de perilg du fruit du ventre, par la matrone. Amende.

Ce jour. Jaquet, de Caen, orfevre, rue de la Plastriere, deff[ault], à III jours, pour fait de corps, par Montmartre, pour la souppeçon de la navreure faite en la personne de Jehan Lefevre, navré de pluseurs plaies. Item deff[ault], le merquedi et juedi ensuivant. Et fu appellé, pour la premiere XIIIIe, par Aubert de Mictri, du commandement de Pons Dubois, maire de S. Martin, le vendredi ensuivant. Item, pour la seconde, le vendredi après la S. Remy. Item, pour la tierce.

14 octobre 1336. — Lundi avant la S. Luc euvangeliste. — Jehannin d'Orgeterre, coustellier, demourant en la rue du Cymetiere (1), amené par Robert, le geolier, qui le prinst en ladicte, enmi illeu, environ l'eure de disner, pour ce que il avoit navré un, ou col, d'une fourche fiere, et fait une plaie à un valleton qui menoit fiens. Plege pour nous ramener ledit d'Orgeterre, P. de Mante, cousteillier, demourant en ladicte rue, à toutes les journées que nous lui assignerons. Par le maire. — Delivré, par mons^r le prieur.

18 octobre 1336. — Vendredi, jour S. Luc euvangeliste. — Par nous, le maire. Perrin Duport, rue du Cymetiere, deff-[ault], à III jours, semons à bouche, par Phelipot Malgars et Colin de Montmartre, pour la souppeçon de la navreure faicte dudit Perrin en la personne Jehannot Anguot, navré à mort,

---

(1) Rue du Cimetière Saint-Nicolas. C'est aujourd'hui la partie de la rue Chapon comprise entre les rues Beaubourg et Saint-Martin. Le cimetière Saint-Nicolas bordait la partie méridionale de cette rue, à l'entrée de la rue Beaubourg, et lui avait donné son nom.

si comme l'an dit. Appellé, par Colin de Montmartre.—Banni, par Pons le maire, le lundi, jour S. Simon et S. Jude (1).

Item, ledit Perrin deff[ault], le samedi et le dymenche ensuivant, pour le cas dessusdit, appellé par ledit Colin, lesquels deffault aveques la pourssuite dudit meffait, ont esté poursuvis, tant par nostre promoteur et procureur, comme à la denunciacion et claim fait à nous, maire de S. Martin, de par ledit Anguot et aussi par Agnesot de Thuis, chamberiere dudit Anguot. Par Pons Dubois. — Quicté du ban par mons^r.

Lundi ensuivant.— Arnoulet Lepetit, lorrain, amené par Jehan de Champangne, pour ce que il le prinst, en present meffait, navrant et faisant une plaie, en la teste, d'un ais, Jehannot Lenglais, vallet de chevauls ; et fu prins, en la rue S. Martin, ledit jour, à chandelles, en l'ostel Emmelot de Senlis.

28 octobre 1336.— Lundi, jour S. Simon et S. Jude. — Mabille, fame Jehan aus deus Richart, Duchemin et Raoul Ravel, amenez par Robin le geolier, qui les prinst, en la rue Chapon, à heure de chandelles allumans, pour ce que elle se dolait des cous que elle disoit que les dessus nommez lui avoient donnés, si comme elle disoit, et se doubtoit du fruit de son ventre, soy disant estre grosse d'enffent, et pour ce, nous, maire de S. Martin, la fismes matroner par Emmeline Laduchesse, nostre matrone jurée, laquelle nous raporta, par son serement, que ladicte Mabilete n'avoir aucun enffent ou ventre, ne signe de grossesse d'enfant Et pledent au civil, et sont eslargiz à demain. — Raporté, par la matrone, le perilg hors.

21 octobre 1336. — Le lundi precedent. — Par Pons, le maire. Mannessez Revel, P. Broullas, non hostes, amenez par Guiot de Florville, nostre sergent, pour ce que il furent prins, en present meffait, tenant l'un l'autre injureus[ement], sachant, et boutant, et ferant l'un l'autre, en la rue au Maire. — Delivrés, par amende.

(1) 28 octobre.

3 novembre 1336.—Dymenche après la Toussains.—Jehan le piquart, Jehannin chief de fer, Mahiet Barbo, Simon d'Orllieus, amenez en prison, pour ce qu'il furent prins, en fait present, batans l'un l'autre, en la rue au Maire, par Bernart. — Delivrés, par povreté, et pour ce que il quicteront l'un l'autre.

9 novembre 1336. — Samedy avant la S. Martin d'iver. — Perrin Duport, mis en prison, du commandement de Pons Duboys maire, pour ce que il, par dessus ce que il avoit esté bannis de la terre Saint-Martin, vint en jugement aus plais, pour requerre que on lui rendist ses biens.

11 novembre 1336. — Lundi, jour de feste S. Martin d'iver. — Jehannot le barbier, nez de Clairac en Angeneys, amené en prison par Robert le geolier, pour ce que il fu trouvé, ce jour, à heure de grant messe, en l'église, coupant un mordant d'argent de la ceinture de Robert Testart, bourgeois de Paris, demourant devant S. Yves (1), et pour souspeçon de plusieurs bourses coupées. — Pour larrecin. Procès en est fait. (Plus bas) P[endu] (2) à la justice de Noezi (3), le mercredi avant la S. Climent (4), par Pons Duboys, maire de S. Martin ad ce temps.

12 novembre 1336.—Mardi après la Saint Martin d'iver.— Aujourd'hui, l'empeschement que Pierre Belagent, prevost de Paris, avoir mis ès biens de Pierre Testart, tonelier, nostre hoste et justicable, demourant à III mesons près de la poterne Nicolas Huidelon, de ce que Pierre de Houpelines et Guillaume de Champigni, sergent à verge du Chastellet, avoient mis tous les biens dudit Pierre, pour la souppeçon de une melléc qui a esté faicte, au coing de la rue Michiel

---

(1) C'était une église située à l'angle de la rue des Noyers et de la rue Saint-Jacques. Elle appartenait à une confrérie d'avocats et de procureurs. — V. A. Franklin, Etude sur le plan de Paris de 1540, dit Plan de tapisserie, p. 255.
(2) C'est un P, affectant la forme d'une potence.
(3) Noisy-le-Grand.
(4) 4 novembre.

Leconte, de certainnes personnes qui avoit beu incontinent en sa meson, a esté, par ledit prevost, mis, tout à plain, au delivre, en jugement au Chastellet de Paris, et nous rendi la court et congnoissance dudit Pierre, en ce cas et en tous autres. Presens, en jugement, mestre Adam Chance, Galevan Hervi, Adam de Dampmartin, Jehan d'Angiviller, Nicolas de Rochefort, Jehan Lefevre, clers du Chastellet, Thibaut Lecannu, Jehan Toriau, Robert Joie, Thomas Lachievre, mestre Andruy de Pistoie, Tevennin et Jehan Trumians, Robert Neveu, Raoulin de Roie, Jehan Hurtaut, Simonnet Lerous, Jehan Hardi, Jehannin Leblanc, dit de Chaumont, Henri Bilot, et pluseurs autres. — Delivrance, par informacion faicte par R. Piedefer, examinateur du Chastellet de Paris.

20 novembre 1336. — Merquedi avant la S. Climent. — Perrin de Sez, amené par Aubert de Mictri qui l'avoit prins, en Biaubourg, environ tierce, pour ce que il avoit vi sols, et les rendi. — Clerc. Rendu à l'official, le vendredi ensuivant.

26 novembre 1336. — Mardi avant la S. Andruy. — Sedilon la fauquete, demourante en la court S. Martin, devant l'eschielle (1), detenue en nostre prison, à la denunciacion de Guillot,...... disant que ladicte Sedilon l'avoit fait batre et navrer ou costé. — Délivré, par ce que il garit et que il ne lui demandoit riens.

30 novembre 1336. — Samedi, de relevée, jour de feste S. Andruy, apostre. — Fu amenée, en nostre prison, par Perrin de Croy, nostre sergent, Eudeline de Troies, rue Michiel Lecompte, pour ce que Jaquet Beaugart, sergent du Chastellet de Paris, et sa fame, nous denuncierent contre elle, que elle leur avoit emblé deus culliers d'argent. — Crime. Procès en est fait. Bannie par le conseilg.

28 décembre 1336. — Samedi après Noel. Ce jour, Raoulet Lebreton, autrement le courvain, prisonnier, detenu à la denunciacion dudit Oudart, pour la soupeçon de la bateure

(1) L'échelle du prieuré se trouvait, en effet, sur la petite place appelée *Cour Saint-Martin*. Elle est figurée sur le plan de Ducerceau.

faicte en la personne de Perronnelle, fame Oudart le tapissier, grosse d'enfant, et furent pleges pour le nous ramener, à jour, ou de fournir droit, Renaut Lebreton, demourant aus Balances, en la rue du Temple.

29 décembre 1336. — Dymenche ensuivant. — Raporté, par Emmeline Laduchesse, matrone jurée du roy et la nostre, le perilg hors, du fruit du ventre de ladicte Perronnelle. — Civil. Par a[mende].

7 janvier 1337. — Mardi après la Tiphaine, par Pons Duboys, maire. — Ce jour, fu detenu, en nostre prison, Gillet de Miaulz, basannier, demourant en la rue Garnier de S. Ladre, à la denunciacion de Andriet de Chastiau Tierri, lequel disoit, et afferma par son serement, que ledit Gillet l'avoit navré d'un coustel par derriers, et lui avoit fait une plaie mortelle. — Crime. Raporté. Civil et amende.

9 janvier 1337. — Juedi ensuivant. — Jaquelot Lagorrée, Sanselot de Seton, amenez par Phelipot Malgars et le geolier, pour ce que elles disoient, que elles avoient fait batre l'une l'autre, et furent, environ chandelles allumans, en la rue Chapon. — Delivrées, par a[mende].

12 janvier 1337. — Dymenche après la Tiphaine, de relevée. — Perrinet de Prouvins, basannier, rue Garnier de S. Ladre, amené par Croy et le geolier, pour ce que Gille de Lastre, prevost de Montsegur, nous denunça à Andriet de Chastiau Tierri. — Crime.

14 janvier 1337. — Mardi ensuivant, xiiiᵉ jour de janvier. — Par S. d'Espone, lieutenant du maire. Jehannin Bresy, detenu en nostre prison, à la denunciacion de Robin grosse teste, cavecier, et de Jehannete, sa fame, disant et denunçant que ycellui Jehannin, de nuis, avoit roupu son huis, et ouvrit, tandis que Jehannin Defresnes bati et feri de coups orbes, ès rains, et, en la nache, feri d'un coustel ladicte Jehannette, et, pour ce mesme fait, fu detenu ledit Jehannin Defresnes, le merquedi ensuivant.

Par Pons, le maire. — Ce jour, furent detenus nos prisonniers, à la denunciacion de Gilles Delastre, dessus nommé, les personnes qui s'ensuivent, Josset de Sans, basannier, Robert Seguin, Oudart de Liencourt, Huguelin Lebourgeois, Fouquet de Neelle, Martin de Dampmartin, Renaut de Corbigni, Renier Clerambault, Robin Nolet, basanniers, rue Garnier de S. Ladre, pour ce que ycellui Gille, et le dit Andriet, nous denunça, contre les dessus nommez et chascun d'euls par soy, que il avoient esté à lui navrer aidans, agens et consantans, à batre et navrer ledit Andriet. — Delivrés, par sentence.

20 janvier 1337. — Lundi avant la S. Vincent. — Par Pons, le maire. Jehannin de Senlis, rue au Maire, deff[ault], à iij jours, pour la souppeçon de la mort de Jehannin de Conches, pelletier, que ledit Jehannin de Senlis avoit occis, si comme les amis dudit de Conches disoient, semons et appellé à l'ostel de Eudeline de Senlis, mere dudit Jehannin de Senlis, et à l'ostel là où il demouroit, et signiflié l'adjournement à ladicte Eudeline, par Phelipot Malgars, Robert de Villers et Bernart, nos sergens. — Crime. Deff[ault]. A iij jours.

Ce jour, l'empeschement qui mis avoit esté par P. Belagent, prevost de Paris, ou corps mort dudit Jehannin de Conches, lequel avoit esté tuez, de nuict, le dymenche precedent envuiron l'eure de cuevrefeu, en la rue au Maire, enmi la rue, sur les quarriaus, et avoit, ycellui prevost, deffendu que l'an ne bougast ycellui, lequel estoit en nostre cour, dessous les ourmes, en la manière accoustumée, disant, ycellui prevost, que en ycellui nous n'avions droit aucun, ne des cas des prinses de nuict, mesmement en la chaussiée dont nous l'avions fait lever. Et pour savoir se nous, audit lieu, avions droit de faire prinses de nuit et de jours, et toutes heures que les cas y escheoient, ledit prevost commist et deputa Robert de Laon et Jehan de Lacage, examinateurs du Chastellet, lesquels nous, sur ledit lieu, nous enfform[ames] souffisaument, par maistre Jehan le cordouannier, le juesne, Jehannot le deschargeur, Gieffroy Lebreton, tixerrant, Jehan Vallée, cavecier, Guerin le cavecier, Jehan Lenoir, enluminieur, Richart Lenglais, paintre, Lerin de Nanthuelg, et pluseurs autres, que nous, audit lieu, avions droit de faire toutes manieres de prinses, de nuit et de jour, en tous cas, touchant toute justice haute, moienne et basse, et que, par plusieurs fois, environ l'eure de mienuit, et toutes heures, que aucuns malfaicteurs meffaisoient en ladicte rue, eulx mesmes et nos sergents, les prenoient et menoient en prisons, et en avions la congnoissance, toute lesquelles choses furent rapportées audit prevost, desdiz commissaires, lequel prevost, en la chambre de Pierre de Tuillieres, examinateur dudit Chastellet, presens ledit P[ierre] et lesdiz examinateurs, et Estienne Leclerc, basannier, osta ycellui empeschemet, et dist à frere Jaques de Gurgey, vicaire, et à Pons Duboys, maire de S. Martin, que il usassent de leur droit hardiement, et que l'empeschement que il avoit mis, en ce que dit est cy dessus, il hostoit, et leur metoit, tout à plain, au delivre, ce que empeschié avoit à ladicte eglise.

Jehannin Colas, prins en ladicte rue, pour la souppeçon de la mort dudit Jehannin de Conches. — Clerc, et ont esté rendus les biens à l'official.

21 janvier 1337. — Mardi ensuivant. — Par Pons, le maire. Jehannin de Senlis, deff[ault] pour le premier jour, pour le cas speciffié ou lundi precedent, semons par Malgars, Robert le geolier et Bernart, nos sergens, appelé par Malgars.

Ce jour, Jehannin Agnes, tailleur de robes, demourant ou coing de la rue Garnier de S. Ladre, en l'ostel de Henri Agnes, amené, en nostre prison, par Aubert de Mictri et Perrin de Croy, à la denunciation de Perrette de Lusarches, de l'aage de XII ans ou environ, et de Perrete la souplice, de Lusarches, de l'aage dessusdit ou environ, lesquelles estoient apprentisses dudit Henri, disant et denunçans, lesdictes Perrete et Perrete, que,........ ledit Jehannin, auquel elles estoient bailliées en garde, dudit Henri et de sa fame, les mena environ l'eure de mie nuit, à la poterne Nicolas Huidelon, et là, en un selier, fist entrer, oultre son gré et par force, ladicte Perrrete la souplice, et la jeta à terre, et avala ses braies, et se mist' sus lui, et s'efforça contre sa nature tant comme il pot, et pour ce que elle crioit, il la bati et feri, et la laissa, et aussi denunça, ladicte Perrete de Lusarches, que ycellui Jehannin l'avoit menée aus champs, vers le Temple, et, par sa force, la geta à terre, et l'efforça, et perça sa nature tout oultre, et, aveques ce, lui fist de liaue chauffer, pour laver sa nature. — Denunciation criminelle. Justicié par Pons Duboys. Trainné et pendu.

Jehannin, filz de Guillaume Gaudaer, clerc, rendu à l'official, pour ce que nous le tenions, comme tesmoing, pour savoir la vérité du fait de l'occision de feu Jehannin de Conche. — Clerc. Baillé à Jehan de Souvegni, sergent l'official.

18 février 1337. — Mardi avant la Saint Pere en février. — Par Pons Duboys, maire. Aujourd'hui, avons remis et quicté, du commandement de mons^r le prieur de Saint Martin, nommé frere Bertran (1), à Perrin Duport, le ban que il estoit encourus, en la court de Saint Martin, par contumaces, et lui fu remis et quicté, par des lectres du Roy, nostre sire, à lui octroiez et à nous sur ladicte remission faites, sens offense de nostre juridicion.

2 mars 1337. — Dymenche avant les cendres. — Par Pons, le maire. Baudet de Sainct Lo, courratier de chevauls, amené par Noel boute mote, nostre sergent, pour ce que, environ vespre, ycelui Noel le prinst, en la rue du Cymetiere, tenant un coustel à tailler pain dont il avoit feru, au dessous de la gorge, Jehannin Vallet, Jehan Karesme, esmoleur de coustiaus, demourant en ladicte rue, si comme les voisins disoient. — Civil. Raporté le perilg, hors de mort et de mebaing, par Largentiere. A[mende].

11 mars 1337. — Mardi après les Brandons. — Ce jour, nous furent rendus et restituez, du commandement de nosseigneurs du Parlement, Pierre Guarout, rue aus Graveliers, Jehan Ledannoys, rue aus Graveliers, Raoul Lebreton, rue au Maire, Jehannin des Castelliers, lesquels avoient esté prins ou moustier de Nostre Dame de Paris, et mis en la prison du Chapistre Nostre Dame, le merquedi jour des cendres, et les nous rendi comme preudommes et prins sans conguoissance de cause, et comme innocens de meffait aucun, par Eliot de Cayeu, garde, de par le Roy, de la justice de ladicte eglise. — Eslargis.

(1) Bertrand de Pibrac, prieur de Saint-Martin. Il fut élevé à cette dignité vers l'année 1321, au plus tard, et la conserva jusqu'en 1353. — Gallia Christiana, t. VII, p. 532.

19 mars 1337. — Merquedi après *Reminiscere*. — Aujourd'hui, l'empeschemen et la main du Roy, qui mis avoit esté ès biens de Bresent de Bresse, lombard, en la rue S. Martin, ès meson de mestre Pierre Soutif, par Robin Anguelart, sergent de la xiie du Chastellet de Paris, a esté ostez, et mis au delivre, aus religieus de S. Martin, par mestre Guillaume Lebeguot, lieutenant du prevost de Paris, et vint, audit lieu, ledit sergent, et descella ce que scellé avoit, et osta l'empeschement que mis y avoit esté. Presens, Jehan Biauvallet, Jehannel d'Euze, Pierre Lemestre, Johanne, sa fame, et pluseurs autres, en la presence desquels, P. de Chievreville, procureur des religieus de Saint Martin dessusdit, et Colin de Montmartre, sergent de S. Martin dessusdit, scellarent yceuls biens, et les mist en la main de S. Martin.

31 mars 1337. — Lundi après *Letare Jherusalem*. — Gillet de Sainct Quentin, Adam Crestien, doriotiers, amenez par Jehan de Champangne, nostre sergent, pour ce que, cedit jour, parmi environ chandelles allumans, il les avoit prins, en fait present, batans l'un l'autre, en la rue Guerin Boussel.

6 avril 1337. — Dymenche que l'an chante *judica me*. — Jehan Lenffant, de Paris, amené par Robin, le geolier, et Croy, qui le prinstrent en la rue Garnier de S Ladre, environ chandelles allumans, pour ce que nous estions souffisament enfourmés que il avoit batu et faict sanc à Jaquemin de Soixons.

23 avril 1337. — Merquedi après Pasques. — Martin de Dampmartin, vallet basannier, amené par Chevreville, nostre tabellion, lequel le priust, de nuit, après cuevre feu, en la rue Garnier de S. Ladre, en present meffait, batant, et tenant aus corps et aus draps, Perrette de Neelle. — Civil. Amende. — Par Pons Duboys, maire.

24 avril 1337. — Juedi ensuivant, de relevée. — Aujourd'ui, denunça audit maire, Gillete, suer de Perrete de Choques, contre Salvin Milly et Henriet le fourbisseur, que les-

diz Salvin et Henriet avoient batue et ferue, de coups orbes, ladicte Perrete, qui estoit ensainte de vif enffent, si et en telle maniere que elle, pour cause desdictes bateures, que il lui avoient faictes, de coups orbres et autrement, elle avoit perdu le sentement de la creature de son ventre, et se doubtoit que il ne feust peri, et pour ce, furent detenus en prison. — Raporté le perilg hors, par Emmelime Laduchesse. — Denunciacion criminelle. — Civil. Il procedent.

29 avril 1337. — Mardi avant *Misericordia Domini*. Robin Pointel, nez de Hiaume en Veuquessin, amené par Robin, le geollier, et Bernart le piquart, pour ce que il fut prins au jardin de Renier Dutref, et descendi de dessus la meson dudit Renier en la rue du Temple, dedens ledit jardin, en laquelle meson il avoit fait plusieurs larrecins et alleurs. — P[endu]. — Justicié par Pons Duboys.

12 mai 1337. — Lundi, relevée, aprés la S. Nicolas, en may xii jours oudit moys. — Amenez, par Aubert de Mictri, nostre sergent, Symonnet le bourgoingnon, Jauçon de Rains, lesquels furent prins, par ledit sergent, environ vespres, en la rue aus Graveliers, devant la meson Guiart Lebreton à la Couronne, pour ce que il batoient l'un l'autre, et fu navré, en la teste, ledit Simonnet. — Civil. — Amende. — Délivré, par povreté, par le maire, Pons Dubois.

25 mai 1337. — Dymenche, de relevée, avant l'Ascencion. Gilot de Beynne, maçon, prins, en present meffait, par Perrin de Croy, en la rue Michiel Lecompte, assez près de la mesou de Jehan le changeur, pour ce que il bati et feri du poing, sur l'uelg, Jehannette la dorlotiere. — Amende. — Civil. — Par S. d'Espone, lieutenant du maire.

Aujourd'uy, fu trouvé un ver mort, comme espave, en la rue aus Graveliers, par Bernart le piquart, notre sergent, et fu levez, d'emmi la rue, par ledit Bernart, sens poursuite.

27 mai 1337. — Mardi ensuivant. — Jehannot Grelé et Marguerite la crocharde, amenez par Malgars, pour ce que

il furent prins, en la rue de la poterne Nicolas Huidelon, batans l'un l'autre, par Malgars. — Amende, IIII sols, par le maire.

2 juin 1337. — Lundi après l'Ascencion. — Drouet de Cambray, Guillot Chauvet, prisouniers, amenez par le geolier et Croy, pour ce que il furent prins, en la rue aus Graveliers, en la meson Jehan Moisson, batant l'un l'autre. — Amende, civil, par S. d'Espone.

21 juillet 1337. — Lundi avant la Madelenne. — Aujourd'ui, l'empeschement que Pierre Belagent avoit mis ès biens de feu Jehan Haimon, ès quiex notre main estoit mise, pour cause de ce que il ne nous apparoit en riens que ledit feu Jehan eust aucun hoir, disant ycellui prevost que, pour ce que ledit Jehan estoit sergent à cheval, à lui en appartenoit la congnoissance, fu hosté, et la main du Roy mise en yceuls biens hostée, et lesdiz biens et la congnoissance d'iceuls à nous appartenir fu dit, par nosseigneurs de parlement, present et appellé ad ce, frere Jacques de Gurgey, vicaire de S. Martin, et ledit prevost.

1 août 1337. — Lundi avant la S. Laurent. — Nous fu rendu Richart Lenglais, chandelier, demourant en la rue au Maire, par mestre Jehan de Hestorneuilg, lieutenant du prevost de Paris, chargié de ce que, mestre Jehan de Vignelg et ledit Richart s'entr'estoient appellez larrons et mutriers. — Par Jaques, vicaire. — Informacion en est faite, et convertie en civil, et a amendé l'offense de nostre sauve garde.

4 août 1337. — Ce jour. — Jehannin Duvergier, demourant en la rue Guerin Boussel, rendu, ce jour, par le prevost de Paris, au vicaire, pour ce que il estoit nostre hoste et justiçable, et avoit esté prins en la rue St Salveur (1), sans present meffait, par Robin de Vernon, sergent à verge du Chastellet — Rest[itucion].

12 août 1337. — Mardi après la S. Lorens. — Par Pons Duboys, maire. — Aujourd'hui, nous raporta, mestre P. de

(1) Rue Saint-Sauveur actuelle.

Largentiere, nostre mire juré, le perilg, hors de mort et de mehaing, de Fammette la lorraine, autrement dicte la crespiniere, navrée ès cuisses et en l'ainne, pour la navreure de laquelle nous teinsmes prisonnier, Colart Provignon, bourrel de Paris. — Amende. Civil.

22 Septembre 1337. — Lundi avant la S. Michel archangle. — Par Chevr[eville]. Raoulet Lebreton, tallemellier, rue aus Graveliers, detenu en prison, a la denunciation faicte contre lui, de par Richart Lefevre, tallemellier, disant et denunçant contre lui, que il l'avoit batu et fait batre, de nuict, de coups orbes, si en telle maniere que il se doubtoit de perilg de son corps. — Amende. — Civil. — Eslargi. — Rapporté le perilg, hors de mort et de mehaing, par P. de Largentiere.

24 Septembre 1337. — Merquedi ensuivant. Par Simon d'Espone. — Jehannot de Montjouhay, en Cul de sac (1), amené par Guiot de Florville, nostre sergent, qui le prinst en la rue de la poterne Nicolas Huidelon, du commandement de Simon d'Espone, lieutenant du maire, pour que ce l'an disoit que il avoit batu, de coups orbes, Jaques de Limoges. Eslargi par ledit Simon, jusques à vendredi. Pleges pour ramener, paier telle amende comme il pourra devoir, Robert le courraier, rue de Cul de sac. — Delivré par Simon d'Espone, par eslargissement.

Jehan Maldisne, amené par Bernart, lequel Maldisne fu prins, en fait present, batant Guiot Chasserat, en la rue Michiel Leconte. — Delivré par povreté.

28 Septembre 1337. — Dymenche avant la S. Michiel archangle. — Robert Lenglais, escrivain, Guillot Lenglais, dit de Contorbry, amenez, ledit jour, environ chandelles allumans, par les voisins de la rue aus Graveliers, qui là les livrerent à Guiot de Florville, et Robert, le geolier, qui les amenerent, pour la souppeçon de la navreure faite en la personne de Jehannot Giroflé, navré, en la teste, de plusieurs plaies. — Civil.

(1) Rue du Cul de Sac. C'est aujourd'hui l'impasse Berthaud, dans la rue Beaubourg.

— Eslargi par le maire. — Clerc, rendu à l'official et livré à Jehan d'Orlliens, sergent dudit official, le mardi ensuivant.

29 Septembre 1337. — Lundi, jour S. Michiel archangle, environ vespres. — Thifainne de Mantois, brete, rue au Maire, amenée par Guiot de Florville et Bernart Lepiquart, pour ce que Jehannin de Dignant disoit que ladicte Thifainne lui avoit hosté et dessiré efforcicement un chaperon, et clos son huis sus lui, et l'avoit batu et feru. — Delivrée par le maire, par povreté, et par longue prison.

4 Octobre 1337. — Samedi après la S. Michiel archangle. — Ce jour, nous furent confisqués les biens muebles de feu Aveline de Provins, morte sans hoir de son corps, laquelle demourant en Frepillon, ès meson de Jehan Lechat, lesquels biens valent et furent estimez à........

6 Octobre 1337. — Lundi après la S. Remy. — Richart Lefevre, serrurier, amené par P. Haouys, qui le prinst, de nuis, environ queuvre feu, battant, en la rue S. Denis, dedens la meson dudit Pierre, Robert de Bruz, et lui donna, ledit Richart, du poing sur l'uelg. — Civil. — Amende. — Delivré, par povreté, par eslargissement de prison.

10 Octobre 1337. — Vendredi après la S. Denis. — Ce jour, environ chandelles allumans, Jehannete la bazinete, Marion la bazinete, suers, Perrete la royne, Perrot Duval, pelletier, amenez par Robert, le geolier, et Phelipot Malgars, pour ce que ledit Perrot, qui estoit en la rue Michiel Leconte, à l'eure dessus dicte, en la meson de Jehan de la Valée, tavernier, aveques les dessus nommées, et buvoient ensemble, dist aus dis sergens que les dessus dictes fames lui avoient hostée sa gibeciere et son argent. — Delivrées, les dictes fames, le samedi ensuivant, par eslargissement, jusques à juedi prochain, pour ce que ledit Perrot dist, en jugement, et par serement, que il les avoit fait mettre en prison sans cause, et que il s'en repentoit, et leur amenda, congnoiss[ant]. — Delivré par amende, par Pons, le maire.

14 Octobre 1337. — Mardi ensuivant. — Galeran Avrilg, et Alison la greffiere, amenez par Noel, environ vespres, qui les

prinst, en present meffait, batans l'un l'autre, en Frepillon. — Civil. — Amende. — Delivré par le maire, pour povreté, pour i. q. de iii sols.

19 Octobre 1337. — Dymenche, de relevée, après la S. Luc, euvangeliste. — Jehannot Serevel, cardeur de draps, Jehannin Bugnart, d'Evreux, amenez par Malgars, qui les prinst, à l'eure dessus dicte, en la rue de l'evesque de Chaalons, qui batoient Thomas Lenglais, oublaier, lequel ledit sergent trouva navré en la teste.

20 Octobre 1337. — Lundi après la S. Luc, euvangeliste. — Roulant de Lassant, Raulin Drouet, Richart Rossignol, Guillaume [de] Bangnolet, amenez par Malgars et Bernart, qui les prinst, environ l'eure de vespres, en la rue aus Graveliers, dedens la meson Jehan Moisson, à la taverne de la Nasse, lesquels Roulant, Raulin et Richart, avoient batu, de coups orbes, ledit Guillaume de Bangnolet, et ledit Guillaume bati et feri ledit Raulin du poing sur la teste. — Amende.

26 Octobre 1337. — Dymenche avant la feste S. Simon et Jude, environ chandelles allumans. — Jehan Baudri, Jehan des Quarrieres, Girard de Monsteulg, amenez par Jehan de Champangne, qui les prinst, en present meffait, en la rue S. Denis, batant l'un l'autre, en la meson P. Haouys, environ chandelles allumans. — Amende, iii.

9 Novembre 1337. — Dymenche, environ deues lieues de nuit, avant la S. Martin d'iver. — Richardin Luillier, Marote la savarie, amenez par Robin le geolier et Bernart le piquart, qui les prinstrent, en la rue aus Graveliers, pour la souppeçon de la navreure faite en la personne de Gieffrin Doullié, navré de plusieurs perilleuses plaies.

10 Novembre 1337. — Lundi ensuivant, avant l'eure de prime, veille S. Martin d'yver. — Perrin Lestacheur, amené par le geolier, qui le prinst, en sa meson, en la rue aus Graveliers, pour la souppeçon de la navreure dessus dicte. — Robin Lecousturier, non hoste, amené par le geolier, qui le prinst en present meffait, en la Court S. Martin, donnant une buffe à Climence, fame Jehan de Villeron. — Amende.

500   REGISTRE CRIMINEL

9 Novembre 1337. — Thomassete, la filleresse de soie, amenée le dimenche precedent, pour ce que elle fu prinse, en present meffait, par Colin de Montmartre, en la rue aus Graveliers, en l'ostel Hebert de Rochefort, batant Richart le fuiselier. — Amende.

7 Novembre 1337. — Ce jour. — Fu detenue en nostre prison Alips, fame Jehan Nantoys, vallet saucier de madame la Royne de France, si comme elle disoit, pour ce que il fu souffisamment prouvé, de par Marie, fame Jehannin de Trambley, par maniere d'injure et en tançant alle, telle paroles ou semblables : Teztoy, orde g...., p..... Je ne scé faire les ordes yaues, les sorceries et poisons aussi comme tu fés, que Ysabel la sauciere, ta mestresse, les t'a aprinses à faire pour porter chiex madame la contesse d'Alençon. — Et fu ce prouvé, par deus tesmoings non contredis, après ce que ladicte Alips l'ot nié, et par serement. Delivrée, par amende, de l'acort de mons^r P. de Argeville, et mons^r Jehan de Reblay, chevaliers, maistres d'ostel monseigneur le conte d'Alençon.

14 Novembre 1337. — Vendredi. — Rendu, du Chastellet de Paris, par mestre Gui de Besençon, lieutenant du prevost de Paris, Jehannot de Libournes, nostre hoste, demourant en la rue aus Jougleurs, pour la soupeçon de la bateure de coups orbes faite, si comme l'an disoit, dudit Jehan, en la personne de Lorence de Bannieres. — Raporté, par mestre P. de Largentiere, le perilg, hors de mort et de mehaing, le samedi ensuivant, presens, Ansel Labbé, et plusieurs autres.

17 Novembre 1327. — Lundi après la S. Martin d'iver, environ deus lieues de nuit. — Symonnet Destrier, amené par Jehan de Champangne, qui le prinst, en la rue Guerin Boussel, batant Symonnet de Crespi. — Delivré, par amende.

9 Décembre 1337. — Mardi après la Conception Nostre Dame, environ l'eure de prime. — Maistre Guillaume de la Chauciée, Colard de la Chauciée, freres, Jaqueline, leur mere, et Marion, suer desdiz Guillaume et Colart, et pluseurs valles, demourans, couchans et levans en l'ostel des dessus nommez.

dont les noms sont, Gillebin de la Cauchiée, leur frere, Pieret d'Amiens, Henriet Lenglais, Jehan Lequeus, Jehan de Lorraine, Alain Lebreton, Jehan Marcheant, vallez des dessus nommez, et Lorete de Bonneulg, chamberiere desdiz freres, — amenez en prison, du commandement de Ansel Labbé, maire de S. Martin, pour ce que, en leur meson, en la rue S. Martin, assis en leur terre et juridiction, Jehannot de Paci, vallet bouchier, fu trouvé mort. — Estant Ansel Labbé maire, dès le vendredi après la Conception Nostre Dame. — Et pour ce que depuis ce, incontinent que le procureur du Roy, nostre sire, mist empeschement en ce que dit est, en deffendant que nous maire, dessus nommé, ne congneussions dudit cas, après ce que nous, pour mons^r de S. Martin et pour l'esglise, nous opposasmes ad ce, ycellui procureur, et maistre Guy de Besençon, lieutenant au crime du prevost de Paris, ledit empeschement que mist y avoit esté, de par le Roy, hosta tout à plain, en disant que, au cas dessus dit, en usant de la justice de S. Martin dessus dit, feissions ce qui cheoit en justice, presens, mestre P. de Tuillieres, Jehan de la Cage, mestre Denis de Grez, examinateurs du Chastellet, et pour ce faire, et pour metre hors de la meson desdiz prisonniers, en hostant ladicte main du roy, Guillot Dez et P. Leboutier, sergens de la XIIe dudit Chastellet, commist et envoia Collin Laffille, sergent à verge du Chastellet, lesquels sergens de la douzainne, après ledit commandement à culs fait, se departirent de la dicte meson desdiz prisonniers.

10 Décembre 1337. — Merquedi ensuivant. Aujourdui. — Par Chevr[eville]. Presens, Thibaut d'Espone, Nicolas de la Salle, Jençon de Capi, Guillaume Revel Jehan de Fouville, Thierri le riche, Adam Bourgois, Simon Lamencheur, Colin Nateron, Jehan Coulongne, Jehan Porret, Robert Neveu, Jehan Lescuier, Jehan Moisson, Huguelin de Ruelg, Guillot Lebert, Jehan aus deus jumiaux, Richart Villain, Thomas Biaupignie, et plusieurs autres. Nous raporta et tesmongna, par son serement, en jugement, par devant nous, à S. Martin des Champs de Paris, maistre Pierre de Largentiere, nostre mire sururgien juré, que il, du commandement dudit maire, avoit veu, visité, regardé, tasté, cerchié et manié, par tous les membres,

conduits et entrées du corps, Jehannot de Paci, vallet bouchier, mort, lequel il avoit trouvé sans persseure, froisseure, briseure, casseure, et sans aucuns sanc ou plaie, dont mort ou mehaing se peust ou deust ensuivir, et pour ce, raporta ledit juré, par sondit serement, que ledit Jehannot est mort de sa mort naturelle, et non pas par autre cause. — Pour laquelle mort, ledit maire fist emprisonner les nommez, ou mardi precedent.

16 Décembre 1337. — Mardi après la Saincte Luce. — Pierre le piquart, chandelier, Guillemin de Flocourt, detenus en prison, à la requeste et denonciacion de Richart Lenglois, chandelier, et de sa fame, pour ce qu'il dient que, d'iceus prisonniers, a esté batu ycellui Richart, de ourbes cols, et feru du pié en la paniliere, dont il estoit jesant au lit, et estoit en tel point, que les piez ne povoient porter le corps, et estoit, pour cause de ce, en péril de mort, si comme lui et sa fame l'affermerent. — Raporté. — Raporté le perilg. hors de mort et de mehaing, par mestre P. de Largentière, nostre mire juré. Fait en jugement, le merquedi ensuivant, presens, Thierri le riche, Guiart Lebreton, Robin, le geolier, Perrot Gosselin, Guerout d'Amiens, et pluseurs autres. Et pour fournir droit, tant pour nous comme pour partie, et pour ramenez lesdiz Guillemin et Pierre, Jehan le plastrier, rue de Biaubourg, s'establi plege et principal rendeur, comme de son propre fait, et leur assignons jour à vendredi.

16 Décembre 1337. — Aujourdui, fu trouvé en la rue au seigneur de Montmorency (1), par P. de Croy, nostre sergent, un pourcel espavé, sans autruine poursuite, et fu mis par devers nous, de par ledit sergent. — Espave.

16 Décembre 1337. — Le jour contenu en la marge derreniere de cest feullet. — Jehan Lefevre, rue aus Graveliers, amené en prison par Guiot de Florville, pour la souppeçon de

(1) Cette rue avait reçu son nom de l'hôtel des seigneurs de Montmorency, qui y etai situé. C'était la partie de la rue actuelle de Montmorency comprise entre la rue Beaubourg et la rue Saint-Martin. L'autre partie prenait alors le nom de *Cour au Villain*.

la navreure de Gillet de Clamart, navré, en la teste, d'une plaie. — Raporté le perilg, hors de mort et de mehaing, dudit Gillet, le juedi ensuivant, par maistre P. de Largentiere, nostre mire juré. Eslargi ledit Jehan, à lui mesmes, et promist à revenir pour ester et fournir droit, et lui assignons jour à vendredi prochain. — Par Ansel, le maire.

29 Décembre 1337. — Lundi après Noël. — Ce jour, nous, maire de S. Martin, feusmes en la rue au seigneur de Montmorency, en la meson de Agnès, la tripiere, et là, trouvasmes ladicte Agnès, qui estoit estainte et morte, de feu qui, par fortune, estoit prins en sa meson, et pour ce, la feismes aporter en la court S. Martin, dessous l'ourme, au lieu ou l'an a acoustumé à aporter corps trouvés mors par accident. Et après ce, la feismes visiter, resgarder et manier, par mestre P. Largentiere, nostre mire juré, qui, après ce qu'il ot visitée et resgardée ladicte Agnès, par tous les membres du corps, nous raporta et tesmongna, par serement en jugement, qu'il avoit trouvée ycelle sans casseure, froisseure ou blesseure aucune, par quoy l'an deust ou peust esperer que elle feust morte, ainçoys estoit morte de mort naturelle, presens audit raport, Thibaut Flaoust, Jehan Lescuier, Nicolas Nateron, Richart le coustepointier, Thibaut Mallart, Jehan de Champangne, Phelipot Malgars. — Et pour ce que nous feusmes souffisaument enfourmez, par tous les habitanz de ladicte rue, que ladicte Agnès, par accident et pour le feu qui, d'aventure, estoit prins en sa meson, et que elle fu traicte toute vive de l'ostel, la delivrasmes à ses amis, pour la faire enterrer.

1 Janvier 1338. — Juedi, jour de la Circonscision Nostre Seigneur, environ trois lieus de nuit. — Jaquet le piquart, et Colete, sa fame, demourans en Frepillon, amenez par Guiot de Florville, qui les print en ladicte rue de Frepillon, emmi leur meson, pour ce que Marote de Hucerel, gisant au lit, malade, navrée d'une plaie en la teste, et batue de coups orbes moult griefment, dist audit sergent que, en l'amme de lui, ainssi l'avoient batue et navrée, lesdiz Jaquet et sa fame. — Crime. — Civil. — Raporté le perilg, hors de mort et de mehaing.

2 Janvier 1338. — Item, le vendredi ensuivant, nous, Pierre de Chievreville, aveques ledit Gu ot, feusmes en ladicte rue, en la meson de ladicte Marote, et là, trouvasmes ladicte Marote gisant au lit, moult griefment navrée et batue de coups orbes, et toute perse par tous les membres du corps, et en tel point que l'an y esperoit miex mort que vie. A laquelle nous demandasmes, et par serement, qui ainssi l'avoit navrée et batue, laquelle jura et afferma, en l'amme de lui, que ce lui avoient fait lesdiz Jaquet et sa fame, et nous denunça le fait, comme à justice, et nous supplia que nous lui en feissions droit et raison. presens à ladicte denunciacion, Jehanne, fame Pierre de Gonnesse, Jehanne de Caien, Jehanne de Saint Quentin, Tevenin Roulant, Ysabiau de Montfort, Hernouet Lebreton, Richart de Huterel, frere de ladicte navrée, Guillaume le saunier, Evete la baimonne. — Raporté le perilg, hors de mort et de mehaing, par mestre P. de Largentiere, samedi après la S. Vincent (1), l'an dessus dit, presens, Robert Neveu, Thibaut d'Espone, Thierri Leriche, Jehan Lescuier, et pluseurs autres. — Par Ansel Labbé, maire.

6 Janvier 1338. — Mardi, jour de la Tiphaine. — Henriet Leboursier, Jehan Vivien, amenez par Guiot de Florville, qui les prinst, en la rue au Maire, entretenans et batans l'un l'autre, environ l'eure de cuevre feu. — Delivré, par a[mende], par le maire.

18 Janvier 1338. — Dymenche avant la S. Vincent, ou moys de janvier, environ l'eure de tierce. — Jehan de Florence, lombart, demourant en la rue S. Martin, en l'ostel de Altissimo Olare, amené par Guiot de Florville qui, du commandement du maire, et par l'informacion faicte par P. de Chievreville, nostre tabellion, le prinst oudit hostel, pour ce que il fu prouvé et trouvé, par ladicte informacion, que il avoit batue et ferue villeinement, de coups de orbes, Marie de Digon, et lui avoit coupées les tresses, et fu ledit cas denuncé de ladicte Marie. — Délivré par amende. — Civil amende.

(1) 24 janvier.

18 Janvier 1338. — Ce jour, environ chandelles allumans. — Jehan de Flori, Jehannot Leroy, amenez par Robert le geolier et Guiot de Florville, qui les prindrent en la rue S. Martin, en la maison de Jehan de Wirmes, muciez, et pour ce que, ledit Jehan de Virmes, que il trouverent tout estandu emmi sa meson, et navré en la teste et aileurs, disoit que ainssi l'avoient batu et navré les diz prisonniers, et geté contreval des degrez, les amenerent en prison, et aussi, pour ce que les voisins de ladicte rue crioient harou sus eulx, lesquels s'enfuioient.

24 Janvier 1338. — Samedi apres la S. Vincent. — Aujourd'hui, Jehan de Virmes, dont mancion est faicte cy dessus, nous a dénoncié, et par serement, et prins en l'amme de lui, que lesdiz Jehan de Flori, et Jehannot Leroy, l'avoient ainssi navré et batu de coups orbes, et especialement, ledit Jehannot Leroy l'avait geté contreval un degrez, et nous requist que nous, de ce lui feissions droit et accomplissement de justice, presens, P. de Chievreville, tabellion de S. Martin, Phelipot Malgars, Guiot de Florville, Perrin de Croy, Bernart Lepiquart, et Robert, le geolier, sergens de S. Martin. — Il ont respondu en niant le fait, par devant le maire. — Crime. — Raporté. — Civil.

Le perilg de mort, et non de mehaing, a esté raporté hors, par mestre Pierre de Largentiere, nostre mire juré, mes le meshaing est oudit Jehan de Wirmes, dès louctemps a, et demi an ou plus a passé. Fait l'an xxxvii, le samedi après la S. Pol (1), et avant la purification Nostre Dame, presens en jugement, Estienne d'Aucerre, Thierri Leriche, Pierre Gosselin, Pierre Lefevre, Simon Lamencheur, Richart Neveu, Nicolas de la Salle, Henriet le fourbisseur, et pluseurs autres. — Delivrez de prison, par le maire, le dymenche avant les Cendres (2), pour ce que l'on ne pot prouver le fait.

(1) 31 janvier.
(2) 22 février.

27 Janvier 1338. — Mardi après la S. Vincent. — Par le maire. — Jehanne de Montargis, fame Thomas Lenglais. Colin Lepiquart, hostes et justiçables de S. Martin, demourans en Biaubourg, detenus en nostre prison, pour ce que, en jugement, par devant le maire, ladicte Jehanne dist, maintint et afferma par serement, contre ledit Colin, que ycellui Colin avoit fait faire, autrement que à point, faussement et mauvesement, une quictance en la court l'official, scellée du scel de ladicte court en laquelle estoit contenu que, le juedi après la Tiphaine derrenierement passée, ladicte Jehanne avoit passé et accordé ladicte quictance, ycelle Jehanne n'avoit oncques esté à passer ycelle, et que, ledit jour de juedi, elle avoit esté, toute ladicte journée, en certains lieus continnuelment, sans ce que cedit jour, ne deus mois avant, ne depuis, elle entrast en ladicte court l'official, et ce que dit est offri de prouver ladicte Jehanne. — Eslargie, Jehanne de Montargis, à lui mesme, et lui assignons jour à mardi prochain. — Crime. — Le procès en est fait. — Mis en l'eschielle, le dymenche que l'an chante *oculi mei*. — Item, mis en l'eschielle (1), le dymenche ensuivant, que l'an chante *letare Jherusalem*, et ce fait, banni de toute la terre et juridicion de St Martin, sur la hart.

1er Fevrier 1338. — Dymenche avant la Chandeleur, premier jour de fevrier. — Regnaut de Luzarches, cavecier, Colin Amiot, amenez par Guiot [et] Malgars, qui les prinstrent, environ chandelles allumans, ou bout de la rue Chapon, vers la rue à l'evesque de Chaalons, c'est assavoir, ledit Colin et ledit Renaut, en sa meson, pour la souppeçon de la navreure faicte en la personne de Gautier le cavecier. — Raporté le perilg, hors de mort et de mehaing, par mestre P. de Largentiere, le mardi ensuivant. — Delivrez, par le maire, pour ce que ledit Gautier jura que onques ne lui avoient meffait.

Raoulet Lebreton, consturier, amené par Colin de Montmartre, qui le prinst en la rue aus Graveliers, combatant à

---

(1) L'échelle de Saint-Martin était sur la petite place dite Cour Saint-Martin ; elle est figurée sur le plan de Ducerceau.

Yvonnet le breton, et Thomasse, sa fame, et furent prins, environ chandelles allumans. — Civil. — Amende.

Yvonnet Lebreton, Thomasse, sa fame, non hostes, demourans en la rue à la Pastorelle (1), amenez par Colin de Montmartre, qui les prinst, en la rue aus Graveliers, environ chandelles allumans, en present meffait, batans Raulet Lebreton et Guillemete la françoise, sa fame, laquelle, si comme elle dist et afferma, estoit grosse d'enffent, par quoy elle se doubtoit du fruit de son ventre. — Civil.

5 Février 1338. — Juedi après la Chandeleur. — Jehannin Maci, porteur de affeutreure, amené par Aubert de Mictri, nostre sergent, qui le prinst, environ chandeilles allumans, en la rue aus Jougleurs, à l'uis de la meson Jehannin de Pontoise, saisi de deus petites pailes d'arain sans queue, que il avoit emblées en la maison dudit Jehannin. — Procès en est fait. — Crime. — Il a confessié, au maire et au tabellion, avoir emblées lesdictes deus pailes. — Trainné et pendu, pour ce que il confessa pluseurs murtres et larrecins avoir fais lundi après les octaves de la Chandeleur.

6 Février 1338. — Vendredi ensuivant. — Pierre Bellesuer, demourant en la rue de la Plastriere, lequel fut rendu par mestre Guy de Besençon, lieutenant du prevost de Paris, qui le tenoit en prison, pour la soupeçon de la bateure de Robert Lafale, et pour un asseurement, que ledit Robert requeroit à avoir dudit Pierre. — Rendu du Chastelet. — Absous.

Ce jour, environ l'eure de disner. — Robin sans amie, Jaquet Flacorgne, Jehannin de Montion, amenez par Champangne, qui les prinst, en fait present, batans l'un l'autre, en la rue au seigneur de Montmorency. — Clerc. Delivré, pour ce que personne ne lui demandoit riens. — Il ont amendé le present.

14 Février 1338. — Samedi après les octaves de la Chan-

---

(1) Rue Pastourelle actuelle, qui s'étend de la rue du Grand-Chantier à la rue du Temple. Elle portait, en 1296, le nom de rue Groignet, et, en 1302, celui de rue de Jean-de-Saint-Quentin. — V. Sauval, t. I, p. 153.

deleur. — Aujourd'hui, Jaquet Baugart, sergent à verge du Chastellet de Paris, nous remist, rendi, ressaizi, et restabli en nostre prison, Simonet d'Aubigni, comme nostre prisonnier, pour ce que il l'avoit prins en nostre prison, en laquelle il estoit nostre prisonnier, pour une amende en laquelle il avoit esté condempné par nous, envers Jehannin pais es bonne, chandelier, lequel il avoit batu, feru et villené, et geté ses chandelles en la boue.

18 Février 1338. — Merquedi avant les Cendres. — Jehan de S. Brice, Guillaume Grossin, crieurs de vins, renduz à Ansel Labné, maire de S. Martin, par P. de Chievreville, maire de Montmartre (1), qui les tenoist en la prison des religieuses de Montmartre, chargiez de ce que, ledit Jehan de S. Brice avoit dit audit Guillaume, presens les sergens de Montmartre, que ledit Guillaume estoit coustumier de soy parjurer, et mettoit, en sa manche, une pièce de sarement de vigne, quant il se parjuroit, et juroit lors par son sarement. — Delivrez par le maire.

22 Février 1338. — Dymenche avant les Cendres. — Nicole, fame Guillaume Damour, maçon, rue Michiel Leconte, amenée par Robin le geolier, pour ce que il la trouva, en present meffait, en ladicte rue, batant Eudelot, sa chamberiere, en disant telles paroles : Je te veulg seignier en guise de p...... car tu as fortrait mon mari. — Amende.

23 Février 1338. — Lundi avant les Cendres. — Aujourd'hui, denunça au maire de S. Martin, Eudelot la picarde, née de la Villete Saint Denis, si comme elle disoit, contre Guillaume Damours, maçon, demourant en la rue Michiel Leconte, que ycellui Guillaume, environ deus moys a, avoit sachié son coustiau sur elle, en sa meson, en laquelle elle demouroit comme sa chamberiere, et s'efforça d'avoir à faire à elle, en disant que se elle ne souffroit que il eust charnellement à faire à elle, et elle disoit mot, il la occiroit dudit coustel, et efforcieement, oultre son gré et volenté, la

(1) Le maire de l'abbaye de Montmartre.

despuscella, perça, et deflora tout oultre, en entrant dedens sa nature, laquelle, si comme elle disoit, estoit, avant le tems de lors, pucelle, et sans aucun diffame, et pour ce, le detenismes en prison.

23 février 1338. — Ce jour, de relevée. — Fu ataint, en jugement, par devant ledit maire, ledit Guillaume Damours, dont mencion est faicte cy dessus, contre lequel ladicte Eudelot denunça et repeta le cas dessusd t, et afferma, par serement, sadicte denunciacion estre vraie, et laquelle ledit Guillaume nia tout à plain. Et de ce fait, nous, à ladicte Eudelot demandasmes, et sommasmes instamment, se elle avoit aucuns tesmoings par lesquels elle nous peust enffourmer, pour savoir la vérité du lit fait, que elle les nous nommast [et] administrast, laquelle jura et afferma, par son serement, que non, disant que elle ne le sauroit par qui prouver, presens ad ce dire, Huet Lin, Jehan le chandelier, Jehan de Fontenay, Hugues, clerc du Couvent, Simon Bernier, Jehan Lalemant, Jehan le charpentier, Guillot de Rouan, maçon. Jehan Besoche, Lambert de Crespi, Hugues de Ruelg, Thibaut Flaoust, Estienne Lescot, Jehan l'orfevre, Jehan Guerinne, Guillot Auquebert, Jehan Souplice, Raulet Lebreton, et plusieurs autres. — Et pour nous enffourmer dudit cas d'abondant, assignons jour à ladicte Eudelot, à juedi prochain. — Absous, pour ce que elle ne poursuivi onques sa denunciation.

28 février 1338. — Samedi après les Cendres. — Guillaume et Jehan de Fresnoy, freres, rue de Malbue (1), Guillemot de Pons, vallet dudit Guillaume, rendus à nous, Ancel Labbé, maire, par Pierre Belagent, prevost de Paris, qui les tenoit prisonniers pour la souppeçon de la navreure faicte en la personne de Jehan de Meudon.

28 février 1338. — Ce jour, de relevée, nous raporta et tesmongna, par son serement, en jugement, maistre Pierre de Largentere, mire juré de la terre et juridiction de Saint Martin des Champs de Paris, que il, audit jour, avoit veu, visité, et resgardé, en la manière que il appartenoit à l'art de la si-

(1) Rue Maubuée.

rurgie, Jehan de Meudon, dont mencion est faicte cy dessus, lequel il trouva navré en la teste, et batu de coups orbes, par pluseurs parties de son corps, et entour les deus yeux, et ès jambes, duquel il raporta le perilg hors de mort et non de mehaing, quant ad present, presens ad ce, Jehanne, fame dudit blecié, Jehan Chapelart, Marie Baille, Thierri Leriche, Raoul Lepellemaire, Tassin de Baubigni, Gille Bontemps, Gautier Aubin, et plusieurs autres. — Par Ancel, le maire. — Il procedent. — Pleges et principauls rendeurs, corps pour corps, avoir pour avoir, pour nous ramener lesdiz prisonniers, à toutes les journées que nous leur assignerons, pour ester à droit pour le cas dessusdit, ou pour fournir droit et paier ce en quoy il seront condampnez et convaincus pour ledit cas, Ferri de Saint Mor, rue de Quiquempoit, Jehan Eschart, fevre, rue de Malbue, Nicolas Menche, courraier, en Quiquenpoit, et Rouland le fondeur, rue de Biaubourgt, tous ensemble et chascun d'euls, par soy et pour le tout, et assignons, ausdiz prisonniers, jour à mardi prochain. — Item, eslargis les dessus nommez, à la caution dessusdite, à d'ui en huit. Fait l'an XXXII, le mardi après les Brandons (1). Par le maire.

19 Mars 1338. — Juedi après *Oculi mei*, XIX jours de Mars. — Ce jour, Bernart Lepiquart, nostre serjent, et le vallet Colin Nateron, nous amenerent, environ l'eure de complies, deus pourciauls, de environ de demi an, lesquels ils trouverent, comme espave, sans poursuite, à la Courtille Saint Martin.

21 mars 1338. — Samedi avant le Dymenche que l'an chante *letare Jherusalem*, XXI jours de marz. — Aujourd'hui, environ l'eure de disner, fu trouvée une truye blanche, en la rue au Villain (2), laquelle Perrin de Croy, nostre serjent, trouva, comme espave, en ladicte rue, à tout VI pourcillons petiz que elle avoit pourcelez en ladicte

(1) 3 février.
(2) Désignée plus généralement, sous le nom de *Court au Villain*. C'est le nom qu'elle porte dans le plan de Ducerceau et dans le plan de tapisserie. V. A. Franklin, *Etude sur le Plan de tapisserie*, p. 93. C'était la continuation de la rue de Montmorency ; elle est figurée, aujourd'hui, par la partie de cette rue comprise entre les rues Beaubourg et du Temple.

rue, et fu amenée, en l'ostel de ceans, par ledit Perrin, laquelle truie, avec sesdiz vi pourcillons, Jehannot du Genestoy, tavernier, demourant en la Vannerie (1), à l'Eschequier, en poursuivant ce, après ce que elle nous fu amenée, environ l'eure de vespres, dist estre sceue, et enfourma de ce nostre maire et P. de Chievreville, nostre tabellion, par Colete de Vranches et Marie de Houdant, demourantes en la rue de la Grant Boucherie de Paris (2), et pour ce, fu delivrée audit Jehannot, par le maire, parmi ce que il s'obligea, et par lettres du Chastellet, à nous garantir et deffendre à ses cous, envers tous, de tout ce que, à nous, à nostre maire et tabellion, et à la justice de Saint Martin on pourroit demander pour cause de ce, ou temps à avenir. — Espave. — Et restitucion d'espave à la partie qui prouva la truie estre seue.

28 mars 1338. — Samedi avant *Judica me*. — Tevennin de Chaumont, amené par Jehan de Champangne, qui le prinst, cedit jour, environ vespres, en la meson de la tripière, en la rue Saint Denis, batant Robin Engele. — Amende.

29 mars 1338. — Dymenche, jour que l'an chante *judica me*. — Jaquet Leborgne, Robin de Saint Denis, amenez par Guiot et Colin de Montmartre, qui les prindrent en present meffait, batans l'un l'autre, et. aveques, ledit Jaquet disoit que ledit Robin lui avoit hosté, efforcieement et oultre son gré, son chaperon, item, et aveques ce, ledit Robin fist le crochet de la jambe audit Colin, nostre serjent, si que il le fist cheoir en la boue. — Delivrez par prison.

3 avril 1338. — Vendredi après *Judica me*. — Jehannot Chevalier, dit le begue, rendu, comme nostre hoste et justiçable, par le prevost de Paris, et de son commandement, lequel le tenoit prisonnier ou Chastellet, pour la souppeçon de la naveure faicte en la personne de Jehannin, filg de Pariset, le menestrel, navré sur le nez. — Maistre P. d'Oriliens, comme

---

(1) Rue de la Vannerie, aujourd'hui supprimée. Sa partie orientale a été comprise dans l'avenue Victoria.
(2) La Grande Boucherie était au bas de la rue Saint-Denis, devant le grand Châtelet.

lieutenant de Mᵉ P. de Largentière, en a raporté le perilg, hors de mort, et non de mehaing, lundi avant Pasques les grans. — Restitucion de prisonnier.

3 Avril 1338. — Ce jour, environ vespres, Marote la charretiere, Symonnete la plommiere, amenées par Robin Leroy, qui les prinst, en fait present, batans Emmeline l'aguillere, en la rue au Maire. — Amende. — Delivrées.

Regnaut de Courberon, autrement dit Plouys, amené par Tassin le charron, maire de Bondiz, et Jehannot le forestier, pour ce que il le trouverent en ladicte ville de Bondiz, en l'ostel de Guillot Mouton de Bondiz, par vertu de deffault de la foire de Langni, et sanz ce que ledit Mouton lui deust aucune chose, fesoit execucion tout seul, sans sergent, et prinst gaiges, en l'ostel dudit Guillot, pour LXXV sols parisis.

6 Avril 1338. — Lundi avant Pasques les grans. — Raoul de Vernon, Guillemin de Vernon, freres, demourans en la rue du Temple, amenez, du commandement du maire, par Guiot de Florville et Jehan de Champangne, à la denunciacion de Robin de Mons et de Huistasse, sa fame, grosse d'enffant, disans, lui et son dit mari, que les dessusdiz Raoul et Guillemin l'avoient si fort batue, de coups orbes, qu'elle se doubtoit du fruit de son ventre, par ce que elle, puis le dimenche precedent, ne l'avoit senti remuer dedens son corps, si comme elle disoit.

7 Avril 1338. — Mardi ensuivant. — Ammeline la duchesse, nostre matrone jurée, nous raporta, par son serement, que elle avoit, dedens ladicte Huitasse, trouvé et senti le fruit de son ventre tout vif et bien remuant, et pour ce, en raporta le perilg hors, dudit fruit, presens, Estienne d'Aucerre, Jaques de Florence, Robert Neveu, Perrin Lefevre, Raulet Lebreton, Thierri Leriche, Jehan Caruel, et plusieurs autres. — Eslargi ausdiz prisonniers leur prison, jusques au juedi prochain, à heure de prime, comme nos prisonniers partout là où il se transporteront. — Ils ont nié le fait. — Amende.

13 Avril 1338. L'an XXXVIII, le lundi après Pasques, environ ij lieues de nuit. — Guiot de Novaire, lombart, vallet

de chevauls, amené du commandement P. de Chievreville, lieutenant du maire, qui le prinst, en present meffait, batant Henriet de l'arche, vallet de chevauls, et lui fist une plaie en l'espaule. — Maistre P. d'Orlliens, mire juré et mestre P. de Largentiere, en a raporté le périlg, hors de mort et de mehaing, le juedi ensuivant, presens, Ymbelot Roussel, Perrot Espartin, sergent de Montmartre, Jehannot Leportier, et plusieurs autres. — Civil. — Amende.

20 Avril 1338. — Lundi après Quasimodo, l'an xxxviii. — Jehannin Fouet, deff[ault], à iii jours, pour fait de corps, pour la souppeçon de la bateure et navreure de Jehan Prevost, serrurier, et pour ce que Guillemete Duboys denunça à Pierre de Chievreville, lieutenant du maire, que ycellui Jehannin et Noel Lasnier l'avoient batue, ferue et villenié, et par force eu à faire à elle charnelment, et oultre son gré, et cria. Et fut fait l'adjournement à la bouche dudit Fouet, par Guiot de [Florville] et Perrin de Croy. — Rapporté à Chevr[eville], par lesdiz sergens. — Ledit Noel fu mis et detenus en prison, à la denunciacion dessus dicte, et a nié le fait.

21 Avril 1338. — Mardi. — Jehannin Fouet, deff[ault] pour le second jour, pour le fait contenu ou lundi precedent, appelé par Guiot et Croy.

22 Avril 1338. — Merquedi. — Jehannin Fouet, deff[ault] pour le tiers jour, pour le fait dessusdit.

24 Avril 1338. — Vendredi, environ vespres. — Jaquet de Pontoise, orffevre, prins, en present meffait, par Malgars, batant, ferant et navrant d'une espée, en la teste, Robert Belagnel, devant la meson Jehan le changeur, ou coing de la rue Michiel Leconte, et donna une buffe à Guillaume Lefevre et à Gervese, le dorlotier. — A[mende].

25 Avril 1338. — Samedi ensuivant, jour Saint March, euvangeliste. — Gillet de Cabrieres, orffevre, rendu par le maire du Temple, pour ce que, le jour et heure precedens, il avoit esté prins par ledit Malgars, en ladicte rue, aidant et con-

fectant audit Jacquet, et lui avoir aidié à batre les dessus nommez, lequel, ledit Malgars avoit baillé, à amener en prison, à Guillot de Binet, lequel lui eschappa, et fu suivy, de chaude chace, jusques en la rue de la Pastourelle, et, en soy rescouant, navra d'un coustel, ès joues, ledit Guillot de Binet, si comme il dit, lequel Guillot de Binet nous detenismes en prison, pource que ledit Gillet lui mist sus que il l'avoit navré ou genoulg. — Rendu à Guillaume de Dreues, sergent l'official, pour ce que il estoit clers.

4 Mai 1338. Lundi après la Saint Jaques et Saint Phelippe. — Colin de Saint Osmer, Jehannin de Betizi, non hostes, prisonniers, amenez par G. de Florville, et Perrin de Croy, qui les trouverent en la rue aus Graveliers, devant l'uis mestre Robert de Balizi, contre lesquels les voisins de la rue crioient, disans que les dessus nommez prisonniers avoient batu et feru incontinent Ancellet de la riviere, de pluseurs coups orbes, et aveques ce, si comme les voisins disoient, vouloient efforcieement emmener aveque euls Eudelot de Tournoy, et avoient geté le pain de la fenestre Robert de Balizi à la teste de sa fame, et l'appelerent p..... senglante, maq........, et, pour courir après ledit Ancellet, qui estoit entrez dedens une meson, à garant, rompirent l'uis sus ledit Ancellet, et pour ce, les tenoient prins, de presens meffait, Richard Paris, Adam de Mancier, et pluseurs des voisins, et les livrerent ausdiz sergens, contre lesquels il s'efforcierent d'euls recourre, et les navrerent ès mains. — Amende.

6 Mai 1338. Merquedi après la Sainte Croys en may, jour S. Jehan Porte latine. — Robin de Saint Germain, rendu par le procureur du Roy, comme lieutenant du prevost de Paris, comme nostre justiçable, lequel estoit detenus, ou Chastellet, à la requeste et denunciacion de Colin Fouquet, munier, qui dist que ledit Robin lui avoit brisié le bras. — Rendu au vicaire et au maire, present, le procureur de l'église (1). — Raporté, par

---

(1) Le procureur de Saint-Martin est assez rarement nommé dans notre recueil. Il figure cependant, comme partie poursuivante, dans quelques affaires. — V. 18 oct. 1336 et 2⁰ sept. 1342.

maistre P. d'Orlliens, lieutenant de maistre P. de Largentiere, le perilg, hors de mort et non de mehaing, present le vicaire, le juedi après la Saint Nicolas en may.

6 Mai 1338. — Le jour dessusdit, Gieffroy Compangnié, non hoste, amené par Bernart Lepiquart, auquel il fu baillié des voisins de Marote Lesurbiere, laquelle, si comme les voisins disoient, ledit Gieffroy avoit batue du poing sur la teste, et donné si grant coup que il lui avoit fait voler le chaperon enmi la boue, et fu prins delez l'esglise de Saint-Nicolas (1), sur le suelg de luis de la meson de ladicte Marote. — Amende.

10 Mai 1338. — Dymenche après la S. Nicolas en may, environ vespres. — Colin de Saint Riquier, amené par Guiot, pour ce qu'il le trouva, en fait present,........ Roulant le pelletier, et le feri d'un coustel parmi l'espaule, en la rue au Maire. Michelet de Saint Martin, Girart Moncourant, amenez par Phelipot Malgars et Perrin de Croy, qui les trouverent batant l'un l'autre, en la rue du Cymetiere. — Amende. — Guillot le cousturier, amené par Robin le geolier, qui le prinst, en fait present, batant Jaquet le vallet, en la rue au Maire. — Amende. — Lorencin l'imagier, Denisot Commere, amenez par le geolier, qui les trouva, en present meffait, batans Gieffroy Posel. — Amende.

11 mai 1338. — Lundi, de relevée. — Robin, filg Ernoul de Bruiselles, amené par Jehan Dugué, qui le trouva, en la rue Michiel Lecompte, batant Gilet de Clamart. — Amende.

5 Juin 1338. — Vendredi après la Penthecoste. — Par Ansel Labbé, lors maire. — Jehan le saulnier, rue de Frepillon, detenu en nostre prison, à la denunciation de Perrin de la Chapelle disant que ledit Jehan avoit tant batue et ferue sa fame, laquelle estoit si grosse d'enffant, que il se doubtoit du fruit du ventre de elle et que elle, depuis la bateure, n'avoit senti remuer. — Crime.

(1) L'église Saint-Nicolas-des-Champs, rue Saint-Martin, était attenante à l'enceinte du prieuré.

5 Juin 1338. — Ce jour, de relevée, raporté, par Emmeline Laduchesse, le perilg du fruit du ventre de ladicte fame dudit Perrin, disant que elle senti l'enffant bien remuant dedans son ventre, presens, Thibaut d'Espone, Thierri Leriche, Jehan Françoys, Robert Neveu, Colin de Montmartre, et plusieurs autres.

6 Juin 1336. — Samedi après la Penthecoste. — Guillot de S. Merri, pelletier, rue aus Graveliers, amené par Guiot, pour la soupeçon de la bateure et navreure faicte en la personne de Guillot Lebreton, navré en la teste et ou bras. — Raporté le perilg, hors de mort et de mehaing, par mestre P. de Largentiere, le vendredi après la Trinité, au vicaire. Eslargi ledit Guillot, jusques à merquedi prochain. Pleges, pour le nous ramener, Jehan Matoulet et Guillaume Hebert, pelletiers, rue aus Graveliers.

21 juin 1338. — Dymenche avant la S. Jehan Baptiste. — Jehannin Compangnié, pelletier, amené par Bernart et Noel, qui le prindrent, en la rue au Maire, environ l'eure de vespres, batant Jehan Fauquet, pelletier, et le navra, en la poistrine, d'un coustel. — Raporté le perilg, hors de mort et de mehaing, par Largentiere, le dymenche ensuivant. — Civil. — Amende.

29 Juin 1338. — Lundi après la Saint Jehan Baptiste, jour Saint Pere. — Guillot Trousse, oublaier, amené par Malgars et Perrin de Croy, qui le prinstrent, environ chandelles allumans, batant Jehannot Lenglais, vallet oublaier du Roy, nostre sire. — Amende. — Civil.

12 Juillet 1338. — Dymenche après la Saint Benoit, environ chandelles allumans. — Jehannin blanche cote, bufetier, amené par Champangnie, qui le prinst, à chaude chace et à cri et harou de voisins, en la rue Guerin Boussel, tenant, ycelui Jehannin, un coustel en la maim, dont il avoit navré, ou costé, Jehan le cauchois, tonnelier. — Amende. — Civil. — Raport. Le perilg en fu raporté, hors de mort et de me-

(1) 22 Juillet.

haing, le merquedi de relevée, jour de la Magdalenne, par M° P. de Largentière.

17 Juillet 1338. — Vendredi avant la Magdalenne. — Jehan de Suzanne, Jehan Cordeiller et Huet de Villiers, prins en present meffait, c'est assavoir, lesdiz Huet et Jehan de Suzanne batirent et navrerent, en la teste, ledit Cordeillier, en la rue de la poterne Nicolas Huidelon. Par Malgars. — Amende. — Rapporté, le perilg de mort et de mehaing, merquedi de relevée, jour de la Magdalenne, par Largentière,

22 juillet 1338. — Merquedi, jour de la Magdalenne, environ chandelles allumans.— Gilet d'Amiens, nouellier, rue de Chapon, amené par Guiot, Phelipot le goelier et Bernart, qui le prindrent ou jardin Jehan Françoys, en ladicte rue, ouquel il s'estoit muciez, pour ce que il avoit navré d'un coustel, à pis, ou costé, Jehan Guymart, breton, Alison de Bouete, en la main, et Milet de Bouete, son pere, laquelle Alison est navrée en la main, au travers, jusques au petit doit, ès ners, et son dit pere, ès deus bras. — Civil. — Amendé les cas. — Raporté, le perilg de mort et de mehaing de Alison de Bouete et Jehan Guimar, par M° P. de Largentière.

19 juillet 1338. — Dymenche avant la S. Jaques et Saint Christofle.— Ce jour fu trouvé, d'espave, sans poursuite, en la rue au seigneur de Montmorency, par Colin de Montmartre, i cheval gris, et demoura en nostre main, dudit jour jusques au merquedi ensuivant, jour de la Magdalenne, et fu rendu, par nous, à Lambequin le flamant, qui le faisoit pour sien, et, pour nous desdamager, rendre ledit cheval ou la valeur d'icellui cheval, toutes fois que mestiers seroit, Perrot des granschevauls se establi principal rendeur. — Espave.

12 octobre 1338. — Lundi après la feste S. Denis, ou mois d'octobre.

13 octobre 1338.— Mardi ensuivant. — Amenée, Jaqueline, fame Oudart de Condé, rue Maubuc, à la denunciacion de Michelet de Neelle, qui denunça contre elle, au maire de S. Martin, que elle avoit fait batre sa fame, de coups orbes, et

de nuit, et par dessus la sauvegarde de S. Martin, en laquelle, du commandement dudit maire, Guiot de Florville l'avoit prinse, et mise, et ycelle garde signiffiée à ladicte Jaqueline. Laquelle Jaqueline nous fu rendue, comme nostre justiçable, par mestre Jehan Fardel, procureur du Roy, nostre sire, qui l'empeschement que maistre Jehan Guodart, lieutenant du prevost de Paris, y avoit mis, hosta, presens, maistre Estienne d'Aucerre, maistre H. de Villecrois, et plusieurs autres. — Eslargi ladicte Jaqueline, jusques à vendredi prochain, pleges, corps pour corps, avoir pour avoir, pour la nous ramener, Nicolas Espaulart et Guillaume Tolu. — Raporté, par mestre P. de Largentiere, le perilg, hors de mort et de mehaing, mardi ensuivant.

13 octobre 1338. — Ce jour, environ vespres, Michelet le lievre et Marguerite, sa fame, de l'auctorité de son dit mari à elle donnée, denuncierent à Ansel Labbé, maire de Saint Martin, contre Guillot de Soixons, jougleur, que il avoit navré ladicte Marguerite, et mutilée en la main, et, pour ce, le detenismes en prison. — Raporté, le peril hors de mort et de mehaing, par mestre P. Largentiere, le merquedi ensuivant. — Delivré de prison, pour ce que partie ne li voult rien demander, par Ansel Labbé, maire, merquedi ensuivant.

13 octobre 1338. — Mardi dessusdit, environ chandelles allumans. — Guillot de S. Gervais, Colin le gainnier, amenez par Guiot de Florville, qui les prinst, en la rue aux Graveliers, batans l'un l'autre. — Amende.

5 novembre 1338. — Juedi après la feste de Toussains. — Jehan Quarriau, Jehan Chapelage, rendus, du prevost de Paris, à Ansel Labbé, maire de S. Martin, chargiez de la souppecon de la navreure de Huguet et Perrin des Caus, pour laquelle navreure il étoient prisonniers ou Chastellet de Paris, et furent prins en la rue de la Plastriere (1). — Maistre

---

(1) Cette rue, qui était située au-dessous de la rue des Etuves, dans une direction parallèle, était devenue la rue de la Corroierie. Elle a reçu, en 1851, le nom de sa voisine, dite de Venise, dont elle est la continuation.

P. de Largentière a raporté le perilg, hors de mort et de mehaing, dudit Huguet, et l'a amendé, Jehan Quarriau.

6 novembre 1338. — Vendredi ensuivant. — Martinete la normande, rendue du prevost de Paris, pour ce que elle estoit nostre hostesse et justiçable, et que elle n'avoit coulpes ou fait pour lequel on tient, ou Chastellet, pour certain cas criminel, et demourante en la rue au Maire.

13 novembre 1338. — Vendredi après la S. Martin d'iver, Jehannin de Verdelay, rendu du prevost de Paris, qui le tenoit en prison pour la souppeçon de la bateure faicte en la personne de Jehannete, de Gangny, batue de coups orbes et navrée en la teste. — Eslargi, jusques à dimenche prochain. Maistre P. de Largentiere a raporté le perilg, hors de mort et de mehaing, le mardi après la S. Martin d'iver. Emmeline la duchesse, matrone jurée, a raporté le perilg hors, du fruit du ventre de ladicte Jehannete.

6 janvier 1339. — Merquedi, jour de la Tiphaine. — Adenet Quentin, Perrin de Dampmartin, Jehanne de Dampmartin, sa fame, Robert Belin, Robert de Baqueville, Simon Salemon, Jehan Quentin, Perrin de Tartarin, Jehannin de Lausnoy, Eudeline Pillone, tous de Bouffemont, amenez par le prevost de Bouffemont, pour la souppeçon de la mort de Guillet Michiel qui fu tuez, si comme l'an dit, en la court de la meson desdiz Perrin de Campmartin et sa fame.

22 mars 1339. — Lundi après Pasques fleuries. — Ce jour, fu trouvée en la rue S. Martin, en une maison qui est Colin Nateron, une fame murtrie, appelée Jehannete de Villers, demourante en ladite maison, laquelle nous feismes venir et apporter en nostre court, par Colin de Montmartre, Jehan Dugué, Noel boute mote, Bernart le piquart et Aubert de Mitry, nos sergens, presens, Jaques Daguenet, chandelier, Jehannot le barbier, Henri le chandelier, Gilles le serrurier et sa fame, Guillot de Rouen, Symon l'enmencheur, Ymbert le queu, Jehan Moisson, Jehan le cordouannier, Gilles le mareschal, Gilles le bouchier, Nicolas le berbier, Pierre de Ruelg, Richart Fauvete, et plusieurs autres.

28 mars 1339. — Dymenche, jour de Pasques, l'an xxxix.

30 mars 1339.— Mardi ensuivant.— Ce jour, furent pris, en la rue Michiel Leconte, en l'ostel au prestre de Garges, par Ansel Labbé, nostre maire, Robin le jeolier, Guiot de Florville et Perrin de Croy, nos sergens, — Berthelot Bernart, Raoulet Moissant, Andriet de La Charité, pour la souspeçon de la navreure faite en la personne de Guiot le tonnelier, lesquels amenderent congnoissaument ledit fait, pour cause de ce que ils avoient esté en la comp.....

Item, cedit jour, furent pris, et amenés en nos prisons, par lesdiz sergens, pour le fait dessusdit, Anguerran le charpentier, dit Mauvestu, et Jehan Biaucras, pris en la rue Saint Martin, en la maison Altissimo Olare, lombart, au Corbillon, presens, Gilbert de Fonstenay, Thierry le riche, Richardin Labbé, Robin Bruiant, Renoult Guedon, et plusieurs autres.

17 juin 1339. — Juedi avant la feste de la Nativité S. Jehan Baptiste.— Alison Biraise de Poissi, amenée par Phelippe Dupuis, maire de Pantin, qui la trouva saizie et vestue, en nostre terre, en ladicte ville, de une chemise à homme, deus escuelles d'estain et un chaperon à fame, que elle avoit emblé en la maison de Jehan le mire, à Baubigny.— Crime. — Procès en est fait.

14 juin 1339. — Lundi après la S. Barnabé, apostre. — Ce jour, nous fu rendu et restabli, par Pierre Belagent, prevost de Paris, Symonet Desplains, né de Dampmartin, lequel avoit esté trouvez mort nayé en un puis, devant le ponciau Saint Denis (1), en la meson de Huguenin le berruier, en l'ostel duquel ledit Simonnet demouroit. Et depuis ce que Martin Lebarbier et Robert de Bruscy, sergens à verge du Chastellet, orent hosté (et fait porter ou Chastellet) ledit mort à Jehan de Champangne et à Pierre Haouys, nos sergens, qui vindrent

---

(1) Le ponceau S*t*-Denis était un petit pont, dans la rue S*t*-Denis, construit sur l'égoût, à la hauteur de la rue du Ponceau actuelle. On a vu, que le prieuré avait la justice sur un certain nombre de maisons de la rue S*t*-Denis.

audit lieu avant que les sergens du Chastellet, du commandement dudit prevost, lesdiz sergens du Chastellet rendirent, restituerent et restablirent audit lieu, et dedens ladicte meson dont fait lever l'avoient, presens ad ce, Simon Molet, Robert Lesueur, Jehan Lallier, espinglier, Jehanne. fame Gieffroy Lanffroy, Guillaume qui paie, Gieffroy le sellier, Jehan de Lespine, Phelipot de La Villete, Perronnelle de Rainville, Jehanne la coiffiere, et plusieurs autres. Et ce fait, Ansel Labbé, maire de Saint Martin, et Pierre de Chievreville, tabellion juré de la court dudit lieu, firent porter ledit mort enmi la court, souz l'ourme, au leu acoustumé, pour monstrer au pueple, et au mire juré, sururgien de ladicte court. — Ce jour, amenez en nostre prison, Huguelin le berruier et sa fame, pour la souppeçon du cas dessusdit, du commandement dudit maire, pour ce que l'an trouva ledit Simonet nayé ou puis de la meson dudit Huguelin. — Raporté, par mestre P. de Largentiere mire juré, que il avoit visité ledit mort, ouquel il ne trouva aucune plaie mortelle, et que la plaie que il avoit n'estoit pas mortelle, de nécessité, ainçoys estoit mort pour cause du fait du cheoir dedens le puis, où il estoit cheu, par quoy la cervelle lui estoit esmeue et froissiée.

24 juin 1339. — Juedi, jour de feste S. Jehan Baptiste. — Amené, par Guiot de Florville, Thomas d'Atainville qui fu prins, en fait present, batant Sauxelot, la filleresse de soie, il lui fist une plaie sur le banlievre. — Clerc. — Rendu à l'official, et baillié à Reg[nault] Pilon et Guillaume de Dreues, Simon de Troyes, Jehannin le crespe, prins, en present meffait, par Robin, le geolier, et Guiot de Florville, qui les prinstrent, en la rue aus Graveliers, navrans et batans Tevenin Regnart, navré ou bras bien fort d'une fort plaie. — Clers. — Rendus à l'official, et balliez aus dessusdiz sergens, en protestant de ravoir ledit Simon, qui dit que il y a eu deus fames espousées. — Jehanne......., amenée par Robert le geolier, pour la souppeçon de la navreure faicte ès personnes de Thevenin Regnart et de Jehannin le crespe que elle dut faire batre, si comme il dient, et batoit aveques les dessus nommez. — Rapporté le perilg, hors de mort et de mehaing, de Jehannin le

crespe, et dudit Tevenin raporté le perilg de mort, et non de mehaing.

1 juillet 1339. — Juedi après la S. Pere. — Amenez en nostre prison, Guillot Lenglais, fevre, Guillot de Champigni, le vielg, Guillot de Champigni, le juesne, tous demourans en la rue de la Plastriere, lesquels, depuis ce que le lieutenant du prevost y ot mis empeschement, et après ce que nous eusmes enfourmé le procureur du Roy que il estoient nos hostes et justiçables et que il demouroient en nostre justice, les nous rendi, et hosta l'empeschement que mis y avoit ledit lieutenant, et ledit lieutenant aussi, lesquels avoient navré l'un l'autre de plusieurs plaies.

19 Juillet 1339. — Lundi avant la Magdelaine. — Fu amené en nostre prison, Simonnet le normant, mesureur de charbon, par Robert, jeolier, et Perrin de Croy, nos sergens, pour cause de ce que ledit Simonnet, presens lesdiz sergens et Ymbelot Roussel, nostre clerc, avoit dit vilainnes paroles de nostre segneur Jhesucript, en disant et jurant en telle maniere, pour un vallet qui estoit avecques lui, lequel contoit à lui : E, sanglant corps Dieu ! me veus tu tromper. Et furent ces parolles dites en la meson Simon d'Espones, en la rue Guernier de Saint Ladre. — Delivré par Ansel Labbé, maire, pour ce que il paia LX solz tournois à l'ospital Saint Julien (1), après ce que il ot esté huit jours au pain et à l'iaue.

10 août 1339. — Mardi, jour de feste S. Lorens. — Perrin Hammel, amené par Guiot de Florville, qui le prinst en la rue aus Graveliers, le lundi precedent, de relevée, batant et navrant, ou bras, Jehannin Chartain, huchier. — Raporté, par M⁰ P. de Largentiere, le perilg hors de mort et de mehaing.

12 août 1339. — Juedi après la St Lorens. — Bernard Folet, amené par Bernart Lepiquart, qui le trouva jurant le villain serement, si comme il le nous raporta, en disant, dudit

(2) L'hôpital St-Julien, attenant à l'église St-Julien-des-Ménétriers. Il figure, dans le plan de Ducerceau, sous le nom de *Lospital S. Julien*, dans la rue St-Martin, à la hauteur de la rue de la *Vielle Posterne*, aujourd'hui rue du Maur.

Folet, teles paroles à un compangnon qui l'atenoit : Lessiez moy en pais, que maugré en ait la sanglante mere Dieu. Et fu prouvé contre lui, par tesmoings souffisans, que il avoit ainssi dit.

14 août 1339. — Samedi ensuivant. — Jehan Lallier, amené par Aubert de Mictry, pour ce que il disoit que ledit Jehan avoit dit de la douce Vierge, mere Dieu : Que maugré en eust la mere Dieu senglante. Lequel Jehan confessa qu'il avoit juré par le f..... S. Nicolas, tant seulement.

6 Novembre 1339. — Samedi avant la Saint Martin d'iver. — Fu rendu, à Pierre de Chevreville, procureur de Saint-Martin des Champs,........ hoste de Saint Denis, qui avoit esté hoste de la prison du maire de Pentin, par Gieffrin Alorge, sergent à verge du Chastellet de Paris, et pour ce, du commandement de mestre Jehan Fardel, procureur du Roy, nostre sire, fu remis, par ledit sergent, au lieu où il l avoit prins.

19 septembre 1339. — Dymenche avant la S. Mahiu, apostre. — Ce jour, fu amené, en nostre prison, par Guiot de Florville, nostre sergent, Jehannin le bossu fuiz, Alain le bossu, pour cause de ce que il avoit rompu huis en nostre terre, et nuit entré.

20 septembre 1339. — Lundi ensuivant. — Fu amené, en nostre prison, Moriset Lebreton par Jehan Dugué, nostre sergent, pour ce que il le prist, en fait present, batant Gautier la souris et sa fame, et fu pris ce faisant, en l'ostel monseigneur Gautier de Chasteillon, en la rue S. Martin.

Restitucions de prisonniers et explois de justice, de frere Regnaut de Saint Soingne, prieur de Moucy, institué vicaire de S. Martin, le dymenche après la S. Martin d'iver, l'an xxxix.

24 novembre 1430. — Merquedi après la feste S. Clement. — Alain de Duresmes, Jehannot le deschargeur, rendus par mestre Guillaume Chasot, lieutenant du prevost de Paris, chargiez de la souppeçon des navreures faites ès personnes de mons^r Jehan Dubuc, prestre, mons^r Guillaume, et Robin, clerc

de S. Nicolas des Champs, pour ce que lesdiz Alain et Jehannot estoient nos hostes, et que les sergens du guet les avoient prins sans present meffait, etc. — Eslargis jusques à dimenche prochain par le maire, et se soumistrent en l'infformation, qui, du cas dessus dit, sera faite par ledit maire et Pierre de de Chievreville, procureur de la court de S. Martin.

24 novembre 1339. — Ce jour, jusques audit jour, eslargi, à Guillaume du ru, sa prison, tenu nostre prisonnier pour la soupeçon du cas dessus dit.

26 Novembre 1339. — Vendredi. — Rapporté, par M° P. de Largentiere, le perilg, hors de mort et de mehaing, de tous les bleciez, excepté de mons^r Guillaume Dubuc, dont il ne raporta le perilg fors que de mort. — Crime. Ban.

13 decembre 1339. — Lundi après la Conception Nostre [Dame]. — Ce jour, l'empeschement qui mis avoit esté en une meson ruineuse fesant le..............

14 janvier 1340. — Le Samedi avant la Chaere Saint Pere. — Ce jour, fu amenée, en nostre prison, Ysabiau de Buimont, pour la soupeçon de la navreure faite à Antoyne le cristalier, navré en la teste, et fu amenée par Jehan de Champagne, nostre sergent. — Rapporté, par mestre P. de Largentiere, le perilg, hors de mort et de mehaing, dudit Antoyne.

10 mars 1340. — Vendredi après les Brandons. — Ce jour, nous fu rendu, du Chastellet de Paris, Angelot Burde, lombart, comme nostre hoste, lequel estoit prisonnier du Chastellet, pour cause de ce que il avoit pris à force et despucelée Ennesot la brissete, si comme elle disoit.

11 mars 1340. — Samedi ensuivant. — Ce jour, fu rapporté par Emmeline la duchesse, matrone jurée, que elle avoit veue et visitée diligemment ladit Ennesot, et que elle l'avoit trouvée sainne et entiere, sans ce [que] l'en y eust fait aucun efforcement.

5 mars 1340. — Dymenche, jour des Brandons. — Ce jour, pre-

sens, Simon d'Espone, Thibaut d'Espone, Nicolas de la Salle, Estienne d'Aucerre, Jehan Legrant, Jehan de Fontenay, Adam de Berjon, de Capy, Guillot Lefort, Aubert Morel, Jehan Gaillart, Jehan le pelle, et plusieurs autres, fu banny, et appellé en audience, en jugement, par Colin de Montmartre, nostre sergent, François Antoyne, lombart, de toute la terre monsr de Saint Martin, en quelque lieu que elle soit, à tous jours, mès sans rappel, pour la souppeçon de la mort de Martin de Millen, lombart, que ledit Françoys doit avoir tué, si comme l'en dit. Et fu fait ledit ban, par vertu des deffaus et quatre quatorzaines empetrées contre ycelui Françoys.

8 mars 1340. — Merquedi après les Brandons. — Ce jour, nous fu rendu par le maire du Temple, Robin Lenglais, servoisier, lequel estoit nostre hoste, demourant en la rue du Temple, lequel avoit esté pris pour la soupeçon de la navreure faite à Jehan le charpentier, navré. — Raporté le perilg, hors de mort et de mehaing, par mestre Pierre de Largentiere, nostre mire juré.

16 mars 1340. — Juedi après *Reminiscere*. — Ce jour, furent amenez en nostre prison, par Jehan Guibert, maire de Conflans, Maciot Dupin, Aliaume de Villers le Sec, demourans en la Granche aus Merciers (1), pour la soupeçon de la navreure faite à Regnaut de Gandelus, navré en la teste.

2 avril 1340. — Le Dimanche que l'en chante *judica me*. — Fu raporté le perilg, hors de mort et de mehaing, dudit Regnaut, par mestre P. de Largentiere, nostre mire juré.

8 avril 1340. — Samedi avant Pasques fleuries. — Ce jour, fu amené en nostre prison, Michelet Larsonnier, sergent du baillif l'evesque de Paris, si comme nous l'avons veu par lectres scellées dudit baillif, de lui à nous bailliées, pour cause de ce que il fu pris en Cul de sac, en l'ostel de Henri de Gen-

(1) A Conflans. — On lit dans la déclaration de temporel de 1532 : « A nous appartient pareil droit (de haute, moyenne et basse justice), au lieu, ferme et appartenances de la Grange aux Merciers, estant assise en ladicte paroisse de Conflans, contenant, en maisons, grange, estable, court, jardins, terres, prez, saulzoye, vignes et autres héritaiges, la quantité de cent à six vingt arpens et environ ».

tilly, brodeur, en nostre terre, justice et seigneurie, ouquel hostel il avoit pris certains biens et gages, comme sergent dudit baillif, par vertu d'une condempnacion faite dudit baillif sur le dessus noumé Henry, pour cause du mestier de broderie, et amenda congnoissaument, ycelui Michelet, ce que dit est, pour ce que il, ne autre sergent du baillif, ne peuvent faire aucun exploit de justice en nostre terre, dont il avoit fait le contraire, pour ce que à nous appartient la congnoissance des brodeurs, paintres, enlumineurs, parcheminiers et escrivains, demourans en nostre terre. Laquelle amende, plaiée dudit Michelet, taxasmes à soixante soulz, dont il paia cinq soulz, et, pour le remenant, est eslargi, comme tout prisonnier, à revenir ou prendre toutes fois que il nous plaira, pour faire du seurplus à nous satisfacion et nostre volonté. Et, aveques ce, fu condempné, ledit Michelet, à restituer et remectre les biens et gages, que pris avoit, au lieu où pris les avoit. Et furent getés les cinq soulz ainssi receuz, parmi la court, à tous ceulz qui prendrent en vouldrent. Presens à faire tout ce que dit est, Symon d'Espone, Nicolas de la salle, Guillaume du ru, Jehan Hebert, sergent à cheval, Jehan de Nanterre, sergent à cheval, Guillaume d'Arency, Richier le mareschial, Jehannin Prevost, Jehan le pelle, Jaquet Marcel, Jehan le barbier, le jeune, Phelipot de Comlombi, Jehan de Malliers, Jehan de Fontenay, Jehan de La Rochelle, Gillebelot l'espinglier, Bienvegnant le jougleur, Alain Langlais, Jehan le barbier, brodeur, Guiot de l'eschequier, et plusieurs autres. — Et, depuis ce, ala ycelui Michelet, et presens nous, maire et vicaire, en ladite rue, où pris avoit lesdiz biens, et yceulz restitua, et mist oudit hostel lesdiz biens, en metant au neant ce que fait avoit, et en accomplissant ce en quoy condempné avoit esté. Et fu le fait repeté pour quoy il le faisoit, en la maniere que dit est dessus. Et fu geté, enmi la rue, de l'argent, pour memoire faire des choses dessus dites. Presens ad ce faire, Guillemette de Mauville, Jehanne la charpentiere, Jehannin Miot, Guillot fuilz, Richart de Tramblay, Jehanne Lachiere, Huguet de Neelle, Jehannete la roumainne, dite la mareschalle, Marion la fourniere, Phelippe l'aumucier, Jehanne la hallée, Jehannin Pelin, Jehan Laffineur, Marion Dubois, et Aalips de Gentilly.

10 avril 1340. — Le lundi, de relevée, après Pasques fleuries. — Fu faite demande, par Jehan Langlais, pourpointier, contre Estienne de Saint Ville, brodeur, de un aprentis du mestier de broderie, que le dit Jehan avoit baillié audit Estienne, auquel il avoit donné congié et mis hors de sa meson, avant ce que son terme feust fait, lequel Estienne respondi que il, à sa deffaute, avoit perdu un cuevrechief et une braies. Et fu de ce ordonné, par nostre maire, que ycelui reprendroit ledit aprentis, et ad ce fu par nous condempnez, lequel obéist à nostre dite condempnacion. Presens, Guiot de l'eschequier, Nicolas de la salle, Phelippot Malgars, sergent du Chastellet, Maciot, Jehannin de la cuisine, Honnouré Caier, peletier, et plusieurs autres. — Responce de brodeur.

16 avril 1340. — Dymenche, jour de Pasques les grans, l'an MCCC quarente.

28 avril 1340. — L'an dessus dit, le vendredi après Quasimodo. — Fu rendu, à nostre vicaire de Saint Martin et à nostre maire dudit lieu, par le procureur du Roy, du commandement de Guillaume Gormont, prevost de Paris, Colete de Meurlent, nostre hostesse et justiçable, demourante en la rue Saint Martin, dedens la porte, laquelle estoit prisonniere du Chastellet, et avoit esté prise par sus la chauciée de ladicte rue Saint Martin, par Robin Anguelart et Perrot de Pouligny, sergens de la douzainne, sans point de present meffait, pour la souspeçon de la navreure faite à Bressant de Breze. Presens à ladite delivrance, faite comme dit est, Pierre Hardy, Perrot de Pouligny, mestre Simon Guodichart, Raulet du Mendy, et plusieurs autres. — Restablissement.

8 mai 1340. — L'an dessus dit, le lundi après jour de feste Saint Jaque et Saint Phelipe. — Fu rendu à Ansel Labbé, nostre hoste et justiçable, demourans en la rue aus Jougleurs, lequel estoit prisonnier ou Chastellet, à la denunciation et clam de Adam de Chaalons, pour cause de ce que ledit Jehan estoit troumpeur, hoqueleur et esmengeur de gens, et vivoit de male vie, si comme ledit Adam disoit, et avoit esté pris, en ladite rue, par les sergens du Roy. Et nous fu rendu par les

gens du Roy, du commandement du prevost de Paris. — Restablissement.

2 mai 1340. — L'an dessus dit, le mardi après la Saint Jacque et Saint Phelippe. — Fu rendue la court, à nostre maire de Saint Martin, de Girart Congnart, demourant à Pentin, en nostre terre et seigneurie, lequel estoit aresté en la court du Chastellet, comme prisonnier à la requeste et denunciation de Noel du chemin, pour cause de ce que ledit Girart avoit batue, ferue et villenée la fame d'icelui Noel, laquelle estoit grosse et ensainte d'enffent, et se doubtoit que perilg de mort n'eust ou fruit de son corps. Et fu fait ledit restablissement, par le lieutenant du prevost de Paris. — Restablissement. — Ce jour, de relevée, presens, Estienne d'Aucerre, Simon d'Espone, Jehan de Fontenay, Gillebelot de Fontenay, Huitasse d'Esperuon, Nicolas de la salle, Guillaume Dudoit, et plusieurs autres, denouça ledit Noel, et fit ladite denonciation contre ledit Girart, en la maniere que dit est, et pour ce, fu detenu prisonnier par nostre maire. — Rapporté le perilg hors, du fruit et de ladite fame, par Emmeline la duchesse, nostre matrone, presens, Simon d'Espone, Estienne d'Aucerre, Jehan de Lamolle, Jehan de Fontenay, et plusieurs autres.

5 mai 1340. — Vendredi après la Sainte Croys en may. — Ce jour, fu rendu la court, à nostre maire, de Jacques de Verdun, qui estoit prisonnier ou Chastelet, pour la bateure faite à la fame Jehan Dubois. — Restablissement. — Ce jour, de relevée, presens, Simon d'Espone, Robert Neveu, mestre Alain Loreul, Jehan de Bondis, et plusieurs autres, fu raporté le perilg, hors de mort et de mehaing, de la fame dudit Jehan, par P. de Largentiere.

12 aout 1340. — L'an dessusdit, le douzieme jour du mois d'aoust. — Fu present par devant nous, maistre Pierre de Largentiere, mire juré de toute la terre de Saint Martin des Champs, lequel institua et establi, pour lui et en son nom, pour rapporter les perilz des blesseures et navreures faites en la dite terre, mestre Pierre d'Orliens, auquel il donna plain

povoir aussi comme lui mesmes a, et avoue les rappors faiz par ledit mestre Pierre, et veult qui soient fais à son perilg. Et se aucun autre mire s'entremet de rapporter perilgs en ladite terre, il ne l'avoue de riens. Et donna liscence et povoir audit mestre Pierre que, ou cas que il ne pourroit excercer ledit office, qu'il puisse faire un substitut.

11 août 1340. — L'an dessus dit, le vendredi après la Saint Lorens. — Ce jour, fu amenée en la prison de Saint Martin, Perrete Cotelle, née de Dieppe, par Robert de Villers, nostre sergent, pour la souspeçon de cinquante et sept mailles blanches de huit denier, que elle avoit emblés à Thomas Castelain, en l'ostel duquel elle demouroit, en la rue aus Graveliers, en nostre terre. — Procès en a esté fait par moy, Y. Roussel (1), et a esté justiciée, pour les mallefaçons confessées par lui, contenues ou procès.

22 octobre 1340. — L'an dessus dit, le dimanche après la Saint Luc, euvangeliste. — Ce jour, ce vint rendre en nostre prison de Saint Martin, Renoult Guedon, nostre sergent, demourant en la rue Michiel Leconte, en nostre terre, pour la souspeçon de la navreure faite à Perrot de Bougival, orfevre, demourant en la rue du Cymetiere, de laquelle navreure il estoit soupeçonné. — Ce dit jour, de relevée, nous rapporta, par son serement, mestre Pierre d'Orliens, mire juré, tenant le lieu de mestre Pierre de Largentiere, nostre mire juré, que il, à la requeste de Redoult Guedon, avoit veu et visité bien et diligemment Pierre de Bougival, navré en la gorge d'une plaie tout outre, et d'icelle plaie rapporta le perilg, hors de mort et de mehaing, et fit ledit rapport à nous, vicaire de Saint Martin, presens, Huguenin bon dos, notaire du Chastelet, Jehan le begue, Jehan Dugué, Jehan Luillier, Guillaume,......., et plusieurs autres, et depuis ce, ratifia, nostre maire, ledit rapport, sur son scel.

22 octobre 1340. — L'an dessus dit, le dimenche avant la Saint Symon et Saint Jude. — Fu amené en nostre prison,

---

(1) V. plus haut (19 juillet 1339): « Ymbelot Roussel nostre clerc. » C'était le rédacteur même de cette partie de notre recueil. La signature et le paraphe, qui figurent ici, sont de la même écriture que le contexte.

Robin Potin, couroier, pour ce que il avoit navré, en la teste, Evres, fame Jehan Pigon, par Croy.

26 octobre 1340. — Le juedi ensuivant. — Fu rapporté, par mestre d'Orliens, mire juré, lieutenant de mestre Pierre de Largentiere, le perilg, hors de mort et de mehaing, de Evres, fame Jehan Pigon, navrée en la teste, presens, Simon d'Espone, Jehan Caruel, Nicolas de la salle, Pierre de Monfort, Aubert Aupin, Thomas Sebille, et plusieurs autres.

27 octobre 1340. — L'an dessus dit, le vendredi avant la Saint Simon et la Saint Jude. — Fu tesmoingné, par mestre Pierre de Largentiere, nostre mire juré, sous son scel, que il avoit veu et visité Guillot d'Ercuis, navré en la teste, et rapportoit le perilg, hors de mort et de mehaing, d'icelui, pour laquelle navreure nous tenions prisonnier Mahiet le clerc.

29 octobre 1340. — L'an dessus dit, le dimenche avant la Toussains. — Fut amené, en nostre prison, Jehan Pigon, pour cause de la navreure faite à Robert tourne salle, par Jehan Dugué

1 novembre 1340. Le merquedi ensuivant, jour de Toussains. — Rapporta le perilg, hors de mort et de mehaing, mestre Pierre de Largentiere, nostre mire juré, de Raoul tourne salle, navré en la teste, presens, Pierre d'Illardiere, marcheant de chevaux, Jehan Dugué, Bernart Lepiquart, Thevenin Pilart, clerc du maire, la fame Jehan Pigon et sa fille, et plusieurs autres.

30 octobre 1340. — Lundi avant la Toussains. — Fu amené, en nostre prison de Saint Martin, Guillot Guipon, jougleur, par Jehan de Montrouge, nostre sergent, lequel Guillot avoit esté rendu du Chastelet à nostre maire, comme nostre hoste et justiçable, demourant en la rue aus Jougleurs, le [quel] Guillot avoit esté pris pour la souspeçon de la navreure faite à Adenet, fuilz de Guillot le froumagier, menestrel, navré ou bras.

8 novembre 1340. — Le merquedi après la Toussains. — Rapporta, mestre Pierre d'Orliens, mire juré du Roy, nostre

sire, et lieutenant des fiées de mestre Pierre de Largentiere, nostre mire juré, que il avoit veu le dit Adenet, navré ou bras d'une plaie, et d'icelui rapporta le perilg, hors de mort et non de mehaing, presens, Jehan le cordonnier, Simon d'Espone, Nicolas de la salle, Nicolas Remon, Guillot de Damas et Jehan Legris.

9 novembre 1340. — Juedi avant la Saint Martin. — Fu amené, en la prison de Saint Martin, par Guiot de Florville, nostre sergent, Huguelin de Chasteillon, à la requeste et denonciation de Richart de la Marche, porteur d'iaue, pour cause de deus seaulz de fust à porter yaue, que ledit Richart suivoit comme emblés, et lesquelz il avoit trouvez, en l'ostel du Porc sanglier, et ledit Huguelin aussi, saisy d'iceulz, seaulz, en la terre de Saint Martin.

2 janvier 1341. — L'an dessus dit, le mardi avant la Tiphaine. — Fu banny, ledit Huguelin, de la terre de Saint Martin, à tous jours, au rappel de Monsr le prieur, pour cause d'iceulz seaulz, que confessé avoit avoir emblés, presens, Estienne d'Aucerre, Symon d'Espone, Thibaut d'Espone, Guillaume du ru, Jehan de Saint Jouan, Jehan Rigaut, Jehan Phelippe, Jehan le Galais, Jehan Cueilg, Simon Mentin, et plusieurs autres.

11 novembre 1340. — L'an dessus dit, le samedi, jour Saint Martin d'iver. — Fu amenée, en nostre prison, par Colin de Montmartre, nostre sergent, Malot, fame Savary le charpentier, demourant en la rue aus Graveliers, en nostre terre, pour cause de la denonciation que Bernart Audry, sergent d'armes, avoit faite contre lui, disant que, à ladite Malot, il avoit baillié un chapperon, lequel estoit de mesmes une cote que il lui avoit donnée, laquelle, après ce que refusé ot à donner à ladicte Malot ledit chapperon, l'emporta, et l'avoit trouvé en l'ostel d'un cousturier, chiex lequel elle l'avoit porté, après ce que nié l'ost audit Bernart, et avecques ce, avoit perdu en son hostel unes liures, sept aunes de telle, et autres choses, desqueles il ne savoit autre souspeçonner que elle, etc. — Conjoiée de la terre Monsr de S. Martin, jusques à Pasques prochain, par le conseilg.

18 novembre 1340. — L'an dessusdit, le samedi avant la S. Climent. — Fu rendu à nostre maire, par le prevost de Paris, Phelipote de Cally, autrement dite de Mouy, comme nostre hostesse, laquelle avoit esté prise en nostre terre, en la rue Chapon, pour cause de ce que elle avoit esté acusée par un homme appellé Jehannin le loutrier, lequel avoit esté justicié du Roy, nostre sire. — Morte en prison.

22 novembre 1340. — L'an dessusdit, le merquedi, de relevée, environ chandelles allumans, avant la Saint Climent. — Fu amené en nostre prison, par Robert le jeolier, nostre sergent, Jehannin du Hamel, né de Rouen, lequel il avoit pris à chasse, en la rue de Quiquempoit, en nostre terre, pour cause de ce que il avoit coupé une mallete à Thomas de Montlehery, sergent à cheval. — Procès criminel.

7 décembre 1340. — L'an dessusdit, le juedi avant la Conception Nostre Dame. — Fu arresté en nostre prison de Saint Martin, Jehannin du Haumel, par Martin le berbier, Pariset Lorfevre et Simon de La Charmoie, sergens du Chastelet, du commandement de mestre Jehan Fardel, procureur du Roy oudit Chastelet, pour cause de ce que ledit procureur disoit que ledit Jehannin avoit esté pris en la rue de Quiquempoit, et de nuiz, et que, en ladicte rue, nous n'avons point de prise sur la chauciée. Et pour ce que ledit procureur fu en ladicte rue le vendredi ensuivant, jour de la Concepcion Nostre Dame, et fu suffisaument enfourmé que en ladicte rue nous avions toute justice, et que là où ledit Jehannin avoit esté pris estoit nostre terre, ledit procureur, et du commandement du prevost de Paris, hosta ledit arrest que mist avoit audit Jehannin, et vint hoster, ledit Martin, ledit arrest en la jeolle (1) où fait l'avoit. Presens à ladite informacion faite, Phelipe le maire Estienne de Burges, Gillebert Lespinglier, Jehan le harengier, les dessusdiz sergens, et plusieurs autres. — Ledit Jehannin a esté justicié, le lundi après la Conception Nostre Dame (2), pour cause du meffait dessusdit et de plusieurs autre

---

(1) La geôle ou prison de St-Martin était située sur la petite place donnant sur la rue Aumaire, appelée la *Cour St-Martin*.

(2) 11 décembre.

contenus ou procès fait sur ce par Robert Neveu, maire de Saint Martin dessusdit.

1 décembre 1340. — L'an dessusdit, le vendredi après la Saint Andry, apostre. — Fu amenée en nostre prison, par Bernart le piquart, nostre sergent, Phelipote la monine, autrement dite la sourde, à la dénonciacion de Guillaume du ru, et sa fame, pour cause de ce que ledit Guillaume et sa fame disoient que ladite Phelipote leur avoit hosté et emblé nuef onces de soie, elle demourant en l'ostel dudit Guillaume, comme ouvriere dudit mestier, disant, ledit Guillaume et sa fame, que, pour ce que ladite Phelipote estoit ouvriere en leur meson, et avoit ladicte soie entre mains, que autre lui eust hostée ne emblée que lui. — Procès criminel.

11 décembre 1340. — L'an dessusdit, le lundi après la Concepcion Nostre Dame. — Fu, ladite Phelipote, justiciée, pourcause de ladite mallefaçon, et de plusieurs autres confessées par lui, contenues ou procès fait par Robert Neveu, nostre maire, et je Y Roussel (signature autographe, et paraphe).

4 décembre 1340. — L'an dessusdit, le lundi Saint Andry, apostre. — Fu amenée en nostre prison, Denise, fame Nicolas Lelegat, nostre sergent, pour cause de ce que Phelipote la monine l'avoit accusée, disant que elle lui avoit vendu la soie que emblée avoit, et que ladite Denise estoit commune recelaresse de apprentisses et autres fames ouvrieres de soie, qui lui portent soie que emblée ont à leurs mestres et mestresses, et que ladicte Denise lui avoit dit que elle lui portast hardiement de la soie, et que elle lui baudroit l'argent.

29 decembre 1348. — Vendredi avant la Tiphaine. — Ce jour, fu amenée en nostre prison, par Robert, le jeolier, nostre sergent, Perrete d'Avencourt, filleresse de soie, née de Saint Denis, demourant en la rue du Cymetiere, pour la souspeçon d'une robe et de une boursse, que elle avoit vuidée aus estuves, en la rue Pavée (1), en l'ostel Jehan de Saint

---

(1) Le nom de *rue Pavée* a appartenu à trois rues, la rue Pavée actuelle au Marais, la rue Pavée du quartier St-André-des-Arts, aujourd'hui rue Séguier, et la rue Pavée du quartier St-Sauveur, qui est figurée aujourd'hui par la partie de la rue Tiquetonne comprise entre les rues

Jouan, à une fame appelée Jehanne la fauquete, fuiseliere. — Justiciée par le conseilg de nostre court, pour cause des confessions contenues en son procès.

10 janvier 1341. — Merquedi, de relevée, après la Tiphaine. —Furent pris, par le maire, Robert le geolier, Jehan de Montrouge, Colin de Montmartre et Perrin de Croy, nos sergens, en la court de Saint Martin, entré deus portes, Jehan de Biais, Guillaume de Chievre et Mahieu de Parvillier, pour cause de ce que eulz avoient batu et navré, en deux lieus, Katherine de Saint Miay, laquelle les chassoit à cry, toute toulliée de sanc.

12 janvier 1341. — Le vendredi ensuivant. —Fu rapporté le perilg, hors de mort et de mehaing, de ladicte Katherine, par mestre P. de Largentiere, nostre mire juré, presens, Nicolas de Rochefort Jehan le cordier, le viel, Jehan le cordonnier fuilz, Jehan le cordonnier, Jehan Thomasse, fame Phelipot Malgars, et Nicolas de Hennant. — Lesquelz Jehan, Guillaume et Mahieu ont esté delivrés de prison, pour cause de ce que nous feusmes souffisaument enfourmez que yceulz estoient clers, parmi vint solz parisis d'amende, que eulz ont paiez, pour cause de ce, et de leur volenté, sans contr [edit].

13 janvier 1341. — Samedi ensuivant. —Ceditjour, fu amenée, en nostre prison, Chiessot, fame feu Jehan Dugué, née de Saint Denis, pour cause de ce que Perrete d'Avencourt, sa suer, l'avoit accusée de un hanap de madre et deus draps de lit, lesquiex elle lui avoit baillés en garde, et penssoit, si comme elle disoit, que ladicte Thiessot les eust mal pris, parce que elle ne tenoit point de mesnage, et que elle servoit. — Eslargie, sus poinne de ban. Fouie.

16 fevrier 1341. — Vendredi avant les Cendres. —Nous furent rendus, c'est assavoir à Robert Neveu, nostre maire, Marie du Meche et Robin Doucin, de par le prevost de Paris, lesquelz estoient emprisonnés, ou Chastelet, pour cause de ce que l'en disoit que eulz avoient fait batre et navrer Perrot de

Montorgueil et des Deux-Portes. C'est sans doute de cette dernière qu'il s'agit ici.

Friches, bourguegnon. — Cedit jour, fut amenée, en nostre prison, Perrete d'Amiens, pour cause de la souspeçon de la bateure dessusdite, et pour cause de ce que denoncié nous fu, de par ledit Perrot, que ladicte Marie, Perrete et Robin l'avoient fait batre et navrer, nous, yceulz detenismes en nostre prison comme nos prisonniers.

17 Mars 1341. — Le Samedi avant *Letare Jherusalem*. — Fu rapporté le perilg, hors de mort et de mehaing, dudit Perrot, par mestre Pierre de Largentiere, nostre mire juré, presens, Baudet de Capi, Jacques de Douay, surugien, Pierre de Lamont, Thibaut Floust, Thomasse, fame Phelipot Malgars, Jehan de Baubigny, cordonnier, Jehan le barillier, Richart Hout, et plusieurs autres.

28 mars 1341. — Merquedi après *Judica me*. — Ce jour, fu arresté et mis en nostre prison, Jehannot Chaudet, pour cause de ce que Berthaut de Montlehery, cousturier, denonça contre ycelui Jehannot, en plain jugement, que ycelui Jeannot lui avoit rompu un bras.

4 avril 1341. — Le merquedi après Pasques fleuries. — Fu rapporté le perilg, hors de mort et non de mehaing, par mestre Pierre de Largentiere, sous son scel.

6 novembre 1341. — L'an XLI, le mardi après la feste de Toussains. — Fu amenée, en la prison de Saint Martin, Marguot Guinarde, nostre hostesse et justiçable, pour la souspeçon de la navreure faite à Jehannin de Chielle le jeune, cassetier, navré en la teste, contre laquele ledit Jehannin denonça que elle l'avoit fait navrer d'un baston par deus hommes, dont il ne savoit le non, et que, pour cause de sa navreure, il se doubtoit du perilg de mort, lequel Jehannin, pendant le tamps que ladite Marguot fu nostre prisonnier, ledit Jehannin, ala de vie à trespassement. Et depuis ce, fu rapporté, par mestre Pierre de Largentiere, que ledit Jehannin ne estoit pas mort de la plaie, et que elle n'estoit pas mortelle, ainçoys estoit mort par son mauvelz gouvernement. — Absoulse par le conseil, parmy l'enqueste, informacion et rapport de jurez fait sus le cas dessus dit, par le maire, et aussi que Jehan de

Chielle, frere dudit Jehannin, dit que il n'entendoit riens à demander à ladite Marguot pour cause de la mort de son frere, si comme il apert par le procès fait sur ce.

10 novembre 1341. — L'an XLI, le samedi, veille Saint Martin d'iver. — Ce jour, fu amenée, en la prison de Saint Martin, par le maire de Bouffemont, Amelot Lachemine, demourant à Bouffemont, pour la souspeçon de une chemise à fame, deus draps de lit, et de un sac et de v aulnes de telle, que elle devoit avoir emblées et malprises en ladite ville de Bouffemont, à Ameline la maçonne. — Delivré de prison, par l'enqueste et informacion qui faite en a esté, par le maire, en ladite ville de Bouffemont et ailleurs.

24 mars 1341. — Samedi après *Letare Jherusalem*. — Ce jour, fu amené, en la prison de Saint Martin des Champs, par Jehan de Montrouge, nostre sergent, Robin le peletier, nostre hoste et justiçable, à la requeste et denonciation de Jehannot le begue, poullallier, pour cause d'une bourse en laquele avoit quarente soulz parisis, laquelle il avoit perdue, ainsi comme il se despoulloit en une taverne, en laquele il buvoit avecques ledit Robin et plusieurs autres, et laquele boursse lui estoit cheuste de son sain, present ledit Robin, laquele boursse ycelui Robin avoit prise et muciée, sans ce que il lui vouloit rendre, etc. — Banny de la terre Monsr, par le conseilg, jusques au rappel de Monsr. — Ledit Robin rappelé et remis en la terre de Monsr, de par ledit Monsr, et de sa grace à lui faite.

Esplois de justice, venus et escheus à Saint Martin, du tamps de frere Guillaume, chamberier, institué de par Monsegneur de Saint Martin, le dimenche après la Nostre Dame mi oust (1), l'an de grace mil trois cens quarante et deus.

30 aout 1342. — L'an XLII, le vendredi après la Saint Berthelemy. Ce jour, fu amené en la prison de Saint Martin, par Guiot de Florville, nostre sergent, Ameline la soufletiere, à la requeste et denonciacion de Girard de Binde, lombart, ne-

---

(1) 18 août.

veu Chesque, le lombart, disant que ladite Ameline, environ la mi oust, estoit entrée en l'ostel dudit Chesque, demourant à la poterne Nicolas Huideron, et là, avoit pris emblé un sercot d'un drap violet, qui estoit audit Chesque, qui bien valoit cent souls parisis.

12 septembre 1342. — Le juedi après la Nostre Dame en septembre. — Fu justiciée, ladite Ameline, à la justice de Noesy, par le conseil et ordonance du conseilg, et par ledit procès fait contre lui, et les confessions faites par elle.

29 septembre 1342. — L'an XLII, le mardi avant la feste de Toussains. — Fu amenez en la prison de Saint Martin, par les gens du prevost de Bondiz, Jehan Pinart, de Bondiz, pour cause de la denonciation et clam de Jehannete, fille Pierre le gage, née, si comme elle disoit, de ladite ville, de l'aage de environ XIII ans, disant et denonçant, ycelle Jehannete, que le mardi precedent, environ l'eure de messe, elle, qui demeure en ladite ville de Bondiz, en l'ostel au berger du prevost de ladite ville, estoit alée en l'ostel dudit Pinart, et estoit alée querre deus denrées de sain pour la fame dudit berger, et quand là fu, ledit Jehan, oultre son gré, consentement et volenté, la prist par la main et la mena en sa chambre, et la geta sus son lit, et se efforça de la despuceller, et que ce que elle crioit harou, lui avoit mis son chapperon sus sa bouche, afin que l'en ne l'oïst crier. Et, aveques ce, pour ce que ycelui Jehan ne la post despuceller sus son lit, il l'embrassa et l'apporta sus une table qui est enmy sa maison et ferma l'uis, et là, sus ycelle table, la corrompy et despucela tout oultre, et ui mist les mains sous lui, afin que elle ne se peust aidier, et aussi son chapperon sus sa bouche, afin que l'en ne l'oïst crier. Et ce nous denunça à nous, maire de Saint Martin, en la maniere que dit est, en jugement en la presence dudit Jehan, et nous requist que de ce lui voulsissions faire droit et accomplissement de justice.

30 septembre 1342. — Le merquedi ensuivant. — Fu rapporté, par Enmeline Laduchesse, nostre matrone jurée, que elle avoit veue et visitée bien et diligemment ladite

Jehannete, là où il appartenoit à veoir, visiter et tater, et que ycelle Jehanneté estoit corrumpue, dessirée et despucellée tout oultre et de nouvel, depuis environ huit jours ou diz. Et ce nous rapporta, par son serement, en la presence de plusieurs bonnes gens, etc. — Absouz, par procès fait entre le procureur de l'eglise et ledit Jehan.

15 decembre 1342. — Dymenche apres la Sainte Luce, vierge. — Ce jour, furent amenez en nostre prison de Saint Martin, par Renoult Guedon, et Pierre de Croy, nos sergens, Baschecul de Millan, Nicolas de Leuze, Jaquemin d'Arraban, lombars, marchans de chevaulx, Thevenin de Montbeliart et Jehannette fille bonne, demourans en la rue Michiel Leconte, pour la souspeçon de la mort de un vallet, appellé Jehannel de Parmes, vallet d'iceulz lombars, lequel nous trouvasmes mort de mort avanciée, si comme l'en nous avoit donné à entendre, disant que un cheval avoit feru ycelui ou ventre, pour lequel coup il estoit mort. — Cedit jour, fu raporté, par mestre Jehan de Lans, lieutenant de mestre Pierre de Largentiere, nostre mire juré, que il n'avoit trouvé, sus ledit Jehannel, bleceure, quasseure, ne desnoueure par laquele mort se deust estre ensuivie en lui, presens, Simon d'Espone, Thibaut d'Espone, Nicolas de la salle, Salvin Milly, Fouché Bonne-courcsse, et plusieurs autres. — Absoulz du fait et de la mort d'icelui par nostre conseilg, par vertu de l'informacion et enqueste faite par le maire sur ce.

27 fevrier 1343. — L'an dessusdit, le merquedi, jour des Cendres. — Fu hosté et mis hors, l'empeschement qui mis avoit esté par le prevost de Paris, Guillaume Guormont, ès biens de Lorencin de Sucy, couraier, demourant en nostre juridicion, en la rue de Quiquempoit, lequel Lorencin estoit detenu prisonnier à Saint Denis, pour cause de fausse monnoie qui trouvée avoit esté sus lui. Et fu, ledit empeschement, hosté et mis hors, par ledit prevost, en la presence de mestre Henry de Villecrois, mestre Jehan d'Estrées, Jehan d'Angeviller, clerc du Chastellet, Jehan de Champangne, sergent à verge, et plusieurs autres. — Empeschement hosté par le prevost.

18 mai 1343. — L'an de grace mil CCCXLIII, le dimange avant

l'Ascencion, xviii jor dou mois de may. — Fust assisse, une borne qui est sus le chemin par où on va à la Grange aus merciers, près de ladicte Grange, et fu, en alant de Paris à ladicte Grange, à main senestre ès terres, qui sont de ladicte Grange, et depart, ladicte borne, les dismes qui appartenent à Saint Martin des Champs et de Saint Eloy de Paris, et fait division desdictes dismes. Et fut assisse, presant, dampt Guy, souz chamberier, et dampt Rogier, celerier du vin dudit Saint Martin, qui furent par le prieur dou dit Saint Martin, Guibert le court, leur maire de Conflans, mons^r Pierre de Sanlis, prevost dou dit Saint Eloy, Jaques de la Croiz, leur maire mons^r Jaques Bureau, Jaques de Ronneville, Guillaume de Boolay, escuier, maistre Symon Gasse, Jehan de Fontenay, Guiot Heron, Guillaume Renart, Regnaut Regnart, messiers, Jehan Dugué, Symon le hainier, et Yvon Leconte, procureur doudit Saint Eloy. — Borne assisse as dimes entre Saint Martin et Saint Eloy, à la Grange aus merciers.

16 mai 1343. — L'an dessusdit, le vendredi après la saint Nicolas en may. — Fu amené, en nostre prison de Saint Martin, par Robert le jeolier, Jehan Dugué, et Perrin de Croy, nos sergens, Jehannot de la barre, paintre, lequel leur fu rendu, par le maire de Sainte Genevieve, comme nostre hoste, lequel l'avoit pris en la juridicion de Ste Genevieve, pour la souspeçon de la desroberie faite à mestre Fremin de Quoquelet, clerc du Roy, nostre sire, lequel avoit esté desrobé, en son hostel, de plusieurs biens, et pour ce, nous fu rendu tout prisonnier, chargié de ladicte desroberie. — Delivré.

23 mai 1343. — L'an dessusdit, le vendredi après l'Ascencion. — Nous fu rendu, restitué et restably, par Guillaume Guormont, prevost de Paris, Jehannot le chauderonnier, demourant en nostre juridicion. lequel avoit esté trouvé en l'ostel de Guillaume de Paris, chauderonnier, demourant en la rue Saint Martin, ou coing de la rue de Malbue, là où ycelui Jehannot c'estoit pendus par le col d'une corde, par desespoir, lequel avoit esté pris et levé par Jehannot de Soissons, sergent du Chastelet, et fait porter oudit Chastelet, et pour ce que ycelui Jehannot estoit nostre hoste, nous fu

rendu par ledit prevost, presens, mestre Jehan Fardel, procureur du Roy ou Chastelet, mestre Robert de Laon, examinateur du Chastelet, mestre Henry de Villecroys, Jehan d'Avalon, Jehannot de Soissons, sergens dudit Chastelet, Millet Massart, chauderonnier. — Restablissement fait par le prevost. — Delivré aus amis, pour ce que il fu trouvé furieus et hors du cens.

10 juin 1343. — L'an dessusdit, le mardi après la Trinité. — Fu detenue, en nostre prison de Saint Martin, par Robert Neveu, nostre maire, Ysabelot la servoisiere, demourante en la rue de Montmorency, pour la souspeçon de une tirellire de terre, en laquelle devoit avoir environ soissante soulz parisis, et de vint trois soulz parisis, noués en une chemise, lesquelles soumes d'argent Jehanne d'Estampes, demourant en la meson et aveques ladite Ysabelot, disoit qui lui avoient esté emblés et hostés d'une huche que elle avoit en la meson d'icelle Ysabelot, et lui avoit esté, ladite tirellire, cassée et changiée à une autre, et sadite huche ouverte. Et ce denonça, ycelle Jehanne, contre ladite Ysabelot, à nostre dit maire, afin que accomplissement de justice lui feust fait d'icelle, mesmement que elle disoit que elle n'en souspeçonnoit autre que ycelle, parce que il ne reperoit autre en leur maison que elle et ycelle Ysabelot. — Delivrée, par grace du Roi et de monsegneur de Saint Martin.

7 août 1343. — L'an dessusdit, le juedi avant la feste Saint Lorens. — Fu amené en nostre prison de Saint Martin, par Guibert le court, maire de Conflans, de la terre et juridicion que nous avons en ladicte ville, Guiot le charbonnier, de Lengny sus Marne, lequel Guiot ledit maire avoit pris en ladite ville de Conflans, en nostre dite terre, sezy d'unes bezaces de telle, du pris de deus soulz parisis ou environ, lesquelles bezaces ledit Guiot avoit emblées à une villete, aus dessous de Conflans, appelée dedens une court, ainssi comme il demandoit du pain pour Dieu, si comme ledit Guiot le confessa. — Banny de la terre monsr de Saint Martin, au rappel de Monsegneur, par le conseilg.

10 août 1343. — L'an dessusdit, le dimenche, jour Saint

Lorens. — Fu trouvé, par nostre maire Robert Neveu, Jehan le rous, peletier, en la rue de Quiquempoit, en nostre terre et segneurie, dedens sa maison où il demouroit, lequel se estoit pendu, de son brael et de ses lasnieres, par le col, en telle maniere que si il se estoit estranglé et tué tout mort. Et furent presens, avecques ledit maire, Jehan de Saint Jouan, clerc, Thibaut d'Espone, Guillaume Lescuier, ouvrier des coings de la Monnoie, Gieffroy de Lengny, Perrin le ver, orffevre, Nicolas de Montmartre, Robin le jeolier, Jehan Desforces, Jehan Mouet, Bernart le piquart, nos sergens, et plusieurs autres. Lequel Jehan fu apporté à Saint Martin, sous l'ourme, au lieu accoustumé. — Delivré aus amis, par l'ordenance du conseil, pour ce que il fu trouvé, par informacion faite par ledit maire, que ycelui Jehan, par avant ce grant tamps, estoit tout fol et hors du cens, etc.

4 septembre 1343. — L'an dessusdit, le juedi avant la Nostre Dame en septembre. — Fu rendu, restitué et restably à Robert Neveu, nostre maire, en la ville de Conflans sus Sainne, en la meson de Pierre le queu, au mareschal de Trie (1), demourant en ladite ville, en nostre terre et segneurie, Thomas Cisterun, né de Cons la Ville, en figure d'oume, pour ce que ycelui Thomas avoit esté hosté par les sergens du Roy, c'est assavoir, Robin Anguelart, Simon Mouton, Taupin, Thevenin du cardinal, sergens de la douzainne, des mains de Guilbert le court, nostre maire, gouvernant nostre juridiction en ladite ville, qui ycelui Thomas avoit pris et tenoit prisounier, pour la souspeçon de larrecin faite ou boys de Senart, lequel Thomas, par ses demerites et mallefaçons, Guillaume Guormont, prevost de Paris, avoit fait justicier à la justice du Roy, à Paris. Et pour ce que ledit prevost de Paris et le procureur du Roy furent enffourmés souffisaument que nous avons haulte justice en ladite ville de Conflans, et que ledit Thomas avoit esté pris en nostre terre, comme dit est, nous fist faire ledit restablissement par lesdiz sergens, presens ad ce, Jehan de Damars, changeur, Thomas de Montigny, Amelot d'Atenance,

(1) Mathieu de Trie fut élevé à la dignité de maréchal de France vers 1230.

Gieffroy d'Atenance, Martin Leduc, Colin Milet et Gautier, son frere, Jehan Maindieu du Pont, Guerardin Cassiau, Marguot Lalongue, Colas le normant, Jehan de Bellay, Guibert le court, Henriet le court, Thomas le court, Aliamain le court, Jehannete, fille Guillaume Noel, et Guodefroy, son frere, Alipson, fille Henry le piquart, Marie la casselle, Guerart d'Arainnes et Allenete, sa fille, Malot, fille Guibert le court, Aales, fille Martin Leduc, et plusieurs autres. — Justicié à Noesy, par l'ordonnance du conseilg. — R. Neveu, maire.

17 juillet 1342 L'an dessusdit, le dimenche avant la Magdelaine. — Furent amenées en la prison de Saint Martin, par Phelipe, maire de Pentin, Agnesot la germainne et Jehannete, fille Guillaume de Paris, pour ce que il les avoit trouvées cueillant vergus ès vingnes de Monsegneur. — Delivrés par paiune de prison.

4 octobre 1343. — L'an dessusdit, le samedi après la Saint Cosme. — Fu amené, en la prison de Saint Martin, Perrin le perrier, demourant en Quiquempoit, lequel nous fu rendu du Chastelet, par le prevost de Paris, comme nostre hoste, ouquel Chastelet il voit esté mis, à la requeste de Guillaume Noel, breton, pour la souspeçon d'un hanap d'argent que il disoit que ledit Perrin avoit pris et emblé en son hostel. — Absoulz, par anqueste, et pour ce que ledit Guillaume dit que il ne lui demandoit riens.

24 avril 1343. — L'an dessusdit, le dimenche avant la Saint Macq, apostre. — Fu amené en la prison de Saint Martin, par Jehan Desforces, nostre sergent, Mabille la lorrainne, pour cause de la navreure faite en la personne de Rogier, vallet cousturier, lequel elle avoit fait batre et navrer à mort, si comme ledit Rogier disoit. — Delivré, pour ce que le peril fu rapporté, hors de mort et de mehain, par mestre Simon Godichal, nostre mire juré.

4 novembre 1343. — L'an dessusdit, le mardi après la Toussains. — Fu amené en ladite prison de Saint Martin, par Regnoult Guedon, nostre sergent, Perrin le seneschal, pele-

tier, lequel dedit sergent avoit treuvé sezy de quatre paires de draps linges que il avoit emblés. — Delivré à l'official, comme clerc que il estoit.

3 decembre 1343. — L'an dessusdit, le merquedi après la saint Andry, apostre. — Fu amené, en ladite prison de Saint Martin, par Robert le geolier, Pierres Troussel de Louvres, pour cause de ce que il avoit esté trouvé coupant une des tenailles du cloistre de seans, laquele il vouloit embler, et l'eust emportée se il n'eust esté escrié. — Banny de la terre Monsegneur, jusques à son rappel.

18 decembre 1343. — L'an dessusdit, le juedi avant la Saint Thomas. — Devant Noel, nous furent rendus, par le prevost de Paris, les personnes qui s'ensuivent, c'est assavoir, Jehan le riche, Climent Fromont, Ferry le piquart, Jehannin Leconte, Jehannot de Gonnesse, Jaquet de Gonnesse, Hebert de la muete, et Jehannete, fille Climent Fromont, lesquels avoient esté en prison oudit Chastelet, à la requeste de Perrenelle, mere de feu Jehannin le riche, lequel elle disoit que yceulx avoient tué ou fait tuer, pour la souspeçon duquel fait yceulx estoient nos prisonniers eslargis. Et pour ce, nous furent rendus, comme nos prisonniers et nos hostes que il estoient et sont. — Absoulz du fait, en tant comme il touche office, pour ce que l'en a peu riens prouver contre eulx.

31 decembre 1343. — L'an dessusdit, le merquedi avant la Tiphaine. — Fu rendu du Chastelet de Paris, par le prevost de Paris, à nostre maire, Jehannin Lefevre, de Noesy le grant sus Marne, lequel avoit esté prins pour cause de ce que l'en disoit que il avoit juré vilainnement de Dieu, nostre segneur, et nous fu rendu pour ce que il estoit nostre hoste et justiçable. — Delivré, après ce qu'il ot souffert la penance ordenée sur ce par le Roy, nostre sergent (1).

Dimanche, jour de Pasques, l'an XLV.

(1) Il y a là, une inadvertance du copiste ; et il faut lire « la penance ordonnée par le Roy, nostre sire, » c'est-à-dire, la peine portée par les ordonnances contre les blasphémateurs.

27 mars 1345. — L'an dessusdit, le mardi après Pasques. — Fu amené en la prison de Saint Martin, par Noel Gerin, nostre sergent, Jehan de Biauves, courtillier, pour ce que il fu pris en fait presant, en la terre Monsegneur, là où il avoit navré à mort Guillaume de Malines. — Rapporté le peril, hors de mort et de mehain, par mestre Simon Godichal, nostre mire juré, et pour ce, fu delivré.

4 mai 1345. — L'an dessusdit, le lundi avant l'Ascencion. — Fu detenue prisonniere, en la prison de Saint Martin, Sedille Lenglaiche, demourante en la rue aus Jougleurs, pour ce que Estienne le paintre avoit dénoncié contre elle que elle avoit esté maquerelle de sa fame, et que elle l'avait deceue par espices que elle lui avoit données à mengier, tant que elle s'en estoit alée avecques un home, avecques ce, que elle estoit maquerelle publique et bordeliere. — Absoulse, par procès fait entre elle et ledit Estienne, pour ce que il ne post prouver s'entencion.

27 octobre 1345. — L'an dessusdit, le juedi avant la Saint Simon et Saint Jude. — Fu amené, en la prison de Saint Martin, par Pierre de Croy, nostre sergent, Richart à Alips, fevre, à la requeste de Guillaume Boifvin, fevre, auquel ycelui Richart avoit emblé une paelle d'arain, de laquele ledit Richart fu trouvé saisy. — Banny, par l'ordenance du conseil, de toute la terre monsegneur de Saint Martin estant à Paris seulement, au rappel de Monsegneur ou son lieutenant.

27 novembre 1345. — L'an dessusdit, le dimenche avant la Saint Andry, apostre. — Fu amené, en la prison de Saint Martin, par Phelippe, le maire de Pentin, Jehan Ramé, cousturier, né de Saint Quentin, lequel avoit esté pris, par ledit maire et ses gens, sezy de deus draps linges, une robe linge, et une chemise à fame, que il avoit emblés en ladite ville de Pentin, en l'ostel de Adam le riche demourant en ladite ville. — Banny, par l'ordenance du conseil, de la terre monsegneur de Saint Martin, jusques à son rappel.

9 et 10 août 1345. — L'an de grace MCCCXLV, la voille et le jor de la S. Lorant. — A la requeste dou procureur Saint Mar-

tin, fust Quentin Borgois, serjant à cheval du Chatelet de Paris, et guardian doudit Saint Martin, en l'yglise de Saint Lorant, près de Paris (1), et en l'ostel dou presbitiare de ladicte yglise Saint Lorant, avecques pluseurs religieus de ladicte yglise Saint Martin, et là, ladicte voille, signifia et fit savoir soffisaument, de par le Roy et par une commission à li sur ce adrecée, dou prevost de Paris, au curé de ladicte yglise Saint Lorant, et à monsr Guillaume, fremier d'ycelle, à leur personnes, la sauve et especial guarde dou Roy, nostre sire, et leur deffendit, et à chacun d'eux, qu'il n'atantissent, ne feissent atanter contre lesdiz religieus et le droit dont il, et leur gens par eux, usoient et entendoient à user, ledit jor de Saint Loranz, en ladicte yglise et en l'ostel doudit presbitiare, et ycelle voille, et ledit jor Saint Lorant, trova, ledit serjant, lesdiz religieux Saint Martin et leur gens, en usant de leur droit, en saisine et possession doudit hostel doudit presbitiare, et de panre et torner par devers eux les oblacions et offerandes qui, en ladicte yglise Saint Lorans, sunt offertes, mises et bailliés. Et lexquiex en continuant leur dicte saisine de ce que dit est, burent et mangerent audit hostel, prenoient et facient panre, cueillir et lever et emporter lesdictes oblacions et offerandes portées et offertes, lesdiz jor et voille, en ladicte yglise Saint Lorant, sanz ce que ledit curé, ledit fremier, ne autres personnes, se opposissent, contre aucunes des choses dessusdites. Et tout ce ledit serjant raporta au prevost de Paris, l'an dessusdit, le mardi après la mi aoust, comme plus à plain il est contenu en unes letres scelées de Chatellet, sur ce faites, lesquelles nous devons avoir ceanz sus le nombre de XLII (2). — Tenuz en nostre saisine de ce

---

(1) Cette église était située dans la rue dite des *Faubourgs Saint-Laurent*, qui faisait suite à la rue St-Martin. Elle a été rebâtie en 1429 et 1595 ; elle existe encore aujourd'hui, dans la rue du faubourg St-Martin, à la hauteur de la rue Sibour.

(2) *Sous la cote* 42. — Ce procès-verbal est d'une main différente, et d'une encre plus pâle que le reste du registre. Il n'a, du reste, ainsi qu'on le voit, rien de commun avec la justice du prieuré, et a uniquement pour but de consacrer le droit, dont celui-ci jouissait, de percevoir les oblations et offrandes faites à St-Laurent, le jour et la veille de la fête patronale de cette église.

que nous prenons à Saint Lorant, la voille et le jor, sanz ce que nul se opposat.

Esplois de justice, fais en la terre et justice de Saint Martin des Champs, ou tamps de dant Ytier, chamberier de ladite, qui fu institué, de par monsegneur de Saint Martin, oudit office de la chamberie, l'an de grace, mil trois cens quarante et cinq, le juedi après la sainte Luce, vierge (1).

10 fevrier 1346. — L'an dessusdit, le juedi après les huitaives de la Chandeleur. — Furent amenez, en nostre prison de Saint Martin, par le maire de Bondis, Jehan Herouart, bouchier, et Marie la pinarde, sa fame, pour cause de ce que Berthaut Pondry, vallet mercier, avoit denoncié contre eulz que il avoit perdu, en leur hostel, un tissu de soie ferré de laton, trois anniaus, dont les deus sont dorés, une verge d'argent esmaillée, trois coustiaulz, dont l'un estoit à menche de bresil, et les deus d'ivuire, tout du prix de quatorze soulz parisis, et lui avoit esté hostées ces choses de son pannier, tendis que il estoit venu à Paris, etc.

13 mars 1346. — L'an dessusdit, le lundi après *Reminiscere*. — Fu amené en la prison de Saint Martin, par Josce de Sans, nostre sergent, Martin le metayer, tavernier, demourant en la rue Michiel Leconte, en nostre terre et juridicion, pour cause de ce que il avoit navré ou fait navrer, en la teste, Jehannot le viconte, cousturier, par un vallet appellé Pierre, neveu d'icelui Martin. — Rapporté le peril, hors de mort et de mehain, par nostre mire juré.

19 mars 1346. — L'an dessusdit, le dimenche que l'en chante *oculi mei*. — Fu amené en la prison de Saint Martin, par les voisins de la rue aus Graveliers, Guillemin Waquier, vallet armeurier, lequel il avoit pris en ladite rue, nuit entré, là où il avoit feru d'un coustel, entre deus espaules, Perrin de Mante, coustepointier. — Rapporté le peril, hors de mort et de mehain, par nostre mire juré.

12 juin 1346. — L'an dessusdit, le lundi après la Trinité. —

(1) 15 décembre.

Fu amenée, par Jehan Desforces, nostre sergent, Marguot la roussignolle, laquelle il avoit prise en la grant rue Saint Denis, en l'ostel qui fu Colart le bourriau, à la requeste et denonciation de Adam d'Excestre, clerc, demourant en la rue Saint Germain des Prés (1), en l'ostel mestre Jehan de Fourcy, clerc du Roy, nostre sire, pour cause de deus fleurin d'or à l'escu, un fleurin d'or au lion, avecques trois soulz, ou environ, en menue mounoye, que ledit Adam disoit ycelle Marguot lui avoir emblés et ostés hors de sa boursse, entremences que il avoit eu à faire à elle, aus champs.

14 juin 1346. — L'an dessusdit, le merquedi, veille de Saint Salveur. — Fu amené en la prison de Saint Martin, par Jehan Desforces, nostre sergent, Jehannete la doreletiere, nourice, demourant en l'ostel Jehan Ride, tavernier, demourant en la rue Guerin Boucel, en nostre terre et juridicion, pour cause de ce que ledit Jehan Ride lui avoit denoncié que, en sondit hostel, il avoit perdu un gobelet d'argent, qui bien valloit soissante soulz parisis, dont il souspeçonnoit ladite Jehannette que elle ne l'eust emblé, et, pour ce, lui avoit requis que il l'amenat en prison.

4 avril 1346. — L'an dessusdit, le mardi, jour de feste Saint Martin d'esté. — Fu amené en nostre prison de Saint Martin, par Phelipot, fuilz au prevost de Bondis, Jehan Sausson, tixerrant, né de Rouen, si comme il disoit, pour cause de ce que il avoit prins ycelui Jehan, en ladite ville de Bondis, sezy de cinq gros tournois faulz que il s'efforçoit de mectre, estoit efforcié par pluseurs fois.

Explois de joustice faitz en la terre Saint Martin et en la justice, depuis le temps Jaques, chambarier de ladite yglise, et premierament, le xix jour d'octobre, l'an mil ccc xlix.

19 octobre 1349. — Ce dit jour. — Fu ostée la main du

(1) Cette rue, que le plan de Ducerceau nomme, *les Faubours Sainct-Germain*, commençait à la porte Saint-Germain, dans la rue actuelle de l'Ecole-de-Médecine, à la hauteur du passage du Commerce, et finissait en face de St-Germain-des-Prés, à la place où s'élevait le pilori de cette abbaye.

Roy, nostre sire, qui mise avoit esté, du commandement du prevost de Paris, ès biens de feu Gille du Cabaret, dit Lotart, demourant en la rue Saint Martin, à l'Ange, en la terre, justice et seigneurie de ladicte eglise.

1352. — De l'an LII. — Pour ce que Girard de Neelle, nostre hoste et justiçable, qui demouroit en la rue Saint Martin, près de la fontaine Maubué (1), fu souffisaument appelé et semons par Phelipot de la Villete et Jehan Lefournier, nos sergens, à son domicile, aus gens de son hostel et aus voisins segnefié ledit ajournement, pour la soupeçon de la mort de Monsr Guillaume des Essars, abbé de Saint Spire de Corbeil, à III jours, pour fait de corps, c'est assavoir au dymenche après la Saint Denis, au lundi et mardi ensuivans (2), desquiex jours il fu tenuz pour deffaillant, et de chascun d'iceus, appelez à chascun desdiz jours, en jugement, par Girart la souris, nostre sergent, et pour ce que depuis il fu appellé à venir à nos drois et au drois du maire et de la court, une fois, II, III, et la quarte d'abondant, c'est assavoir pour la première quatorzaine, le mercredi, veille Saint Luc, euvangeliste (3), l'an mil CCCLII, au mercredi, veille de la Touz Sains (4), pour la seconde, au mercredi après la Saint Martin d'iver (5), et au mercredi, veille Saint Nicolas (6), desquiex jours il fu tenuz pour deffaillant, et ne vint, ne se comparut pour prendre droit sur ledit cas, fu banni à touz jours sur la hart, en la maniere acoustumee, ledit Girart, de toute la terre de monsegneur de Saint Martin. Et furent lesdiz appiaus fais et bannissement par les sergens dessusdiz, et par Girart de Saint Cler, si comme plus à plain est contenu au pappier du clerc et tabellion de la court. — Bannissement.

25 octobre 1352. — L'an dessus dit, le juedi avant la Touz sains. — Fu hosté et levée la main du Roy, par le pre-

---

(1) Cette fontaine était, dans la rue St-martin, à l'angle de la rue Maubuée actuelle.
(2) 14, 15 et 16 octobre.
(3) 17 octobre.
(4) 31 octobre.
(5) 14 novembre.
(6) 5 décembre.

vost de Paris, laquelle avoit esté mise ès biens et ès héritages qui estoient à Girart le baumier, estans en nostre juridicion, et furent hostez les sergens du Roy qui en son hostel estoient en garnison, c'est assavoir Estienne du Cardinal....., et furent bailliez certains meubles, qui estoient oudit hostel, à Jehan Dupin, chamb rier de ladicte église.

10-12 janvier 1353. — L'an LII, dessus dite, le jeudi, vendredi et samedi après la Tiphaine. — Fu mis en deffaut, Jehan Millon, dit Quabaret, qui estoit semons par Henriet le barbier et Noel Lasnier, nos sergens, qui ledit adjournement rapporterent avoir fait à la chambriere d'icellui Jehannin et aus voisins de la rue près et d'environ où ledit Jehan demouroit, en la rue du Temple, pour la souspeçon de la mort de feu Symon de Cappeval et de la navreure de Gilbert de Cappeval, son frère, et de la navreure de Yvonnet de Cappeval, fuilz dudit feu Symon; et pour ce que depuis icellui feu, Jehan Millon fu appellé aus drois de la court et du maire dudit lieu, c'est assavoir par IIII fois, et à paine de banissement, et au lieu et en maniere acoustumée, c'est assavoir, pour la premiere quatorzaine, le dymenche après la Thiphaine (1), pour la premiere, au dymenche après la convercion saint Pol (2), pour la seconde, au dymenche que l'en chante *reminiscere* (3), pour la tierce, et au dymenche que l'en chante *letare Jerusalem* (4), pour la quarte, des quiex jours il fu tenu pour deffaillant, fu banni de toute la terre de monsegneur de Saint Martin, ledit Jehan Millon, sur la hart. Et fu appellé et bany par les sergens dessusdiz et par Girart de Saint Clerc, et desquiex deffaus, appiaus et banissement est plus à plain faite mencion ou pappier du clerc de la court.

10 juin 1353. — L'an mil CCCLIII. Le lundi avant la beneiçon du Lendit. — Fu eslargi de prison jusques au dymenche avant la saint Jehan Baptiste, de prochain venant, Gillet de Chastiauvillain, qui tenoit prison pour la soupeçon de la mort

(1) 13 janvier.
(2) 27 janvier.
(3) 17 fevrier.
(4) 3 mars.

............, à revenir audit jour, su paine de estre atains du fait et de banissement et de prison brisée, et à paine de cinq cens livres parisis à nous acquises. Plege de le ramener audit jour, Estienne de Chastiauvillain, son frere, à paine de cinq cens livres parisis, et pour ce, obligea tous ses biens. — Ledit Gillet en deffault, et aussi ledit Estienne, apelez soufisaument par Evrart de Saint Cler, nostre sergent.

21 octobre 1353. — Lundi après la saint Luc, l'an mil cccIII. — Robin de la Folie, varlet du cartenier, trouvé mort en la rue de Ferpeillon, vers le Temple, en nostre terre et justice, le lundi dessus dit, au matin, lequel, nous, maire, feismes apporter en la court de Saint Martin, pour ycellui visiter par nostre surgien juré et pour faire ce que raison donrroit, lequel fu veu et diligemment visité par maistre Robert de Lengres, nostre surgien juré, lequel, nostre surgien juré, nous a rapporté qu'il avoit veu et dilligemment visité ledit Robin d'une plaie que il avoit emprès l'espaulle destre, en alant aux espirituez dedens le corps, c'est assavoir au pommon et au cuer, laquelle plaie et navreure est mortelle, et necessité de tele plaie est mort. Ce fu fait l'an et le jour dessusdit, en la presence de Henriet Lebarbier, Gillet de Capi, Richart Martin, Jaques de Mortaigne, et plusieurs autres, etc.

1349. — L'an XLIX, fu mise en l'eschelle, en la ville de Montcelleus et banye de la terre, Guillemete, fame Baudoin Richehoume, pour pluseurs tromperies et mallefaçons qu'elle avoit faites et que elle confessa, dont le procès, sur ce fait, fait mention.

Item, ledit jour, furent ars, en ladicte ville de Moncelleus, plusieurs hanaps faus qui estoient audit Baudoin riche houme.

29 juin 1350. — L'an mil cccL, le mardi jour de feste Saint Pere et Saint Pol. — Fu mis en l'eschelle, à Saint Martin, Drouet Lemaire, pour ce qu'il avoit juré le villain serement.

18 juin 1350. — L'an dessusdit. — Fu mis en l'eschelle, à Saint Martin, Raoullet Lebarbier, vallet chartier, pour ce qu'il avoit juré le villain serement, et fu mis en ladicte eschelle, le vendredi après la saint Barnabé.

13 septembre 1351. — L'an mil cccli, le mardi après la septembresche. — Fu trainé et pendu et justicié, à Noisy, tout mort, Jehannin Charles, qui se estoit tué et obsis, de certain propos, en la ville de Bondis, et s'estoit fait une plaie au dessus de la mammelle, dont il mourut.

7 janvier 1350. — L'an mil cccl, le jeudi après la Thiphaine. — Fu justicié et pendu, à Noisy, Perrin de Mante, pour plusieurs larcins qu'il confessa, dont le procès fait mencion.

23 decembre 1350. — L'an dessusdit, le jeudi avant Noel. — Fu justicié et pendu, à Noisy, Jehannot Chevaillier, menestrel, demourant en la rue aus Jugleurs, pour plusieurs larcins qu'il confessa avoir fais, dont le procès, fait sur ce, fait mention.

22 avril 1351. — L'an mil cccli, le vendredi après Pasques les grans. — Fu trouvé pendu en la maison Jehan Petit, pasticier, demourant en la rue Saint Denis, Jehannin Boursenoe, vallet pasticier, lequel fu apporté à Saint Martin, et rendu à ses amis pour enterrer, pour ce qu'il fu trouvé par informacion qu'il estoit fantasieuz et hors de son sens, si comme, par l'informacion sur ce faite, apparut.

23 juin 1351. — L'an mil cccli, le jeudi après la Saint Sauveur. — Fu justicicié, pendu et trainné, Remon le savetier, breton, demourant en la rue au Maire, pour plusieurs murtres et larcins qu'il confessa.

3 juillet 1352. — L'an mil ccclii, le mardi veille Saint Martin d'esté. — Fu bany de toute la terre Saint [Martin], Dimenche Martin, savetier, pour ce qu'il confessa qu'il avoit emblé un gobelet d'argent, par pauvreté, pour nourir sa fame et ses enffans, dont le procès fait de ce mencion.

28 aout 1352. — L'an mil ccclii, le mardi après la Saint Barthelemy. — Fu justiciée et enfouye à Noisy, Jehanne la prevoste, fame Perrin Prevost, pour plusieurs larcins et plusieurs biens qu'elle avoit prins et emblé ou l'ostel Jehan de Saint Jouan, estimeur, dont mencion est faite, plus à plain, ou procès sur ce fait par le dit maire.

552 REGISTRE CRIMINEL

5 janvier 1354. L'an mil CCCLIIII, le lundi veille de la Thiphainne. — Fu justicié et pendu, Jehan Boucquet, pour plusieurs larcins qu'il confessa avoir fais, dont son procès fait mencion.

5 decembre 1353. — L'an mil CCCLIII, le jeudi après la Saint Andry. — Fu justicié, pendu et trainné, Symonnet de Bennes, demorant en la rue ès Graveliers, pour Nicolle, sa fame, qu'il confessa avoir tuée.

12 aout 1355. — L'an mil CCCLV le merquedi avant la mi ost. — Ot couppée l'oreille dessouz l'eschielle Saint Martin, et bany de la terre, Thassin Ausoz, de Bazeville, pour deux draps qu'il avoit emblés chés Thomas Quotentin, demorant à Noisy, où il s'estoit herbergié, item, pour deux verges de draps, qui font environ une aulne à Paris, qu'il avoit emblés en la ville de Bazeville, chés un sien cousin, qu'il avoit vendu XVIII soulz tournois, et pour IIII drap et deux touailles qu'il avoit prises des biens qui estoient communs entre lui et son frere en la ville dessus dicte, et pour une mauvese parure de communs qu'il avoit emportée, qu'il avoit vendue III soulz tournois, laquelle lui avoit esté baillée pour une fame.

4 juillet 1357. — L'an de grace mil CCCLVII, le jour de la Saint Martin d'esté derrenièrement passé. — Furent prinses, de nostre commandement, par Jehan de Monchauvet, cirier, nostre juré en ceste partie, et fu faicte visitacion des chandelles que les chandelliers vendoient, cedit jour, ès cours et terre de Saint Martin, et furent, sur plusieurs d'icelles chandelliers, prinses grant quantité de chandelles non conpetentes et non souffisantes, presens, Ymbert de Capy, escuier du secretain, Girart de Saint Gunant, clerc, et Perrin Trougal, nostre sergent, et aussi Jehan le breton, et plusieurs autres ; et furent, les dictes chandelles, appliquées par devers nous, comme forfaictes et non souffisantes, romptes et despecées (1).

(1) Les affaires qui suivent auraient dû être placées en tête de notre texte, si nous avions suivi l'ordre du manuscrit. Elles précèdent le registre proprement dit de la justice de St-Martin-des-Champs à Paris, qui finit ici. Nous les avons rejetées à la fin de celui-ci, parce qu'elles en sont entièrement distinctes et qu'elles se rapportent exclusivement, à l'excep-

10 decembre 1317. — L'an de grace mcccxvii, le samedi emprès la Concepcion Nostre Dame. — Fust accordé, en jugement, entre mestre Pierre Martin, clerc et procureur de l'yglise Saint Martin des Champs de Paris, d'une part, et Jehan de La Bretesche, baillif de Saint Denis, d'autre part, que la main nostre sire le Roy, mise par Jehan Hanon, serjant à cheval, par le contant des parties, en un homme que on avoit trové mort et qui s'estoit penduz, si comme l'on disoit, à Haubervillier (1), en une establete, qui est Geufroy Goule, seroit ostée, et seroit le corps reporté au lieu et laissié en la main des dictes parties, et là, enfoy par leur main, et demorra, comme prisonnier, jusques à tant que le dit procureur et ledit baillif auroient conneu comme il avoit estez mort, et qui en saisine seroit de la justice doudit lieu, et sur ce, nous an avons i memoriau et atte de la court.

Ces sunt les cas et les esploits de justice fez à Noysi le Grant (2), et ou terrour de Noisi. — Pierre Vineron fu pris, en la ville de Noisi, pour suspeçon de larecin et de meurtre, il confessa que il avoit fait plusours larecins et que il avoit tué un homme, il fust trahinez à Noisi, dès la Crois Madame Ysebeal, parmi le haut chemin, et parmi les chanps, jusques aux fourches, et fust pendus par les gens Saint Martin.

Item, Perrot Villart, de Noisi, tua, à Noisi, un homme. — Item, une feme que l'en appeloit Belon, fille Robert Bricart, de Noysi, se pleinsist [à la justice Saint] Martin de Noysi, que un homme, cercelier, demourant à Noysi, l'avoit efforciée, et jeu avesques lui, à force et contre sa volenté. Ce mesfet ne peut estre prové contre ledit homme, pourquoi il fust asouz, à Noysi, de la court et de la justice Saint Martin.

tion de la première, à la justice de Noisy-le-Grand. Elles sont vraisemblablement plus anciennes. La première étant de 1317, les autres, non datées, doivent se placer entre cette année et l'année 1332, à laquelle commence le registre.

(1) La haute justice d'Aubervilliers appartenait, pour la plus grande partie, à l'abbaye de St-Denis.

(2) On a déjà vu que le prieuré de St-Martin était en pleine possession de la justice de Noisy-le-Grand. — V. un arrêt, de 1257, consacrant ce droit, au profit du prieuré, contre le prévôt de Paris, *Olim*, Beugnot, t. I, p. 29.

Item, Agnès la morele, feme, à present, Jehan Aumoues, de Gournay, munier, se pleisnit à Noysi, à la justice Saint Martin, que Jehannot Garguette, de Noysi, l'avoit afforcée, et jeu à lui, à force et contre sa volenté. Les gens Saint Martin le pristrent à Noysi, et mistrent en prison fermée. Il s'en mist en enqueste de ce fait, et fu faite l'enqueste, par les gens Saint Martin, sur ce mesfait, il ne pust estre prové contre le dit homme, il fust asouz, par le jugement de la cour et des gens Saint Martin.

Item, un homme que l'on appeloit Michelet de Terreblay, fut mené au fourches de Noisi, pous sos et courtes de charue que il avoit emblez. Il confessa, aus fourches que il avoit tué un homme, il fust remenés des fourches, et fust trahinez, amenez au fourches, et pendus, par les gens de Saint Martin,

Item, une feme, fause monnoiere, fu prise à Paris, ou celer de la maison ou demoure, à présant, Raoul de Vaux, par la gent du Chastellet, elle fust justicée par les gens le Roy. Les gens le Roy en restablirent Saint Martin d'une figure qu'ils restablirent à lieu, celle fugure fust menée à Noisi, et fust, pour ce fait, boilie sous les fourches de Noysi.

Item, une true marra la joue à un affant, en la terre Saint Martin à Paris, en la rue au seigneur de Monmorancin, et en fust mors li anfez, les gens Saint Martin pristrent la true, et la menerent à Noysi, et l'ardirent, pour ce fait, sous les fourches de Noysi.

Item, une true ou porceal, tua un anffant, à Bouffemont, en la terre Saint Martin, les gens Saint Martin la pristrent et la menerent à Noisi, et la trainerent et pendirent aus fourches de Noisi pour ce fait.

Item, un cheval tua un homme, ou terrour de Bondis, en la terre et en la justice Saint Martin. Simon Foloy de...... à qui estoit icil cheval, le transhita hors de la justice Saint Martin, avant que la justice Saint Martin y mist arrès, il l'amenda a la gent Saint Martin, et rendit la value du cheval, et restabli une fygure de cheval, laquelle la gent Saint Martin menerent à Noisi, et la traihinerent et pendirent aus fourches.

Item, Belon, fille jadis Girard Perret, se pendi, à Noisi, si comme l'en li metoit sus, car l'en la trouva morte en sa maison, la gent Saint Martin prindrent le cors, et le porterent à Beauvoier, en la court Saint Martin, et il demoura, ledit cors, deus jours ou trois, il ne pout estre prové que elle se fu mesfecte en riens, les gens Saint Martin delivrerent le cors ès amis, et fust mis en la terre benoite.

Item, un homme d'Anet, que l'on appeloit le barbier d'Anet, et ses filz, furent pris, à Noisi, et en persone, de la gent Saint Martin, pour le murtre du sergent de Saint Martin qui avoit esté murtriz es prez d'Anet où il gardoit les foins Saint Martin. Il furent menez à Paris, et en persone, à Saint Martin, pour ce fait, il s'en mitrent en anqueste, et fust faite l'enqueste contre eus, sus ce fait, par la gent Saint Martin. Et après, la gent Saint Martin les remenerent arrière à Noisi, et les menerent à fourches, et firent semblant de pendre les. Ils ne voudrent riens confesser ledit murtre, et pour ce que il n'estoit pas bien prové à plein contre eus, la gens Saint Martin les bannirent, à Noisi, en la court de Saint Martin, à tous jours et sus la hart, de toute la terre Saint Martin.

Item, plusours houmes ont esté trové mort plusours foiz en l'iaue de Marne, la gent Saint Martin les ont trez hors de l'iaue, et enfoïz, en la terre Saint Martin, les plusours, et retenu par devers eus les choses et les biens de iceus, si comme leur robes et les autres choses qu'ils avoient avesques eus, et plusours ils ont delivrez à leurs amis.

Item, plusours pieces de marrien, et autres choses avesques, ont esté trouvez, par plusours fois, en l'aive de Marne, la gent Saint Martin les ont tretes hors de l'aive et porteez à Noisi, et tourneez par devers eus et sunt tous jours demoureez par devers Saint Martin, et ont fait leurs voluntez.

Item, un sangliers fu pris, sur l'aive de Marne, ou terrour de Noisi, il fu ocupes et levez de la gent Saint Martin, et demoura par devers la gent Saint Martin.

Item, une biche fu prise et arrestée ou terrour de Noisi, elle fust occupée et levée par la gent Saint Martin.

Item, la gent Saint Martin ont aboiné les chemins à Noisi, en la ville et dehoirs, par tout le terrour de ladicte ville, toutefoiz que il leur a pleu, et ont corigé et trait à amende ceux qui ès chemins, ou contre les chemins, ont mesfait.

Item, le fruit des arbres qui chient ès chemins par toute la ville de Noisi, et par tout le terrour de Noisi, sont Saint Martin, et les recoilent et lievent, les gens Saint Martin, et tournent par devers eus.

Item, la gent Saint Martin ont copé, plusours foiz, arbres ès chemins de Noisi, et tourné par devers eus et fait leur volunté.

Item, Saint Martin à toute justice haute et basse en l'aive de Marne, si comme elle va joinant de la ville de Noisi et du terrour, dès le pont de Gournai, jusques au fraine de Bri, et leur a esté ajugée la saisine de ladicte justice par le prévost de Paris, et par jugement, et plus grant presompcion est que Saint Martin ait la justice haute en la ville de Noisi qui est toute leur, sans compaignie d'autrui, que en ladicte eaue.

Item, par la coustume generale de tout le reaume nuns n'a torel ne ver banniers se il n'a haute justice en sa terre. Saint Martin a tous jours eu, par tant de tamps comme il peut souvenir à memoire d'oume, et a encores torel et ver banniers, en la ville de Noisi et ou terrour.

Item, une souvencion fust octroié à nostre seigneur le Roy, ou tamps de la guerre de Flaindres, generament de tous ceus de son reaume, li Rois vout que ladicte souvencion fust levée par ceus qui avoient haute justice en leurs terres, et que la tierce partie de celle souvencion demouroit par devers ceus, qui ou leurs terres, où la souvencion estait levée, avoient haute justice, celle souvencion fust getée et levée, à Noisi, par la gent Saint Martin, et demoura la tierce partie de celle souvencion par devers Saint Martin.

Item, Saint Martin a, à Noisi, l'execution des lectres le Roi, laquelle nuns n'a, si n'a haute justice au lieu où l'execution doit estre faite.

Item, plusours autres cas et exploit, de haute justice et de basse, sunt avenu et ont esté fait en la ville de Noisi et ou terrour, liquel sont tuit notoire au lieu.

Item, tuit les cas dessus dit sont tuit notoire au lieu dessus dit.

REGISTRE

DE

SAINT-DENIS

Ce sont les cas et exploiz faiz en la ville de la Chappelle Saint Denis où ledit aumosnier a toute segnorie, justice haulte, basse et moyenne, et tous esploiz de toute jurisdicion (1).

1238. — Premierement. — En l'an mccxxxviii, avint ung cas, en ladite Chapelle, de ung nommé Anceau, tailleur, qui fit ung coup de sa main en une taverne, tant qu'il tua ung aultre, lequel fu pris par le maire de La Chappelle et fu mené à Saint Denis, ès prisons dudit aumosnier, et fu fait son procès, et jugé par sondit baillif à estre pandu. Et le bailla ledit baillif au baillif de Saint [Denis] devant la porte de la maison de l'aumosne. Et allerent au gibet touz ensamble, et les serjanz, et les officiers du baillif de Saint Denis, et ceulx de l'aumosnier.

1290. — Item, l'an mcciii^{xx} dix, ung nommé Thomas le tellier, qui estoit demouranz à Saint Denis, fut trové mort à la Cousture Saint Lardre, près de la porte des champs dudit Saint Lardre, en alant du moulin à vent à Paris, vers le marché aus pourceaulx, lequel fu levé par Estienne maire de La Chappelle et les sergens de monseigneur l'aumosnier, etc.

---

(1) La seigneurie de la Chapelle-Saint-Denis, dont le nom a été conservé, jusqu'à nos jours, par le quartier de la Chapelle, confinait à celle de Saint-Lazare. — Les cas de justice de cette seigneurie sont transcrits deux fois dans le Registre de l'aumône ; mais ces deux reproductions sont identiques, sauf quelques varations sans importance.

1278. — Item en l'an MCCCLX et XVIII, fut trouvé ung enffant mort, en une carrière près dudit moulin en alant à la rivière, lequel fut levé par le maire de La Chappelle, et sergens, et fut enterré en terre profahane.

1290. — Item, l'an mil CCCIIII^{xx} dix, un appellé Guillot, qui estoit procureur de la court de l'official de Paris, demourans à Saint Leu de Taverny, fut trouvé mort en la cousture Saint Ladre, près de la chaussée, lequel fut levé par le maire et sergens dudit aumosnier (1).

1400. — Item, l'an MCCCC, y eut ung homme, à l'ostel Symon Aulant, qui prit et ambla deux draps de lit, et les emporta jusques au champ où on tient la fore Saint Laurent, auquel champ un des varlés de l'église Saint Denis le prit, et lui dit qu'il l'ameneroit à Saint Denis en pryson, mays il ne peust, et fut mené en Chastellet de Paris, et depuis fut poursuyvy par ledit aumosnier, parce qu'il avoit esté pris en ladite justice, depuis luy fut délivré et rendu en ses prisons de Saint Denis.

1402 — Item, l'an M CCCC et deux, au chemin par où on va la ladite Chapelle à Saint Laurent, avoit un orme auquel ot V ou VI hommes pandus, par le prevost des ribaulx (2), lesquelz furent despanduz, ... et menés à la justice de Paris. Et fut ledit orme abatu par les sergens dudit aumosnier.

Item, l'an M CC [.], Guillaume de Pontoyse fit ediffier le moullin à vent, lequel à cause de l'eglise Saint Denis, a une maille d'argent, porce que le maire et sergens le voulloit abatre, ainsi qu'il appert par belle lettre.

Item, une maison que Gasse de Méricourt fit faire devant Saint Ladre fut abatue par les gens dudit aumosnier, porce

---

(1) Cette affaire est suivie de trois notices, que nous omettons et qui sont relatives à la levée d'un cadavre, à la saisie de gages, dans un moulin à vent, pour défaut de paiement de *chefs-cens*, et à la saisie de *mesures à vin*, pour les étalonner.

(2) La seconde notice relative à cette affaire substitue ici le *prévôt des maréchaux* au prévôt des ribaux. — V. suprà, p. 315, *note*.

qu'il ne la pouet faire ediffier sans son congié, laquelle chose pouet faire par leurs previlleges.

Item, en ladite année, demanderent, les echevins de Paris, à monsieur l'aumosnier congié de prendre du sablon sus la chaussée près Saint Ladre.

Item, ung aultre droit, que nul ne doibt ediffier nulles barrieres en la ville de La Chappelle, sans le congié de monsieur l'aumosner.

10 juin 1446. — Item, en l'an M CCCC XLVI, le X° jour de juing, fut pris ung jeune garson de XVIII à XX ans, en ladite Chappelle, lequel fut pris par les sergens dudit aumosner, et amené à ses prisons, à Saint Denis. Lequel fut jugé et condempné à estre brullé, par Jehan Yvon, baillif dudit aumosner, et fut mené bruller au gibet de Saint Denis. Et estoit aumosner, pour lors, Jehan le clerc, et estoit baillif de Saint Denis, maistre Guillaume de la Haye, et lui fut baillé, tout jugé, à la porte de l'aumosnier. — Et fu prins, à l'ostel du Cressant, ou demouroit Denisot Rousselin, et estoit pour lors mere, Jehan Merian, porce que ledit garchon confessa avoir eu, par trois fois, habitasion avecques une vache.

1446. — Item, l'an M CCCC XLVI le XXI° jor, fut mise en prison, Guillemette la fourmagere, hostessé de l'aumosner, demourant en une de ses chambres en la rue du Pont de la Voye, pour plusieurs larcins commis par elle et confessés, pour avoir vendu plusieurs escuelles d'estain, de la commanderie, chemises, plices, nappes, quevrechez, qui estoient aux enffants de l'église, et aussi pour avoir vendu et mis en son porfit, un grant poille chauderon, chauffette, nappes, linge, que le serviteur dudit aumosner luy avoit baillé, nommé Guillaume du Seau, et aussi laquelle avoit esté aultre foys reprise et mise en prison, par l'espasse de troys moys, pour plusieurs draps, litz, coutez, que la nonnain de l'Ostel Dieu lui avoit baillez à vendre, qui estoit l'Ostel Dieu. — Veu le procès et confession, en jugement, par moy Marcellet Picqueneuve, baillif de l'aumosne, le X° jour de novembre l'an dessus dit, condampne ladite Guillemette à rendre et faire satisfacion à tous ceulx de qui elle a eu les biens, et envers justice, en xx livres parisis, sauf la grasse de monsieur l'aumosner, et la banisson de nostre terre à tous jors. En la présence de frere Denis Boucher, official, et frere Guillaume le mere, commandeur, frere Pierre le gras enffermier, etc.

21 mai 1447. — L'an MCCCC XLVII, le XXI jour de may, fut amené Pierre d'Avalon, Sevestre de la fontaine, et Perrin le Pesque, laboureulx, demourant à La Chappelle Saint Denis, cedit jour rendus du Chatellet de Paris, et amenés prisonniers ès prisons de l'aumosne, baillez et delivrés par monsieur le lieutenant criminel, avecques les charges pour lesquelles ils estoient détenus prisonniers, pour, sus icelles charges, faire leur procès, prandre et avoir la cognoissance de leurs personnes, pour la cause qu'il avoient frappé et mutillé, jusques à effusion de sanc, Jehan Saulnier, sergent dudit aumosner, de quoy la mort dudit s'en est essuivie tantost après. Par quoy ledit aumosner a mis à confiscacion tous leurs biens et héritages, jusques à tant qu'il luy appaise de sa grace.

25 avril 1444. — L'an MCCCC XLIIII, le XXI jour d'apvril, Colin du Hamel, tueur de bestes, demourant à La Chappelle, fut amené en prison, en l'ostel de l'aumosne, pour certaines injures qu'il avoit dictes à Macé Boyllet, baillif de monsieur l'aumosnier, et furent v lars qui vendoit tous confi-qués, et fut condempné à cent sols parisis d'amande, et à crier merci à monsegneur l'aumosnier en jugement (4).

S'ensuit les cas et esploictz adveneus en la ville de Saint Ouen, où ledit aumosnier a toute seigneurie haulte, basse et moyene, et tous explois de toute jurisdicion. Exstrait.

18 janvier 1229. — L'an MCCXXVIII, ce XVIII jour de janvier en une maison assez près de Clipchy, qui fut à Jehan Errode, et depuis à Bertherau Vachette, en laquelle maison ot un des varles de leans tué d'un coup de dague de deux auitres bretons, lequel varlet mourut incontinent, et le fit amener et ap-

---

(4) Nous omettons ici plusieurs notices relatant des condamnations à l'amende prononcées pour des rixes, ou de petits vols. V. *Suprà*, p. 316.

porter, le maire de Saint Ouen, depuis qu'il fut mort, et fut revisité par le sirurgien juré des religieux de Saint Denis, lequel trouva qu'il avoit ung coup de dague jusques au cœur, et fut enterré au desoubz de l'ostel de l'aumosnier à Saint Ouen, et fut en terre prophane, et les ceux qui avoient noysié à luy, fure poursuis et prins, entre le Lendit et La Chappelle, et amenés ès prisons de l'aumosnier de Saint Denis. Et fut condamné, celuy qui avoit baillé le coup, à aistre pendu, le vııı° jour de février ensuivant, et son compaignon fut condampné à aistre batu par les carefours, et avoit l'aureille couppé (1).

1348. — L'an mcccxlvııı, Ph. de Valoys, pere du roi Jehan, luy estant à son hostel et noble maison de Saint Ouen, donna lettre sellée de ses seaulx, pour ung larron qui avoit dérobbé, dedans sa noble maison, une robe, et vessaille d'argent, à son escurie, lequel a voullu que lesdits religieux et aumosnier et le maire de l'aumosne de Saint Ouen........, et en deffendit la cognoissance à son prevost des maréchaulx, et depuis fut detenu, ledit prisonnier, ès prisons dudit aumosnier, par l'espace de ıııı mois, et depuis bany et batu par les carfours de Saint Ouen. — Fait par le baillif, maire et sergens dudit aumosnier.

14 juin 1399. — L'an mccclxxx et xıx, le xıııı° jour de juing, fut prins ung jeune clerc, de l'age de xxıı ans ou environ, lequel avoit amblé ij manteaulx de penne noyre, et vı aultres de drap, qu'il avoit amblés au Lendit, et fut pris des sergents de Saint Ouen, au desa de la granche du Lendit, et tirant à Saint Ouen, et fut amené aux prisons de l'aumosne à Saint Denis, et fut condampné en oubliette, et fut trouvé sur lui, vı escus, ııı solz (2).

(1) Une notice de 1352, que nous omettons avec quelques autres, relate une condamnation d'un meurtrier qui fut, comme à l'ordinaire remis *tout jugé*, par le bailli de l'aumône, au bailli de S. Denis, et pendu au gibet de l'abbaye.

(2) Suivent d'autres affaires peu importantes, à des dates diverses, jusqu'en 1474. — Une notice de 1365 relate un procès entre l'aumône et les chanoines de S. Benoit qui prétendient avoir la haute justice, « espave, rap, arssin, meurtre et molum[en]t de vouloir mettre mortes mains et espaves,...... depuis la maison monseigneur Charles, jusques à Clichy ». L'aumônier obtint d'ailleurs garde de cause.

TABLE DES CHAPITRES

CHAPITRE PREMIER

ORIGINE DES JUSTICES SEIGNEURIALES DE PARIS

I. Dotations des églises et communautés monastiques. Division de la propriété féodale à Paris. — Accroissements successifs de la ville ; bourgs des grandes seigneuries. — Du droit de juridiction dans les justices seigneuriales ; Chroniques de Saint-Denis ; parallèle entre les plaids royaux et seigneuriaux dans la prévôté de Paris. — II. Période de fondation, du VIe au XIIe siècle. — Immunités et hautes justices. — III. Registres ou mémoriaux criminels de Saint-Maur-des-Fossés, Sainte-Geneviève, Saint-Germain-des-Prés, et Saint-Martin-des-Champs   p. 1 à 15

CHAPITRE II

DE LA PRATIQUE DU DUEL JUDICIAIRE DANS LES COMMUNAUTÉS ECCLÉSIASTIQUES ET LES COURS SEIGNEURIALES DE PARIS.

I. Privilège accordé aux serfs des seigneurs ecclésiastiques de témoigner et combattre en justice. Champ clos dans la cour de l'hôtel épiscopal et dans celle de la maison de l'archidiacre. — II. Tempérament apporté à la pratique du duel : les *Coups-le-roi*. — III. Le duel à Saint-Germain-des-Prés et à Sainte-Geneviève   p. 16 à 27

CHAPITRE III.

DES PEINES

. Peine du feu. — Peine de l'enfouissement appliquée aux femmes. — Transaction de 1303 entre Sainte-Geneviève et Saint-Victor relativement aux exécutions criminelles. — Peine de la fausse monnaie. — Faux monnayeurs bouillis à Saint-Maur. — Potence et traînée sur la claie. — II. Mutilation des yeux, Mutilation de l'oreille. — Bannissement. — Echelle et pilori. — Description d'une échelle — Fustigation. — Prison. — III. Comparaison entre nos registres. — Particularités du registre de Saint-Maur. — Pèlerinages expiatoires.   p. 28 à 4

CHAPITRE IV

DE LA PROCÉDURE.

I. Accusation. — Action d'office du juge ; dénonciation ; action et intervention des parties. — Plèges, mise en liberté sous caution. — Procédure de contumace. — II. Procédure ordinaire ; enquête et aprise. — III. Procédure extraordinaire. — Question. — Son emploi dans les justices seigneuriales de Paris dès la fin du XIIIe siècle. — La question au Châtelet de Paris. p. 47 à 64

CHAPITRE V

DE L'APPEL

I. Généralités sur l'appel. — Absence d'appels de sentences pénales dans les *Olim* et les premiers registres criminels du Parlement. — Non-réception de l'appel, en matière criminelle, dans le procès extraordinaire. Question de Jean Lecoq ; arrêt du 7 avril 1395. — III. Ordonnance de 1286. Non-réception de l'appel dans les cas d'aveu et de flagrant délit. — Rapprochement de cette règle avec la précédente. — IV. Réception générale de l'appel en matière civile. — Appels des justices de Paris à la justice royale. — Droit de ressort. p. 65 à 80

CHAPITRE VI

COURS SEIGNEURIALES ET OFFICIERS DE JUSTICE

I. Assises de Saint-Maur-des-Fossés au XIIIe siècle. — Equipement des hommes de Saint-Maur et de Saint-Germain-des-Prés pour la garde de leurs bourgs. — Assises de Saint-Germain, de Sainte-Geneviève et de Saint-Martin-des-Champs. — Assises de l'évêque. — II. Officiers de justice. -- Baillis, maires et prévôts. Procureurs fiscaux. Sergents. Tabellions. Voyers. — Nomination. Réception. Révocation. p. 81 à 91

CHAPITRE VII

COMPÉTENCE.

I. Haute, moyenne et basse justice. — Cas royaux : rapt, meurtre, fausse monnaie. — Aubaine ; bâtardise ; déshérence. — Épaves. — II. Compétence du juge du domicile. Flagrant délit. — III. Nobles. — IV. Privilège de cléricature. — Officialités. Peine de la prison perpétuelle. Supercheries des malfaiteurs pour usurper le privilège de cléricature. — V. Compétence civile. — Exercice de la juridiction civile par les seigneurs hauts justiciers de Paris.— Registre civil de la fin du XIVe siècle, de la seigneurie de Villeneuve-Saint-Georges, dépendante de Saint-Germain-des-Prés. Procédure écrite et plaidoiries. Preuves par l'aveu ; par le serment ; par témoins ; par lettres. Recours à l'assise. Contrats. p. 92 à 112.

CHAPITRE VIII

DÉCADENCE ET SUPPRESSION DES JUSTICES DE PARIS

I. Entreprises du prévôt de Paris. — Prévention à charge de renvoi. Cas royaux. — Voirie. Justice de la rue et justice des maisons. — Redevances fiscales. Saillies, enseignes, auvents. — Police générale de la ville ; son attribution définitive aux gens du Châtelet. — Entretien des enfants trouvés. Contribution des seigneurs hauts justiciers. — Service du guet ; nouvelle contribution pécuniaire. — Suppression des hautes justices de Paris. Édit de 1674. — II. Transition aux chapitres suivants. Notices et plans. p. 113 à 124.

CHAPITRE IX

LE CHAPITRE DE NOTRE-DAME

I. Le Chapitre et l'église de Notre-Dame. — II. Seigneurie du Chapitre. Cité. Rive gauche. Le Pont-au-Change. L'île Notre-Dame. — III. Le cloître. Soumission faite par Louis VII au Chapitre. L'avocat du roi Pierre de Cugnières. — IV. Bailli du Chapitre. Registre de justice du XVe siècle, le Pappier de la Barre. — V. Justice de l'Hôtel-Dieu. Fustigation dans les salles des malades. — VI. Seigneuries du Chapitre hors Paris. Émeute des habitants d'Orly et de Châtenay. p. 125 à 149.

CHAPITRE X

L'ÉVÊQUE DE PARIS

I. Titres de la seigneurie de l'évêque. — II. Seigneurie dans la Cité et sur la rive gauche de la Seine. — III. Rive droite. Bourgs Saint-Germain-l'Auxerrois. — IV. La Culture-l'Évêque. La Grange-Batelière. La Ville-l'Évêque. Le Roule. Le faubourg Saint-Honoré. — V. Enclaves. La Tour du Louvre. Les Halles. Le fief de Thérouenne. — VI. Seigneuries hors Paris. Saint-Cloud. Sa foire. Foire au lard de la place du Parvis. — Prévôt et bailli. Assises. La Croix du Tiroir. Le For-l'Évêque. Justice civile. p. 150 à 176.

CHAPITRE XI

L'ABBAYE DE SAINT MAGLOIRE

I. Sa fondation dans la Cité. — Translation sur la rive droite. — L'Église Saint-Barthélemy. — L'abbaye. — Réunion à l'évêché de Paris. — II. Limites de la seigneurie, dans la Cité et sur la rive droite. — Le Clos-aux-Alliez. — III. Officiers de justice. — Échelle de la rue Grenéta. — Un procès en dénonciation de nouvel œuvre. — IV. Seigneurie de Charonne et d'Issy. — Conflit armé entre les officiers de Saint-Magloire et ceux de Saint-Germain-des-Prés, à Issy. p. 177 à 187.

CHAPITRE XII

LE PRIEURÉ DE SAINT-ÉLOI

I. Fondation. — Réforme. — Réunion à l'évêché de Paris. — L'église Saint-Martial. — L'église Saint-Paul. — II. Seigneurie de Saint-Éloi. — Droit de ressort. — *La ceinture Saint-Éloi*, dans la Cité. — Le bourg Saint-Paul sur la rive droite. — Le bourg Thiboud. — III. — Auditoire. — Prisons. — La grange Saint-Éloi. — Registre d'audience. — Sentences civiles.   p. 188 à 197.

CHAPITRE XIII

LE PRIEURÉ DE SAINT-DENIS-DE-LA-CHARTRE

Son enclos dans la Cité. — Franchise des métiers. — Justice et censive. — Procès-verbal de visite de l'enclos. — Locations. — Plans de la censive.   p. 198 à 202

CHAPITRE XXIV

L'ABBAYE DE SAINT-GERMAIN-DES-PRÉS

I. Fondation. Exemption de la juridiction épiscopale. — II. Seigneurie de l'abbaye à Paris. Le bourg Saint-Germain. Plans du XVIIIe siècle. — Le Pré-aux-Clercs. Conflits entre l'abbaye et l'Université. — III. Seigneurie hors de Paris. — IV. Prévôt. Bailli. Assises. — V. Fourches patibulaires. Pilori. Échelle de l'officialité. Prison.   p. 203 à 228

CHAPITRE XV

L'ABBAYE DE SAINTE-GENEVIÈVE

I. Fondation de l'abbaye. — Sa réforme par l'autorité ecclésiastique. — L'église de Sainte-Geneviève. — Les bourgs de Sainte-Geneviève et de Saint-Médard. — II. Étendue de la seigneurie. — Arrêt du Parlement et déclaration de temporel. — Plans de la seigneurie. — III. Seigneuries de l'abbaye hors Paris. — IV. Justice civile. — Sentences criminelles. — Échelle de justice.   p. 229 à 246

CHAPITRE XVI

L'ABBAYE DE SAINT-VICTOR

I. Fondation de l'abbaye. — Étendue de sa seigneurie. — Terre d'Alais. Fief du Chardonnet. — Conflits avec l'abbaye de Sainte-Geneviève. — Plan contradictoire des lieux litigieux. — Cours successifs de la Bièvre. — III. Officiers de justice. — Sentences criminelles.   p. 247 à 254

CHAPITRE XVII

L'ÉGLISE DE SAINT-MARCEL

I. Le mont Cétard ; tombeau de Saint-Marcel. L'église. Titres de la seigneurie. — II. Étendue de la seigneurie de Saint-Marcel. Le cloître. Le bourg Saint-Marcel. — Le mont Saint-Hilaire.   p. 255 à 262

CHAPITRE XVIII

L'ÉGLISE SAINT-BENOIT

L'église. Sa dépendance du chapitre de Notre-Dame. Conflit entre les deux communautés. — Cloître. — Étendue de la seigneurie.   p. 263 à 267

CHAPITRE XIX

LE PRIEURÉ DE SAINT-MARTIN-DES-CHAMPS

I. Fondation. — II. Seigneurie de Saint-Martin-des-Champs. Double territoire entre les rues Saint-Martin et du Temple. Cantons détachés. Fief de la Rapée. Fief de Marimont. Seigneuries hors Paris. — III. Officiers de justice. Assises. Vicaire et chambrier. — IV. Échelle de Saint-Martin. Prisons.   p. 268 à 284

CHAPITRE XX

GRAND PRIEURÉ DE FRANCE. — LE TEMPLE

I. Suppression de l'ordre des Templiers. Dévolution de ses biens à l'ordre de Malte. — Fondation de la seigneurie. La tour du Temple. — II. La *ville neuve* et la vieille ville du Temple. La Culture. Les Marais. Plan de la seigneurie. — III. Officiers de justice. Échelle du Temple.   p. 285 à 292

CHAPITRE XXI

LA COMMANDERIE DE SAINT-JEAN-DE-LATRAN

Enclos de Saint-Jean-de-Latran. Franchise des métiers. — Seigneurie de l'Ourcine. Plan de la seigneurie.   p. 293 à 295

CHAPITRE XXII

L'ÉGLISE DE SAINT-MERRI

I. L'église. — Le cloître. — Étendue de sa seigneurie. — Transaction relative aux droits de justice. — Justice moyenne et basse. — Droits de confiscation, de bâtardise et d'aubaine. — II. Officiers de justice. — Degrés de juridictions. — Auditoire ; tableau de champions.   p. 296 à 302

CHAPITRE XXIII

L'ABBAYE DE MONTMARTRE

Ses possessions à Montmartre et dans l'intérieur de Paris. — Auditoire et prison. — Le For aux Dames. — Le village de Boulogne. p. 303 à 305

CHAPITRE XXIV

PRIEURÉ DE SAINT-LAZARE

Léproserie de Saint-Lazare. — Prieuré. — Plan de la seigneurie. — Faubourgs Saint-Lazare et Saint-Laurent. — Fief de Marly. — Foire Saint-Lazare. p. 306 à 310

CHAPITRE XXV

L'ABBAYE DE TIRON

Fief de Tiron sur la rive gauche de la Seine. — Possessions sur la rive droite. — Hôtel et prison de Tiron. p. 311 à 313

CHAPITRE XXVI

L'ABBAYE DE SAINT-DENIS

Seigneuries de La Chapelle et de Saint-Ouen. — Registre de l'aumône de Saint-Denis. — Anciens cas de justice. p. 314 à 318

PIECES JUSTIFICATIVES

Registre criminel de Saint-Maur-des-Fossés. p. 319 à 346.
Registre criminel de Sainte-Geneviève. p. 347 à 412.
Registre criminel de Saint-Germain-des-Prés. p. 413 à 454.
Registre criminel de Saint-Martin-des-Champs. p. 455 à 556.
Registre de Saint-Denis (Extraits). p. 557 à 561.

FIN DE LA TABLE DES CHAPITRES.

Châteauroux. — Imprimerie et Stéréotypie A. MAJESTÉ

www.ingramcontent.com/pod-product-compliance
Lightning Source LLC
Chambersburg PA
CBHW050422240426
43661CB00055B/2245